庆 祝 新 中 国 成 立 70 周 年

新中国
社会保障发展史

XINZHONGGUO SHEHUI BAOZHANG
FAZHANSHI

胡晓义 著

中国人力资源和社会保障出版集团
中国人事出版社 中国劳动社会保障出版社

图书在版编目（CIP）数据

新中国社会保障发展史/胡晓义著. -- 北京：中国劳动社会保障出版社：中国人事出版社，2019.9

ISBN 978-7-5167-4187-0

Ⅰ. ①新…　Ⅱ. ①胡…　Ⅲ. ①社会保障-历史-中国-现代　Ⅳ. ①D632. 1

中国版本图书馆 CIP 数据核字（2019）第 196294 号

中国劳动社会保障出版社
中　国　人　事　出　版　社 **出版发行**

（北京市惠新东街 1 号　邮政编码：100029）

*

三河市潮河印业有限公司印刷装订　　　新华书店经销

787 毫米×1092 毫米　16 开本　35 印张　2 插页　493 千字

2019 年 9 月第 1 版　　2023 年 10 月第 3 次印刷

定价：89. 00 元

营销中心电话：400-606-6496

出版社网址：http://www.class.com.cn

前言

2019年是中华人民共和国成立70周年。70年来，新中国社会保障经历了创建奠基、曲折动荡、改革探索、制度重构、加速普及、全面完善的过程，既波澜壮阔，又跌宕起伏。改革开放以来，我国社会保障事业发展取得举世瞩目的成就，各项制度逐步健全，覆盖范围从小到大，保障水平稳步提高，服务能力明显提升，覆盖城乡居民的多层次社会保障体系基本建立，保障民生的社会安全网不断织密扎牢，走出一条中国特色社会保障道路，也为全球社会保障制度变革提供了中国经验。

党的十八大以来，以习近平同志为核心的党中央高度重视保障和改善民生，作出一系列重大决策部署。社会保障工作按照“五位一体”总体布局和“四个全面”战略布局，以增强公平性、适应流动性、保证可持续性为重点，全面深化改革、加快发展，取得一系列新的历史性成就，在经济社会发展全局中的定位不断强化，成为国家长治久安的一项不可或缺的重要制度安排。

进入中国特色社会主义新时代，社会主要矛盾已经转化为人民日益增长的美好生活需要和不平衡不充分的发展之间的矛盾。面对经济社会结构的深度调整、国际政治经济格局的深度变化，以及人口老龄化高峰的迫近，我国社会保障体系建设无疑还将面临许多新问题、新风险和新挑战，需要社会各方面毫不懈怠，加倍努力。我们要在习近平新时代中国特色社会主义思想指引下，按照兜底线、织密网、建机制的要求，全面建成覆盖全民、城乡统筹、权责清晰、保障适度、可持续的多层次社会保障体系，让改革发展成果更多更公平惠及全体人民，为实现中华民族伟大复兴“两个一百年”的宏伟目标做出新贡献。

《新中国社会保障发展史》按照新中国成立70年来的发展脉络，分六篇记述了社会保障产生和沿革的概貌，展示了各历史阶段社会保障制度的特点及与之相关的经济社会背景，提炼出一些基本经验，并对未来发展作出展望。希望本书能对社会保障从业者、研究者及关注社会保障的各方面人士深入了解新中国社会保障演进历程，探寻符合我国国情的社会保障发展客观规律，进一步完善社会保障体系建设，提供多角度的参考。

2019年8月

目录

第一篇　创业奠基　1949—1959 年

第二篇 动荡岁月 1960—1976年

第三篇 上下求索 1977—1992年

第四篇　重构体系　1993—2002年

第五篇　城乡统筹　2003—2012 年

第六篇　走进新时代　2013—2019 年

创业艰难百战多。
——陈毅《梅岭三章》

第一篇
创业奠基 1949—1959 年

1949年10月1日，毛泽东主席向全世界庄严宣告："中华人民共和国中央人民政府今天成立了！"从这一天起，有着五千年绵延不绝文明、占世界四分之一人口的中华民族掀开了崭新的历史篇章。新中国社会保障发展史也就此开始落笔疾书。本篇记述的时段是自此时起至20世纪50年代末期的10年左右时间。这可以说是我国社会保障制度创建和成长的"孩童"时代，其间开展了长约6年的失业工人救济运动，建立了劳动保险制度和公职人员职业保障制度，农村五保供养和合作医疗制度也初现雏形，把中国共产党立党之始就深怀的为民解困造福的初心化为广泛的社会实践。10年开创，充盈着制度新生的激情，当然也不乏成长的烦扰。这是新中国社会保障制度首次出发的"原点"，了解它，把握它，有助于更准确地判断我们当下的历史方位，更深刻地思考未来的走向和路径。

引子

为新中国社会保障所做的思想和制度准备

人的年龄是从出生之日开始计算的，但胎儿在母腹中孕育十月，实际上已经植下了生命基因。历史亦如人生。要完整了解新中国社会保障发展史，不妨将时钟回拨几十年，追根溯源，先回顾一下在五星红旗升起之前为此所做的多年思想和制度准备。

1921 年 7 月中国共产党成立。在一年后的党的二大宣言中就提出了工厂设立工人医院及其他卫生设备、工厂保险、保护女工和儿童、保护失业工人等改善工人待遇的主张。这是中国共产党有关社会保障主张的第一次宣示。同年 8 月，党领导的劳动组合书记部颁布《劳动法案大纲》，其中提出“一切保险事业规章之订立，均应使劳动者参加之，俾可保障支付、公共及私人企业或机关中劳动者所受之损失；其保险费完全由雇主或国家分担之，不得使被保险者担负”，阐述了劳动保险制度的建立程序及筹资原则。还提出“对于需要体力之女子劳动者，产前产后均予以八星期之休假，其他女工，应予五星期之休假；休假中工资照给”。这是党最早的有关生育保险的主张。次年，党的三大通过的党纲，要求“制定强迫的劳工保险法（灾病死伤的抚恤等），工人有参与办理保险事项之权”，从呼吁立法角度进一步发展了党的社会保障主张。1925 年 5 月 1 日，党领导召开的第二次全国劳动大会通过《经济斗争的决议案》，提出“应实行社会保险制度，使工人于工作伤亡时，能得到赔偿；于疾病失业年老时，能得到救济”，首次使用“社会保险”概念，并涵盖工伤、疾病、失业、养老各方面。1926 年 5 月 1 日，第三次全国劳动大会通过《劳动法案大纲决议案》，要求“国家应设立劳动保险。保险费由雇主或国库支出”。1927 年 5 月，面对“四一二”反革命政变后的严峻局势，党的五大所作《政治形势与党的任务决议案》提出，为实现工人在革命中的领导权起见，应当为工人力争包括救济失业并为失业者觅得工作、劳动保险及恤老金等要求之实行。同年 6 月，第四次全国劳动大会重申，“为了保障工人的生活条件，对不可避免的疾病、死伤、失业、衰老等，实行社会劳动保险”。在《产业工人经济斗争决议案》中，要求“政府设立劳动保险局，由资本家每月缴纳工资总额的 3% 为基金，此外政府从预算中拨出若干，以充做工人失业救济及养老金”；“工人病死时，按照其工资的 3 倍发给家属作为抚恤金”；“年老残废者，由劳动保险金中发给终身养老金”。1928 年，党的六大提出十条“中国革命现阶段的口号”作为党争取群众、准备武装起义以推翻地主豪绅资产阶级政权的主要口号，史称“十大政纲”，其中第六条是“实行八小时工作制，增加工资、失业救济与社会保险等”。1929 年 11 月，第五次全国劳动大会在上海秘密召开，大会通过的《中华全国工人斗争纲领》提出，“工人或个人家属发生疾病伤害，应有资本家给以医药费，听其自由医愈为度；病假期间不得扣工资”；“因工作致死伤之工人，应给以优厚抚金”。翻阅这些纸张已经发黄变脆的史料，可以清晰地看到，中国共产党自诞生之日起，就把实行社会保险制度作为重要的政治目标之一，并为之不息奋斗。

如果说大革命时期党有关社会保障的主张主要是领导工人运动的政治宣言，那么此后随着转向武装斗争，红色政权在各地纷纷建立，开始进入了苏区社会保障的实践性尝试。同样是在党的六大上，中央关于《苏维埃政权组织问题决议案》确定苏维埃委员会应分置五个部门，其中之一就是社会保险部。1931 年 11 月，中华苏维埃临时中央政府在江西中央苏区成立，组建了劳动人民委员部（即劳动部），内设失业工人介绍局、社会保险局。赣州瑞金县至今仍保留着当年劳动部旧址供后人瞻仰。同年 12 月，制定颁布《中华苏维埃共和国劳动法》，其中第十章计 3 条 15 款专门规定社会保险，涵盖免费的医药帮助、暂时失去工作能力（疾病、受伤、怀孕、生小孩等）者的津贴、失业津贴、残废老弱优恤金、丧葬津贴、工人家属贫困补助等项目，采取雇主按应付工资一定比例（10%～15%）提缴、建立社会保险基金的方式，由职工会选举的社保委员会管理，并受劳动部监督。这实际上已经勾勒出革命政权控制区域社会保障的框架雏形。1933 年修订公布的《中华苏维埃共和国劳动法》，鉴于原规定雇主提缴比例过高，改为更有弹性的 5%～20%。

抗日战争时期，民族矛盾上升为主要矛盾，在救亡图存的总目标下，党主动调整了社会保障工作的重点，在边区突出了拥军优属和灾荒救济，形成了早期的优抚制度和救灾政策。同时，鉴于边区地处农村，本来就没有什么成规模的工商业，因而不再施行当年苏区制定的社会保险法规，转而强调“改良工人生活”与“使资本家有利可图”相结合的方针。

解放战争进展神速，大片区域随着军事斗争胜利成为解放区，同时也因战争和灾荒出现了大量难民。党在这一时期有关社会保障工作的重点，继续以拥军优属和救灾救济为重点。1946 年成立了领导规格极高的中国解放区救济总会（前身为 1945 年成立的中国解放区临时救济委员会），负责调查统计受灾受损情况，向解放区灾民和战争难民提供救助，开办难民工厂组织生产自救。

中国共产党自诞生到取得全国政权的 28 年时间里，历经艰难险阻，无论是身处白色恐怖还是面对战火硝烟，都未放弃过为中国工人阶级和劳动群众争取社会保障权利的斗争。当然，客观地说，那动荡、战乱的年代基本不具备实行完整的社会保障制度的环境，党早期的社会保险主张和政策也确有一些是超越了当时的条件的。但不可否认，正是这些不懈追求和探索完成了在中国建立社会保障体系的最初思想酝酿，这个奋斗过程也诠释了理想如何变为现实的真谛。在为实现中华民族伟大复兴的中国梦不懈奋斗的今天，那些曾为中国社会保障逐梦的先辈们为我们树立了光辉榜样。

第一章
新中国成立之初的失业救济

城市失业问题十分突出

1949年至1952年，在新中国历史上被称为“三年恢复时期”。旧中国留给新政权一个千疮百孔的烂摊子——工业萎缩、农业萧条、商业凋零、交通梗阻，生产设施损毁严重，长期恶性通货膨胀导致投机盛行，市场秩序极度混乱。在国际上，西方国家对新中国采取敌视态度，实行经济封锁并施以军事威胁，1950年9月朝鲜战争的全面爆发更将严酷的局势推向极端险恶。百废待兴，百事待举，百难待克，对新生的人民政权来说，稳定社会、恢复经济成为当时战略全局之要，目标是争取实现国家财政经济状况的根本好转。

这一时期，在社会保障方面出现的一个十分严重而急迫的问题是城市中出现了大规模的失业人员。1949年，全国大中城市失业人员有470多万人，失业率高达23%，其中尤以上海、南京、武汉、广州、重庆5个大城市为重。失业人员中有因企业破产、停工而失业的工人，也有丧失原有收入来源的失业知识分子，还有旧政权遗留下来的大量需要安置的人员，以及旧时代饭店、舞厅、封建迷信行当等“享乐消费”行业萎缩后的失业者。据当时一位从上海市总工会调任劳动部工作的老同志回忆，就连大革命时期参加过上海第三次武装起义的老工人都来找他要求安排工作。[①] 许多失业人员生活异常窘困，成为当时一大突出社会矛盾。

新中国成立之初出现大规模失业现象，原因是多方面的：旧中国原本就失业严重，失业率长期居高不下；连年战争造成交通设施被破坏，物资供应链断裂，导致部分企业破产停工；到战争末期，胜负势明，大量外国资本、官僚资本和部分私人资本撤离外逃，更加重了经济凋敝，扩大了失业规模；而新中国刚刚成立，财力、物力资源匮乏，还要支持仍在继续的解放战争，恢复经济、兴业安民的难度可想而知。

早在新中国成立前夕的 1949 年 3 月，毛泽东主席在河北省平山县西柏坡召开的准备“进京赶考”的那次著名的党的七届二中全会讲话中就指出了防止和解决城市失业问题的重要性。他说：“从我们接管城市的第一天起，我们的眼睛就要向着这个城市的生产事业的恢复和发展。务须避免盲目地乱抓乱碰，把中心任务忘记了，以至于占领一个城市好几个月，生产建设的工作还没有上轨道，甚至许多工业陷于停顿状态，引起工人失业，工人生活降低，不满意共产党。这种状态是完全不能容许的。”这段话是对一些地区工作盲目状态的尖锐批评，同时也明确了当时城市工作的重点。一年后的 1950 年 6 月，毛泽东主席在党的七届三中全会讲话中强调要做好八项工作，其中之一就是“必须认真地进行对于失业工人和失业知识分子的救济工作，有步骤地帮助失业者就业”。可见这件事在当时全局中具有重要影响，必须优先着力解决。

针对不同群体多措并举

面对严酷的局势和人民群众的期盼，在整个“三年恢复时期”，党和人民政府制定发布了多个解决城市失业问题的重要政策文件，采取了一系列措施，努力控制和减少失业（见表 1–1）。

① 毛齐华. 风雨征程七十春 · 在中央劳动部［M］. 北京：当代中国出版社，1997.

表 1-1　1950—1952 年有关失业救济工作的重要文件

发文时间	文件名称	发文批准机关
1950 年 4 月	关于举行全国救济失业工人运动和筹措救济失业工人基金办法的指示	中共中央
1950 年 6 月	关于救济失业工人的指示	政务院
	救济失业工人暂行办法	政务院批准劳动部公布
1950 年 7 月	关于救济失业教师与处理学生失业问题的指示	政务院
1950 年 11 月	关于失业救济问题的总结及指示	中共中央
1951 年 1 月	关于处理失业知识分子的补充指示	政务院
1952 年 7 月	关于劳动就业问题的决定	政务院
1952 年 8 月	关于失业人员统一登记办法	政务院批准劳动就业委员会公布
1952 年 10 月	关于处理失业人员办法	政务院

对数以百万计的失业工人实施救济，首先要有钱、有物资，尤其是粮食。《救济失业工人暂行办法》从 1950 年 7 月 1 日起施行。而在当年第二季度，各方面就开始按照中共中央指示精神筹集救济失业工人基金，主要有三个来源。一是单位和职工缴费。规定所有国营、私营的工厂、作坊、商店的行政方面或资方，均须按月缴纳所付实际工资总额的 1%；这些企业及码头运输等事业单位的在业工人和职员，亦应按月缴纳所得实际工资的 1%。二是中央和地方人民政府在预算中安排资金。6 月中旬，中央人民政府从财政预备费中拨出 4 亿斤小米，是迅速建立起救济失业工人基金、如期开始救济失业工人的最重要的资金物资准备。三是广泛动员社会各界力量。如中华全国总工会于 1950 年 4 月 22 日发出《告全国工人职员书》，号召在业工人和职员在 4 月底至 5 月初做一天义务工，把所得工资捐为救济失业工人基金；人民解放军号召每个指战员捐献 1 斤米，国家机关也号召每个工作人员捐献 12 斤米给救济失业工人基金。

对失业工人进行救济可不是光给钱给粮给物，而是多种方式结合，最主要的是以工代赈，即动员已经登记的失业工人参加政府组织的修建水坝、疏通河道、翻修道路、整理城市下水道等市政建设工程，通过获得劳动报酬来代替国家的赈济。这些工赈工程所需经费来自救济失业工人基金，其中 80%以上用于支付工资，其余部分用于购买原材料和工具。工赈工资一般采取计件制或日工资制，比较适合市政工程和失业工人流动性的特点。这一招很实用，很有效。1950 年至 1954 年，全国各地参加工赈工程的失业人员共计 362 万人，不仅解决了他们的家庭生计问题，也为改善城乡面貌做出了贡献。如北京市将从前破败不堪、杂草丛生的陶然亭修建成风景如画的公园，上海市曾以乌黑恶臭著名的苏州河被疏浚通航，都是当时工赈工程的典范。

除了以工代赈，还实行了其他多种救济办法。一是生产自救。救济基金给予一定补助，引导失业人员自己组织手工业工厂、作坊，通过接受加工订货、自产自销方式来实现就业，自给自足。这一做法成为 20 世纪 70 年代以后组织返城知识青年兴办劳动服务公司自谋职业的直接借鉴。二是转业训练。政府劳动部门、用人单位等多方面力量举办多工种的短期转业训练班，或委托厂矿企业以艺徒方式代培，帮助失业人员重获就业机会和技能，转业训练和代培的经费主要由失业救济基金或委培单位开支。据统计，1950 年至 1953 年，全国共有 15 万名失业工人参加了转业训练，不仅帮助他们较快找到了新职业，而且缓解了一些工厂缺乏技术工人的难题。三是还乡生产。新中国成立前有许多农民逃荒避难流落城市打工，其中一些也成为失业工人的一部分。解放区农村土地改革实现了耕者有其田。对于由乡村到城市不久或当时在乡村有亲属可以回乡的失业工人，政府通过发给路费和一定生产资金补助，鼓励其回乡生产，先后引导 16.5 万人还乡归农或组织到人口稀少地区移民垦荒。四是发给救济金。规定的领取范围是有一年半以上工龄，尚未参加以工代赈、生产自救的失业工人和职员，并排除了能够获得其他收入以及拒绝就业机会的人员，是一项“托底”的措施。发放失业救济金最初采用实物制，待遇标准一般为每人每月发给当地主要粮食 45~90 斤，1952 年 9 月后改为按货币计发长期待遇。

对失业知识分子，政府采取了统一登记、介绍就业、转业训练等方式帮助他们就业。各地举办人民革命大学，吸收失业知识分子进行短期政治训练；缺人的政府部门，在对失业知识分子进行转业训练后分配其工作；教育等部门招考失业知识分子担任工农识字教育的教员或从事相应工作。到 1951 年年底，经过各种训练后应聘或得到安置的失业知识分子约有 100 万人。对年老失去工作能力、生活确有困难的失业知识分子，政府发给救济金。

旧政府遗留下来的工作人员有 900 万人之多。中共中央指示，对他们“一般地不能用裁撤遣散方法解决，必须给予工作和生活的出路”。据此，这些人员大都被留用。这种“包下来”的政策，既从政治上稳定了这个群体，又使他们有机会发挥一定专长，还减轻了社会失业压力。

齐抓共管取得明显成效

新中国成立刚满一个月，1949 年 11 月 2 日，中央人民政府劳动部正式成立，其一项重要职责是“领导劳动介绍所的相关工作，办理安置失业工人工作”。为了加强领导、统筹各方面政策措施，按照中央指示，1950 年全国有 210 个城市人民政府成立了失业工人救济委员会，由劳动局、建设局、民政局、公安局、总工会、工商业联合会等机关团体代表组成，市长或副市长亲自兼任主任委员，负责组织和指导失业救济工作，委员会下设失业工人救济处作为执行单位。按照劳动部颁布的《市劳动介绍所组织通则》要求，各大中城市都设立了劳动介绍所，负责登记、统计失业人员，调查公私企业劳动力需求，介绍失业人员就业。登记对象从最初限于失业的技术人员，扩展到一般的失业和求职人员，继而包括旧军政人员。

强有力的领导体制，符合实际的政策措施，加上必要的物质保障，解决失业问题的路数逐渐清晰。但俗话说：“病来如山倒，病去如抽丝。”城市大规模失业现象在新旧政权更迭时期集中爆发，震荡社会，彻底消除需要较长的艰苦工作过程。直到 1952 年，毛泽东主席头 4 个月收到的各类群众来信中还有 645 件是反映失业情况和要求就业的，其中 32%是知识分子，34%是工人、店员，20%是遣散的旧军政人员，10%是城市贫民。5 月 31 日，毛泽东主席将相关报告批转政务院周恩来总理：“失业问题仍颇严重，此件请一阅，似宜由中央劳动部或直接由政务院召开一次失业问题处理会议，由各大城市及各省派员参加，定出可行的处理办法。请酌定。”7 月 25 日政务院召开第 146 次会议通过了《关于劳动就业问题的决定》，8 月 27 日又批准劳动就业委员会发布了《关于失业人员统一登记办法》，10 月 31 日颁布《关于处理失业工人办法》，这些文件都是根据毛泽东主席的这一指示制定的。1953 年 6 月，中央劳动部还专门设立了失业工人处理司，后随着失业状况趋缓，1954 年 5 月撤销该司，未完成的失业救济工作移交给劳动力调配司负责。

经过各级、各方面持续不懈的努力，各项政策措施的积极效果终于逐步显现出来。到 1952 年年底，全国职工人数达到 1 600 多万人，比 1949 年增长 1 倍，城镇个体从业者数量也增加了 160 万人；3 年间全国失业人数减少近 100 万人，失业率由 23.6%大幅下降到 13.2%。1953 年后，第一个五年计划开始实施，大规模生产建设逐渐展开，创造了大量新就业岗位。到 1957 年年末，全国职工增加到 3 100 多万人，失业人数进一步减少到 200 万人，失业率降到 5.9%，基本归于正常（见表 1-2）。

表 1-2　全国城镇社会劳动者及失业人员人数

年份	职工/万人	城镇个体劳动者/万人	失业人数/万人	失业率/%
1949	809	724	474.2	23.6
1950	—	—	437.6	—
1951	—	—	400.6	—
1952	1 603	883	376.6	13.2
1953	1 856	898	332.7	10.8
1954	2 002	742	320.8	10.5
1955	2 162	640	315.4	10.1
1956	2 977	16	212.9	6.6
1957	3 101	104	200.4	5.9

数据来源：《中国劳动人事年鉴》编辑部. 中国劳动人事年鉴（1949.10—1987）[M]. 北京：劳动人事出版社，1989.

“一五”期间，有关失业救济的政策和管理体制开始渐渐调整。先是 1954 年劳动部发出《关于对失业人员进行清理的指示》，把登记失业人员分为三类，并施以不同措施：第一类是确有就业条件和培养前途的，根据经济发展需要逐步介绍就业，或在有就业出路的条件下予以技术训练；第二类是不适合厂矿需要及就业条件较差的，鼓励其自行就业或自谋生活出路；第三类是老弱病残、长期患病而无就业条件或有家庭拖累无法就业的，其中有生活出路或有子女扶养的注销失业登记，而生活确有困难的则移交民政部门给予社会救济。同时明确，长期做临时工或找到长期生活出路的视为就业，即不再登记失业。相应调整的部门职责分工是：失业职工和失业知识分子由劳动部门救济，其他各类失业人员由民政部门救济。据此，劳动部门向民政部门划拨与救济人数相当的失业救济费。1956 年 5 月 9 日，经国务院批准，劳动部、内务部发出通知，停止征收失业救济基金，由劳动部门管理的失业工人和失业知识分子的救济工作移交民政部门管理，纳入社会救济。移交工作于当年 6 月底完成。至此，历时 6 年的失业救济制度完成了阶段性历史使命。这类制度的身影再现于中国大地是 30 年后的事情了，本书将在第四篇中讲述。1957 年 9 月，周恩来同志在党的八届三中全会上作报告时宣布，经过逐年的努力，旧社会遗留下来的失业人员已经基本上得到了安置。在此前的第一届全国人民代表大会第四次会议上的政府工作报告中肯定了上海、江苏、广东等地劳动部门因地制宜积极帮助将近 1 万名失业人员参加了手工业、服务性行业和各种社会辅助劳动的经验，提出“今后还应该提倡由社会团体和群众自己想出各种办法，扩大就业范围，协助国家解决劳动就业问题”。

失业救济制度的历史价值

失业救济制度施行的时间不太长，但留下了许多值得总结和回味的东西。

首先，这是新中国首个覆盖全国的社会保障政策，意义非凡。如前文介绍，中国共产党早在建党初期就鲜明地提出“保护失业工人”“失业救济”等主张，但那主要是针对当时的统治当局提出的政治诉求，实践活动多限于组织工人运动争取自身权利。而自 1950 年下半年开始实施至 1956 年 6 月结束的失业救济制度，则是共产党取得全国政权后第一次真正的大规模社会保障实践，可以说是全无经验、压力巨大。但本着立党为公、执政为民的初心，握着实事求是、群众路线的法宝，党和政府制定的相关政策措施针对性、实用性强，得到群众拥护，因而效果显著。6年间，全国共救济失业人员及其家属665万人次，救济金额达8 343万元（前期的实物制，按每斤粮食0.1元人民币折算），不仅帮助大批失业人员渡过生活难关，促进了经济恢复，而且起到了安抚民心、稳定社会乃至巩固新生人民政权的重要政治作用，并为其他社会保障制度的建立施行积累了组织上、政策上、操作上的必要经验。

其次，这一时期的失业救济政策在实践中逐步完善，渐成体系，许多成为后来失业保险制度的直接借鉴。其中影响深远的有：把失业救济与促进就业紧密结合起来，而不是仅发给救济金，这一明确导向是后来积极就业政策体系的最初积淀；政府对失业人员采取职业介绍、转业训练、鼓励自谋职业、组织还乡生产等多种措施，力求各适其情、各得其所，这也成为改革开放后政府在这一领域提供的公共服务“套餐”；多渠道筹措失业救济基金，开了在全国范围内建立社会保障基金的先河，特别是用人单位和职工双方供款的结构被直接借鉴到1999年的《失业保险条例》中；在党委、政府统一领导下多部门协调合作的组织模式，也成为转向社会主义市场经济体制后控制失业、促进就业工作的范本。

最后，对失业及失业保险问题的认识随社会变革而深化。1956年年中停止征收失业救济基金，并将余下的失业救济工作移交民政部门作为社会救济来管理。这一重大转变除了有经过努力失业规模逐渐缩小的客观情况外，还有一个更深层次的原因，即按照当时正统的理论学说，社会主义实行计划经济体制，在周密的计划中，生产资料与劳动力资源高度匹配，不会存在失业问题，因此，失业只是旧社会遗留下来的暂时现象，随着新中国开始进入计划经济必将彻底消除。所以，在1957年“一五”计划结束以后，我国不再统计失业人数和计算失业率，直到1993年党的十四届三中全会才提出重构失业保险制度的任务。这当然不能苛责前人，因为存在决定意识，任何人的认识都产生于实践并接受实践的检验。有人说，从新中国成立之初实行全国性的失业救济制度，到此后有大约40年时间否认失业现象存在（这期间，国际劳工组织通过了多部与失业保障有关的国际公约和建议书，特别是1988年制定的《促进就业和失业保护》第168号公约和第176号建议书），再到20世纪末以后承认失业并建立失业保险和促进再就业制度，是在思想上走了一段弯路，其实这更应看作符合客观规律的探寻过程，对一个国家、一个民族来说，这种螺旋式上升的认识轨迹所留下的历史记忆和领悟可能更加深刻。

第二章
建立施行劳动保险制度

东北等解放区的社会保险"试水"

解放战争后期，东北解放区率先实行了劳动保险制度，这是新中国成立之前，党领导的社会保障体系建设第一次大规模、成体系实践。

1948 年春夏之际，东北已有 150 多个城市获得解放，形成连片、巩固的解放区，此时建立以城市为中心、以工矿交通业为重点的社会保险制度，既有了可能，也成为必需。8 月，第六次全国劳动大会在哈尔滨召开（此时距第五次全国劳动大会已过去了 19 年），通过了《关于中国职工运动当前任务的决议》，提出要系统地解决工时、工资、劳动保护和福利事业等问题。根据中央指示，东北行政委员会于当年颁布了《东北公营企业战时暂行劳动保险条例》（以下简称《东北条例》），其项目包括残废恤金、医费补助、丧葬费、家属抚恤金、生育补助金，施行范围涵盖一切公营企业中有正式厂籍与固定工作岗位的职工，资金按照各公营企业工资支出总额的 3%征集；在管理体制上，由东北行政委员会劳动总局作为最高管理机关，其下属东北职工总会负责劳动保险各项具体事宜，再往下是各产业总的劳动保险委员会及各企业工厂的劳动保险委员会。

“劳动保险”的得名

在建党初期党的文件中，对社保制度，最早称工厂保险，后来有时称劳动保险，有时称社会保险。《东北条例》称为劳动保险，源自时任中共中央东北局职工运动委员会书记并领导起草《东北条例》的李立三的建议。他认为，世界各国都叫社会保险，苏联也这么叫。它们覆盖范围广些，基金来源也不同。我们要从中国实际出发，只能是小范围的、低标准的，基金完全由企业负担，以定名劳动保险为宜。由此看来，当时对国际社会保障的情况并非完全无知，之所以取个“与众不同”的名称，是有中国实际考虑的。

可以看出，这个区域性暂行条例包含了建党初期党纲和历次决议案的社会保障主张，也涵盖了17年前《中华苏维埃共和国劳动法》中有关社会保险的诸多内容，而管理体制明显有借鉴苏联的痕迹。这也不奇怪，当时苏联的社会主义建设是各国共产党领导人民政权的模板，自己没有成熟经验，直接向“老大哥”学习不失为一条捷径。美国人类学家罗伯特·路威在20世纪20年代曾讲道：“文明的进步不是哪个族群单独发现和发展的，更多是文明交错融合后相互借鉴的‘省事’路径。”[①] 世界各国差异多多，但社会保障总有其内在的基本规律，各国大略也是循着彼此借鉴、相互浸润的途径，取人之长，补己之短。在我国后来的社会保障发展过程中，还可以看到更多这样的案例。

《东北条例》从1949年4月1日起首先在东北地区的铁路、邮电、矿山、军工、军需、电器、纺织七大行业试行，7月开始扩大到所有公营企业，先后有420个厂矿79.6万名职工参加了劳动保险。[②]

随着解放区的扩大，太原、石家庄、天津、察哈尔等陆续解放的城市

① 罗伯特·路威. 文明与野蛮［M］. 吕叔湘，译. 北京：生活·读书·新知三联书店，2005.

② 严忠勤. 当代中国的职工工资福利和社会保险［M］. 北京：中国社会科学出版社，1987.

和地区以及一些部门也参照《东北条例》制定了本地区或本行业劳动保险福利方面的政策和法规（见表 2-1）。

表 2-1　1949—1950 年部分地区制定的社会保险办法

施行时间	文件名称	发文机关
1949 年 7 月	太原市国营企业劳动保险暂行办法	太原市军管会
1949 年 8 月	铁道部职工抚恤暂行办法	铁道部
1949 年 9 月	公共企业部兵工局职工劳动保险暂行办法	华北人民政府
1949 年 11 月	石家庄市国营工业企业劳动保险暂行办法	石家庄市人民政府
1950 年 1 月	河北省国营企业劳动保险暂行条例	河北省人民政府
1950 年 2 月	关于解决搬运工人病伤残亡等待遇的暂行办法	中国搬运工会
1950 年 3 月	铁路退休职工暂行处理办法	铁道部
1950 年 4 月	察哈尔省国营公营企业战时劳动保险暂行办法	察哈尔省人民政府
1950 年 8 月	国营公营企业职工退休临时处理办法	政务院财经委员会
	全国铁路职工疾病伤残补助试行办法	铁道部
	全国邮电职工疾病伤残补助试行办法	邮电部
1950 年 9 月	天津市国营公营企业劳动保险暂行办法	天津市人民政府

东北等解放区在新中国成立前夕建立劳动保险制度，虽然是战时的、暂行的，但有两方面重要的历史价值。一是秉持中国共产党为人民谋幸福的一贯理念，在率先解放、建立人民政权的地区实行社会保险，极大地激发了职工的劳动热情，促进了解放区的生产建设、经济发展和物资供应，从而为全国的解放战争提供了巨大支持。最先得到劳动保险待遇的一些工友发自内心地说："在旧社会，工人有力气干活的时候，让你拼命干活，不能干了就只有滚出厂。现在有了劳动保险，真比有儿子还牢靠。"二是为新中国成立后建立全国性社会保险制度积累了实践经验，做了必要的制度和干部准备。

制定《劳动保险条例》

1949 年 9 月 29 日，即新中国正式宣告成立前夕，中国人民政治协商会议第一届全体会议通过了具有临时宪法作用的《中国人民政治协商会议共同纲领》(以下简称《共同纲领》)。《共同纲领》共7章60条,其中第四章“经济政策”第三十二条规定“逐步实行劳动保险制度”。据当年参与工作的老同志回忆,当时中央领导主动提出:“全国解放了,农民分得了土地,享受到了革命胜利的果实。现在我们进城了,企业职工生活有困难怎么办,马上提高工资尚没有条件,当前最主要的任务是恢复生产。但是,职工当中的生、老、病、死、伤、残问题还是可以解决或减轻的吧!而且东北地区实行劳动保险的效果很好,全国也可以实行嘛。”[①] 这项重大决策标志着中国共产党多年来有关社会保障的政治主张第一次真正上升为国家意志。在1950年10月政务院批准的《中央人民政府劳动部试行组织条例》中,规定劳动部的工作任务之(五)是“计划并领导逐步实行劳动保险制度”,并内设了劳动保险局。这是劳动部唯一一个称作“局”(其他职能机构都称作“司”)且具有独立行文权的内设机构,其职责包括“草拟有关劳动保险的条例、办法、规定、指示等文稿;领导实行劳动保险制度,批准企业实行劳动保险;管理职工集体福利事业;解释现行的劳动保险法令”。为协调行政部门与工会组织的行动,劳动部劳动保险局与全国总工会劳动保险部的正副局长、部长曾互相兼任。

1949年11月,由政务院总理周恩来亲自启动,劳动部部长李立三直接领导,成立了由5人组成的起草委员会,并调来一批地方干部,开展《劳动保险条例》的起草工作。

这月的2日,中央人民政府劳动部才刚刚在前华北人民政府劳动局的基础上筹备成立,在北京市延年胡同5号办公(20世纪60年代后改为3号,现为人力资源社会保障部职工宿舍)。延年胡同在清朝称为馓子胡同,因曾有制作馓子(一种油炸食品)的作坊而得名,民国时期改为现名。5号是几座毗连的四合院,观其形制,定非寻常百姓人家,据说是某位达官显贵的私宅,对面就是清光绪年间权倾一时的庆亲王奕劻的府第,也可以印证这一点。5号院房间不少,但多已破旧,特别是冬天要自己生煤球炉子,让南方来的干部很不习惯,有人还煤气中毒过。起草委员会的成员有

---

① 郭健. 劳动保险诞生记[J]. 中国社会保障,2009(10).

时在这里开会讨论，有时干脆到局长家里围炉夜谈。

在《劳动保险条例》起草过程中，刘少奇、周恩来、陈云等中央领导同志经常过问进展情况，甚至对条文细节作出批示。经过一年时间的研究起草，前后修改了 20 多次，形成了正式草案，提请中央人民政府审核。1950 年 10 月 29 日，政务院第 56 次政务会议初步通过了《中华人民共和国劳动保险条例草案》，并在两天后向全社会公布了草案，征求各级人民政府和所属各部门，特别是经济部门和工厂企业的管理机关以及各地工会组织和工商业者的意见，要求于当年 11 月底之前书面报告劳动部，以便参酌修正。在征求意见期间，劳动部共收到全国各地工会组织、工商业界、政府机关及个人寄来的意见书 141 件。起草委员会经过紧张工作，于 1951 年 1 月底完成了草案修改。这个过程表明，劳动保险制度事关千百万劳动群众的切身利益和党的执政基础，中央高度重视，新中国刚一成立就被列入了重大法规建设的日程；《劳动保险条例》虽然涉及多方利益关系，政策体系庞大而复杂，但起草工作是快节奏、高效率的，回应了人民群众的迫切期盼；广泛征求社会各界意见并认真采纳，体现了立法充分尊重民意的民主精神。

1951 年 2 月 26 日，政务院发布决定，确定《劳动保险条例》从当年 3 月 1 日起生效，企业行政方面或资方自此缴纳劳动保险金，而工人职员从 5 月 1 日起领取条例规定的劳动保险（俗称“劳保”）待遇；纳入参保范围的企业行政方面或资方应会同企业工会组织向当地劳动行政机关申请实行劳动保险登记，并于 3 月 15 日前办理完竣登记手续；指定中国人民银行为代收与保管劳动保险金的总金库，并须通知全国各地分行于 3 月 10 日前做好准备工作；参保各企业在 4 月底前做好实施的准备工作；中央人民政府劳动部协同中华全国总工会制定条例实施细则，于 3 月上旬公布。这样的部署，令人印象深刻的有几点：一是强调各方协力，公营企业的行政方面或私营企业的资方、劳动部门、工会组织、人民银行等对实施条例履行各自义务，承担相应责任；二是要求迅速落地，对各方执行条例都限定了起始的时间点，不容拖延；三是程序比较严谨，对参保登记、缴费、领取待遇、资金管理都作出明确规定，并通过制定细则进一步细化。《劳动保险条例》

发布几天后的3月2日，中共中央专门作出《关于劳动保险准备工作的指示》，要求各级党委负责指导并督促各方面把这个有重大意义的工作做好，充分体现了对这项关乎劳动群众切实利益的制度的高度重视。

1951年颁布实施的《劳动保险条例》具有试行性质。经过将近两年的实践，1953年1月2日，政务院第165次政务会议通过并公布了条例的若干修正决定，主要是扩大了实施范围和适当提高了待遇水平。据此，劳动部和全国总工会也相应修正了《劳动保险条例实施细则》，于1月26日公布，为稳妥起见，仍界定为“试行”，这体现出中央政府对重大法规制定和实施的科学严谨态度。

基本制度和主要政策

1951年制定的《劳动保险条例》有7章34条，1953年修正后精简为32条。主要政策是：

适用范围。1951年《劳动保险条例》仅规定为铁路、邮电、航运和有职工100人以上的工厂、矿场及其附属单位，1953年《劳动保险条例》修正后，扩大到工厂、矿场、交通事业的基本建设单位和国营建筑公司；劳动者则包括这些单位的所有工人、职员、学徒，这些单位的临时工、季节工和试用人员也享受一定项目的待遇；不属于这一范围的企业，在订立集体劳动合同时，也应根据《劳动保险条例》精神，经各方协商并报劳动部门批准后实行。

资金征管。各参保企业除按《劳动保险条例》规定由企业直接支付的劳动保险待遇外，要按其支付工资的工人职员工资总额的3%缴纳劳动保险金，其中30%存于全国总工会作为劳动保险总基金，用于举办集体劳动保险事业等；另70%存于本企业工会，用于《劳动保险条例》规定应由劳动保险基金支付的待遇。

各项待遇。共规定了五类待遇（见表2-2）。

1. 因工负伤、残废（当时称为“残废”，后来改称为更人性化的“伤残”）待遇。包括医药费、住院费、住院期间膳食费和就医路费，医疗期间照发工资，确定为残废后按月付给抚恤费或补助费。

表 2-2　劳动保险待遇费用分担表

项目	企业行政方面或资方支付	劳动保险基金支付
工伤待遇	医药费、住院费、住院期间膳食费和就医路费，医疗期间工资	完全残废者抚恤费，部分残废者补助费
疾病、非因工伤残待遇	诊疗费、手术费、住院费及普通药费，6 个月内病伤假期工资	病伤 6 个月以上的救济费及残废退职后补助费
死亡待遇	因工死亡丧葬费	因工死亡遗属抚恤费，非因工死亡丧葬补助费及遗属救济费
养老待遇	—	退职养老补助费
生育待遇	产假期间工资，检查、接生费	生育补助费

2. 疾病、非因工负伤和残废待遇。包括四项：一是职工本人的诊疗费、手术费、住院费和普通药费由企业负担，但贵重药费、住院的膳食费及就医路费由本人负担，如本人经济状况确有困难，由劳动保险基金项下酌予补助；二是职工治疗停工期间，6 个月以内发给本人工资 60%～100% 的病伤假期工资，6 个月以上发给 40%～60%，俗称“吃劳保”；三是职工确定残废后发给一定标准的救济费；四是职工供养的直系亲属患病的合规费用，由单位负担一半，俗称“家属半费医疗”。

3. 死亡待遇。无论因工或非因工死亡的，均发给丧葬费和供养直系亲属抚恤费，但标准和费用列支渠道有所不同。

4. 养老待遇。达到规定的年龄（不分工人或职员，男年满 60 岁、女年满 50 岁）、工龄（一般工龄男满 25 年、女满 20 年，本企业工龄男满 10 年、女满 5 年）条件，按月付给本人工资一定比例的养老补助费，1951 年《劳动保险条例》规定为 35%～60%，1953 年修正后提高到 50%～70%，并对艰苦危险岗位提前享受及工龄折算作出规定。

5. 生育待遇。产假期间工资照发，并发给生育补助费，后项待遇不仅支付给生育女职工，也包括男职工的配偶生育。这些待遇的费用由企业和劳动保险基金分别负担。

管理体制。劳动保险工作由各级工会组织负责，中华全国总工会（以下简称全国总工会）为全国劳动保险事业的最高领导机关；各级劳动行政机关监督劳动保险基金的缴纳，检查业务执行情况，并处理有关申诉，中央人民政府劳动部为全国劳动保险业务的最高监督机关。具体操作程序是：企业工会基层委员会留用的劳动保险基金，每月结算一次，余额转入省市工会组织或产业工会委员会作为劳动保险调剂金，基层不足开支时向上级工会组织申请调剂；省市工会组织或产业工会委员会的劳动保险调剂金用于补助所属各基层工会组织开支不足和举办集体保险事业，每年结算一次，余额上缴全国总工会，不足开支时向全国总工会申请调剂。

从这些基本制度安排和政策规范来看，劳动保险有下面几个特点。

一是采取混合模式——企业要依法承担相当一部分待遇支付的责任，如医疗费用及职工病伤假 6 个月以内的工资等（国际上称为“雇主责任制”）；同时建立劳动保险基金用于支付规定的其他待遇（对工伤、养老待遇承担的比例较高，对医疗、生育待遇只有部分补助），基金实行基层、省市、全国三层调剂，具有社会保险的属性；二者结合，比较符合当时的实际。

二是筹资渠道单一——劳动保险基金完全来自企业缴费，《劳动保险条例》专门规定“劳动保险金不得在工人与职员工资内扣除，并不得向工人与职员另行征收”。这与 1922 年中国劳动组合书记部颁布的《劳动法案大纲》、1931 年《中华苏维埃共和国劳动法》的思想是一脉相承的。

三是保障项目比较全面，基本涵盖了除失业之外的主要劳动风险；而且政策、标准规定周密细致，并以多达 79 条的《劳动保险条例实施细则》强化其可操作性。

四是管理体制借鉴了《中华苏维埃共和国劳动法》和《东北公营企业战时暂行劳动保险条例》，实行工会组织实施、劳动行政部门监督，明显带有强调“工人阶级当家做主”的政治含义。

这一时期与管理体制相关的一个史实是，1954 年第一届全国人民代表大会决定将中央人民政府劳动部改为中华人民共和国劳动部，任命马文瑞为部长，部址先迁到北京市和平里七区 10 号楼（现为自然资源部一处招待所），后借援华苏联专家全部迁居新落成的北京友谊宾馆之机，经周恩来总理批准，迁至和平里中街 12 号。这里毗邻地坛，原来是供苏联专家办公的处所，共有 7 栋二层楼，20 世纪 80 年代和 21 世纪初两次拆除改建为南、北、西三栋大楼，周边街道也几经拓宽，样貌大改，但“和平里中街 12 号”的地址始终没变。劳动部曾内设劳动保险局，但劳动保险费的收缴、发放管理等重要工作均由全国总工会负责，这个局有“形同虚设”之虞。因而，在 1956 年 9 月国务院常务会议批准的《劳动部组织简则》中，没有再规定其劳动保险的管理职能，也没有设立相应机构，只是在工资司职责内规定有“研究拟定全国性重大工资福利的原则、方针、政策和规划，审批和平衡国营、地方国营企业工资福利的重大措施，研究制定（或参与制定）切实可行的工资福利制度，研究和总结各地各部门在工资福利方面的先进经验、组织交流、推广”等，把劳动保险作为工资福利的一部分进行行政管理。

社会反响热烈　实施效果明显

《劳动保险条例》一经公布就引起热烈的社会反响，刊印条例的报纸当天即被抢购一空，职工群众争相阅读。在旧中国的工厂企业中受尽剥削压迫的工人群众，经过宣传，了解到今后不仅在工作期间因工伤、残疾、疾病、生育等可以享受劳保待遇，而且年老后还可以领取养老金（当时称为“退职养老补助费”），甚至死亡后其直系亲属还能获得丧葬费和救济费，倍感欢欣鼓舞，真正有了“翻身”的感觉。许多城市的工人在工厂车间里、街头上相互恭喜，敲锣打鼓地庆祝《劳动保险条例》的颁布实施，称之为“中国工人阶级的大喜事”，喊出“农民有土地，工人有劳保”的心声。把享有劳动保险与土改后中国农民终于实现了几千年来“耕者有其田”的梦想等量齐观，足以显示劳动保险制度对城市工人大众的极端重要性。

在《劳动保险条例》公布前的 1950 年 12 月 10 日至 1951 年 1 月 8 日，全国总工会和劳动部在天津举办了有省市劳动保险专业干部 230 人参加的“全国第一届劳动保险训练班”，参与《劳动保险条例》起草的同志逐条讲解条例内容，为《劳动保险条例》实施做了较充分的骨干培训工作。《劳动保险条例》公布后，各地区按照中央政府部署，积极有序地开展劳动保险登记工作，相关企业和工人群众踊跃参加。据全国总工会统计，1951年至1953年，全国实行劳动保险的企业共4 400多家，各年享受劳动保险待遇的职工人数分别为269万人、330万人、420万人，呈逐年增加之势；不属于规定范围，但通过签订集体劳动合同明确劳动保险事项的也有4 300多家企业和73万名职工。3年共筹集劳动保险基金1 880万元，合计有2 200多万人次享受到各种劳动保险待遇。[①] 在1954年召开的第一届全国人民代表大会第一次会议上，周恩来总理在政府工作报告中确认：35个工业部门为职工直接支付的劳动保险费、医药费、文教费和福利费平均相当于工资总额的17%，1953年享受劳动保险待遇的职工已有480余万人，其他中小企业中的职工也多半同企业签订有劳动保险合同。

在推行期间，各地区、各有关部门通过多种形式广泛宣传劳动保险制度的意义和政策。1953年1月10日，配合《劳动保险条例》的修正颁布，《人民日报》专门发表了题为《为贯彻劳动保险条例而努力》的社论。在当年印制的“劳动保险待遇证”上，不仅简要介绍了劳动保险的主要内容，还明确宣示劳动保险的宗旨：“中国实行劳动保险制度，是中国共产党和中国人民长期奋斗的结果，也是中国工人阶级解放胜利的果实之一。我们一定要珍贵它，一定要发挥主人翁的精神，在生产上挖潜力、找窍门、学习技术、开展劳动竞赛、提高产品质量数量和工作效率、降低成本、保证安全，超额完成国家计划，为实现国家的社会主义工业化而奋斗！”

推进与纠偏并举

1954年9月20日第一届全国人民代表大会第一次会议通过并颁布《中华人民共和国宪法》，其中第九十三条规定：“中华人民共和国劳动者在年老、疾病或者丧失劳动能力的时候，有获得物质帮助的权利。国家举办社会保险、社会救济和群众卫生事业，并且逐步扩大这些设施，以保证劳动者享受这种权利。”劳动保险制度有了更坚实的国家基本立法基础。

1956年，根据国家财政经济的可能和国民经济发展的需要，《劳动保险

① 严忠勤. 当代中国的职工工资福利和社会保险［M］. 北京：中国社会科学出版社，1987.

条例》的实行范围又扩大到商业、外贸、粮食、供销合作、金融、民航、石油、地质、水产、国营农牧场、造林等11个产业和部门，参保职工达到1 600多万人，是1953年的近4倍；签订集体劳动保险合同职工有700万人，是1953年的近10倍；合计覆盖了当年国营、公私合营、私营企业职工总数的94%。[①]

1957年2月，卫生部制定发布《职业病范围和职业病患者处理办法的规定》，明确将危害职工健康的14种疾病列为职业病；职工经规定程序被本单位医疗机构或指定医疗机构的负责医师确定为职业病的，发给职业病证明书，享受有关劳动保险待遇。这一规定填补了《劳动保险条例》的一项空白。

《劳动保险条例》的实施，得到广大工人群众的热烈拥护，极大调动了他们生产劳动的积极性，对当时恢复国民经济、支援抗美援朝战争及开展以第一个五年计划为标志的社会主义建设起到了重要的作用。但在《劳动保险条例》的施行中也出现一些矛盾和问题，比较明显的是有些福利项目偏多，有的待遇标准偏高，不仅难以持续，也扩大了工农“剪刀差”。早在1953年，政务院在发布修订《劳动保险条例》的决定中就提醒社会各界：工人阶级和全体人民的福利“只有在生产发展的基础上才能改进。因此，目前劳动保险条例的实施范围还不能扩大得过大，待遇标准也不能提得过高”。1956年，党中央更清楚地意识到实践中暴露出的矛盾。刘少奇同志在党的八大上作政治报告时指出，职工群众有许多困难不是短时间内可以解决的，只有在社会主义建设得到更大的发展以后才能解决。我们还需要艰苦奋斗，不应当只管个人利益和目前利益，而忽视全国的和长远的利益。这一点必须向职工群众说明。

在1957年9月26日召开的党的八届三中全会上，周恩来同志代表中央专题作了《关于劳动工资和劳保福利问题的报告》。报告回顾新中国成立8年来，逐步实行了劳动保险和公费医疗，举办了各种福利事业，改善了广大职工群众的物质生活和文化生活，帮助广大劳动人民解除了在旧社会依

① 严忠勤. 当代中国的职工工资福利和社会保险［M］. 北京：中国社会科学出版社，1987.

靠个人能力无法解决的生老病死伤残的困难，确实为广大职工办了许多必须办的好事。同时也尖锐指出，某些方面走得快了，某些项目办得多了，某些规定不切合实际和不够合理，与我国人口多、底子薄、广大农民生活水平还比较低的现状不相适应，也助长了职工对国家的依赖心理，要求“一切由国家包下来”，而不能鼓励职工群众克勤克俭、互助友爱、依靠自身力量和集体力量克服困难的精神。在劳保福利工作上另一个严重的缺点是，项目混乱，有些制度不合理，管理不善，掌握尺度偏松偏宽，因而造成苦乐不均和严重浪费的现象。针对这些问题，报告提出，第二个五年计划期间对劳保福利工作和制度应该着重整顿。整顿的方针是，简化项目，加强管理，克服浪费；改进不合理的制度，适当降低过高的福利待遇；同时提倡少花钱，多办事；提倡依靠群众集体的力量，举办福利事业；提倡用互助互济的办法，解决职工生活中的某些困难问题。具体到劳动保险，中央认为，从几年来的情况看，劳动保险制度的建立基本是正确的。但是制度还很不完善，某些劳动保险待遇有不切合实际和不够合理的地方。全国总工会已经提出修改的意见，拟将其中考虑比较成熟的部分，首先进行修改，经职工群众讨论后，由国务院发布关于劳动保险待遇的暂行补充规定，付诸实施；同时进行全面研究，准备修改条例。全国总工会建议扩大劳动保险实施范围，国家机关、事业单位，统一实行劳动保险，取消现行的公费医疗和其他各项有关办法，以减少职工中的矛盾。这一建议，由国务院召集有关部门进行研究后决定。

10 月 24 日，中共中央向各级党委转发了周恩来同志的这个专题报告，并要求将报告中所提出的方针和原则，适当地在职工中进行传达，组织群众讨论争辩，对群众提出的关于工资和福利问题的意见进行系统的研究，提出改进方案。由于接下来的政治、经济动荡（1958 年“大跃进”、1959 年“反右倾”以及连续 3 年被迫进行的国民经济调整），全面修改条例的工作并未实际进行，但在干部工人退休、退职的条件和待遇方面，采纳了全国总工会的建议，于 1958 年对机关和企事业单位统一了相关政策（详见第三章）。

回望劳动保险制度的四个视角

劳动保险制度自 1951 年开始试行，其间经历了修正和完善，总体稳定实行了十几年；“文化大革命”期间停止提取劳动保险基金，宏观架构散裂，但微观政策仍是企业执行的基本法规依据，直到改革开放后被陆续重构或新建的各项社会保险制度法规所替代。这段历史需要科学总结，也留下不少思考题。

从历史地位上看，劳动保险是新中国成立后第一个全国性全面保护职工群众社会保障权益的制度安排，集中体现了党紧紧依靠工人阶级、为广大劳动群众谋幸福的宗旨，在我国社会保障体系建设上具有开天辟地的意义。今天我们回顾社会保障发展史，无疑应充分肯定改革开放 40 多年的重大变革和进步，但也决不可割裂历史、采取虚无主义态度，忽视此前多年的探索实践及前辈为此付出的艰辛努力。把新中国社会保障看作 70 年有机联系的连贯历史，才能准确把握其产生和发展的真实源流，才是历史唯物主义的应有态度。

从时代作用上看，劳动保险制度的实施，在很大程度上解除了当时职工群众生老病死伤残的后顾之忧，特别是老工人从新旧社会对比中切身感受到国家主人翁的地位，极大地激发了生产劳动的积极性，密切了党、政府和工人群众的关系，对社会主义建设和社会稳定起到了无可替代的重要作用。从一定意义上可以说，在农村解决农民的土地问题和在城市解决职工的劳动保险问题，是我们党改善民生、巩固执政基础的两大法宝；细心对照一下，改革开放以来，特别是早期，我们在基本民生方面仍突出了这两个着力点。这不是巧合，而是中国国情所蕴含的内在逻辑。

从立法技术上看，《劳动保险条例》设置保障项目比较全面，即使与 1952 年国际劳工组织归纳各国经验通过的《社会保障（最低标准）公约》相比也不逊色，而那时我国才“蹒跚学步”，想想是何等不易；覆盖范围逐步扩大——1953 年至 1956 年进行社会主义改造后，全民所有制和劳动群众集体所有制两种形式的公有制经济比重从 20.6%上升到 93%，劳动保险制度适用范围随之扩展；《劳动保险条例》及其实施细则在劳动保险的条件、标准、管理、监督等方面的规定周全、细密、严谨，奠定了我国社会保障制度的法律基础。这些经验对后来的劳动保障立法都有较高的学习、借鉴价值。

从经验教训上看，最基本的大略有三条。其一，劳动保险制度从兴起到消亡的曲折过程充分表明，社会保障与国家政治大局高度相关，既可以对密切党群关系、稳定社会起促进作用，又受政治态势深刻影响，政局动荡，再好的社会保障制度设计也难以施行。其二，社会保障又与经济发展紧密联系，经济受挫，社会保障便缺乏牢固的物质基础；保障范围和标准必须始终适应经济发展水平，尤其应防止超前、超高。其三，受当时条件和认识的局限，《劳动保险条例》规定劳动保险费全部由企业出资，职工个人不缴费，认为这是社会主义制度优越性的体现。这虽然有工资水平低的客观原因，但也埋下了“大锅饭”的隐患。此外，劳动保险基金的70%留给企业支用，社会统筹调剂比例较低，后来干脆取消了基金归集，致使社会收入再分配的功能难以充分体现。这些以沉重代价换来的经验教训，值得长久记取。

第三章
建立公职人员保障制度

几乎与企业实行劳动保险制度同步，在国家机关和事业单位也建立了有关生活福利保障制度。不同的是，后者没有制定如同《劳动保险条例》那样的综合性法规，而是依据轻重缓急，分别实行单项制度。20 世纪 50 年代，公职人员福利保障工作的主管机关也多次发生变化：1950 年 9 月成立的中央人民政府人事部，其第一局的任务之一即负责中央各机关工作人员工资福利的规划、审核、指导、处理；1954 年 11 月，人事部改为国务院人事局，其组织简则规定的第一项职责就是“管理国家机关工作人员工资福利工作”，并内设福利科；1959 年 7 月，根据第二届全国人民代表大会常务委员会第四次会议关于精简机构的决定，撤销国务院人事局，其全部工作移交内务部新设立的政府机关人事局。

退休养老制度

我国国家机关和事业单位的养老保障制度初建时有两个特点：从纵向上看，先用临时性规定解决较为急迫的问题，再建立相对稳定、持久的制度；从横向上看，分为退休和退职两种政策安排，而不像劳动保险制度那样统归为“退职养老补助”。

最初的干部退休制度是按行业、部门分别建立的。1950 年 3 月 15 日，政务院财政经济委员会发布《关于退休人员处理办法的通知》，可以说这是新中国第一个有关干部退休的政策文件，但实施范围只限于机关、铁路、邮电、海关等过去就有退休金制度安排的单位。退休条件较宽——无论男女，年满 50 岁、工龄满 10 年即可；而退休金待遇较低——一次性支付，每工作 1 年发给退休前月工资的 1/3，累计不得超过本人 6 个月的工资。1951 年 11 月 12 日，中央人民政府内务部发布《关于 1951 年内处理革命工作人员退职办法的通知》；1952 年 10 月 22 日，政务院发布《关于各级人民政府工作人员退职处理暂行办法》。这几年有关干部退休、退职的规定，总体上看都属于局限于少量专门群体的临时性政策。原因在于：一是新中国成立初期，需要大批干部，正是用人之际，他们的退休退职问题还摆不上国家议程；二是财力薄弱，大批干部尚在实行供给制，没有能力建立规范的退休退职保障制度；三是革命队伍中的干部当初参加革命工作都抱定了一生贡献的决心，主观上也没有退休养老的思想准备和诉求，所以仅对过去有退休金的单位延续相关待遇。

随着政权稳固、经济恢复以及劳动保险制度的实施，开始谋划干部退休退职制度建设。当时曾有过将其一并纳入劳动保险制度的动议，但鉴于机关工作人员与企业职工计算工龄的办法不同，工资标准也有差别，国务院于 1955 年 12 月 29 日颁发命令，明确“在国家机关工作人员中还不能立即实行劳动保险条例”。为适当处理相关待遇问题，该命令同时发布《国家机关工作人员退休处理暂行办法》《国家机关工作人员退职处理暂行办法》《国家机关工作人员病假期间生活待遇试行办法》《国家机关工作人员退职、退休时计算工作年限的暂行规定》4 个规定，于 1956 年年初实行，并确定各民主党派、人民团体和国家机关所属的事业费开支的单位都可以参照执行，从而形成了全方位、规范性的机关事业单位养老保障的制度架构。

在《国家机关工作人员退休处理暂行办法》中，规定了批准退休的程序和证明、逐月发给退休金的条件和标准（见表 3-1）、退休后异地定居的旅途补助以及退休后死亡的丧葬补助费。

表3-1 1955年规定的国家机关工作人员退休条件和退休金标准

<table>
<tr><th>年龄</th><th>工作年限</th><th>退休金相当于本人工资的比例</th></tr>
<tr><td rowspan="2">男年满60岁
女年满55岁</td><td>男满5年+工作前劳动年限满25年
女满5年+工作前劳动年限满20年</td><td>5~10年为50%
10~15年为60%</td></tr>
<tr><td>满10年</td><td rowspan="3">一般为70%
15年以上为80%</td></tr>
<tr><td>因公致疾丧失劳动能力</td><td>满10年</td></tr>
<tr><td>因公残废</td><td>—</td></tr>
</table>

与1950年的退休人员处理办法相比，新的制度有很大发展：（1）实施范围大大扩展，覆盖所有国家机关及其所属事业单位，还包括民主党派和人民团体的工作人员；（2）退休年龄标准提高，改为男年满60岁、女年满55岁；（3）工龄条件细化，分为工作年限（连续工龄）和劳动年限（一般工龄），这是考虑到许多干部参加革命工作前曾在旧政府或私营工厂、店铺工作过，连续工龄较短而一般工龄较长，照顾到这些特定的历史情况；（4）将一次性发放退休金改为依据工龄长短和本人工资按比例按月发放，提升了退休保障制度鼓励干部多做工作的功能。

《国家机关工作人员退职处理暂行办法》主要是针对年老或者病弱不能继续工作，又不符合退休条件的工作人员，规定根据工作年限长短发给一次性待遇，但没有规定退职金的最高限额。当时，符合退休条件的工作人员较少，1956年办理的只有1 000多人（不完全统计），而符合退职条件的相对较多，同年办理了8 000多人。①

经过两年实践，1958年2月，国务院公布《关于工人、职员退休处理的暂行规定》，3月又公布《关于工人、职员退职处理的暂行规定（草案）》。制定这两个文件的缘起是全国总工会提出国家机关和企事业单位统一实行劳动保险制度的建议，在1957年党的八届三中全会上提及这一问题。与此同时，劳动部调研发现并向党中央、国务院报告，无论是《劳动保险条例》还是1955年《国家机关工作人员退休处理暂行办法》，在执行过程中都显现出退休条件过严、待遇标准不够恰当的弊端，致使一部分年

① 严忠勤. 当代中国的职工工资福利和社会保险［M］. 北京：中国社会科学出版社，1987.

老体弱、丧失劳动能力的职工不能或不愿退休，亟须制定新的办法。因此，中央决定首先解决机关事业单位与企业干部和工人退休、退职统一政策标准的问题。1957 年 11 月，经第一届全国人民代表大会常务委员会第 85 次会议原则批准，《关于工人、职员退休处理的暂行规定》连同普通工勤杂工工资待遇、学徒期限及生活补贴、职工探亲假及待遇三项规定一起，公开征求群众意见，全国有 1.1 万家单位组织 3 000 多万名职工进行了讨论，提出的意见多达 16 万条。在充分吸收各方面意见的基础上，经国务院全体会议第 70 次会议审议通过后发布施行。

有关退休条件和待遇的规定见表 3-2。

表 3-2　1958 年规定的工人、职员退休条件和退休费标准

<table>
<tr><th>分类</th><th>年龄</th><th>工龄</th><th>退休费相当于本人工资的比例</th></tr>
<tr><td>一般岗位</td><td>男年满 60 岁
女工人年满 50 岁
女职员年满 55 岁</td><td rowspan="2">连续工龄满 5 年；一般工龄男满 20 年，女满 15 年</td><td rowspan="2">5～10 年为 50%
10～15 年为 60%
15 年以上为 70%</td></tr>
<tr><td>有损健康岗位</td><td>男年满 55 岁
女年满 45 岁</td></tr>
<tr><td rowspan="3">身体衰弱丧失劳动能力</td><td>男年满 50 岁
女年满 45 岁</td><td>一般工龄满 15 年</td><td rowspan="2">5～10 年为 40%
10～15 年为 50%
15 年以上为 60%</td></tr>
<tr><td>—</td><td>连续工龄满 5 年，一般工龄满 25 年</td></tr>
<tr><td>—</td><td>专职从事革命工作满 20 年</td><td>70%</td></tr>
</table>

有关退职的条件也按工龄划分，待遇则限于一次性补助：连续工龄不满 1 年的，发给 1 个月的本人工资作为退职补助费；1 年以上至 10 年的，每满 1 年，加发 1 个月的本人工资；10 年以上的，从第 11 年起，每满 1 年，加发一个半月的本人工资。但退职补助费总额最高不得超过 30 个月的本人工资。

这两个暂行规定在我国社会保障发展史上分量很重。一是法规层级高，分别经过全国人民代表大会常务委员会第 85 次会议和第 94 次会议原则批准，由国务院公布，因而不同于一般政策性文件，具有立法的性质。二是首度尝试对国家机关和企事业单位的工人、职员退休、退职的有关政策作出统一安排。新法规颁布后，原来执行的其他暂行办法均废止，《劳动保险条例》中与之有抵触的规定也遵从新法规。一个突出例证是，《劳动保险条例》规定女工人和女职员的退休年龄条件均为年满 50 岁，而《国家机关工作人员退休处理暂行办法》规定为女年满 55 岁，二者有差别；新法规对女职工，不论其在机关、事业单位还是企业工作，统一规定为女工人年满 50 岁，女职员年满 55 岁。尽管在此后的多年中，社会保障的管理体制分分合合，但两个规定确立的基本政策一直延续下来。这个过程，也为此后全面统一机关事业单位和企业职工的养老保险制度进行了最初的探索。三是统筹兼顾了多种相关的职业风险，一并规定了退休养老、因病或非因公（工）伤残退职以及死亡待遇，如对退休人员去世发给一次性丧葬补助费，并根据其供养直系亲属多少，一次性发给相当于本人 6～9 个月退休费的亲属抚恤费，这与国际上通行的老、残、遗保障体系是契合的。

此外，我国在 20 世纪 50 年代还建立了军官退休制度。1958 年 7 月 5 日，国务院公布《关于现役军官退休处理的暂行规定》；1959 年 11 月 6 日，内务部和解放军总政治部联合发布《关于执行〈国务院关于现役军官退休处理的暂行规定〉的通知》，确定军官退休制度并由民政部门与军队政治机关共同负责。

公费医疗制度

早在革命战争时期的老革命根据地就有过公费医疗预防措施。新中国成立初期，在部分地区、人员中及某些疾病范围内重点实行公费医疗预防政策。随着 1951 年 2 月开始在工矿等部门试行《劳动保险条例》解决工人的医疗问题，陕北老根据地及某些少数民族地区也试行了公费医疗预防制度，并在 1952 年年初扩大到第二次国内革命战争的各根据地。年中，中央政府根据国家卫生人员力量与经济条件，决定将公费医疗预防的范围分期推广。当年 6 月 27 日政务院发布指示，从 7 月 1 日起逐步对全国各级人民政府、党派、工青妇团体、各种工作队及文化、教育、卫生、经济建设等事业单位工作人员和革命残废军人等范围内的各级国家工作人员实行公费医疗预防制度，保障项目包括门诊、住院的诊疗费、手术费、住院费和经医师处方的药费（尚不具备实行门诊、住院办法条件的暂发给医药费），也包括新建医疗机构的建筑及新旧医疗机构的装备，经费由各级卫生主管部门统筹统支。为此，中央一级设立由卫生部、政务院机关事务管理局、人事部、劳动部、财政部、教育部、建筑总处等单位组成的公费医疗预防实施管理委员会，卫生部负主要责任；各大行政区和省（市）人民政府（行署）也分别设立卫生部门会同有关部门组成的同类委员会。

1952 年 8 月 30 日，经政务院批准，中央人民政府卫生部颁布《国家工作人员公费医疗预防实施办法》，具体规定了各项政策。

享受范围。包括各级人民政府、党派、团体编制内人员，各级文、教、卫及经济建设事业单位工作人员，经政务院核定之各工作队人员，革命残废军人，列入范围的人员发给公费诊疗证。

管理体制。各级公费医疗预防实施管理委员会承担管理职责，主要是核定享受待遇人员数额、等级，提出和审查公费医疗各项预算决算，督导各项公费医疗预防费用的统筹统支和管理运用，督导、组织公私医疗预防机构开展公费医疗预防工作，审议医疗预防机构的扩充、设置等。

医疗服务体系。大中城市卫生行政机关设置的公费医疗预防处（科）指定一家或一家以上医院专门负责公费医疗预防工作，同时逐渐减缩或撤销各机关原设之卫生所或卫生科，但可另行设置保健员或保健医师来指导机关人员保护健康、预防疾病；小城市或乡镇除应先就原有县卫生院内增设病床外，可与当地联合诊疗机构或私营医院、诊所协商合作，以解决当前公费医疗预防之需要。

资金收支。规定各级人民政府应将公费医疗预防经费列入财政预算，由各该级人民政府卫生行政机关掌握使用（专区、县须经人民政府负责人批准支付，区由县人民政府统一掌握），其中 30%用于门诊医药器材、健康检查，70%用于住院医疗之医药器材及修理器材，专款专用，不得平均分发；各级公费医疗费用收支情况报核财政部门，并呈报中央人民政府卫生部备查。

区域关系。公费医疗预防事宜均采取区域负责制，但中央各机关设在地方的直属单位人员所需医药费由中央拨给地方卫生行政机关统筹统支；工作人员因公赴另一地区工作，凭原发诊疗证及出差证明文件经当地主管机关介绍至指定医院或门诊部诊疗，交纳医药费用后凭所发单据到原地区主管机关报领。

1952 年 9 月，政务院还颁布了《关于各级人民政府工作人员在患病期间待遇暂行办法的规定》，确定了政府工作人员患病期间的收入保障标准。1953 年 3 月，政务院决定将公费医疗范围扩大到大学和专科学校的在校学生。1955 年，与公费医疗和疾病保障制度相关的一个背景发生重大变化——国家机关工作人员工资制和供给（包干）制并行改为全部实行工资制。这个变化直接涉及两项政策的调整。

一是修改政府工作人员患病期间的收入保障标准。1955 年 12 月，国务院发布《国家机关工作人员病假期间生活待遇试行办法》，规定：病假在 1 个月以内的，不分工龄长短，工资照发；病假超过 1 个月至 6 个月以内的，从第 2 个月起，按照工作年限长短，发给本人工资的 70%～100%；病假超过 6 个月的，从第 7 个月起，按照工作年限长短，发给本人工资的 50%～80%。

二是调整对原包干制工作人员执行的子女参加统筹医疗的待遇。1955 年 9 月，财政部、卫生部、国务院人事局发布《关于国家机关工作人员子女医疗问题的通知》，规定从 9 月起停止执行原规定，工作人员不论原实行包干制或工资制，其子女患病，各机关可在两种办法中择其一种来解决：或是实行机关统筹——根据本机关具体情况及工作人员意愿自行组织，工作人员的子女均可参加，每人每月按公费医疗规定数缴纳医疗费，由机关统一掌握，并负责向卫生行政部门联系指定医疗机构诊治，参加统筹的工作人员子女患病的医药费，从统筹费内开支，具体办法由各机关自行规定；或是由工作人员自理，对确实有困难者，从机关福利费内予以补助。这个新规定，一方面更加公平，在同一机关内消除了原来实行包干制工作人员（当时有 56 万人）执行子女医疗统筹而实行工资制工作人员（当时有 95 万人）子女医疗费自理的差别；另一方面也与劳保医疗制度中有关“家属半费医疗”的待遇有所衔接。

1958年又补充了一项新政策，《国务院关于工人、职员退休处理的暂行规定》规定：“退休人员本人可以享受与他所居住的地方国家机关工作人员相同的公费医疗待遇，医药费按照企业、机关现行的办法报销。”说这是一项新政策，是因为无论是在《劳动保险条例》中还是在1955年《国家机关工作人员病假期间生活待遇试行办法》中，都只规定了在职职工的医疗待遇，而未涉及退休人员；1956年国务院人事局、卫生部、内务部和教育部分别发布文件，规定工作人员退休后仍享受公费医疗待遇，但范围只限于国家机关和高等学校。而这次是首次全面规定“国营、公私合营的企业、事业单位和国家机关、人民团体的个人、职员”退休后都可以享受公费医疗待遇。有意思的是，此前企业职工有关医疗保障执行《劳动保险条例》，习惯上被称为“劳保医疗”；国家机关工作人员的医疗保障才称为公费医疗；而此次对各类单位的退休人员医疗保障作出统一规定，统称为公费医疗，但同时明确“医药费按照企业、机关现行的办法报销”，即在统一政策框架下也有费用来源的区别。

这套政策构成了公费医疗的基本制度框架，具有标志性意义。一是将局部、零星的措施上升为全国统一，全面覆盖机关、团体和事业单位的完整制度；保障项目既包括医疗服务，也包括疾病期间收入，还辐射到工作人员的子女医疗。二是将过去各机构内设卫生所（科）的分散格局，改变为在城市内统一确定医疗机构，即后来所称“合同医院”制，优化了医疗服务资源的配置，更具有“社会性”。三是明确了以卫生部门为主的管理体制，实行统一的公费医疗经费预算管理制度。此后几十年，公费医疗制度基本循此脉络发展，只有轻微调整，比如随着行政管理机构的完备，不再设立多部门组合的实施管理委员会，而由设立在卫生部门的公费医疗办公室负责；地区和县级的公费医疗经费也不再由政府直接掌握，而交由卫生部门依规管理。

病假待遇

国际上通常把与疾病、医疗相关的社会保障制度分为两类——“医疗照顾”，保障患病诊疗和用药的费用需求；“疾病津贴”，保障职工因病停工期间的经济待遇。我国公费医疗制度中没有后一项规定，需要另定制度。

这件事是在 1952 年完成的。1952 年 5 月和 6 月，财政部、人事部曾先后发布《各级人民政府工作人员患病期间待遇暂行办法》和《关于长期休养人员分配名额及经费问题之规定》。9 月，政务院发布《关于各级人民政府工作人员在患病期间待遇暂行办法的规定》，废止了两部的规定，对工作人员患病期间的待遇作了重新明确。当时还照顾到供给（包干）制与工资制并行的情况，分别规定：供给制人员无论病休期多长，其原享受的供给和津贴都照发；工资制人员在 1948 年年底前参加革命工作的也照发原本人工资，1949 年后参加革命工作的则只在病休 1 个月内照发原工资，超过 1 个月则减发工资；各类人员病休 6 个月以内的供给、津贴或工资由所在机关行政费报销，病休 6 个月以上列为非编制人员，由同级政府财政报销其享受的供给、津贴或工资。3 个多月后，鉴于全面改行工资制的进展情况，国务院又废止了这个暂行办法，于 12 月 29 日颁发《国家机关工作人员病假期间生活待遇试行办法》，从 1956 年 1 月 1 日起施行。《国家机关工作人员病假期间生活待遇试行办法》及后来的相关补充规定，进一步明确了机关工作人员病假期间的有关待遇和办理程序。

施行范围为各级人民政府及其所属机关（包括事业费开支单位）、各民主党派、人民团体、公立学校之供给制、工资制工作人员（包括干部学员）。1959 年 7 月 31 日，中共中央在批复北京市委的请示中还专门明确，这一办法适用于高等学校的教职员。

生活待遇包括三项：一是医疗费用按公费医疗制度办理；二是病假期间继续享受所在机关的各项福利待遇；三是按病假期长短确定待遇——病假 6 个月以内的仍列在编制以内，支付病假工资，超过 6 个月的，从第 7 个月起不列在编制以内，按规定标准发给生活费（见表 3-3）。这些待遇一直执行到工作人员恢复工作或退休、退职，待遇水平随工资标准变动而变动。

规定程序是工作人员必须经过医疗机构或者医师的证明和任免机关的批准，才能享受病假期间规定的生活待遇。

表 3-3　1956 年实行的机关工作人员病假期间工资（生活费）标准

病假期	按工作年限支付本人工资（标准工资加所在地物价津贴）的比例			
	不满 2 年	满 2 年不满 5 年	满 5 年不满 10 年	满 10 年及 10 年以上
6 个月以下	70%	80%	90%	100%
6 个月以上	50%	60%	70%	80%

经费渠道，无论是病假工资还是生活费，均从行政费工资项下开支，按统一预算科目报销。

机关事业单位工作人员病假待遇政策，填补了公费医疗制度的一项空白，与国际社会保障体系中的"疾病津贴"项目相吻合；按照病假期长短确定是否列入人员编制，并分别支付病假工资或生活费，适应机关工作的特点，也与劳保医疗制度中有关病伤假期 6 个月以内照发或适当减发本人工资、6 个月以上"吃劳保"的规定大体一致、相互衔接。这套政策一直执行至今。

因公伤亡保障

新中国成立后，最早为公职人员建立的保障制度既不是退休养老，也不是公费医疗，而是伤亡残疾抚恤。这是由于长期革命战争在军队和革命队伍中留下大量伤残人员，而且当时局部地区仍有战斗进行，人员牺牲伤残随时都在发生，因此，建立伤残抚恤制度成为当务之急。1950 年 12 月 11 日，经政务院批准，内务部发布《革命残废军人抚恤优待暂行条例》，同时发布《革命工作人员伤亡褒恤暂行条例》。对国家机关、民主党派、人民团体和事业单位工作人员而言，后一个规章是建立因公伤亡保障制度的起点，在此后几十年长期实行，但它与前一个规章也有不可割裂的关系：一是该规章多处援引《革命残废军人抚恤优待暂行条例》规定的有关待遇和标准；二是因为当时人民公安部队指战员尚属于军人，也适用于《革命残废军人抚恤优待暂行条例》，后来转为隶属政府序列的人民警察，才适用于公职人员保障制度，但在相关待遇上仍有交叉。

《革命工作人员伤亡褒恤暂行条例》分别在 1952 年、1953 年、1955 年作过三次修改，待遇项目主要有两类，待遇水平逐步提高。

死亡待遇。将革命工作人员死亡分为两类：一是对敌斗争或因公牺牲者，给予烈士称号，并按其生前级别发给其家属一次性抚恤费；二是病故或非因公失慎致死者，发给其家属“病故革命工作人员家属证明书”，并按其生前级别发给一次性抚恤费。

伤残待遇。只对因对敌斗争或因公负伤的革命工作人员作出规定：他们在治疗疗养期间，照常发给生活费；其中致残者，评定残废等级（分为特等、一等、二等甲级、二等乙级、三等甲级、三等乙级共六个等级）。待遇也分为两类：一是对敌斗争光荣负伤致成残废者，发给“革命工作人员残废证明书”，并依据残废等级发给数量不同的抚恤粮及残废金；二是因公负伤致成残废者，发给“革命工作人员优待证”，并依据残废等级发给数量不同的优待金。

《革命工作人员伤亡褒恤暂行条例》带有新中国成立初期特定历史条件下的明显特点。第一，当时对敌斗争仍十分严酷，不时还有公职人员英勇献身。因此，这时的条例将对敌斗争牺牲和因公牺牲者同等对待，均享受烈士待遇；进入和平建设时期后，才区分为属于奖励表彰的烈士褒扬和属于社会保障的因公死亡两种制度。第二，基于同样背景，当时这一制度只适用于“革命工作人员”，内务部曾明确不适用于执行《劳动保险条例》的公营企业部门职工，也不适用于事业单位职工伤亡，后来才逐步扩展到机关其他工作人员和事业单位。第三，这一制度有关非因公死亡待遇的规定是这方面最早的政策，解决了当时公职人员因病或非因公致残死亡待遇的问题，但也仅限于“革命工作人员”。相比稍后实行的《劳动保险条例》规定的死亡待遇涵盖了所有工人与职员及其供养的直系亲属，覆盖面比较窄。但无论怎么说，《革命工作人员伤亡褒恤暂行条例》都构成了我国公职人员因公伤亡保障制度的最初基础。随着时代发展和情况变化，其基本政策延续下来，其中的不足经过调整完善得以弥补，并逐步与其他相关制度厘清了适用边界。

这里有个纠结了几十年的话题不得不提：《革命工作人员伤亡褒恤暂行条例》表达的公职人员“因公负伤致成残废”简称为“公伤”，而《劳动保险条例》规定的企业职工“因工负伤、伤残”简称为“工伤”，两个词同音不同字，经常造成困扰。这不是单纯的语义学问题，背后是两个不同的政策体系（适用群体、认定程序、评定等级、待遇标准、纠纷处理机制等）。在后来的工伤保险制度建设中，如何恰当融合二者，是一个无法回避的问题。

生育保障

新中国成立初期，各地就陆续对国家机关女工作人员实行生产假期制度，但互有差别，难免攀比影响。1955 年 4 月，国务院发布《关于女工作人员生产假期的通知》，将全国国家机关女工作人员生育保障政策统一起来，规定产前产后共给假 56 天，难产或双生增加假期 14 天；怀孕不满 7 个月流产，根据医生的意见，给予 30 日以内的产假；产假期间（包括星期日及法定假日在内）工资照发；产假期满，因病需继续休养者，按病假处理。

职工在生育期的经济保障，我们习惯称之为“产假工资”，国际上则称之为“生育津贴”，强调它不是工资报酬，而是对生育停工期间丧失收入的女工作人员的经济补偿。尽管叫法有别，但功能设置是相同的。机关女工作人员生育待遇也适用于事业单位，而且在假期、程序和标准上与《劳动保险条例》第十六条规定的企业职工生育待遇完全一致，体现了对社会公平的考量。20 世纪 80 年代后，我国实行计划生育政策，对独生子女的职工给予了额外假期，21 世纪后又延长了产假期。

对 20 世纪 50 年代公职人员保障制度的反思

公职人员保障制度自 20 世纪 50 年代初建立后逐步细化和完善，一直执行到改革开放时期，许多政策至今仍在沿用。这套制度发挥了重要的功能：一是解除了国家机关、民主党派、人民团体和事业单位工作人员生老病死伤残的后顾之忧，稳定了作为治国理政中坚力量的公职人员队伍；二是将适应革命战争年代的生活供给保障制度转化为建设时期的福利保障制度，与劳动保险制度相互支撑，成为我国社会保障体系的有机组成部分。历史地看，这套制度安排也有值得反思之处：一是分别订立政策，比较散碎，不似劳动保险制度那样整装；二是大量待遇由单位自己管理和给付，虽有财政预算，但终究社会化程度偏低，特别是改革开放后工作人员流动频繁，“单位化”体制受到重大挑战；三是与企业职工执行的劳动保险制度并立，壁垒过于分明，这在当时条件下虽属必要，但在 21 世纪社会保障体系逐步完善的进程中留下了如何破解“双轨制”的难题。

* * *

新中国成立初期，我国社会保障制度建设的重心在城市，农村主要是开展救灾备荒和优抚工作。在 20 世纪 50 年代中后期，针对农村鳏寡孤独者建立了五保供养制度，地方和群众为解决缺医少药问题也自发兴办了合作医疗，这成为农村社会保障的最初形式。

农村五保供养制度的形成

在延续几千年的农耕社会中，农村那些没有赡养人或扶养人、没有劳动能力、没有生活来源的老人、残疾人和未成年人主要靠宗族或乡邻帮助来维持基本生活，而在这类互助机制薄弱的乡村，这些“三无人员”大都生活境况凄凉。新中国成立后，农民分得了土地，在正常年景，绝大部分农民通过辛勤劳作可保衣食无忧，但如何保障“三无人员”基本生活仍是个难题。随着实行农业合作化，人民政府把这件事提上工作议程，并找到了解决之方。

1956 年 1 月，中央政府发布《1956 年到 1967 年全国农业发展纲要》，提出：“农业生产合作社对于社内缺乏劳动力，生活无依靠的鳏寡孤独的农户和残废军人，应当在生产上和生活上给以适当的安排，做到保吃、保穿、保烧（燃料）、保教（儿童和少年）、保葬，使这些人的生养死葬都有指靠。”这是国家首次把供养农村孤寡残幼写进中长期发展规划，是建立农村五保供养制度的历史起点。同年 6 月 30 日，第一届全国人民代表大会第三次会议通过《高级农业生产合作社示范章程》，从农业合作社组织和操作层面规定：“农村生产合作社对于缺乏劳动力或者完全丧失劳动能力的老、弱、孤、寡、残社员，在生产上和生活上给予适当的安排照顾，保证他们吃穿和柴火的供应，保证年幼的受到教育和年老的死后得到安葬，使他们生养死葬都有依靠。”该章程进一步明确了五保供养对象的范围。据1958年统计，全国农村享受五保的有413万户519万人。此外，全国还兴办了15万多所敬老院，收养了300余万老人。①

1958年后，人民公社普遍成立，实行“三级（公社、生产大队、生产队）所有，队为基础”的体制。在五保供养制度方面，1962年9月，党的八届十中全会审议通过的《农村人民公社工作条例（修正草案）》第三十六条规定：“生产队可以从可分配的总收入中，扣留一定数量的公益金，作为社会保险和集体福利事业的费用，扣留多少，要根据每一个年度的需要和可能，由社员大会认真讨论，不能超过可分配的总收入的百分之二到三。”“生产队对于生活没有依靠的老、弱、孤、寡、残疾的社员，遭到不幸事故、生活发生困难的社员，经过社员大会讨论和同意，实行供给或者给以补助。……这个供给和补助的部分，从公益金内开支。”这个条例明确了在人民公社体制下，生产队是五保供养的责任主体，所需资金和物资也主要由生产队筹集分配；虽然在第十九条生产大队管理委员会的职责中也规定了“在全大队范围内……帮助生产队安排好社员生活”，但责任比较虚泛。

农村五保供养是新中国成立后在广大农村首次建立的社会保障制度，是中国农村社会进步的一大标志，具有划时代的意义。1962年提出的农村“社会保险和集体福利”理念，虽然有些超前，但也可视为21世纪具备条件后社会保险向农村发展的最初思想渊源。这一制度表现出几个鲜明特点，可为建设我国农村社会保障体系提供参考和借鉴。其一，五保对象设定为农村中最无助的孤残群体，并经过村民评议程序来确认，既有针对性，又体现基层民主。其二，保障项目是吃、穿、烧、学、葬等“底线”需求，以实物供给为主，也有少量现金，尽管水平不高，但确实可使“三无人员”的基本生活得到切实有效保障。其三，保障方式是分散供养与集中供养相结合，符合我国当时农村的实际，随着社会发展，通过兴办养老院等方式，农村孤寡老人集中供养的比例逐步提高。其四，五保供养的经济来源基本

① 《当代中国》编辑部. 当代中国的民政［M］. 北京：当代中国出版社，1994.

上依靠农村集体经济组织，类似于村（生产队）级的小社会统筹，也是从实际出发的安排；但小集体的经济实力毕竟有限，保障能力弱。如何在更高层面、动员更多资源、更可持续地保障供养对象的生活，这个问题在改革开放后才得到逐步破解。

农村合作医疗初现雏形

农村合作医疗是又一项具有中国特色的农村社会保障制度。

旧中国，只是城镇有医院和卫生机构，广大农村仍像过去几千年一样，得病主要靠自愈或自采草药医治，或请郎中、游医诊治。革命战争时期的根据地和解放区都建立在农村，人民政府想方设法解决农民缺医少药问题，曾出现过“卫生合作社”形式。如 1944 年因伤寒、回归热等传染病的流行，陕甘宁边区政府应群众要求，委托当时边区的商业销售机构大众合作社办理了“合作医疗”。新中国成立前后，东北各省人民政府积极推动农民采用合作制和群众集资的办法举办卫生机构。到 1952 年，在全东北地区 1 290 个农村卫生所中，合作社办的 85 个，群众集资举办的 225 个，合计占总数的 24%。[①] 这两类医疗卫生合作组织为后来在我国农村广泛实行合作医疗制度提供了经验和启示。

新中国成立后，人民政府大力推进农村医疗卫生机构设施建设，有计划地培训农村卫生员、妇幼保健员（助产助理员）、护士助理员，努力改善农民卫生健康状况。但基础太差，起点太低，仅靠公共资源投入远不能满足亿万农民的急迫需求。随着农业合作化的发展，基层和群众创造出成功的经验。1953 年，山西省高平县米山乡的 3 家私人药铺和 10 位民间医生自愿组合，创办了该县第一家联合诊所，并以此为基础，在 1955 年 5 月 1 日，成立了乡联合保健站。这个保健站不是政府举办的，而是在乡人民委员会（乡政府）领导下，由多方共同集资建立起来的。具体方式是：农民在自愿原则下每人每年缴纳二角钱的“保健费”，农业合作社从公益金中提取 15%~20%，再加上医疗业务收入（主要是药品利润），构成经费来源；缴费的农

① 景琳主编. 农村合作医疗实用手册［M］. 成都：四川科技出版社，1980.

民可以享受免费的预防保健服务，患病治疗免收挂号、出诊费等；保健站医生分片负责所属村民的卫生预防和医疗工作，巡回医疗，送医送药上门，其劳动报酬采用计工分和发现金相结合的办法。这种联合保健制度对改变当地农民群众缺医少药的状况发挥了明显作用。

卫生部发现了米山乡的典型，1956 年报请周恩来总理同意，决定把这一经验向全国推广。1956 年，河南省正阳县王店团结农庄创办了“社办合作医疗”，基本做法与米山乡相同。湖北、山东、贵州等省的一些人民公社，也办起了社员的合作医疗，但名称不一，有的称“统筹医疗”，有的叫“集体保健医疗”。当时全国农村共办起 2 万多家集体保健站①，这些尝试还带有各地区分散探索的性质，但已经显露出农村合作医疗的雏形。1959 年，卫生部在山西省稷山县召开全国农村卫生工作会议，肯定了这些探索并统称为农村合作医疗制度。

◎向开创者致敬

新中国的社会保障诸项制度大都是在 1949 年至 1958 年间初建的，并持续执行了数十年。有些政策至今仍然有效，如关于退休年龄的规定，关于职工或退休人员丧葬抚恤的规定等；有些虽调整了适用范围和标准，但保留了基本架构。除了本篇介绍的重点制度外，还有一些社会福利政策也属于社会保障范畴，如国家兴建的养老院、伤残军人疗养院、孤残儿童收养所等，在各项基本建设投资中包括了食堂、托儿所、幼儿园、文化宫、俱乐部等与生活福利有关的非生产建设投资，规定企事业单位按一定比例提取职工福利费，工会会费收入的一部分也可用作职工困难补助等。这些制度共同构成了我国社会保障体系的最初架构，对保障职工和广大群众基本生活、凝聚人心、激发社会进步动力起到了巨大的作用。我们今天回顾新中国社会保障的发展历程不能忽略、无视这段历史。有人谈及我国社会保障，把起点定于改革开放以后，这是轻率的、不客观的。

---

① 陈竺，张茅. 中国新型农村合作医疗发展报告（2002—2012 年）［M］. 北京：人民卫生出版社，2013.

我国早期的社会保障制度创业者，包括创立者和各级执行者，基本是白纸作画，在一片草莽之中开辟前进道路，用筚路蓝缕、备尝艰辛来形容，丝毫不过分。他们胸怀安国救民之初心，秉持造福大众之理念，力求科学民主之方法，夙夜在公，调查研究，对外借鉴，真心实意替人民着想、为群众办事。草创之初，制度难免有缺失疏漏。可贵的是，他们一经发现问题，毫不掩饰，一针见血地揭示出来，及时加以调整完善，充分体现了执政的中国共产党人实事求是的坦荡胸襟和一心为公的高尚情怀，值得后辈永世敬仰、学习和传承。

冬天到了，春天还会远吗？
——［英］雪莱《西风颂》

第二篇
动荡岁月 *1960—1976年*

度过草创之初的“孩提”时期，新中国社会保障走进了“青少年”时代。本篇着重记述20世纪60年代至70年代中期我国社会保障的变迁。这可不全是风华正茂的灿烂岁月，其间印有社会保障制度逐步充实、细化的足迹，更有重大政治经济变故导致社会保障体系发展遭受曲折磨难的“伤痕”。如果用一个词来概括这17年的社会保障工作特征，那就是“动荡”。这一时期的政策建树和制度损毁，在很大程度上决定了后来重构我国社会保障体系的出发点和约束条件。以不回避、不虚妄、不矫饰的态度回顾这段历程，有助于我们深刻记取历史经验，使走向新时代的步伐更坚定、更沉稳。

第四章 20世纪60年代前半期的社会保障制度发展

在20世纪50年代创建各项社会保障制度的基础上，60年代前半期社会保障体系建设工作主要是充实、补充和完善相关政策，基本没有新的制度建树，其间对后来社会保障制度有较大影响的事件是大规模精减处理城镇职工。

第一节　添砖加瓦　充实细化

这一时期补充完善社会保障政策集中在操作层面，而且大都采用政府部门文件形式，如地方咨询不同群体、不同职业经历人员、不同风险情形等的政策适用问题，主管部门予以答复。看上去比较细碎，但其中不少固化为全国普遍适用的政策，是对社会保障大厦框架的添砖加瓦、内外装修。

20世纪60年代初中期，有关社会保障的政策文件数以百计，表4-1只是在浩瀚文海中，按照不同年份、不同事项、不同发文机关撷取了几朵浪花，虽属“管中窥豹”，但也可以由此观察到这一时期制度建设概貌和政策走势。这几年出台的社会保障政策，重点集中在四方面。

表 4-1　20 世纪 60 年代初中期社会保障政策文件示例

发文时间	文件名称	发文单位
1960 年 7 月	关于享受长期劳动保险待遇的移地支付试行办法	全国总工会
1961 年 6 月	关于工作人员因公发生意外事故可按牺牲抚恤标准予以抚恤的函	内务部
1961 年 10 月	关于如何计发职工退职补助费的通知	劳动部
1962 年 2 月	关于职工因交通事故造成死亡有关支付待遇的复函	全国总工会
1962 年 7 月	关于处理资产阶级工商业者退休问题的补充规定	国务院
1963 年 5 月	关于国家机关工作人员到外地就医路费问题的批复	国务院
1963 年 9 月	复关于国家机关、事业单位雇用临时工因工负伤治疗时的待遇问题	劳动部
1964 年 5 月	复关于医疗放射线工作人员患放射病后的待遇问题	卫生部
1965 年 7 月	关于供销合作社和手工业联社工作人员的退休退职问题的复函	内务部
1966 年 3 月	关于修改军队退休干部生活费标准的通知	国务院
1966 年 4 月	关于轻、手工业集体所有制企业职工、社员退休统筹暂行办法	第二轻工业部、全国手工业合作总社

扩大制度覆盖范围

在 20 世纪 50 年代已建社会保障制度基础上，这一时期进一步明确及扩大各项政策适用范围。如 1962 年《国务院关于国营企业使用临时职工的暂行规定》明确，从社会上招用的临时职工的劳保福利待遇“可以按照本地区有关规定执行”，国营事业单位、国家机关和人民团体使用临时工也可以参照办理，即授权地方扩大了劳动保险制度的实行范围。又如 1962 年，全国总工会在一件复函中明确了职工因交通事故造成死亡的有关待遇支付政策，是对劳动保险制度中工伤待遇的补充。再如 1963 年，劳动部针对国家机关、事业单位雇用的临时工因工负伤问题，明确“在国家未作出规定前……所在单位应负责给予治疗，医疗期间的工资应该照发”，体现了对劳动者的一视同仁。

一个具有突破性的政策建树是，1966 年 4 月，第二轻工业部和全国手工业合作总社联合颁布《关于轻、手工业集体所有制企业职工、社员退休统筹暂行办法》和《关于轻、手工业集体所有制企业职工、社员退职暂行办法》，在这两个行业的集体所有制企业建立职工退休统筹和退职制度。早在 20 世纪 50 年代初，《劳动保险条例》就规定实施范围涵盖“国营、公私合营、私营及合作经营的工厂、矿山及其附属单位”等，同时提出“采取逐步推广办法”；而在实际执行中，制度覆盖一直限于国营、公私合营的规模以上企业。对供销合作社和手工业联社，1965 年内务部的一件复函中只明确其“工作人员”（即后来俗称的“体制内人员”）可以按规定办理退休退职手续，而未涉及其他职工和社员。同年，轻、手工业主管部门组织了手工业工厂、合作社职工、社员退休福利统筹的试点。经过总结经验，次年出台了这两个暂行办法。可以说，这是在集体企业实行养老保险制度的首次尝试，基本政策与《劳动保险条例》相一致。略有差别之处在于：一是实施范围除了手工业工厂及合作社外，还包括有条件的生产合作小组和供销生产合作社中集中生产的职工、社员，表明退休统筹向着更微小的单位延伸；二是规定的退休待遇相当于发给本人工资的 40%~65%，低于国营企业 50%~70%的标准；三是企业统筹基金提取比例为工资总额的 1.5%，低于国营企业，这是因为轻、手工业集体企业筹资能力有限，故统筹项目只包含风险最集中的退休和因工伤亡待遇，而不包括医疗、生育和非因工死亡待遇，所以所需资金相对较少；四是基金统筹层次为市县或专业公司（总厂）级，而不是省市直至全国调剂。这与当时轻、手工业较低层级的合作生产方式及管理体制是一致的。

另一个典型政策案例是，1962 年 4 月，中央统战部针对一部分工商业者年老、体弱、多病而不适宜继续工作的情况，提出了退休处理意见，得到中共中央同意并批转各地区、各部门。7 月，国务院发布《关于处理资产阶级工商业者退休问题的补充规定》，除了明确这个群体可执行 1958 年《国务院关于工人、职员退休处理的暂行规定》办理退休外，还规定了几条特定政策：一是工作年限在5年以上不满15年的，退休费标准为本人工资（包括高薪部分）的60%，而不再执行区分5~10年为50%的标准；二是不具备退休条件但因病或非因工残废完全丧失劳动能力的，可以准其请长假，列为编外，并根据生活状况按月发给相当于本人工资40%左右的生活费，而不像其他职工那样执行退职政策；三是他们退休或请长假后如果生活确有困难，由工商业联合会或企业单位酌情予以补助。所谓“资产阶级工商业者”，是指“全面公私合营高潮期间和以前参加公私合营的资本家、资本家代理人和有定息的其他私方人员”，且当时仍在国营、公私合营企业中就职的人员，群体规模不大，但社会影响不小。国务院的政策规定有12条之多，可以说是细致入微，而且比其他职工略为优厚，显示了党的社会主义改造政策的连续性和延展性，也是统一战线思想在社会保障领域的一个体现。

细化工龄计算政策

无论是劳动保险制度还是机关事业单位退休退职制度，工龄都是关键政策要件之一，决定着当事人的待遇资格、项目和水平，因此这方面的规定特别多而且细，仅20世纪50—60年代可查到的文件就有70多件，包括劳动年限（一般工龄）、连续工龄、机关事业单位工作年限、学习期间工龄、病假期间工作年限、受处分期间工作年限、在国外工作期间的工作年限计算以及复转军人的工作年限计算等类别。

这些林林总总的政策主要从四个角度规范工龄计算。一是在横向上，规定各类群体的工龄计算政策。除表4-2列出的群体外，还有侨办中学教职员、工商联在下属同业公会的工作人员、新中国成立后在联合诊所或私立医院工作的人员、在宗教爱国组织工作的人员等。二是在纵向上，规定特定时段的工龄计算政策，如服役期间、学习期间、病假期间、在国外工作期间、受处分期间等，也包括新中国成立前担任不脱产的地下党支部书记或交通员期间、参加党领导的外围组织期间等。三是对“过渡群体”，主要是从“体制外”转向“体制内”的人员，明确计算工龄的时间边界，如资产阶级工商业者、小商贩、临时工作人员被正式录用、长期代课教师转为正式教师、新中国成立前的艺人在新中国成立后调到国营剧团的人员、旧社会的律师等。四是对特殊工作条件作出特殊政策安排，特别是 1963 年规定，“常年居住在 4 500 米以上高山高原地区的职工，每在此地区工作满一年，其工龄按一年零六个月计算；常年在 4 500 米以上高山高原地区流动工作的职工，每在此地区工作满一年，其工龄按一年零三个月计算”，奠定了此后艰苦地区“工龄折算”的政策基础。

表 4-2 20 世纪 60 年代初中期有关工龄计算的文件示例

发文时间	文件名称	发文单位
1962 年 7 月	关于归国华侨职工加入工会及工龄计算问题	全国总工会、劳动部、中侨委
1962 年 10 月	复关于调干生的解释及工龄计算问题	劳动部
1963 年 7 月	关于在高山高原地区工作的职工的工龄计算问题	劳动部
1963 年 8 月	有关长期代课教师转为正式教师的工龄计算的规定	教育部
1964 年 12 月	关于专业运动员工龄计算等有关问题的联合通知	内务部、劳动部、国家体委
1965 年 5 月	关于乡干部工龄计算问题的复函	内务部
1966 年 4 月	复关于全民所有制剧团艺人工龄计算等问题	文化部、内务部

完善医疗政策和病假待遇

劳保、公费医疗制度的建立，对于保障职工和工作人员身体健康起到重要作用，但在实施十多年的过程中也出现了一些矛盾，主要是原规定的个人自付项目过少，因而导致浪费现象。对此，1965 年卫生部和财政部发布《关于改进公费医疗管理问题的通知》，1966 年劳动部和全国总工会发布《关于改进企业职工劳保医疗制度几个问题的通知》。两个文件共同作出的政策调整是，将原来公费、劳保医疗制度中对个人不收挂号费改为收取挂号费，营养滋补药品改为本人自理，因工负伤住院期间的膳费也从全部由单位负担改为本人负担三分之一。这些措施都旨在节约财政和劳保统筹资金，防止浪费。

对于企业职工中长期停工进行医疗的人员，1963 年劳动部和全国总工会联合发布《关于企业职工半日工作半日休养工资待遇如何处理的通知》，要求企业加强管理，定期进行医务检查和劳动鉴定，明确企业可以安排其半日工作半日休养，6 个月以内的发给半日工资、半日病假工资，超过 6 个月的发给半日工资、半日疾病救济费。1964 年，内务部政府机关人事局也在一件复函中明确，国家机关工作人员病愈“复工后，因工作过于劳累旧病复发或另患其他疾病需要继续休养的，其病假时间可以重新计算。如果患病本来就没有好，而是有意要求医生开具复工证明提前复工，而上班几天以后又请病假，则应将其复工前后的病假时间连续计算”。政策规定如此之细，可见当时确实存在一些人借职工病假福利制度投机取巧的现象，需要堵塞管理漏洞。

20 世纪 60 年代，计划生育的知识和技术逐渐普及，职工及其家属施行绝育结扎手术、放取节育环或人工流产所需的各项费用，在 20 世纪 50 年代的劳保、公费医疗政策中没有涉及。对此，1964 年国务院制定发布《有关计划生育的手术、医药等费用支付问题的规定》，确定这些费用，企业职工及正式职工的供养直系亲属在企业“医药卫生补助费”中开支，机关事业单位享受公费医疗待遇的人员，在“公费医疗经费”或本单位经费中开支。这一规定，填补了政策空白，也为以后建立生育保险制度进一步夯实了基础。

优化社保管理服务

20 世纪 60 年代初中期，在完善社会保险制度、政策的同时，也有优化管理服务的举措。典型的案例是，当时负责组织实施劳动保险的全国总工会于 1960 年制定了《关于享受长期劳动保险待遇的移地支付试行办法》(1963 年重新发布)，规定凡领取退休费、因工残废抚恤费、非因工残废救济费和因工死亡职工供养直系亲属抚恤费的人员，转移居住地点时，可以办理易地支付手续，到易居地点的工会组织领取应得的待遇；易居职工患病时也可以在易居地点指定的医疗机构就医，所需费用由支付其待遇的工会组织按规定给予报销。这项措施保证和方便了易地居住职工及时领取待遇，精简了基层单位的邮寄手续，也减少了发生差错的可能。21 世纪第二个十年后，我国陆续实行基本养老保险关系跨地区转移接续、取消银行异地支取养老金的手续费、基本医保异地住院费用直接结算等社保管理服务的便民措施，可以在 50 年前找到最初的起点。

这段时间的社会保险政策措施有两个特点比较突出：一是细密，每年都出台多项政策，而且对群体、情形、条件、标准等规定得十分具体，显示出社会保障制度从“搭框架”逐渐走向“砌砖瓦”的发展过程；二是带有临时性，规章较少，许多政策都以主管机关答复某个下级单位问题的函件形式发布，“以点带面”地指导其他单位处理同类问题，而且多有“在国家没有统一规定前，我们的意见是”之类的表述，表明这一时期社会保障制度发展尚有诸多不确定性，只能采取临时性政策，但这些临时性解答往往是一管几十年，实际上成为固化的政策。

第二节　处理精减人员的社会保障问题

要说 20 世纪 60 年代初期对社会保障制度影响最大的社会背景和历史事件，当属大规模精减职工。①

20 世纪 50 年代中后期，第一、第二个五年计划开始实行，国家经济建设进入高潮期，但也出现了“头脑发热”、盲目扩张的问题。表现在劳动领域，为支持工业“大跃进”，大量招收农民进城进厂，职工队伍急剧扩大。1957 年全国全民所有制单位职工有 2 451 万人，1960 年达到 5 044 万人，3 年就翻了一番多；全国城镇人口也比 1957 年增加 3 000 多万人。1960 年至 1962 年，国民经济遭受严重困难，中央采取了“调整、巩固、充实、提高”的八字方针，其中一项重要举措是大量精减企事业单位中非生产人员及一

① 本节相关数据来源于《马文瑞传》编写组. 马文瑞传［M］. 北京：当代中国出版社，2005.

部分生产人员，充实加强农业战线。1960 年 9 月，中央决定成立由安子文、习仲勋、马文瑞等 5 人组成的“精简干部和安排劳动力到农业第一线领导小组”（简称中央精简小组），并要求省、市、县各级党委都成立同类机构，专门负责这一工作。计划的精减规模是 1961 年减少城镇人口 1 000 万人，3 年内减少 2 000 万人以上。11 月，中共中央印发《关于妥善安排精减下来的职工的通知》，提出集中安排办法：一是一部分新吸收的职工不再由国家开支工资，到农村参加农业生产；二是压缩县以上企事业单位的一部分职工到县办、社办企业顶替出一部分不熟练劳动力参加农业生产；三是一部分较老职工可以到国营农场参加生产；四是一部分较老职工可以保留原工资，组织起来到农村与农民同吃同住同劳动，必要时经批准再调回来。

1961 年 5 月，中央将“精简干部和安排劳动力到农业第一线领导小组”调整为杨尚昆、习仲勋、马文瑞等组成的“精简职工领导小组”（仍简称中央精简小组）。6 月，中共中央印发《关于精减职工工作若干问题的通知》，明确这次精减的主要对象是 1958 年 1 月以来参加工作的来自农村的新职工，他们的去向是回到各自家乡参加农业生产；对 1957 年年底前参加工作的来自农村的职工，确属自愿要求回乡的，也可以准许离职回乡。有关社会保障待遇的政策是，这次精减的职工都按照离职处理，一律不采用带工资下放的办法；对 1957 年年底前参加工作的精减职工（包括原来就是城市居民，因年老体弱自愿退休或退职的），按照退休、退职办法处理。当年全国共精减城市职工 950 万人，减少城镇人口 1 345 万人。

鉴于 1961 年农业继续减产，国民经济仍十分困难，1962 年 5 月，中共中央、国务院又作出《关于进一步精减职工和减少城镇人口的决定》，要求全国职工人数在 1961 年年末 4 170 万人的基础上，再减少 1 056 万 ~ 1 072 万人。6 月，国务院全体会议通过《关于精减职工安置办法的若干规定》，其中有关社会保障政策进一步明确了 5 条：（1）对回乡（来自农村）、下乡（原来生长在城市）的职工中 1957 年年底前参加工作的，发给退职补助费；（2）对全部或大部分丧失劳动能力又不符合退休条件的老弱残职工，可以作退职处理，其中家庭生活有依靠的发给退职补助费，无依靠的由民政部门按月发给本人原标准工资 30% 的救济费；（3）对抗日战争时期及以前参加革命工作的干部和高级知识分子，因年老体弱不能工作又不宜作退休退职处理的，列为编外人员，按国家机关工作人员病假期间生活待遇享受相关工资福利；（4）少数属于编制定员以内但目前生产上、工作上暂不需用的职工，可以带部分工资（20%~40%）暂时回乡、回家，日后需用时再调回来，但此期间不享受原单位的劳动福利待遇；（5）被精减职工家庭生活确有困难的，由民政部门负责给予适当救济。

1963年3月，中共中央又专门就国家机关和企业、事业单位精减干部的安置处理问题印发补充规定，其中涉及的社会保障政策有3条：（1）合乎退休、退职条件的，按照退休、退职的规定处理；（2）1952年年底前参加工作，但目前不宜作退职处理的干部，本人自愿回农村参加劳动生产的，可以保留干部身份，由原单位另列编制，发给30%~40%的工资，回家、回农村期间工龄照算，公费医疗待遇不变，5年后工作仍不需要的，再分别按照退休、退职办法处理；（3）现在工作上不需要但必须保留的干部，可以采取送学校学习、定期下放基层工作或劳动锻炼的方法，储备一批，保留原生活待遇。

精减职工可以说是扭转经济困局的“断腕之举”，社会影响面很大，从中央到地方的各级党委、政府做了大量深入细致的组织动员、说明解释工作，得到广大干部职工的理解，工作总体进展是平稳的。1961年至1963年6月的两年半时间里，全国总计精减职工1 887万人，对调整产业结构、缓和城市粮食供应、渡过经济难关起到了重要作用。当然，这也不可避免地遗留下一些矛盾。

一方面，精减职工工作的实际过程比原来预计的要长。虽然主体工作在1963年下半年即基本完成，但“尾巴”一直拖到1966年。1965年，国务院还专门印发《关于精减退职的老职工生活困难救济问题的通知》，主要明确了4条政策。（1）发放救济费范围。对于从1961年到本通知下达之日期间精减退职的1957年年底以前参加工作并发给了一次性退职补助金的职工，凡是现在全部或者大部丧失劳动能力，或者年老体弱，或者长期患病影响劳动较大，而家庭生活无依靠的，由当地民政部门按月发给本人原标准工资40%的救济费。（2）提高救济费标准。凡是已经按月享受本人原标准工资30%救济费的退职老弱残职工，从本通知下达后的下一个月起，一律改为按本人原标准工资40%发给救济费。（3）部分计入家庭收入。退职老弱残职工所领取的救济费，除了作为本人生活以外，所余部分，应当作为家庭收入；其家庭生活仍有困难的，再按照社会救济标准给予救济。（4）医疗待遇。凡享受救济费的退职老弱残职工本人的医疗费用，凭医疗单位的收费凭证由民政部门补助三分之二，本人负担三分之一。1966年，中共中央、国务院专门批转辽黑吉鲁冀5省精减安置巩固工作座谈会纪要，要求各地本着负责到底的精神，认真抓好精减职工的遗留问题，1966年年内再狠抓一年，力争基本上解决问题。其中涉及社会保障政策的主要有4条：（1）凡是在精减时少发了生产补助费、退职费等的，由原单位核实后如数补发，原单位撤销的由其原来的上级主管单位补发；（2）个别确实必须收回的被精减职工，其所领各项费用可不退还，精减前的工龄和重新参加工作后的工龄可以合并计算；（3）对合乎享受退休待遇而现在还没有享受的，经审查核实后，即给予应得的待遇；（4）安置地区应负责回乡下乡职工工伤复发治疗费用、困难户救济，原精减单位应负责处理少发各种精减补助费、该退休而作了退职处理等政策问题。按照中央要求，内务部、劳动部、财政部于同年4月提出《有关精减安置巩固工作几个问题的解答意见》，对各地妥善处理精减安置职工的有关工作进行具体指导。

另一方面，上千万职工集中回乡下乡，必定有许多当时难以处理的矛盾，成为潜在的历史遗留问题。特别是有些地区或单位为了动员下乡，对被精减职工许愿“日后收回”，虽然当时中央就明确“一般的不再收回”，并责令许愿的干部向被精减职工进行检讨，但这种期待返城的心结始终存在，由此产生的信访上诉长年不断。直到改革开放后的1979年，随着大批上山下乡知识青年返城，一些20世纪60年代初被精减回乡的职工也要求返城就业。中共中央、国务院专门印发《关于处理当前部分人员要求复职复工回城就业等问题的通知》，重申1966年中央文件确定的“一般的不再收回”的原则，并要求对生活困难的老职工继续给予救济。为此，从1979年到1987年，民政部、财政部、国家劳动总局等部门印发多个文件来处理相关事宜（见表4-3）。

表 4-3　20 世纪 70—80 年代有关部门
关于精减安置职工工作的文件示例

发文时间	文件名称	发文单位
1979 年 8 月	关于国营农牧场和劳改农场精减退职的老弱残职工是否由民政部门办理标准工资 40%问题的批复	民政部、财政部、国家劳动总局
1980 年 4 月	关于精减职工退职后发现患矽肺病能否享受 40%救济问题的复函	民政部
1982 年 3 月	关于进一步做好精减退职老职工生活困难救济工作的通知	民政部、财政部
1982 年 5 月	关于追加补办精减退职老职工 40%救济费的通知	民政部、财政部
1982 年 11 月	关于补办精减退职老职工 40%救济工作有关问题的紧急通知	民政部、财政部
1984 年 5 月	关于做好补办精减退职老职工 40%救济复查工作的通知	民政部
1987 年 6 月	关于继续做好 60 年代初精减退职老职工救济工作的通知	民政部办公厅

20 世纪 90 年代以后，各项社会保险制度重新构建并迅速扩大覆盖面，大批进城的农民工也被覆盖在社会保险制度之中，再次勾起当年被精减职工享受社会保障权益的诉求。

这段历史留下的教训是，经济社会发展有其内在的规律性，违反规律搞“大干快上”会受到惩罚，纠偏的成本巨大，而且将成为长期的政策负担。1966 年，中共中央批转 5 省座谈会纪要提到，“由于人口流动是盲目的无组织的，也给流出地区和流入地区造成不少困难。……农村人口再像过去那样大批地自由流动，对人口流出地区和流入地区的工农业生产都是不利的，对社会秩序也是有影响的”。这表明中央对此已有深刻反思。

20 世纪 60 年代头几年，严重的经济困难也使劳动保险制度的运行受到影响，一些待遇得不到落实，银行资金紧张甚至导致劳动保险基金的提取使用也一度被冻结。1962 年上半年，经济形势好转，中共中央、国务院于 10 月 6 日发出的《关于当前城市工作若干问题的指示》明确提出：“对于职工原来按照规定享受的劳保福利待遇，目前一律不变。已经实行劳动保险条例的工业企业，不论新老职工，都统一享受劳动保险条例所规定的待遇。前一个时期由银行冻结的工会经费和保险基金，应当准许提用一部分，提用多少，由全国总工会和财政部商定。”按照中央指示，劳动保险制度逐步恢复了正常运行，而且实行范围还有所扩大。

第三节　社会保障政策中特有的时代印记

这是一个“政治挂帅”的年代，社会保障领域也不可避免地带有鲜明的时代色彩，其中两个现象最为典型。

政治身份。在当时背景下，社会成员毫无例外地被标示出政治身份——家庭出身、本人成分、政治面貌等。具有负面社会“身份”的人员包括：属于“敌我矛盾”的地、富、反、坏、右分子，属于“人民内部矛盾”的资产阶级工商业者、小商贩、统战人员、敌伪机关官吏等。因而，当时一些社会保障政策也是为“特定身份”人员量身定制的（见表4-4）。

表4-4　20世纪60年代有关“特定身份”人员的政策文件示例

发文时间	文件名称	发文单位
1962年4月	批转中央统战部关于处理资产阶级工商业者退休问题的意见	中共中央
1962年6月	关于右派分子退职问题的复函	劳动部
1962年12月	关于国家机关工作人员中未受刑事处分和未开除公职的反、坏分子死亡后抚恤问题的批复	内务部
1963年2月	关于曾在敌伪及国民党政府机关工作过的职工的工龄计算问题的复函	劳动部
1964年3月	关于担任反动职务以前的工作时间可否计算为工龄的问题的通知	劳动部、全国总工会
1965年8月	关于地富反坏分子能否享受退休退职待遇问题的复函	国务院

在这些文件中，许多是主管机关对地方请示的答复，可见基层在执行有关政策时确有难以把握之处；有的甚至以中共中央、国务院名义作出规定，显示了有关政策的高度政治敏感性。

“家属工”“五七工”。20 世纪 60 年代，中苏关系破裂，后来激化到重兵压境、边界冲突，中央调整工业战略布局，搞“三线建设”，一大批工厂迁至西部；与此同时，以大庆油田开发为代表的矿业建设进入高潮期，在旷野荒原兴建起一批基地，聚集了数以十万计的职工队伍。而随同职工迁居的家属也通过参加企业生产劳动，或者自办农副业支持工矿企业建设，逐渐形成了“家属工”群体。1966 年 5 月 7 日，毛泽东主席对中央军委总后勤部《关于进一步搞好部队副业生产的报告》作出批示，其中讲道，工人“以工为主，也要兼学军事、政治、文化，也要搞‘四清’，也要参加批判资产阶级。在有条件的地方，也要从事农副业生产，例如大庆油田那样”。同时要求“商业、服务行业、党政机关工作人员，凡有条件的，也要这样做”。这就是当时著名的“五七指示”。在这一指示的感召下，不仅工矿企业的家属以更高热情投入工业或农副业生产，而且一些城市无业居民也喊出“我们也有两只手，不在城里吃闲饭”的口号，进入国营工厂附属集体企业或自己组织“五七工厂”从事生产劳动，后来被称为“五七工”。“家属工”和“五七工”这两类群体，在当时没有提出社会保险方面的诉求。但当时代变迁、热情退却、年华老去后，集中爆发了退休、医疗、工伤等矛盾，成为较为突出的群体性历史遗留问题，国家不得不出台专项政策清理、偿还几十年前的旧账。这将在第三篇描述。

第五章
风雨飘摇

相比于20世纪60年代初经济困难造成的波折，我国社会保障制度遭遇的毁灭性大变局发生于20世纪60年代中后期。

第一节 “文化大革命”对社会保障体系的冲击

1966年爆发的“文化大革命”是一场由领导者错误发动，被反革命集团利用，给党、国家和各族人民带来严重灾难的内乱。“文化大革命”中，生产、生活秩序陷于混乱，各项事业被停滞、受破坏，社会保障也未能幸免。

“文化大革命”肇始，管理社会保障事业的各类机构或被撤销，或名存实亡。依法受权管理劳动保险实施工作的工会组织全面停止了工作。1966年12月，“造反派”组织包围全国总工会机关五天五夜；1967年1月，中央政治局决定封存全国总工会的金库，冻结资金。与此同时，各地方工会、基层工会也层层被“砸烂”，整个工会系统完全处于瘫痪状态。政府主管机关也被大大削弱，依法制定劳动保险政策并监管运行的劳动部也在1966年年底因被“造反派”封了办公室而无法工作，还受胁迫与“造反”组织发布一个“联合通告”，补发一些不合理的福利项目。1967 年年初，中共中央、国务院印发《关于反对经济主义的通知》，宣布“联合通告”是非法的，予以取消，各级银行对不符合国家规定的支出一律拒付，但一些地方补发福利的损失已经造成。1969 年 6 月，中央批准国务院的报告，同意国务院在经过精简合并后，成立 23 个部委、两个组（文化、科教）和一个办公室。按照这一决定，劳动部于 1970 年 6 月被撤销，相关职能由国家计委设劳动局专管。内务部也被撤销，其主管的社会救济职责移交财政部，政府机关工作人员退休退职等保障事务交由国家计委管理。与此同时，各级地方党委、政府职能都被“造反派”成立的“革命委员会”取代。失去了组织体系，劳动保险等社会保障制度处于无人管理的状态，正常的工作都无法进行，一些地方被迫中止办理退休退职手续，使一大批老弱残职工得不到妥善安置，更没人去履行征收、管理劳动保险基金的职责。

“文化大革命”期间，《劳动保险条例》被批判为“典型的修正主义条例”，“形式上是为工人好，实际上腐蚀工人意志”，“鼓励懒汉”。有的地方甚至擅自草拟“关于职工劳动保险的若干规定（草稿）”，对政策任意进行修改。这一时期，无政府主义盛行，有法不依，有章不循，基层管理混乱又导致许多原始资料、记录丢失、损毁或遭篡改。有的人借此谋私，任意放宽劳动保险享受条件，提高待遇标准，而本来应该享受待遇的却得不到保障。加之企业生产秩序被破坏，一些企业出现资金困难，缴纳不起劳动保险费，基金运行陷于停顿。

在这种背景下，1969 年 2 月，财政部受权印发一纸通知，确定“国营企业一律停止提取劳动保险金”，“企业的退休职工、长期病号工资和其他劳保开支，改在企业营业外列支”。虽然只有短短几十字，但宣告了实行十几年的劳动保险制度的实质性消亡，多年积累下来的劳动保险基金移交国库。此后，有关劳动保险工作及待遇给付都转为由各企业按规定自行管理，丧失了统筹调剂的功能，演变为彻底的“雇主责任制”。

“文化大革命”持续了十年，其间没有社会保障方面的政策出台。进入 20 世纪 70 年代后，周恩来、邓小平等同志曾试图力挽狂澜，在“抓革命，促生产”的口号下恢复经济建设。1975 年 9 月，在邓小平同志主持中央工作期间，决定加强劳动管理工作，成立了国家劳动总局，由国家计委代管，其职责包括“负责劳动保险、职工生活福利和厂矿企业组织职工家属走五·七道路的工作”，内设保险福利司。这期间的一些文件中也提出过保障群众生活的要求，但在当时背景下难以落实，后来还被批判为“右倾翻案风”。一些地方以“革命委员会”名义发布的有关社会保险具体问题的处理办法，敷衍粗陋，大都把矛盾推到“文化大革命”后期处理，在社会保障制度上没有任何建设性价值。

第二节　农村合作医疗逆势而兴

20 世纪 50 年代中后期，我国农村零散地出现了合作医疗制度的雏形（见第一篇），而真正形成快速推进、广泛普及之势是在 20 世纪六七十年代。①

1960 年 2 月，中共中央转发卫生部《关于农村卫生工作现场会议的报告》，肯定了农村合作医疗的办医形式，要求各地参照执行。此后，合作医疗制度在全国农村迅速推开，对行政村（生产大队）的覆盖率由 1958 年的 10%急升到 1960 年的 32%，1962 年更是达到 46%。但也出现了一些问题。有些地区盲目提高合作医疗补偿比例，导致资金入不敷出，“春办秋黄”现象时有发生。特别是在“三年调整”时期，为渡过难关，压缩了农村基层卫生机构，允许医生私人开业，实行看病收费、自负盈亏，1964 年合作医疗的村庄覆盖率降至 30%以下。1965 年 6 月 26 日，毛泽东主席作出“把医疗卫生工作的重点放到农村去”的重要指示。中共中央于当年 9 月批转的卫生部党委《关于把卫生工作重点放到农村的报告》提出，争取在 5～10 年内，为农村生产大队和生产队培养质量好的不脱产的卫生员，这为合作医疗的迅速发展做了必要的人力资源准备。1968 年 12 月，毛泽东主席专门批转了湖北省长阳县乐园公社合作医疗的经验，《人民日报》刊发《深受贫

① 本节相关数据来源于陈竺，张茅. 中国新型农村合作医疗发展报告（2002—2012 年）[M]. 北京：人民卫生出版社，2013.

下中农欢迎的合作医疗制度》一文，把这一经验提升到“农业合作化挖了穷根，合作医疗挖了病根”的高度。在随后的一年里，《人民日报》连续刊发了 23 期专稿，赞扬合作医疗的优越性，提出进一步搞好合作医疗的建议。在当时的政治环境下，这件事被上升到是否执行正确路线的高度，全国再次出现大办农村合作医疗的热潮。1969 年 12 月，卫生部、农业部、财政部、国家医药管理总局、全国供销合作总社联合颁发《农村合作医疗章程（试行草案)》，对农村合作医疗的任务、机构设置等作了进一步规定。到 1977 年年底，全国 90%的生产大队实行了合作医疗，农村人口覆盖率达 80%以上。至此，农村合作医疗与城镇公费医疗、劳保医疗共同构成了我国三大医疗保障制度。

农村合作医疗制度的诞生和发展，留下许多历史的思考。

首先，这是被“逼上梁山”的创造。新中国成立初期，医疗卫生基础十分薄弱，全国仅有病床 8 万张，中西医药卫生专业技术人员 50 万人。占人口总数 85%的广大农村更是资源严重匮乏，病床只有 2 万张，不要说看病治疗，就连危害严重的传染病、流行病、地方病都难以有效控制。党和人民政府千方百计扭转这种局面，但总有杯水车薪之感，难见速效。在此情势下，基层组织和群众发挥出巨大的创造力，想出了合作共济解决问题的“土办法”：筹资上由农村合作社集体经济、农民、乡村医卫人员三方共担；服务上立足本乡本土，巡回诊视，近便省钱；保障重点是常见病、多发病，并与疾病预防相结合，具有初级卫生保健性质。虽然这无法与城里大医院的医疗水平相比，但确实解决了广大农村最急切的问题，这一创造得到国际社会的关注。世界银行 1993 年年度报告指出，中国“一直是低收入发展中国家的一个重要的例外”，“到 20 世纪 70 年代末期，医疗保险几乎覆盖了所有城市人口和 85%的农村人口，这是低收入发展中国家举世无双的成就”。世界卫生组织也在一份报告中指出：中国人在占 80%人口的农村地区发展了一个成功的基层卫生保健系统，向人民提供低费用的、适宜的医疗保健技术服务，满足大多数人的基本卫生需求。这种模式很适合发展中国家的需要。

其次，“6·26”指示是重大转折契机。“6·26”指示的关键词语是

“把医疗卫生工作的重点放到农村去”。1965 年，卫生部有关农村医疗现状的报告显示，140 多万名卫生技术人员中，70%在城市，20%在县城，只有10%在农村。毛泽东主席看到后立即批示：“广大农民得不到医疗，一无医生，二无药。卫生部不是人民的卫生部，改成城市卫生部或者城市老爷卫生部好了。”对卫生部原定用 5~10 年时间培养农村卫生人员达到一定规模，毛泽东主席也认为用不着那么长时间，主要在实践中学习提高。这样的医生放到农村去，就算本事不大，总比骗人的医生与巫医要好，而且农村也养得起。把医疗卫生工作的重点放到农村去嘛！正是这种强力的政治推动，卫生部门加紧了对农村适用卫生技术人员的培养。最鼎盛时期，全国有赤脚医生 150 余万人，生产队的卫生员、接生员有 390 余万人，农村从事医疗卫生工作的（不脱产）人员达 500 余万人。

再次，“文化大革命”十年合作医疗超常发展有特定历史背景。其他各项事业在“文化大革命”十年中“万马齐喑”，遭受重大挫折，为何唯独合作医疗“逆势”生长？除了强有力的政治号召、农村组织化程度和教育水平提高等因素外，大批知识分子的“异常涌入”不能不说是一个重要原因。在 20 世纪六七十年代的社会背景下，上千万城市知识青年上山下乡，还有众多城里干部、教师、医务人员等以多种形式“下放”到农村。这虽然是扭曲的潮流，而且在政治宣示上是“接受贫下中农再教育”，但确实以前所未有的规模为广大农村带去了长期匮乏的人才和知识。城里人来到穷乡僻壤，传播了新鲜的医药知识和卫生习惯，许多人成为农村医疗卫生事业发展的“种子”，自己成为赤脚医生并协助培养了更多本土赤脚医生，这从客观上促成了现代医疗与当地乡土医药的结合。因此，在研判国际社会对我国农村合作医疗的评价时，这一特定背景不应被忽略。

最后，“老农合”为“新农合”奠定了基础。相对于 21 世纪初建立的新型农村合作医疗制度，此前的制度被称为“老农合”。虽然“老”，但在共济性筹资、普惠性保障、基层性组织、本土化人才等方面创造了符合中国农村实际的独特经验，为以后“新农合”的产生和发展植下了最初的基因。

◎几度风雨　几度春秋

行船有顺风顺水，也会有侧风乱流；行路有一马平川，也会有崎岖坎坷。社会运行、制度演进，何尝不是如此？20 世纪 50 年代末至 70 年代末，政治运动主导了中国的历史进程，一些盲目的经济政策也打乱了社会运行节奏，社会保障制度运行和政策实施不可能不受到这种大环境动荡旋律的左右。直到在连续十年的“文化大革命”动乱中陷入了制度被中断、体系被摧残的境况，广大群众的利益也受到严重损害。今天我们回顾这段刻骨铭心的往事，不能不感慨万千：政治局势稳定、经济平稳运行是社会政策顺利实施的基本条件。“文化大革命”给党、国家、社会和人民带来巨大灾难，这一幕历史悲剧永远不应重演。新中国社会保障的进程在这十年中遭遇了极大的扭曲和塌陷，留下了难以磨灭的历史“疤痕”。改革开放后不得不在近乎一片“废墟”上开始社会保障的重建工程。但就在“乱世”间，以周恩来、邓小平为代表的老一辈无产阶级革命家和各地区、各部门、各领域一批忠诚之士，克服重重艰难险阻，尽一切可能维护国家稳定、社会运转和群众生活，为社会保障制度浴火重生、走向未来保存了希望。

路漫漫其修远兮，吾将上下而求索。
——屈原《离骚》

第三篇
上下求索 1977—1992年

1977年至1992年的16年间，社会保障工作围绕两条主线进行。一是拨乱反正，恢复和完善相关制度、政策和管理系统。以1978年国务院发布104号文件为重要标志，社会保障事业从“动荡”重归正轨。二是围绕经济体制改革的目标从地方、基层起步，进行了一系列改革或重建社会保障制度的探索：在企业范围，重建了以退休费用社会统筹为特征的职工养老保险制度，重构了大病医疗费用社会统筹机制，新建了职工待业保险制度，工伤和生育也开始探索单独建立社会保险制度，初步呈现了以城市为重点、以搞活企业为中心的职工社会保险体系框架的样貌；在农村，也进行了社会化养老保障的初步尝试。这些勇敢而充满艰辛的探索，成为改革开放后我国社会保障体系建设再出发的新起点。

第六章
社会保障领域的拨乱反正

1976 年 10 月“四人帮”的垮台，宣告了“文化大革命”灾难的结束，党和国家开始拨乱反正，清除“四人帮”流毒，挽回“文化大革命”造成的损失。

1978 年 12 月 18 日至 22 日，中国共产党召开十一届三中全会。此前的 11 月 10 日至 12 月 15 日，召开了长达 36 天的中央工作会议，为全会做准备。这 40 多天，是决定中国未来前途命运的关键时刻，自此重新确立了解放思想、实事求是的思想路线，把工作重点转移到现代化建设上来，特别是作出了改革开放的重大决策。这个关键抉择，为迄今 40 多年的发展确定了主基调。

第一节　恢复重建行政管理系统

“文化大革命”甫一结束，国家就着手恢复重建社会保障行政管理系统。这一时期，管理社会保障工作的政府机构几经变化（见表 6-1）。

初期，国家劳动总局继续履行管理企业保险福利的职能。

表 6-1 社会保障管理机关及其职能变迁

时间	新设、重设机构		有关社会保障职能
1978 年 3 月	成立民政部，内设政府机关人事局		承担原内务部的社会救济、农村五保、军人抚恤等管理职责；管理国家机关、事业单位工作人员福利待遇和老弱病残干部的退休、退职工作
1980 年 8 月	成立国家人事局，内设工资福利处		负责国家机关、事业单位工作人员的福利待遇工作，干部的退休、退职工作
1982 年 5 月	成立劳动人事部，合并国家劳动总局、国家人事局、国务院科技干部局、国家编制委员会的职能		研究改革保险福利制度，拟定改革的规划和实施方案；管理保险、福利工作；研究提出发展社会保险事业的办法，指导和管理职工退休、退职工作
1988 年	分别成立	人事部	负责机关事业单位退休管理及福利
		劳动部	负责企业社会保险管理

1978 年成立民政部，取代原内务部，承担社会救济、农村五保、军人抚恤等社会保障职能；其内设政府机关人事局，管理机关事业单位福利及干部退休、退职工作；1980 年单独成立国家人事局，承担政府机关人事局的社会保障职能。

1982 年合并国家劳动总局、国家人事局、国务院科技干部局和国家编制委员会 4 个部门的职能，成立劳动人事部，职责有“研究改革工资制度和保险福利制度，拟定改革的规划和实施方案”，“管理职工工资、奖励、津贴、保险、福利的工作”，“研究提出发展社会保险事业的办法，指导和管理职工退休、退职的工作”，并内设保险福利局。

到了 1988 年，又根据第七届全国人民代表大会第一次会议的决定，撤销劳动人事部，分别组建劳动部和人事部。劳动部的社会保障相关职能包括“拟定全国……社会保险、职工福利……等项工作的具体方针、政策和法规，并负责组织实施和监督检查”，“综合管理全国企业、事业单位的社会保险和职工福利工作，拟定企业、事业单位职工的社会保险制度和福利制度的改革方案及实施办法并组织实施，组织指导职工退休费用社会统筹和职工待业保险工作”，并内设保险福利司。人事部的社会保障相关职能包括“负责研究建立国家公务员保险福利制度，管理国家机关和事业单位的离休、退休和退职工作”，并内设工资保险福利司。从两部有关社会保险的职责分工看，当时的意图是劳动部负责企事业单位及其职工的各项社会保险改革工作，人事部负责国家公务员的保险福利；其中有个“边界交集”的群体，就是事业单位中已经离退休和退职的人员，明确不再参加事业单位养老保险改革，因此由人事部管理。但在实践中，按照中央部署，养老保险制度改革主要在企业范围内实施，迟迟没有涉及事业单位，所以事业单位的退休养老工作始终由人事部管理，直到 2008 年两部重新合并为人力资源和社会保障部。

第二节　发布 104 号文件

拨乱反正时期，社会保障领域的一个重大举措是经党中央和全国人大常委会原则批准，1978 年 6 月 2 日国务院颁布了《关于安置老弱病残干部的暂行办法》《关于工人退休、退职的暂行办法》两个法规性文件。文件编号为国发〔1978〕104 号，因其政策效力长达几十年，以至于从事社会保险的人士只要提起“104 号文件”的简称，无不知其所指，成为新中国社会保障发展史上一座具有标志性意义的界碑。

“文化大革命”刚刚结束，在社会保障各项事业百废待兴的背景下，中央首先制定有关退休养老的制度政策，主要原因有两个。一是“文化大革命”期间，由于机构瘫痪，制度崩坏，工作中断，无论是企业还是机关事业单位，都有很多人不能正常办理退休、退职手续，积存了大批老弱病残干部职工。据当时的相关统计，在全民所有制单位中，基本丧失劳动能力，需要退休、退职的工人有 200 多万人①；全国需要安置的老弱病残干部也约有 60 万人②。统筹调整企业职工结构，妥善安置老弱病残干部，是适应党和国家工作重点转变、迎接新的大规模经济建设所亟须的。二是 1958 年国务院颁发的干部和工人退休、退职办法已经时过境迁，20 年来客观情况发

① 严忠勤. 当代中国的职工工资福利和社会保险［M］. 北京：中国社会科学出版社，1987.
② 张志坚. 当代中国的人事管理［M］. 北京：当代中国出版社，1994.

生了很大变化，有些政策远远不能适应现实需要，有必要作出修改和补充。

据此，中央决定，由中共中央组织部和国家劳动总局分别组织设计和起草关于老弱病残干部的安置办法以及工人退休、退职的办法。1978 年 5 月 24 日，第五届全国人民代表大会常务委员会第二次会议讨论并原则批准了《国务院关于安置老弱病残干部的暂行办法》和《国务院关于工人退休、退职的暂行办法》，9 天后国务院印发全国，并在通知中要求各地，在省、自治区、直辖市党委统一领导下，先行试点，总结经验，然后再普遍实行。

老弱病残干部安置政策

《国务院关于安置老弱病残干部的暂行办法》（以下简称《干部安置办法》）共 17 条，内容很丰富，包括设置顾问岗位、担任荣誉职务、住房安排、异地安置的补助等，其中与社会保障有关的政策主要有以下内容。

实行干部离休制度

《干部安置办法》规定，新中国成立之前参加革命工作的老干部，丧失工作能力的，可以离职休养，工资照发（后被简称为“离休”）。具体范围为：1937 年 7 月 7 日以前参加革命工作的（俗称“抗战前”）所有干部，1942 年年底以前参加革命工作的（俗称“抗战前期”）县委正副书记及相当职务的干部，1949 年 9 月 30 日以前（俗称“建国前”）参加革命工作的地委正副书记、行署正副专员及相当职务及以上的干部。

1980 年 10 月，经第五届全国人民代表大会常务委员会第十六次会议通过，国务院又公布了《关于老干部离职休养的暂行规定》，对离休制度作了两方面调整。一是扩大了享受离休待遇的范围：将抗战期间（1937 年 7 月 7 日至 1945 年 9 月 2 日）参加革命工作的副县长及相当职务或行政 18 级以上的干部纳入，将新中国成立前参加革命工作的行政公署副专员及相当职务或行政 14 级以上的干部纳入；要求对符合条件而已经办理了退休的干部改为离休。二是提高了离休待遇：规定除了原本人标准工资（含保留工资）照发外，福利待遇不变，其他各项生活待遇都与所在地区同级在职干部一样对待，并切实给予保证；医疗、住房、用车、生活品供应等方面应当优先照顾。

1982 年 4 月，国务院根据《中共中央关于建立老干部退休制度的决定》，发布《关于老干部离职休养制度的几项规定的通知》，对离休条件、离休待遇等再次作了调整。享受离休待遇的条件，不再按参加革命工作时期、职务和级别来确定，规定“对建国前参加中国共产党所领导的革命战争、脱产享受供给制待遇的和从事地下革命工作的老干部，达到离职休养年龄的，实行离职休养的制度”，即把离休条件扩大为所有新中国成立前参加革命工作的老干部。同时规定的享受待遇年龄条件是：省部正职年满 65 岁，省部副职和司局地厅正副职年满 60 岁，其他干部男年满 60 岁、女年满 55 岁。对离休待遇，按照老干部离休后“基本政治待遇不变，生活待遇略为从优”的原则，按照参加革命工作的不同时期，每年增发一定的生活补贴。至此，形成了稳定的老干部离休制度。

严格地说，离休不是典型意义上的社会保障范畴，而是国家为保障那些为建立新中国立下了功劳的老干部的生活作出的一项制度安排。但它确实又属于国家整体退休制度的一个方面——新中国成立初期有关退休的临时性规定（如 1950 年政务院财政经济委员会《关于退休人员处理办法的通知》）和 1955 年、1958 年国务院先后发布的《国家机关工作人员退休处理暂行办法》《关于工人、职员退休处理的暂行规定》，都未对新中国成立前参加革命工作的老干部的待遇作出专门规定，而是包含在退休制度之中。20 世纪 70 年代末、80 年代初单独建立离职休养制度，有着特定的历史背景和国情原因。其一，干部队伍新老交替的需要。如第一篇所述，20 世纪五六十年代尚属新中国成立早期，各项事业需要大批领导干部，而新中国成立前参加革命的老同志此时大都仍在壮年，正是发挥作用的好时机。而经过“文化大革命”十年中断退休，到 20 世纪七八十年代，这些老同志已至暮年，很多人年老体弱，不能再承担繁重的领导工作。实现干部队伍革命化、年轻化、专业化，成为国家现代化建设的紧要任务之一。安排老干部退出现任领导岗位是必要的举措。其二，郑重认定革命贡献。老干部当初参加革命工作，许多人都是舍生忘死，历尽艰辛，并且怀有一生贡献给党的事业的崇高信念。现在请他们退出领导岗位，把“接力棒”交给年轻一代，也是党和国家事业永续发展的需要。在干部队伍结构调整中，应当对老同志的历史贡献给予充分肯定。作出“离职休养”的政策安排，而适当区别于其他干部的退休，体现了这一出发点。其三，尽力保障老干部晚年生活。早年参加革命的老干部，不仅经历了战争年代的艰苦磨砺，而且经历了新中国成立初期供给制的清苦生活。进入晚年，很多人体弱多病，生活开支增大。中央确定了“基本政治待遇不变，生活待遇略为从优”的原则，既有助于解决老干部的实际困难，也有利于消解当时一些老同志“人一走茶就凉”的顾虑。

当然，如同所有政策一样，离休制度也遇到一些“边缘性”矛盾，在20世纪八九十年代，一些干部围绕能不能享受离休待遇提出了诉求，主要是两类。一是以1949年9月30日以前参加革命作为享受离休的待遇条件，是以新中国宣告成立之日来确定政策边界的，而实际情况要复杂得多。10月1日以后，全国还有许多地区处于战争之中或仍在旧政权统治之下，此时此地参加革命的干部同样为建立新中国做出了重要贡献，但不符合规定的离休条件。对此类问题，中央在坚持基本政策原则的前提下，针对实际作出了一些具体规定。二是如何界定“建国前参加中国共产党所领导的革命战争、脱产享受供给制待遇的和从事地下革命工作的老干部”，涉及哪些组织属于规定范围。中央有关部门对此逐一作出了明确认定。

《干部安置办法》发布后至1988年，全国党政机关、群众团体和企事业单位先后有176万名老干部办理了离休手续，退出现任领导岗位。① 随着时间推移，目前健在的离休干部仅余几十万人，而且都已进入耄耋之年。他们仍是党和国家的宝贵财富，切实保障他们的晚年生活仍是各级党委、政府的一项重要责任。

完善干部退休制度

《干部安置办法》规定，党政机关、群众团体、企业、事业单位的干部，符合规定条件的，都可以退休。具体条件分为年龄、参加革命工作年限、是否丧失工作能力，待遇标准为本人标准工资的60%~90%（见表6-2）。

① 张志坚．当代中国的人事管理［M］．北京：当代中国出版社，1994.

表 6-2 104 号文件规定的干部退休条件和退休费标准

<table>
<tr><th rowspan="2">年龄</th><th rowspan="2">参加革命工作年限</th><th rowspan="2">工作能力</th><th colspan="3">退休费相当于本人标准工资的比例</th></tr>
<tr><th colspan="2">参加革命工作时期</th><th>标准</th></tr>
<tr><td rowspan="5">男年满 60 岁
女年满 55 岁</td><td rowspan="5">满 10 年</td><td rowspan="5">—</td><td colspan="2">抗日战争时期</td><td>90%</td></tr>
<tr><td colspan="2">解放战争时期</td><td>80%</td></tr>
<tr><td rowspan="3">新中国成立后工作年限</td><td>满 20 年</td><td>75%</td></tr>
<tr><td>满 15 年不满 20 年</td><td>70%</td></tr>
<tr><td>满 10 年不满 15 年</td><td>60%</td></tr>
<tr><td>男年满 50 岁
女年满 45 岁</td><td>满 10 年</td><td>完全丧失</td><td colspan="2">同上</td><td>同上</td></tr>
<tr><td rowspan="2">因工致残，
不限年龄</td><td rowspan="2">不限</td><td rowspan="2">完全丧失</td><td colspan="2">饮食起居需要人扶助的</td><td>90%</td></tr>
<tr><td colspan="2">饮食起居不需要人扶助的</td><td>80%</td></tr>
</table>

对因工致残完全丧失工作能力的干部退休，退休费低于 35 元（每月）的，按 35 元发给；对其中饮食起居需要人扶助的，另发给标准不超过一个普通工人工资的护理费。

对比表 6-2 和表 3-2 可以看出，《干部安置办法》规定的干部退休政策比 1958 年规定的职员退休办法有三大变化。一是把原来完全按工龄规定退休待遇的办法，改为新中国成立以前参加革命工作的按革命时期（如抗日战争时期、解放战争时期）来规定退休待遇；新中国成立以后参加革命工作的，按工作年限来规定退休待遇。二是提高了退休费标准，将原来规定的本人标准工资 40%~85%（包括享受 15%的“特殊贡献”待遇）提高至 60%~90%（后来随着将新中国成立前参加革命工作的老干部都纳入离休范围，统一按本人原标准工资的 100%发给离休费，表 6-2 标准中的 90%、80%两档失效）。三是对因工致残、完全丧失劳动能力干部的退休费取消了参加革命工作时期、年龄和工龄的条件，退休费标准由原来的 40%~70%大幅提高到 80%~90%，并对饮食起居需要人扶助的加发一定数额的护理费。此外还规定，对获得全国劳动英雄、劳动模范称号的干部，其退休费可以酌情高于所定标准的 5%~15%，但不得超过本人原标准工资。对比 1958 年的相关规定，明确了 5%的下限。

完善干部退职制度

《干部安置办法》规定，经过医院证明完全丧失工作能力，又不具备退休条件的干部，应当退职，按月发给相当于本人标准工资40%的生活费，低于20元（每月）的按20元发给。

对比1958年规定的职员退职待遇政策，《干部安置办法》也有两项重大调整：一是把由过去一次性发给退职补助费的办法改为按月发给；二是把过去按连续工龄长短确定不同标准，改为统一按相当于本人标准工资的40%发给。这些规定都有利于更好地保障丧失工作能力干部的基本生活。

还有一点变化值得关注。1958年《国务院关于工人、职员退休处理的暂行规定》对符合退休条件的职员规定“应该退休”，而1978年《干部安置办法》无论是对离休还是退休干部，都规定符合条件的“可以”离休或退休，显示了一定弹性；但对符合退职条件的干部，则基本沿用了1955年《国家机关工作人员退职处理暂行办法》中“按照退职处理”的提法，规定“应当退职”，具有一定强制性。

此外，《干部安置办法》还规定，离休、退休、退职干部本人可以享受与居住地区同级干部相同的公费医疗待遇。

工人退休退职政策

《国务院关于工人退休、退职的暂行办法》（以下简称《工人退休退职办法》），由于不涉及离休政策，所以比《干部安置办法》简略一些，共14条，但也有不少特殊规定。

工人退休政策

适用范围是全民所有制企业、事业单位和党政机关、群众团体的工人，规定的退休条件分为年龄、连续工龄、参加革命工作时期、是否丧失劳动能力，待遇标准同样为本人标准工资的60%~90%（见表6-3）。

工人退休政策，在因工致残、饮食起居需要人扶助的护理费标准方面，在劳动模范提高待遇标准方面，与《干部安置办法》规定的干部退休政策

表 6-3　104 号文件规定的工人退休条件和退休费标准

<table>
<tr><th rowspan="2">年龄</th><th rowspan="2">连续工龄</th><th rowspan="2">劳动能力</th><th colspan="3">退休费相当于本人标准工资的比例</th></tr>
<tr><th colspan="2">参加革命工作时期</th><th>标准</th></tr>
<tr><td rowspan="5">男年满 60 岁
女年满 50 岁</td><td rowspan="5">满 10 年</td><td rowspan="5">—</td><td colspan="2">抗日战争时期</td><td>90%</td></tr>
<tr><td colspan="2">解放战争时期</td><td>80%</td></tr>
<tr><td rowspan="3">新中国成立后
连续工龄</td><td>满 20 年</td><td>75%</td></tr>
<tr><td>满 15 年不满 20 年</td><td>70%</td></tr>
<tr><td>满 10 年不满 15 年</td><td>60%</td></tr>
<tr><td>男年满 55 岁
女年满 45 岁</td><td>满 10 年</td><td>艰苦有害岗位*</td><td colspan="2">同上</td><td>同上</td></tr>
<tr><td>男年满 50 岁
女年满 45 岁</td><td>满 10 年</td><td>完全丧失</td><td colspan="2">同上</td><td>同上</td></tr>
<tr><td rowspan="2">因工致残，
不限年龄</td><td rowspan="2">不限</td><td rowspan="2">完全丧失</td><td colspan="2">饮食起居需要人扶助的</td><td>90%</td></tr>
<tr><td colspan="2">饮食起居不需要人扶助的</td><td>80%</td></tr>
</table>

注：* 艰苦有害岗位是指井下、高空、高温、特别繁重体力劳动或者其他有害身体健康的工作（俗称"特殊工种"），适用于此类工作的工人和与工人工作条件相同的基层干部。

都是一致的，二者明显的差别有三点。一是对符合条件的工人规定"应该退休"，而不是"可以退休"，属于强制性规定。二是女工人退休的年龄条件一般为年满 50 岁，特殊工种再降低 5 岁，维持了《劳动保险条例》的政策，比女职员（干部）的退休年龄低。三是有关"特殊工种"提前退休，沿用了 1958 年《国务院关于工人、职员退休处理的暂行规定》规定的条件，同时增加了患二、三期矽肺病离职休养的工人和干部等特殊群体，这是干部退休政策中没有的。

工人退职政策

《工人退休退职办法》规定，不具备退休条件，经过医院证明，并经劳动鉴定委员会确认，完全丧失劳动能力的工人，应当退职，按月发给相当于本人标准工资 40%的生活费，低于 20 元（每月）的按 20 元发给。这与《干部安置办法》的相关规定几乎完全一致，只是把"丧失工作能力"改为

“丧失劳动能力”，并在认定程序上增加了“经劳动鉴定委员会确认”。

《工人退休退职办法》还规定退休、退职工人的有关医疗保障政策，即“退休、退职工人本人继续享受公费医疗待遇”。这沿用了1958年《国务院关于工人、职员退休处理的暂行规定》的政策，但覆盖范围增加了退职工人群体。

“子女顶替”

《工人退休退职办法》规定了一项十分特殊的政策：“工人退休、退职后，家庭生活确实困难的，或多子女上山下乡、子女就业少的，原则上可以招收一名符合招工条件的子女参加工作。招收的子女，可以是按政策规定留城的知识青年，可以是上山下乡知识青年，也可以是城镇应届中学毕业生。”“家居农村的退休、退职工人……本人户口迁回农村的，也可以招收他们在农村的一名符合招工条件的子女参加工作。”这就是风靡一时的所谓“子女顶替”政策。制定这项政策的时代背景是：一方面，“文化大革命”中有上千万城镇知识青年上山下乡，当他们陆续回城后，与应届中学毕业生的就业需求交叠，没有充分的工作岗位可以容纳，重新恢复退休退职制度后，腾出的岗位正好可以安置他们；另一方面，当时还在实行计划经济体制下的政府安置就业政策，企业等单位统一按计划指标招收工人，但一部分多子女或生活困难家庭，如果老工人退休退职后收入减少，家里又没有子女新就业，会造成更大的困境。因此，这项政策是基于当时社会现实出台的“权宜之计”。在实际执行中，“家庭生活确实困难”的标准很难准确把握，形成了较大面积的工人退休退职，甚至有不少人想方设法提前退休来换取子女顶替“好处”的局面。对社会保险来说，这个特殊时期的特定政策，给后来留下一个退休早、待遇水平低的群体，需要在调整养老金水平时予以适当倾斜。

新中国社会保障发展史上的一块界碑

104号文件从20世纪70年代末开始实施，截至1989年年底，全国有550万名干部办理了离退休手续，同时补充几百万名中青年干部走上各级领导岗位。这期间有多少工人退休退职没有准确统计，但从有关资料中可以作出分析：1978 年全国全民所有制和集体所有制单位合计只有 200 万名离退休（含退职）人员，1979 年即猛增到 576. 5 万人，明显看出 104 号文件实施后的政策效力，到 1984 年达到 1 458. 5 万人，比 1978 年净增 1 200 多万人；扣除其中的离退休干部，加上统计期内死亡人数，这几年退休退职工人的总量应有千万人以上。

104 号文件在新中国社会保障发展史上居于划分阶段的重要地位，主要是因为：其一，文件是由中共中央主导制定的，并经过全国人大常委会正式会议的原则批准，与 20 多年前的《劳动保险条例》一样，具有国家法规的性质，其中一些重大政策，如离休退休年龄、特殊工种提前退休、退休费比例、劳动模范等加发退休费等，管了后续几十年，有的至今仍在沿用；其二，以这个文件为标志，恢复了被“文化大革命”中断多年的干部职工办理退休退职的正常工作，不仅带有鲜明的拨乱反正色彩，而且高度契合把工作重点转向以经济建设为中心的大局，推动干部队伍比较顺利地实现新老交替和职工队伍的结构调整，为新时期现代化建设提供了各个层面的人力资源政策支持；其三，有关政策比 20 多年前的规定更加细致、周密并符合当时实际，比如专门增加了离休的规定，提高了退休退职待遇标准等，这对于保障广大干部职工离退休、退职后的基本生活，解除其后顾之忧，维护大变革时期的社会安定，起到了积极作用。

把新中国 70 年社会保障发展史，特别是养老保险制度发展史作为一个整体来看，还可以从两个角度来观察 104 号文件承上启下的历史作用。

第一，对干部和工人分别规定政策，但也有相当的统一性。1958 年国务院公布《关于工人、职员退休处理的暂行规定》和《关于工人、职员退职处理的暂行规定》两个规定，是对国家机关、企事业单位干部和工人退休、退职统一政策的首次尝试。而 104 号文件则划分干部和工人两个群体，分别规定退（离）休、退职政策，主要基于两点。一是干部中有大批新中国成立前参加革命的老同志，需要在他们年老体弱、退出领导岗位时作出专门安排；这与工人退休的情况有很大不同，不能一概而论。二是在计划经济时期，干部都是根据工作需要，由组织调配到党政机关、群众团体和企事业单位的，因而需要对工作在各类单位的干部退休退职待遇作出统一规定，否则容易引起高低错落的矛盾。而工人岗位也有一些不同于干部的特殊性，如苦脏累险工种等，“子女顶岗”政策也只适用于工人退休退职。尽管如此，104 号文件在许多基本政策标准方面，对干部与工人的规定还是高度一致的，如退休退职条件、按工作年限计发待遇的方法和比例、因工伤残待遇、劳模待遇、基本医疗待遇等。这为多年后相关制度政策的统一保留下了必要的基础。在当时情况下，分别制定干部和工人退休、退职办法，比较便于执行，也没有引起大的矛盾。但客观地说，由此也潜伏下两方面隐患。一是强化了干部与工人的身份差别。当时就遇到女职工先后在工人和管理岗位工作过，应以哪个年龄条件退休的问题。进入市场经济体制后，工人诉求不一，有的想早退，有的想晚退，这个矛盾有所增加。二是对各类单位的干部退休待遇作出统一规定。而在企业率先实行养老保险制度改革后，出现了一些企业干部要求享受机关事业单位同类人员待遇的强烈诉求，进而引发所谓“双轨制”的诟病。这一问题的解决，直到 2015 年实行机关事业单位养老保险制度改革才找到出路。

第二，104 号文件的规定尚不具有社会保险制度的属性。一个明显的例证是，文件规定：企业单位干部、工人的退休费、退职生活费由企业行政支付；党政机关、群众团体和事业单位干部的退休费、退职生活费，就地安置的由原工作单位负责，异地安置的分别由负责管理的组织、人事部门和县级民政部门另列预算支付；工人的退休费、退职生活费则由其居住地的县级民政部门另列预算支付。也就是说，这种保障方式仍属于“雇主责任制”模式，基本没有统筹互济的属性，就企业范围而言，还没有达到《劳动保险条例》的社会化高度。这是因为当时仍在拨乱反正时期，先恢复退休退职基本保障是当务之急；而且当时还处于计划经济体制之下，企业改革、财税制度改革等都未提上日程，也不可能“重拾”《劳动保险条例》的政策工具。总体来说，养老保险制度改革的时机尚未成熟，环境还不具备。但也不可否认，104 号文件规定的干部职工退休退职基本政策，为后来的改革打下了大体统一和规范的政策基础，这无论如何也比在一片混乱中去探索改革路径，减少了很多困难和障碍。这个历史作用应当得到承认。

第七章
重建社会保障制度的探索

这一时期，进行了大量重建各项社会保障制度的探索。

第一节　从退休费用统筹到重建企业职工养老保险制度

从 1977 年到 1992 年的 16 年，是企业职工退休养老制度全面探索、逐渐成型的发展时段，其间又可以划分为三个小阶段——1977 年到 1983 年，主要在集体企业推进劳动保险，并尝试建立社会统筹制度；1984 年，以党的十二届三中全会决定为标志和动力，国营企业的退休费用统筹在各地普遍开展；进入 20 世纪 90 年代后，经过总结、提炼地方实践经验，首度出台了全国城镇企业职工基本养老保险的统一政策。

第一段：在集体企业推行劳动保险制度

1978 年国务院 104 号文件发布的《关于工人退休、退职的暂行办法》，规定实施范围仅限于全民所有制企业、事业单位和党政机关、群众团体的工人，而此时全国集体所有制企业已有2 000多万名职工，他们的退休生活保障问题如何解决？在104号文件实施前后，国家对这一群体的问题也明确了制度性解决的方向。

1977年12月，轻工业部、财政部和国家劳动总局印发《关于手工业合作工厂劳动保险福利待遇标准和劳保费用列支问题的通知》，明确手工业合作工厂职工的劳动保险待遇标准可以按照国家和省级政府对国营企业的有关规定执行。这是一次突破。1966年4月，第二轻工业部和全国手工业合作总社曾就轻、手工业集体所有制企业职工、社员退休统筹和退职问题颁布过两个暂行办法，但在迅即发生的“文化大革命”中名存实亡，而且当时规定的退休待遇标准比国营企业退休人员低5~10个百分点。这次三部门联合通知，昭示着在集体企业恢复执行十多年前已确定的劳动保险制度，而且退休待遇标准与国营企业职工一视同仁。这个示范效应是巨大的。此后，各地没有局限于手工业合作工厂，而是对区县办集体企业的职工都比照这一规定办理。国务院及其有关部门也相继出台文件予以确认。如1978年8月，交通部、财政部、国家劳动总局发布通知，明确县（市）成立的统一核算的运输公司和县（市）主管部门统负盈亏的集体交通企业，也按照当地国营企业的规定实行劳动保险制度。同年9月，国务院批转商业部等部门《关于合作商店实行退休办法的报告》。1979年9月，卫生部、财政部、国家劳动总局联合发布《关于集体卫生人员退休退职有关问题的通知》。这些举措，使集体所有制企业单位实行劳动保险制度形成一股热潮。到1984年，全国集体企业职工实行《劳动保险条例》或参照国营企业实行退休退职制度的职工已达1 700万人，占当时集体企业职工总数的62.9%。[①]

而对尚未实行劳动保险制度的1 000多万名集体职工，国家也作出了政策安排。1980年2月，财政部、国家劳动总局印发《关于城镇集体所有制企业的工资福利标准和列支问题的通知》，规定经过有关部门批准，这些企业职工的劳动保险费用都可以改按在营业外或其他费用项目下列支，即纳入免征企业所得税范围。这项政策，虽然只是企业内部资金列支渠道的调

① 严忠勤. 当代中国的职工工资福利和社会保险［M］. 北京：中国社会科学出版社，1987.

整，但为城镇集体企业保障职工退休等权益开辟了合规的资金渠道。

在实施这些政策的同时，各地也借鉴当年劳动保险制度提取统筹基金的经验，开始探索在集体企业组织退休费用社会统筹的办法。尽管各地施行范围有大小之分，统筹项目有多少之别，待遇标准有高低之差，但确是力图突破企业单位的资金使用局限，向社会化的保障制度迈出试探性的第一步。国家有关部门及时发现并重视这一既有“回归”意义又有创新价值的动向。1982 年 12 月，新成立的劳动人事部在四川省南充市召开座谈会，专题研讨有关建立城镇集体企业职工社会保险制度的问题，交流各地经验，提炼有推广意义的做法。在此基础上，1983 年 4 月，国务院制定颁布的《关于城镇集体所有制经济若干问题的暂行规定》提出：城镇集体企业要根据自身经济条件，量力而行，提取一定数额的社会保险金，逐步建立社会保险制度，解决职工年老退休、丧失劳动能力的生活保障等问题；并明确社会保险金在征收所得税前提取，专项存储，专款专用。这一规定，为集体企业建立职工养老保险等制度提供了国家政策保证。

搜索历史痕迹，发现 20 世纪 70 年代末至 80 年代初，有关集体企业社会劳动保险的文件资料相当集中，实践活动也十分丰富，明显处于一个活跃期。这些政策和实践，不仅在很大程度上解除了当时上千万名集体企业职工的后顾之忧，更大的价值是为接踵而至的国营企业改革、重建社会化的养老保险制度提供了重要参考。后人回顾改革开放以来养老保险制度沿革，往往以 20 世纪 80 年代初中期作为起点，这是有根据的，但也不应忘记，还有更早的先行者已在探寻的路上。

第二段：试行退休费用社会统筹

如果说在城镇集体企业实行劳动保险以及探索退休费统筹，基本上是在一张白纸上作画，那么，在覆盖职工人数更多、触及体制变革更深层次的国营企业开展退休费用社会统筹，就是在一张曾经美妙但被揉皱、撕破的纸上重新作画，具有制度重构的性质。

1979 年 4 月，即党的十一届三中全会定下改革开放的大政方针后不久，中央工作会议就作出了扩大企业自主权的决定。同年 7 月，国务院颁布

《关于扩大国营工业企业经营管理自主权的若干规定》等五个管理体制改革文件，并在四川省进行扩大企业自主权的试点，揭开了国营企业改革的序幕。1982年前后，有关中央领导多次指出，为适应经济体制改革的需要，要改革退休制度，实行社会保险。据此，一些地区开始把先在集体企业试行的退休费统筹延展到部分国营企业。1983年秋，劳动部保险福利司会同中国劳动学会，在河南省郑州市召开社会保险研讨会，集中讨论了五个问题——对劳动保险制度的评价；社会保险的概念，主要是劳动保险、社会保险、商业保险的区别和联系；社会保险基金的筹集，主要是国家、集体、个人各方的责任；劳动部门管理社会保险工作的范围及机构设置，这涉及对劳动保险管理体制的调整思路；关于养老保险问题。这次会议规格不是很高，但讨论的都是当时社会保险工作面对的"顶层"问题，关系到下一步改革、重建制度的方向和路径，特别是对原劳动保险制度与新建社会保险制度的继承与发展关系作了理论上的梳理，并把当前改革重点放在养老保险方面，为后来的高层决策做了思想和工作准备。

党的十二届三中全会

而真正触发城镇企业，尤其是国营企业退休养老制度改革的重大事件，是1984年10月召开的党的十二届三中全会。全会作出的《中共中央关于经济体制改革的决定》（以下简称《决定》）中并没有直接涉及社会保险的内容，但它鲜明地提出"建立自觉运用价值规律的计划体制，发展社会主义商品经济"，是对长期实行的计划经济体制的革命性突破。《决定》又明确了经济体制改革以城市为重点、以增强企业活力为中心的大方向，指出企业要真正成为相对独立的经济实体，成为自主经营、自负盈亏的商品生产者和经营者。《决定》中的一段话既朴实又深刻："城市企业是工业生产、建设和商品流通的主要的直接承担者，是社会生产力发展和经济技术进步的主导力量。现在，我国城市企业……已有一百多万个，职工达八千多万人。……城市企业生产和经营的积极性、主动性、创造性能否充分发挥，八千多万职工的积极性、主动性、创造性能否充分发挥，就是说城市企业是否具有强大的活力，对于我国经济的全局和国家财政经济状况的根本好转，对于党的十二大提出的到本世纪末工农业总产值翻两番的奋斗目标的实现，是一个关键问题。”

从计划经济转向社会主义商品经济（后来进化为社会主义市场经济），是经济体制最深层次的变革。以城市企业为重点的改革定位，目标直指受计划经济体制束缚最大、运行机制最“死”的大中型全民所有制企业（据统计，1984 年国有经济从业人数达 8 637 万人，占全部城镇经济活动人口的 72.6%）。这两个重大决策对退休养老制度提出了极具挑战性的课题：一方面，企业要真正成为相对独立的经济实体，成为自主经营、自负盈亏的商品生产者和经营者，而各企业已有及潜在的退休人员负担悬殊，要为企业创造在市场中平等竞争的条件，必须解决退休费用畸轻畸重的问题；另一方面，既然企业自负盈亏，就有亏损甚至破产的可能，退休人员一旦失去原有企业依托，如何保障其基本生活？这是单个企业所难以解决的，必须在国家制度层面作出设计安排。这些课题的答案涉及整个社会保障体系的构建，而退休养老制度当其首要。

围绕这个题目，中央部门和地方进行了积极的探索和谋划。如广东省江门市和东莞市、四川省自贡市、江苏省泰州市、辽宁省黑山县等，都自主在国营企业开展退休费用社会统筹的试点。在党的十二届三中全会召开前的 1984 年 5 月，劳动人事部就会同国家经委、财政部、工商银行、全国总工会等部门向国务院呈报了《关于统筹全民所有制单位退休基金的报告》，提出结合劳动工资制度改革，开展以地市县为统筹单位的企业退休费用社会统筹，并对先期自行进行统筹试点的地区加以指导。这一时段，虽然退休费统筹的层级较低，基本都是局限于县级，方法也各有差别，但对适当均衡企业的退休养老负担、支持企业走向市场，发挥了一定作用。

劳动用工制度改革

1986 年企业劳动用工制度改革的新举措进一步推动了退休费统筹的进程。按照党的十二届三中全会确定的搞活企业用工制度的方向，各地开始在国营企业试行劳动合同制度，很多地区同时出台了劳动合同制工人的社会保险办法，主要涉及退休养老和待业，也有个别地区暂时先搞退休养老保险；养老保险的资金来源以企业提取为主，也有个人少量缴纳；管理部门则以劳动部门设立的专门机构居多。1986 年，劳动人事部总结地方实践经验，拟定了劳动制度改革的四个规定，即《国营企业实行劳动合同制暂行规定》《国营企业招用工人暂行规定》《国营企业辞退违纪职工暂行规定》《国营企业职工待业保险暂行规定》，目标是消除计划经济体制中对国营企业用工统得过死、包得过多、能进不能出、一次分配定终身的弊端，赋予企业用人自主权和职工自主择业权。但事关重大，党中央、国务院决定先召开省市长会议进行讨论，统一思想。果然，会上有一些不同意见，主要是担心损害职工的主人翁地位。为此，在会议结束前，劳动人事部主要负责同志按照中央指示，专门就有关问题作了说明，消除了误解，基本达到统一思想的目的。7 月，国务院正式印发《关于发布改革劳动制度四个规定的通知》（国发〔1986〕77 号，以下简称 77 号文件），确定从当年 10 月 1 日起，国营企业招用工人必须实行劳动合同制，国家机关、事业单位和社会团体在常年性岗位上招用的工人也比照执行。

77 号文件同时规定，国家对劳动合同制工人退休养老实行社会保险制度，主要政策包括四个方面。（1）退休养老基金的来源由三部分构成——企业按劳动合同制工人工资总额的 15%左右缴纳，并在所得税前列支；劳动合同制工人按不超过本人标准工资的 3%缴纳，由企业按月在工资中扣除；退休养老金不敷使用时，国家给予适当补助。（2）缴纳的退休养老金转入当地劳动行政主管部门所属的社会保险专门机构在银行开设的“退休养老基金”专户，按照城乡居民个人储蓄存款利率计息，所得利息转入退休养老基金项下。（3）劳动合同制工人的退休养老待遇包括退休费，按月发给，直至死亡，退休费标准根据缴纳退休养老基金年限长短、金额多少和本人一定工作期间平均工资收入的不同比例确定，对缴纳年限比较短的工人，可以一次性发给；还包括医疗费和丧葬补助费、供养直系亲属抚恤费、救济费，参照国家有关规定执行。（4）劳动合同制工人退休养老工作，由劳动行政主管部门所属的社会保险专门机构管理，其主要职责是筹集退休养老基金，支付退休养老费用和组织管理退休工人。

这项制度虽然只是在新招用的合同制工人中实行，但远远超出了单纯拨乱反正的意义，是一次真正的制度性变革。

其一，确定筹资渠道。首次明确企业和合同制工人分别按工资基数的15%左右和3%以内的比例缴费，国家在一定条件下给予补助。当年《劳动保险条例》规定的是“劳动保险金不得在工人与职员工资内扣除，并不得向工人与职员另行征收”。显然，77 号文件比《劳动保险条例》规定的企业单方面缴费的筹资结构大大迈进了一步，为以后各类企业及其全体职工实行双方共担缴费的养老保险制度开辟了道路。

其二，确定制度模式。各方缴费都纳入“退休养老基金”专户，实质上是明确退休养老实行统筹互济的基金制。这突破了“文化大革命”以来各单位自我管理退休的窠臼，在一定程度上恢复了《劳动保险条例》确定的退休费用统筹的社会保险机制，适应“社会主义商品经济”下分散企业退休养老风险的需求。

其三，明确了退休待遇决定机制。其中最有改革意义的是，提出根据缴费年限长短、金额多少和缴费者本人一定工作期间平均工资收入的不同比例来确定退休费的方向，试图改变过去只按工作年限分档计算的粗放方法。这可以看作后来多次改革、完善养老金计发办法的原始起点。

其四，明确了管理体制。77 号文件明确，劳动合同制工人退休养老工作，包括筹资、支付和组织管理退休工人均由劳动行政主管部门所属的社会保险专门机构负责。这与当年的劳动保险制度主要由工会组织实施的管理体制有很大不同，体现了逐步摆脱苏联式计划经济体制、与国际社会保险管理模式接轨的努力。77 号文件发布后，各地纷纷在原来自行建立的企业职工退休费用统筹办公室的基础上，建立起劳动人事部门所属的社会保险专门经办管理机构，很快遍布省、市（地）、县三级。

77 号文件还对合同制工人患职业病或因工负伤，女工孕期、产假和哺乳期间患病或非因工负伤，因工或因病死亡等情形，规定了有关保障待遇。总的原则是与所在企业同工种的原固定工人同等对待，体现了社会保障政策的公平属性。文件中一个特殊的规定就是废止实行多年、弊病甚多的“子女顶替”制度。但考虑到部分家居农村的老工人的实际情况，也允许在贯彻执行中适当灵活一些，即对 1957 年年底以前参加工作、家居农村的老工人，在他们办理退休手续后，允许其一名农村的适龄未婚子女到父母原工作单位的城镇，参加统一的招工考试或考核，在同等条件下优先录用。退休工人子女被录用的，其本人的户、粮关系需同时迁回农村。

养老保险管理的两种过渡形态

20世纪80年代，围绕企业养老保险制度建立、运行和管理，还有两件影响后来的事件不能不提。

一件是集体企业的养老保险曾一度由商业保险公司管理。1984年，劳动人事部、中国人民保险公司联合签发《关于城镇集体企业建立养老保险制度的原则和管理问题的函》，确定由中国人民保险公司承办城镇集体所有制企业职工“法定养老保险”。现在看来，这样的分工显得“不伦不类”，但在当时的背景下也是不得已的选择。客观上主要是政府劳动部门多年一直着重管理国营企业的保险福利，对集体企业的管理既无经验也无能力，何况当时国营企业与集体企业同国家财政的财务关系也有很大区别，难以统筹管理；主观上也反映出当时人们对社会保险与商业保险性质、特点的认识还有相当的模糊之处。

另一件是部分行业单独实行了本系统所属企业职工的退休费用统筹，称为“行业统筹”。当时特定的历史背景是：地方陆续建立起企业职工退休费统筹的制度，一些基础产业和重点行业所属的中央企业也有这方面的急迫需求，但又一时很难纳入其所在地方统筹。一来是因为当时各地养老保险制度改革进度不一，有的地方甚至还没有建立制度，如果完全按照属地管理原则操作，就会产生这些中央企业有的有保障、有的没保障的很大落差，既不利于行业内部企业之间的员工利益平衡，也难以进行全行业统一核算。二来也是因为当时地方统筹层次较低，市县级统筹的资金调剂规模很难接纳行业所属单位这样的“大块头”加入，何况这些行业大都具有跨行政区域经营、全程全网作业、职工流动性强等突出特点，分散的地方统筹难以适应这种实际需求。因此，经国务院批准，从1986年开始，先后有11个行业和总公司单独组织了所属企业的退休费用统筹，主管部门设立专门机构，统管本行业的养老保险基金收支分配。最先实行的是水利电力部直属企业（两年后分割为水利、电力两个行业，其行业统筹也改由水利部、电力部分别组织）；1988 年后，陆续批准铁道部、邮电部、中国建筑工程总公司试行离退休费用行业统筹。这被称为行业统筹的“老五家”。1993 年，又批准交通部、煤炭部、银行（含中国人民银行、工商银行、农业银行、中国银行、建设银行、交通银行、人民保险公司）、民航总局、石油天然气总公司、有色金属工业总公司对其直属企业的养老保险基金直接组织统筹，被称为行业统筹的“新六家”。

这两种特殊的管理体制，都在 20 世纪 90 年代末期的统一养老保险制度及“两个确保”工作中进行了调整和规范（详见第四篇）。

按照党的十二届三中全会确定的方向，在国务院 77 号文件的有力推动下，企业养老保险制度改革呈现燎原之势，各地在实践中没有局限于劳动合同制工人，而是在各类企业及其职工中普遍推进。据 1987 年劳动人事部对 22 个省级地区 2 146 个市县调查，有 1 283 个市县建立了社会保险机构，1 100 多个市县试行了国营企业职工退休费用统筹。而到 1988 年年底，实行这项统筹的市县一下猛增到 2 200 个，占当时全国市县总数的 93%，参加统筹的职工 5 000 万人，离退休人员 900 多万人。同时有近千个市县对城镇集体企业职工实行退休费用社会统筹。1984 年，劳动人事部还专门发布《中外合资经营企业劳动管理规定实施办法》，明确“合营企业职工的劳动保险和福利待遇，按照我国政府对国营企业的有关规定执行”。此办法也开了一个“小口子”：合营企业认为有不适用的，可以提出意见，报请省级劳动人事部门在商得财政部门和同级工会组织同意后批准执行。因此，20 世纪 80 年代，企业养老保险制度实际上是分为国营、集体、合资企业和特定行业四个板块分别实施，很多地方对不同企业的资金也是分别核算的。当然，就其本质属性——基金社会统筹互济、企业和职工双方缴费、政府部门主导实行管理——而言，是对原有制度的重大变革，也是中国社会保险制度正式进入转型阶段的重要进展。

第三段：制定实施国务院 33 号文件

20 世纪 80 年代养老保险在各地分散试行、探索，终于在 20 世纪 90 年代初结出了全国性制度安排的果实。1991 年 6 月，国务院在总结各地改革经验的基础上，制定发布了《关于企业职工养老保险制度改革的决定》（国发〔1991〕33 号，以下简称 33 号文件），这是改革开放以来在国家层面对企业养老保险第一次作出的重大决策。33 号文件首段指出，“我国企业职工的养老保险制度是 50 年代初期建立的，以后在 1958 年和 1978 年两次作了修改”，足见这个文件与《劳动保险条例》、1958 年两个暂行办法及 1978 年 104 号文件等量齐观的历史地位。

33 号文件共 11 条，分为核心制度和具体政策两个层面。

核心制度包括体系框架、筹资结构、运行模式和管理体制，可称为养老保险的四大支柱。

体系框架——多层次架构。文件提出，随着经济的发展，逐步建立起基本养老保险与企业补充养老保险和职工个人储蓄性养老保险相结合的制度。这与世界银行差不多在同一时期提出的“三个支柱”理念——国家法定养老金、职业性养老金、个人储蓄养老金——有异曲同工之处。这一体系建设方向也一直为后来的发展进程所努力遵循。

筹资结构——多渠道。文件提出，改变养老保险完全由国家、企业包下来的办法，实行国家、企业、个人三方共同负担；职工个人也要缴纳一定的费用，由企业在发放工资时代为收缴，缴费标准开始时可不超过本人标准工资的 3%，以后随着经济的发展和职工工资的调整再逐步提高。这是将地方探索和率先在合同制工人范围内试验的多方筹资机制提升为全国统一规范。

运行模式——建立专项基金。文件规定，基本养老保险基金按照以支定收、略有结余、留有部分积累的原则统一筹集，实行社会统筹；要求各地积极创造条件，由目前的市、县统筹逐步过渡到省级统筹；实行省级统筹后，原有固定职工和劳动合同制职工的养老保险基金要逐步按统一比例提取，合并调剂使用。确立了统筹互济的基本制度模式，并指明变“小统筹”为“大统筹”的方向，以期提高抗风险能力。

管理体制——由政府主导。文件要求，地方各级政府设立多部门组成的养老保险基金委员会，实施对养老保险基金管理的指导和监督；劳动部和地方各级劳动部门负责管理城镇企业职工的养老保险工作，其所属的社会保险管理机构经办基本养老保险和企业补充养老保险的具体业务，并受养老保险基金委员会委托，管理养老保险基金。这是对 77 号文件规定管理体制的延续和扩大，在更大范围内确定了政府主导的养老保险工作管理体制，各级工会组织的职责由劳动保险时期的具体经办变为参与建议和监督。

具体政策包括央地关系、行业关系、基金流程、待遇确定、非基本保险、经办职责，可称为这一时期养老保险的六根大梁。

地区间差别。尽管是统一的制度安排，但考虑到各地区和企业的情况不同，责成各省级政府根据国家统一政策作出具体规定，允许不同地区、企业之间存在一定的差距。比如养老保险基金的具体提取比例和积累率，由省级政府经实际测算后确定，并报国务院备案。

行业间差别。规定除国家另有规定者外，中央部属企业都要参加所在地区的统筹。这是鉴于一些行业实行单独统筹后，还有其他行业也提出效仿的诉求，国务院从全局出发“封了口”，坚持以属地管理为主的体制，以利于彰显社会保险的公平属性。

基金管理规则。明确企业和职工的缴费转入银行的“养老保险基金专户”，实行专项储存，专款专用，任何单位和个人均不得擅自动用。银行对存入的基金按同期城乡居民储蓄存款利率计息，所得利息并入基金。积累基金的一部分可以购买国家债券。

待遇确定和调整机制。制定 33 号文件时，已经讨论到改革完善原有的退休费计算办法的问题，但鉴于情况复杂，宜先确定基本制度，因此确定“基本养老金计发办法目前不作变动，今后可结合工资制度改革，通过增加标准工资在工资总额中的比重，逐步提高养老金的数额”。同时规定“国家根据城镇居民生活费用价格指数增长情况，参照在职职工工资增长情况对基本养老金进行适当调整，所需费用从基本养老保险基金中开支”。

非基本保险。规定企业补充养老保险由企业根据自身经济能力为本企业职工建立，所需费用从企业自有资金中的奖励、福利基金内提取，由社会保险管理机构记入职工个人账户。个人储蓄性养老保险由职工根据个人收入情况自愿参加，并自愿选择经办机构。明确了非基本养老保险的建立原则和资金渠道。

经办管理。确定劳动部门所属的社会保险管理机构是非营利性的事业单位，通过在银行开设专门账户来管理基本和补充的养老保险基金，并可经批准从基金中提取一定的管理服务费，主要用于支付必要的行政和业务等费用。在当时财政资金高度紧张、难以支付经办费用的情况下，这是一个“融通”办法，国际上也有可资借鉴的先例。而对当时已由人民保险公司经办的养老保险业务（主要是集体企业），制定文件时已认识到作出调整的必要，但鉴于情况复杂，决定暂时维持现状不作变动。

2G

20 世纪 50 年代初的《劳动保险条例》始建企业职工退休退职制度，通过费用统筹方式着重解决了职工因年老体弱病残退出劳动领域后的基本收入保障问题。如果说这是新中国养老保险“第一代”制度（1G）的话，那么国务院 33 号文件可以算是“第二代”制度（2G）的标志。其最大效能是恢复了被“文化大革命”中断的养老保险社会统筹模式，建立起多方筹资的机制，构建了政府主导的管理系统。

33 号文件的突出时代特点：一是切中经济体制改革的紧要问题，大大推动了计划经济体制下企业退休养老自我保障向商品（市场）经济体制下社会养老保险的模式转变；二是充分尊重实践，在地方、基层普遍试验的基础上加以总结概括，体现了“摸着石头过河”的中国智慧；三是从差异大、矛盾多的实际出发，优先解决全局性、根本性的制度安排问题，而把一些具体政策、管理问题留给地方和企业视情况处理或随社会经济发展渐次解决。

在 33 号文件的推动和制度下，1993 年全国参加基本养老保险的各类企业职工和退休人员达到 9 847 万人，比文件发布前的 1990 年增长 60%，在均衡企业退休费用负担、保障退休人员基本生活方面发挥出越来越大的作用。[①]

---

① 国家统计局. 中国统计年鉴 2015［M］. 北京：中国统计出版社，2015.

第二节　尝试实行待业保险

“待业青年”和“待业职工”

20 世纪 70 年代末至 90 年代中后期，我国城镇出现大批待业（等待就业的简称）人员，细分起来，实际上是指两类群体。第一类群体是“待业青年”，主要是 1962 年至 1979 年的 18 年间全国总计 1 776 万名上山下乡城镇知识青年。① 他们在“文化大革命”结束后纷纷返城，也包括进入劳动年龄的应届中学毕业生。他们的共同处境是没有足够的劳动岗位可以吸纳就业，许多人闲散在社会上，引发社会和家庭矛盾。为解决这一群体的就业问题，国家提出劳动部门介绍就业、自愿组织起来就业和自谋职业相结合的“三结合”就业方针。许多政策是借鉴了 20 世纪 50 年代初期解决失业工人问题的办法，取得了积极效果。前述“子女顶替”政策也是其间“应时而生”的。第二类群体是“待业职工”，即在企业改革和劳动制度改革中，因企业破产、停产或因打破“铁饭碗”而失去原有工作岗位的职工。不同于“待业青年”的是，他们都曾有过单位就业的经历，而且都曾是家庭收入的主要承担者，一旦丧失收入来源，对家庭生活的影响更大。因而对这类群体，政府除了要积极促进就业外，还需要对其基本生活加以制度性保障，由此催生了待业保险制度。本节主要记述对后一群体的保障制度安排。

劳动制度改革中应运而生的待业保险

党的十一届三中全会召开的第二年，中央决定在广东、福建建立 4 个经济特区，特事特办，形成新的管理制度。20 世纪 80 年代初，劳动人事部组织了一些专家，专门帮助特区设计符合实际需要的企业用工制度，定名为劳动合同制。这一制度冲破了原来计划招工、“能进不能出”的政策束

① 中国劳动人事年鉴编辑部. 中国劳动人事年鉴（1949. 10—1987）［M］. 北京：劳动人事出版社，1989.

缚，符合新经济体制的要求，也很受地方和企业欢迎，因而很快在14个对外开放的沿海城市推开，继而又扩大到9个省份的部分市县。1983年，劳动人事部印发了《关于积极试行劳动合同制的通知》，部署在国营企业进行劳动合同制的试点。到1986年上半年，全国企业合同制工人已达360万人。①

正是在这样的实践基础上，1986年7月国务院制定发布了改革劳动制度的77号文件。四个暂行规定互相衔接，是一个完整的政策体系。在社会保障方面，除了前文提到的对合同制工人实行养老保险制度外，最大的突破就是实行待业保险制度。《国营企业实行劳动合同制暂行规定》规定，劳动合同有五年以上的长期工、一年至五年的短期工和定期轮换工，以及一年以内的临时工、季节工等多种期限类型。无论哪种，都存在劳动合同解除或期满终止后，工人再就业前的基本生活保障问题。《国营企业辞退违纪职工暂行规定》规定了符合辞退条件的七种情形，也有必要明确对被辞退职工基本生活保障的政策。由此，配套实施的《国营企业职工待业保险暂行规定》应运而生。

待业保险的主要政策

适用范围。包括四类人员，即宣告破产企业的职工、濒临破产的企业法定整顿期间被精减的职工、企业终止或解除劳动合同的工人、企业辞退的职工。可以看出，这个范围是与当时国营企业改革和劳动用工制度改革的举措紧密对应的。

筹资和统筹。待业保险基金来源于三方面：企业按照其全部职工标准工资总额的1%缴纳，在所得税前列支；基金存入银行获得的利息；地方财政补贴。规定待业保险基金由省级统筹使用。这里有三个重点：一是建立待业保险基金，实行社会统筹模式，而不是各个企业“自保”的方式，以分散企业的风险；二是主要资金来源于企业供款，个人不缴费，基本沿用了新中国成立初期失业工人救济制度的筹资方式；三是明确了以地方为主

① 张小建. 民生之本——为实现劳动者充分就业而奋斗［M］. 北京：中国劳动社会保障出版社，2011.

的管理责权，并指出了省级统筹的方向。

支出项目。包括规定范围的四类人员在待业期间的待业救济金、医疗补助费以及在此期间死亡人员的丧葬补助费、供养直系亲属抚恤费和救济费，也包括企业破产或濒临破产法定整顿期间被精减且符合离、退休条件的职工的离、退休金，特别是规定待业职工转业训练费和扶持待业职工的生产自救费列入基金支出，体现了促进再就业的导向，还包括管理费。

待遇确定。待业救济金的发放期限按照工龄确定，并以职工离开企业前两年内本人月平均标准工资为基数的一定比例计发；但无正当理由两次不接受有关部门介绍就业的则停止发放（见表 7-1）。

表 7-1　待业救济金发放期限和标准

<table>
<tr><th>工龄</th><th>发放期限</th><th>发放标准</th></tr>
<tr><td rowspan="2">5 年及以上</td><td rowspan="2">最多 24 个月</td><td>第 1~12 个月为 60%~75%</td></tr>
<tr><td>第 13~24 个月为 50%</td></tr>
<tr><td>不足 5 年</td><td>最多 12 个月</td><td>60%~75%</td></tr>
</table>

管理机构。待业保险工作由劳动行政部门所属的劳动服务公司负责。其主要职责是：待业职工的登记、建档、建卡、组织管理；基金管理与发放；就业指导、就业介绍；组织转业训练，扶持、指导生产自救和自谋职业。

待业保险制度的调整完善

劳动服务公司

《国营企业职工待业保险暂行规定》确定劳动服务公司而不是政府部门作为待业保险的管理机构，现在看来有点奇怪，但在当时完全是顺理成章的事。这就不能不说到劳动服务公司兴起的背景。

“文化大革命”结束后，针对大批上山下乡知识青年返城和城镇新成长劳动力的待业问题，一些地方的劳动部门探索建立了劳动服务公司，承担帮助这些知识青年就业的职责。1980 年 8 月，中央转发全国劳动就业会议文件，推广地方经验，要求各地都建立劳动服务公司，其职能是介绍就业，输送临时工，组织生产、服务，进行职业培训等；对于暂时不能就业的人员，采取行政管理和经济手段相结合的方法，组织起来开辟市场服务门路。同时指出，将来劳动服务公司要逐步发展成为社会上调节劳动力的一种组织形式，起到吞吐劳动力的作用。1981 年，中央进一步强调，要建立健全劳动服务公司的机构，使之逐步成为登记管理待业人员、组织就业前培训、开展职业介绍和组织集体经济吸收待业人员就业的一种综合性机构；并明确劳动服务公司既担负着组织社会劳动力进行经济活动的任务，又担负着劳动部门的部分行政职能，可以直接推动待业人员发展各种行业的集体经济事业以及自谋职业，可以组织就业训练，对“待业青年”传授职业技能和进行管理教育，也可以按照企业需要介绍职工。为此，有关部门要从供产销渠道、银行贷款、经营场地、财政税收、开办经费等方面给予必要支持和帮助，国家财政提供适当的补助费；除了地方劳动部门外，有条件的厂矿企业和机关、团体、事业单位等也可以根据需要举办劳动服务公司。此后，劳动服务公司蓬勃兴起，遍布各个城市。20 世纪 80 年代，在农村有乡镇企业的异军突起，解决了家庭联产承包责任制实行后被解放的农村劳动力向非农产业转移的出路问题；在城市则有劳动服务公司的遍地开花，寻求着组织以青年为主体的城镇待业人员就业的新途径。这或许是二者的共同点。

1990 年 11 月，国务院颁布《劳动就业服务企业管理规定》，明确“劳动就业服务企业是承担安置城镇待业人员任务、由国家和社会扶持、进行生产经营自救的集体所有制经济组织”，规定这类企业开办时吸纳城镇待业人员的比例须达 60%以上，在存续期间安置城镇待业人员也要达到一定比例。这个法规凸显出劳动就业服务企业安置城镇待业人员的主要功能，而所称“城镇待业人员”，既包括城镇居民中持有待业证明的未就过业的人员，也包括曾就过业又失业的人员。因此，由劳动就业服务企业管理职工待业保险工作，与这类企业的职责相吻合，也更便于把待业保险与促进再就业紧密结合起来。

1990 年 12 月，党的十三届七中全会通过《关于制定国民经济和社会发展十年规划和“八五”计划的建议》，其中提出，建立健全养老保险和待业保险制度，逐步完善社会保障体系。按照国家、集体和个人共同合理负担的原则，在城镇各类职工中逐步建立社会养老保险制度，扩大待业保险的范围，实行多层次的社会保险。

国务院第 110 号令

1992 年初春，邓小平南方谈话吹响了改革开放再提速的号角。7 月 23 日，国务院颁布《全民所有制工业企业转换经营机制条例》，加大落实国有企业经营和用人自主权的力度。10 月，劳动部汇总分析了待业保险制度实施 6 年的情况称：截至 1991 年年底，全国参加待业保险的人数为 7 123 万人，几年来累计向 41. 5 万名待业职工发放了救济金和医疗费，帮助 28 万人重新就业，并在治理整顿期间接济一批停工待工人员渡过了难关。待业保险制度的实施促进企业和职工思想观念发生变化，各方有了一定程度的风险意识。但从整体上看，预计出现的待业职工大都还没有出现，1987 年至 1991 年，全国待业职工仅 30 万人，1992 年上半年也只有 11. 5 万人，远远少于当初预计年均 60 万人的规模，制度的效用打了折扣。其主要原因是，在实际执行过程中，合同制工人合同期满后续订的多，而解除、终止的人数很少；企业由于种种原因不能按照规定辞退违纪职工；破产企业也仅出现 1 家。为配合企业各项改革措施的实施，根据待业保险基金每年可接纳 80 万名待业职工的承受能力和已具备的工作基础，劳动部建议，在待业保险基金的使用方面，增加用于促进就业的投入，并可用于扶持关停并转企业调整产业结构，用于支持企业，尤其是国营大中型企业深化劳动制度改革。

上述建议被采纳。1993 年 4 月，国务院发布《国有企业职工待业保险规定》（国务院第 110 号令），取消了 77 号文件中“暂行”二字，对原有政策作了充实和部分调整，如在适用范围上增加了被撤销、解散企业的职工和停产整顿企业被精减的职工，实行企业化管理的事业单位职工等；在工作指导思想上强调待业保险与职业介绍、就业训练和生产自救等就业服务工作紧密结合，统筹安排；在缴费基数上由企业全部职工标准工资总额改为工资总额；在统筹层次上将基金省级统筹改为市、县统筹；在待遇项目上取消破产和濒临破产企业离退休人员的离退休金支出，因为此时已不同于20世纪80年代，各地普遍建立了企业职工基本养老保险制度，这项支出应由该制度承担；在待遇标准上将按本人失业前两年月平均标准工资的一定比例改为按当地社会救济金额的一定比例。新增了停止享受待遇的情形，包括领取期限届满、参军或者出国定居、重新就业，无正当理由两次不接受介绍就业、被劳动教养或被判刑等；同时扩大了省级政府的权限，授权其具体规定保障范围，确定费率和救济金及医疗费发放标准，建立调剂金，安排包括转业训练费和生产自救费在内的基金支出项目，制定管理机构人员编制和管理费开支标准等。此外还增加了罚则，对骗取待遇、挪用基金、工作人员失职等行为分别作出处罚规定。

国务院第110号令发布于1993年春，从时间标记上看应当归于第四篇（1993—2002年）记述，但因其沿用了“待业保险”概念，反映出向失业保险制度嬗变前的最后状态，仍处于“上下求索”状态，所以列在本篇。这个法规施行后，待业保险制度的效力进一步彰显，参保人数有所增加，享受待业保险待遇的人数持续增长。

从表7-2中可以读出几条历史信息：其一，对比参保人数与享受人数的变化，前者是稳步增加，而后者则大幅增长，表明在国有企业职工人数总体受控的背景下，劳动合同制工人解除、终止劳动关系等情形大量出现，

表7-2　1992—1997年待业保险制度发展情况

年度	参保人数/万人	享受人数/万人	基金收入/亿元	基金支出/亿元
1992	7 443	34	11.7	5.1
1993	7 924	103	17.9	9.3
1994	7 968	196	25.4	14.2
1995	8 238	261	35.3	18.9
1996	8 333	331	45.2	27.3
1997	7 961	319	46.9	36.3

数据来源：胡晓义．走向和谐：中国社会保障发展60年［M］．北京：中国劳动社会保障出版社，2009.

待业保险发挥了应有作用；其二，对比基金收入和支出的变化，均呈猛增态势，但后者比前者增幅更大，表明平均待遇水平在提高；其三，对比 1997 年与之前年度，参保和享受人数双双减少，基金收入增长减缓，而基金支出增幅仍高达 33%，表明这一年国有企业改革减员分流力度加强，缴费人数和供款能力趋弱，但享受人群中领取长期待遇的人数增加。

一个重要的过渡乐章

国营（有）企业职工待业保险制度建立于 1986 年，执行到 1999 年年初，被失业保险制度取代。在运行的 12 年间，总计为 1 600 多万人次支付了相关待遇，对在以打破“铁饭碗”“终身制”为目标的企业劳动用工制度中保障失业职工的基本生活、维护社会稳定发挥了重要作用。把这段历程放在大环境和长历史中，不免启发三点思考。

其一，新中国成立初期实行的失业工人救济制度在 1956 年基本完结，1986 年开始建立国营企业待业保险制度。二者的时代背景、针对群体都迥然不同，看似没有联系，但许多政策措施确有承继关系，特别是把保障生活与促进就业紧密结合的指导思想，实行职业介绍、转业训练、鼓励自谋职业等多项举措，各部门、各类社会组织同向发力的机制等，都有高度的共通性。虽相隔 30 年，但曾被实践证明行之有效、历史沉淀下来的经验仍然可以发挥出现实的效用。

其二，待业保险制度直接对应的是市场导向的就业机制。在经济体制转轨的进程中，它不仅为十多年后建立更加成熟、规范的失业保险制度奠定了基石，而且作为整个社会保障体系的重要组成部分，填补了自新中国成立以来我国社会保障制度建设的一项空白，其标志性意义显而易见。

其三，这一时期的制度称作“待业保险”，而不是国际通用的“失业保险”，是由于理论上还没有形成根本性突破，还没有彻底摆脱计划经济的思想“牢笼”，但又必须针对现实作出制度安排，故而创造了一个独特概念，略显出“犹抱琵琶半遮面”的处境。但实践终究是最具生命力和创造性的，相比之下，理论总是“灰色”和滞后的。在 1990 年的《劳动就业服务企业管理规定》中就出现了“曾就过业又失业的人员”的表述。1993 年党的十四届三中全会决定正式使用了“失业保险制度”的概念。

新中国成立70年来，有关失业职工保障的演进过程像是一首跌宕起伏的交响曲：序曲是早期的失业工人救济，经过一段间歇，出现了过渡乐章——实行12年的待业保险制度；虽为过渡，但包含了主旋律中几乎所有的元素——覆盖范围、筹资结构、支付条件、待遇标准、管理体制等；正是这个乐章的酝酿和铺陈，才有了其后更加雄浑、连绵、和谐的乐段。

第三节　医疗保障制度也在重新探索

抑制不合理的医疗费支出

20世纪50年代建立的公费、劳保医疗制度，发展到20世纪70年代末，覆盖了全国75%以上的城镇职工及离、退休人员，其中享受劳保医疗的有1.14亿人，享受公费医疗的有2 300万人。尽管在“文化大革命”中劳动保险制度遭到严重破坏，劳保医疗的费用统筹机制丧失，演变为企业“自保”职工疾病待遇和医疗费支出风险的方式，但原有的微观政策框架大体存续下来，对于减轻职工医疗费用负担仍在发挥作用。《劳动保险条例》规定，职工医疗所需普通药费由企业负担，而贵重药费“由本人负担，如本人经济状况确有困难，得由劳动保险基金项下酌予补助”。但由于“文化大革命”造成的纪律松弛、管理混乱以及制度原来存在的不够严密的缺陷，浪费现象有所蔓延——小病开大处方、滥用名贵药材等，导致不少单位出现资金不敷支出的情况。由此又产生了另一种倾向——一些单位为了控制职工的医疗行为，实行医疗费与个人利益挂钩的办法，如采取定额包干、按比例分担等。但在定额包干中，对老年职工和多病、长病职工等实际花费多的人员缺乏针对性政策，给这些人的诊治和生活带来了较大困难和后顾之忧，职工反映强烈。

针对浪费倾向，1977年10月，卫生部、财政部、国家劳动总局联合颁发《享受公费医疗、劳保医疗人员自费药品范围的规定》的通知，指出“不少地区对坚持医疗制度和经费管理有所放松，存在着严重的浪费现象”。

进而明确：各种贵重中药材、动物脏器、保健类药品、药酒等，均按自费处理，不能在公费中报销；同时规定一些中药材在单味使用时按自费处理，因病情需要在复方中使用，可在公费中报销。这种负面清单、分类管理的方法，是在 1974 年卫生部、财政部制发的自费药品范围基础上的细化和强化，旨在抑制不合理的药费支出，节约利用医药资源。这为以后医疗保险制度改革中制定药品管理规范奠定了基础。

而对第二种倾向，1982 年 3 月，全国总工会、国家劳动总局、财政部联合印发《关于制止把医药费全部发给职工个人包干使用的通知》，要求检查纠正将门诊医药费资金平均发给职工个人包干使用的做法。按此要求，各地逐步取消了定额包干办法，普遍采取了医药费“按比例负担”的做法，一般是职工个人负担医疗费用的 10%~20%。这实际上是在探索引导职工提升医药费用节约意识，抑制过度医疗服务需求的办法，为以后医疗保险制度改革中建立医保个人账户埋下了伏笔。

探索医疗费用社会统筹机制

同样是以 1984 年党的十二届三中全会决定为契机，围绕经济体制转轨和国营企业改革目标，各地开始以企业为重点探索医疗费用社会统筹机制。

当时职工医疗保障领域面临的几大矛盾越发突出。一是由于经费没有稳定保障，普遍存在着企业欠费、机关挂账的现象，医疗机构也难以承受大量欠费，在 20 世纪 80 年代大都取消了合同记账单，合同医院制度已形同虚设。职工就医都要先自付，再回单位报销，致使很多困难企业和收入状况较差的事业单位报销不了职工医疗费用，有的单位长年给职工开白条，有的职工排队一年只能报销几十元钱，甚至有人直至去世都没报销完医药费。二是医疗费用增长过快，浪费严重，财政和企业不堪重负。前几年一些医疗机构开大处方、贵重药品、营养滋补品的行为进一步升级为大量经销非医疗用品，盲目进口和使用高新医疗设备诱导检查、高收费的乱象。这也助长了一些职工滥用医疗资源的行为，小病大养、无病呻吟，一人劳保、全家吃药现象普遍。三是长期以来还有统筹互济机制的劳保医疗此时已退化为单位自我保障，在企业走向市场的过程中，新老企业之间、不同行业之间职工医疗待遇苦乐不均，引发不少社会矛盾；而数量众多的集体企业以及新兴的多种所有制企业及其职工，基本没有被纳入劳保医疗范围，既不利于企业公平竞争，也不利于保护这些企业劳动者的合法权益，还难以适应市场经济中劳动力合理流动的需要。所有这些显现和潜在的矛盾，都迫切要求对职工医疗保障制度，首先是企业医保制度进行变革。1988 年 3 月，国务院批准成立了由卫生部牵头，国家体改委、劳动部、财政部、医药管理总局等部门参加的医疗制度改革方案研究小组，其重要任务之一就是研究职工医疗保险制度的方案。7 月，该小组提出了《职工医疗保险制度设想（草案)》，成为改革职工医保制度的最初设计框架。

在基层，改革探索是从国营企业中那些规模小、最容易受到疾病医疗风险冲击的小型企业、商业企业起步的，而且集中解决大病导致的高额费用问题。如 1987 年 5 月，北京市东城区蔬菜公司试行了“大病医疗统筹”制度，把公司所属企业、网点及其职工、退休人员都覆盖进来，利用“大数法则”均衡了各个企业的大病医药费负担。又如 1989 年，四川省社会保险事业管理局制定了《关于全民所有制小型工业企业和商业企业实行大病统筹的试行办法》，并在彭山县、长宁县、大邑县和宜宾地区的商业系统进行试点，缓解了当时这些企业职工和退休人员患大病就医难的突出矛盾。在国家层面，1989 年 3 月，国务院确定在辽宁省丹东市、吉林省四平市、湖北省黄石市、湖南省株洲市进行医疗保险制度改革试点，同时在广东省深圳市和海南省进行社会保障综合改革试点。在中央部门指导下，四平市 1990 年出台了公费医疗改革方案，海南省 1991 年制定了《海南省职工医疗保险暂行规定》，深圳市 1992 年颁布了《深圳市职工医疗保险暂行规定》及相关实施细则。1992 年 9 月，劳动部在总结各地试点经验的基础上，印发《关于试行职工大病医疗费用社会统筹的意见的通知》。此后，各地相继开展了不同范围的大病医疗费用社会统筹。

这一时期开展的大病医疗费用社会统筹主要在国营企业范围内实行，一方面是借鉴了同期普遍实行的退休费用社会统筹的经验，通过社会统筹互济机制来分散职工劳动风险和企业经济风险；另一方面也是继承了劳保医疗制度的统筹传统，但在继承中又有发展。如《劳动保险条例》规定，职工治病的诊疗费、手术费、住院费及普通药费均由企业负担；贵重药费、住院膳食费及就医路费则由职工本人负担，只有本人经济状况确有困难的，才由劳动保险基金项下酌予补助。这种“小规模统筹”，也是劳动保险基金筹资比例仅为工资的3%但仍可结余的原因之一。而大病医疗费用社会统筹基金的支付项目，一般包括了各项医药费用，采取按比例报销的方法，覆盖的待遇项目大大超过了劳保医疗，筹资比例也高出许多。

大病医疗费用社会统筹，重在解决医疗服务需求方的困难。但实践反映出的问题是，医疗费用持续过快增长，仅靠需求方调整筹资机制是远远不够的，还必须同时对医疗服务的供给方——医疗机构的行为给予有效约束。这个认识，在 20 世纪 80 年代末就形成了。在国务院确定的试点地区，试点任务除了继续推进对医疗需求方约束机制的改革外，还包括加强对医院的医疗费用控制的改革，主要措施如下：一是改革医疗费用支付方式；二是制定基本药品目录和公费医疗用药报销目录；三是政府、用人单位、医院三方分担医疗的经济责任，同时提出要扩大患者对就医医院的选择权等。相关试点城市进行了积极探索，取得了一定成果，但这些改革任务触及体制机制的深层次问题，涉及需求、供给、管理各方的关系，都不是短期能够交出“答卷”的，到 20 世纪 90 年代中后期才进入“动真格”的阶段。在此后长达几十年的改革中，这些问题始终都处于焦点之中。

对机关、事业单位的医疗制度，1989 年，卫生部、财政部联合印发《公费医疗管理办法》，对公费医疗的享受范围、经费开支、自费项目、医疗管理、机构职责、预算管理等进行了比较全面的规范。

农村合作医疗陷入低谷

前面提到，由于特殊的历史原因，农村合作医疗在“文化大革命”时期进入高潮。1978 年，第五届全国人民代表大会第一次会议将“合作医疗”写入了宪法。1979 年，合作医疗在全国农村的覆盖率达到 90% 以上；12 月，卫生部、农业部、财政部联合颁布《农村合作医疗章程（试行草案）》，以期对合作医疗制度进行规范。

但事物发展往往不是人的主观意志所能决定的，在外部条件、环境的巨大变化中，合作医疗很快进入了“退潮期”。20世纪80年代初，农村普遍实行家庭联产承包责任制，原来人民公社政社合一的体制被取消，生产大队—生产队的组织架构被村民委员会—村民小组取代，农村集体经济组织的经济实力和动员能力远不如前。与此同时，农村基层医疗机构也开始实行业务收入与医务人员个人收入挂钩，快速推高了医疗服务费用；而原来的赤脚医生群体许多回归农业承包土地去了，乡村基层医疗队伍散失。这对合作医疗产生了两方面的不利影响：一是许多农民不再愿意缴费，而农村集体公益金的供款能力也极大减弱，合作医疗的筹资困难急剧增大；二是原来确定的低水平筹资模式，失去了赤脚医生低收费的支持，越来越不能满足高涨的医疗费需求。制度运行陷入了困境，到1989年，全国的行政村中仅剩下5%仍在坚持实行合作医疗。[①]

10年时间，合作医疗制度全面“塌陷”，显然不是哪个地区或部门工作不努力造成的。当时对这一制度的性质、地位、作用都存在不同认识，以至于在中央关于制定“七五”计划的建议和1985年国务院批准卫生部《关于卫生工作改革若干问题的报告》中，只字未提合作医疗，而是改为“探索多种形式的农村医疗保障制度”。直到1990年6月，卫生部会同农业部、国家计委、国家教委、人事部向国务院呈报《关于改革和加强农村医疗卫生工作的请示》，针对农民看病难、农村地区因病致贫返贫现象普遍的问题，建议继续提倡和稳步推行合作医疗保健制度，并得到批准。1991年，《中共中央关于进一步加强农业和农村工作的决定》重提发展和完善农村合作医疗制度。

第四节　其他社会保障制度探索

20世纪70年代末至90年代初，按照经济体制转轨的方向和要求，社会保障领域改革试验的重点是退休养老、待业、医疗保障，但同时也进行了其他多方面的积极探索。

---

① 陈竺，张茅. 中国新型农村合作医疗发展报告（2002—2012年）［M］. 北京：人民卫生出版社，2013.

工伤保险

“文化大革命”结束后，工伤保险领域同退休养老、医疗保障一样，首先是恢复和适当完善被“十年动乱”破坏的制度。如本章第一节提到，1977 年 12 月有关部门发布的《关于手工业合作工厂劳动保险福利待遇标准和劳保费用列支问题的通知》，以及以后集体所有制交通企业等参照、比照实行劳动保险制度，并不限于退休退职，也包括工伤等待遇，这实际上是扩大了劳动保险的实施范围。又如 1980 年 3 月，国家劳动总局、全国总工会印发《关于整顿与加强劳动保险工作的通知》，强调建立劳动鉴定委员会，确定病、伤职工的休假、复工、定残工作；加强对残废职工和因工死亡职工遗属的管理工作；进一步明确因工负伤治疗与疗养期间的费用支出以及工伤补助和抚恤标准等。

在此基础上，各地着手探索工伤保险制度改革，当时主要的试验内容有四方面。一是扩大覆盖面。各地一般都将全民、集体所有制企业纳入同一制度范围，并延伸到刚刚兴办的外商投资企业，用工形式则涵盖固定工、合同工和临时工。广东省作为改革开放的“排头兵”，覆盖范围更广，包括私营企业和实行企业化管理的事业单位，其中海口市包括个体工商户，东莞市还包括乡镇企业。二是适当调整工伤待遇。对于因工伤残人员，除按《劳动保险条例》规定发给定期伤残抚恤金外，还按鉴定后的伤残等级发给一次性伤残补助金；对于因工死亡职工，既发给丧葬补助费和供养亲属抚恤金，还发给一次性工亡补助金。三是单独建立工伤保险基金。劳动保险制度是将职工生老病死伤残融为一体，建立统一的统筹基金；而此时，企业养老和医疗都已尝试分别建立基金，工伤保险也同步推进由企业“自保”向社会化发展，一般按企业工资总额的 1%左右提取工伤保险费，建立专项基金，统筹支付规定的工伤待遇。工伤保险在筹资方面不同于其他险种的一个创新是实行差别费率，即依据各行业工伤风险程度和过往工伤事故率来确定各行业企业的缴费比例，这在劳动保险制度中没有规定，是对工伤保险规律的深化认识。四是加强工伤保险管理。各地针对实践中多发的矛盾，建立健全了劳动鉴定机构，完善工伤档案管理，加强争议仲裁工作等。

1987 年 11 月，卫生部、劳动人事部、财政部、全国总工会联合颁布了《职业病范围和职业病患者处理办法的规定》，把 102 种疾病列入职业病范围，从制度上为维护职工的劳动和健康权益提供了保障。

经过几年探索，1988 年，劳动部研究提出了社会保险制度改革的框架方案，其中涉及工伤保险制度的内容主要有三个方面。一是建立工伤保险基金，逐步实行社会化管理。工伤保险基金按照“以支定收，留有储备”的原则，根据不同行业的不同事故率确定企业缴费率，并随着企业工伤事故实际发生情况定期调整。二是调整和完善工伤保险待遇项目和标准。由原来只对重度伤残职工发给退休金，改为对所有因工致残职工依据伤残等级发给定期抚恤金和一次性补助金，并适当提高丧葬补助金和供养亲属抚恤金标准，同时增加一次性抚恤金，并建立工伤保险待遇调整机制。三是加强和规范工伤保险管理，明确工伤认定条件、劳动能力鉴定标准以及工伤待遇支付条件和标准。这是“文化大革命”结束后，首次从国家层面对地方工伤保险实践经验的概括和提炼。在同年召开的全国劳动厅（局）长会议上，劳动部要求各地按照改革方案做好工伤保险制度改革的准备工作，并选择海南省海口市，辽宁省东沟县、铁岭市、锦州市，广东省东莞市、深圳市，福建省将乐县、霞浦县，吉林省延吉市作为全国改革工伤保险制度的试点地区。

1990 年，在试点地区之一的辽宁省东沟县专题召开了工伤保险制度改革现场经验交流会，各地针对试点中出现的新情况、新问题，共同研讨，厘清思路。广东省工作力度最大，在局部试点基础上，率先制定出具有地方法规性质的《广东省企业职工社会工伤保险规定》，共 9 章 37 条，显示了从探索走向规范的进程。劳动部于 1992 年 2 月把这个省级地方法规转发全国，力图起到示范推动作用。接着又趁热打铁，于同年在另一个试点地区辽宁省兴城市召开了工伤保险立法研讨会，不仅再次交流了各地建立工伤保险基金、加强工伤保险管理等方面的经验，而且将初步草拟的《企业职工工伤保险条例（征求意见稿）》提交会议讨论，使各地对工伤保险制度改革的意义、指导思想、基本原则及规范方向有了更全面的认识，也推动了工伤保险改革试点向纵深发展。

生育保障

这一时期，与女职工生育保障关联最大的背景是国家强制推行计划生育政策。当时面临20世纪五六十年代出生的一代逐渐进入婚育期，人口急剧膨胀，对资源配置造成巨大压力，20世纪70年代实行的“晚、稀、少”生育政策已经难以遏制人口出生惯性。1980年9月，中共中央发表《关于控制我国人口增长问题致全体共产党员共青团员的公开信》，围绕20世纪末把我国人口控制在12亿人的目标，提出“一对夫妇只生育一个孩子”的号召，并在1982年党的十二大上把实现计划生育确定为一项基本国策。我国生育保障也按照这一决策，在保护女职工生育及劳动权益和消除劳动力市场性别歧视两方面开展工作。

《女职工劳动保护规定》

20世纪80年代初，卫生部、劳动人事部、全国总工会、全国妇联在全国范围内进行了为期6年的调查研究和科学论证，发现仍在执行的《劳动保险条例》中有关生育保障的措施已经难以适应快速发展的妇女就业形势。如原来规定的女职工产假为56天，不能满足生育女职工在身体恢复及照顾婴儿等方面的需要。又如据调查统计，怀孕女职工平均每人产前检查在10次以上，要占用许多工作时间，而原有政策中缺乏对产前保护的措施，不利于保护母婴健康。再如一些女职工从事劳动强度大、接触有毒有害物质的工作，容易出现流产、疲劳等现象，需要有限制性措施等。依据调查论证结果，1986年四部门联合印发《女职工保健工作暂行规定（试行草案）》，针对上述问题提出了相应措施。又经过两年实践，进一步广泛听取女职工、医学专家、妇幼保健专家等方面的意见建议，国务院正式颁布了《女职工劳动保护规定》（国务院第9号令）。这是新中国成立以来第一部比较完整的、综合性的女职工劳动保护法规，于1988年9月开始施行，并同时废止《劳动保险条例》中有关女工人、女职员生育待遇的规定和1955年《国务院关于女工作人员生产假期的通知》。

《女职工劳动保护规定》的主要政策：一是适用于“一切国家机关、人民团体、企业、事业单位的女职工”，不仅比原有制度扩大了实施范围，而且统一了各类单位的政策，体现了公平性；二是将产假由 56 天调整到 90 天，其中产前休假 15 天，产后休假 75 天，难产、多胞胎生育的再增加 15 天，有利于更好保护母婴健康；三是保护女职工劳动、收入权益，禁止在女职工怀孕期、产期、哺乳期降低其基本工资或者解除劳动合同，并明确女职工产前检查和在班内哺乳时间算作劳动时间；四是规定女职工禁忌从事的劳动范围，对孕期、产期、哺乳期的女职工的劳动强度、劳动环境、劳动时间作出具体规定。同年劳动部印发《关于女职工生育待遇若干问题的通知》，进一步细化了女职工流产的工资待遇、怀孕及分娩的检查和医药费开支渠道、产后体弱超过产假期的待遇等规定。

探索生育保险基金互济模式

《女职工劳动保护规定》无疑对保护女职工的劳动权、收入权、健康权起到了十分积极的作用。但从社会保障的角度看，这些政策还都属于强制用人单位执行的“雇主责任制”模式。而随着经济体制转轨，企业自主用人机制逐步形成，妇女由于承担生育功能而在劳动力市场竞争中天然处于弱势地位的现象凸显。如 1986 年广西壮族自治区和南宁市工会部门对南宁市的 10 家企业进行了一次调查，结果表明，在同工种、同年龄、同工资级别的职工中，男工、普通女工和哺乳女工的“劳动贡献”差异明显（见表 7-3）。

表 7-3　1985—1986 年男女职工“劳动贡献”对比

职工类别	人均出勤/天	病假/天	人均利润/元
男工	602. 7	9. 3	30 612. 4
普通女工	588. 2	23. 8	28 713. 6
哺乳女工	432. 0	180. 0	19 873. 3
男工比普通女工	+14. 5	−14. 5	+1 898. 8
男工比哺乳女工	+170. 7	−170. 7	+10 739. 1

数据来源：全国总工会女工工作委员会，1988 年。

这虽然只是局部调查，但其反映的情况却具有广泛代表性。从用人单位的角度看，使用女职工的成本显然高于男职工，当企业有了用人自主权后，便会本能地排斥女职工，这对妇女就业将产生很大的不利影响。调查还发现，在企业进入市场竞争后，一些企业因效益不好甚至停产、倒闭，无力保障女职工生育期间的待遇，致使女职工生育不得不由个人承担相关费用。这些矛盾都不是仅靠强制执行《女职工劳动保护规定》所能解决的，必须寻求社会化的生育保障制度安排。

面对劳动力市场性别歧视现象的“抬头”，一些地区开始寻找解决矛盾的“药方”，基本方向是实行女职工生育费用的互济，当时主要有两种办法。一是“分担式”，即女职工生育费用由夫妻双方所在单位共同分担。具体操作方法是，生育女职工按国家规定在本单位领取生育期间的工资，报销各项费用，而其配偶所在单位按总费用的一半补偿给女职工所在单位。这种办法操作比较简单，也在一定程度上改变了由女职工所在企业单独承担生育费用的状况，但仍局限于男女职工所在企业两两相对的“契约关系”，无法解决诸如双方企业使用女职工都很多或者经济效益都不好的筹资矛盾。二是“统筹式”，即所有企业无论男女职工多少，统一按工资总额的一定比例缴纳生育保险费，建立专项基金，实行统筹互济，所有参保单位的女职工生育后均由基金支付生育期间的各项待遇。相比“分担式”，这种办法筹资范围更广，企业负担更轻，而分散风险的能力更强，对劳动力市场性别歧视的抑制功能也更明显。1989 年，全国总工会在江苏省苏州市召开了部分省市“女职工生育费用补偿办法座谈会”，研究、探讨这两种补偿办法的利弊及推行的可行性。1990 年 6 月，全国政协提案委员会和全国总工会组成联合调查组，赴江苏、浙江进行了专题调查，了解两省 8 个市和 10 个县试行两种女职工生育费用补偿办法的实施情况。1991 年，劳动部保险福利司与全国总工会女工部在云南省昆明市召开了生育保险工作交流会，就生育保险制度的发展模式以及改革目标进行研究和探讨。这几年，有关各方在保障女职工生育权利的方向上目标是一致的，但对于采用哪种制度模式还有明显分歧。

农村社会养老保险的试验

党的十二届三中全会后，经济体制改革转向以城市为重点、以企业改革为中心环节，城镇的养老、待业、医疗、工伤、生育保险改革探索“四面出击”，热火朝天。而在农村，此时家庭联产承包责任制已普遍推行，在极大解放农村生产力的同时，也出现了原有的集体经济组织保障功能弱化的趋势。加之计划生育政策全面实行，农民家庭开始趋向小型化，赡养老年人的能力随之下降。这从不同角度提出了如何有效保障农村老年人基本生活的问题。正是基于这一背景，1986 年，国家“七五”计划首次提出“探索研究建立农村社会保险制度，并根据各地经济发展情况，进行试点，逐步推行”。

地方各自组织的农村社会保险制度试点集中于老年人基本生活保障方面。按群体类型划分，主要有三种：一是对在乡镇企业务工的农民，大体参考城镇企业职工双方供款的方式单独组织养老保险；二是对承包土地务农的农民，搞以个人缴费为主、集体经济适当补助的“社会养老保险”，起这个名称，一来与传统的家庭养老相区别，二来与商业保险划清界限；三是以村级为单位搞“工农一体化养老保险”，资金上采取以工补农的办法。实践中，由于农民进城务工或在乡镇企业就业的不稳定性都比较强，大量农民流动于城乡、工农之间，因而当时采用工农一体化方式的占 90%以上，这多少缓解了集体经济组织财务资源匮乏的矛盾。按照筹资方式划分，试点也分为三种：一是现收现付式，以支定收，按年收费；二是积累式，即在劳动时期逐年缴费，积累到规定年龄后按月领取；三是现收现付式与积累式相结合，即将缴费收入按计划积累一部分，其余部分实行现收现付，90%的试点采取这种方式。这一时期的农村养老保险试点遇到的突出问题：一是农村刚刚从人民公社的体制中摆脱出来，农民特别担心重回“一平二调”，加之试点初期各方责、权、利关系规定得并不十分明确，群众参保的积极性不高；二是当时绝大多数农民还很贫困，手上余钱不多，而集体经济组织的筹资能力又大大减弱，制度的财务资源严重不足；三是以村级为主的资金互济方式，规模小，抗风险能力孱弱。

1991 年出台的《国务院关于企业职工养老保险制度改革的决定》主要规范了城镇企业养老保险的政策，但附加了一句话，“农村（乡镇企业）的养老保险改革由民政部负责”，由此确定了城镇社会保险主要由劳动部负责、农村社会保险由民政部负责的职责分工。此后，民政部制定方案，开始从全国层面进行农村社会养老保险制度设计，并选择部分县进行试点。1991 年 7 月至 1993 年 6 月，民政部门就农村社会养老保险（以下简称农保）接连印发了 13 个文件，内容涉及厘清商业保险与社会保险的分界、农保的管理服务费提取、农保资金购买国家债券事宜、农保工作编制、农保基金使用规则、农保会计制度等。其中 1992 年发布的《县级农村社会养老保险基本方案（试行）》是个系统性文件，明确了农保的基本政策：保险对象包括非城镇户口、不由国家供应商品粮的农村人口；资金筹集以农民个人缴纳为主（月标准从 2 元至 20 元分为 10 档），集体补助为辅，国家给予政策扶持；建立个人账户，个人缴费和集体补助分别记账在个人名下；基金以县为单位统一管理，主要购买国家财政发行的高利率债券和存入银行保值增值，原则上不由地方直接投资；参保农民从 60 周岁开始，根据缴费标准、年限和支付标准领取养老金；县级政府设立农保基金管理委员会，成立隶属民政局、非营利事业单位性质的农民事业管理处经办农民事务。这套规则的出台，扭转了各地自行试点的散乱现象，指出规范的方向。

第五节　国际借鉴与理论开发

睁开眼睛看世界

晚清思想家魏源编纂《海国图志》，被称为中国“睁眼看世界的第一人”。100 多年后，中国共产党第十一届中央委员会第三次全体会议作出改革开放的关键抉择，中国在经历了长时期的闭关锁国状态（有外国封锁的客观环境，也有自我封闭的主观因素）后，再次睁开眼睛向外看，看到世界发生的巨大变化，以如饥似渴的态度汲取人类文明创造的知识、技术、管理的新营养。中国社会保障事业也在对外开放的大潮中力求获取促进自身发展的新资源。

1919年成立的国际劳工组织（International Labour Organization，ILO），总部设在瑞士日内瓦风景秀丽的莱蒙湖畔，先后有180多个成员加入，其宗旨是“促进充分就业和提高生活水平，促进劳资双方合作，扩大社会保障措施，保护工人生活与健康”。到20世纪80年代，ILO已通过了100多项国际公约和建议书，其中有关社会保障的有20多项。1983年6月6日，第69届国际劳工大会在日内瓦联合国宫举行，当全体会议通过决议、大会主席宣布恢复中华人民共和国在ILO的活动时，由劳动人事部作为政府代表、中国汽车工业公司作为雇主代表、全国总工会作为工人代表组成的23人代表团进入会场，受到热烈欢迎。在6月23日举行的国际劳工局理事会第223次会议上，又恢复了中国政府常任理事的合法席位。1985年，中国政府与ILO达成协议，在北京成立中国蒙古局，负责ILO在这一地区的日常联络和技术合作项目管理。

此后，按照国务院授权，劳动人事部作为对ILO活动的主办单位，会同雇主方面组织（后由中国企业联合会、中国企业家协会作为代表）和工人组织（始终由中华全国总工会作为代表）每年出席ILO的多项全球及区域会议和活动。有了这个多边平台，中国与世界各国劳动和社会保障事务的交往渠道大大拓宽，视野不断扩展。特别是1986年9月，劳动人事部与ILO合作，在北京举办了为期15天的社会保险培训班，7位高级专家讲授了社会保障的概念、定义、原则和标准，介绍了法、英、美等10国的社会保障制度情况，使来自有关部门及全国各地参加培训的120多名处级以上学员大开眼界，初步了解了国际社会保障的最新动向。这个培训班可以算作是我国首次在国际合作平台上为培养社保专业干部所做的努力。

1989年2月，劳动人事部翻译出版了国际劳工局社会保障司编著的《社会保障导论》（1958年首版，1970年修订）。这本中文只有14.6万字的小册子，仅发行了2 650册，但因其比较系统地概述了社会保障的定义、对象、项目、待遇、管理及与经济社会发展的关系，在当时国际专业资料匮乏的背景下，成为我国社会保险工作者的一部教科书。

20世纪80年代至90年代初，我国开展的社会保障领域多边合作活动主要有：1980 年 10 月，中国政府代表团出席在泰国曼谷举行的第二届亚太地区社会福利和社会发展部长级会议，这是我国改革开放后首次在社会保障领域与国际社会发生直接接触；1982 年，国家劳动总局率团出席在奥地利举行的老龄问题世界大会；1985 年，中国老龄委与联合国人口活动基金合作开展了为期 5 年的“以制定政策为目的的老龄问题研究活动”项目，同年 10 月，劳动人事部和外交部组团出席在泰国曼谷举行的第三届亚太地区社会福利和社会发展部长级会议；1986 年，中国老龄委会同劳动人事部、中国人民大学与亚太经社理事会合作开展“中国人口老龄化问题国别研究”项目；1987 年 9 月，中国政府代表团出席了联合国经社理事会在维也纳举行的“有关发展的社会福利政策与方案地区间协商会议”；1990 年，劳动部与联合国开发计划署、国际劳工组织签署了为期 3 年的社会保障培训与发展计划项目，主要目的是提高社会保障计划制订人员和管理人员的技术能力，等等。

与此同时，我国在社会保障领域的双边交流也逐渐丰富。如 1986 年，中美两国在北京联合召开“老龄问题国际研讨会”，并邀请加拿大、日本、泰国、澳大利亚等国学者以及国际社会保障协会、联合国人口基金会代表参加。中日两国多次互访并开展学术交流，1987 年 9 月，日本交流团访华介绍了失业保险和工伤事故保险的政策和运行情况；10 月，中国代表团考察了日本的养老保险和医疗保险制度。1991 年，我国与德国政府签署了劳动和社会保险立法合作项目，后又续签第二期至 1999 年，项目的实施为我国起草失业保险、社会保险费征缴、工伤保险等法规提供了许多直接的参考，也为我国培训了一批社会保险立法专家。应该说，这一时期我国与外国的社会保障交流合作还是有限的，但比起 20 世纪 50 年代只盯着苏联一家看的格局，已经有了实质性变化，更多地把目光瞄准发达国家，希望学习到有借鉴价值的经验。

社会保障学术理论研究的萌芽期

这一时期社会保障实践的发展也促进了社会保障理论研究和学术探讨，武汉大学和中国人民大学成为先行者。1985 年，武汉大学经济学系受中国人民保险公司委托，招收了第一届保险学专业本科生，“社会保险”被列为这届学生的教学课程之一。1986年，中国人民大学劳动人事学院（当时由劳动人事部管理）开始招收社会保险方向的硕士研究生。一些高校的教学、科研工作者开始出版社会保障方面的专业著述（见表7-4）。我国社会保障领域初现理论与实践相结合的态势。

表7-4　这一时期出版的社会保障专著示例

年份	著作名称	出版单位
1986	美国社会保障	劳动人事出版社
1987	社会保险与职工福利	劳动人事出版社
1989	社会保险	武汉大学出版社
1989	社会保障导论	劳动人事出版社
1990	社会保障学	北京出版社
1990	美国社会保障制度研究	武汉大学出版社
1991	国际社会保障问题研究	武汉大学出版社
1991	社会保障理论与实践	中国劳动出版社
1992	社会保险比较论	武汉大学出版社

◎路漫漫其修远兮

重复本篇开头的判断：1977年至1992年的16年间，我国社会保障工作的进程有两个“主题词”：一是拨乱反正，二是改革探索。就后一个主题词而言，可以观察到三个特质。

其一，摸着石头过河，但有明显的路径依赖。党的十一届三中全会确定改革开放的方向，不啻一声春雷，在传统计划经济的“冰河”上震出裂口，但整个经济体制的转轨仍是摸着“计划经济与商品经济相结合”——“有计划的商品经济”——“社会主义商品经济”一块一块“石头”在渡河，最后才摸到“社会主义市场经济体制”。社会保障改革亦是如此，先在集体企业实行劳动保险制度，继而着手恢复全民所有制企业的社会保险基金统筹；先在劳动合同制工人中“暂行”待业保险，然后扩大到所有企业和实行企业化管理的事业单位职工，最后才走到失业保险制度；先在小型、分散的商业企业试行大病医疗统筹，总结经验后推广到各类企事业单位，等等。而在社会保险改革的思路上，明显看出沿用当初劳动保险制度和失业工人救济制度政策措施的痕迹，虽有范围、项目、标准等方面的发展，但总体上没有超越原有制度的高度。

这不能说是改革的缺陷，而更应该看作改革起步必然经历的过程。乌克兰裔美籍生物学家迪奥多西·多布然斯基在20世纪30年代对物种遗传与变异总结出下列公式：

基因型+环境+触发器+概率=表型①

做个类比：如果把社会保险制度也看作一个遵循遗传与变异规律的生命体，那么20世纪50年代的劳动保险就是“亲代”，具有相当稳固的“基因型”；20世纪80年代发生了指向市场经济体制的巨大“环境”改变，而最有力的“触发器”是党的十二届三中全会作出以企业改革为中心环节的重大决策；在这样的背景下，改革社会保险制度就是一个大概率事件。但外部“环境”也是一步步演变的，更大的“触发器”（如党的十四届三中全会决定，第四篇将记述）还没有启动。因此，作为“子代”的这一时期的社会保险制度，既显示出某些变异的性状，又明显带有“亲代”的遗传基因，表达为以基金统筹为重点、以恢复完善为手段的改革“表型”。更大的变异要通过多代改革来完成。

其二，改革路径总体是自下而上的。这一时期所有社会保险改革的动力源、突破口、方法论，几乎都来自地方和基层的创造，其间又有多种模式的试验——如职工养老保险是雇主责任制还是基金统筹制？医疗保险是需方约束还是供需双方约束？生育保险是分担制还是共担制？农保是工农分立式还是工农一体化？等等。经过比较、甄别，大体遵循了优胜劣汰、取长补短的法则，筛选出更具普遍性和生命力的政策。在此基础上，国家层面再归纳、提炼、上升为较为统一的制度安排。应该说，这是经过“实

① ［美］悉达多·穆克吉. 基因传：众生之源［M］. 马向涛，译. 北京：中信出版社，1984.

践是检验真理的唯一标准”大讨论，在社会保险工作领域深深植下实事求是、一切从实际出发思想种子发出的芽苗。

其三，隐隐现出多元体系的构架雏形。不同于20世纪50年代综合性的劳动保险制度，这一时期的社会保险改革是按不同险种分别构建新制度的。不算“斜刺里杀出”的待业保险，当年劳动保险包含的因工伤残、疾病医疗、退休养老、生育产假待遇，这时分别由工伤保险、医疗保险、养老保险、生育保险四项制度取代；此外，农村也着手尝试社会化的保险。这表明，时代变迁使社会劳动风险的类型和深度都有发展，用综合性的制度安排可能难以适应，需要细化制度分工，这也与多数国家的社会保障体系样式渐趋一致。这时的社会保险制度建构大都从基金统筹入手，优先解决最急迫的资金互济、分散市场风险的问题，而内部机制的更新再造还没有成为改革重点。即便如此，已经开始显露出社会保障体系多元构架的雏形。这不能不说是这个充满创造力的时期对我国社会保障发展的重大贡献。但这只是社会保障改革的开端，等待社会保障领域改革者的还是一条艰辛曲折的漫漫长路。

狂飙为我从天落。
——毛泽东《从汀州向长沙》

第四篇
重构体系 *1993—2002年*

1993年至2002年的10年间，党的十四届三中全会对社会保障作出部署和规划，社会保障制度改革和体系建设的重大举措频密，力度明显加大，出台了以劳动法为代表的多部重要法律法规，在全国层面组织了医保“两江”试点、养老保险统账结合模式探索、“两个确保”、辽宁完善社会保障体系试点等一系列重大实践活动，在全国范围内统一建立了企业职工基本养老保险、职工基本医疗保险、失业保险、城市居民最低生活保障等制度，虽然仍在探索之中，但适应社会主义市场经济体制要求的目标更加清晰，社会保障体系建设在经济社会发展全局中的分量愈益加重，自上而下的改革路径也显示出与以往迥然不同的态势。

第八章
社会保障改革驶入快车道

第一节　党的十四届三中全会决定是个重大标志

1992年10月，党的十四大召开，中国经济体制改革有了更加清晰明确的目标——建立社会主义市场经济体制。1993年11月，党的十四届三中全会通过《中共中央关于建立社会主义市场经济体制若干问题的决定》(以下简称《决定》)，提出了经济体制改革面临的新任务，包括：转换国有企业经营机制，建立现代企业制度；培育和发展市场体系；转变政府职能，建立健全宏观经济调控体系；建立合理的个人收入分配和社会保障制度；深化农村经济体制改革；深化对外经济体制改革，进一步扩大对外开放等。自此，我国改革开放和现代化建设事业进入了一个新的发展阶段。

党的十四届三中全会《决定》在社会保障方面明确提出了“建立多层次的社会保障制度，为城乡居民提供同我国国情相适应的社会保障，促进经济发展和社会稳定”的任务，并用3个完整段落阐述了社会保障体系改革和建设的总思路，框架宏大，内容丰富，视野高阔，影响长远，有必要全文引述。

党的十四届三中全会《决定》关于社会保障的论述

(26) 建立多层次的社会保障体系，对于深化企业和事业单位改革，保持社会稳定，顺利建立社会主义市场经济体制具有重大意义。社会保障体系包括社会保险、社会救济、社会福利、优抚安置和社会互助、个人储蓄积累保障。社会保障政策要统一，管理要法制化。社会保障水平要与我国社会生产力发展水平以及各方面的承受能力相适应。城乡居民的社会保障办法应有区别。提倡社会互助。发展商业性保险业，作为社会保险的补充。

(27) 按照社会保障的不同类型确定其资金来源和保障方式。重点完善企业养老和失业保险制度，强化社会服务功能以减轻企业负担，促进企业组织结构调整，提高企业经济效益和竞争能力。城镇职工养老和医疗保险金由单位和个人共同负担，实行社会统筹和个人账户相结合。进一步健全失业保险制度，保险费由企业按职工工资总额一定比例统一筹交。普遍建立企业工伤保险制度。农民养老以家庭保障为主，与社区扶持相结合。有条件的地方，根据农民自愿，也可以实行个人储蓄积累养老保险。发展和完善农村合作医疗制度。

(28) 建立统一的社会保障管理机构。提高社会保障事业的管理水平，形成社会保险基金筹集、运营的良性循环机制。社会保障行政管理和社会保险基金经营要分开。社会保障管理机构主要是行使行政管理职能。建立由政府有关部门和社会公众代表参加的社会保险基金监督组织，监督社会保险基金的收支和管理。社会保险基金经办机构，在保证基金正常支付和安全性流动性的前提下，可依法把社会保险基金主要用于购买国家债券，确保社会保险基金的保值增值。

这 3 条达 630 余字的文字，包含了对我国社会保障体系和制度建设重要的设计思想。

第（26）条主要阐明有关社会保障的基本定性、定量问题。阐明体系建设的意义——建立社会保障体系与实行社会主义市场经济体制存在着紧密的逻辑关系，即市场经济鼓励竞争，尤需保证公平的社会保障制度来加以平衡和弥补其失灵之处，以维系社会稳定和顺利发展。明确体系架构——包括社会保险、社会救济、社会福利、优抚安置和社会互助、个人储蓄积累保障，置社会保险于首位，概因其处于整体改革中多种矛盾的交织点。指出了体系建设路径——强调政策要统一，管理要法制化，是对前期自下而上改革探索的总结，也是对今后改革路径的提示。强调了适度保障水平——基本原则是与生产力发展及各方面承受能力相适应，这是汲取国内国际以往的经验教训，防止只重发展、忽视保障和超越现实、过度福利两种偏向。构建多层次保障的构想——包括有所区别的城乡居民社会保险办法、社会互助以及作为社会保险补充的商业性保险。

第（27）条论述各项具体制度的设计和实施原则。制度改革重点——确定为企业养老和失业保险，是围绕企业改革这个中心环节作出的安排，因为自负盈亏后的退休费用负担不均和实行劳动合同制后职工失业保障是当时掣肘企业改革最多的两个社会保障难题。统账结合——首次提出城镇职工养老和医疗保险的制度模式，这是触及深层次矛盾的重大改革，其艰难步履将在后面详述。同步推进——沿用“待业保险”政策，明确了失业保险基金双方缴费的供款机制，同样是针对市场经济蕴含的风险，要求在前期地方试点基础上普遍推行企业工伤保险制度。农村保障——基于当时农村生产力水平和经济运行方式，强调农民养老仍应坚持家庭保障为主，同时也开了个口子——可以实行个人储蓄积累养老保险，但一要有条件，二要农民自愿。对正陷入低谷的农村合作医疗，重提发展和完善这一制度的任务。

第（28）条描述社会保障管理体制的轮廓。其要旨：一是统一社会保障管理机构，改革目标直指当时社会保障管理职能分散在不同部门、综合效率较低的弊端；二是将社会保障行政管理和基金经营分开，这与当时改革强调“政事分开”的要求相一致，也是针对社会保障决策层与执行层职责不清、程序纷乱的实际问题，特别是防范行政机关利用职权擅自决定社会保险基金用项的风险；三是建立多方组成的社会保险基金监督组织，既实行部门间交叉监督，更赋予公众监督权，以确保基金的安全和完整；四是明确社会保险基金保值增值的主要渠道是购买国家债券，即不允许进行其他方式的投资。

党的十四届三中全会《决定》一共33条，其中竟用3条篇幅来专门论述社会保障。这是在党中央的文件中第一次全面、系统阐述我国社会保障体系建设的方针、原则、体制架构、制度模式和重要机制，这些思想成为以后推进社会保障改革发展的重要遵循。

第二节　调整完善社会保障管理体系

按照党的十四届三中全会《决定》，社会保障领域各项改革加大了力度，加快了进度，此后10年发生了一系列可以载入社会保障史册的重大事件。先来说说统一社会保障管理机构的事。

1994年：劳动部扩展社会保险机构和职能

1994年，经中央编制委员会批准，主管全国企业社会保险工作的劳动部将原保险福利司更名为社会保险司，内设制度、统筹、养老、医疗、工伤、生育等职能处室，基本涵盖了社会保险的各个方面；而失业保险与促进就业关联密切，因而在就业司内专设了失业保险处，负责失业保险的政策制定和运行监督。落实党的十四届三中全会《决定》关于“社会保障行政管理和社会保险基金经营要分开”的要求，劳动部新设立社会保险事业管理局（后更名为社会保险事业管理中心），专司社会保险经办管理规则制定和指导执行，负责全国各项社会保险的统计、信息、基金运行、财务核算及宣传培训，具体管理行业养老保险费用统筹工作，还创办了《中国社会保险》杂志（1999年更名为《中国社会保障》）。在劳动部劳动科学研究院内新成立了社会保障研究所，加强对社会保障理论的学术研究。各地也按照同一原则调整了社会保障管理机构。在省市县各级设立了社会保险经办机构，名称不一，有的称局、处，有的称基金统筹办公室，还有的称社会保险公司，但基本职能是征缴、管理（存储、交解）、支付社会保险基金，为参保单位和个人提供有关社会保险的公共服务。

与此同时，财政部也将原来分散在各司的有关社会保障职能归并，新设立了社会保障司，负责制定有关社会保障的财务、会计制度，监督社会保险基金收支管理。各地财政厅局也相应设立了社会保障处、科。这一体制调整，有利于将社会保险基金管理与通常的行业、产业财政政策和财务管理相区别，逐步走向专业化。

1998 年：从“五龙治水”到统一管理

然而，直到 1997 年，有关社会保障工作的管理职能仍分散在多个部门，如劳动部负责企业社会保险，人事部负责机关、事业单位退休保障及福利，卫生部负责公费医疗（当时农村合作医疗制度已衰落到可以忽略不计的程度），民政部负责正在试点的农村养老保险，此外，国家经济体制改革委员会（以下简称国家体改委）负责社会保障改革总体设计工作。这在当时被称为“五龙治水”，各部门都难以从总体上布局，政策的协调性和同步性也较差。这正是党的十四届三中全会《决定》力图改变的体制格局。

1998 年，根据第九届全国人民代表大会第一次会议批准的国务院机构改革方案，组建了劳动和社会保障部（以下简称劳动保障部），原由人事部承担的机关、事业单位工作人员社会保险职能，民政部承担的农村社会保险职能，卫生部承担的公费医疗管理、原国务院医疗保险制度改革领导小组办公室（设在国家体改委）承担的医疗保险制度改革职能，均划归劳动保障部承担。各部门有关职能机构也随同划转，主要是民政部的农村社会保险司及管理中心，卫生部公费医疗办公室，国家体改委收入分配司的一部分，人事部退休和社会保障司的一部分。

新组建的劳动保障部在社会保障方面的职能包括：拟定社会保险工作基本方针、政策及制度改革总体方案，编制事业发展规划和年度工作计划并组织实施。起草社会保险法律法规，制定行政规章和基本标准并组织实施和监督检查；制定社会保险政策服务咨询机构的管理规则；代表国家行使社会保险的监督检查职权，制定监督检查规范，监督地方社会保险监督检查机构的工作。拟定养老、失业、医疗、工伤、生育社会保险的基本政策和基本标准并组织实施和监督检查。制定社会保险基金收缴、支付、管理、运营的政策；对社会保险基金预决算提出审核意见；对社会保险基金管理实施行政监督；制定社会保险经办机构的管理规则和基金运营机构的资格认定标准；制定社会保险服务体系建设规划并组织实施。制定机关、事业、企业单位补充养老保险、补充医疗保险的政策和补充保险承办机构资格认定标准；审查认定有关机构承办补充保险业务的资格。承担全国社会保险统计和信息工作，组织建设全国信息网络，定期发布统计公报、信息资料及发展预测报告。组织社会保险领域的科学技术研究及成果推广应用、产业发展工作；负责社会保障领域标准化工作。负责社会保险领域的国际交流与合作。

劳动保障部把原劳动部的社会保险司分设为 5 个专业司。养老保险司主要负责城镇职工养老保险工作。失业保险司从就业司中单立出来，主要负责拟定失业保险基金政策、改革方案和发展规划并组织实施。医疗保险司主要负责城镇职工医疗、工伤、生育保险工作。农村社会保险司的职能基本是从民政部划转过来的，主要负责拟定农村养老保险的基本政策和发展规划并组织实施。社会保险基金监督司是针对社会保险基金规模日益增大、风险增多的情况新设立的，主要负责拟定社会保险经办机构的管理规则、社会保险基金监督制度，并对有关机构承办补充养老保险、补充医疗保险业务实施监督；在当时尚未实行国家审计机关派驻制度的情况下，这个司还负责本部的审计工作。

与此同时，劳动保障部所属社会保险事业管理中心承担了从卫生部、民政部、人事部划转的相关管理职能，强化社会保险基金及事务的统一管理和协调运作，强化对社会保险经办机构在基金管理方面的内部自律和稽核指导，强化对社会保险对象的社会化管理服务的组织和指导；内设机构从劳动部时期的 9 个增加到 13 个，主要是按险种分设了专业处室。

与此相对应，职能调整后的民政部不再承担农村社会保险的管理职责，在社会保障领域主要负责社会救济、社会福利、优抚安置工作。在后来的城市和农村最低生活保障制度、医疗救助制度、贫困群体社会救助、社会福利保障等方面，民政部门发挥了重要作用。

职能调整后的人事部将机关、事业单位社会保险管理职能交给劳动保障部，将原来的工资福利司和社会保险与离退休管理司合并为工资福利与离退休司，其关涉社会保障的职能仅保留“研究完善国家机关及事业单位工作人员离休、退休政策法规并组织实施”；“研究完善国家机关及事业单位工作人员的疾病、工伤、生育停工期间待遇的政策法规，负责中央国家机关福利费管理工作”。但此前已在部分地区开展的机关事业单位养老保险改革试点，在部门管理职责上仍不清晰，有关地方缺乏遵循，直到 2015 年全国统一进行机关事业单位养老保险制度改革后才作为一个历史遗留问题逐步加以解决。需要提及的是，1999 年人事部机关迁到北京市和平里中街 7 号，从此结束了长达 10 年与劳动部、劳动保障部合用和平里中街 12 号院办公的局面。

职能调整后的卫生部不再承担公费医疗管理职责，但仍参与医疗保险制度改革工作；21 世纪初新型农村合作医疗兴起，管理职责归属该部，由此新出现的管理体制摩擦直到 2018 年组建国家医疗保障局才告终结。

实际上，酝酿组建劳动保障部时，还曾考虑过将商业保险的监管职能也划归该部，以便统管基本保险、补充保险和商业保险；但鉴于市场监管与公共管理终属不同领域，后来专门成立了保险业监督管理委员会（2018 年与银行业监督管理委员会合并）。

总体上看，这一时段管理体制调整动了“大手术”，充分体现了决策层对社会保障重要性认识的提升。这个决心传递到实践层面，极大促进了全国各地各级社会保险的体制理顺和事业发展。

第九章
颁布实施《劳动法》及其配套规章

在1978年党的十一届三中全会召开前的中央工作会议上，邓小平同志发表了《解放思想　实事求是　团结一致向前看》的著名讲话，其中讲道“为了保障人民民主，必须加强法制，必须使民主制度化、法律化”。他提出应该集中力量制定各种必要的法律，举例中就包括了劳动法。他指出：“国家和企业、企业和企业、企业和个人等等之间的关系，也要用法律的现实来确定；它们之间的矛盾，也有不少要通过法律来解决。”[①] 1993年党的十四届三中全会《决定》中提出：“要搞好立法规划，抓紧制定关于规范市场主体、维护市场秩序、加强宏观调控、完善社会保障、促进对外开放等方面的法律。”按照这一目标，次年就出台了包含社会保险内容的劳动法，此后又出台了多项配套法规和规章，开启了社会保障制度建设法制化的进程。

---

① 邓小平文选：第二卷［M］. 北京：人民出版社，1994.

第一节　《劳动法》专章规定社会保险

1994 年 7 月 5 日，第八届全国人民代表大会常务委员会第八次会议审议通过《中华人民共和国劳动法》（以下简称《劳动法》），以第 28 号国家主席令予以公布，自 1995 年 1 月 1 日起施行。《劳动法》第九章专门对社会保险作出规定。

曲折的立法过程

劳动法的制定过程可不是一帆风顺的，从最初动议到最后出台，历经 38 年时间，画出一条两落三起的 W 形轨迹。

新中国成立不久就颁布了《劳动保险条例》。1954 年中华人民共和国第一部宪法颁布后，为了落实公民的劳动权利，劳动部成立起草小组，着手起草《中华人民共和国劳动法（草案）》。与此同时，全国总工会也草拟了《中华人民共和国社会保险条例（草案）》，试图将劳动保险更名为社会保险，并于 1956 年 5 月提交全国总工会劳动保险、生活住宅会议进行讨论。这是制定劳动和社会保险法律的第一次尝试，但二者都因多种原因无果而终。

改革开放后，根据邓小平同志在 1978 年 12 月召开的中央工作会议上讲话的指示，1979 年国家劳动总局再次组成起草小组，研究起草劳动法。1982 年成立的劳动人事部继续“接力”开展劳动法的起草工作，并于 1983 年将草案呈报国务院。但由于当时改革开放刚刚起步，方向还不清晰，劳动制度改革正在酝酿之中，社会保险也尚处于分散试点状态，缺乏充分的理论和实践支撑，劳动法（草案）再次被搁置，没有进入审议程序。

党的十二届三中全会确定以城市为重点的经济体制改革方向后，劳动法的起草工作被第三次提上立法日程，而且比前两次规格更高。1990 年 3 月，国务院直接成立了起草领导小组，劳动部等有关部门参加，就起草劳动法进行全面深入的论证。1992 年，党的十四大确定了建立社会主义市场经济体制的目标，劳动、就业和社会保障制度改革也积累了更多经验，社会共识逐步增加，劳动法起草工作因而加快了进度。在前期论证和进一步归集各方面观点的基础上，由劳动部、国务院法制局和全国总工会抽调骨干组成的 8 人小组，在北京市劳动局金海湖培训中心奋战五昼夜，拿出了又一个完整的立法草案初稿。之后经过多部门联合调查、广泛征求意见、反复讨论修改，于 1993 年呈报国务院。1994 年 1 月，国务院常务会议审议通过了《中华人民共和国劳动法（草案)》，提交全国人大常委会审议。

在全国人大常委会的审议中，各方面讨论和争议的焦点主要集中在工时、加班补偿、保证工资支付等方面，对有关社会保险条款的分歧不多，审议比较顺利。值得一提的是，这部法律创造了一个中国独有的概念——"用人单位"。同一概念，在西方国家劳工法律以及国际劳工公约中称为"雇主"；而我国为避"雇佣关系"之嫌，当年《劳动保险条例》使用了"企业行政方面或资方"的表述。但劳动法规范的主体不仅有企业，还包括个体经济组织以及与劳动者存在劳动合同关系的国家机关、事业单位和社会团体，用"企业"难以概括。几经琢磨，起草者发明了"用人单位"，得到认可，在以后的劳动和社会保险法规中，这成为一个特定概念。

《劳动法》对社会保险的主要规定

《劳动法》第九章"社会保险和福利"总共只有 7 条 15 款，文字简练概要，没有涉及具体的条件、标准。这是基于当时的实践背景和立法条件，遵循了邓小平同志 1978 年年底讲的"法律条文开始可以粗一点，逐步完善"，"总之有比没有好，快搞比慢搞好"的思路，先确立基本的、原则性的框架，而将更细致、更专业的规范留待以后社会保险专项法律法规来充实。《劳动法》第九章连同其他相关条款，对我国社会保险制度的规定有七个方面的主要内容。

1. 明确了社会保险的概念和国家责任。国家发展社会保险事业，建立社会保险制度，设立社会保险基金，使劳动者在年老、患病、工伤、失业、生育等情况下获得帮助和补偿。

2. 规定了适用范围。在中华人民共和国境内的企业、个体经济组织（统称用人单位）和与之形成劳动关系的劳动者适用本法；而对国家机关、事业单位、社会团体和与之建立劳动合同关系的劳动者，则规定依照本法执行。总体上看，法律适用范围是宽泛的，涵盖所有企业，而不再如计划经济时期那样只针对全民所有制企业，还包括改革后新兴的存在劳动关系的个体经济组织。但囿于当时背景，排除了机关事业单位和社会团体中的“体制内”工作人员，仅在实行劳动合同制度后这些单位招用的劳动者范围内“依照执行”。

3. 规定了确定社会保险水平的基本原则。社会保险水平应当与社会经济发展水平和社会承受能力相适应。这与党的十四届三中全会提出的方针完全一致，也将长期管用。

4. 提出了建立多层次社会保险体系的要求。包括：国家发展社会保险事业，建立社会保险制度；鼓励用人单位根据本单位实际情况为劳动者建立补充保险；提倡劳动者个人进行储蓄性保险。这是将1991年国务院33号文件要求建立多层次养老保险制度后的实践经验总结提升为法律规范，而且不限于养老保险。

5. 规定了社会保险筹资模式。一方面规定社会保险基金按照社会保险类型确定资金来源，逐步实行社会统筹。这比《劳动保险条例》规定的综合筹资、在统一基金内再分摊用项的结构更适合现实情况，又坚持了社会统筹互济的基本功能，是对“文化大革命”中倒退为单位“自保”模式的逆转。另一方面规定用人单位和劳动者必须依法参加社会保险，缴纳社会保险费，明确了双方的法定义务。

6. 确定了社会保险待遇项目。劳动者在退休、患病或负伤、因工伤残或者患职业病、失业、生育五种情形下可以享受社会保险待遇。这与《劳动法》第七十条共同规定了我国社会保险的几大基本险种。当时各地重建社会保险制度的探索都是按风险类型分别建立的，与当年劳动保险制度的综合性保险有很大差别。《劳动法》的这方面规定，从国家法律层面对改革实践予以肯定，也为日后在全国层面建立五大社会保险制度奠定了法律基础。《劳动法》还规定劳动者死亡后，其遗属依法享受遗属津贴。

7. 明确了社会保险管理体制。分为三个方面：在行政管理上，明确劳动行政部门是劳动工作（包括《劳动法》规定的社会保险）的主管部门；

在基金管理上，社会保险基金经办机构是管理主体，依照法律规定收支、管理和运营社会保险基金，并负有使社会保险基金保值增值的责任，任何组织和个人不得挪用社会保险基金；在基金监督上，规定社会保险基金监督机构依照法律规定对基金的收支、管理和运营实施监督，并明确社会保险基金经办机构和监督机构的设立和职能均由法律规定。

此外，《劳动法》还对发展社会福利和集体福利事业作出规定。

贯彻实施《劳动法》促进社会保险改革发展

在《劳动法》颁布之前，我国也有一些有关劳动和社会保障的文件具有法律性质，如《劳动保险条例》，1958 年关于工人、职员退休、退职的两个暂行规定，以及 1978 年国务院 104 号文件，但都是经过全国人大常委会原则批准后由行政机关（政务院、国务院）发布的，而《劳动法》是经最高立法机关直接审议通过、由国家主席签署主席令颁布的。可以说，《劳动法》是新中国成立以来第一部全面保障劳动者合法权益的专门法律，是劳动保障法制建设中的一个里程碑。就社会保险制度建设而言，《劳动法》的颁布实施起到了重要的规范和指导作用。

一是首次以国家立法形式确定了社会保险的基本原则、主要内容、体系框架和基本制度模式，直到 2011 年社会保险法实施前，《劳动法》中关于社会保险的规定都是改革发展我国社会保险制度的主要法律遵循。

二是推动了社会保险的法制建设。《劳动法》颁布两个月后，作为主管机关的劳动部印发《关于〈劳动法〉若干条文的说明》，按照立法精神，对共 104 条法律中的 67 条作出了政策诠释，其中涉及社会保险的有 4 条，如“社会保险水平”“社会保险类型”“社会保险待遇”等法律概念的具体所指。《劳动法》正式施行后，劳动部又于 1995 年 8 月印发《关于贯彻执行〈中华人民共和国劳动法〉若干问题的意见》，有 100 条之多，其中涉及社会保险的有 9 条，主要是针对各种非常规情形下参保、缴费、享受待遇作出具体规定。这些规定虽然显得细碎，但都是对实践中所出现矛盾的回应，并为日后的政策完善和社会保险专项立法打下了基础。

《劳动法》施行后，国务院于 1999 年制定了《社会保险费征缴暂行条例》《失业保险条例》等行政法规（详见第十二章、第十三章）；劳动部也于这部法律颁布后制定了《企业职工工伤保险试行办法》《企业职工生育保险试行办法》《关于建立企业补充养老保险的意见》等相配套的部门规章；各地相继制定出台地方性法规、规章。由此，开始搭建以《劳动法》为基本法律，有关法规、规章相配套的劳动保障法律法规体系框架。

第二节 制定工伤保险试行办法

各地自 20 世纪 80 年代末开始进行的工伤保险试点到 20 世纪 90 年代末已成一定规模。1995 年，以基金统筹为特征的工伤保险制度改革试点市县达 1 103 个，参保人数 2 615 万人。根据《劳动法》有关职工工伤和患职业病保障的规定，劳动部在总结各地试点经验和借鉴国际通例的基础上，于 1996 年 8 月制定颁布《企业职工工伤保险试行办法》，从当年 10 月 1 日起开始试行。此前的同年 3 月，国家技术监督局也颁布了《职工工伤与职业病致残程度鉴定》（GB/T 16180—1996）；而对职业病的界定和政策，仍执行 1987 年四部门制定的《职业病范围和职业病患者处理办法的规定》。这一组相互配套的文件初步形成了有关工伤保险的全国统一规范，使《劳动法》的原则规定得以落实。

《企业职工工伤保险试行办法》共 10 章 63 条，分为总则、工伤范围及其认定、劳动鉴定和工伤评残、工伤保险待遇、工伤保险基金、工伤预防和职业康复、管理与监督检查、企业和职工责任、争议处理及附则，是一部相当周密、严谨的法规性文件。如有关工伤范围及其认定，列出了 10 种具体情形，排除了 6 种情形；又如用了 16 条 22 款及 17 项篇幅，详细规定了工伤医疗、伤残、死亡等待遇项目和享受条件；再如对工伤争议，提供了劳动争议处理、行政复议和行政诉讼、申请复查鉴定等多条救济渠道。

虽然是“试行办法”，但这个规章已经构造出我国工伤保险制度的基本框架，其中最具基础和长远影响的体制机制变革有以下几个方面。（1）将工伤保险作为一个独立险种，这是对劳动保险制度的超越，也是出于对市场经济体制中职业危害风险加大的实际情况的考虑。（2）实行基金社会统筹，把在“文化大革命”中蜕变为企业“自保”的模式重新进化为社会保险，通过资金互济来分散企业的工伤风险，并确立了“以支定收、收支基本平衡”的基金筹集原则。(3) 扩大了覆盖范围，突破了以往“全民企业执行、集体企业参照”的局限，把覆盖面扩大到各类企业及其全体职工，到企业实习的大中专院校学生等也参照执行，并授权省级制定城镇个体经济组织中劳动者的工伤保险办法。(4) 建立了工伤保险差别费率和浮动费率机制，各行业的费率根据其伤亡事故风险和职业危害程度的类别确定，有高有低，并每5年调整一次；各企业的费率则根据其安全卫生状况和工伤保险费用支出情况的评估结果上下浮动，浮动幅度是本行业基准费率的5%～40%。差别+浮动的费率机制借鉴了国际经验，比当年的劳动保险制度更加完善。(5) 规范了待遇项目和标准，明确工伤医疗费、护理费、伤残抚恤金、一次性伤残补助金、残疾辅助器具费、丧葬补助金、供养亲属抚恤金、一次性工亡补助金共8个项目由工伤保险基金支付，比劳动保险制度的保障项目有所扩大。(6) 明确了管理制度及相关程序。在行政管理和工伤认定上，确定了政府劳动部门的职责；在劳动能力鉴定上，确定了多方组成劳动鉴定委员会和委托专家组实施鉴定的体制和程序；在争议处理上，确定了行政、司法、技术3条救济渠道，初步形成比较完整的管理架构。(7) 首次提出工伤预防、工伤补偿和工伤康复相结合的目标，昭示了工伤保险制度体系发展的方向。

《职工工伤与职业病致残程度鉴定》是首次颁布、专门用于鉴定职工在职业活动中负伤和因职业病致残程度的国家标准，为实行工伤保险制度提供了必需的技术支持。这个标准确定了划分伤残等级的原则——依据伤病者医疗终结时器官损伤、功能障碍及其对医疗与护理的依赖程度，并适当考虑由伤残引起的社会心理影响等因素，将工伤和职业病伤残造成功能丧失的情况分为10个等级，以5部分、54类、469个条目列示了分级依据或判定基准以及正确使用标准的说明。在前些年的试点中，各地都遇到由于缺乏统一技术标准，工伤鉴定等级难以把握的问题，一些当事人也相互攀比，甚至出现“闹工伤”（未伤残的要求认定伤残，评级低的要求高评）的现象。这个国家标准的施行，有助于遏制伤残鉴定中的随意行为，减少并消除由此带来的工伤待遇确定不合理、管理不规范等问题。

《企业职工工伤保险试行办法》及相关技术标准的颁布，推动工伤保险制度改革从试点进入了全面实施阶段。到 2002 年年底，全国有 29 个省级地区在近 2 000 个市县实行了工伤保险社会统筹，比 1995 年增加近 1 倍；参保的城镇职工达 4 406 万人，比 1995 年增加 1 791 万人，其中有 26.5 万人享受了工伤保险待遇；工伤保险基金收支也由 1995 年的 10 亿元增加到 32 亿元，累计结余 81 亿元。[①] 这一时期，所有制结构调整、企业改革正大刀阔斧地进行，在劳动合同制实行中出现了一些企业与职工订立"生死合同"（企业只管发工资，职业伤害由职工自己负责）的恶劣现象；有些企业也因参与市场竞争，忽视劳动条件改善，导致工伤事故多发；即使是注重保障职工权益的企业，一旦发生群体性重大伤亡事故，单个企业自身也难以承受。因此，工伤保险制度的快速推进，不仅更好地保护了职工的劳动和职业健康权，而且通过基金统筹分散了企业的工伤事故经济风险。

第三节　制定生育保险试行办法

《企业职工生育保险试行办法》稍早于《企业职工工伤保险试行办法》，1994 年 12 月就由劳动部予以颁布。制定这个部门规章，除了落实《劳动法》的原则规定外，还有一个重要推动因素，就是中国妇女发展五年规划纲要的发布。

二选一：确定制度模式

第三篇提到，各方面对女职工生育费用的补偿方式曾有过不同认识，实践中采用了两种模式。其中实行生育费用社会统筹模式的试点地区和参保人数逐步增加——1992 年有 156 个市县，1993 年发展到 262 个，参保职工 557 万人；1994 年增加到 522 个市县 916 万人；[②] 而采用"费用分担制"

---

① 国家统计局. 中国统计年鉴 2015［M］. 北京：中国统计出版社，2015.

② 参见劳动部历年统计资料. 1994 年参保人数参见国家统计局. 中国统计年鉴 2015［M］. 北京：中国统计出版社，2015.

的地区有所缩减。

山东曲阜是孔子的故乡。中国人对这位先哲的许多至理名言都耳熟能详，也记得他讲过一句与生育有关的话——“不孝有三，无后为大”。就是这个曲阜市，当时生育保险试点搞得很有声色，覆盖面大，管理也比较规范。1994 年 10 月，劳动部社会保险司、全国总工会女工部在这里联合召开了部分省市生育保险制度改革工作座谈会。在现场交流的基础上，对 19 个省已进行生育保险制度改革试点地区中有代表性的做法进行探讨和论证。经过深入研讨，主流的观点认为：实行生育保险基金统筹，体现了全社会共担风险的大数法则，有利于在市场经济体制下均衡不同单位和行业之间的生育成本，有利于充分发挥对妇女劳动者的保护功能；相比于“费用分担制”，社会保险模式分散风险功能更强，保护女职工权益更有力，社会效益更好，也被多地实践证明是可行的。这是我国生育保障工作领域一次重要的会议，最大的成果是对生育保障的制度模式统一了思想。

1995 年 7 月，国务院印发《中国妇女发展纲要（1995—2000 年）》，采纳了此前各方形成的共识，在国家最高行政机关层面确定了生育保障模式——“改革女职工生育保障制度。将女职工生育保险费用由企业管理逐步改为社会统筹管理，这项改革由国有企业逐步扩展到所有企业”。并将生育保险扩大覆盖面列为发展指标之一，要求到 2000 年“在全国城市基本实现女职工生育费用的社会统筹”。同年 11 月，劳动部印发《关于贯彻实施〈中国妇女发展纲要〉的通知》，进一步明确提出：“适应企业改革的要求，积极推进生育保险，将生育保险由企业管理逐步转变为社会统筹管理，均衡企业负担，分散风险。生育保险制度改革，既是进一步保障妇女合法权益的需要，也是整个社会保险制度改革的重要组成部分。”同时作出了具体进度安排：“全国 35 个大中城市，条件成熟的，要在 1996 年以前建立新型的生育保险制度；条件尚不成熟的，要积极创造条件，不迟于 1997 年以前完成此项任务。全国所有地级市 1998 年以前市本级全面实施，并逐步实现由县级统筹到地市级统筹的过渡。全国 80%左右的县（市），到本世纪末实现生育保险社会统筹。”通知还提出：“扩大生育保险制度改革的覆盖范围，要将生育保险费用统筹的实施范围，由国有企业逐步扩大到城镇各类企业；

实施对象扩大到与上述企业建立劳动关系的相关职工。”

从名称到政策：周到的考量

《企业职工生育保险试行办法》规定的施行时间是 1995 年 1 月 1 日，与《劳动法》同步。作为社会保险体系中的一个单项制度，它在社会统筹模式、覆盖范围、用人单位单方缴费（费率由地方政府确定，最高不超过工资总额的 1%）、由劳动部门负责行政管理和社会保险机构负责经办、基金开设专户等方面，都与《企业职工工伤保险试行办法》的政策规范相同，其独特之处有三。

制度名称。2 000 多年前，孔子就感叹过："必也正名乎！"制度名称在很大程度上反映了制度的本质内涵，名正才能言顺，才能事成。最初起草时，曾经考虑称作企业"女职工生育保险"，这不无道理，因为生育主体和保护对象都是女性，地方试点中也有这样叫的。但深入分析，大家认为这个名称有失偏狭。因为女性生育除了为家庭繁衍后代外，还承担了劳动力再生产的社会责任，不能把生育成本都摊在女职工和使用妇女劳动力多的企业头上，而是要全社会来分担。因此，称作"职工生育保险"比"女职工生育保险"更能体现制度的本质特征，也有助于避免不用或少用妇女的企业"与己无关"的认识偏差，组织动员更多的社会资源。何况其他社会保险制度也没有称为"退休人员养老保险""患病职工医疗保险制度"，制度名称应当遵循一致的逻辑。

生育津贴。关于这项待遇，《企业职工生育保险试行办法》有三点创新。一是待遇名称。过去的制度规定，女职工享受法定产假期间工资照发，所以被称为"产假工资"。企业劳动工资制度改革后，更加强调工资作为劳动报酬的功能，职工由于各种原因停工而未付出劳动就不能再领取工资了。因此，借鉴国际通例，将女职工生育导致这期间收入损失所应得的补偿改称作"生育津贴"。二是支付主体。劳动保险制度规定"产假工资"由企业方面支付；新制度改为由生育保险基金支付，减轻了企业的经济负担。对比相似制度，职工因工负伤停工期间，由工伤保险基金支付规定的工伤津贴，与生育保险一致；而职工罹患疾病停工治疗期间，工资待遇（国际上称为“疾病津贴”）仍由用人单位发给，医疗保险基金并不承担，则与生育保险不同。三是计发依据。规定生育津贴按照本企业上年度职工月平均工资计发，而不是按本人原工资计发。这是考虑到，女职工在生育前的孕期就可能已经调换到轻便的劳动岗位工作，工资水平也因此而降低，如果按照本人工资来计算津贴标准，不利于保护女职工权益。这些条文看似简单，其实背后都蕴含着细致的考量。

生育医疗费。包括与女职工生育有关的检查费、接生费、手术费、住院费和药费，均由基金支付，改变了劳动保险制度规定的基金只提供适当补助的方式，但不包括超出规定的医疗服务费和自费药品、营养药品。比较特殊的是，基金支付项目还包括女职工生育出院后因生育引起疾病的医疗费，以及女职工流产后的医疗费。这是针对生育的特定风险作出的规定。

《企业职工生育保险试行办法》的颁布，标志着城镇职工生育保险制度进入全面推行阶段，其确定的职工生育保障基本制度和主要政策一直沿用至今。

实施：有起有伏

《企业职工生育保险试行办法》的施行，推动了各地生育保险制度的加快发展。1995 年实施当年，全国参保人数就比上年增长 64%，达到 1 500 万人；基金收入 3 亿元，增长 50%；支出 2 亿元，增长 1.5 倍。1996 年，参保人数进一步增加到 2 016 万人，基金收入 6 亿元，支出 3 亿元。

1997 年 6 月，国务院妇女儿童工作委员会召开会议，专题研究企业职工生育保险制度改革有关问题。会议在充分肯定生育保险制度改革的成效、要求提高社会各界对这项制度意义和好处认识的同时，也针对当时出现的一些企业反映社会保险收费偏高、基金结余较多、待遇支付把关不严格等问题苗头，提出了积极稳妥推进的几项措施。一是在实施范围上，目前只在城镇企业职工中实行，不作扩大。二是减轻企业负担，建议生育保险缴费比例严格控制在职工工资总额的 0.6%左右，最高不超过 1%；基金结余多的地区，要降低比例或返还企业。三是待遇水平要与我国经济发展水平和企业承受能力相适应，只能保障职工生育期间的基本需求。重申生育津贴应按照国家规定的产假期限与本企业上年度职工月平均工资计发；明令生育医疗费用要剔除各种与生育无关的开支，禁止医院各种“搭车”收费；同时将计划生育手术费纳入生育保险支付范围。会议还提出要做好制定《生育保险条例》的准备工作，但后来没有实现。劳动部向全国转发了这次会议的纪要，指导各地规范生育保险管理和制度完善。到 1997 年年底，全国参保人数 2 486 万人；基金收入 7 亿元，只比上年增长 17%；基金支出 5 亿元，增长 67%。各项指标呈现的增速减缓趋势，表明国务院的指示精神发挥了效力。

从 1998 年开始，经济结构调整和国有企业改革进入攻坚期，加之亚洲金融危机的冲击，确保下岗职工基本生活和离退休人员基本养老金按时足额发放，成为当时社会保障工作的中心任务。直到 21 世纪初，社会保险行政部门和经办机构的主要精力仍集中于养老、失业、医疗保险领域，相比之下，这几年生育保险发展速度明显放缓（见表 9-1）。

表 9-1　1995—2002 年全国生育保险发展情况

年度	参保人数/万人	基金收入/亿元	基金支出/亿元
1995	1 500	3	2
1996	2 016	6	3
1997	2 486	7	5
1998	2 777	10	7
1999	2 930	11	7
2000	3 002	11	8
2001	3 455	14	10
2002	3 488	22	13

数据来源：国家统计局. 中国统计年鉴 2015［M］. 北京：中国统计出版社，2015.

随着企业改革的深化，优化劳动组合、全员劳动合同制、减员增效、人员分流等改革举措陆续出台，在劳动力资源重新配置过程中，妇女的就业机会受到较大冲击。从劳动力市场的统计数据看，1995 年前城镇女性就业的比例和总量一直稳步增长，而从 1996 年开始逐年下降，到 2000 年，全国城镇单位女性从业人数比 1996 年减少了 1 477. 7 万人，占比降低了 0. 5

个百分点。全国妇联和国家统计局联合组织的第二期中国妇女社会地位调查数据也显示，2000 年全国城镇 18~49 岁女性中在业率为 72%，比 1990 年降低了 16.2 个百分点。劳动力市场排斥妇女的这种状况引起了国家的重视。2001 年 5 月，《中国妇女发展纲要（2001—2010 年）》颁布，在这个 10 年纲要中，生育保险再次被作为重要制度建设提及，而且确定了 2010 年覆盖面达到 90%的发展目标。同年 12 月，《中华人民共和国人口与计划生育法》颁布，其中第二十四条规定："国家建立、健全基本养老保险、基本医疗保险、生育保险和社会福利等社会保障制度，促进计划生育。"从国家法律的高度，正式把生育保险确定为一项社会保障制度。2003 年以后，生育保险重新进入快速发展阶段。

第四节 建立企业补充养老保险

1991 年《国务院关于企业职工养老保险制度改革的决定》就提出了"企业补充养老保险"的概念，作为多层次养老保险体系的组成部分。此后几年，少数地区和部分企业作了一些尝试。到 1995 年，全国约有 1.3 万户企业为 208 万名职工建立了补充养老保险，滚存结余基金 11.88 亿元，但方式各异。1995 年，配合《劳动法》的实施，为落实"鼓励用人单位根据本单位实际情况为劳动者建立补充保险"的法律规定，劳动部于 12 月印发了《关于建立企业补充养老保险制度的意见》，首次确定了企业补充养老保险的统一规范。意见共有 25 条规定，可以归纳为 11 项基本政策。

1. 实施范围。限于城镇各类企业，包括外商投资企业，但可以限于其中方职工，这是考虑到合资企业雇用的外方人员通常没有在中国养老的需求。

2. 组织方式。大企业单独实行，中小企业可以联合建立基金管理理事会实行，有条件的行业也可以全行业实行统一制度。

3. 建制条件。一是参加了基本养老保险费用社会统筹并按时足额缴费，以避免有的企业不参加基本保险而只建立补充保险；二是生产经营状况比较稳定，这是考虑到企业的持续供款能力；三是民主管理基础较好，以防管理层独断谋私。

4. 决策和管理。由企业与职工（可由工会作为代表）协商提出方案，经职工大会讨论通过。由劳动关系双方组成基金管理理事会，负责监督方案的实施。

5. 资金来源。主要由企业负担，经济效益好时可以多补充，效益不好时可以少补充或暂不补充；也可以由企业和个人共同负担，但个人缴费部分不得超过供款总额的一半。对有特殊重大贡献的人员可以规定较高的供款水平，实行初期也可以依据职工距离退休年限的长短确定不同的供款水平。

6. 资金权属。企业和个人供款一律记入职工个人账户。基金增值部分原则上依个人账户本金的多少按比例计息。

7. 享受条件。职工依法办理退休后可以领取；职工退休前遇到特殊重大困难时可申请提前支取一部分；职工或退休人员死亡后，其个人账户余额依法继承。企业补充养老保险方案可规定职工严重违法、违纪、自动离职等情况下的待遇处理。

8. 待遇确定。按个人账户储存额的多少计发，可以一次性领取，也可以分次领取。从道理上讲，分次（如按月）领取对个人和基金都更有利，但鉴于实行初期有些职工个人账户储蓄额不多，故而也允许一次性领完。

9. 委托经办。社会保险基金经办机构和商业性保险公司等金融机构都可以受托经办，由企业自主选择，双方签订委托协议；具备条件的大企业和行业也可以自行经办。补充养老保险基金必须与企业其他资金分开管理。在受托经办方面，当时政策制定者的倾向是尽可能由政府社会保险机构来承担，主要是鉴于我国资本市场还很不成熟，担心投资失败后职工利益受损，但按照市场经济体制的大方向，仍然给金融机构受托经办“开了门”，这为以后的市场化运营铺下了第一块基石。

10. 投资运营。委托双方共同商定基金投资方向和投资组合方案，在确保本金安全前提下由经办机构自行决定投资。

11. 基金转移。委托期满 12 个月后，企业可以转而委托其他经办机构，体现市场优胜劣汰原则。职工到其他单位工作的，将其个人账户转到新就业企业委托的经办机构；不具备转移条件的暂由原经办机构管理。

以今天的眼光看，这个文件还算不上是一个完整、严谨的规章，所以制定者没有像生育保险和工伤保险那样称为“试行办法”，而叫作“意见”。囿于当时的实践条件和认识水平，政策也确有一些不足，如提倡社会保险机构经办补充保险、允许一次性领取、缺少更有力的优惠政策等。但瑕不掩瑜，在几乎没有什么参照的情况下，“白手起家”创制这一套政策殊为不易，而且在建制条件、决策程序、资金来源、权益归属、待遇给付等方面，定位基本准确，相关思想大都被以后的规制所吸取。这个“意见”与大多数文件还有一个不同之处，就是附发了 5 个案例——1994 年《大连市城镇企业职工补充养老保险办法》、1994 年《上海市某公司员工补充养老保险实施方案》、1992 年《电力企业建立补充养老保险暂行办法》、1974 年美国的私人养老金计划和日本的企业年金制度，它们分别代表了地区、企业、行业和国外几种不同典型，供各地和企业建立补充养老保险参考。这种将规则和实证结合起来的做法，指导性和引领性都会更强，可见当时政策制定者是下了很大功夫的。

《关于建立企业补充养老保险制度的意见》填补了我国多层次养老保险体系的一项制度空白，值得在社会保障发展史上记下一笔。但在世纪之交的那几年，大多数企业经济效益较差，真正有实力在基本保险基础上建立补充保险的企业不多，所以制度推进并不理想；同时，实践中也出现了操作不规范、投资风险偏高、监管不到位等问题。2000 年，国务院组织在东北地区进行完善城镇社会保障体系的试点，在试点方案中，对企业补充养老保险作出三个具有决定性影响的决策：一是正式更名为“企业年金”；二是明确了税收支持政策——试点地区的企业举办企业年金，其缴费在工资总额 4%以内的部分可以从成本中列支；三是确定了企业年金市场化管理运营的基本方向。

第十章
企业职工养老保险：从两个方案到统一制度

无论哪个国家，社会保障制度的建立和发展都不是云淡风轻、诗和远方的浪漫过程。何况我国是在改革开放的大格局中，在经济体制转轨的大背景下重建社会保障体系，既要承续历史又要面向未来，既要立足本国又要对外借鉴，既要统一规整又要灵活有度，其间伴随实践脚步的思想交锋、理论辩驳、利益权衡、体制纠葛不胜枚举。要说20世纪90年代社会保障领域规模最大、热度最高、影响最深的讨论，非职工养老保险的模式选择莫属。经过认识—实践—再认识—再实践的过程，终于将制度归为一统。

第一节　统账结合：中国独创?

改革触及养老待遇确定机制

1992年，当全国大多数地区都在忙着搞退休费用统筹时，有的地区又往前多走了一步——江西省南昌市和辽宁省锦西市率先尝试改革基本养老金计发办法。

1991 年国务院 33 号文件中也涉及这方面问题，讲了一句话——职工退休后的基本养老金计发办法目前不作变动。所谓“不作变动”，就是继续按照 1978 年 104 号文件规定的政策，以职工本人标准工资为基数，按照连续工龄长短计发退休金。对新中国成立后参加工作的绝大多数职工来说，即工龄满 20 年及以上的发给 75%，满 15 年不满 20 年的发给 70%，满 10 年不满 15 年的发给 60%（见表 6-3）。当时已经发现，随着赋予企业工资分配自主权，企业发给职工的津贴、奖金增多，而“标准工资”占比下降，这对退休职工有不利影响。因此，33 号文件还追加了一句话：“今后可结合工资制度改革，通过增加标准工资在工资总额中的比重，逐步提高养老金的数额。”实事求是地说，当时全国养老保险改革的当务之急是建立退休费用统筹制度，需要先从宏观、中观层面解决企业退休负担畸轻畸重带来的市场风险问题；而作为退休金计发依据的企业工资分配，当时出现了结构性变化，但尚处于混沌状态，所以还没有可能对养老待遇确定机制的改革作出全面规划。这是国务院文件延后这个议题的重要原因。

但实践不等人。地方在改革中发现，如果不加快改革养老金计发办法，有两个绕不开的难题：一是 33 号文件指出的标准工资比重下降状况，导致职工退休收入减少过多；二是企业职工工资已经出现随劳动岗位调整能上能下的情况，再按职工退休前的“最终标准工资”计算退休费，难以真实反映他们多年的全部劳动贡献。对这两个难题，南昌和锦西两市想出的办法是：第一，按职工全部工资收入，而不仅仅是以标准工资为基数计发养老金，排除结构性变化的影响；第二，把职工历年的工资收入综合起来计算，而不是只看最终（退休前最后一年，甚至最后一个月）工资。如果说退休费用社会统筹还带有恢复劳动保险制度性质的话，改革计发办法就是推倒了自《劳动保险条例》至 104 号文件延续 40 年的基本政策，是养老金待遇确定机制的根本性调整，涉及更深层次的改革。

劳动部也在关注实践中的新情况、新问题和新对策，结合国务院 33 号文件确定的职工个人缴纳养老保险费政策，总结南昌和锦西两市的初步经验，在 1992 年设计了改革基本养老金计发基数和计发办法的方案，并于 5 月向全国印发征求意见。1993 年 10 月，劳动部正式印发《关于基本养老金计发办法改革试点工作的通知》（劳部发〔1993〕275 号，以下简称 275 号文件），提出了一种结构式养老金计发办法，将基本养老金分为两个部分。第一部分称为“社会性养老金”，以职工退休时本地区上年度社会平均工资为基数计发，主要体现公平；但也根据缴费年限有所差别——满 15 年以上的发给 25%，满 10 年不满 15 年的发给 20%，不满 10 年的不享受，以鼓励长期参保缴费（与 104 号文件照顾工龄长的老职工的理念一致）。第二部分称为“缴费性养老金”，以职工本人指数化月平均工资为基数，缴费每满 1 年发给 1%；而“本人指数化平均工资”就是将职工所有缴费年份的工资都记录下来，并与同期社会平均工资相比较获得比值，再将各年比值累加后按缴费年限平均形成本人指数，最后换算成计发缴费性养老金的工资基数，以全面体现劳动贡献大小（本人指数化平均工资高于社会平均工资的，大致说明劳动贡献大，反之则小）并消除物价波动因素。当时，企业养老保险改革刚开始实行职工个人缴费政策，国务院 33 号文件规定“开始时可不超过本人标准工资的 3%，以后随着经济的发展和职工工资的调整再逐步提高”。劳动部考虑到大多数企业职工的收入水平状况，275 号文件规定先按本人工资收入的 2%缴纳。为了解决老职工以前没有缴费工作年限的待遇计算问题，这个文件还首创了“视同缴费”的概念——“在实行职工个人缴费之前按照国家有关规定计算的连续工龄，可视同企业和职工个人的缴费年限”。这一办法试图解决养老金待遇确定中的两个难题，也借鉴了美国等国的做法。

1987 年美国《联邦公务员退休法案》规定的退休待遇计发办法

第一部分　基础养老金：按统一规定计发，平均为 38%的替代率。

第二部分　职业年金：计发公式为

20×1%×年收入+(工作年限-20)×1.1%×年收入

即工作年限头 20 年，每年按年收入的 1%计发；超过 20 年的工作年限，每年按年收入的1.1%计发；“年收入”按任意连续3年最高收入水平的平均数计算。

例：工作30年，职业年金可达连续3年最高年收入水平的31%；连同基础养老金，替代率约为69%。

1993年劳动部提出的基本养老金计发办法

第一部分　社会性养老金：缴费（含视同）满10年不满15年为社会平均工资的20%，缴费（含视同）满15年以上为社会平均工资的25%。

第二部分　缴费性养老金：计发公式为

缴费（含视同）年限×1%×职工本人指数化平均工资

例：工作30年，缴费性养老金为职工本人指数化平均工资的30%；连同社会性养老金，替代率约为55%。

对比两种计发办法，除了水平较低外，275号文件提出的计发办法，在待遇结构和计算方法上与美国联邦公务员退休金的相似度颇高。就在这个文件印发的五天前，党的十四届三中全会作出重要决定，其中关于养老保险提出实行“社会统筹与个人账户相结合”（以下简称统账结合）。决策一出，立即引起从理论界到全社会的热议——什么是统账结合？为什么要统账结合？如何实现统账结合？恰似“一石激起千层浪”。这可不仅是养老金计发办法改革问题，还涉及基本制度模式的选择甚至再造。这就不能不说说世界各国社会保障制度，特别是养老保障的几种主要模式。

社会保障的主要制度模式

自1601年英国开始实行“官办济贫”以后，由政府主导组织的社会保障逐渐形成了四种主要制度模式。

国家保障。国家保障又称为社会援助计划、普惠制，以英国和北欧国家为代表。基本特征是：实行全民保障，只要符合规定的条件（如年龄、收入水平、单亲家庭等）就可以申请领取待遇；资金来源于国家一般税收，不要求享受者预先缴费；保障标准与申请人原有的收入水平无关；有些津贴项目需要经过收入调查才能取得资格。在老年保障方面，政府直接向符合条件的本国老年人发放基本养老金，而不论其是否曾经就业和纳税。发放的范围和标准，有些国家对所有老年人等额发放，有些国家则只补助那些生活在最低标准线下的老年人。这一模式的优点是覆盖面广，国民公平享有，能够为社会成员提供基本的生活保障；不足之处是权利与义务脱节，容易出现滥用权利现象，管理效率较低，在老龄化趋势下，难以克服支出增长和税收减少之间的矛盾。

社会共济。以德国、法国、日本等为代表。基本特征是：由雇主和雇员共同缴费，形成专项基金；遵循“大数法则”，通过社会统筹互济，分散经济风险；权利与义务相对应，只有缴了费才能享受相应待遇；待遇水平通常与在职收入或缴费水平成正比，称为“收入关联”。我国 20 世纪 50 年代效仿的“苏联模式”，从基本制度架构和运行机制看，可归为此类，只不过在体制上是指定工会组织管理。这一模式的主体是社会保险，被广泛应用于养老、医疗、失业、工伤等各个领域。养老保险制度，一般采取基金“现收现付”方式，即工作的一代人缴费，退休的一代人按过去缴费形成的累计权益领取养老金，通过以支定收，力求基金当期收支平衡，被称为“代际赡养”社会协议。其优点是：社会互济机制有利于增进社会公平，收入关联机制有助于避免“养懒汉”，现收现付的资金安排可以避免基金积累带来的贬值风险。但在老龄化趋势下，养老保险缴费者和领取者的比例（抚养比）失衡，使缴费负担加重。

储蓄积累模式。以新加坡、智利为代表。基本特征是：政府强制为每个劳动者建立储蓄性养老金个人账户，将雇员（或雇佣双方）的缴费计入其中；储备积累的个人账户资金实行市场化投资运营；待遇水平取决于包括投资回报在内的个人账户积累额。这一模式的优点是：资金权属明确，对个人的激励性强；个人账户的便携性好，较适应劳动力流动；预先积累，有利于缓解老龄化的资金压力。其不足之处在于：缺乏互济性，没有社会再分配功能；市场化投资运营容易受到金融风险、通货膨胀等因素的冲击。

雇主责任制。即不采用缴费、征税等方式集中资金，只由政府规定雇主对劳动者职业风险的赔偿或补助责任，多用于雇员工伤、生育津贴、疾病津贴等项目，不具有社会互济性。

我国企业职工退休养老保障实行的是社会互济——社会保险模式，虽曾一度蜕化为雇主责任模式，但在经过“阵痛”之后又得以恢复。横向对比一下：世界各国，凡实行社会互济模式的都没有个人账户，而实行储备积累模式的都没有社会统筹互济机制，两种模式“井水不犯河水”。现在我国提出社会统筹与个人账户相结合，把看似“水火不相容”的两种模式融为一体，这在世界上是个独创，其间必有深层次的原因。

从新加坡到智利：养老金储备积累模式的嬗变

以个人账户形式为特征实行养老金储备积累模式的典型国家有两个，一是新加坡，二是智利。

新加坡早在1955年就建立了中央公积金制度。规定所有雇主和雇员必须按雇员月薪的36%（其中雇主16%，雇员20%）强制性缴费，存入雇员公积金个人账户进行储蓄积累。雇员年满55岁时，可以开始提取个人账户资金，但必须保留一笔最低存款作为年满62岁后的养老保障。新加坡中央公积金计划由政府设立的中央公积金局统一管理，并将储备基金交由公营机构投资运营。制度主要功能体现在养老保障方面（占23%的费率），但也包括医疗、教育和住房等项目支出，是综合性的保障制度。

智利的养老保障原来实行的是社会保险制度，1980年全面改为私人养老金计划，规定雇员个人按照应税收入的10%缴费，雇主不缴费；储备资金实行私营管理，由个人自主选择专门设立的养老金公司（最初设立有23家，后来逐步淘汰和合并为4家）管理开立个人账户；储备资金进行市场化运营，雇员退休时按其个人账户本金和收益支付养老金，可以一次领取，也可以分次领取；政府成立私人养老金管理公司监督署负责市场监管。

新加坡、智利两国建立储备积累模式所处的时代环境不同，制度和管理也有较大差别。新加坡的中央公积金坚持政府管理，公营机构运营，强调的是“公”；而智利私人养老金计划实行雇员单方面缴费，个人选择管理机构，私营公司运营，突出的是“私”。这与20世纪80年代经济领域出现的“私有化”国际潮流密切相关，也有智利军人政变后实行强权政治的独特背景。但二者以个人账户形式实现养老金储备积累的基本模式是一致的。

一个是1955年建立制度，一个是1980年改弦更张，当时都没有成为社会保障制度模式的主流。但到了20世纪90年代，经过世界银行的大力推介，养老金私有化的“智利奇迹”展现在国际舞台（据摩根公司统计，1981年至1991年智利私人养老金投资的平均年收益率为15%），储备积累模式成为一股热潮，巴西、阿根廷等多个拉美国家争相仿效（但终因经济波动和民众反对而又改回社会保险模式）。我国香港特别行政区也开始设计类似智利的“强制性公积金”制度。

这股国际“新潮”自然进入正在寻求养老保障制度改革路径的中国观察者的视野。但中央作出统账结合的决策，绝不是盲目“跟风”，更不是遵循“私有化”的逻辑，而主要是立足自身实际，面对需要破解的两个重大课题。一是老龄化。当时我国60岁以上人口比重还没有达到10%，尚未进入老龄社会；但20世纪80年代实行严格计划生育政策导致的人口年龄结构变化趋势已经预示出前景，特别是1978年104号文件执行后，大批干部工人集中退休，急剧改变着城镇职工的抚养比。如果继续坚持完全“现收现付，代际赡养”的模式，将来恐有难以负担之虞。二是长期计划经济造成了平均主义“大锅饭”顽疾，干多干少一个样、干与不干一个样的现象普遍，需要在收入分配领域重建按劳分配机制，而社会保障与福利制度也要与之相配合。从这两点来看，在以社会统筹为基础的养老保险制度中引入个人账户机制，未尝不是一种解决方案，一则为应对老龄化留有一定资金储备，二则从利益机制上引导职工提高劳动积极性。

第二节 6号文件：实施办法一与实施办法二

“统账结合”的缘起与讨论

1992年，就在劳动部提出养老金计发办法改革方案征求各地意见的同时，上海市有学者受到智利模式启发，提出了把个人账户“嫁接”到社会统筹上形成混合模式的思路。1993年2月，上海市政府印发《上海市城镇职工养老保险制度改革实施方案》。其中一个核心政策是，为所有参保职工建立个人账户，其构成是“3+8+5”，即改革起步时，职工按本人工资收入的3%缴费，全部记入个人账户；从退休统筹费中记入个人缴费基数的8%；再从退休统筹费中记入本市职工平均工资的5%；今后逐步提高个人缴费的比例，相应调低从退休统筹费中记入个人账户的比例。也就是说，个人账户规模大体相当于职工工资的16%，其中3个百分点来自个人缴费，以后逐步提高到8%；8个百分点来自统筹基金，按个人工资基数记入；还有5个百分点也来自统筹基金，但按社会平均工资记入，并随个人缴费比例提高而逐渐归零，最终形成“8+8”的个人账户组成结构。职工退休时，其月养老金标准为个人养老保险账户储存额（含利息）除以120，同时对老职工的退休费计发提出了过渡办法。这个实施方案没有具体规定单位缴费比例。当时上海市实际费率为23%以上，也就是说，统筹基金除了记入个人账户的13个百分点外，还有10多个百分点；但在实际运行中，无论单位还是个人缴费都统筹使用，用于支付已退休人员养老金，并没有像新加坡、智利那样储备起来投资运营。9个月后，党的十四届三中全会提出养老保险统账结合的原则，由于当时没有其他地区设立过养老保险个人账户，所以有人将其称为“上海模式”。

1994年是个“热闹”的年份。围绕职工养老保险制度模式问题，有关部门、学界、相关各方进行了无数次热烈的讨论（也有激烈的辩论），从基本理念到制度架构，从历史沿革到未来方向，从权益归属到操作细节，从国情特点到国际潮流，各抒己见，见仁见智。劳动部坚持275号文件的思路，认为缴费性养老金详尽记录职工历年缴费工资，实际上具有个人账户性质，同样具有激励职工多劳、多缴、多得的功能，社会性养老金则着重体现公平互济，这二者的组合符合中央确定的“统账结合”原则。而“上海方案”只有“账”没有“统”，不是真正的统账结合。国家体改委则认为，统账结合不是单纯的计发办法改革，而是把从缴费、权属、管理到待遇确定整个链条串联起来，是养老金基本制度模式的大变革。“缴费性养老金”没有个人账户形式，而且只有工资的 2%，难以充分发挥激励作用。其他相关部门以及地方政府也各有说辞，有的偏向于劳动部意见，有的更赞同国家体改委的观点。就连国际组织也卷入了这场大辩论。在钓鱼台国宾馆举行的一次国际研讨会上，世界银行的专家和国际劳工局的代表当面锣对面鼓地争执不休，吵得面红耳赤。现在回顾起来，这场大讨论不存在改革不改革的立场问题，也没有大改革小改革的力度问题，而是对改革路径的艰难选择。不同观点的激烈碰撞，恰恰反映出这一问题的复杂性和重要性，也更有利于所有改革者进行深入的思考和精心的设计。

两个实施办法

800 多年前的宋代诗人陆游说过：“纸上得来终觉浅，绝知此事要躬行。”既然各方讨论一时莫衷一是，那就让实践来检验吧。1995 年 3 月，国务院印发《关于深化企业职工养老保险制度改革的通知》（国发〔1995〕6 号），在重申党的十四届三中全会统账结合原则的基础上，提出了统账结合的实施办法，但实施办法不是一个，而是两个，由各地选择并组织试点。

两个实施办法的许多政策是相同或很近似的，比 1991 年国务院 33 号文件有了很大改进或细化，如都规定了除各类企业及其职工外，将个体工商户和私营企业主纳入参保，扩大了制度覆盖范围；又如都明确了职工个人缴费的上下限（社会平均工资的 60%～200%或 300%），以适当平衡当时扩大的工资收入差别；再如都要求建立个人账户，规定缴费满一定年限（10 年或 15 年）后可按月领取基本养老金，并明确职工或离退休人员死亡后其个人账户余额可以继承；还如对获得劳动模范等称号的职工，都规定由奖励单位给予一次性奖励或由单位为其办理补充养老保险，而不再在其离退休时另外提高基本养老金标准，调整了自 20 世纪 50 年代以来对享受“优异劳动保险待遇”人员加发一定比例养老补助费的政策。此后，“谁奖励谁出钱”、社会保险基金不再负担附加养老金成为通行规则。在离退休条件和苦脏累险特殊工种待遇方面，两个办法也一致规定暂不作变动。最大的突破是，两个办法都明确：在基本养老保险基金或社会统筹基金发生困难时，由同级财政予以支持，比 33 号文件的规定增加了筹资渠道。

两个实施办法（以下简称实施办法一、实施办法二）最大的区别是围绕个人账户的四项政策，即账户规模、资金来源、制度结构和计发办法（见表 10-1）。

表 10-1　1995 年 6 号文件两个实施办法的主要区别

	实施办法一	实施办法二
账户规模	本人工资 16%左右	本人工资 2%，随个人缴费而提高
资金来源	个人全部缴费+单位缴费划转	个人缴费
制度结构	逐步过渡到个人账户为主、统筹基金为辅	始终维持统筹基金为主、个人账户为辅
计发办法	新职工按个人账户储存额÷120 3 年内退休老职工按原办法计发+个人账户储存额×增发比例 3 年后退休老职工按个人账户储存额×推算系数÷120	社会性养老金（社会平均工资 20%~25%）+缴费性养老金（本人指数化月平均工资×缴费年限×系数 1.0%~1.4%）+个人账户养老金（可一次或分次领取）

对比这两个办法，除了个人账户规模明显不同外，二者更具本质性的异同可以概括为四点。第一，公平与效率。同样是建立个人账户，实施办法一设计规模大是因为有统筹基金划转，意在兼顾公平的同时更强调自我保障和激励；而实施办法二的个人账户规模较小是由于完全由个人缴费构成，看得出是在加入激励机制的同时，更注重公平、互济机制和维护原有制度架构的稳定。第二，目标与过渡。由于在改革起步时个人缴费比例只有 2%~3%，所以二者都设计了过渡性结构。不同的是，实施办法一是在 16%的个人账户规模内随个人缴费比例提高而调整内部结构（减少统筹基

金划转)，属于存量调整；而实施办法二则是随个人缴费比例提高而扩大个人账户规模，属于增量调整。第三，遗传与变异。两个办法继承了各自发端的原有设计的基因，但都有所完善。实施办法一较“上海模式”的改进主要是在个人账户利息计算上，除了不低于银行的居民定期存款利率外，还增加了“参考当地上年度职工平均工资增长率”；实施办法二较 275 号文件的改进，除了加入个人账户外，主要是在计发办法中将社会性养老金计发比例从 20%调整到 20%~25%，将缴费性养老金的系数由 1%调整为 1.0%~1.4%，均由地方政府具体确定，增加了弹性。第四，简单与复杂。无论哪个办法，因为有了个人缴费，所以筹资结构都比原来的退休保障制度来得复杂，而最复杂的是计发办法，从表 10-1 的文字表述量中就可以看出这一点。实施办法一的设计目标是由繁到简，改革起步时，对老职工又有“增发比例”，又有“推算系数”，期待将来一律按个人账户储存额的 1/120 计算，但对是否最终取消统筹基金难以判断。实施办法二力图使社会性、缴费性、个人账户养老金三部分结构定型，但也加入了多项比例、指数、系数。二者都比 104 号文件规定的按连续工龄分档、按“最终工资”一定比例计算退休费的方法要复杂得多。这不是设计者别出心裁，而是适应实际情况的变化使然。

在国务院 6 号文件制定和发布中有两个花絮。一是起草文件时，曾有人建议：两个办法分别称为“体改委方案”和“劳动部方案”。但国务院领导同志认为，无论方案是由哪个部门为主提出建议的，都是统账结合的方案，并互有借鉴、参照和补充，都是国务院的方案，故而称为实施办法一和实施办法二。二是在文件中明确：“全国城镇企业职工养老保险工作由劳动部负责指导、监督，深化企业职工养老保险制度改革的工作亦由劳动部负责推动。国家体改委要积极参与，可选择一些地方进行深化改革的试点，劳动部要积极给予支持。国家计委、国家经贸委、财政部、中国人民银行等有关部门也应按照各自的职责协同配合，搞好深化改革的工作。”这与 33 号文件规定的“劳动部和地方各级劳动部门负责管理城镇企业（包括不在城镇的全民所有制企业）职工的养老保险工作”的表述有所变化，在重申劳动部主管部门职责的同时，更加强调部门间的协调配合，防止把改革搞成部门的“自留地”。

国务院6号文件发布整整两个月后，劳动部印发了贯彻实施意见，对各地劳动和社会保险主管部门提出了11条要求，其中强调，实行统账结合是依据我国国情确定的一项基本原则，也是当前深化企业职工养老保险制度改革的核心内容，主要目的在于建立公平与效率相结合的新机制；针对一些地方提出能否两个实施办法同时在本地试点的问题，明确“一个地方只能选择一个办法”，要求各地在当年5月底前提出初步选择意见，6月底前基本完成本地区实施方案的制定、论证工作，争取7月份出台。同时，还补充了一些政策细节，如个人缴费比例随着工资增长逐步提高的节奏一般每两年提高1个百分点；又如，针对一些地方实行按企业工资总额和退休费用总额两项分别计缴养老保险费用（双基数缴费），要求逐步改为按工资总额一项计缴；再如，为实现新老待遇平稳过渡，建议各省在一定时限内将按老办法执行的计发工资基数固定在一个合理的水平上（俗称“封定”），此后逐年适当调整该基数（俗称“影子标准”），以此作为与新办法计发水平相比较的依据。应该说，劳动部作为社会保险主管部门，这些考虑是专业和周全的。

从33号文件到6号文件

暂时撇开两个实施办法的异同，看一看从1991年到1995年及稍后，企业职工养老保险出现了哪些从量到质的发展变化。

在制度和政策层面。一是扩大了覆盖范围。33号文件规定“适用于全民所有制企业”，城镇集体企业“可以参照执行”；对外商投资企业中方职工、城镇私营企业职工和个体工商户，只是提出更为原则性的“也要逐步建立养老保险制度”的要求，授权地方政府具体制定办法。而6号文件则明确“适用城镇各类企业职工和个体劳动者”，即国有企业、城镇集体企业、外资企业、私营企业等都实行同样的参保缴费政策，城镇个体劳动者也被明确纳入覆盖范围。二是调整了制度模式。33号文件确定了养老保险基金社会统筹的方向，6号文件发展为统账结合。三是改革养老金计发办法。33号文件规定“职工退休后的基本养老金计发办法目前不作变动”，6

号文件附发的两个实施办法都对计发办法作了根本性改革。四是关于基本养老金待遇调整。6号文件首次提出“建立基本养老金正常调整机制”，是对保障企业离退休人员基本生活具有长远影响的决定。在调整依据方面，33号文件规定“根据城镇居民生活费用价格指数增长情况，参照在职职工工资增长情况”；而6号文件改为“可按当地职工上一年度平均工资增长率的一定比例”，未再提物价因素。这是因为当时职工工资增长速度远快于物价上涨率，有关部门研究认为，按工资增长的一定比例调整已经包含了物价因素。在调整主体方面，33号文件规定由国家进行适当调整，而6号文件则授权省级政府在国家政策指导下制定具体办法。当时主要考虑各地发展差异很大，不宜“一刀切”。五是规范经办管理体制。33号文件曾规定“现已由人民保险公司经办的养老保险业务，可以维持现状不作变动”；而6号文件删除了这一表述，要求“管理社会保险基金一律由社会保险经办机构负责”。

在实践层面。一是社会统筹基本实现。到1995年，国有企业职工养老保险全部实行了市县级以上统筹，集体企业职工的养老保险统筹遍及2 000多个市县，非公有制企业开始逐步纳入社会统筹范围。另外，有11个部门经批准实行了行业统筹（见第七章）。到1996年年底，全国参保职工和离退休人员达到1.11亿人，比1991年增加4 300多万人。二是普遍实行了城镇企业职工个人缴费制度，实现了退休养老费用由企业单方负担向多方共担的转变，也促进了职工自我保障意识的萌发。三是各地陆续开展统账结合的试点，建立个人账户，探索养老保险基金从完全现收现付向部分积累过渡。四是原来由商业保险公司经办的集体企业养老保险业务，陆续移交劳动部门的社会保险机构管理。

第三节　26号文件：统一制度

“2A”“2B”还是“1B”？

国务院6号文件及其附发的两个实施办法包含了一系列制度、政策、机制、体制的改革变化，信息量超大。文件出台后，各地着实认真学习、消化了一阵子。那一段时间，到上海等地实地学习、观摩的团队络绎不绝，各种专家解读、理论座谈、实务研讨、技术推介会议也热闹非凡。到1996年，除了西藏和海南外，各省级地区都制定出本地的实施方案。其中有7个地区选择实行办法一，即所谓“大账户”方案；有5个地区选择实行办法二，即所谓“小账户”方案。而其他16个地区和5家实行行业统筹的部属企业，既没有选择办法一，也没有选择办法二，而是按照对“统账结合”要旨的理解并结合地方实际，制定了介乎二者之间，又包含二者要素的中性办法——个人账户规模为10%~12%，由个人缴费和企业缴费划转一部分构成，比较接近办法一；但养老金计发办法则采取社会性养老金+个人账户养老金的结构型模式，有点类似办法二，因而被称为“中账户”方案。这种选择结果着实出人意料。

说是出乎意料，其实也在情理之中。早在6号文件印发前，劳动部、国家体改委等部门就已经清醒意识到，两个实施办法并行，只能是过渡状态，终将归为一个统一方案。既然两个实施办法的基本出发点是一致的，都力求使公平与效率、社会互济与自我保障得到有效结合；既然各方面对面临的风险与挑战有共识——现收现付制存在老龄化后入不敷出的财务风险，储备积累存在市场波动和通货膨胀造成基金贬值的风险，那么为什么一定要比出个高低优劣？为什么不能寻求“最大公约数”，将两个办法融合起来？早年躬耕于南阳、后来成为蜀相的诸葛亮因《三国演义》而名扬四海，湖北襄阳和河南南阳为了他的茅庐之地争执了几百年。清代顾嘉蘅写了副对联，算是把道理说清了——“心在朝廷，原无论先主后主；名高天下，何必辨襄阳南阳”。世间许多事物何尝不该如此呢？

在地方试点的初步实践中，各地发现并向主管机关反映，两个实施办法各有长短之处，仅就不足而言：办法二的个人账户规模确实过小，虽然缴费性养老金也含有鼓励多缴多得的机制，但较为曲折隐晦，不如办法一“大账户”来得直接明快；而且缴费性养老金是单指个人缴费还是也包括单位缴费，内涵不清晰，并与个人账户的功能重叠，显得累赘。办法一的激励性虽强，但公平性不足，还需要其他政策辅助；而且其终极模式似乎完全没有了统筹基金，互济功能难以体现。所以，许多地方也强烈建议中央及早把两个办法整合起来。

与此同时，中国养老保险改革的设计者们通过更多的国际信息也更深入地观察到：虽然养老储备基金一直得不到国际劳工局承认的社会保障正统地位，但也延续了几十年，而且有些机制甚至形式还被实行普遍保障或社会保险模式的国家所借鉴；而智利模式虽然有在国际经济领域话语权很强的世界银行的大力推荐，但养老金私有化并未成为主流，而且实行储备基金制的国家也吸收了一些社会互济的理念和方法。看来，各种社会保障模式并非“个个都像乌眼鸡似的，恨不得你吃了我、我吃了你”地完全不相容，融合、交错、互补才是正道。

在这样的情势研判下，有关部门一面指导地方选择试点办法，一面着手研究整合的路径。一个现实又简捷的方法是，参考一些地方的实践做法，将个人账户规模调整到中等水平，在强调激励的同时保留更多的统筹基金互济功能；在待遇计算上，可采用结构型模式，但取消办法二中的缴费性养老金，而以个人账户养老金替代。当时想给这种折中办法起个名字，但又觉得不宜称为“办法三”，因为国务院 6 号文件只明确了两个实施办法。于是有人说，这是从办法二的待遇结构衍生出来的，可以叫作“办法二的 B 型”（2B）；也有人说这比办法二更接近“大账户”，而且在发展方向上优于办法二，应当叫作“办法二的 A 型”（2A）；还有人认为这是从办法一脱胎而来的，适合叫作“办法一的 B 型”（1B）。其实叫什么名字已经无关紧要，无论出自襄阳、南阳，只要是能妙计安天下的“诸葛亮”就行。

26 号文件安天下

经过两年多的试点，1997 年 7 月，国务院在总结各地经验基础上，印发了《关于建立统一的企业职工基本养老保险制度的决定》（国发〔1997〕26 号）。文件共 10 条，其中最核心的内容也是最大的历史贡献是将两个办法合并为统一制度，重点政策有五项。

第一，统一了个人账户规模。把办法一的 16% 和办法二的按职工当时实际缴费比例（2%～3%）统一为职工本人缴费工资的 11%。

第二，统一了个人账户结构。规定个人缴费全部记入个人账户，其余部分从企业缴费中划入；随着个人缴费比例提高，企业划入的部分逐步降至3%。这样规定，既突破了办法二只由个人缴费构成个人账户的边界，一元变二元；也取消了办法一再由统筹基金多划转5%的比例，三元变二元。

第三，统一了“新人”待遇结构及方式。文件中使用的“本决定实施后参加工作的职工”的概念，在实际操作中被简称为“新人”。对“新人”的政策是：个人缴费年限累计满15年，退休后按月发给基础养老金和个人账户养老金组成的基本养老金，其中基础养老金月标准为省或地市上年度职工月平均工资的20%；个人账户养老金月标准为本人账户储存额的1/120。个人缴费年限累计不满15年，退休后不享受基础养老金待遇，其个人账户储存额一次性支付给本人。这是代表制度未来方向的关键政策。从办法一的角度看，实行结构式待遇，增加了基础养老金，增强了公平性功能；从办法二的角度看，合并了缴费性养老金和个人账户养老金，简化了结构和计算方法，将激励机制显性化。

第四，统一了“中人”待遇结构及方式。文件中使用的“本决定实施前参加工作、实施后退休的人员”的概念，在实际操作中被简称为“中人”。对“中人”待遇确定的原则是“新老办法平稳衔接，待遇水平基本平衡”。具体政策是：个人缴费和视同缴费年限累计满15年的，在发给基础养老金和个人账户养老金的基础上再确定过渡性养老金，具体办法由劳动部会同有关部门制定。在这里对两个实施办法的改进主要是：引入“中人”政策，改变了办法二不分“新人”“中人”的“贯通性”计算办法；同时简化了办法一中把“中人”再分为3年内退休加增发比例、3年后退休加推算系数的复杂方法。

第五，统一了享受长期待遇的年限条件。无论是“新人”还是“中人”，在领取基本养老金的缴费年限（含视同缴费）上采纳了办法一的规定，即都要满15年，比办法二规定的条件延长了5年。这个重大政策变化，符合劳动保险制度实行40多年后职工工龄普遍延长的实际，也是引导长期参保缴费的举措之一。

此外，还有几项重大政策也在 26 号文件中首次作出统一规范。一是企业费率，规定一般不得超过 20%，因离退休人数较多、养老保险负担过重确需超过的，报劳动部、财政部审批。二是个人缴费的终极费率及调整节奏——1997 年不得低于 4%，从 1998 年起每两年提高 1 个百分点，最终达到 8%。这一政策在办法一中有所体现，但表达比较隐晦。这次在全国范围内加以明确，即个人账户规模为 11%，其中个人缴费从 4%逐步提高到 8%，企业缴费划转从 7%逐步调低至 3%。其他政策如个人账户的计息、转移、继承以及“老人”（本决定实施前已经离退休的人员）待遇确定和调整等，原来两个实施办法并无大的差异，26 号文件加以重申。

从地方局部探索到全国性大讨论，从两个实施办法并行到统一制度，这段波澜起伏的历史给人们留下诸多启示：改革就是破旧立新的过程，尤其是在中国经济体制转轨的宏大背景下，社会保障制度也不可能再墨守成规，必得进行深层次改革；但改什么、怎样改、力度和节奏如何把握，是大学问，需细琢磨，所谓“治大国如烹小鲜”，容不得短视和偏执，在比较、鉴别中适度融通、中和，可能是老祖宗留下的中国哲学精华；学习、借鉴有百年多历史的国外先进经验是完善自身的一条捷径，但终究要立足本国国情，不管别人的制度模式当初是如何确定的，我们当时要解决的重大问题就是人口老龄化的迫近和平均主义的沉疴，从这个角度看，统账结合模式是理性的选择；探寻真理的过程永无止境，从来没有恒定的模式，对牵涉亿万民众切身利益的社会保障来说，既要维持基本制度的相对稳定，也要与时俱进，不断求新求变，开拓创新。

两个办法归于统一，使所有相关部门和地方政府都似一块石头落地，就此专心致志地推进 26 号文件的贯彻实施，城镇企业职工基本养老保险的统一制度很快在全国各地得以执行，统账结合的原则逐步深入人心并落地生根，覆盖范围进一步扩大，参保人数持续增加，职工个人缴费比例循序提高。1999 年，我国 60 岁以上人口首次超过总人口的 10%，2001 年 65 岁以上人口比重又首次超过 7%，按国际通行标准，进入了人口老龄化国家的行列。从 1996 年到 2002 年的短短 7 年，全国参加城镇职工养老保险的离退休人员增长 50%多，基金支付的养老金增长 1.78 倍，压力陡增（见

表 10-2)。但正是有了提前预判，我国及时谋划和有力推动了基本养老保险制度改革，为应对老龄化风险做了必要准备。

表 10-2 1996—2002 年全国企业职工基本养老保险发展情况

单位：万人，亿元

年度	参保人数			基金收入	基金支出
		职工	离退休人员		
1996	11 116	8 758	2 358	1 172	1 032
1997	11 204	8 671	2 533	1 338	1 251
1998	11 203	8 476	2 727	1 459	1 512
1999	12 486	9 502	2 984	1 965	1 925
2000	13 618	10 448	3 170	2 278	2 116
2001	14 183	10 802	3 381	2 489	2 321
2002	14 737	11 129	3 608	3 171	2 843

数据来源：国家统计局. 中国统计年鉴 2015 [M]. 北京：中国统计出版社，2015.

当然，这项改革也不是一蹴而就的，此后还经历了多次调整完善，特别是在世纪之交的几年经历了惊心动魄的“两个确保”，从逐步走向成熟和定型，这将在本篇第十二章记述。

第十一章
职工医保：从“两江”试点到44号文件

企业职工养老保险改革扬鞭策马，职工医疗保险改革也日夜兼程。第三篇说到，1992年9月，劳动部在总结各地分散探索初步经验基础上，印发《关于试行职工大病医疗费用社会统筹的意见的通知》，在企业范围内推动重建被“文化大革命”中断的劳动保险方式的医疗保障制度。1993年后的职工医疗保障制度改革出现了不同于此前的三个变化：一是由国务院直接领导和组织，超越了单个部门推进的格局；二是改革范围不限于企业，涵盖所有用人单位及其职工和退休人员；三是改革内容不限于费用统筹互济，而是建立起社会统筹与个人账户相结合的新模式。

第一节　又是一个统账结合：“两江”试点

党的十四届三中全会《决定》指出：“城镇职工养老和医疗保险金由单位和个人共同负担，实行社会统筹和个人账户相结合。”也就是说，统账结合的制度模式不是仅适用于职工养老保险，职工医疗保险亦须如此。

前奏

与这个决策有关的两个前期“铺垫”是：

1992年5月，成立了由国务院有关领导同志担任组长，国家体改委、卫生部、劳动部、财政部、人事部、国家医药局、物价局7个部门与全国总工会共同组成的“医疗体制改革小组”。这表明中央高层是把医疗卫生体制当作一个整体来统筹规划、综合布局的。就医疗保障制度而言，不仅要用费用统筹互济机制来分散社会风险，还必须与医疗卫生体制、药品流通体制、价格体系及公共预算资源配置等方面相互衔接。在这个组织框架中，卫生部负责研究公费医疗改革方案，劳动部负责研究劳保医疗改革方案，国家体改委抓全面情况并进行综合研究。在各部门共同研究、协商论证后，提出了医疗制度改革的初步方案，呈报国务院。

1993年10月，劳动部印发《关于职工医疗保险制度改革试点的意见》（劳部发〔1993〕263号，以下简称263号文件），其中一个核心政策是，确定医疗保险基金由三部分组成：“大病医疗保险统筹金”按单位职工工资总额的3%~5%计提，集中调剂使用（统筹互济），主要用于参保单位职工患大病时按规定开支的医疗费用；“单位医疗保险调剂金”按单位职工工资总额的2%~3%计提，由市县劳动部门委托用人单位管理（雇主责任），主要用于离退休人员的医疗费、职工供养直系亲属的医疗费补助、在职职工的医疗补助等方面开支；“个人医疗保险专户金”由单位按职工本人工资的5%~7%记入职工个人医疗保险专户，为职工个人所有（个人储备），主要用于职工患病时按规定应由个人开支的医疗费用。同时规定，职工在增加工资的基础上实行缴纳医疗保险费的制度，个人缴费进入职工个人医疗保险专户金，也就是说，“个人医疗保险专户金”由个人缴费的全部（当时没有规定具体费率）和单位缴费划入的一部分组成。如此算下来，单位缴纳医疗保险费的比例合计为5%~8%，分为三个用项——职工大病支出、离退休人员医疗费支出、划转个人医疗保险专户金一部分。这个文件印发于党的十四届三中全会之前，虽然没有提出“个人账户”的概念，但可以看出，已经有了医保基金社会统筹与个人自我保障相结合的“影子”，反映了当时的政策研究成果。

四部门制定《试点意见》

党的十四届三中全会《决定》发布半年后，1994 年 4 月，国家体改委、财政部、劳动部、卫生部四部门联合制定了《关于职工医疗制度改革的试点意见》（以下简称《试点意见》），全面规划了统账结合的职工医保制度模式和主要政策，印发江苏、江西两省政府。

这个《试点意见》阐明了改革职工医保制度的必要性，把原有制度的突出缺陷概括为三方面——医疗费用由国家、企业包揽，缺乏有效的制约机制，造成严重浪费；缺乏合理的医疗经费筹措机制和稳定的医疗费用来源，部分企业经营发生困难时，职工甚至得不到应有的基本医疗保障；医疗保障覆盖面窄，管理和服务社会化程度低，不利于劳动力流动和减轻企业社会负担。总之“这种制度不仅不能适应建立社会主义市场经济体制的需要，而且本身也难于继续运转下去”。应该说，这个文件对当时所面临矛盾的揭示是一针见血的。文件还指出，虽然一些地方和企业进行了多种形式的改革探索，取得了一定成效，但也遇到了严重困难，原有制度的根本性缺陷还没有得到解决。所以，必须有更重大的改革举措。

这个《试点意见》提出的改革原则有 6 条——适应建立社会主义市场经济体制的要求，使城镇全体劳动者都能获得基本医疗保障；基本医疗保障的水平和方式要与我国社会生产力发展水平以及各方面的承受能力相适应，国家和企业不能包揽全部医疗费用；公平与效率相结合；建立对医患双方的制约机制，最大限度地减少浪费；公费、劳保医疗制度按照统一的新制度和政策同步改革；实行政事分开。

试点内容主要有五项。一是费用筹集。由用人单位和职工共同缴纳，其中用人单位缴费一般不超过职工工资总额的 10%，职工个人缴费先从本人工资的 1%起步，今后随经济发展和工资增加逐步提高。二是建立统账结合的制度。用人单位缴费中不低于 50%的部分和职工的缴费，记入个人医疗账户，专款用于支付个人医疗费用；用人单位缴费的其余部分进入社会统筹医疗基金（以下简称统筹基金），由市级医疗保险机构管理，集中调剂使用。个人医疗账户超支，可按规定由统筹基金支付。三是建立医疗费用制约机制。职工就医，首先从个人医疗账户支付医疗费用；该账户不足支付时，先由职工自付；当职工自付医疗费超过本人年工资收入的5%时，超过部分由统筹基金支付，但个人仍要负担一定比例，并具体规定了随费用升高而降低个人这部分负担比例的标准（不足5 000元的部分，个人负担10%~20%；5 000元至10 000元的部分，个人负担8%~10%；超过10 000元的部分，个人负担2%）。四是加强对医疗单位的有效制约。职工可以到定点的几个医院就医，促使医疗单位通过合理竞争提高医疗质量，降低医疗费用。五是加强管理，强化监督。按照以收定支、收支平衡管理医疗保险金。同时规定，职工退休后个人不再缴纳医疗保险费，也不建立个人医疗账户，其医疗费用由统筹基金支付，并比在职职工降低一半个人负担的比例。

这个《试点意见》再次明确了职工医疗制度改革试点工作的组织领导体制——由国务院有关领导同志召集和主持医疗制度改革办公会议，试点的具体组织工作由卫生、劳动部门分工负责，体改、财政、人事、工会、医药、物价等部门搞好协调、配合，试点城市也要有1名政府主要负责同志亲自抓这项工作。

与1992年和1993年有关文件以及职工养老保险统账结合试点相比，这个《试点意见》有几个不同特点。第一，制度覆盖范围包括所有机关、企事业单位及其职工，而不像养老保险那样局限于企业职工，也打破了公费、劳保医疗制度分别组织的传统格局。第二，在组织领导机构中新增了人事部。这是因为，虽然公费医疗主要由卫生部门管理，但是一直主管国家机关、事业单位和社会团体及其工作人员保险福利工作的人事部门与此密切相关。第三，首次明确了医保费率，即单位缴费比例一般不超过10%；个人缴费从1%起步，随工资增长逐步提高；规定退休人员不缴费，是鉴于他们的退休收入水平普遍较低，承受能力不足。第四，明确了统账结合的结构，即个人缴费全部记入个人账户，单位缴费也要划转大部分记入个人账户；参保人员看病就医（不分大病或小病、住院或门诊）先从个人账户支付，超过部分再按规定纳入统筹基金支付范围。这与劳动部263号文件的规定有明显不同，统筹基金支付范围不再限于大病，也不再把它分为用于支付职工医疗费和支付离退休人员医疗费两部分，而是统筹使用。第五，扩大了医疗资源的利用范围。公费、劳保医疗制度都规定职工及其所在单位只与一个医院建立合同医疗关系；劳动部 263 号文件突破了这个局限，规定参保单位“为职工选定多个定点医院，职工可从中自行选择 1~2 个”；《试点意见》进一步放宽为“职工可以到定点的几个医院就医”，以利于医疗机构通过竞争提高服务质量，充分发挥资源利用效率。第六，在一定程度上保持了政策延续性。如规定“经市医疗保险机构批准，原实行劳保医疗的单位，可以管理一部分社会统筹医疗基金，在单位内部调剂使用”，这是吸收了劳动部 263 号文件的有关内容，保留了部分“雇主责任”，但只是“作为一种过渡办法”。又如规定职工供养的直系亲属“凡符合规定的医疗费用的 40%，都由社会统筹医疗基金支付”，也调整了劳动部 263 号文件中将一部分统筹基金委托用人单位管理、用于职工供养直系亲属的医疗费补助的规定，延续了劳保医疗的有关政策。《试点意见》还将“职工患国家认定的特殊病种或实施计划生育手术及其后遗症所需治疗费用”全部纳入医保统筹基金支付范围。

“两江”试点

为什么是“两江”?

按照《试点意见》，一些地区在已经进行的职工医疗费用社会统筹基础上，开始拟定统账结合改革的试点方案。许多城市都有作为第一批试点的积极性，但最后国务院决定，直接抓江苏省镇江市和江西省九江市两个试点城市，待试点取得经验后再研究扩大问题。后来提及均称之为“两江”试点。

关于“两江”试点，有两点可以做深度解读。

其一，同样是统账结合，企业职工养老保险采取的策略是提出两个实施办法，由各省级地方选择，开展普遍性试点；而职工医疗保险则是制定了一个统一的政策性文件，试点也先限于个别城市，并由国务院直接组织指导。这些差异的形成是因为当时有关部门对医保的统账结合并没有如养老保险那么多的分歧意见，对主要矛盾的研判和改革的思路大体一致；同时，国际上也没有两种模式的参考。新加坡中央公积金制的个人账户中包含医疗保障，对我国有一定启发作用，但它并不具备统筹互济功能，可借鉴性不强。对这个中国“独创”，谁也没有经验，只能先从个别试点开始“摸着石头”探路。

其二，确定镇江、九江作为首批试点城市，当然有这两个城市前期医保基金统筹改革基础较为扎实等先决条件，但更多是考虑到，医保制度连同医药卫生体制改革高度复杂，大城市虽然医疗资源多、管理能力强，但医疗费用支出水平已经很高，容易引发不可预测的矛盾；而在小城市搞试点，虽然成功概率高，但典型性差一些，推广价值较低。所以，选择了两个中等城市。而且，镇江处于相对发达地区，九江则具有中部城市的代表性，“两江”同时试点，将来在各地可复制性会较强。

“两江”的实施性政策

在国务院有关部门和江苏、江西两省政府的指导下，镇江市拟定了《职工医疗制度改革实施方案》，九江市拟定了《职工医疗社会保险暂行规定》。两市医保改革在基本原则、制度结构、主要政策方面都与《试点意见》相一致，两市之间的许多政策彼此借鉴，相似度也很高。

但两市实际情况毕竟不完全相同，所以个别政策、标准还是有所差异。如个人医疗费用超过本人年工资5%以上部分自付比例，镇江较低而九江较高，显示出两地经济发展水平和基金承受能力有所不同。又如镇江市确定实行市县两级核算体制，市级提取统筹基金的10%作为调节基金；而九江市未明确市级调节政策。再如定点医院，九江市规定以参保单位为整体申请，除本单位医疗机构外，还可以选择1~2所；而镇江市允许职工个人选择，未具体规定范围和数量。

同时，两市对《试点意见》中难以触及的一些具体实施问题作出细致规定。如在企业破产清算财产时，要先缴足在职职工当年和离退休人员以后10年的医疗保险费，以切实保障参保人员的利益。又如医疗收费标准要参照上年度医保基金支付的平均门诊人次费用、平均住院天数、平均床日费用合理确定，实行定额管理。

国务院批复明确的若干政策要点

1994 年 11 月，国务院批复江苏、江西两省政府，原则同意《镇江市职工医疗制度改革实施方案》和《九江市职工医疗社会保险暂行规定》，准予实施；同时对两个城市提出的诸多实际问题，明确作出了 10 点指示。

1. 关于亏损企业职工医疗保险基金的筹集问题。这是个两难问题——将亏损企业排除在医疗保险统筹范围之外，明显与社会公平的初衷以及社会互济的原则不符；而一旦纳入，这些企业缴费能力不足，肯定会大大增加统筹基金的负担。对此，国务院明确：一方面，亏损企业应努力克服困难，缴纳医疗保险金，使职工能够继续得到医疗服务，不致影响社会的稳定；另一方面，通过纳入亏损企业，将这些职工的医疗保障社会化，也会实际减轻企业的负担，有助于扭亏为盈。同时，允许两市在试点过程中探索亏损企业筹集医疗保险基金的具体办法。

2. 关于私营企业职工参加职工医疗保险问题。两市一致建议，私营企业暂不纳入统筹范围，待条件具备后逐步实行。国务院考虑到私营企业情况比较复杂，同意先进行试点。

3. 关于中央部属和省属企事业单位参保问题。国务院重申属地原则，所有中央部属和省属企事业单位都必须参加所在地的职工医疗保障制度改革试点，执行当地统一的缴费标准及有关政策规定。这为两市解决了一个大难题。

4. 关于医保个人账户的不同记入比例问题。两市通过调查，都发现 45 岁以上职工患病较多，但他们过去没有医疗账户的积累，个人负担偏重，建议在改革初期对他们有所照顾。国务院原则同意这个意见，单位缴费记入个人医疗账户的部分，可按职工年龄确定不同的比例，即对年龄大的职工多记一些。

5. 关于离休干部医疗费管理问题。两市反映，部分离休干部亲属存在“搭车”医疗的不良现象，建议加强专项费用管理。国务院同意对离休干部设立个人医疗费用台账或个人医疗账户。

6. 关于职工供养的直系亲属的医疗保障问题。《试点意见》中规定，原实行劳保医疗的单位职工，由统筹基金支付其供养直系亲属符合规定的医疗费用的40%；原实行公费医疗的单位职工，仍采取个人自理的办法解决这一问题。两市则均规定暂按现行办法执行。国务院考虑到这个问题确实比较复杂，需作进一步研究，同意暂不纳入职工医疗保障制度改革试点范围。

7. 对两市提出的建立对医患双方制约机制、切实搞好医疗单位内部管理改革的意见，国务院予以肯定。

8. 关于对医疗单位的投入问题。国务院明确，医疗单位属于社会公益事业单位，同级政府要将其基本建设及大型医疗设备的购置、维修纳入基本建设计划和财政预算，统筹安排；还要帮助其逐步解决合理补偿问题，使其不仅能维持正常的运行，还能不断得到发展。

9. 关于医保改革领导管理体制问题。两市均成立了市政府主导的领导小组，但镇江市专门设立基金管理中心负责经办，而九江市仍维持两套经办系统。考虑到试点的多样性，国务院同意两市采取不同的管理体制，以便通过实践总结经验。

10. 国务院强调要加强医疗保险基金的管理，基金要纳入财政预算管理，建立分级管理责任制，完善财务、会计、审计和预决算审批制度。

从以上过程可以看出，试点城市的改革准备工作做得很细致，通过广泛调查研究，深入分析政策执行中的各种问题、矛盾，逐项提出解决对策。国务院及其有关部门充分尊重实践、尊重基层，既坚持改革的基本原则，又允许地方依据实际情况充实、完善具体政策，有些一时看不准的也允许通过试点来摸索。这段时间，国务院有关领导同志及相关部门人员20余次南下“两江”，实地调研指导，经常是白天考察、晚上研讨；各地到“两江”观摩、咨询的团队也终日盈门，在各部门和各地提出的无数问题中，两市也得到启发，补充了政策措施。正是因为有这样的上下互动、横向交流，试点方案才更加周全，改革进程才比较顺利；在此基础上试验的各项政策措施，也才有更强的可推广性、可复制性。

第二节　扩大试点："通道式"还是"板块式"？

《扩大试点意见》比《试点意见》的新发展

"两江"试点于 1994 年 12 月正式启动实施。一年多后，改革初步成果显现，两市都建立起医疗费用筹措的新机制，提高了职工的基本医疗保障水平，抑制了医疗费用增长过快势头，推动了医疗机构内部改革。如镇江市 1995 年全市职工两周患病就诊率为 75.4%，比 1994 年提高 7.5 个百分点，表明医保制度对保障职工的基本医疗起到了积极作用；与此同时，全市医疗收入增长 16.12%，比上年增幅下降 18.61 个百分点。又如九江市 1995 年全市职工人均医疗费用 370.14 元，比 1994 年减少 66.74 元；职工医疗费支出总额 1.68 亿元，比 1994 年减少 3 000 多万元。[①]

"两江"试点的实践证明，统账结合的职工医疗保险模式是可以推广的。但只有两个城市的试点，覆盖面和经验的价值似乎还小了一些，所以国务院决定，再挑选一部分具备条件的城市扩大试点，进一步全面总结经验。1996 年 4 月，在镇江市召开的"全国职工医疗保障制度改革扩大试点工作会议"上，讨论了国家体改委、财政部、劳动部和卫生部起草的《关于职工医疗保障制度改革扩大试点的意见》（以下简称《扩大试点意见》）。5 月，国务院办公厅转发了这个文件。

《扩大试点意见》在七个方面发展和完善了《试点意见》。

1. 覆盖范围。规定"私营企业职工和外商投资企业的中方职工应参加当地的社会医疗保险"，比以前更为明确。调整《试点意见》中有关职工供养的直系亲属继续执行劳保医疗有关待遇的政策，明确这部分群体"暂不纳入职工医疗保障制度改革试点范围，可按现行办法继续执行"。强调"所有在职领导干部均应参加医疗保障制度改革，参加社会医疗保险，并执行统一的政策和制度"，以彰显制度公平；同时也明确"对他们在就诊和住院

① 王延中，沈志渔，杜莹芬. 医疗保险制度改革中的"两江"模式［J］. 中国工业经济，1999（7）.

等方面，可给予适当照顾”，保持政策连续性，但“要加强管理，防止浪费”。在《试点意见》中曾有“在农村，积极发展和完善农民的合作医疗制度”的表述。考虑到这是一个涉及几亿农民的重大问题，与职工医保制度改革关联不密切，需专门研究，所以在《扩大试点意见》中予以删除，只保留了“乡镇企业职工的医疗保险办法，由市人民政府根据本地区实际情况研究决定”。

2. **缴费基数**。要求“严格按照国家统计局规定的职工工资总额统计口径计算”，这是针对“两江”试点中遇到的有单位虚报少缴现象作出的细化规定。

3. **个人账户**。一是单位缴费划入个人账户部分，可按职工年龄段确定不同的比例；二是明确个人账户本息为职工个人所有，可以结转和继承，但只能用于医疗支出，不得提取现金或挪作他用；三是个人账户计息规则，当年结余可按城乡居民活期存款利率计息，相对稳定的沉淀基金可按同期城乡居民定期存款利率计息。

4. **待遇水平**。在重申个人账户支付、个人自付、统筹基金支付一部分的顺序基础上，增加了“各试点城市人民政府可根据实际情况确定社会统筹医疗基金所能支付的最高医疗费用限额，超过限额的医疗费用由各试点城市探索其他解决办法”的要求，以期解决实践中遇到的少数群众超大额医疗费负担问题。

5. **统筹层次**。规定原则上以地级市为单位实行基金统筹，但试点城市所辖区、县（市）经济发展水平差别较大的，基金筹资比例可以略有区别。这样规定，既明确了方向，也留有一定余地。

6. **管理体制**。规定“医疗保险基金由社会医疗保险事业机构负责经办，要坚持以收定支、收支平衡、略有结余；要专款专用，不得挪作他用，确保基金的安全，实现保值增值”。此外还借鉴镇江做法，提出“行政管理机构的设置，暂由各地人民政府根据本地实际情况确定”。显然，这比《试点意见》“医疗保险行政管理部门要和经办机构分开”的原则表述更明确和有针对性。

7. **医疗机构**。在“扩大试点的主要内容”中专门增列了“医疗机构的配套改革和内部治理”部分，包括对属于非营利性社会公益事业性质的公办医疗机构投入、合理调整医疗机构的收入结构、形成和完善分级医疗体系等内容。在“两江”试点中，有关方面反映，既要加强对医疗机构的约束，又要形成对其发展的激励机制，《扩大试点意见》回应了这一诉求。

可以看出，这些都是总结了“两江”试点经验所作出的补充和完善，显示出政策随实践深入而逐步细化的进程，对扩大试点具有规范、指导意义。

《扩大试点意见》宣布：国务院设立职工医疗保障制度改革试点领导小组（以下简称国务院医改领导小组），替代原来的“医疗制度改革办公会议”；领导小组办公室设在国家体改委，财政部、劳动部和卫生部派员参加。同时明确：试点城市的职工医疗保障制度改革工作由省级政府领导和组织实施，要求试点城市有 1 名政府主要负责同志亲自抓这项工作，制定本地职工医疗保障制度改革实施方案，经省级政府审批后，报国务院医改领导小组备案。

也有“模式困扰”

1996 年至 1997 年，经国务院医改领导小组批准，50 多个城市开展了职工医疗保障制度改革试点，进一步积累在不同地区和不同经济发展条件下医保改革的经验。扩大试点的总体效果是积极的，印证了统账结合医保制度的可行性，但也反映出一个带有共性的问题——职工医疗保险社会统筹与个人账户相结合应采用怎样的实现形态才能更好体现出设计的机制。1994 年《试点意见》和 1996 年《扩大试点意见》设计的统账结合机理如下。

试点过程中的职工医疗保险统账结合模式

收入端——两个资金来源重组后装进两个“篮子”：职工个人缴费全部记入其个人账户；单位缴费不低于 50%部分划入职工个人账户，其余部分作为医保统筹基金。

支付端——三阶段付费规则：个人医疗账户支付→个人医疗账户用完后职工自付→自付超过一定限度由社会统筹医疗基金支付，但个人仍要负担一定比例。

“收入端”通过单位和职工双方缴费，重组后分为个人账户和统筹基金，实现了统账结合。对这样的基本结构，各地没有什么意见。实践中反映较多的问题是单位缴费划入个人账户的比例偏高，可能影响统筹基金互济功能的充分发挥。“支付端”通过个人账户支付→个人自付→统筹基金支付大部分的顺序，也实现了统账结合。但不少地区反映，这种三段“通道式”的结合方式，固然有利于职工从关注个人账户的角度节约医疗资源，减少“小病大养”“无病开药”的现象，但也隐含着一种风险——当职工的个人账户年度余额接近用完时，反倒倾向于多就诊、多开药，加快账户归零后，及早进入统筹基金支付。这种现象削弱了制度应有的约束机制，形成逆向刺激，恐怕应在设计机理上找原因、想办法。这并非空穴来风、杞人忧天，有的地方已经出现了这类问题的苗头。

常言道：“只要思想不滑坡，办法总比问题多。”针对“通道式”支付形式隐患，一些地方开动脑筋、模拟实验，琢磨出一种“板块式”支付结构——将医保个人账户和统筹基金划出不同的功能区：统筹基金主要承担大病住院医疗费用的支付，个人账户主要用于支付门诊、小病等费用。这个思路是合乎逻辑的，因为社会保险是分散重大职业经济风险的制度安排，一般的小病花费通常为个人所能承受，不构成经济风险，只有花费很高的大病才需要通过社会互济机制来化解。但“板块式”也存在一个边缘性问题——有些长期病患需要反复诊疗、不间断用药，日积月累的花销也很大。如果没有适当政策，就可能加重参保人员的经济负担，或者促使本可以门诊医治的小病也争相住院治疗以求统筹基金支付费用。对此，一些地方采取的对策是，将那些需要长期用药治疗、可住院可不住院、累积花费高的疾病划为特殊病种，即使在门诊就医也可由统筹基金支付一部分。

> **“板块式”统账结合功能区划分**
>
> 个人账户支付功能区：门诊普通病付费，大病住院个人先行自付部分，统筹基金支付后个人自付部分。
>
> 统筹基金支付功能区：大病住院的大部分费用，门诊特殊病的部分费用。

采取“通道式”还是“板块式”的统账结合模式，在扩大试点中引起不少讨论。说来，这也算作是统账结合的“模式”之辩，但不像职工养老保险那样，既无关个人账户大小，也不涉及为将来留下储备积累，讨论的焦点集中于哪种方法更有利于发挥统账结合内在机制的作用——公平与效率、约束与激励、保障权益与节约资源相结合。

第三节　44 号文件：向全国推开统账结合的职工医疗保险制度

扩大试点果然好处多多，许多在“两江”试点中未曾遇到的问题在其他城市出现了，有些以前想不到的点子冒了出来。看来，摸着石头过河，只摸一两块石头不行，多摸才能辨明水深水浅、流急流缓、河底凹凸，也才能增长安然过河的本事。

44 号文件使职工医疗保险制度大体定型

经过长达四年半的“两江”试点和 50 多个城市扩大试点，终于到了总结经验、普遍推行的时候。1998 年 11 月，国务院在北京召开全国城镇职工医疗保险制度改革工作会议，交流各地试点经验，讨论政策文件稿。12 月，国务院正式印发《关于建立城镇职工基本医疗保险制度的决定》（国发〔1998〕44 号，以下简称 44 号文件），提出了建立适应社会主义市场经济体制要求、保障职工基本医疗需求的基本医疗保险制度的目标任务。

与 1994 年《试点意见》和 1996 年《扩大试点意见》（以下统称“试点

文件”）的一个很大不同是，44 号文件关于改革基本原则的表述只有四句话，即保障水平要与社会主义初级阶段生产力发展水平相适应；城镇所有用人单位及其职工都要参保，实行属地管理；基本医疗保险费由用人单位和职工双方共同负担；基金实行社会统筹和个人账户相结合。这反映出经过几年试点，各地区、各方面对这项改革的认识已相当深刻，不需再多费笔墨；同时也体现了新一届政府务实、干练的风格。

改革的主要政策，在坚持“试点文件”基本框架基础上，有很多新发展。

覆盖范围。规定城镇所有用人单位都要参加基本医疗保险，并详尽列举包括企业（国有企业、集体企业、外商投资企业、私营企业等）、机关、事业单位、社会团体、民办非企业单位及其职工。至于乡镇企业及其职工、城镇个体经济组织业主及其从业人员是否参加基本医疗保险，授权各省级政府决定。

统筹层次。重申原则上以地级以上行政区为统筹单位，所有用人单位及其职工都要按照属地管理原则参加所在统筹地区的基本医疗保险，执行统一政策，实行基本医疗保险基金的统一筹集、使用和管理。同时作出三项特殊规定：一是允许不具备条件的地区以县（市）为统筹单位；二是北京、天津、上海 3 个直辖市原则上在全市范围内实行统筹；三是铁路、电力、远洋运输等跨地区、生产流动性较大的企业及其职工，可以相对集中方式异地参加统筹地区的基本医疗保险。

资金筹集。明确用人单位缴费率控制在职工工资总额的 6%左右，职工缴费率一般为本人工资收入的 2%。这确实是总结地方试点经验的结果。就在一年前，《国务院关于建立统一的企业职工基本养老保险制度的决定》明确，企业养老保险费率一般不超过 20%；如果继续按医保“试点文件”不超过职工工资总额 10%的费率标准执行，许多企业感到几个险种相加的缴费压力过大，而且试点城市已有筹资普遍结余较多，不存在入不敷出的风险。因此，44 号文件对“试点文件”的费率标准作出幅度颇大的调整，但也留出了随着经济发展相应调整费率的余地。

基金结构。将用人单位缴费划入个人账户的比例从不低于 50%降为

30%左右。这又是借鉴地方试点经验作出的一项重大调整，扩大了统筹互济的功能。

支付政策。完全采纳了地方试点总结出的“板块式”结构，规定“统筹基金和个人账户要划定各自的支付范围，分别核算，不得互相挤占”。在此基础上，明确了“两条线”：一是统筹基金的起付标准（“起付线”）原则上控制在当地职工年平均工资的10%左右，比“试点文件”的规定提高了5个百分点，强化了自我约束机制；二是统筹基金最高支付限额（“封顶线”）原则上控制在当地职工年平均工资的4倍左右，比“试点文件”规定的年度花费10 000元的绝对额标准更适合不同地区的情况。“起付线”以下的医疗费用从个人账户中支付或由个人自付，“起付线”以上“封顶线”以下的医疗费用主要从统筹基金中支付，个人也要负担一定比例。对“起付线”“封顶线”及各线段个人负担的比例，授权统筹地区根据以收定支、收支平衡的原则确定。此外还规定，超过“封顶线”的医疗费用可以通过商业医疗保险等途径解决，为未来发展多层次医疗保障体系作了铺垫。

基金管理。在进一步强调基本医疗保险基金纳入财政专户管理，建立健全预决算制度、财务会计制度和内部审计制度的同时，规定“社会保险经办机构的事业经费不得从基金中提取，由各级财政预算解决”。这是对“试点文件”相关规定的一项根本性改变，与当时其他各项社会保险基金的管理规则是一致的，就是要把所有资金都用在参保对象身上，社会保险经办机构不再从中“提成”，改“吃皇粮”。

服务管理。责成有关部门制定基本医疗服务的范围、标准和医药费用结算办法，实行定点医疗机构和定点药店管理，制定国家基本医疗保险药品目录、诊疗项目、医疗服务设施标准及相应的管理办法，比“试点文件”的要求更为明确。这一套举措，后来被称为“123”管理目标——1个办法、2个定点、3个目录。

特定群体。对离休人员、老红军、二等乙级以上革命伤残军人，调整了“试点文件”的政策，规定这三类人员的医疗待遇不变，医疗费用按原资金渠道解决。

公务员。为保持国家公务员原有公费医疗的政策连续性，规定在他们参加基本医疗保险的基础上，享受医疗补助政策，具体办法另行制定。

特定行业职工。为了不降低一些特定行业职工现有的医疗消费水平，允许建立企业补充医疗保险，企业该项供款在工资总额4%以内的部分，从职工福利费中列支，福利费不足列支的部分，经同级财政部门核准后列入成本。这为全面建立企业补充医疗保险制度奠定了政策基础。

下岗职工。当时国有企业下岗职工数以千万计，成为社会焦点问题。为保障他们的切身利益，规定他们的基本医疗保险费，包括单位缴费和个人缴费，均由再就业服务中心按照当地上年度职工平均工资的60%为基数缴纳。即在个人不缴费的基础上，继续享受国有企业职工的基本医保待遇。

归纳一下，国务院44号文件相比之前的“试点文件”，无论是覆盖范围、筹资渠道、支付结构、管理规则还是具体政策，都全面、周严、细致得多，是对试点经验的总结提炼；对实行多年的公费、劳保医疗制度来说，更是根本性的制度变革——将两项制度彻底合二为一，实行用人单位和职工双方缴费，以地区为单位全面建立社会互济性的基本医保统筹基金，普遍建立医保个人账户，统一制定医保管理规则，等等。44号文件为形成比较成熟的医保改革政策体系奠定了坚实基础，是我国职工医疗保险制度进入全面改革阶段的标志。

有个小插曲，原来拟定的国务院44号文件稿，标题称作“关于改革城镇职工基本医疗保险制度的通知”。在定稿的最后时刻，起草组反复研究，认为称“国务院关于建立城镇职工基本医疗保险制度的决定”更为恰当。这里有两点考虑。一是厘清新老制度的不同性质。因为原有公费医疗不是社会化的医疗保障制度，劳保医疗的社会化程度也较低，新的医保制度不是对原有制度的局部改进和完善，带有显著的重新构建性质，因而用“建立”一词更为确切。二是这样一个事关亿万职工切身利益的重大改革决策，叫作“通知”似乎难以充分体现其分量，何况前一年国务院统一职工养老保险制度的文件称为“决定”，这个文件应与之等量齐观，显示出更加果决、更有强度的推进含义。这个意见得到各部门一致赞同，为国务院所采纳。

冬天里的一把火

国务院 44 号文件发布时，已过“大雪”节气，冬意渐深；而当时爆发的亚洲金融危机更像是向我国经济社会领域滚滚袭来的一股寒潮。恰在此时，职工医疗保险制度改革的全面推进和其他社会保障制度的卓然建树（前一章记述的统一企业职工养老保险制度及后一章将记述的“两个确保”、失业保险、城市低保制度等），如同冬天里的一把火，温暖了大众，照亮了冬夜，提振了社会信心。

国务院 44 号文件对职工医疗保险制度改革的节奏安排得很紧，要求 1999 年年初开始启动，1999 年年底基本完成；责成劳动保障部加强工作指导和检查，并受理各省级政府制定的医疗保险制度改革总体规划的报备。劳动保障部在 1999 年会同有关部门，一口气制定了 6 个配套文件，其中《定点医疗机构管理暂行办法》《定点零售药店管理暂行办法》《用药范围管理暂行办法》《诊疗项目管理、医疗服务设施范围和支付标准的意见》《加强费用结算管理的意见》5 个文件，构成职工医保在医疗服务管理方面的政策架构；《关于铁路系统职工参加基本医疗保险有关问题的通知》则是指导跨地区、生产流动性较大企业及其职工以相对集中方式异地参保的针对性政策。与此同时，中央和各地逐级进行专业干部培训，广泛开展宣传和政策咨询，劳动保障部确定了近 40 个城市（地区）为这项改革的重点联系城市，直接指导，对近 20 个省份、50 多个城市进行了工作调研，加强督导。截至 1999 年年底，绝大多数省份完成了本地区职工医疗保险制度改革总体方案的制定工作，部分地区启动实施，改革进入实质性运行阶段。

经过 1998 年的“育种开犁”和 1999 年的“全面播种”，2000 年至 2002 年，职工医疗保险制度改革进入“深耕细作”阶段。这一阶段发布的有关职工医疗保险文件见表 11-1。

2000 年 5 月发布的《国家基本医疗保险药品目录》，是首次用“准入法”来界定基本医疗保险基金支付的用药范围，没有既往经验可鉴。为此，劳动保障部会同有关部门邀请各方面专家组成咨询组，首先拟订了药品分类和备选名录，而后组织全国 1 000 多名专家无记名投票遴选。产生的药品

表 11-1　2000—2002 年发布的有关职工医疗保险文件示例

发文时间	文件名称	发文单位
2000 年 1 月	城镇职工基本医疗保险定点医疗机构和定点零售药店服务协议文本	劳动保障部
	城镇职工基本医疗保险业务管理规定	劳动保障部
2000 年 3 月	城镇职工医疗保险管理信息系统建设指导意见	劳动保障部
2000 年 4 月	关于实行国家公务员医疗补助的意见	国务院办公厅转发
2000 年 5 月	国家基本医疗保险药品目录	劳动保障部
2001 年 9 月	关于中央直属企事业单位按属地原则参加统筹地区基本医疗保险有关问题的通知	劳动保障部
2002 年 5 月	关于企业补充医疗保险有关问题的通知	财政部、劳动保障部
2002 年 9 月	关于妥善解决医疗保险制度改革有关问题的指导意见	劳动保障部办公厅

目录包括 913 种西药、575 种中成药和 47 种民族药，基本能够满足职工基本医疗保险用药需求，既鼓励医药科技进步，又避免浪费。在全部目录中，甲类药品有 327 种西药和 135 种中成药，各地在严格执行甲类目录基础上，可以根据当地疾病谱和用药习惯，在 15%的幅度内调整乙类目录，既维护了全国标准的一致性，也体现了一定的灵活性。

2000 年 9 月，国务院办公厅印发《关于城镇医药卫生体制改革的指导意见》，针对医药费用增长过快、卫生资源配置不合理、医疗机构运行效率不佳、公立医疗机构管理运行缺乏活力、药品生产流通秩序混乱等问题，提出了“建立健全适应社会主义市场经济要求的城镇职工基本医疗保险制度和城镇医药卫生体制，以比较低廉的费用提供比较优质的医疗服务，努力满足广大人民群众基本医疗服务的需要”的改革总目标，树起了“三改并举”（又称“三医联动”）的大旗，同步推进医疗保险制度、医疗卫生体制和药品流通体制三项改革。当年，全国参保职工和退休人员人数比上年猛增 83%，制度改革的积极效应初步显现。2001 年 7 月，国务院召开全国城镇职工基本医疗保险制度和医药卫生体制改革工作会议，针对医疗保险制度与医疗服务体系、药品流通体制的衔接配套问题，进一步明确了“三改并举、同步推进”的政策措施和工作任务。到 2001 年年底，全国 339 个统筹地区组织实施了职工医保改革，基本实现了这一制度对各地区的全覆盖。

在落实国务院 44 号文件的过程中也遇到一些新矛盾，一个比较突出的问题是，相当一批企业生产经营困难，实在无力按 6%左右（有的地区更高）的费率缴纳医疗保险费，但如果不缴，既违反国家政策，又有损职工利益。对此，一些地区尝试了“先建统筹”的办法，即暂不考虑企业缴费向职工个人账户划转的部分，只按 4%左右的费率（6%的费率剔除划转的 30%左右）缴费，全部纳入医保统筹基金。这种做法暂未建立个人账户，严格地说是不完全符合 44 号文件规定的，但也不失为困境中的权宜之计，可解职工和退休人员住院大额医疗费负担的燃眉之急，避免他们患大病后求助无门。由于职工医疗保险制度采取了“板块式”而非“通道式”的统账结合模式，统筹基金规定支付之外的医疗费用仍由个人自付，不存在侵占统筹基金的风险。有关部门指导地方对缴费确有困难的企业规范实行这种办法，同时指明脱困之后改行统账结合的方向。这样从权处理，对当时迅速扩大职工医疗保险制度覆盖面起到了促进作用（见表 11-2）。

表 11-2　1998—2002 年全国职工基本医疗保险发展情况

单位：万人，亿元

年度	参保人数			基金收入	基金支出
		职工	离退休人员		
1998	1 879	1 510	369	61	53
1999	2 065	1 509	556	90	69
2000	3 787	2 863	924	170	125
2001	7 286	5 471	1 815	384	244
2002	9 401	6 926	2 475	608	409

数据来源：劳动和社会保障部. 中国劳动和社会保障年鉴（2001 年、2003 年）[M]. 北京：中国劳动社会保障出版社，2001、2003.

以国务院44号文件为标志的职工医疗保险制度改革，实现了原有公费、劳保医疗向社会化医疗保险的转轨，为从根本上解决医药费挂账和医疗资源浪费两大并存难题作出了制度安排。据调查统计，1990年至1998年全国卫生系统综合医院次均门诊和住院费用年均增长率分别为25.0%和23.7%，而改革后的2001年增幅则分别降至9%和5%。从更大范围看，这项改革与当时其他社会保障制度的建立一起成为世纪之交我国保障和改善民生领域的重头戏。“三医联动”的系统设计也促进了医药卫生体制改革和医疗卫生事业发展，对当时国有企业改革和保持社会稳定都起到了有力的支持作用。当然，这还只是改革的起点，取得的成效也是初步的，随着改革进入深水区，面对的新问题、新矛盾仍是大量的，需要持续发力。但无论怎么说，职工医疗保险制度改革从试点到推开的10年具有开创性、奠基性的历史价值，在反复实践中淬炼出的改革原则和成系列的制度政策、工作经验、思想方法，被奉为21世纪推进全民医保的圭臬，也是中国特色社会保障体系建设的宝贵财富之一。

第十二章
“两个确保”（一）：确保下岗职工基本生活

1998 年 3 月，新组建的劳动保障部受权统一管理全国各项社会保险工作。在当时的情势下，国务院明确要求，劳动保障部 99.99%的任务是“两个确保”——确保国有企业下岗职工基本生活，确保企业离退休人员养老金按时足额发放。此后五年，在全国劳动就业和社会保障战线上打了一场惊心动魄、荡气回肠的“两个确保”攻坚战。

“两个确保”的由来

“两个确保”的提出有着特定的历史背景。

20 世纪 80 年代推行的劳动合同制，主要从增量上改革企业用工制度，建立能进能出的新机制；到了 20 世纪 90 年代中后期，在计划经济时期统包统配制度下承担主要安置就业任务的国有企业，冗员充斥的问题日益突出，提出了“鼓励兼并，规范破产，减员增效，下岗分流和实施再就业工程”的改革任务，直接触及劳动力存量的结构调整。而在 1997 年爆发的亚洲金融危机的冲击下和全球性经济结构调整的影响下，国有企业原有体制机制僵化的弊端更加凸显，出现大面积亏损。随着大批企业关闭、停产、濒临破产，许多职工失去工作岗位，其家庭丧失收入来源，“下岗”一时成了热词，全社会都面临巨大压力。在我国社会保障体系尚不健全的情况下，马上把下岗职工推出企业进入失业大军，必然导致社会震荡，必须采取不同寻常之策。中央决定，建立企业再就业服务中心，负责本企业下岗分流人员的基本生活保障，同时抓紧建立完善失业保险和城市最低生活保障制度。这虽然是过渡性措施，却是具有体制转轨时期鲜明特色的社会保障安排。1998 年 3 月 24 日，第九届全国人民代表大会第一次会议闭幕后的第五天，新一届国务院召开第一次全体会议，确定了六项迫在眉睫的任务，其中第三项是实施再就业工程，确保下岗职工基本生活。这就是第一个“确保”的缘起。

就在同一天的下午，国务院领导同志率队到国有企业改革任务最艰巨的东北地区调研，并于25 日至26 日在长春市召开东北三省及内蒙古自治区党政主要负责人座谈会。与会的地方同志除了讨论下岗职工分流安置的有关政策外，还强烈反映，企业退休人员养老金得不到保证的现象也相当普遍，有的拖欠长达数年，许多退休老职工生活陷于贫困。这个问题在有些地区甚至比下岗职工的困难还突出，建议在国有企业改革中一并解决。国务院领导同志当即表示养老金一定要发，否则退休人员就会流离失所，指示有关部门认真研究相关政策。这便是第二个“确保”的最初由头。

1998 年 5 月 14 日至 16 日，国有企业下岗职工基本生活保障和再就业工作会议在北京召开，党中央、国务院领导和各部门、各省级地区党政主要负责人出席会议，规格之高、规模之大、分量之重都为历史罕见。会议讲话和会后印发的《中共中央　国务院关于切实做好国有企业下岗职工基本生活保障和再就业工作的通知》明确提出要保障国有企业下岗职工基本生活，同时确保离退休人员基本生活，保证按时足额发放养老金。“两个确保”的目标正式提出。

中国话本小说常言道：“花开两朵，各表一枝。”本章先来说说第一个“确保”——确保国有企业下岗职工基本生活。

第一节　建中心　进中心

搭建一个过渡性载体

做好国有企业下岗职工基本生活保障和再就业工作（以下称确保下岗职工基本生活）的主要政策，可以归纳为几个“三”：在基本框架上，是“三条保障线”——下岗职工与企业再就业服务中心签订最长为三年的协议，由中心保障其基本生活；三年期满仍未再就业的，与企业解除劳动关系，按规定领取失业保险金，最长为两年；期满仍未就业的，按规定享受城市居民最低生活保障或社会救济。再就业服务中心主要承担三项功能——按略高于失业救济的标准为下岗职工发放基本生活费；代缴养老、医疗、失业等社会保险费；组织参加职业指导和再就业培训，引导和帮助他们实现再就业。在资金来源上，实行“三三制”——财政预算安排、企业负担、社会筹集（主要是失业保险基金调剂）各三分之一。为此，作出两个重大决策：一是把失业保险费率从原来工资总额的 1%提高到 3%，并由企业单方缴纳改为企业（2%）和职工个人（1%）共同负担；二是对财政预算安排的保生活资金，在明确地方企业由地方财政负责、中央企业由中央财政负责的基础上，首度安排中央财政同时对困难较多的中西部地区和老工业基地给予一定补助。

这套政策虽然是在新一届政府履职后出台的，但也是对地方前期实践经验的总结。1996 年，上海市的两家纺织老国有企业——上棉十厂和上棉二十八厂在改制中联合重组为上海安达棉纺织厂，计划压缩落后纱锭 4 万只，裁减 2 200 余人。这是减员增效、企业重获新生的需要，但下岗人员中老职工居多，年龄偏大又技能单一，一时转岗困难，不能向社会一推了之。两难之中，上海想出了一个办法——在企业建立一个接收下岗职工的载体，为他们提供基本生活保障和再就业服务。这个办法解除了分流人员下岗即失业的后顾之忧，他们仍然保留与企业的劳动关系，经过一段时间的适应和转业训练后再进入劳动力市场，创造了一个相对平稳的“过渡带”，既支持了企业改革，又减少了可能激化的社会矛盾。这个办法在更大的平台上也可以实行。1996 年 7 月，上海纺织控股（集团）公司和仪电控股（集团）公司挂牌成立集团公司级的再就业服务中心，由政府、社会、集团公司共同承担中心运行费用，为企业破产、兼并、转制中的分流安置人员提供教育培训、职业介绍、生产自救、劳务输出、代发生活费、代办社会保险等服务。这一招很管用，迅速在上海全市普遍推开。全国其他一些地区也有相似做法，但载体名称不同，有的叫下岗职工托管中心。1997 年 1 月，国务院召开全国国有企业职工再就业会议，要求推广上海、青岛等地的经验。3 月，国务院印发《关于在若干城市试行国有企业兼并破产和职工再就业有关问题的补充通知》，把这种过渡性载体的名称统一为“再就业服务中心”（以下简称再就业中心）。此后，有关部门专门印发了上海建立再就业中心的调查报告，并在 111 个优化资本结构试点城市市长培训班上组织介绍、交流和实地考察。

1998 年，落实中央文件的第一项工作就是迅速在所有有下岗职工的国有企业建立起再就业中心。国务院部署，7 月底前必须全面完成“建中心”的任务，各地厉兵秣马，层层推进，但也出现了一些插曲。例如，有的地区为了按时完成任务，又苦于一些企业拿不出保障下岗职工基本生活的三分之一资金，索性由地方政府建立了接纳下岗职工的再就业中心。这种“萝卜快了不洗泥”的做法，有违建中心的初衷，不仅背离筹资“三三制”原则，而且把中心建在企业之外起不到稳定下岗职工人心的作用，被中央坚决制止，重申再就业中心必须建立在企业内部。

签协议　保生活

再就业中心普遍建立起来后，第二个环节就是组织下岗职工进中心，进中心的标志是职工与中心签订保生活、再就业服务协议。劳动保障部部署各地在 1998 年 9 月底前基本完成。下岗职工因企业改制需要脱离原有生产工作岗位后，由再就业中心负责发放基本生活费并组织转岗专业训练。这本是一项有利于下岗职工的安排，但也没能马上得到所有人的理解，其间出现了一些波折。如重庆绢纺厂的一部分下岗职工，担心进中心后企业就撒手不管了，拒不签订协议，有人甚至情绪激动地撕毁了其他下岗职工已经签订的协议，成为轰动一时的事件。中央和地方派出专门工作组进行调研，认为主要是前期宣传工作不深入、不细致导致职工有误解，于是与企业干部一道，挨家挨户地做政策说明工作，还及时筹集资金把下岗职工应得的基本生活费送到家中，终于使他们明了理，顺了气，全部签订了进中心协议。重庆市以此为典型案例，指导各企业精心做好宣传解释工作，很快，全市下岗职工 100%签订了进中心协议。全国各地到 1998 年年底，共有 610 万名国有企业职工下岗，其中 604 万人签订协议，进入了再就业中心。

从 1998 年下半年到 2001 年的三年多时间里，全国国有企业下岗职工累计达 2 550 万人，绝大多数先后进入了再就业中心，签订并履行了基本生活保障和再就业协议。这一时期，全国共筹集专项资金 800 多亿元，全部投入再就业中心。虽然规定是"三三制"，但许多企业筹资困难，一些地方也财力紧张，实际上中央财政出了大头——对中央企业借款和对地方补助总计达 430 亿元。①

第二节　制定施行《失业保险条例》

"三条保障线"是彼此衔接的。中央在提出实施再就业工程的目标时，就明确在做好下岗职工基本生活保障工作的基础上，争取用五年左右的时间，初步建立起适应社会主义市场经济体制要求的社会保障体系和就业机制。因此，有关部门在推动建中心、组织进中心、落实保生活措施的同时，抓紧完善失业保险制度，除了按新规定扩大失业保险筹资渠道和提高费率外，最重要的工作是制定《失业保险条例》。

从待业保险到失业保险

早在 1986 年，国务院就颁布了《国营企业职工待业保险暂行规定》，

① 张小建. 民生之本——为实现劳动者充分就业而奋斗［M］. 北京：中国劳动社会保障出版社，2011.

说明当时已经认识到，在“有计划的商品经济”体制下，职工阶段性失去就业岗位不是偶发的，而是一种惯常现象，但为了回避“失业”一词，创造了“待业保险”的概念。1992 年 10 月，党的十四大提出建立社会主义市场经济体制的目标，但在某些具体表述上仍有所保留，如对吞吐、调节人力资源的载体称为“劳务市场”而不是“劳动力市场”，在社会保障领域也沿用了“待业保险”的概念。据此，1993 年 4 月国务院颁布第 110 号令，对《国营企业职工待业保险暂行规定》作了不少修订和充实，但仍称为《国有企业职工待业保险规定》，没有在制度属性、适用范围、机制创新等方面取得实质性突破。

时隔半年，1993 年 11 月，党的十四届三中全会决定就明确提出“重点完善企业养老和失业保险制度”，在党中央文件中首次正式使用“失业保险”的概念，标志着思想理论上的重大突破。此后，虽然法规没有修改，但在实际工作中都改了口，把待业保险称为失业保险了。1997 年 9 月，党的十五大再次要求“完善失业保险和社会救济制度”。

按照中央部署，有关部门着手研究从待业保险改进为失业保险的方向、原则，并陆续出台了一些政策，但在立法方面还有不同认识，遇到一些协调方面的困难。国有企业职工大规模下岗分流的急迫情势和“三条保障线”的衔接需求，在客观上形成刻不容缓的压力，有关部门加快了这一立法进程。1998 年 12 月下旬，国务院常务会议审议通过《失业保险条例（草案）》，1999 年 1 月 22 日正式颁布（国务院第 258 号令）。自此，完成了从 1986 年《国营企业职工待业保险暂行规定》到 1993 年《国有企业职工待业保险规定》，再到《失业保险条例》的 12 年“三级跳”，更是自 1956 年 5 月停止征收失业救济基金后，时隔 43 年的一次历史大跨越。

失业保险是适应市场经济要求的制度安排

《失业保险条例》共 6 章 33 条，比先前颁布的待业保险法规，在内容上有很大扩充，既基于前者（也包括更前者——20 世纪 50 年代失业工人救济制度）的经验，又借鉴了国际经验并有许多创新，是全面的、根本性的制度调整。

适用范围。覆盖所有企事业单位及其职工，并明确“城镇企业是指国有企业、城镇集体企业、外商投资企业、城镇私营企业以及其他城镇企业”，比待业保险只适用于国营（有）企业的某几类职工，覆盖范围广泛得多。《失业保险条例》还授权省级政府决定本区域内社会团体及其专职人员、民办非企业单位及其职工、有雇工的城镇个体工商户及其雇工是否纳入适用范围。由此可以看出，这个法规不仅是为了与国有企业下岗职工基本生活保障政策相衔接，而且围绕建立社会主义市场经济体制的目标，努力适应所有制多元化、人力资源市场流动性增强背景下各类劳动者职业状态波动的客观需求。

筹资渠道。主要由企业和职工双方缴费构成失业保险基金，其中企业费率为 2%，个人费率为 1%，将“两个确保”初期确定的筹资结构法制化，彻底改变了待业保险只由企业单方供款的结构。增加个人缴费，不仅体现了在职劳动者对失业者的互济帮助，也有助于增强职工对劳动力市场风险的自我认识，更加珍视就业机会。提高企业费率，也不只是为了当时向再就业中心提供三分之一的保生活资金，还是为体制转轨后接纳更大规模的失业人员做必要的资金准备。

基金支出项目。规定为五项，与待业保险的支出项目相比，除了基本待遇由“待业救济金”改称为“失业保险金”外，还有多处完善：（1）待业期间的医疗费改为医疗补助金，即不负担全部医疗费，而提供适当水平的补助；（2）对领取失业待遇期间死亡的失业人员，在保留丧葬补助金、供养配偶和直系亲属抚恤金的同时，取消救济费项目，对确有需要者，这项保障将由社会救济制度承担；（3）在保留失业人员职业培训补贴（即原“待业职工的转业训练费”）基础上，增加“职业介绍补贴”，进一步加大促进再就业的扶持力度；（4）不再单独列支“扶持待业职工的生产自救费”，改为“国务院规定或者批准的与失业保险有关的其他费用”，扩大了支出项目的弹性，为应对不测预留出政策空间；（5）取消“待业保险管理费”，同其他社会保险制度一样，经办机构所需经费列入预算，由财政拨付。

待遇。新增三项领取失业保险金的条件，即参加失业保险且履行缴费义务满1年，非因本人意愿中断就业，有求职要求（标志是办理失业登记）。同时对停止享受待遇的情形作了规范，如取消了“超过领取期限”的情形，将“被劳动教养或被判刑的”修改为“被判刑收监执行或者被劳动教养的”，增加了“有法律、行政法规规定的其他情形的”。失业保险金的标准由省级政府按照低于当地最低工资标准、高于城市居民最低生活保障标准的水平确定，而不再按当地社会救济金额的一定比例计发。这是因为，这时各地已普遍建立了职工最低工资和城市居民最低生活保障（以下简称低保）制度，使失业保障水平有了更适当的参照标准；高于城市低保标准是确保失业人员基本生活的需要，而低于最低工资标准是为了更有效地促进再就业，防止“养懒人”。失业保险金领取期限，仍按累计缴费年限分档规定，但增加了缴费满5年不满10年一档（见表12-1）。

表12-1　待业救济金与失业保险金发放期限和标准对照

<table>
<tr><th></th><th>工龄—累计缴费</th><th>发放期限</th><th>发放标准</th></tr>
<tr><td rowspan="2">待业救济金</td><td>5年及以上</td><td>最多24个月</td><td rowspan="2">当地社会救济金额的120%~150%</td></tr>
<tr><td>1年以上，不满5年</td><td>最多12个月</td></tr>
<tr><td rowspan="3">失业保险金</td><td>10年及以上</td><td>最长24个月</td><td rowspan="3">高于城市居民低保标准
低于当地最低工资标准</td></tr>
<tr><td>满5年不满10年</td><td>最长18个月</td></tr>
<tr><td>满1年不满5年</td><td>最长12个月</td></tr>
</table>

一个特殊的变化是，待业保险明确规定不适用于农民合同制工人（即签订有劳动合同的农民工），而《失业保险条例》涵盖了这个群体，并单独作出了安排：他们满足了缴费满1年的条件，劳动合同期满或提前解除劳动合同的，也可以享受相关待遇；但考虑到这个群体流动性强，难以在固定地区按月领取失业保险金，规定由社会保险经办机构根据其工作时间长短支付一次性生活补助。

管理体制。分三层作出规定。（1）省级政府的职权包括：规定失业保险基金统筹层次（直辖市必须实行全市统筹），可以建立省级调剂金并规定其筹集、调剂使用和财政补贴办法，报经国务院批准可适当调整本区域费率，规定对失业人员职业培训和职业介绍补贴的办法和标准，确定失业保险金和失业人员医疗补助金标准及对农民合同制工人失业的一次性生活补助办法等。（2）各级劳动保障行政部门主管本区域的失业保险工作，主要职责是贯彻失业保险法律法规，指导社会保险经办机构的工作，监督检查基金征收和待遇支付。（3）调整了经办体制，明确由“劳动保障行政部门按照国务院规定设立的经办失业保险业务的社会保险经办机构”具体承办失业保险工作。其主要职责是：失业人员的登记、调查、统计，管理基金，核定待遇，拨付职业培训、职业介绍费用，为失业人员提供免费咨询等，而不再承担就业指导、就业介绍、组织转业训练等职能。

落实《失业保险条例》规定

《失业保险条例》自发布之日（1999 年 1 月 22 日）起施行，各地普遍制定了本地区的实施办法及有关标准。劳动保障部门作为主管机关，一方面指导各方面执行《失业保险条例》规定，组织参保缴费；另一方面加快调整自身组织机构，依规建立起“经办失业保险业务的社会保险经办机构”，将原来由劳动服务公司承担的相关职能移交过来。这个机构的“法定”名称实在太长，也拗口，就简称为失业保险经办机构，与承担养老、医疗保险等职能的社会保险经办机构相对分离，而与就业管理服务机构紧密联系。同时将原由劳动服务公司承担的就业指导、就业介绍、组织转业训练，以及扶持、指导生产自救和自谋职业等职能转入劳动保障部门的就业服务机构，理顺了管理体制。

在组织参保缴费工作中，那些在改革中危机感较强的企业及其职工积极性比较高，而一些当时生产经营情况尚好的企业觉得自己减员压力不大，就不太踊跃。特别是新纳入《失业保险条例》适用范围的事业单位，有些还有所抵触，认为这是企业改革的事，本单位知识分子集中，职业稳定，不会发生失业现象，缴了费也享受不到，采取消极态度。对此，各地有针对性地加强引导工作，阐明社会保险是全社会统筹互济的国家强制性制度，不能仅以某个企业或单位的得失利害来选择加入，在以市场经济为导向的改革中，各类企业职工和事业单位工作人员都可能遭遇到阶段性离职风险；知识分子集中的事业单位，即使本单位失业风险较低，也应有兼济天下的胸怀。讲清了这些道理，而且劳动保障部门所属事业单位率先垂范参保缴费，推进了这项工作。但社会上也反映，国家机关及其工作人员也是用人单位和劳动者，为什么不纳入参保范围？这种质疑确实是需要在以后的制度完善中加以研究的。

表 12-2 反映出，《失业保险条例》颁布实施当年，参保人数就比上年增长 24%，改变了前几年待业保险一直徘徊在 8 000 万人左右的局面（见表 7-2），2000 年以后又突破 1 亿人；享受失业保险待遇的人数更是爆发式增长，年底数从 1999 年的 109 万人猛增到 2002 年的 440 万人，全年累计数占参保总人数的比例，从 1999 年的 2. 75%攀升到 2002 年的 6. 45%，说明失业保险制度的保障功效得以发挥；基金收支更是成倍增长，其中支出的相当一部分用于援助企业再就业中心保生活。

表 12-2　1998—2002 年失业保险制度发展情况

单位：万人，亿元

年度	参保人数	年底享受人数	全年享受人数	基金收入	基金支出
1998	7 928	—	158	72. 6	56. 1
1999	9 852	109	271	125. 2	91. 6
2000	10 408	190	330	160. 4	123. 4
2001	10 355	312	469	187. 3	156. 6
2002	10 182	440	657	215. 6	186. 6

数据来源：国家统计局. 中国统计年鉴 2015［M］. 北京：中国统计出版社，2015；其中，年底享受人数来源于劳动和社会保障部. 中国劳动和社会保障年鉴（1999 年至 2003 年）［M］. 北京：中国劳动社会保障出版社.

第三节　双轨—转轨—并轨

下岗职工进中心、保生活，签订最长为三年的协议。三年以后怎么办？不仅下岗职工关心，国家也在抓紧谋划。

“三步走”战略

1999 年 6 月，全国大部分地区已是暑热难耐，地处云贵高原的贵州省贵阳市却是凉爽宜人。劳动保障部在这里召开全国劳动力市场建设座谈会。会议按照中央提出的“用五年左右的时间，初步建立起适应社会主义市场经济体制要求的社会保障体系和就业机制”要求，针对“三年以后怎么办”的社会关切，群策群力，未雨绸缪，酝酿出了一个“三步走”战略——国有企业下岗失业人员通过三个阶段，逐步形成市场导向的就业机制。第一阶段是“双轨”并行，即大量下岗职工进入再就业中心保生活、享服务，也有少部分失业人员，主要是新招用的劳动合同制工人终止、解除劳动关系后按已有规定直接进入劳动力市场，未能再就业的领取失业保险金，两种方式并存。第二阶段是渐次“转轨”，即在计划经济体制下遗留的国有企业富余人员问题基本得到解决之后，企业新的减员就不再下岗、进中心，而是依法终止、解除劳动关系，直接进入劳动力市场再就业，没能马上就业的享受失业保险。而此前已进入再就业中心的下岗职工，仍维持原政策不变，直到其协议期满出中心。也就是此消彼长，以增量消解存量的办法来实现机制转轨。第三阶段是“并轨”运行，即在下岗职工全部出中心后，再就业中心完成其历史使命，企业裁员从下岗、失业两种形态变为失业一种形态，由再就业中心、失业保险和城市居民最低生活保障的三条保障线变为两条保障线，真正形成市场导向的就业机制和社会化的保障制度，实现企业用人能进能出，而职工不论进出都有基本保障的目标。

这个战略谋划被中央采纳。2000 年 5 月，国务院在《关于切实做好企业离退休人员基本养老金按时足额发放和国有企业下岗职工基本生活保障工作的通知》中，提出加快建立市场导向的就业机制，实现国有企业下岗职工由再就业服务中心保障基本生活向失业保险和市场就业转变。同年 12 月，国务院部署在辽宁全省开展完善城镇社会保障体系的试点，试点的主要内容之一就是逐步实现下岗职工基本生活保障与失业保险的并轨。

“并轨”用了四年时间

中国地域辽阔，各地差异较大，任何新事物都是在具备条件的地区先行先试，然后才得以普及的。最早建立再就业中心的上海市在“三步走”战略中又拔得头筹。它们在 1999 年就着手推进“转轨”，到 2001 年年底，全市先后安置在企业再就业中心的下岗职工全部“出中心”完毕，再就业中心撤销，与企业终止、解除劳动关系的职工直接进入劳动力市场寻求再就业，暂时未就业的享受失业保险待遇，符合条件的享受城市最低生活保障，实现了全面“并轨”。紧接着，北京、江苏、浙江、福建、山东、广东6省市也于2001年年底或2002年上半年完成了“并轨”。

当然，“出中心”也像“进中心”一样，不完全是波澜不惊的。有些当初拒绝签协议、进中心的下岗职工，在再就业中心保生活三年后，体会到好处，又对进入劳动力市场心存疑虑，此时不愿意出中心了；有的甚至已经找到新的工作，获得了工资收入，还在中心领生活费；也有一些下岗职工存在解除劳动关系的实际困难。党中央、国务院总结东部地区的经验，在2002年9月发布《关于进一步做好下岗失业人员再就业工作的通知》，明确提出了积极稳妥地做好下岗职工出中心向失业保险并轨工作的要求，指示各级党委、政府“在确保稳定的前提下，因地制宜，分类指导，分别处理，积极探索下岗职工出中心向失业保险并轨的办法和途径”；对协议期满暂时无法解除劳动关系的下岗职工，“要继续运用现有各类资金渠道筹措的资金保障其基本生活”。

“因地制宜，分类指导，分别处理”是个好策略，符合中国实际，各地采取多种办法稳妥推进“转轨”“并轨”。就连下岗职工量大面广的辽宁省，在完善社会保障体系试点中也加大了工作力度，排除种种困难，陆续安排175.5万名国有企业下岗职工出中心，在2003年年底实现了全省“并轨”。在全国层面，又经过两年的努力，绝大多数地区基本实现了“并轨”的目标，先后有2 300多万名下岗职工顺利出中心，通过实现再就业、退休等多种渠道得到分流。到2005年年底，在再就业中心的下岗职工仅剩下20万人。可以说，自2001年开始的“并轨”，至此基本实现了预定目标。

图12-1反映了1998年6月至2005年12月双轨、转轨、并轨的真实动态。下岗职工进中心、保生活的人数在1998年9月达到峰值后，直到2001年年初基本都在600万人的高位，此后逐月减少。而在此期间领取失业保险金的人数逐月增加，在2002年第三季度与进中心人数齐平，显示出“转轨”的明显迹象。再往后，再就业中心存留人数迅速下降，而享受失业保

险人数攀升到 400 万人以上，到 2005 年年底，90%以上的未再就业下岗职工都由失业保险制度提供保障，标志着“并轨”基本完成。二者合计人数从峰值时超过 800 万人，回落到 2005 年年底的 400 万人以下，也表明国有企业改革下岗分流任务取得阶段性成果，从此进入市场导向就业和社会化保障生活的常态机制。

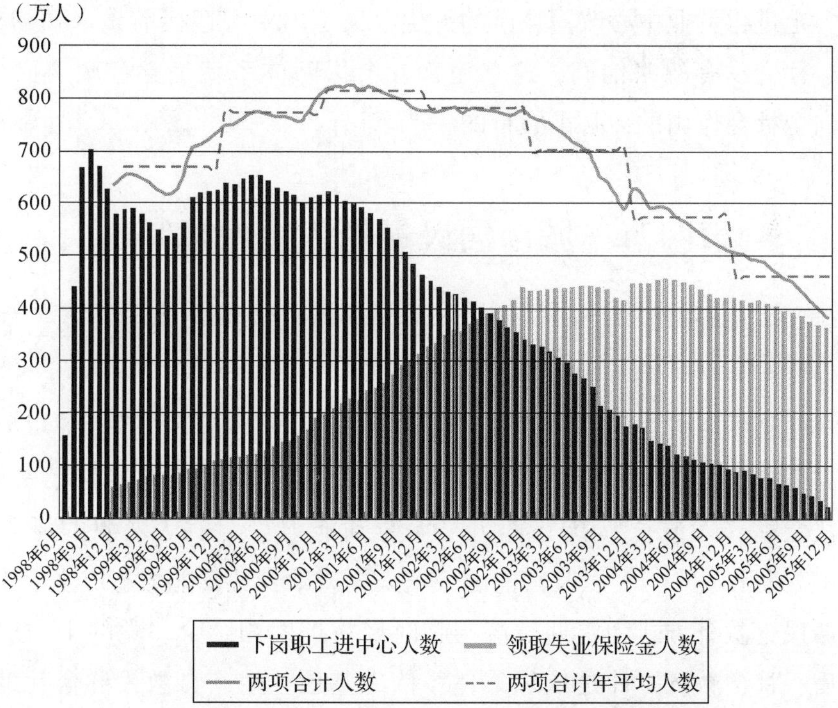

图 12-1 1998 年至 2005 年下岗职工进中心和领取失业保险金人数变动情况

数据来源：张小建. 民生之本——为实现劳动者充分就业而奋斗［M］. 北京：中国劳动社会保障出版社，2011.

以上过程，用文字、数据、图表展现出来，多少显得平淡无奇，似乎是势所必然，理所当然，但所有亲历过的人无不深感惊心动魄。任何改革，人的安排问题都是最困难的。在短短几年时间里，我国总计有 2 000 多万名国有企业职工下岗分流，等于重新配置了一个中等国家的人口，这是何等宏大的运筹，又是何等艰难的抉择！正是世纪之交这个“壮士断腕”之举，换来了国有企业的“瘦身”提效，在计划经济体制转向市场经济体制最险峻的路段上铺下了稳固的基石。这个过程用筚路蓝缕、备尝艰辛来形容，毫不过分，个中体现出决策者的前瞻和果断，体现出上下各方齐心协力的体制优势，也体现出人民群众的伟大奉献精神。那 2 000 多万人中的每一个都不应当被忘记。他们离开工作了半辈子的岗位，离开闭着眼睛都熟悉的车间、工具，离开多年一起摸爬滚打的同事、工友，戴着“下岗职工”的帽子，走进再就业中心改写自己的人生，又走出中心迎接前景未知的挑战。国家、社会没有忽略他们，建立完善社会保障体系就是党和政府向他们，也是向全社会作出的、必须履行的庄严承诺。

第四节　城市居民最低生活保障制度

“三条保障线”中还有一条，就是城市居民最低生活保障，这也是“两个确保”催生的一项制度安排。

早在新中国成立初期，国家就建立了社会救济制度，但救济对象、救济方式依各时期情况而有所不同。在城市，救济对象长期定位于贫困户，即无法定赡养人或扶（抚）养人、无劳动能力、无生活来源的孤老残幼（通称“三无人员”），以及其他因天灾人祸或缺少劳动能力造成生活困难的无业居民；救济方式为定期救济与临时经济援助相结合。党的十一届三中全会后，社会救济方针是依靠集体，依靠基层，生产自救，群众互助，辅以国家必要的救济。1979 年，全国城市享受社会救济的只有 24 万人，定期救济费支出 1 785 万元；到 1989 年，有 30. 87 万人享受定期救济，总支出 8 450 万元。[1] 总体来看，救济对象范围窄，救济水平较低。

到了 20 世纪 90 年代，国有企业改革进入攻坚期，上千万职工下岗分流，他们身后是规模更大的家庭成员。原有的 10 万人量级的社会救济制度已经远不能容纳了。因此，中央把建立城市居民最低生活保障制度列入急迫议程，连同再就业中心保生活和失业保险共同组成“三条保障线”。1999 年 9 月 28 日，国务院颁布《城市居民最低生活保障条例》（国务院第 271

① 《当代中国》编辑部. 当代中国的民政［M］. 北京：当代中国出版社，1994.

号令，以下简称《城市低保条例》)，自当年 10 月 1 日起施行。

《城市低保条例》共 17 条，虽然承继了原有社会救济的一些政策元素，但更应看作一项新建的社会保障制度。

适用范围。规定城市居民“凡共同生活的家庭成员人均收入低于当地城市居民最低生活保障标准的，均有从当地人民政府获得基本生活物质帮助的权利”，大大超出了原来“三无人员”的范围。这无疑为家庭生活困难的企业下岗职工打开了又一条获得帮助的通道。

资金来源。主要是地方政府的财政预算资金，同时鼓励社会组织和个人捐赠和资助。

保障标准。按当地维持城市居民基本生活所必需的衣、食、住费用，并适当考虑水电燃煤（燃气）费用以及未成年人的义务教育费用，由市、县人民政府确定；以货币形式按月发放，必要时也可以给付实物。其中，“三无人员”按标准全额享受，而有一定收入的居民按家庭人均收入低于标准的差额享受。后一种方式，对生活困难的下岗职工家庭更为适用。

管理体制。实行地方政府负责制，民政部门主管；县级民政部门和街道办事处、镇政府负责具体管理审批事项，并以户为单位公布批准情况，接受群众监督；居民委员会受托承担日常管理服务工作。

受保者义务。申请者出具有关证明材料，享受者在家庭人均收入情况发生变化后及时告知有关机关，在就业年龄内有劳动能力的受保者应当参加所在地居委会组织的公益性社区服务劳动。

《城市低保条例》是我国社会救济制度建设的一次飞跃，虽然与以前同样以财政预算安排资金为主，但覆盖范围明显扩大，保障方式逐步定型，更加适应市场经济体制下防范和化解社会成员经济风险的需要，为以后全面建立城乡居民最低生活保障制度开辟了道路。特别是在世纪之交，这项制度的及时出台，对解决下岗职工基本生活保障问题起到了雪中送炭的作用。

到 2002 年，全国城市低保对象为 2 053 万人，比 1989 年 30 多万人享受定期救济翻了几十倍，占非农业人口总数的 6.2%；平均低保标准月人均 155 元，实际补差金额为 54 元。其中：特困职工 959 万人，占 46.7%；失业人员 349 万人，占 17%；特困职工和失业人员家属 659 万人，占 32.1%；“三无人员”86 万人，占比只有 4.2%。[①] 可见，原来以保障少量“三无人员”的制度已经完全转型为普遍的社会保障制度。

第五节　医保改革助力“两个确保”

1998 年年底启动的职工基本医疗保险制度改革，本身就是在市场经济体制下重构我国社会保障体系的重要内容，它同时又构筑了当时如火如荼进行的“两个确保”战役的侧翼战线，特别是在确保下岗职工基本生活和促进再就业方面，保障功能明显。

在“双轨”并行阶段，医疗保障领域逐一对应“三条保障线”，制定实施了一系列政策措施。在第一条保障线上，即“进中心”期间，政策一是规定国有企业下岗职工应当参加基本医疗保险，防止因下岗分流而中断参保，解除了下岗职工“有钱吃饭、没钱看病”的后顾之忧；政策二是单位和个人应缴纳的基本医疗保险费，按照“三三制”原则筹集，均由企业再就业中心为下岗职工缴纳，而不需要下岗职工个人缴纳，避免其因收入减少、无力缴费而使权益受损；政策三是将缴费基数确定为当地上年度职工平均工资的 60%，即低水平供款，但下岗职工享受的医疗保险待遇则与在岗职工基本一致，充分体现了改革后的医疗保险制度通过基金统筹、分散风险的机制对困难群体的有效保障。在第二条保障线上，即“出中心”领取失业保险金期间，规定失业人员发生医疗费用的，可以领取医疗补助金。各地在执行中主要采取了两种方式：一种是按月发给失业人员一定数额的医疗费，包干使用，而大病医疗所支付费用则由社会保险经办机构按一定比例报销；另一种是失业人员到劳动保障部门指定的医院就医，医疗费用由社会保险经办机构按照一定比例报销。在第三条保障线上，即享受低保的群体，规定享受城市低保的下岗失业人员家庭，在医疗保障方面可以享受医疗救助；很多城市制定了针对下岗职工和低保人员的医疗服务优惠措

① 数据来源于民政部《2002 年民政事业统计资料》及有关统计资料。

施，一些医疗机构还专门开设了“特困门诊”“特困病床”等服务项目。

进入 21 世纪后，“双轨”并行进入转轨、并轨阶段，下岗职工大批出中心。适应这一变化，医保领域在巩固既有政策实效的同时，将工作重心转向做好并轨人员医保关系接续的相关工作。一是在下岗职工出中心时，指导和督促原企业认真核算，补清应缴未缴的医保费用，杜绝“背着欠账”离开中心，维护下岗失业人员的基本医保权益。二是大力扩展医保覆盖面，推动各类用人单位，尤其是小微企业和非公单位等参保，使并轨人员再就业后能及时接续医保关系，累积医保权益，享受相关待遇。多地社会保险经办机构还开辟专门服务窗口，方便并轨人员以个体劳动者身份参保缴费。三是对下岗失业人员从事社区公益性岗位，或在符合条件的企业再就业，规定可以享受包括医疗保险在内的社会保险补贴，鼓励企业多吸纳下岗职工再就业。四是对确实难以稳定再就业、又距离法定退休年龄较短的下岗职工，采取“协议保留社会保险关系”的灵活措施，即双方解除劳动关系，但通过自愿协议，继续由原企业保留下岗职工的社会保险关系至退休；其中企业解除并轨人员劳动关系应支付的经济补偿金，可以部分折算为医疗保险缴费，以保障其“保留社会保险关系”期间的基本医保权益。

这些医保举措，每一项都是政策制定者深入调查研究、将心比心、换位思考的结果，从实际出发，针对性强，很大程度减轻了下岗职工初次面对市场就业的担忧，也丰富了我国职工医疗保险制度改革和医疗保障体系建设的实践样式和政策储备。

第十三章
“两个确保”（二）：确保基本养老金按时足额发放

第二个“确保”——确保企业离退休人员养老金按时足额发放——的任务，与第一个“确保”同样复杂艰巨，如果不说“更加”的话。这件事看似简单明了，无非是离退休人员该拿多少钱，如数发给他们就是了，但在20年前，要实现这个“确保”，却涉及改造养老保险基金结算方式、处理历史遗留问题、调整中央与地方管理体制、保障和扩充资金来源等一系列高难度操作，所以中央作为重大决策提出。

第一节　确保基本养老金按时足额发放

1998年3月长春会议提出确保养老金发放的任务后，劳动保障部组织对企业拖欠离退休人员基本养老金的情况进行调查，汇总的结果确实触目惊心：拖欠养老金不是东北地区特有现象，在各地尤其是中西部地区和老工业基地多有发生；也不是短期现象，有的企业月月欠、年年欠，甚至欠发了数年。当年7月，劳动保障部专门召开了全国养老保险和再就业服务中心建设工作会议，不同于一般部门会议的是，邀请各省份负责人出席，国务院有关领导同志到会讲话，下达了“两个确保，一个也不能少”的死命令，要求各地立下军令状，从 7 月份起，确保企业离退休人员当期基本养老金按时足额发放，不得再产生新的拖欠。

号令一出，三军用命。各地按照统一部署，实行党政“一把手”负责制，层层落实目标责任，千方百计确保基本养老金当期的按时足额发放，不少地区调用了历年结存基金。从那两年全国养老保险数据看，1998 年比 1997 年，参保的离退休人员增长 7.6%，基金收入增长 9%，而基金支出增长 20.9%，年末累计结存一反年年增加的常态，从 683 亿元减少到 588 亿元。[①] 说明各地为了完成保发放的任务，确实是下了功夫，动了家底。

改“差额缴拨”为全额征收

保一时可以动家底，保长久就要动机制。劳动保障部和各地深入分析拖欠养老金现象多发的原因，发现症结之一是当时盛行的养老保险资金缴拨结算方式。

从 20 世纪 80 年代中期开始，各地就组织实施了企业退休费用社会统筹，20 世纪 90 年代后发展成为基本养老保险。既然是社会统筹，那么资金结算流程就应当是——企业及其职工按规定缴费，纳入养老保险基金，符合条件的离退休人员由基金支付基本养老金。但由于大批企业生产经营困难，欠费严重，截至 1998 年年底全国企业累计欠缴养老保险费达 322 亿元，加之当时各地统筹层次较低，缺乏调剂能力，导致基金入不敷出的压力巨大。于是，多数地区采取了“变通”措施——社会保险机构与企业“轧账”，企业应缴费减去应支付的养老金，多出部分解缴到基金，差额部分由基金补足，而离退休人员的养老金仍由企业代发。这就是所谓“差额缴拨”。这种资金结算方式，存在着明显风险——当企业其他资金紧张时，就挪用应发给离退休人员的养老金“补窟窿”，从而导致养老金拖欠现象越来越严重。所以，完成“确保发放”的任务，动用有限的基金结余只是一时之计（1998 年全国企业职工基本养老保险基金结余仅 588 亿元，而一年支

① 国家统计局. 中国统计年鉴 2015 [M]. 北京：中国统计出版社，2015.

出需要 1 512 亿元)[①]，根本的措施是改变“差额缴拨”的结算方式。

其实，在 1997 年国务院 26 号文件中就提出：“提高社会保险管理服务的社会化水平，尽快将目前由企业发放养老金改为社会化发放，积极创造条件将离退休人员的管理服务工作逐步由企业转向社会。”那时，主要是从减轻企业社会事务负担的角度提出任务。1998 年 6 月，面对产生拖欠养老金现象的主要根源，中央文件明确要求，“要将养老保险基金差额缴拨改为全额缴拨，推进社会化管理进程”。8 月，国务院明确规定出时间节点，“从 1998 年 9 月 1 日起，目前实行基本养老保险基金差额缴拨的地区，要改变基金结算方式，对企业和职工个人全额征收基本养老保险费，对企业离退休人员全额支付基本养老金。各省、区、市要积极创造条件，加快实现企业离退休人员基本养老金的社会化发放，推进社会化管理进程”。据此，劳动保障部通知各地：1999 年新参加社会保险的单位一律实行全额申报、全额缴费，过去实行差额缴费的单位要在 1999 年 5 月底之前改为全额缴费；一律不得实行“协议缴费”以及企业自提社会保险费、自支社会保险金的“封闭运行”方式，原来实行的要立即改正。

与调整基金结算方式同时进行的还有规范缴费基数。就社会保险的基本原理来说，企业缴费应当按照同一基数（通常是工资总额）和同等比例。但在实行退休费统筹的初期，一些地方为了“照顾”退休人员少的企业，采取了“双基数”的办法，即企业同时按照在职职工工资总额的一定比例和本企业退休人员退休费总额的一定比例缴纳养老保险费。这虽然减轻了退休人员少的企业的资金压力，比较容易把各类企业吸纳到统筹制度中来，但退休人员多的企业负担依然较重，显然有违社会保险通过“大数法则”分散风险的初衷。这也是一些企业拖欠养老金的原因之一。因此，在“两个确保”工作中，作为全国性规范，要求各地统一以企业工资总额为基数，按规定比例缴费。

差额缴拨改全额征收，双基数改单基数，是社会保险运行方式的一次返本归真，把一度被扭曲的机制重新导入正轨，但也困难重重。大量企业

---

① 国家统计局. 中国统计年鉴 2015 [M]. 北京：中国统计出版社，2015.

经营不善、资金拮据是客观实际，光靠社会保险机构宣传动员、上门催收效力有限。幸而有各级党委、政府坚定执行中央指示，宁可少上项目、延后其他款项支付，也要先保养老金发放，终于将养老保险基金结算方式调整到位。1999 年，全国基金收入 1 965 亿元，比上年猛增 34. 7%，虽然基金支出也增长 27. 3%，但年末累计结存仍增加了 146 亿元，达到 734 亿元，显示出差额缴拨改全额征收的政策效力。①

实行养老金社会化发放

“破旧”的同时还要“立新”，废止了企业代发养老金的方式，就需以新的方式取代，那就是社会化发放——各级社会保险机构直接发放或者委托社会机构代发养老金。鉴于社会保险机构的人力、物力有限，实践中以委托网点设置多、群众近便的国有商业银行、邮局等机构代发为主要形式。这也是一项全新的工作，需要从两方面着力。

一方面，劳动保障部门要划定政策边界，社会保险机构要普遍清理数据。由于当时政策、标准体系比较混乱，原来由企业自行发放的养老金各种项目纷杂。经过确认，属于国家政策规定养老保险统筹范围的由基金保证支付；而属于企业自定政策的统筹外项目，则不能混进基金支付范围，但也不宜马上停止，以免降低离退休人员收入而引发不稳定现象，所以仍由企业自有资金承担。在此基础上，社会保险机构要与代发的社会机构建立起通畅的工作联系。1998 年 12 月，劳动保障部与中国工商银行联合印发了《进一步做好养老金社会化发放工作的通知》，1999 年 6 月又与国家邮政局联合印发《关于社会保险和经办机构委托国家邮政局代发养老金的通知》，明确各地社会保险机构与代发社会机构的各自职责和工作机制。据此，各地社会保险机构与代发社会机构合作开发了离退休人员数据库及相关软件，按时向代发机构提供发放对象名单及金额信息，并足额划入款项；代发机构则负责为离退休人员开立储蓄账户（卡），开设发放窗口，开展咨询服务，并免收手续费。同时，也允许企业自发的统筹外项目在同一机构

① 国家统计局. 中国统计年鉴 2015［M］. 北京：中国统计出版社，2015.

代发，在一个账户上分清两笔账，减少离退休人员分头领取的麻烦。

另一方面，还要做好离退休人员的宣传引导工作。那时，大部分离退休人员都是一辈子在一个企业工作，有一种“生是单位人，死是单位鬼”的情结，对养老金发放渠道的变化也很敏感，顾虑是不是被企业甩给社会了。所以要引导他们正确认识，明白这是为了更好维护他们的切身利益，同时还要提供有针对性的服务帮助。刚开始推行养老金社会化发放时，不少地区都出现了这样的奇怪现象：每逢发养老金的日子，许多老年人到银行排队取钱，取出后又马上存进自己的另一个存折。这在现在看来多少有点可笑，但在当时确有不少退休人员担心社会保险机构是不是真的为自己存进了养老金，一定要取出来看到现金才放心。对这种心态，没有别的调适办法，只能耐心做解释工作，等老年人取过几次，眼见为实，心里踏实了，也就不再“倒腾”了。

1999 年 4 月 10 日，《人民日报》在头版显著位置刊登了各省区市养老金社会化发放的排行榜。中央主流媒体就一项专门工作进展情况，以张榜公布方式进行督促，这是史无前例的，犹如静水投石，引起强烈的社会反响。排在榜单后端的地区更是“压力山大”，有的地方党政负责人一个月内 7 次现场办公，查问题、定措施，力图扭转被动局面。1999 年 12 月和 2000 年 8 月，劳动保障部先后在深圳和大连两次召开全国养老金社会化发放现场会，交流经验，督促此项工作。2000 年和 2001 年的全国两会期间，《人民日报》又继续公布各地养老金社会化发放工作的排行榜。这种把确保发放工作状况直接见诸公众的办法比只是内部督导更加有效。地方党委、政府高度重视，一方面加快解决问题，另一方面效仿中央做法，也对所属地区公布工作进度排名，对榜尾地区定向督办。

经过几年努力，到 2001 年年底，全国基本实现养老保险费全额征缴和养老金社会化发放，劳动保障部统计显示的各年养老金社会化发放率，1998 年为 35.73%，1999 年为 48.18%，2000 年为 92.21%。2002 年 9 月，国务院指示 8 个部门联合新闻媒体组成检查组，分赴 16 个省区市开展以“两个确保”为重点的社会保障政策大检查。结果表明，2001 年基本养老金社会化发放率达到 98%。在 1993 年党的十四届三中全会决定中就提出要建立“独立于企业事业单位之外”的社会保障体系，到此时，“独立”的样貌才初见端倪。养老保险费改差额缴拨为全额征缴，基本养老金改企业代发为社会化发放，是实现确保基本养老金按时足额发放的关键措施，也是“企业保险”真正转变为“社会保险”的重要表征。

建立确保发放的工作机制

中央提出的“两个确保，一个也不能少”的任务，落实到确保养老金发放上，变成了力求“不欠一人、不拖一天、不少一分”的目标。这是一场真刀真枪的实战，来不得半点虚文假套。围绕这个目标，全责承担这项任务的劳动保障部门及其社会保险机构建立起一套快节奏、高效率、强力度的工作机制。

1998 年夏季，长江流域发生特大洪水，百万军民上坝抗洪，奋力抢险，牵动着全国人民的心。地处重灾区的湖北省监利县，洪水漫城，多日不退，许多企业退休人员被迫迁到四面环水的高堤上暂作安顿。一天，一艘小船穿过滔滔洪水驶向长堤，来人一上坝就搭起简易的标志牌，上书“监利县社会保险局养老金现场发放点”。退休老人们这才想起，今天是发养老金的日子，本想着等洪水退后再去领取，谁知社保局把钱送到大坝上来了。看着发放点两侧竖起一副对联——“企业受灾退休工人无忧，洪水无情社会保险有义”，老人们感动不已，现场其他群众也强烈感受到党和政府对退休人员的悉心关爱，赞叹社会保险机构扎实细致的作风。这一幕，正是当时全国确保养老金发放中的一个缩影。

1998 年 6 月，“两个确保”的任务一提出，劳动保障部就在全国系统建立了解决拖欠养老金问题的专项报告制度，一改以往按年度统计汇总常规数据的做法，对养老金拖欠和清欠情况实行按月调度，按季评估，必要时还实行按旬、按周调度。同时，通过各种会议、实地调研进行督导。这一制度调动起全系统的工作资源，从上到下都绷紧了弦，投入到保发放的战斗中。尤其是临近月末，从劳动保障部到省市县劳动保障厅局，经常是办公室夜间灯火通明，电话、传真、电子邮件往来不断，及时汇总的信息、数据及遇到的问题，为中央研判局势、作出决策提供了参考。

2000年，大部分地区已经逐渐实现了确保当期养老金按时足额发放，但少数地区由于各种原因拖欠问题仍比较突出，劳动保障部又打破逐级调度的常规，建立了重点城市直报制度，直接监控发放养老金有困难的城市，同省级劳动保障部门一起分析会诊、对症下药，帮助他们解决问题。省级劳动保障部门也采取同样做法，对本省的重点市县进行直接调度和指导。各级社会保险经办机构普遍建立起确保养老金发放的工作目标考核制度、基金预警机制和资金调配办法，完善基本养老金发放流程，落实到每个人、每一天、每一笔资金，创新了一系列保发放的工作机制。

除了劳动保障系统的资源外，各级相关部门和社会监督的作用也得到充分发挥。比如，群众来信来访被作为监控督查养老金拖欠问题的一条重要途径，凡是企业离退休人员信访反映拖欠基本养老金的，发现一起，查处一起，及时办理，不留死角。媒体曝光的拖欠养老金问题，主管部门更是作为重点案件跟踪督办。同时，中央和地方媒体还曝光了企业欠缴养老保险费的典型案例，对违规企业施加舆论压力，促使他们尽快补缴。主流媒体大力宣传党和政府的政策、养老保险的意义、社会化发放的好处，赢得广大群众的理解和支持。

改变养老保险基金结算方式，实行养老金社会化发放，建立高效的调度工作机制，这“三箭齐发”，使企业离退休人员当期应发基本养老金被拖欠的情况逐年减少。1999年，国务院还指导地方提高了企业养老金标准；2001年和2002年，又两次统一调整全国企业离退休人员养老金，按照企业在岗职工平均工资增长率的40%~60%提高，使他们能够分享到改革发展的成果。但彻底消除养老金拖欠问题的实际进程比原来预想的要艰难得多。2002年，绝大多数地区都已做到当期基本养老金按时足额发放，但还不能宣告保发放的目标实现，因为个别特殊困难的地区拖欠现象仍时有发生。直到2004年，才消灭了最后一个“死角”，全国首度全面实现企业离退休人员基本养老金全年无当期拖欠。

第二节 补发历史拖欠养老金

1998 年下半年至 1999 年上半年的保发放，一直界定在一个特定范围——确保当期基本养老金按时足额发放，不产生新的拖欠。但过去曾经欠发的养老金要不要解决？如何解决？这个问题是在 1999 年年中提出来的。

76 亿元变成 163 亿元

确保发放的任务执行了一年，许多退休人员在当期养老金得到按时足额发放后，呼吁补发历史被拖欠的养老金，在一些地区还形成了集体上访的热点。有关部门调查的结果是，截至 1999 年 6 月底，历史拖欠合计 76 亿元，其中中西部地区和老工业基地为 67 亿元。那年是新中国成立 40 周年，国务院作出决策——补发！让离退休人员与全国人民一样欢欢喜喜迎国庆。

1999 年 8 月，国务院办公厅在转发劳动保障部等部门《关于做好提高三条社会保障线水平等有关工作意见的通知》中提出要求："各地要在今年第三季度内，一次性补发 1999 年 6 月底前拖欠的企业离退休人员统筹项目内的养老金。"这是在确保养老金当期无拖欠的基础上，又追加了新任务。而补发历史拖欠所需资金，国务院决定，经济较发达的东部 7 省市（北京、上海、山东、江苏、浙江、福建、广东）由地方政府自行解决，其他省（区、市）及新疆生产建设兵团（共 24 个省级地区）由中央财政给予一次性补助。按惯例，中央财政的补助地区本来是 22 个省级地区，但考虑到辽宁省和天津市的老龄化率高，退休人员多，基金负担重，因此也作为老工业基地列入中央财政补助范围。应该说，在当时中央财力十分薄弱、需要花钱的地方很多的情况下，下此决心殊为不易，决策完全正确，自古欠债还钱，天经地义，何况欠的是退休人员的"养命钱"。

然而，好事多磨。通知一发出，地方的反馈就接踵而至。当然也有感谢中央支持的，但更多的是"叫屈"。一些地方申诉说，原来上报的历史拖欠数字不实，还有不少没统计上来；有的地方向主管部门当面检讨自己的"官僚主义"，希望再给一次机会，重新统计。说穿了，就是一些地区以为前次摸底调查是对保发放工作绩效的检查督导，于是采取了“报喜不报忧”的态度，没想到国务院真能下决心动用中央财政资金补发历史拖欠，结果感到本地区“吃了亏”。这再一次说明，讲了几十年的实事求是思想路线，要真正落实到行动上是何等的不容易。

对这种虚浮的工作作风，当然应当严肃批评，但对群众的切身利益也必须切实维护。按照国务院的指示，劳动保障部、财政部对各地历史拖欠情况进行了再次调查，要求落实到每个人，对地方上报的数字也要认真核对，排除其中的“水分”后进行汇总，数量增加到130多亿元。国务院第二次作出决策，对原来调查统计的24个省（区、市）历史拖欠养老金，核实后由中央财政给予一次性补助，各地新提出的漏报、少报拖欠的基本养老金，由各地负责逐步予以补发。1999年，中央财政拨付76亿元，用于补发24个省（区、市）的历史拖欠，加上对原行业统筹企业、中央军工困难企业养老金历史拖欠和华侨农场养老保险当期收支缺口等补助，以及对提高养老保险待遇的补助，总计拨付了163亿多元。

经过这一段波折，1999年国庆前补发历史拖欠养老金的时限目标是无法实现了，但中央财政补助资金按期如数下达，地方的摸底调查工作也比以前扎实了许多。2000年5月，国务院印发通知，要求切实巩固“两个确保”，杜绝发生新的拖欠，对当年新发生的拖欠各地要尽快予以补发，并严肃指出，“对今后因工作不力而再度发生类似问题的地区，要在全国范围内予以通报批判，并追究当地政府领导的责任”。6月下旬召开的全国劳动保障厅局长座谈会明确提出，从6月份开始，当年头5个月发生新拖欠的地区必须制订补发计划，采取坚决措施尽快补发，这要作为一项硬指标考核，年底前补发完毕，“不把旧账带入新世纪”！这实际上是把补发历史拖欠又分为两种情形——优先补发当年新拖欠的养老金，有条件的地区加快补发前些年的历史拖欠。

按照这一部署，各地一面巩固当期确保发放的成果，一面紧张有序地逐人核对，补发拖欠的养老金。据反馈的典型案例，有的退休人员一次领到被拖欠10年的养老金3万多元。这可是一笔不小的钱，当时全国企业平均月养老金水平只有400多元。东北地区有的退休老人捧着一把现金感慨道："企业倒了，原本以为这笔账早'黄'了，做梦也没想到政府还给补回来了。"

有明确的目标和政策，还有中央财政的强力支持，到 2000 年年底，全国累计补发了近 200 亿元历史拖欠的基本养老金，绝大部分地区可以说是"无债一身轻"地走进了 21 世纪（见表 13-1）。当然，个别地区还有少量遗留问题，直到 2004 年前后才陆续得以解决。

表 13-1 1998—2001 年养老金发放及补发情况

单位：亿元

年度	支付养老金总额	各地上报当期拖欠额	补发历史拖欠额
1998	1 512	43	28
1999	1 925	39	133
2000	2 115	12	38
2001	2 321	2	14

数据来源：劳动保障部统计资料。

建立中央财政补助机制

从"两个确保"一开始中央就明确，确保养老金按时足额发放的主要责任在地方政府。各地认这个账，做了大量艰苦细致的工作来贯彻中央决策，但相当一部分地区确实资金十分紧张，财力有限。极端的例子是，天津市的养老保险基金结存一度只够支付 3 天，几乎到了"家无隔夜粮"的程度。对此，一些地区请求中央给予适当支持。1998 年，国务院决定，对确保发放确有资金困难的地区，中央财政"借款"给地方，当年就安排了 20 亿元专项资金。1999 年，随着各地确保当期养老金发放的资金压力进一步加大，还新增了补发历史拖欠的任务，国务院又决定把"借款"改为专项转移支付，中央财政对中西部地区和老工业基地的养老保险资金缺口给予补助。此后，这一制度逐步定型，包含项目除了养老保险基金收支缺口外，还有全国统一调整基本养老金待遇的补助以及实施专项政策规定的补助（如矿山资源枯竭城市的养老保险）等。1998 年至 2002 年，中央财政用于企业职工基本养老保险基金的补助合计 1 278 亿元，同时，地方政府也向本地企业职工基本养老保险基金补助了 152 亿元（见表 13-2）。

表 13-2 1998—2002 年各级财政补助城镇养老保险基金情况

单位：亿元

年度	中央财政补助	地方财政补助	合计
1998	20	5	25
1999	163	19	182
2000	338	28	366
2001	349	53	402
2002	408	47	455

数据来源：劳动保障部统计资料。

一些地方养老保险基金结存量少、确保发放有困难是触发建立财政补助和中央专项转移支付机制的直接动因，但更深层次的背景则是经济体制转轨的大趋势。在计划经济时期，国有企业的利润全部上缴国家，企业新建、扩建和技术改造等资金也由财政预算拨付；而明确了市场经济体制的方向后，企业微观经济运行所需资金，应当也能够从利润、股票、债券等其他融资渠道获得，财政资金则主要应用于事关全民和长远的基础设施建设和民生保障领域，因而教育、医疗、社会保障等财政投入明显增加。这一变化，也促进了政府职能转变，使各级政府进一步明确了建立和完善社会保障体系的重大责任。

重温两个史实：其一，20 世纪 50 年代建立劳动保险制度，资金渠道仅为企业缴费，也规定“地方各级人民政府可予以补助”，但在实践中并无实例；其二，规定企业不再提取劳动保险基金，累计结存的基金上缴了国库，也就是说，社会保险基金不但没有从国家预算资金中获得帮助，还做了贡献。所以说，1998 年是又一个历史“元年”——在中央政府带动下，财政预算资金首度向社会保险基金注入资金；迄今 21 年，不仅从未中断，而且涉及项目扩展，资金量倍增，成为企业职工基本养老保险的重要筹资渠道之一，还建立了专门预算制度。这些将在后篇章节中看到。

第三节　行业统筹移交地方管理

在“两个确保”中，还同时采取了一项具有战略性意义的重大举措，就是将 11 个原来实行行业统筹的养老保险计划全部下放到地方，实行省级管理，史称“行业统筹移交地方管理”，或简称为“行业统筹下放”。

一举多得的举措

社会保险发端于欧洲，最初起源于产业工会与同业公会之间的谈判和契约，因而行业色彩突出，后来上升为国家制度，但以德国、法国为代表的不少国家至今仍采取主要按行业分别进行基金统筹的组织方式。

我国自建立劳动保险制度之始就确定按地区组织基金统筹。但在 20 世纪 80 年代中后期至 90 年代中期的企业养老保险制度改革中，曾先后批准 11 个行业单独实行基金统筹。实践证明，这一过渡性措施有其积极意义——在改革最初的十几年时间里，实行有限度的养老保险基金行业统筹，保障了国民经济基础产业和重点行业中企业职工和离退休人员的权益，在复杂的体制转轨过程中维护了社会稳定；行业主管部门具有全国布局的资源优势和大规模组织的管理经验，对推动各地养老保险制度改革从以线带面的角度做出了显著贡献。

随着养老保险制度在各地普遍建立，从全局上看，行业统筹与地方统筹条块分割的矛盾日益显现：在同一个地区内，不同行业所属企业的缴费比例差异较大，负担有轻有重，其离退休人员的养老待遇水平也高低悬殊，没有完全实现通过社会统筹来分散风险、均衡负担、维护公平的初衷。有的地方抱怨，效益好的企业都搞行业统筹了，只把效益差的纺织、森工等行业留给地方，要求中央统筹规划，统一规则。这一反映是实情、有道理，但情况也不尽然，实际上也存在某些行业所属企业的缴费负担重于地方企业而养老金水平低于地方的现象。无论从哪个角度看，发展趋势都是明显的，取消行业统筹、实行统一的养老保险属地管理体制已成为改革的选项。所以，1997 年国务院 26 号文件就提出，待全国基本实现省级统筹后，原行业统筹的企业参加所在地区的社会统筹。

1998 年 8 月，国务院专门印发《关于实行企业职工基本养老保险省级统筹和行业统筹移交地方管理有关问题的通知》，要求从 9 月 1 日起，原实行行业统筹的 11 个行业的基本养老保险移交地方并实行省级管理。这一决策，从必要性和可能性两方面看，是一举多得的。首先，全国各地已经普遍建立起企业职工基本养老保险制度，而且制度模式、政策架构大体统一，这与 20 世纪 80 年代开始搞退休费用统筹时各地建制参差不齐的状况，与 20 世纪 90 年代初中期各地制度差异很大的状况都有了根本改善，为有关行业所属企业参加所在地区的养老保险扫清了障碍。其次，1998 年国务院机构改革，新组建的劳动保障部对全国各项社会保险实行统一管理，以利于更有效地协调平衡地区与行业的关系以及跨地区转移养老保险关系的政策，解决困扰中央企业和地方政府两头的难题。再次，在同年的机构改革中，为适应市场经济体制下企业生存、发展的新机制，毅然撤销、合并了一批产业部门，组建了多个不再承担政府管理职能的企业集团公司；只是在综合经济部门内设了职能司局进行产业发展宏观规划，同时组建相应的协会组织进行行业自律。这一体制构架，使原实行的行业统筹失去了行政组织基础，纳入地方管理势在必行。最后，行业统筹下放有利于从整体上提高养老保险基金的使用效率。11 个单独统筹的行业，总体来看，筹资能力和基金结余优于地方，实行属地管理后，增强了基金的统筹互济能力。一方面，金融、电信、电力、石油、交通等行业下放后，基金收大于支的好处留给了地方，解了一些地区确保养老金发放资金缺口增大的燃眉之急；另一方面，煤炭、有色金属和中建集团、水电施工等养老负担重的行业和企业，通过下放地方，原来过高的企业缴费比例一步降低到与地方企业相同的水平，也有助于为它们走出困境创造条件。

相互支撑配套的政策

行业统筹移交地方管理涉及的 11 个行业，除了作为中央银行的中国人民银行和作为政策性银行的农业发展银行所属企业不移交外，其他企业的养老保险工作一律移交，合计有 1 400 万名在职职工和 420 多万名离退休人员。既要完成社会保险管理体制的重大调整，又要保证这些企业生产经营活动有序进行和职工思想稳定，需要制定周密严谨的政策，更需要中央和地方的协同配合。国务院针对实际情况，制定了多项政策，成为移交工作的指针和原则。

1. **先移交后调整**。各行业经济效益、人员结构、养老负担水平等差异很大，因而在统筹项目、企业费率、待遇标准和管理体制上各有不同，与地方统筹的政策、标准的错落更多，在短时间内绝无可能直接接轨。为了避免因相互扯皮、久议不决而出现把事情“拖黄”的被动局面，国务院确定的首要原则是“先移交后调整”——各行业先把所属企业的养老保险关系移交给地方，从 1998 年 9 月起由地方负责征收基金和发放基本养老金；经过一段时间运转磨合后，再由地方对企业费率调整和移交后离退休人员补贴办法等问题提出意见，从 1999 年起实施。在时间紧、任务重、头绪多的情况下，这一抓重点、断“后路”的处置原则起到了“快刀斩乱麻”的效果。

2. **移交后实行省级管理**。当时大多数地区还在实行养老保险基金地（市）县级统筹，国务院要求加快实现省级统筹。与此相一致，要求行业统筹移交地方后须由省级社会保险经办机构直接管理，而不得再下放到地（市）县。对一些行业中跨省生产经营的企业单位，原则上按照注册登记地进行属地划分。对难以完全按照所在地确定养老保险关系的，按照有利于企业组织生产、方便离退休人员生活、尽量考虑其合理性的三个原则来确定省级地区划分。这一处置原则和方法，在很大程度上减少了有关企业担心被移交到市县的顾虑，也考虑到了大型企业组织跨地区生产经营的实际需要。

3. **锁定移交范围和基本数据**。各行业移交地方管理的具体范围，原则是不出不进——凡是列入 1997 年度财政决算的企事业单位都要参加移交，不能出现退保情况；各行业有关企业名录、职工人数、工资总额、离退休人员及养老金水平等基本数据均以财政部核定的 1997 年度财政决算为准，各地要在接收之后 4 个月内边运行边审计，核实具体数字，并逐步实现规范管理。

4. **逐步调整企业费率**。原实行行业统筹的企业费率高低悬殊，最高达37%，最低不足10%，与地方费率的偏离较大。针对这种情况，为力争平稳对接，确定在1998年内原行业统筹的企业和职工个人缴费比例均保持不变；从1999年起调整企业费率，起步时不低于13%，以后逐步过渡到与地方企业相同的比例，过渡期根据不同行业的具体情况分别为3年和5年；职工个人缴费比例按所移交省级地区确定的统一比例执行，一次到位；移交前后的个人账户储存额合并计算。

5. **待遇平稳衔接**。行业统筹移交地方管理后，其企业已经离退休人员的基本养老保险待遇原则上维持不变，其中经批准列入统筹的待遇项目由省级统筹基金支付，统筹外项目由企业支付。移交后退休的人员，基本养老保险待遇按照省级地区确定的办法执行；如果按原行业统筹计发办法计算的待遇高于地方计发办法计算的结果，高出部分可由各省级地区采用加发补贴的办法解决，所需费用从省级统筹基金中支付，补贴的标准逐年调整，5年后执行省级地区统一的计发办法。

6. **基金管理和调度**。行业统筹期间积累的基本养老保险基金，全部移交给省级社会保险经办机构管理，其中原来储存在省级以下的移交给省级地方，原来储存在中央部门的主要用于解决移交过程中的地区不平衡问题。为了确保在移交中养老金发放不断档，要求各省级地区在1998年8月25日之前将所需保发放资金筹措到位；对行业统筹移交后出现资金缺口的少数几个省级地区，由中央通过借款和调剂的办法给予适当支持，1999年10月以后改为中央财政每年予以补助。

7. **管理机构**。行业统筹移交地方管理后，行业原来设在各省级地区的社会保险经办机构暂予保留，承担移交工作有关职责，待地方政府机构改革时统筹研究处置方案。没有在省级设置社会保险经办机构的行业，为保证交接工作顺利，可以由行业确定一个牵头单位来负责联络本地区的各单位向省级地方办理移交，也可以由企业直接向省级社会保险部门办理移交。

这七个方面的政策完整、细致，又有一定灵活性，在时间如此之紧、矛盾如此复杂的背景下开展移交工作，这些政策起到了重要的规范和指导作用。

394 份移交协议

按照确定的原则和时间表，1998 年 8 月中下旬，“行业统筹移交地方管理”工作进入冲刺阶段。其中煤炭行业由于涉及中央企业下放到地方的体制调整，由国家经贸委、煤炭工业部按照《国务院关于改革国有重点煤矿管理体制有关问题的通知》要求，统一组织所涉企业养老保险统筹移交地方管理的工作，其他 10 个行业的移交管理工作由劳动保障部和财政部负责组织实施。

这真是一个宏大的“多边谈判”。“甲方”是 30 个省、自治区、直辖市政府和新疆生产建设兵团共 31 个单位；“乙方”说是 10 个行业，其实在“金融口”里面，又细分为工商银行、农业银行、中国银行、建设银行、交通银行 5 家国有商业银行和中国人民保险（集团）公司，加上其他 9 个行业，共 15 个单位。双方交叉对应，理论上最多有 465 个双边组合；但有些行业在有些地区没有企业单位，实际需要订立的交接协议共 394 份。由于移交原则明确、政策清晰，因此移交协议的主要内容都是“格式文本”，需要甲乙双方沟通协商的是具体数据和某些特殊情况。1998 年 8 月 14 日至 21 日，劳动保障部和财政部共同组织，分两批在北京召开行业统筹移交地方管理工作会议。

移交工作会议在北京大屯路的劳动大厦（现为亚奥国际酒店）召开，国务院要求各省级政府派出秘书长带队来京，成员包括劳动保障厅局和财政厅局负责人，与移交方的代表签署协议。由于是多场次“一对一”谈判，把握时间节奏和科学空间布局是确保工作效率之要，于是劳动保障部和财政部确定以地方为“主队”，为每个地方“代表团”安排了专门会议室和联络员，行业主管部门为“客队”，轮流到“主队”会议室协商会谈。“金融口”的企业大都经济效益好、养老保险基金结存多，移交之后地方能得到实惠，因而协议签署比较顺利。其他 9 个行业经营状况有好有差，即使同一行业，在不同地区的企业也情况迥异，地方政府在接收态度上各有不同，“谈判”就艰难一些，偶尔还出现双方谈崩、不欢而散的场面。有的带队官员申请回地方请示后再继续谈，但按照会议事先定下的规矩，为确保 1998

年9月1日前全面完成移交任务，各方必须在会议期间签署协议，不得提前离场。好在地方政府和行业主管部门的基本目标一致，都是为了更顺利地推进养老保险工作，不存在个人恩怨，因此，就算一次没谈拢，平静下来后还可以继续协商。到9月20日晚，所有移交协议终于全部落笔签署，每份协议的签署人是4位——移交方一般由行业主管部门养老保险职能机构负责人签字，接收方一般由省级地方劳动保障厅局负责人签字，劳动保障部养老保险司负责人和财政部社会保障司负责人共同签字作为见证。

与此同时，劳动保障部、财政部分别致函各省、自治区、直辖市，将各行业应移交地方管理的企业名录及核定1997年的基本数据通知各地。至此，原11个行业实行的行业统筹正式移交地方管理。

一连串的后续动作

行业统筹移交地方管理，签协议只是开头，后续工作量大而复杂。从1998年9月到2000年，中央有关部门和地方政府围绕这个专项，共同做了六方面工作，有的工作一直延续到2003年。

1. **确保养老金发放**。行业统筹下放时正值“两个确保”的紧要关头，无论管理体制如何变化，确保企业离退休人员基本养老金按时足额发放都是首要任务。原实行行业统筹的企业养老保险移交地方管理后，这项任务的主体责任也转到了各省级政府。总体来看，各地区对原行业统筹企业与本地企业同样要求、同时部署、同规管理、同等支持、同步推行养老保险费全额收缴和养老金社会化发放。但在移交初期，也有一些地方出现了偏差，特别是接收煤炭等困难企业的地区，看到其养老保险基金收支缺口大，基础管理工作又较薄弱，担心“拖累”其他企业，就对其实行了差额缴拨或“封闭运行”。对此，中央严令禁止，严肃要求纠正。同时，也针对接收行业统筹移交企业后基金缺口加大的地区给予了特殊帮助——1998年至1999年，中央财政对部分省市专项拨补50亿元资金，用于解决煤炭、有色金属、中建、水电施工等企业的养老金当期发放和补发拖欠；从1999年10月起，配合降低煤炭、有色金属等企业的养老保险费率，中央财政每年投入64亿元弥补由此导致的地方养老保险基金新缺口。这些举措，对确保原行业统筹企业离退休人员基本养老金按时足额发放和补发历史拖欠，促进将“封闭运行”变为统一管理，起到了至关重要的作用。

2. 核定统筹项目。1997 年统一全国企业基本养老保险制度后，各地陆续开展了清理国家规定纳入统筹基金支付范围外待遇项目的工作。原行业统筹的企业过去也执行了一些其主管部门自行规定的待遇项目，在向地方移交中，各行业之间以及与所在地区之间，待遇项目你有他无、你高我低的矛盾凸显出来。为提升基本养老保险制度的统一性、规范性，劳动保障部、财政部对统筹项目逐一进行了审核认定，在保持已离退休人员的养老保险原待遇基本不变的前提下，划清了各省级统筹基金和各企业分别支付的范围，明确了责任边界。

3. 制止和清理违规提前退休。在作出行业统筹下放的决策时，决策层就意识到移交过程潜在的风险，特别是基金结存多的行业，为了抓住最后机会多给本行业职工“谋福利”，可能会利用审批退休的权力，违规办理提前退休，多耗用结存基金，以期少向地方移交资金。为此，劳动保障部按照国务院指示，于 1998 年 6 月印发《关于不得违反国家规定办理企业职工提前退休的紧急通知》，要求到年底前，各地区、各有关部门（行业）一律暂停办理因病退职和特殊工种提前退休的审批手续，即为保证顺利移交实行了阶段性冻结。但在实际操作中，违规办理提前退休，甚至伪造证明办理病退的现象还时有发生，有的部门所属企业在移交前大规模突击办理，最极端的事例是，有的职工 27 岁就“退休”了，受到国务院领导同志当面点名的严厉批评。1999 年 3 月，劳动保障部印发《关于制止和纠正违反国家规定办理企业职工提前退休有关问题的通知》，国务院办公厅也要求各地政府和有关行业主管部门对提前退休人员进行审核清理，对违规问题予以纠正。各地和有关部门在审核清理工作中收回一批违规退休人员，但还是有相当一部分人已经“覆水难收”。这不仅加重了养老保险基金的负担，也造成了矛盾隐患——有些人多年后来“找后账”，声言是企业欺骗自己提前退休造成个人损失，要求重回岗位。这是行业统筹下放中的一个不和谐的“插曲”，违规操作导致既亏国家又损个人，教训深刻，应引为前车之鉴。

4. 调整企业费率，确定新退休人员待遇过渡办法。1999 年 2 月，劳动保障部、财政部印发《关于调整原行业统筹企业缴纳基本养老保险费比例等有关事项的通知》，并于1999年和2000年两次对各地上报的原行业统筹企业费率进行确认——低于13%的，一步提高到13%；在13%~20%的，按每年不超过2个百分点的幅度调整，最高不超过20%；高于20%的，每年适当降低。针对煤炭企业退休负担重、费率普遍高于地方的问题，从1999年10月起，其基本养老保险费率按照所在省（区、市）的统一规定执行，即一步降低到位，由此导致的基金收支缺口，中央财政给予适当补助。到2003年，原行业统筹企业的基本养老保险费率完全统一到各省规定的比例，完成了过渡。同时，原行业统筹企业1999年以后退休人员的养老保险待遇按所在省（区、市）的办法执行；对按照原行业统筹计发办法计发待遇高于按地方计发办法的部分，采用加发补贴的办法解决，所需费用从省级统筹的基本养老保险基金中支付；补贴标准根据退休年度，按照“高出”部分的90%、70%、50%、30%、10%的比例逐年递减，2004年新退休的不再发给该项补贴。这种渐退的方式，缓解了行业与地方、后退与先退的矛盾，大体保证了待遇水平的平滑过渡。

5. 对行业结余基金进行审计。行业统筹下放，要交人、交事，也要交钱。交多少钱，不能由任一单方说了算，也不能由双方自行商定，而要由第三方权威机构认定。从1999年3月起，审计署、财政部、劳动保障部对原行业统筹结余基金存在中央和地方的部分分别进行了审计，基本摸清了移交后行业基金的收支情况和结余基金的分布状态，据此确定了行业统筹结存基金移交地方的数额，完成了对行业统筹养老保险基金的收支结算。

6. 调整个别企业的养老保险属地划分。移交初期，为保证过程顺利，先按照大的隶属关系确定了有关企业的地区归属；大局稳定后，又针对具体矛盾进行了个别调整。比如，丰满发电厂、白山发电厂、丰满电力工业学校都隶属总部设在沈阳的东北电管局，因此最初将其养老保险关系移交给辽宁省管理。但这3个单位都地处吉林省，经与有关部门和省政府协商，按照有利于企业组织生产、方便离退休人员生活的原则，转给吉林省管理。情况类似的新安江水电厂、富春江水电厂、天荒坪抽水蓄能工程公司的养老保险关系，也从初期移交上海市管理调整给浙江省管理。

积极效应符合预期

行业统筹下放是党中央、国务院从全局出发，为完善社会保障体系，经过反复研究和慎重考虑作出的一项重大决策，其实施效果也基本符合设计的目标。

一是增强了养老保险基金总体支撑能力，更有力地确保了养老金发放。世纪之交的养老保险制度改革，确保发放是头等大事，而资金缺口是瓶颈所在。在动基金结存、改结算方式、推社会发放、给财政补助等一系列“高招”出手的同时，中央又推出行业统筹下放的举措，使各地多了一种养老保险基金收入增长和结存增加的稳定资源；而且由于减少了“条块分割”，基金使用的集约化程度和效率都更高了；何况中央财政对基金收支有缺口的原行业统筹企业，又给了接收地区专项补助。这些举措无疑都有力支持了地方确保养老金发放和补发历史拖欠。

二是推动了企业职工基本养老保险制度的统一。行业统筹下放后，参保范围、职工个人缴费比例、个人账户规模和结构等立即实现了在同一地区的统一；企业费率按照确定的目标缩小差距，经过逐年调整，也较快实现了地区统一；而新退休人员的基本养老金确定按照地方的统一办法计发，对“高出”部分通过 5 年过渡，也最终实现了待遇标准统一。这些都是在地方统筹与行业统筹并行、条块分割的管理体制下难以实现的。

三是促进了养老保险基金省级统筹。行业统筹移交地方，实行省级直接管理，而不再下放到市县，这是一招儿“妙棋”，既理顺了养老保险管理体制，又助力了省级统筹制度的建立与完善。各省级地区原来就直接管理经办了一些养老保险业务，主要是省属单位和非行业统筹的部分中央企业等。行业统筹移交到省后，省级直接管理养老保险的人员少则增加几十万，多则增加上百万。扩大的省级业务规模，对所属各地市的影响力、示范性显著增强。移交来的行业统筹又为省级养老保险基金注入了新的资金。据分析，中西部地区和老工业基地各省区的养老保险基金结存，省级掌控了一半以上，有的高达 80%，其中主要是中央财政专项转移支付和行业统筹下放移交的结存基金。省级有了结存基金的主导权，在全省统筹或基金调剂中的指挥调度更加从容，对所属地区的业务指导和政策规范也更加有效。

四是加强了养老保险管理与服务。随着行业统筹下放，行业和地方在养老保险方面“形同陌路”的格局被打破，在管理服务上有了取长补短的可能：前者长于处理管理对象跨地区的权益保障措施，善于组织周到的服务；而后者长于超越单位范围，调动社会资源参与社保服务。二者相互借鉴，受益的是服务对象。同时，行业统筹下放中反映出来的各方政策不衔接、退休审批不规范、基金管理有瑕疵等问题，把原来被掩盖的一些矛盾比较充分地暴露出来，为健全管理制度、提升社保服务水平找到了对症下药的着力点。

在过往 70 年的社会保障发展中，属地管理是基调，行业统筹只存在了十几年。行业统筹下放是特定历史时期的一个特殊的变革举措，那种“31 方诸侯”“16 路大军”交叉协商、限时签约的场景在我国社会保险工作领域应该不会再现了。然而，工作中精心制定移交政策所体现出的理念、原则和思想方法，周密组织高度复杂活动的系统设计和协调机制，逐项落实既定政策的坚定性和节奏感，都是十分宝贵的经验，值得在其他社会保障工作中参考借鉴。

第四节　社会保险费征缴暂行条例

第十二章讲到，1999 年 1 月 22 日国务院颁布了《失业保险条例》（国务院第 258 号令），其实在同一天颁布的还有国务院第 259 号令——《社会保险费征缴暂行条例》（以下简称《征缴条例》）。这两个条例与同年 9 月 28 日颁布的《城市居民最低生活保障条例》一起，构成了“两个确保”期间社会保障领域三大行政法规，其效力一直延续了 20 年。

偶然中的必然

《征缴条例》在 1999 年年初颁布，多少有点出于“偶然”。

“两个确保”实施半年多以后，1999 年 1 月 13 日，国务院在北京召开国有企业下岗职工基本生活保障和再就业工作会议，国务院领导同志和各部门、各地区政府主要负责人齐聚国谊宾馆，总结 1998 年“两个确保”的经验，分析形势和问题，研究部署 1999 年这方面的工作。会议开得很务实，也很开放，国务院领导同志与地方和部门负责人面对面交流、讨论，不掩饰问题，不回避矛盾，共同寻找解决对策。当讨论到地方还有什么重大困难的时候，西部地区一位政府负责人直言：现在确保养老金发放的目标实、责任重、压力大，而保障资金供给的手段少、措施虚。比如企业不缴、少缴、迟缴社会保险费，政府拿它也没啥硬办法。这样下去，仅有的那些结存基金也会坐吃山空。建议国务院尽快立法，把征收社会保险费这一手也硬起来。他的建议得到不少地方的共鸣。国务院领导同志在会议总结中，强调各地必须把“两个确保”作为硬指标和首要任务，同时认为地方的建议有道理，指示有关部门加快起草制定有关社会保险费征缴的法规，规范社会保险费征收和缴纳行为。

实际上，早在 1995 年《劳动法》实施后，有关部门就开始研究起草社会保险费征缴的法规。1997 年统一全国企业基本养老保险制度，规范了企业和个人缴费比例，扫掉了立法中的又一个障碍，法规草案的框架已大体成型。但在一些具体问题上，有关方面还有不同意见，难以协调一致。最大的分歧是在社会保险费征收体制上。财税部门认为税务征管力度大，规范性强，主张由税务机关履行征收职责。劳动部门则认为，社会保险费是定向征收的基金，与税收的性质完全不同。特别是我国确定统账结合的养老和医疗保险制度模式，个人缴费的全部和单位缴费的一部分记入个人账户，更与税收的公共属性南辕北辙，因而主张由社会保险经办机构实施征收。这是原则性的分歧，如果达不成一致，法规就没有施行的必要基础；而要在如此重大的问题上形成共识，岂是一年半载的事，就连国际上也是社会保险机构征收基金和税务部门征收社保税两种方式和体制长期并存。如果没有“偶然”因素介入，这个法规的出台还不知要延宕多长时间。

“1・13”会议把依法筹资、加强社会保险费征收的重要性和急迫性端到“台面”上来，像是一针强力助产剂，迅速催生了《征缴条例》。仅仅 9 天之后，这个行政法规就公之于众，并从公布之日起立即生效施行。说是

“偶然”因素，其实也包含着必然：社会保险基金的归集（征收、缴纳）和支付，本来就是同一事物的两面——有充足的资金保障，社会保险待遇支付才有坚实、可持续的物质基础；而征集社会保险资金的目的，完全是为了保证制度规定待遇的支付，分散参保人的经济风险。1998 年启动的“确保养老金发放”，抓住了体制转轨、国有企业改革、亚洲金融危机背景下企业离退休人员基本养老金权益受损的突出矛盾，从支付端入手，一步步揭示出基金结算方式不对、统筹互济不力、管理体制不顺等深层次矛盾并逐一突破，逐渐触及筹资端的缺陷，在建立财政资金补助机制的同时，必然提出严格基金征收、加强法制建设的命题。这种抽丝剥茧、层层深入的过程体现了改革由此及彼、由表及里的内在逻辑，最终形成了全面改革职工养老保险制度的整体框架和不可逆转的态势。

至于社会保险费征收管理体制问题，国务院决定暂时搁置分歧，先从两个层面作出安排：在行政职能层面，国务院和地方各级政府劳动保障行政部门负责全国和本行政区域内的社会保险费征缴管理和监督检查工作；在征收机构层面，由省级政府作出规定，可以由税务机关征收，也可以由劳动保障行政部门按规定设立的社会保险经办机构（以下简称社保经办机构）征收，前提是养老、医疗、失业等社会保险费要集中、统一征收。这是将疑难问题留给实践和时间去寻找和检验答案的处置方法，也是这个行政法规称为“暂行条例”的主要原因。但这一“暂行”就是 20 年，直到 2018 年的机构改革方案中，才将并行的两种社会保险费征收方式归并由税务部门征收。

《征缴条例》的历史贡献

《征缴条例》共 31 条，主要是围绕社会保险费征收管理作出规定，但不限于此，对当时社会保险改革发展中的诸多重大问题都提出了规范性或方向性举措，其中有些在之前的政策性文件中曾有过表述，但以行政法规方式确定，更显严肃性和稳定性。论历史定位，《征缴条例》是自《劳动保险条例》以后首部涉及社会保险综合性制度安排的行政法规，而不同于专门规范退休、失业、医疗等单项社会保险制度的法规或政策性文件；论历史贡献,《征缴条例》在多个方面具有开创性,对社会保险制度发展的推动力强劲。

1. 以法规形式明确社会保险各主要制度的覆盖范围。《征缴条例》从确定社会保险费征缴范围的角度,规定了基本养老保险、基本医疗保险、失业保险制度的覆盖范围,三项社会保险的共同范围是国有企业、城镇集体企业、外商投资企业、城镇私营企业和其他城镇企业及其职工。此外,分别规定了三项社会保险各自的独特覆盖范围,即养老保险还包括实行企业化管理的事业单位及其职工;失业保险则包括事业单位及其职工;医疗保险的范围最宽,还包括国家机关及其工作人员、事业单位及其职工、民办非企业单位及其职工、社会团体及其专职人员。同时对省级政府作出两方面授权:一方面,允许其根据本地实际情况,决定《征缴条例》适用于本行政区域内工伤保险和生育保险,这与 1995 年施行的《劳动法》所规定的五项社会保险衔接一致;另一方面,允许其根据当地实际情况,将城镇个体工商户纳入基本养老保险、基本医疗保险的范围,将社会团体及其专职人员、民办非企业单位及其职工,以及有雇工的城镇个体工商户及其雇工纳入失业保险的范围。这些规定,既是当时各项社会保险制度本身覆盖范围各有不同的反映,又以行政法规形式对相关政策规定(如国务院 26 号、44 号文件等)作了固化和提升,还通过授权预留了制度扩展覆盖面的空间。这些规定,适应市场经济体制发展的要求,突破了所有制、用人形式的界限,以最大的包容性吸纳各类用人单位及其员工参保,对于以后社会保险工作领域持续、强力推进扩大覆盖面行动,起到了巨大作用。

2. 建立社会保险登记制度。规定缴费单位必须向当地社保经办机构办理社会保险登记,作为参加社会保险的标志和缴费的前置程序,社保经办机构负责办理登记、变更、注销等手续,并发给全国统一样式的社会保险登记证件。法规首次对参保程序作出如此明确的规定,表明社保管理开始走向规范、成熟。

3. 实行缴费申报制度。过去采取的办法是,由社保经办机构依据参保单位工资数据核定其应缴费数额,下达给缴费单位,据此征收。这种方法带来的问题是,如果核定缴费额度不实,单位少缴、漏缴了,责任全在社保经办机构；如果单位工资数据不全，社保经办机构也难以核定其缴费额度。《征缴条例》规定，缴费单位必须按月申报应缴纳的社会保险费数额，由社保经办机构核定；不按规定申报的，由社保经办机构按上月缴费加收10%的数额或按单位经营状况、职工人数等有关情况直接确定其应缴费数额；个人应缴纳的社会保险费由所在单位从其本人工资中代扣代缴。把"下达制"改为"申报制"，明确规定主动申报缴费和为职工代扣代缴是用人单位的义务，有助于提高其社会保险意识，也有利于减少社会保险缴费的跑冒滴漏现象。

4. **强调货币缴费形式**。规定所有社会保险缴费都应当以货币形式全额缴纳。这条规定，现在看上去似乎有点多余，但在当时，确有不少单位拿不出钱来，采取"以物抵费"的非货币形式缴费，而"物"大都是本企业积压的产品。有的地方社保经办机构有时出于无奈，也接收这些物品，变卖后充抵缴费，但隐含着物品无法变现或贬值致使基金受损的风险。《征缴条例》坚决否定了这种缴费方式，据此，有关部门还组织一些地区清理"以物抵费"行为，逐渐消除了这种不规范现象。《征缴条例》还针对有的地区随意开政策口子的问题，规定"社会保险费不得减免"。这条禁令强调的是，社会保险费是否减免的权力在中央，地方政府不能一面拿着中央补助资金，一面"做好人"减少社会保险费征收；对缴费确实困难的单位，可以允许一定期限的缓缴。在以后20年的实践中，这条禁令执行得并不理想，其中既有社会保险费率偏高、困难企业承受不起的客观因素，也有一些地区以降低社会保险费为"筹码"吸引投资的扭曲动机。可见，法规制定不易，真正落实尤难。

5. **违反缴费规定的处置措施**。分为三类：第一类是对单位欠缴加收滞纳金。对未在规定期限内缴纳社会保险费和履行代扣代缴职责的单位，由有关行政执法机关责令限期缴纳；逾期仍不缴纳的，除补缴欠缴数额外，按日加收2‰的滞纳金；滞纳金并入社会保险基金。第二类是对违规单位责任人的行政处罚。针对的行为有：未按规定办理社会保险登记的，未按规定申报应缴费数额的，伪造、变造、故意毁灭有关账册、材料或者不设账册致使无法确定社会保险费缴费基数的。处罚措施有：行政部门责令限期改正，情节严重和特别严重的，对相关责任人员处以数额不等的罚款；依照有关法规给予行政处罚、纪律处分、刑事处罚。第三类是司法强制。对逾期拒不缴纳社会保险费、滞纳金的缴费单位，由负责社会保险费征收的有关行政部门或执法机关申请人民法院依法强制征缴。这一组处罚措施都是首次规定，已经达到了当时行政法规有权规定的行政处罚的“上限”，在很大程度上弥补了社会保险费征收强度不足的“软肋”，对蓄意逃避缴费义务的单位是一种震慑，也是对地方政府建议的积极回应。

6. 明确基金管理基本规则。在各单项的社会保险法规、规章和政策中，都有社会保险基金管理的相关规定，《征缴条例》将其统合起来，作出一致性基本规定。其主要内容包括：按照社会保险不同险种的统筹范围，分别建立基本养老保险、基本医疗保险、失业保险等基金；各项社会保险基金分别单独核算，专款专用，任何单位和个人不得挪用；征收的社会保险费存入财政部门在国有商业银行开设的社会保障基金财政专户；社会保险基金不计征税、费；社会保险基金实行收支两条线管理，社会保险费征收机构不得从中提取任何费用，所需经费列入预算由财政拨付。这些规定厘清了一些过去较为模糊的政策边界，搭建起社会保险基金管理的基本规则框架，为确保基金安全和有序运行奠定了制度基础。

7. 规范社保经办机构有关责权。主要职责有：建立并完整保存缴费记录，为缴费单位和个人提供符合规定的查询服务；每年向缴费个人发送基本养老保险、基本医疗保险个人账户通知单；定期公告社会保险费征收情况，接受社会监督。规定的权限有：依法对单位缴费情况进行检查时可以记录、录音、录像、照相和复制有关资料；受劳动保障行政部门的委托进行与社会保险费征缴有关的检查、调查工作。这些都是行政法规首次对社保经办机构的行为规范作出规定，虽然只涉及社会保险费征缴的部分而非社保经办机构的全部职能，但确是指引社保经办机构走向规范化管理的良好开端。

8. 构建多元化基金监督体系。《征缴条例》从四个方面勾勒出有关社会保险费（基金）监督体系的轮廓：一是本单位监督，要求缴费单位每年公布社会保险费缴纳情况，接受职工监督；二是主管机关履职监督，主要是社会保险行政部门或社会保险费征收机关检查、调查有关缴费情况；三是专门机关的外部监督，主要是财政部门、审计机关对社会保险基金收支情况进行监督；四是社会监督，包括社保经办机构定期向社会公告社会保险费征收情况，也包括任何组织和个人都有权举报有关社会保险费征缴的违法行为。这个“立体”监督体系的轮廓在以后实践中被逐步细化，并从征缴环节延伸到基金存储、管理、使用等各环节。

《征缴条例》的应运而生，与其他有关法规、规章和政策一起，促进了各项社会保险制度覆盖面的迅速扩大，社会保险费收入的持续增长，社会保险基金管理的规范，对当时“两个确保”目标的实现，以及 21 世纪全面完善社会保障体系提供了有力支持。

第十四章
辽宁完善社会保障体系试点

第一节　制定完善社会保障体系方案

“不谋万世者，不足谋一时。”“两个确保”战役的所有指挥者、参与者都明白：这场战役固然重要和艰难，但终究是过程而非目的，我们的目标是建立适应社会主义市场经济体制要求的社会保障体系。这个体系是个什么样貌？它的制度结构、运行机制、保障水平、财务平衡、服务手段、管理体制等如何既符合社会保障发展规律，又符合我国国情和现阶段实际？这必然是一个关乎全局和长远的系统设计，既要宏大又要周密，绝非一日之功，不能不预作谋划。

谋划工作在进入 21 世纪之前、在“两个确保”的高潮中就开始了。

2000 年 5 月 26 日，国务院在北京召开进一步完善社会保障体系座谈会，国务院领导同志、有关部门负责人和北京、河北、内蒙古、辽宁、陕西等省（区、市）政府负责人出席。与会者交流了“两个确保”和有关社会保障工作情况，提出了下一步的建议。会议一致认为，建立统一、规范和完善的社会保障体系是治国安邦的大计，也是社会主义事业的根本制度建设，十分必要；从这几年亚洲金融危机、国有企业改革、“两个确保”的实际情况看，完善社会保障体系的工作又十分紧迫，刻不容缓，否则将来的难度和风险会更大。会议凝聚各方共识，初步梳理了完善社会保障体系的七条主要脉络——社会保障体系必须真正独立于企事业单位之外，保障水平要与经济发展水平和各方面承受能力相适应，推进的步骤要由近及远，要实现管理和服务的社会化，健全社会保险基金监管和保值增值机制，逐步建立覆盖全国的社会保障信息网络，加快社会保障法制建设。国务院指示，按此脉络制定完善社会保障体系的总体方案。

劳动保障部是社会保障工作的主管部门，“两个确保”责无旁贷，制定完善社会保障体系的方案也义不容辞。会后，该部即着手开展调查研究，主要调动了三方面智力资源：一是动员全国劳动保障工作系统一起总结实践经验，提炼升华；二是组织各领域专家分析研判，出谋划策；三是通过翻译资料和国际交流，尽可能充分借鉴国际经验。时间不长，劳动保障部就提出了一份完善我国社会保障体系的总体框架报告。这个总体框架包含了七个方面的要点。

1. 工作范围和重点。我国社会保障体系包括社会保险、社会救济、社会福利和社会优抚等项内容，而现阶段体系建设的重点是城镇职工基本养老保险、基本医疗保险、失业保险和城市居民最低生活保障制度。把城镇作为完善社会保障体系的重点范围，与当时经济体制改革的重心所在相一致。而把职工基本养老保险制度列在首位，不仅是迫于当时养老金保发放的严峻形势，也不仅是出于市场竞争条件下均衡企业养老保障负担的需要，还预见到我国人口老龄化临近的挑战。当时预测，进入 21 世纪后，我国老龄化程度将逐渐加深，而经济发展仍处于较低水平，是典型的“未富先老”，所以必须未雨绸缪，找出解决老龄化问题的中国答案。把职工基本医疗保险作为社会保障体系建设的重点也有同样考量。人步入老年后疾病增多是自然生理现象。当时测算，离退休人员的平均医疗花费是在职职工的 3 倍，医疗保险制度改革既要横向均衡单位之间的医疗费用负担，又要纵向均衡代际医疗费用负担。把失业保险和城市低保作为体系建设重点，与当时谋划的下岗职工基本生活保障方式从双轨并行逐步转轨、并轨的改革路径密切相关。

2. **总体目标**。经过反复斟酌，提炼为“一外三化”，即建立独立于企事业单位之外，资金来源多元化、保障水平规范化、管理服务社会化的中国特色社会保障体系。这一目标阐述，集中表达了基于市场经济体制的社会保障体系的核心要素，显示出与计划经济体制下保险福利制度的根本性区别。

3. **急迫任务**。完善社会保障体系的任务千头万绪，而当时最急迫的有两个：一是完善统账结合的职工基本养老保险制度，使建立统筹机制十多年来，特别是全面建立个人账户五年来的这项制度逐步走向规范；二是以并轨为目标完善“三条保障线”，进一步加强失业保险制度，迎接 21 世纪肇始下岗职工大规模出中心或解除劳动关系后直接享受失业保险的高峰。

4. **管理服务社会化**。社会保障的对象，如退休人员、失业人员等，要与企事业单位脱钩，由社会组织统一管理，社会保险金实行社会化发放。这既是减轻用人单位社会事务负担、专注于生产经营的需要，也是市场经济条件下克服单位资源局限、充分利用社会力量为社会保障对象提供更好服务的必由之路。

5. **健全基金监管和保值增值机制**。随着社会保障事业发展，社会保险基金的规模迅速扩大，管理环节增多，安全风险也增大。要对社会保险基金的收缴、支付及营运实行全面的规范化、制度化管理监督，做到公开、透明、安全；为应对老龄化挑战，要考虑社会保险基金通过投资运作实现保值增值。

6. **广泛运用现代信息技术手段**。建立覆盖全国、功能齐全、规范透明的社会保障信息网络。社会保险基金的缴纳、记录、核算、支付以及查询服务都要纳入信息管理系统，并逐步实现全国联网，以期在三个方向上发挥功能——提高制度运行效率和服务水平；规范全国各级各类社会保险管理流程和标准；便于严格监督，减少漏洞。

7. **加强法制建设**。加大已有法规的执法力度，做到有法可依、有法必依、执法必严、违法必究；同时针对目前政策多、法规少的不足，总结实践经验，加快立法进程，将社会保障体系建设纳入规范化、制度化、法制化的轨道。

这些设计虽然还是初步的、粗线条的，却是集思广益的结果，初显登高望远的视野和纵横捭阖的手笔。如果说20世纪后期的中国社会保障制度改革还是比较分散的，有时甚至不得不采取过渡性方式（如企业再就业中心保生活）的话，那么，这个总体方案框架所描绘的就是21世纪中国特色社会保障体系建设的蓝图，综合性、长远性、立体性都是前所未有的。

第二节　辽宁试点迈出完善社会保障体系的第一步

在这个总体方案框架基础上，又经反复调研论证，形成了《关于完善城镇社会保障体系的试点方案》（以下简称《试点方案》）。2000年12月25日，也就是座谈会召开整整7个月后，国务院印发了这个《试点方案》。[①]

“落子”辽宁

与《试点方案》同时公布的还有国务院的决定：一是从2001年开始，在辽宁全省进行完善社会保障体系试点，其他省、自治区、直辖市也可选定一个具备条件的城市开展试点；二是成立由劳动保障部、国家经贸委、民政部、财政部、国家税务总局、国务院专题办、国务院体改办、全国总工会八个部门和单位组成的完善城镇社会保障体系试点工作小组，负责对试点工作予以协调和具体指导。紧接着，国务院于2001年12月26日至27日在北京召开全国社会保障工作会议，部署试点任务。在一个省和若干城市开展试点，却召开各省级政府主要负责人参加的全国性会议，足见中央对此项“功在当代、利在千秋”工作的高度重视。

《试点方案》提出的试点主要内容有八项之多，分别是：调整和完善城镇企业职工基本养老保险制度，研究制定机关、事业单位职工养老保险办法，加快建立城镇职工基本医疗保险制度，推动国有企业下岗职工基本生

① 本节有关数据来源于国务院完善城镇社会保障体系试点工作小组办公室. 完善城镇社会保障体系试点（辽宁篇）[M]. 北京：中国劳动社会保障出版社，2004.

活保障向失业保险并轨，加强和完善城市居民最低生活保障制度，实现社会保障管理服务的社会化，加强社会保障资金的筹集和管理，加快社会保障立法步伐。这体现了方案设计的系统性。其中，重中之重是第一、第四两项任务，即规范养老保险制度和向失业保险并轨。

作为全国唯一的省级试点地区，辽宁省高度重视试点工作，将此作为振兴辽宁发展的一次难得的历史性机遇，专门成立了由省委、省政府主要负责人牵头的试点工作领导小组，在国务院试点工作小组的指导下，结合本省实际，精心制定了《辽宁省完善社会保障体系试点实施方案》，2001 年 7 月 6 日，国务院予以批准。辽宁省试点启动后，省试点工作领导小组坚持每月召开一次调度会，每周通报一次试点进展情况，多次召开专题会议研究试点工作；并要求本省各市、县将试点工作作为“一把手工程”，设立相应的领导机构，形成了领导挂帅、靠前指挥、部门协同、上下贯通的组织体系和工作机制，定期考核试点工作推进情况，及时研究解决新问题。国务院试点工作小组与辽宁省地方各级党政部门一起精心组织试点，深入企业和街道、社区进行了系统的调查研究，到下岗职工家里了解他们的疾苦和诉求，发现矛盾，梳理问题，提出对策，并结合对照全国其他地区的情况，找出共性问题，提出完善相关政策的建议。

“并轨”的先行者

有关“并轨”的路径和政策，基本是按照 1999 年贵阳会议制定的“三步走”战略来设计的（见第十二章第三节）。辽宁省是著名的老工业基地，有“共和国工业长子”之称，国有企业多，下岗职工多，改革转制的困难也多。试点前的 2000 年年末，全省国有企业职工有 420 万人，其中各类离岗职工有 176 万人，占到 42%；其中进入再就业中心的下岗职工只有 44 万人，一大批离岗职工应该进中心但没有进中心，还有 14 万名下岗职工虽出了中心却没有与企业解除劳动关系。这种情况有辽宁省长期作为计划经济体制样板的特殊性，在全国也具有很强的代表性。所以，选择在辽宁率先进行试点，既是振兴东北战略的一招儿“先手棋”，又可以为全国同步推进产业结构和劳动力结构调整、建立市场导向的就业机制探索道路。

在两年半的试点期间，辽宁省共完成 175.5 万名国有企业下岗职工由企业再就业中心保障基本生活向失业保险的过渡，比原来预计的 130 万人多了 40 多万人；其中由企业承担全部经济补偿金的有 29.5 万人，享受财政资金补助的有 146 万人，人均获得经济补偿金 8 704 元。同时，共为 173.2 万名失业人员支付了 42.1 亿元失业保险金，其中有 91.3 万名并轨人员享受了失业保险待遇。此后，国有企业再就业中心全部关闭，与企业终止、解除劳动关系的职工等均直接进入劳动力市场，在政府政策支持下寻求再就业，暂时没有找到新就业岗位的符合条件的失业人员领取规定的失业保险待遇并享受再就业服务。这一转轨、并轨的成功，从辽宁本身来看，基本完成了这个老工业基地国有企业职工存量的结构调整，对减少冗员、支持国有企业改革、提高劳动生产率和经济效益发挥了巨大作用。从更大范围来看，辽宁试点探索出一条从计划经济体制向市场经济体制转轨过程中如何平稳实现劳动力战略性转移的路子，在终结国有企业几十年“铁饭碗”式劳动关系的同时，形成市场导向的就业机制和社会化的基本生活保障机制，并促进劳动者就业观念的转变。这一基本经验有很强的可复制性。辽宁试点实践印证的“三步走”战略，在各地迅速推广普及，全国的下岗人员并轨工作于 2005 年总体完成。

除了基本经验之外，辽宁试点中发现的许多新矛盾、新问题以及采取的针对性措施，对完善全国性政策或为其他地区提供借鉴，也有很高的参考价值。

一个典型问题是，“转轨”政策规定，下岗职工出中心、解除劳动关系时，企业应支付相应的经济补偿金。试点中发现，情况远比预想的复杂——除了应付的经济补偿金外，不少企业对职工还有欠发的工资及欠缴的社会保险费，甚至有的企业曾经向职工借款来维持生产经营而仍未偿还的。这些“欠债”如果不清偿，许多下岗职工难以与企业顺利解除劳动关系、走向市场。辽宁省研究采取的对策是，引导企业多渠道筹集资金，尽可能解决其与职工间的各种债务问题，但在筹资确实难以满足全部需求的情况下，企业要优先支付经济补偿金和清偿拖欠的工资、欠缴的社会保险费，而把其他债务作为经济纠纷遗留问题另行处理。这样，分清了政府引导“并轨”

的公共政策与企业和职工个人之间民事纠纷的界限，桥归桥、路归路，有利于依据不同法律和政策分别予以解决。

试点中还创造了一个新概念，也是新政策、新方法——“协议保留社会保险关系”，即对部分应当“出中心”的下岗职工，允许通过与原企业签订协议，保留其社会保险关系。试点政策的设计中没有这一条，而是规定所有下岗职工在出中心、得到解除劳动关系的经济补偿金后，其养老、医疗等社会保险关系也就此与原企业终止，待再就业后再与新单位重新建立社会保险关系，并与之前的权益相衔接。辽宁的下岗职工把这个政策叫作“买断工龄”（这一叫法后来蔓延到其他一些地区），他们特别担心被“买断”之后，一切“清零”，养老、医疗就没人管了。有关方面针对这种误解做了大量宣传解释工作，反复澄清：经济补偿金的计算办法只是一种标准，目的是公平区分不同工龄职工的差别；而职工的社会保险权益凡是具有累计性的，再就业以后都可以连续计算，是不可能“买断”的。同时，辽宁省采取了“变通”办法——对距法定退休年龄不足一定年限的下岗职工，考虑到他们很难有机会稳定地再就业的实际情况，在坚持按规定出中心、解除劳动关系的前提下，允许其与原企业协商继续保留养老、医疗等社会保险关系，可以用支付的经济补偿金缴纳相应的社会保险费，直至办理退休手续后享受相关待遇。这种办法，既坚持了转轨政策的一致性，又照顾到部分难以再就业的下岗职工的特殊情况；既通过解除劳动关系达到了调整企业劳动力存量结构的目的，又通过协议保留社会保险关系有效维护了年龄较大下岗职工的社会保险权益。这个一举多得的“妙招儿”，在辽宁试点中得到实践检验和各方认可，后来成为全国性的政策在各地应用。

“做实”的探路人

“调整和完善城镇企业职工基本养老制度”是《试点方案》确定的第一项任务，也是最为复杂的任务。辽宁省试点实施方案中，有关这项任务的内容很丰富，涉及扩大覆盖范围、规范缴费比例、建立待遇正常调整机制等，但最关键也是对全国和长远影响最大的有两条。

其一，个人账户规模和结构问题。1997 年国务院 26 号文件规定个人账户规模相当于个人工资的11%，由个人缴费的全部和企业缴费的一部分划入共同构成。这样的政策安排，有当时“中和”1995年国务院6号文件实施办法一和实施办法二的考虑，也有当时个人缴费比例尚低、需要单位缴费划转来充实的因素（见第十章）。但也带来一些困扰，如个人账户规模偏大，导致养老金待遇中个人账户养老金占比偏高，而基础养老金占比偏低，公平与效率的关系有些偏斜；又如两条供款渠道共组个人账户，操作较为复杂，对参保者理解个人账户的个人属性也造成一定困扰。能不能找到结构更合理、机制更清晰、操作更简便的办法？

其二，个人账户“空”与“实”问题。从1993年提出“统账结合”的概念，到1997年国务院发布26号文件，养老保险个人账户始终是按“空账”模式运行，即只是作为一种权益记录方式和核发待遇的依据，实际的资金则是与统筹基金合并运行的。进入21世纪后，我国人口老龄化的趋势已经清晰呈现，如果个人账户“空账”规模越来越大，可能给社会保障体系的持续稳定运行埋下隐患，给未来带来巨大的财政压力。能不能把个人账户空账逐步“做实”，力争在制度安排上均衡当前与未来的财务负担，这是一个极具挑战性的重大课题。因为当时许多地方的职工养老保险基金，仅确保基本养老金当期支付就已捉襟见肘，对中央财政补助的需求越来越大，如果再把一部分资金剥离出来为未来做储备积累，那么当期保发放的资金如何筹措？储备多大量才能满足需要？储备起来的资金又如何保值增值？显然，回答这些问题，光有逻辑推理、纸面演算是绝对靠不住的，必须通过实际操作进行理论验证、政策构建和利弊研判。全省试点的辽宁省就扮演了这个探路人的角色。这个角色的分量可不轻：从纵向看，它要化解本省以前几十年来遗留的多种历史矛盾，为今后几十年的平衡发展探索路径；从横向看，它又要为全国的职工养老保险制度的定型摸索经验，即便不成功，也可以避免其他地区再走弯路。

围绕这两个重点、难点问题，国务院批复同意的辽宁省试点实施方案，有三项重大政策调整。第一，将个人账户规模降为相当于职工工资的8%，完全由个人缴费构成，而企业按工资总额20%缴纳的养老保险费则全部纳入社会统筹基金，不再划入个人账户。第二，完善养老金计发办法，将缴费满15年及以上的参保者基础养老金标准，由一律按社会平均工资的20%计发，改为满15年者按本省职工月平均工资的20%计发，以后缴费每满一年增发0.6个百分点，总体水平控制在30%左右，以更充分地体现“长缴多得”原则。第三，对社会统筹基金和个人账户基金实行分别管理，从试点启动之时开始，个人缴费形成的个人账户不再用于当期支付，而进行“实账”积累，以达到逐步“做实”的目标；由此产生的统筹基金当期支付缺口，通过扩大覆盖面、加强基金征缴来弥补，中央和地方财政按75∶25的比例予以适当补助。

这几项调整，意义重大又相互关联。一是厘清了基本养老保险基金从筹集到管理再到支付的两条并行的链路——单位缴费纳入统筹基金、用于支付基础养老金，个人缴费纳入个人账户、用于支付本人退休后的个人账户养老金，各自承担不同功能，泾渭分明，不再相互混淆。二是将养老保险基金“部分积累”的理论模式变为实操政策，试点后新形成的个人账户资金不再用于支付当期的退休人员待遇，一步到位“做实”，这笔积累资金通过投资运营实现保值增值，而把个人账户规模缩小为8%也降低了“做实”的难度。三是更好把握社会保险制度公平与效率的关系。由社会统筹基金支付的基础养老金有与社会平均工资挂钩的因素，因而着重体现公平原则。但原来政策规定的标准基本固定在社会平均工资的20%，缴费年限越长其占比越低。改为缴费满15年后再增发比例的办法后，其计发额度随缴费年限延长而水涨船高。这在彰显公平的同时，又与个人账户养老金一起体现“多缴多得、长缴多得”的机制。四是明确了中央与地方的财政责任。在个人账户实行“实账”积累、社会统筹基金不能再占用个人账户基金后，大多数地区必然出现当期支付的资金缺口，辽宁省这样的老工业基地更是如此。为确保企业离退休人员养老金按时足额发放，对“做实”产生的基金缺口，在加强基金征缴基础上，各级财政给予专项补助，其中中央财政承担了补助额四分之三的大头。

按照试点实施方案，辽宁省在国务院试点工作小组指导下，调整完善职工基本养老保险制度的举措清晰有力，效果明显。第一，试点肇始，就将基本养老保险个人缴费比例加速提高到8%，同步将个人账户规模从11%

调整为8%，并一步到位“做实”。在到2003年年底的两年半试点期间，累计征收个人账户基金88.8亿元，比原计划多5.3亿元。第二，实行了新的基础养老金计发办法，在全省264万名企业参保退休人员中，近85万人按新办法计发了养老金，绝大多数提高了待遇水平。第三，拓宽筹资渠道，力保统筹基金当期收支平衡。辽宁省根据城镇化和就业方式多样化的趋势，把城镇个体工商户和灵活就业人员纳入参保范围，进一步扩大了养老保险制度覆盖面和缴费来源；还把原来县级统筹层次提升为地市级统筹，增强了基金调剂能力。中央有关部门和地方政府共同对账测算，摸清了确保当期发放与实现逐步积累之间的资金差额，确定中央财政对辽宁省统筹基金每年定额补助14.4亿元，至2003年年底合计补助了36亿元；辽宁省也积极调整本省财政支出结构，同期各级政府安排的就业、养老、低保、失业、下岗、并轨六项财政资金逐年大幅增长，确保了企业离退休人员基本养老金按时足额发放。第四，“做实”积累的个人账户基金全部集中到省级社保经办机构统一管理，至2003年年底已对83亿元资金进行了投资运营，其中购买国债43亿元，银行5年期“协议存款”40亿元，在当时尚未开通市场化投资渠道的背景下，尽可能增加积累资金的收益。

与此同时，辽宁省的试点也从实践层面对“做实”养老保险个人账户、实现部分积累模式提出了一些现实而尖锐的问题。一是基金收支平衡确实承受着极大压力。从完全现收现付模式改为部分积累模式，必然打破养老保险基金原有的收支平衡，还涉及过去多年个人未缴费、基金无积累的“历史隐性债务”问题。辽宁省仅仅是对试点后的个人缴费“做实”积累，就需要中央和地方政府动用大量财政补贴，如果推及全国，再追溯弥补“历史欠账”，将是巨额开支。这就不仅是考验基金的承受能力，对国家财力也是严峻的挑战。二是个人账户“做实”后的基金保值增值问题突出。当时国家政策限定只能“存银行、买国债”，导致投资运营渠道少、收益率低，要真正做到保值增值，必须拓宽市场化投资渠道，而同时又要规避市场重大风险，确保基金安全，这确实是个两难课题。

第三节 辽宁试点的意义与价值

世纪之交，经济体制深度变革，国有企业改革风起云涌，产业结构调整大刀阔斧，我国经济社会发展具有除旧布新的鲜明时代特征。与此相适应，劳动力市场从发育走向成熟，社会保障制度从应运而生渐趋系统设计。在这一特定阶段，辽宁省按照中央部署开展完善城镇社会保障体系试点，有多方面意义和价值。

第一，“并轨”的实质是向市场经济体制转轨。辽宁省是全国国有企业职工占城镇就业者比重最高的省份，在这个曾经是“计划经济大本营”的地区进行“并轨”试点是一种全方位的挑战。首先，挑战政策“接轨”技术。只有做到计划经济老办法—过渡阶段临时措施—市场导向就业和社会化保障新机制的无缝对接，通过实践检验各项政策的合理性和有效性，才能形成向全国推广的经验。其次，挑战政府管理能力。各级政府都要随体制转轨而转变职能，减少对微观经济的行政干预，学会在监督市场运行、维护公平竞争的同时，将更多资源投入到促进就业和保障基本生活的公共服务领域。辽宁省在试点中，一方面加大就业和社会保障资金投入，另一方面在全省 586 个城市街道全部建立起劳动保障事务所，在 99% 的城镇社区建立了劳动保障服务站，可以说是正视挑战、积极转变职能的一个侧影。最后，挑战传统观念。多年来，国有企业职工形成了一种“进了企业门，就是国家人”的观念，个人甚至家庭成员的生老病死全都与企业紧紧联系在一起。辽宁省在试点中，努力厘清政府、社会、企业、职工之间的责任、权利、义务关系，并坚持开展普遍深入的宣传工作，使市场化就业、社会化保障的理念渐入人心，促进社会传统观念向适应市场经济体制的理念转变。辽宁省在试点总结中写道：对许多职工来说，这一转变往往是被动的，甚至是痛苦的，但从全局和长远看却是必需的，这也是试点工作虽然历经困难，但最终能够顺利进行并取得预期成效的重要思想支撑。试点期间，辽宁省先后有 175.5 万名下岗职工出中心并与企业解除劳动关系，总体进程平稳有序；同期，养老保险等社会保险的参保人数不降反增，证明职工群众在脱离了原有“企业保障”体制后，对社会保险逐渐认识、认可和认同。

第二，“做实”是一次有目标、有系统设计的实验。如果说早期的改革许多都是“摸着石头过河”，在辽宁进行的做实养老保险个人账户的试点倒是有点像“铺下石头过河”，不是漫无目标地探寻，而是踩着“逐步做实”这块石头，验证能不能渡过老龄化高峰的宽广河流。围绕“做实”，收缩了个人账户规模，剥离了单位缴费划入部分，提升了统筹管理层级，注入了各级政府财政补助，还探索了购买国债、协议存款等保值办法。固然，人口老龄化是贯穿整个21世纪中国经济社会发展的重大挑战，不可能期待在两年半的时间里就找出社会保障的终极解决方案。但辽宁试点毕竟为调整完善城镇职工基本养老保险制度提供了一个省级实践的完整“模板”，交出了第一张答卷。更重要的是，引发了社会各界对完善中国特色社会保障体系议题更广泛的讨论、更深入的思考，也催生了更多实验。2003年以后在吉林、黑龙江两省扩大试点，以及后来在其他地区进行不同方式和力度的“做实”试点，都是辽宁试点的“续集”。这种连续性的探索，表明中国社会保障体系建设的决策者在思想上已经开始形成了自觉，不是被动地应对棘手矛盾，而是有意识地去规避重大风险，通过反复试验来验证认知、摸索规律、修正路径。辽宁试点承担着改革先锋官的使命，在这条漫长的探索道路上留下了第一串脚印。

第三，把社会保障织成一张立体的网。“并轨”和“做实”是辽宁试点的重头戏，但完善社会保障体系不应是平面的，更不是单线条的，必须进行全方位的建树。辽宁试点创造的实践经验有：在各类资源的调度和配置上，建立纵贯各级的强有力领导体制，强化党委、政府对就业和社会保障工作的责任，形成多部门协调配合的共进机制；切实调整财政支出结构，加大对就业和社会保障的资金投入力度，通过提高统筹层次提升社保基金使用效率；组成有关部门和工会等社会组织代表参加的社会保障基金管理监督委员会，加强对社保基金运行的监督。在社会保障制度的横向扩展上，扩大养老、失业、医疗保险制度的覆盖面，同步健全城市居民最低生活保障制度，加强各项社会保障制度的相互衔接，努力彰显公平，稳定和改善社会预期。在管理的纵向深度上，初步建立起集中式数据库和覆盖全省的就业和社会保障信息网络系统，提高管理效能；同时将政府社会管理和公共服务职能向下延伸，全面建立城市街道、社区的劳动保障服务站点，提高服务的便捷性；将近 300 万名企业退休人员纳入社会化管理服务，使其摆脱了对原单位的依赖。在思想和工作方法上，坚持调查研究，求真务实，抓住事关全局的突出矛盾，及时发现和解决影响群众切身利益的新问题，广泛持续开展宣传工作，引导群众理解和支持改革，不仅作为社会保障的受益者，也成为完善社会保障体系建设的参与者。

辽宁试点不同于 20 世纪 90 年代中期的医保、职工养老等单项社会保险制度试点，也不同于地方自发的改革探索，是新中国成立以来，首次由中央规划设计、在一个省级地区进行的全面完善社会保障体系的尝试，其追求目标之高，涉及范围之广，所遇矛盾之尖锐，系统运作之复杂，都非往昔可比。试点取得的所有经验，包括经历的困难和曲折，都为后来在全国范围内推进社会保障改革发展提供了宝贵的参考。

第十五章
这 10 年，还应载入史册的事件

1993 年至 2002 年的 10 年，改革旧体制、重建新制度是社会保障领域的主旋律，特别是后 5 年，“两个确保”、完善社会保障体系的辽宁试点更是激昂高亢的乐章，在中国社会保障史上留下长久的回响。此外，还有几件事情在历史上留下深刻印记。

建立全国社会保障基金

2000 年 9 月 25 日，国务院决定建立全国社会保障基金，设立全国社会保障基金理事会，直属国务院领导，并授权财政部和劳动保障部作为监管单位。

全国社会保障基金的资金来源，有中央财政直接拨入的资金；有通过变现部分国有资产所获得的资金，如国有大中型企业境外上市募集资金的一定比例；也有通过其他形式筹集的资金，如彩票公益金收入的一定比例。显然，这个基金与每时每刻都在各地实际运行的各项社会保险基金不属于同一范畴，是直接由中央管理、财政渠道安排、事关未来社会保障财务平衡的战略性储备。

全国社会保障基金理事会简称社保基金会，主要任务是：管理各条渠道筹集的资金；根据财政部和劳动保障部共同下达的指令和确定的方式拨出资金；挑选、委托专业性的资产管理公司对基金的资产进行运作，以实现其保值增值；向社会公布社会保障基金的资产、收益、现金流量等情况。

社保基金会的投资方式是直接运作与委托投资管理人运作相结合。委托投资管理人管理和运作的基金资产由理事会选择的托管人托管。通过战略和战术性资产配置对资产结构实行比例控制。全国社会保障基金可在境内和境外进行投资。境内投资范围包括银行存款、债券、信托投资、资产证券化产品、股票、证券投资基金、股权投资和产业投资基金等。境外投资范围包括银行存款、银行票据、大额可转让存单等货币市场产品，债券、股票、证券投资基金，以及用于风险管理的掉期、远期等金融衍生工具。

2000 年 12 月，几乎与国务院印发《关于完善城镇社会保障体系的试点方案》同时，中央财政向社保基金会拨付了第一笔 200 亿元款项。这两件事密切相关，都是完善社会保障体系的重要组成部分。在充分预判了我国人口老龄化的趋势和职工养老保险未来基金平衡压力增大的前景后，《试点方案》中提出多项对策，在穷尽了当时所能想到的所有筹资渠道后，又加上一个重重的砝码——建立全国社会保障基金，为应对老龄化高峰的严峻挑战做更充分的准备，届时一旦养老保险基金收支缺口加大、财政资金也难以完全弥补时，就可以动用这笔战略储备。这一构想长远而宏大，但真正见效要等到几十年后，在当时财政十分困难的情况下付诸实施，是需要巨大勇气和宽广胸襟的。以“前人栽树后人乘凉”的气度毅然决然作出未雨绸缪的战略决策，确是时代之幸、百姓之福，后来近 20 年的实践反复证明了这一决策的正确性。

制定《农村五保供养工作条例》

20 世纪 50 年代初建立农村五保供养制度时，确定的供养对象是农村生产合作社中缺乏劳动力或者完全丧失劳动能力的老、弱、孤、寡、残社员，供养内容是保吃、穿、烧柴、少儿教育和安葬，资金来源是生产队的公益金以及生产大队的补助。

改革开放后，针对农村实行家庭联产承包责任制、人民公社“三级所有”体制改为乡—村管理体制，以及农民生活需求的变化，1994 年国务院颁布《农村五保供养工作条例》，将五保供养对象确定为农村居民中没有法定扶（抚）养人、没有劳动能力、没有经济收入来源的老年人、残疾人和未成年人，供养的内容调整为在吃、穿、住、医、葬及孤儿教育方面给予生活照顾和物质帮助，资金来源改为“村提留或者乡统筹费”，形成了适应新情况的规范制度。但受我国农村经济发展水平和乡村财力的约束，农村五保供养的规模和水平是有限的。据民政部门统计，1996 年全国农村集体经济共筹集资金 17.7 亿元，供养五保对象仅 244 万人。

清理整顿农村养老保险

第三篇讲到，1992 年民政部制定颁布了《县级农村社会养老保险基本方案（试行）》等政策，指导各地的农村社会养老保险制度试点。本来的设想是逐步扩大范围，没想到发展势头颇猛，到 1997 年年底已经有 2 200 多个县（市、区、旗）合计 8 200 万名农民参保。

农村社会养老保险后来被称为“老农保”，是我国历史上第一次通过社会化方式解决农民养老保障问题的尝试。方案的设计借鉴了国内外商业人寿保险的一些做法，在资金管理上则参考了城镇职工养老保险的经验，在率先解决了温饱问题的一些农村地区，特别是乡镇企业比较发达的地方，确实得到农民群众的欢迎，如江苏、山东、上海等地农民投保的人数较多。但由于当时经济发展水平、国家财力和管理水平的局限，老农保在运行实践中也暴露出不少问题。一是筹资渠道狭窄，主要靠农民自己缴费，指导政策中所称“国家扶持”，实际上仅限于对乡镇企业补助员工个人缴费的税前列支；由此导致预期待遇水平过低，后来反映有的农民 60 岁以后每月只能领取几角钱，起不到养老保障的作用。二是有强制农民缴费投保的现象，有些基层单位为完成上级布置的任务，违背了农民自愿的原则搞摊派，演变为变相加重农民负担。三是资金管理层级低，以县为单位自定标准、自行管理，造成地区之间高度不统一，同时存在着基金风险。四是基金运营不可持续。当时国内曾出现过一股“高息揽储”风潮，一些地区以百分之十几的高回报率吸引农民投保，但风潮一过，这种过高承诺落空，变成对农民的“空头支票”，打击了投保的积极性。

如1996年年初，中央农村工作领导小组在调查农村基层乱收费的情况时就曾发现，山东省一个贫困县强行向各乡镇摊派600万元农保缴费任务，山西省某县一对青年农民办结婚证被强迫交纳了600元养老保险费。中央当年印发《关于切实做好减轻农民负担工作的决定》，在“五禁止”中明确要求“不得以任何形式下达保险指标，强行要求农民投保”。

20世纪90年代末，亚洲金融危机爆发，我国一些金融机构经营不规范，存在大量不良资产，在外部变数冲击下极易危及国家金融安全，中央决定集中整顿国内金融秩序。鉴于老农保涉及农民集资问题，其中存在一定的债务风险隐患。1999年国务院决定，对老农保业务也进行清理整顿，基本政策是：能退保的尽可能退保，暂时不能退保的也要停止接受新业务，有条件的可以逐步将其过渡为商业保险。

此前的1998年，按照国务院机构改革方案，民政部管理的农村社会保险职能调整划入新成立的劳动保障部。此后几年，劳动保障部接手老农保的清理整顿工作，根据国家金融政策适当调低了农保资金回报率等标准，并将原来集中到中央（民政部）投资的资金逐步清算退还各地。但各地政府机构改革进度不一，老农保业务在部门之间交接迟缓，少数地区对农民进行了退保处理，绝大多数地区的老农保工作处于停滞和等待状态，进入了长达10年的“冬眠期”。

社会保障理论研究和专业教育培训进入高潮期

这一时期，多种有关社会保障的学术专著（包括译著）在我国出版（见表15-1），在社会保障理论研究方面呈现百花齐放的局面。

社会保障主管部门年年举办多种类型、不同层次的专业培训班，紧密结合社会保障制度改革的实践进程和典型案例，加强对各级社保干部的培训。同时，编辑出版了“全国劳动和社会保障干部培训教材”、《社会保障业务讲座》、《社会保险制度改革15讲》、《社会保险管理实务》等50余种专业培训学习用书。

表 15-1　这一时期出版的社会保障专著示例

年份	著作名称	出版单位
1994	中国社会保障论	湖北人民出版社
1995	社会保障学	中国劳动出版社
1996	社会保险基金管理	中国劳动出版社
1997	论中国特色社会保障道路	武汉大学出版社
1998	养老金制度与资本市场	中国发展出版社
1999	中国社会保险基金运作与管理	企业管理出版社
2000	世纪抉择——中国社会保障体系构架	中国劳动社会保障出版社
	中国社会保障体系的改革与完善	民主与建设出版社
	社会保障学：理念、制度、实践与思辨	商务印书馆
2001	劳动和社会保障精品文丛	中国劳动社会保障出版社
2002	全球养老保障：改革与发展	中国劳动社会保障出版社

社会保障专业课程也在这一时期进入高等教育。特别值得记载的事件是：1993 年中国人民大学劳动人事学院率先招收社会保障（社会工作与管理）专业本科生。1995 年 12 月，武汉大学成立社会保障研究中心，并于 1996 年首次招收了两名社会保障方向的硕士研究生。1997 年 6 月，国务院学位委员会和国家教委联合颁布修订后的《授予博士、硕士学位和培养研究生的学科、专业目录》，在“公共管理”一级学科下新增“社会保障”二级学科。1998 年，中国人民大学、武汉大学、辽宁大学设立社会保障专业的硕士点，武汉大学设立该专业的博士点。同年 7 月，教育部颁布重新修订的《普通高等学校本科专业目录》，在“公共管理”科目下设立了“劳动与社会保障”学科，9 所高校被批准开设这一专业，两年后增加到 20 余所高校。2000 年以后，高校社会保障教材逐步系统化、系列化，其中比较有代表性的，一是由中国人民大学劳动人事学院组织专家编写的“21 世纪社会保障系列教材”，课程以社会保险的险种为主线设置；二是由教育部组织武汉大学、中南财经政法大学、辽宁大学等 10 余所高校专家编撰的“面向 21 世纪课程教材·高等学校劳动与社会保障专业主干课程教材”，更加注重基础理论和综合比较教学。

中国社会保险学会成立

2002 年 6 月，中国社会保险学会在北京成立，这是第一个以社会保险为主要学术研究范围的全国性社团组织。学会宗旨是组织会员开展社会保险基本理论和实际问题研究，为推动社会保险各项制度改革和事业发展、建立健全我国社会保险理论和运行体系服务。学会会员来自科研单位、大专院校、学术团体、社保机构、有意愿的企事业单位及其从事社保工作的专业人士，成立之初即有 151 家单位会员和 281 名个人会员。学会成立后，组织会员开展了多项重大课题研究，举办了多种形式的学术交流，搭建起社会保险理论研究和学术探讨的一个新平台，为建立完善我国社会保障体系做出了积极的智力贡献。

谱写社会保障国际交流合作新篇章

这 10 年，我国社会保障领域的国际交流与合作更加活跃，发生了许多对后来改革与发展产生一定影响的历史事件。

1994 年 1 月，经国务院批准，劳动部作为中国社会保险的主管机关，加入了国际社会保障协会（International Social Security Association，ISSA），成为正式会员；尔后，中国老龄协会、香港职业安全卫生协会、中国社会保险学会、国家安全生产监督局、中国医疗保险研究会、中国安全生产协会、澳门劳工事务局也陆续作为联系会员加入。ISSA 成立于 1927 年，有来自 150 多个国家和地区的 360 多家成员机构，是各国社会保障管理机构的联合组织，主要为各国社会保障管理提供交流与咨询平台。加入 ISSA 后的当年 9 月，我国代表团首次出席了在澳大利亚悉尼举行的亚太地区社会保障大会。1995 年，劳动部社会保险事业管理中心负责人担任该协会执行局委员一职并一直连任。在这一时期，我国组成代表团先后出席了在印度尼西亚巴厘岛（1995 年）、摩洛哥马拉喀什（1998 年）和瑞典斯德哥尔摩（2001 年）举行的 3 次社会保障全球大会以及多次地区会议、技术会议，与各国同行交流，了解世界社会保障的最新动向，也对外传递了我国社会保障改革发展的信息。通过 ISSA 的多种平台（会议、技术合作、资讯、网站、出版物），我国增加了一条在社会保障领域加强国际交往的直接和快捷的途径。

这 10 年的后半段，我国在社会保障领域的多边、双边交流合作活动频繁、密集，显示了处于改革发展重大机遇期的中国，更加渴望与国际社会进行交往和对话，汲取更多专业营养（见表 15-2）。

表 15-2　世纪之交社会保障国际交流、合作主要活动和项目

出访考察交流		
时间	交流方	重点内容
1998 年 2 月	以色列	就业和社会保险制度
1999 年 2 月	澳大利亚、新西兰	社会保障立法
1999 年 3 月	美国、加拿大	养老、失业保险
	墨西哥、智利	社会保险制度
1999 年 9 月	意大利、瑞典	社会保险管理体制
1999 年 10 月	德国、匈牙利	征费体制、基金监督、企业补充保险
2000 年 3 月	澳大利亚、马来西亚	医疗保险制度
2000 年 7 月	英国、西班牙	养老保险制度
2000 年 10 月	埃及、印度	社会保障制度
2002 年 5 月	东盟+中日韩会议	磋商加强社会保障领域交流合作
国际合作		
年份	合作方	项目
1994	世界银行	中国住房和社会保障项目
1998	世界卫生组织	医疗保险国际研讨会
	亚洲开发银行	中国养老保险制度改革技术援助项目
1999	国际劳工组织 亚太分局、北京局	社保立法、基金监督体系、失业保险培训
2000	国际劳工组织都灵培训中心	部分省级劳动保障厅局长 社会保险高级研讨班（两期）
	加拿大国际发展署	社会保险基金监督
	世界银行	中国医疗保险制度改革项目

续表

年份	合作方	项目
2001	东盟	中国-东盟社会保障高层研讨会（海口）
	英国国际发展署	失业保险政策与管理
2002	加拿大国际发展署	社会保险基金反欺诈能力建设
	亚洲开发银行	辽宁社会保障体系改革试点技术援助项目

我国除了加强与外国政府、国际组织的交流合作外，还与一些著名跨国公司、金融企业、研究机构开展专题合作，多方利用海外资源。

这一时期最具突破性的事件是，我国首次与外国政府签署了有关社会保险的双边协定。2000 年 4 月，劳动保障部与德国劳动和社会事务部启动了商签双边社会保险协定的谈判工作。在人员交流多的国家之间，签订这种协定早已是惯例，而我国对外开放时间短，跨国就业人员少，所以一直没有将此事提上议事日程。触发中德谈判的直接原因是，我国负责对欧经贸的某公司在德国设立分支机构，其驻德职工按德国法律属于在德就业，须缴纳各项社会保险费；但这些职工是轮换制的，几年后就回国，因此公司认为向德方缴纳养老、失业保险费等又无法享受相关待遇，白白加大了企业运营成本。这件事引起法律纠纷。中德两国政府认为有必要遵循国际惯例商签双边协定。经过艰苦谈判，2001 年 7 月，两国政府主管部门正式签署协定，最核心的条款是双方互免重复征收社会保险费——对各自在对方境内就业的人员依法征费，但在提供已在本国缴纳养老、失业保险费证明的条件下，免除相关人员在就业国短期就业期间缴纳同项社会保险费。此后又经过更细致的技术谈判，两国于 2002 年签署了关于实施双边社会保险协定参保义务规定的行政协议。中德社保协定是我国对外签订的第一个社会保险双边法律文书，不仅减轻了“走出去”企业的财务负担，为其投资经营创造了更好条件，而且标志着我国社会保险工作与国际惯例直接接轨，对加强我国对外人员交流、提升国际影响力都有积极意义。对德谈判的成功，为我国与其他国家签署同类协定积累了经验。2002 年，我国与韩国政府签署《互免征缴养老保险临时措施协议》，并于 2003 年 5 月正式生效，减轻了双方在对方就业人员的社会保险费负担，促进了人员往来和经贸发展。再往后，陆续与十多个国家签署或谈判双边社会保险协定。

对比此前，这10年的社会保障对外交流合作有了更大的发展，呈现出一些新的特点。

1. 范围更广泛。10年前考察交流对象基本都是发达国家，主要是开阔眼界，汲取相关经验。而这10年的考察交流增加了不少发展中国家、新兴市场国家和转轨国家，更注重研究与我国条件类似国家的社会保障发展演变轨迹，从中发现规律和可资借鉴之处。

2. 形式更多样。除了考察、出访、接访、培训外，合作开展多个研究项目是这10年的突出特点，不仅取得直接的研究成果，而且与多个国际组织建立起长期稳定的合作关系；在合作重点方面，也从10年前以争取资金、设备援助为主转向寻求更多智力、技术支持。

3. 内容更丰富。10年前国际交流集中于对社会保障基本知识的掌握和对别国社会保险制度基本情况的了解；这10年则更注重研究、分析、讨论、思考，深入剖析各国社会保障发展变迁的背景、规律、内在逻辑，特别是与我国正在进行的改革紧密联系，加以对照。如与德国合作的社会保险立法研究项目、与亚洲开发银行合作的养老保险制度改革项目、与世界银行合作的医疗保险制度改革项目、与国际劳工组织开展的社会保险立法技术合作项目、与英国合作的失业保险政策与管理项目等，都为当时我国社会保险制度改革提供了很有价值的国际经验和建议。

香港实行强制性公积金制度

1997年7月1日，香港回归祖国，设立特别行政区。此前多年，香港除公务人员外，没有强制性养老保障制度，政府只向弱势群体提供综合社会保障援助，少数雇主为吸引人才，通过信托和保险方式为雇员提供退休金。随着人口老龄化加剧，香港开始着手研究建立普遍的养老保障制度问题，特别行政区政府成立后加速了这一进程。2000年12月1日，经过广泛吸收社会各界意见的强制性公积金计划（强积金）开始施行。

计划要求所有雇主都要为18~65岁的雇员按其收入的5%缴纳公积金，收入高于4 000港元/月的雇员也要强制性缴纳，自雇者和低收入雇员可自愿缴纳，政府为此给予税收优惠。缴费全部记入雇员个人账户，采取信托方式委托经批准的市场专业机构投资运营，按照“缴费确定型”（Defined Contribution，DC）模式，在雇员达到 65 周岁时可以一次性领取。特别行政区政府专门设立强积金局进行监管。

强积金的施行使香港第一次有了普遍覆盖的退休保障制度。

◎狂飙突进的岁月

1993 年至 2002 年的 10 年，我国在确立了社会主义市场经济体制的方向之后，社会保障领域各项改革大刀阔斧，激流勇进，建树卓著。借用 18 世纪德国文学史的一个词语，这 10 年在我国社会保障发展史上称得上是“狂飙突进的岁月”——职工养老保险从统账结合的两个实施办法到统一制度，职工医疗保险从“两江”试点到全面推进，国有企业待业保险嬗变为失业保险，《劳动法》专章规定社会保险并催生了工伤保险、生育保险制度，城市低保制度和社会保险费征缴规则在“两个确保”的鏖战中应运而生，各级政府对社会保险基金的投入机制和中央的战略储备也建立起来……可以说，这 10 年，在城镇范围内，各项社会保障制度基本健全，相关机制开始形成，体系构架初步搭建；在这个过程中，各级各类社会保障队伍也经受住了考验，得到了锻炼。

这 10 年构建社会保障体系的历程也锤炼出几点基本经验。

一是决策层坚定的政治决心。在经济运行压力巨大、财政资金十分紧张的背景下，党中央、国务院把社会保障体系建设放在十分突出的位置，投入了大量人力、物力、财力，体现了高度的政治信念、勇气和把握全局的能力。

二是坚持实践出真知。无论是“并轨”、养老保险还是医疗保险，都是既重总体设计，更重实践探索，通过试点来检验设计，发现问题，总结经验，然后提炼为可以推广的政策。

三是抓住重点，分步推进改革。面对相互交织的各类矛盾，就事论事、眉毛胡子一把抓、好高骛远都不行，必须分清轻重缓急，既深谋远虑又循序渐进。这 10 年，以国有企业下岗失业人员“并轨”、统一养老保险制度、改革医疗保险制度、建立城市低保制度为重点，由近及远，步步为营。当时工作的同志笑称，这是“吃着碗里的，看着盆里的，想着锅里的”。话糙理不糙，这种积小胜为大胜、久久为功的工作思路，也值得长期借鉴。

表 15-3 反映了这 10 年社会保障领域的重大事件。

表 15-3　1993—2002 年社会保障重大事件

年份	重大事件	（发文）单位
1993	十四届三中全会系统论述社会保障体系建设	中共中央
1994	《劳动法》颁布，专章规定社会保险	全国人大
	颁布《农村五保供养工作条例》	国务院
	中国加入国际社会保障协会	劳动部
1995	施行《企业职工生育保险试行办法》	劳动部
	建立企业补充养老保险制度	劳动部
1996	施行《企业职工工伤保险试行办法》	劳动部
1997	建立统一的企业职工基本养老保险制度	国务院
1998	组建劳动保障部，统一管理社会保险	国务院
	实行“两个确保”，建立“三条保障线”	中共中央、国务院
	行业企业职工养老保险统筹下放地方管理	国务院
	建立城镇职工基本医疗保险制度	国务院
1999	颁布《失业保险条例》	国务院
	颁布《社会保险费征缴暂行条例》	国务院
	颁布《城市居民最低生活保障条例》	国务院
2000	设立全国社会保障基金	国务院
2001	在辽宁进行完善社会保障体系试点	国务院
2002	加强农村卫生工作，决定建立新农合制度	中共中央、国务院

1993 年，当人们读到党的十四届三中全会《决定》（26）条至（28）条时，还很少有人能想象出中国的社会保障体系是什么模样，而到了 2002 年年底，一个以城市为重点的社会保障体系框架赫然竖立在世人面前。这是怎样的一个历程！这是多大的一次跨越！可能用《21 世纪资本论》的作者托马斯·皮凯蒂的一句话来描述最为贴切：“历史自会开创新的道路，往往就在最出人意料之处。”

人不独亲其亲，不独子其子，使老有所终，壮有所用，幼有所长，矜寡孤独废疾者皆有所养……是谓大同。

——《礼记·礼运》

第五篇

城乡统筹 2003—2012年

2003 年至 2012 年的 10 年，是我国社会保障体系在度过世纪之交艰难阶段后走向健全的重要时期。这期间多项新的制度陆续建立，其中特别耀眼的是涉农的保障制度建树——新型农村合作医疗、农村医疗救助、农村最低生活保障、新型农村社会养老保险，以及进城务工农民工的专项保障政策等。与此同时，相继建立起城镇居民的养老、医疗保险和医疗救助制度，城镇职工的各项社会保险制度也进一步巩固、优化、定型。这一时期社会保障领域最为重大的事件，非《中华人民共和国社会保险法》的颁布施行莫属。如果说，1993 年至 2002 年的 10 年重点在城镇范围改革、重建社会保障体系，那么其后的 10 年，则是基本形成了覆盖城乡各类群体的更为宏大的社会保障体系框架。

第十六章
新目标　新机构　新考验

第一节　追寻社会保障发展的新目标

2002年11月召开的党的十六大，确定了“全面建设惠及十几亿人口的更高水平的小康社会”的目标，其中“社会保障体系比较健全”被作为重要指标之一。大会指出：“建立健全同经济发展水平相适应的社会保障体系，是社会稳定和国家长治久安的重要保证。”要求：“坚持社会统筹和个人账户相结合，完善城镇职工基本养老保险制度和基本医疗保险制度。健全失业保险制度和城市居民最低生活保障制度。多渠道筹集和积累社会保障基金。各地要根据实际情况合理确定社会保障的标准和水平。发展城乡社会救济和社会福利事业。有条件的地方，探索建立农村养老、医疗保险和最低生活保障制度。”

对比五年前的党的十五大的有关表述——“建立社会保障体系，实行社会统筹和个人账户相结合的养老、医疗保险制度，完善失业保险和社会救济制度，提供最基本的社会保障。建立城镇住房公积金，加快改革住房制度”，“实行保障城镇困难居民基本生活的政策”，显然，党的十六大报告中有关社会保障的论述不仅字数多出一倍，而且定位更准——作为社会稳定和国家长治久安的重要保证，目标更高——从“建立社会保障体系”发展到“社会保障体系比较健全”。据此确定的任务也从五年前的6项增加到11项，其中对城镇的社会保障制度从党的十五大时的部署“实行”发展为“完善”和“健全”，而最具突破性的任务是探索农村的养老、医疗、低保三大制度。

又过了五年，2007年10月召开的党的十七大，提出了2020年全面建成小康社会的奋斗目标。这是继1987年党的十三大作出“三步走”战略部署和1997年党的十五大提出“到建党一百年时，使国民经济更加发展，各项制度更加完善”的跨世纪目标后，党的全国代表大会再次确定明确时点的战略目标。从党的十六大提出“全面建设”到此时改为“全面建成”，一字之差，目标的分量大大加重，完成时限也斩钉截铁。

与此相一致，党的十七大对社会保障发展的要求也提升为“覆盖城乡居民的社会保障体系基本建立，人人享有基本生活保障”。总体部署是以社会保险、社会救助、社会福利为基础，以基本养老、基本医疗、最低生活保障制度为重点，以慈善事业、商业保险为补充，加快建立覆盖城乡居民的社会保障体系，保障人民基本生活。主要任务有：促进企业、机关、事业单位基本养老保险制度改革，探索建立农村养老保险制度；全面推进城镇职工基本医疗保险、城镇居民基本医疗保险、新型农村合作医疗制度建设；完善城乡居民最低生活保障制度，逐步提高保障水平；完善失业、工伤、生育保险制度；提高统筹层次，制定全国统一的社会保险关系转续办法；采取多种方式充实社会保障基金，加强基金监管，实现保值增值；健全社会救助体系等。这些部署都比党的十六大更全面、更高远，特别是首次提出“建立覆盖城乡居民的社会保障体系”，对涉农的几项社会保障制度也从“有条件的地方探索建立”改为“全面推进”与“探索建立”并行，统筹城乡经济社会发展的方针跃然而出。

2009年5月22日，中共中央政治局进行第13次集体学习，内容是世界主要国家社会保障体系和我国社会保障体系建设，来自中国社会科学院和中国劳动保障科学研究院的专家就此进行讲解，并谈了他们对我国社会保障体系建设的意见和建议。中央指出：要加快健全社会保障制度体系，把人人享有基本生活保障作为优先目标，坚持效率与公平、统一性与灵活性相结合，立足当前、着眼长远，统筹城乡、整体设计，分步实施、配套推进，积极而为、量力而行，逐步将各类人员纳入社会保障覆盖范围，实现城乡统筹和应保尽保；要求各级党委和政府深刻认识做好社会保障工作的重要性和紧迫性，把加快完善社会保障体系作为实现好、维护好、发展好最广大人民根本利益的重要工作扎实推进，努力使全体人民学有所教、劳有所得、病有所医、老有所养、住有所居，不断促进社会和谐。这是中共中央政治局首次以社会保障为主题进行集体学习，表明决策层对社会保障在经济社会发展中的重要地位有了更深刻的认知，集体学习安排在国际金融危机正肆虐之时，也显示了在经济波动中加快完善社会保障体系对稳定大局、改善民生的特殊功能。

第二节　再次调整管理体制

2008 年 3 月，第十一届全国人民代表大会第一次会议召开。大会议定的有关社会保障事项，除了按照党的十七大精神明确目标、部署任务外，还有一件大事，就是审议通过了《国务院机构改革方案》，决定组建人力资源和社会保障部（以下简称人力资源社会保障部），将人事部、劳动保障部的职责整体划入人力资源社会保障部。

人力资源社会保障部保留了原劳动保障部管理社会保险的全部职能，加强的职责包括：统筹城乡就业和社会保障政策，建立健全从就业到养老的服务和保障体系；统筹机关企事业单位基本养老保险，逐步提高基金统筹层次，推进基本养老保险制度改革。在内设机构中，原人事部工资福利与离退休司改称工资福利司，将其“研究完善国家机关及事业单位工作人员的疾病、工伤、生育停工期间待遇的政策法规”的职责分别调整到医疗保险司和工伤保险司；而在养老保险司的职责中突出了“统筹拟订机关企事业单位基本养老保险及其补充养老保险政策，逐步提高基金统筹层次”，并新增“拟订城镇居民养老保险政策、规划和标准”的职责。

这是社会保障管理体制继1998年后的再次调整，是贯彻党的十七大提出的从整体上“促进企业、机关、事业单位基本养老保险制度改革，探索建立农村养老保险制度”要求的组织举措。人力资源社会保障部机关设在北京市和平里东街3号，原人事部在和平里中街7号的办公地点和原劳动保障部在和平里中街12号的办公地点仍保留为人力资源社会保障部所属机构的工作场所。

第三节　三次突发危机的重大考验

这10年中，先后突发了三次重大危机，国家和人民都经历了严峻考验。第一次是2003年春夏之交的“非典”（即非典型肺炎）疫情，第二次是2008年春的“5·12”汶川地震灾害，第三次是2008年第四季度至2010年的国际金融危机。社会保障领域在三次危机中都及时采取了应对之策，对缓解危机损害发挥了重要作用，同时积累了完善社会保障体系的新经验。

“非典”袭来：加快建立医疗保障体系

2003年春，新一届中央政府刚刚履职，一场突如其来的考验降临——“非典”通过输入性渠道传入我国，北京、广东等经济发达、人流集中的地区成为传染病的重点流行区，人民生产生活受到严重影响，政府工作的正常部署也被打乱。中央决定，把抗击“非典”作为当前的中心工作，动员各级组织和全体人民，最大限度地投入人财物资源控制和消除疫情。在中央正确决策和全国人民奋勇努力下，“非典”疫情在5月底趋于缓和。6月24日，我国正式宣布抗击“非典”取得阶段性胜利。

经过这场波及全国、惊心动魄的战斗洗礼，从中央决策层到各专业部门都进行了反思。改革开放以来，确定以经济建设为中心的基本路线是完全正确的；但在某些时期和某些方面也存在着忽视社会建设的问题，在一定程度上形成了“一条腿长，一条腿短”的格局。“非典”疫情突然来袭，暴露出我国公共卫生防疫体系远远不能满足需要的“软肋”，在医疗卫生条件本来就差的农村地区更为突出，许多地方不得不靠封闭村庄、限制人流来抵御疫情传播。2003 年 6 月 17 日，国务院召开加强公共卫生建设，促进经济与社会协调发展座谈会，与会人士一致认为：此次疫情突袭提供的最深刻教训就是，要统筹经济社会发展，必须把保障和改善民生作为一切工作的出发点和落脚点，放在更加突出的位置，着力加强社会建设。此后，国家投入巨大资源建设各级疾控中心和基层卫生服务体系，谋划中的新农合制度也加快了试点推进步伐，几年之后就覆盖几亿农民，后来又建立了城镇居民基本医疗保险制度，最终走向全民医保。这可以说是社会保障领域痛定思痛、努力把坏事转化为好事的一个例证。

抗震救灾：唯一一次动用全国社会保障基金

历史总是惊人的相似。2008 年春，同样是新一届中央政府履职不久，5 月 12 日四川汶川发生特大地震灾害，灾情波及西南、西北广大地区，给人民生命财产造成巨大损失。党中央、国务院不得不调整原来的工作部署，动员全国各方面资源和力量全力投入抗震救灾和组织灾后重建。新组建的人力资源社会保障部也按照中央统一号令，承担起疏导灾区农民工有序返乡救灾、组织各地对口支援灾区群众就业等职责，在社会保险领域，中央实施的一项非常规举措是，首次动用全国社会保障基金补助四川灾区的工伤保险。

灾情稍缓后，四川省初步调查预计，该省灾区因工伤亡职工将达数千人，需十多亿元补偿资金，受灾区县现有工伤保险基金难以承受，请求中央支援。当时全国工伤保险基金累计结存有近 300 亿元，但都是地方统筹，没有全国调剂的机制；中央和四川省财政预算已向抗震救灾投入了巨额资金，也难以再作安排；唯一的“机动财力”是当时已积累的 5 000 亿元全国社会保障基金，但这是为应对人口老龄化高峰挑战预作的战略储备，历经三届政府从来没有动过一分钱。万难之中，国务院作出决策——必要时可以调拨一部分全国社会保障基金用于补助四川灾区的工伤补偿资金，前提是四川省必须首先用足本省工伤保险基金现有资源。2008 年 6 月 29 日，国务院印发《关于支持汶川地震灾后恢复重建政策措施的意见》，在有关保障工伤保险待遇支付方面明确："为解决四川受灾地区工伤保险基金收不抵支问题，对参加工伤保险的职工伤亡的，在核实伤亡人数、伤残等级及具体待遇标准的基础上，按规定支付相关待遇，所需资金在地方尽快实行市级或省级统筹、动用历年结余、加大基金调剂力度解决的基础上，仍有不足的，可动用部分全国社会保障基金。"

按照国务院决策，四川省采取了两项措施：一是将成都、绵阳、德阳、广元、阿坝、雅安6个重灾市（州）工伤保险基金统筹层级由县区级提升为市州级，缓解县级统筹调剂能力不足矛盾；二是积极开展省内互助自救，从未受灾和轻灾区的15个市（州）及省本级工伤保险结存基金中各提取10%，建立"5·12"地震省级工伤保险互助金，支援重灾区。在此基础上，经财政部、人力资源社会保障部与地方共同核查测算，从全国社会保障基金调出6.8亿元，专项用于弥补四川地震灾区工伤保险基金缺口。四川省于2009年1月和8月，分两批将中央补助资金下拨到绵阳、德阳、阿坝、广元4个重灾市（州），有关部门认真核实、精心操作，逐个区县、逐个单位、逐人查验，努力做到不漏掉一个工伤职工，也不浪费一分钱。

这一"破例之举"有三得：一是给"如大旱之望云霓"的地震重灾区送去了一场"及时雨"，使因工伤亡职工及其家属得到援助和抚慰；二是考验和体现了中央决策层的临机处置能力；三是通过全国社保基金监管部门（财政部、人力资源社会保障部）、管理机构（社保基金会）、基金使用单位（四川省及重灾区市州政府）三方协调操作，探索了这笔战略性储备资金划拨、使用、核查、结算的完整程序，为以后规范使用管理积累了初步经验。经历了这一过程，各方面也更深刻地认识到工伤保险低层次统筹的弊端，2009年人力资源社会保障部印发《关于推进工伤保险市级统筹有关问题的通知》，明确要求到2010年年底在全国基本实现工伤保险市级统筹。实际进展是，到规定时限，全国86%的地区实行了市级统筹，部分省份还建立了省级调剂金制度。

应对国际金融危机的"五四三二"

本以为"5·12"地震是2008年我国遭受的最大磨难，谁知道，更大范围、更严峻的挑战还在后面。

2008 年第四季度，发端于美国的次贷危机演化为国际金融危机，对我国经济产生重大影响。这是一场自 1929 年世界经济危机以来罕见的重大危机，对逐渐融入全球经济体系的中国来说是一次前所未有的严峻挑战。中央冷静分析、沉着应对、果断决策、重拳出击，制定了“保增长、保民生、保稳定”的总方针，适时调整宏观调控的方向、重点和力度，采取了一系列重大对策。

在劳动就业和社会保障领域，最先出台也是最管用的政策是经国务院同意，人力资源社会保障部、财政部、国家税务总局于 2008 年 12 月 20 日联合印发的《关于采取积极措施减轻企业负担稳定就业局势有关问题的通知》。这个文件不长，总共只有 6 条，但条条都是真金白银的“干货”，其核心政策后来被概括为“五四三二”——五缓、四减、三补贴、两协商。

五缓：允许受金融危机冲击严重的困难企业在 2009 年之内缓缴职工养老、医疗、失业、工伤、生育五项社会保险费，缓缴期限最长不超过 6 个月。

四减：统筹地区政府可在确保参保人员待遇水平不降低、基金平稳运行的前提下，在 2009 年之内，阶段性降低除养老保险外的四项社会保险费率，期限最长不超过 12 个月。

三补贴：失业保险基金结余较多的地区，在 2009 年之内，可以使用该项基金，对采取在岗培训、轮班工作、协商薪酬等办法稳定员工队伍，并保证不裁员或少裁员的困难企业，使用失业保险基金支付社会保险补贴和岗位补贴，补贴期限最长不超过 6 个月；鼓励困难企业通过开展职工在岗培训等方式稳定职工队伍，所需资金在企业职工教育经费中列支，不足部分可由就业专项资金予以适当支持，即在岗培训补贴。

两协商：对不得不进行经济性裁员的困难企业，确实无力一次性支付经济补偿金的，可在企业与职工双方依法平等协商一致后，签订分期支付或以其他方式支付经济补偿的协议。

这些及时出台的全新政策，主要着力点在社会保险方面——暂缓征缴、阶段性降低费率、用基金支付补贴等，而目标指向则是稳定就业局势。实行“五四三二”政策的2009年，全国五项社会保险总收入比上年增长17.7%，增幅降低9个百分点，总支出增长23.9%，但换来了众多企业和职工平稳渡过难关的结果——城镇新增就业1 102万人，与上年基本持平；登记失业率4.3%，仅比上年提高0.1个百分点。① 根据后来经济形势的发展，这一“政策包”又延续实行一年。到2010年年底，我国总体经济形势企稳向好，“五四三二”政策终止执行，但作为行之有效的政策工具储备起来，在后来应对危机中随时可以出手。

① 国家统计局. 中国统计年鉴2015［M］. 北京：中国统计出版社，2015.

第十七章
建立新型农村合作医疗制度

进入21世纪，在涉农领域最先建立的社会保障制度是新型农村合作医疗（以下简称新农合）。

第一节　作出建立新农合制度的决策

就在党的十六大召开前夕的2002年10月中旬，中共中央、国务院印发《关于进一步加强农村卫生工作的决定》，指出了当前农村卫生工作仍比较薄弱的诸多问题，其中之一就是农村合作医疗面临很多困难，农民因病致贫、返贫问题突出。对此，提出了加强农村卫生工作的指导思想、目标和主要任务，其中一项重大决策是“逐步建立新型农村合作医疗制度”。要求各级政府“积极组织引导农民建立以大病统筹为主的新型农村合作医疗制度，重点解决农民因患传染病、地方病等大病而出现的因病致贫、返贫问题”。明确“农村合作医疗制度应与当地经济社会发展水平、农民经济承受能力和医疗费用需要相适应，坚持自愿原则，反对强迫命令，实现农村个人缴费、集体扶持和政府资助相结合的筹资机制。农民为参加合作医疗、抵御疾病风险而履行缴费义务不能视为增加农民负担。有条件的地方要为参加合作医疗的农民每年进行一次常规性体检。要建立有效的农民合作医疗管理体制和社会监督机制”。并部署“各地要先行试点，取得经验，逐步推广。到2010年，新型农村合作医疗制度要基本覆盖农村居民”。从建制目的、保障重点、参与原则、筹资机制到推进步骤，勾画出比较清晰的框架。10月底，国务院即召开全国农村卫生工作会议，部署贯彻落实中央这一决定精神。

事关8亿农民医疗健康保障的新制度

20世纪六七十年代曾在我国农村广泛实行的合作医疗制度，对于改变农村缺医少药状况、提高农民健康水平发挥了积极作用。农村实行家庭联产承包责任制和村民自治制度后，情况发生了陡然变化，合作医疗开始出现大面积解体，覆盖人口锐减到不足10%。虽然1991年《中共中央关于进一步加强农业和农村工作的决定》重提发展和完善农村合作医疗制度，但还缺乏明确的思路。1993年第一次国家卫生服务调查结果显示，84.11%的农村人口没有任何医疗保障，处于自费医疗的境地（见图17-1）。而世界卫生组织2000年公布的各国卫生筹资与分配公平性评估排序中，我国列在191个成员方的第188位！

老制度失效，又没有新制度替代，农村居民家庭因病致贫、因病返贫的现象随之产生。一些地方力图恢复原先的合作医疗，一些地方尝试引导农民购买商业健康保险，还有一些进城务工农民参加了城镇职工医疗保险。但这些零星的探索只覆盖了20%左右的农民，还不足以全面解决问题。1998年建立起城镇职工基本医疗保险制度，通过多方筹资、统筹调剂、规范管理，有效解决了城镇职工和退休人员大病和住院医疗费用负担问题，提供了一个改旧制度为新制度的参考范例。2002年，城镇职工医疗保险改革已全面实施了几年，此时把农村基本医疗保障问题提上重要日程既必要也可能，已经具备了在全局和长远上作出制度安排的条件。中央把握这一契机，及时作出“建立以大病统筹为主的新型农村合作医疗制度”的决策。

新农合在制度名称上依然保留了“合作医疗”的元素，表明它与老农

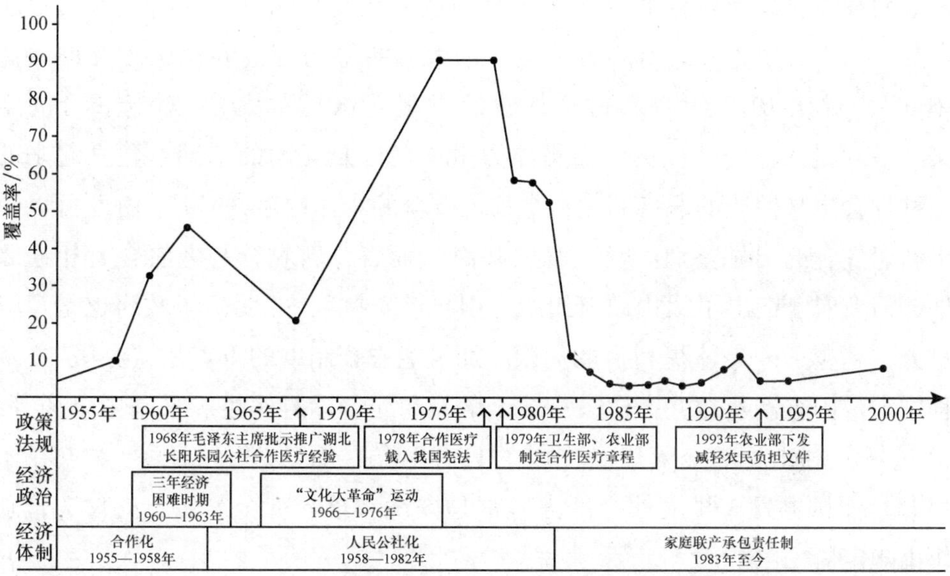

图 17-1　老农合发展曲线图

数据来源：陈竺，张茅. 中国新型农村合作医疗发展报告（2002—2012 年）[M]. 北京：人民卫生出版社，2013.

注：覆盖率根据卫生部统计数据计算。

合有着一定的承续关系，通过合作的方式帮助农民抵御重大疾病带来的经济风险；但又不是老农合的简单复制，而是在社会主义市场经济条件下农村基本医疗保障的制度创新，重点在“新”字上。面对新情况、新矛盾，创建新体制、新机制，是一项十分复杂细致的工作，当时最担心的是，中央一提要求，各地把问题想简单了，没有搞清情况、理清思路就一哄而上，结果适得其反、事倍功半。所以中央强调了两点：一是先行试点，取得经验，逐步推广；二是坚持农民自愿参加，不搞强迫命令。

2003 年的国办发 3 号文件

中央决策后，卫生部、财政部、农业部等部门很快制定出《关于建立新型农村合作医疗制度的意见》，国务院办公厅于 2003 年 1 月 16 日予以转发（国办发〔2003〕3 号），进一步明确了建立新农合制度的目标和原则，对相关政策作了较为细致的设计，并提出了组织实施的要求。

制度性质。新农合被定义为"是由政府组织、引导、支持，农民自愿参加，个人、集体和政府多方筹资，以大病统筹为主的农民医疗互助共济制度"。对比1979年《农村合作医疗章程（试行草案）》对老农合的定义——"是人民公社社员依靠集体力量，在自愿互助的基础上建立起来的一种社会主义性质的医疗制度，是社员群众的集体福利事业"。由此可以看出新老农合的明显差别：就"互助共济"而言，新农合与老农合有相通之处，但新农合突出了"由政府组织、引导、支持"，并明确了政府也是筹资一方，超越了"集体福利"的局限。而且老农合制度的重点是"办医"，章程中大量内容涉及建立合作医疗站、培养和配备赤脚医生、采制中草药等，22条规定中涉及基金筹集和支付的只有两条；而新农合制度的重点在于"保险"，国办发3号文件全部内容都是围绕参合、基金筹集、支付、管理作出规定。

参加方式。明确农民以家庭为单位自愿参加新农合，称为"参合"。这是考虑到农民家庭中的老人、孩子容易患病但没有收入，而有收入能力的中青年又得病较少，所以确定举家参合的方式，即不允许有病的参加、没病的不参加的选择式参合。这样规定，既有助于通过"大数法则"实现新农合资金的收支平衡，也有利于家庭成员之间的互济。

筹资渠道。主要是三条。一是参合农民按家庭人口缴费，具体标准为每人每年不低于10元。当时测算，2002年全国农民家庭人均纯收入2 476元（现统计调整为2 528.9元），每人每年只缴费10元换来减轻看病就医的经济负担，对大多数农民家庭来说是能够承受和认同的。二是有条件的乡村集体经济组织给予适当资金扶持，但不得向农民摊派。三是中央和地方各级财政专项资金支持，其中地方财政每年对参合农民的资助不少于人均10元，中央财政通过专项转移支付每年对中西部地区的参合农民按人均10元安排补助资金，这对农民参合是有较强吸引力的。这样的筹资结构，既明确了各级政府对新农合的财务责任，超越了老农合仅由村集体和农民供款、村民自行互济的办法；同时也把权利与义务对应的理念传达给广大农民群众——缴了费才能享受相应的医疗服务。

资金使用。坚持以收定支、保障适度的原则，既保证制度持续有效运行，又使农民能够享有最基本的医疗服务。这一原则，要求各级政府把握好“基本保障”的尺度，处理好福利水平与经济发展的恰当关系，量入为出、量力而行；也是给群众以明确、合理的预期，防止盲目吊高胃口。在资金管理上，规定新农合基金必须专款专用、专户存储，不得挤占挪用，基金使用情况要定期张榜公布，并定期向由政府有关部门和参合农民代表组成的监督委员会汇报，接受审计。

组织管理。一般采取以县（市）为单位进行资金统筹；条件不具备的地方，在起步阶段也可以采取以乡（镇）为单位进行统筹，逐步向县（市）统筹过渡。这虽然比城镇职工医疗保险制度设计的基金统筹层次低，但改变了老农合村办村管或乡办乡管的狭小格局，使新农合在筹资能力、调剂范围、管理水平等方面具有更好的基础。同时明确了组织架构——省、地级政府成立由卫生、财政、农业、民政、审计、扶贫等部门组成的新农合协调小组；各级卫生部门内部设立专门的新农合管理机构，但原则上不增加编制；县级政府成立由有关部门和参合农民代表组成的农村合作医疗管理委员会，下设经办机构的人员和工作经费列入同级财政预算，不得从新农合基金中提取；根据需要可在乡镇设立派出机构（人员）或委托有关机构管理。这一套设计不仅明确了工作职责和组织体系，而且赋予农民群众参与权和监督权。

医疗管理服务。要求各地区在农村卫生机构中择优选定新农合服务机构，并加强监管力度，实行动态管理，完善各种诊疗规范和管理制度，保证服务质量，提高服务效率，控制医疗费用。

实施步骤。从 2003 年起，各省先选择 2~3 个县（市）进行试点，取得经验后逐步推开。

这些原则和政策措施，是有关部门按照中央确定的目标，经过调查研究制定出来的，有些借鉴了老农合的历史经验，有些参考了城镇职工医疗保险的设计，但是正确不正确、可行不可行、管用不管用，还要在试点实践中去检验。

第二节 首批试点启动

好事多磨

受“非典”疫情影响，原定于2003年上半年启动的新农合试点工作计划被搁置，直到7月28日召开全国防治非典工作会议才重提此事。原来计划每个省份都可以选择2~3个试点县，但鉴于这项工作已经停滞了大半年，各地重启试点有些仓促，因此改为当年下半年，由国务院直接指导浙江、湖北、吉林、云南4个省试点，其他省份也做好部分县的试点工作。

2003年后几个月，在中央层面，新农合试点准备工作紧锣密鼓地进行。9月3日，国务院成立新农合部际联席会议，由卫生部、财政部、农业部、民政部、发展改革委、教育部、人事部、人口计生委、食品药品监管局、中医药管理局、扶贫办11个单位组成（2005年9月，又增补保监会、中国残联、红十字会为成员单位），主要职责是负责建立完善新农合制度工作的组织协调和宏观指导，研究制定相关政策，督促检查资金筹措等政策的落实。9月中旬，部际联席会议召开第一次会议，明确了各成员单位的职责任务，研究部署下一阶段有关工作。10月中下旬，4个拟试点省份分别向国务院汇报准备工作情况。10月30日，部际联席会议讨论了卫生部起草的《关于进一步做好新型农村合作医疗试点工作的指导意见》稿，11月11日又以座谈会方式征求了有关专家的意见。12月4日至5日，在湖北省宜昌市召开了全国新农合试点工作会议。这次会议，标志着新农合试点工作在全国范围内正式启动，比原定计划延迟了近一年，也算是“好事多磨”吧。而在地方基层，先于全国统一部署，已经有203个县自行开展了新农合试点，参合人口达到6 400万人，为建立新制度作了最初的探索。①

2004年：又一个3号文件

2004年1月13日，国务院办公厅转发卫生部等部门《关于进一步做

① 本节有关新农合试点的数据均来源于卫生部历年统计资料。

好新型农村合作医疗试点工作的指导意见》。这个文件的编号是国办发〔2004〕3 号，它与 2003 年国办发 3 号文件一起构成了新农合制度建设和试点政策的基础。前一个 3 号文件主要是搭建制度的基本框架，后一个 3 号文件则根据地方初步实践情况，进一步有针对性地明确了若干政策措施。

2004 年国办发 3 号文件共 16 条。第一条提出要充分认识开展新农合试点工作的重要性和艰巨性，是对 2003 年 3 号文件在试点指导思想方面的补充。第二条进一步明确了试点工作的目标任务，即“研究和探索适应经济发展水平、农民经济承受能力、医疗服务供需状况的新型农村合作医疗政策措施、运行机制和监管方式，为全面建立新型农村合作医疗制度提供经验”。因此要求“各地区在试点期间不要定指标，不要赶进度，不要盲目追求试点数量，要注重试点质量，力争试点一个成功一个，切实让农民得到实惠”。为保证各地区扎实做好试点工作，文件确定各地试点数量维持在 2003 年的规模，2004 年原则上不再扩大。

在具体政策措施上，2004 年 3 号文件作了进一步细化规定。如强调必须坚持农民自愿参加的原则，严禁硬性规定参合指标、搞任务包干摊派、强迫农民贷款缴费等简单粗暴、强迫命令的错误做法，深入细致地做好对农民的宣传和引导工作；又如提示各地慎重选择试点县（市），综合考虑县级政府重视程度和财政状况、县卫生部门管理能力和医疗卫生机构服务能力、当地农民参合积极性和支付能力以及农村基层组织健全等情况，保证第一批试点顺利进行；再如要求各省认真开展基线调查，组织有关专家，制定统一方案，重点对试点县的经济发展水平、医疗卫生机构服务现状、农民疾病发生状况、就医用药及费用情况、农民参合意愿等进行摸底调查，减少试点工作的盲目性，也为以后开展政策效应评估奠定基础。

基线调查

基线调查是指了解研究对象的基础状态或研究开始阶段的情况而进行的调查。其目的是为以后活动方案的制定和展开提供基础资料。这一方法常用于医疗卫生领域，也用于其他社会政策领域。如“人口出生缺陷干预工程”的基线调查，其核心是出生缺陷的现状，还包括发生的原因、群众的认识程度、服务机构的能力等，据此可结合采取介入措施后的变化，对介入措施的效果进行评估。

文件重申合理确定筹资标准，特别提出要尽快建立农村医疗救助制度，资助贫困农民参合，并对患大病的贫困农民提供一定医药费用补助，对患特种传染病的农民按有关规定给予补助。针对农民居住分散、新农合经办机构收缴能力不足的现状，文件要求进一步完善资金收缴方式，发挥政府公共服务机构的整体功能，规定“可在农民自愿参加并签约承诺的前提下，由乡（镇）农税或财税部门一次性代收，开具由省级财税部门统一印制的专用收据；也可采取其他符合农民意愿的缴费方式”。2003 年 3 号文件确定新农合要坚持以大病统筹为主，但在实践中，有些农民反映自己基本不得病，白白缴了一年的费。经过总结地方初步经验，2004 年 3 号文件提出“合理设置统筹基金与家庭账户”的思路，允许试点地区根据实际情况，在建立大病统筹基金的同时，可用个人缴费的一部分建立家庭账户，由个人用于支付门诊医疗费用；个人缴费划入家庭账户的比例以及门诊费用的报销比例由各地区合理确定；家庭账户结余资金，可以结转到下一年度使用。这一措施有利于吸引更多农民参加新农合。针对农民手头现金少的实际情况，文件还要求试点地区探索手续简便的报账方式，规定农民在县（市）、乡（镇）、村定点医疗机构就诊，可先由定点医疗机构初审并垫付规定费用，然后由定点医疗机构定期到县（市）或乡（镇）新农合经办机构核销；但农民经批准到县（市）级以上医疗机构就医，可先自行垫付有关费用，再由本县（市）新农合经办机构按相关规定及时审核报销。这既减轻了参合农民自己垫付医疗费的负担，也引导农民在基层看病就医。

这些措施，都是在调查研究基础上，综合各方面意见提出来的，丰富了新农合制度内涵，细化了政策规范。按照文件要求，卫生部成立新农合试点专家技术指导组，重点做好 4 省试点工作的跟踪指导、评估和全国省级业务骨干人员培训工作；各省也成立了省级专家技术指导组，指导试点县（市）的工作。2004 年全国两会后，经中央编办批准，卫生部设立了农村卫生管理司，主要职责是负责全国农村卫生和新农合工作，其中合作医疗处专司全国新农合的日常管理工作。

333 个县成为首批探路者

在两个 3 号文件政策的指导下，新农合试点在 2004 年正式启动实施。到 6 月底，全国有 310 个县（市）开展了试点，覆盖农业人口 9 504 万人，实际参合农民 6 899 万人，参合率为 72. 59%；共筹集合作医疗基金 30. 2 亿元，共有 4 194 万人获得医疗补助，补助资金总额近 14 亿元。7 月，国务院新农合部际联席会议分析试点进展情况，对以后扩大试点问题进行了研究。鉴于农村合作医疗已是几起几落，这次新农合要确保成功，提议近两年试点工作不要操之过急，主要任务是调整和完善试点方案，积累经验，务必打下较好基础，从 2007 年起再循序渐进大面积推开。10 月 22 日至 23 日，2004 年全国新型农村合作医疗试点工作会议在北京召开。会议要求各地正确认识试点中的矛盾，集中解决好出现的突出问题，在强调合理调整试点工作方案、完善试点配套政策和措施的基础上，把下一步工作思路调整为“适当扩大试点范围”。具体考虑是：2005 年按照一个市（地）有一个试点县的规模来布局，前提是经检查评估合格的省份才可以扩大；已达到一个市（地）有一个试点县的省份不再扩大；东部省份的试点步伐可以适当加快。

到 2004 年年底，全国共有 333 个试点县启动实施了新农合，覆盖农业人口 1. 07 亿人，实际参合 0. 8 亿人，全年共筹集新农合基金 40. 29 亿元，人均筹资 50 元；支出总额 26. 37 亿元，受益 7 600 万人次。

中国千万农民开始享受“看病报销待遇”

30 岁的青海省刚察县牧民德毛措最近喜得千金。在医院住了 4 天后，德毛措高高兴兴地抱着女儿回家了。接生费、药物费、预防接种费、床位费……一共 200 元钱，她一分钱也没花。对于德毛措这样从来“看病吃药自己花钱”的农牧民来说，免费住院分娩只是新型农村合作医疗带给她们的实惠之一。这项以农民自愿参加，个人、集体和政府多方筹资，以大病统筹为主的农民医疗互助共济制度于2003年推出。

德毛措家有6口人，养了27头牛、70只羊，年收入3 000元左右。2003年，她家交了60元钱加入了合作医疗。

青海省卫生厅副厅长牛惠民说，青海省农牧民人均年收入约为1 817元，有40%的农牧民有病而无钱看病，38%的家庭靠借钱欠债来支付药费，农牧民因病致贫、因病返贫率高达56%。

为解决中国9亿农民的看病难题，2003年中国政府宣布将用8年时间在中国农村基本建立起新型农村合作医疗制度。这种制度的筹资模式是：参保农民以户为单位，每人每年缴纳10元，同时中央和地方财政各补10元，总共30元作为合作医疗基金。参加合作医疗的农民生病住院，就可按比例报销部分医药费。

“报销部分住院医药费用无疑会很大程度减轻农牧民‘无钱看病’的忧虑”，牛惠民说。据介绍，截至今年9月，青海省已为91 387名参合农民报销医药费用1 234.19万元。

（摘录自新华网西宁2004年10月23日报道）

第三节　2005—2008年：从扩大试点到全面普及

2005年：试点县翻倍

受到首批新农合试点的激励和示范，2005年上半年各地试点范围明显扩大。到6月底，全国已有641个县（市、区）开展了试点，达到每个市（地）至少有一个试点县（市、区）；覆盖2.25亿农民，其中有1.63亿农民参合，参合率为72.6%，比上年年底有大幅增加。据一些地区调查，85%

以上的参合农民对新农合制度表示满意或基本满意。

2005 年 8 月 10 日，国务院常务会议专题听取新农合试点情况汇报，总的判断是首批试点工作平稳顺利。有关部门反映的困难和问题主要是筹资水平过低，多数试点县年人均筹资 30 元，除划入家庭账户外，实际用于住院补偿的资金仅为年人均 22～25 元，只能解决部分参合农民住院费用的 20%～30%。随着医药费用的上涨以及农民医疗需求的扩大，如不提高筹资水平，补偿报销比例会逐步下降，参合农民受益水平可能会降低。另外，农村医疗服务基础设施条件差，人员专业素质低的问题仍然突出，农民住院主要流向县及县以上医院，既给新农合基金带来支出风险，也增加了农民就医的经济负担。同时，乡镇卫生院运行机制出现市场化倾向，容易助长医疗机构单纯追求经济利益、损害农民利益的倾向，也影响公共卫生工作的开展。会议作出了两个重要决策。一是加快推进新农合制度建设步伐，2006 年将试点县由目前的 21%扩大到 40%左右，到 2008 年在全国农村基本建立新农合制度。这比原定 2010 年的时间节点提前两年。同时强调，这是出于全国总的考虑，对各地不搞“一刀切”，不强求一律，还是要从实际出发，因地制宜。二是决定提高财政补助标准，从 2006 年起中央财政对参合农民的补助增加 10 元，达到每人每年 20 元；地方财政也要增加 10 元，但可根据财政承受能力不同一年或分两年到位。鉴于农民整体收入水平较低，暂时可以不同步提高农民的缴费标准。

2005 年 9 月 13 日至 14 日，在江西省南昌市召开了 2005 年全国新农合试点工作会议，按照国务院的决策，部署了加快试点进度的任务，同时提醒各地要始终坚持实事求是的原则，有多大的力量办多大的事情，千万不能刻意追求指标而盲目扩大试点，发生强迫命令、违背农民意愿等有损试点工作健康发展的问题。会议要求各级政府确保提高标准后的财政补助资金及时划拨到位，同时明确，地方财政的补助经费主要由省级财政承担，原则上不由省、市、县按比例分摊，要特别注意不能增加贫困县的财政负担。从当时地方的情况看，这些强调都是非常必要的。

到 2005 年年底，全国新农合试点县达到 678 个，覆盖 2.36 亿农民，参合 1.79 亿人，参合率为 75.7%；当年筹资总额 75.4 亿元，人均筹资 42 元；

当年支出 61. 8 亿元，受益 1. 22 亿人次。除了人均筹资额，其他指标均比上年有大幅度提高。

2006 年：参合农民超 4 亿人

2006 年 1 月 10 日，卫生部等七部门联合印发《关于加快推进新型农村合作医疗试点工作的通知》，对今后三年的工作作出安排——2006 年全国试点县数量达到全国县总数的 40%左右，2007 年扩大到 60%左右，2008 年在全国基本推行，2010 年实现新农合制度基本覆盖农村居民的目标，东部地区可在规范管理的基础上加快推进速度。

2006 年，与新农合制度建设密切相关的一个重大背景是，全面研究深化医药卫生体制改革的问题被提上了议事日程。6 月 30 日，有关部门在国务院常务会议上作专题汇报，分析当时医药卫生领域存在两个突出问题：一是医疗费用增长过快，药品流通环节乱象很多，超出了群众的承受能力，即“看病贵”；二是卫生资源分布不合理，重心偏高的问题突出，农村、城市社区卫生资源不足，即“看病难”。这些问题不统筹解决，包括新农合在内的基本医疗保障制度难以持续。会后，成立了由国家发改委和卫生部牵头的深化医药卫生体制改革部际协调工作小组，组成部门还包括财政部、劳动保障部、中央编办、教育部、民政部、人事部、人口计生委、法制办、国务院政策研究室、保监会、食品药品监管局和中医药管理局，共 14 个部门，着手研究深化医药卫生体制改革的总体思路和政策措施。新农合、城镇职工和居民基本医疗保险、城乡医疗救助制度都列为医疗保障体系建设的课题，进行重点研究。

到 2006 年年底，全国有 1 451 个县开展了新农合试点，达到全国县总数的 51%，比计划的 40%左右高出 10 多个百分点；参合农民达 4. 1 亿人，参合率为 80. 7%；当年筹资总额 213. 6 亿元，人均筹资 52. 1 元，比上年增加 10 元，显示出提高财政补助标准后的效应；当年支出 155. 8 亿元，受益 2. 72 亿人次。参合人数、筹资额度、支付总额、受益人次都比上年成倍增长，实现了加大力度、加快推进的决策安排。

2007 年：试点县和覆盖农村人口双超 80%

2006 年 12 月 5 日召开的中央经济工作会议提出：加快推进新型农村合作医疗，明年要扩大到全国 80%以上的县（市、区），有条件的地方可以搞得更快一些。这一决策，比原定 2008 年覆盖 80%农村地区的计划又提前了一年，主要基于两方面考虑。从必要性看，由于东部地区自费试点推进得比较快，到 2006 年年底全国试点县数和参合农民人数都达到了一半左右的覆盖率；特别是增加财政补贴后，人均筹资标准超过 50 元，这使还没有开展试点的另一半地区和农民的期盼更加迫切，如果推进速度跟不上，会造成早试点与晚试点地区、先参合与后参合农民之间的不平衡。而从可能性看，经过几年试点，新农合的制度、政策、标准、经办管理措施逐渐成熟。2006 年 3 月至 7 月，由北京大学、中国社会科学院、农业部农村经济研究中心和卫生部统计信息中心组成的评估工作组，受国务院新农合部际联席会议委托，对新农合试点运行情况进行了全面评估。评估组收集了全国 29 个省、自治区、直辖市 257 个第一批试点县的新农合管理机构、县医院和 238 个乡镇卫生院的资料，以及 17 个省 32 个县 19 195 户共 69 208 人的入户调查资料，并在 18 个县开展了典型调查，进行了近 500 人（次）的深入访谈或专题小组讨论，得出的结论是：新农合在组织体系、筹资机制、资金管理和监督管理等方面的制度框架和基本原则，是在总结历史教训和试点经验的基础上逐步形成的，符合大多数农村实际，在一个时期内可以保持基本稳定，应积极推广和发展。在实施过程中，各地区积极探索适合于本地区实际的新农合补偿模式、实施方案和管理制度，保证了基本制度框架的统一与因地制宜的结合，具有较强的适用性和发展性。来自各地区和各部门的信息、群众和媒体的反映、第三方机构的客观评估都表明，尽管新农合在具体运行机制和管理办法方面，还需要根据形势的发展、农民群众的意愿以及运行情况逐步调整和完善，但是基本制度是成功的、可行的，是符合农村实际和大多数农民意愿的，有条件加快推进。同时，2006 年全国财政收入预计达 3.9 万亿元，比上年增收 7 000 多亿元，比当年预算超收 3 500 亿元左右，其中中央财政约超收 2 500 亿元。财力基础更加雄厚，这些钱要用在“刀刃”上，即有关国计民生的重点事项上，而新农合也是重要增支方向之一。因此，把原定三年三步走、每年增加 20%左右的节奏调整为两年两步走、每年增加 30%左右的条件是具备的，也是有较大把握的。

2007 年 1 月 22 日至 23 日，2007 年全国新农合工作会议在陕西省西安市召开。会议正式部署了 2007 年新农合覆盖全国 80%以上县的任务，标志着新农合制度由试点阶段转入全面推进阶段。

到 2007 年年底，全国新农合试点县达到 2 451 个，比上年整整增加 1 000 个，占全国县总数的 85.64%；参合农民 7.26 亿人，占全国农业人口的 83.54%，参合率为 86.2%；当年筹资总额 427.96 亿元，比上年增长 1 倍；两年各级财政补助提高到 40 元以上的举措得到落实，加上农民个人缴费，2007 年新农合人均筹资水平达到 59 元；当年支出 347 亿元，受益 4.54 亿人次，也都比上年大幅度增加，更多农民群众得到更多实惠。

2008 年：基本实现新农合制度全面覆盖

2007 年 12 月召开的中央经济工作会议对新农合制度发展再次作出两个重要决策：一是 2008 年在全国农村全面实行新农合，二是把各级财政补助标准再提高一倍。2007 年 12 月 24 日召开的国务院新农合部际联席会议具体确定：2008 年新农合人均筹资总水平从 50 元提高到 100 元，其中中央财政对中西部地区参合农民的补助一步增加到 40 元；地方财政也要相应把补助标准提高到 40 元，财政有困难的地区可以分两年到位；同时将农民个人缴费由 10 元增加到 20 元；继续通过医疗救助解决贫困农民个人缴费问题。

2008 年 2 月 14 日至 15 日在北京召开的 2008 年全国新农合工作会议，总结了五年来新农合制度建设取得的显著成绩和主要经验，提出在新的起点上不断巩固完善新农合制度，包括：加大工作力度，确保实现全面覆盖，特别是对尚未开展这项工作的 292 个县（市、区）加强指导；从实际出发，落实好筹资政策，重点是落实提高筹资标准；完善统筹补偿方案，合理使用基金，强调统一规范，使同等筹资水平的参合农民在补偿待遇上基本相同；努力提高农村医疗服务水平，同时要规范医疗服务行为，控制医药费用不合理增长；切实加强新农合基金监管，保障农民群众的参与权、知情权和监督权；加强管理能力和信息化建设，加强组织领导和各方面协同配合。

到 2008 年 6 月底，全国 2 729 个有农业人口的县（市、区）全部建立实施了新农合制度，提前两年实现了新农合制度全面覆盖的目标。到年底，全国参加新农合的人数达到 8. 15 亿人，参合率为 91. 53%；全年筹资 784. 58 亿元，支出 662. 31 亿元；当年有 5. 85 亿人次享受到新农合补偿(见表 17-1)。

表 17-1 2003—2008 年新农合发展情况

单位：亿人，亿元

年度	2003	2004	2005	2006	2007	2008
参合人数	0. 64	0. 8	1. 79	4. 1	7. 26	8. 15
筹资总额	—	40. 29	75. 4	213. 6	427. 96	784. 58
支出总额	—	26. 37	61. 8	155. 8	347	662. 31
受益人次	—	0. 76	1. 22	2. 72	4. 54	5. 85

数据来源：卫生部历年统计资料。

第十八章 走向全民医保

在新农合试点和推开的过程中，又相继建立了城镇居民基本医疗保险制度和城乡居民医疗救助制度，同时完善了职工医疗保险制度，完成了全民医保体系的构建。

第一节 建立城镇居民基本医疗保险制度

2亿多城镇居民的基本医疗保障问题该解决了

建立城镇居民基本医疗保险制度（以下简称城居医保）的决策，在2006年就提出了。当时新农合已经覆盖全国51%的县和4.1亿农民，预计再用两三年时间就可以实现对全国所有地区的覆盖。在职工医疗保险制度逐步稳固、新农合加快发展的背景下，一个新问题浮现出来——未就业的城镇居民怎么办？如果对这一群体的看病就医没有制度性的保障，我国医疗保障体系仍将有一大块缺失。

有关部门的调查情况表明，在当时全国城镇5.6亿常住人口中，除去应当参加职工医疗保险的 3.2 亿人，其他群体多达 2.4 亿人，主要是非从业的职工直系亲属。在过去的劳保、公费医疗制度中，对这一群体曾有过享受半费医疗的政策安排，但随着职工医疗保险制度改革已不再实行，目前只有少数效益好的国有企业和部分机关事业单位保留了职工子女医疗费统筹。那些缺乏基本医疗保障的城镇非从业居民一旦得了大病，家庭负担很重。为解决这一问题，部分城市已经进行了探索。如天津市在河北区、河西区开展建立城镇非从业居民医疗保障制度的试点，实行家庭缴费和政府补贴相结合，规定一般每人每年缴费 150 元，在校学生 120 元，残疾人 90 元并由政府等额补助，老年人 180 元并由政府对其中的低保对象补助一半。又如广东省佛山市，在新农合的基础上，对全市 204 万城乡居民实行统一的医疗保险制度，规定每人每年筹资 60～250 元，区镇两级财政补助 60～130 元，主要承担大病住院治疗费用。这些局部尝试提供了解决问题的思路，但需要有统一政策加以规范，以免各地保障办法和待遇水平差异过大引发新的矛盾。[①]

2006 年 8 月，国务院深化医改部际协调小组经过研究论证，形成了基本共识：一是及时建立城居医保制度是必要的；二是坚持“低水平、广覆盖”方针，重点解决城镇居民住院和门诊大病的医疗费用问题；三是基本制度模式可以借鉴新农合，在筹资上实行个人（家庭）缴费与政府补助相结合的责任分担机制；四是在经办服务上宜实行社保经办机构管理的体制，以体现政府的公共管理和社会服务责任；五是发挥中央和地方两个积极性，中央制定指导意见，统一制度框架，地方依据实际制定具体政策标准，组织实施；六是把握推进节奏，先行试点，再逐步推开。

研究中的一个小插曲是关于制度称谓，开始有人主张仿照新农合称为“新型城镇居民合作医疗（新城合）”，突出“合”字，以表明不是单纯的政府福利安排，而是居民合作共济的制度。各部门讨论后认为，新农合的“新”是相对于原来老农合而言的；而城镇居民医保制度是“白纸作画”，不宜用新老来区分。最后各方达成一致意见，城镇居民基本医疗保险（城

---

① 本节有关数据均来源于《中国统计年鉴 2015》和历年《中国劳动和社会保障年鉴》《中国人力资源和社会保障年鉴》。

居医保）的名称就这样定下来了。

2006 年 10 月，党的十六届六中全会明确提出“完善城镇职工基本医疗保险，建立以大病统筹为主的城镇居民医疗保险，发展社会医疗救助，加快推进新型农村合作医疗”，勾画了我国基本医疗保障体系由职工医保、城居医保、新农合和社会医疗救助四项制度构成的总体框架。当年 12 月召开的中央经济工作会议，具体部署了 2007 年“启动以大病统筹为主的城镇居民医疗保险试点”的任务。

2007 年 4 月 4 日，国务院常务会议讨论了有关部门起草的《关于开展城镇居民基本医疗保险试点的指导意见》稿，决定建立由国务院有关领导同志担任组长的城镇居民医保部际联席会议制度（以下简称城居医保联席会），负责领导试点工作；再就城居医保问题召开一次座谈会，进一步听取地方政府意见，成熟后印发试点文件。

2007 年 5 月 9 日，城居医保联席会成立，由国家发展改革委、教育部、民政部、财政部、劳动保障部、卫生部、食品药品监管局、中医药管理局 8 个部门组成。5 月底和 6 月底，试点意见两次印发各地区、各部门征求意见。6 月下旬至 7 月上旬，城居医保联席会分别在江苏镇江、江西南昌和甘肃兰州召开东、中、西部 3 个片会，直接听取各地政府和相关部门的意见。

2007 年 7 月 23 日至 24 日，国务院在北京召开城居医保试点工作会议，各省级政府和中央有关部门负责人参加了会议。国务院对开展试点工作作动员部署。会议期间，国务院领导同志还专门召开各省负责人座谈会，再次听取地方意见，提出工作要求。对这项事关亿万群众切身利益的制度，决策的慎重和细致程度可见一斑。

城居医保与新农合的政策异同

试点工作会议召开后，国务院正式印发了《关于开展城镇居民基本医疗保险试点的指导意见》。这个文件共 17 条，把城居医保试点节奏和目标确定为“三年试点、第四年普及”，即 2007 年在有条件的省份选择 2~3 个城市启动试点，2008 年扩大试点，争取 2009 年试点城市达到 80%以上；通过试点，探索和完善城居医保的政策体系，形成合理的筹资机制、健全的管理体制和规范的运行机制；2010 年在全国全面推开，逐步覆盖全体城镇非从业居民。这种节奏把握，是汲取了新农合的推进经验；区别在于，城居医保是按城市而不是按县来组织，更加适应城镇的特点，也符合较高统筹管理层次的需要。

对城居医保试点的原则规定了四条：一是坚持低水平起步；二是坚持自愿原则，充分尊重群众意愿；三是中央确定基本原则和主要政策，地方制定具体办法；四是统筹协调，做好各类医疗保障制度之间的衔接。这与新农合的原则是完全一致的。城居医保的基本政策框架也与新农合大体一致，同时有一些差别。

参保范围。规定不属于城镇职工基本医疗保险制度覆盖范围的中小学阶段的学生（包括职业高中、中专、技校学生）、少年儿童和其他非从业城镇居民都可自愿参加城居医保。即制度目标群体首先界定在城镇范围，而后排除应参加职工医保的人员，从而与职工医保、新农合形成三个平行的制度安排。在纳入群体中，暂时未包含在校大学生，是鉴于一些高校仍在实行公费医疗制度，体制调整较为复杂，留待试点后研究。

筹资水平。要求试点城市根据当地经济发展水平以及成年人和未成年人等不同人群的基本医疗消费需求，并考虑当地居民家庭和财政负担能力，恰当确定。这里考虑了两个差别：一是地区差别，允许不同地区筹资和保障水平有所差别，这与新农合政策一致；二是城乡差别，鉴于城镇居民家庭收入和医疗消费水平均明显高于农村，因此不强求城居医保的筹资和保障水平与当地新农合完全相同。此外，还提出探索建立筹资水平、缴费年限与待遇水平相挂钩的机制。

缴费和补助。参保居民按规定缴纳基本医疗保险费，政府每年按不低于人均 40 元给予补助。在此基础上，对属于低保对象的或重度残疾的学生和儿童参保的缴费，政府每年再按不低于人均 10 元给予补助；对其他低保对象、丧失劳动能力的重度残疾人、低收入家庭 60 周岁以上的老年人等困难居民参保的缴费，政府每年再按不低于人均 60 元给予补助。这些政策，是与新农合统筹研究的，因而二者完全一致。同样，中央财政通过专项转移支付对中西部地区的三项补助再分别补助 20 元、5 元和 30 元，对东部地区参照新农合的补助办法给予适当补助。

费用支付。各地要按照基金重点保障住院和门诊大病要求，合理制定城居医保基金起付标准、支付比例和最高支付限额，完善支付办法，合理控制医疗费用。这在很大程度上是借鉴了职工医保的起付线、支付比例、封顶线三项管理规则。

管理服务。规定原则上参照城镇职工医保的有关规定执行，充分利用现有管理服务体系，即由劳动保障部门的社保经办机构承办，不再新设管理经办机构，并通过订立和履行定点服务协议，规范对定点医疗机构和定点零售药店的管理。这与新农合的管理有所不同。

医疗服务。要求大力发展社区卫生服务，将符合条件的社区卫生服务机构纳入城居医保定点范围，对参保居民到社区卫生服务机构就医发生的医疗费用要适当提高基金支付比例。这与新农合注重利用乡镇卫生院和村卫生室医疗资源的取向是一致的。

城居医保从试点到全面推开仅用了三年时间

《关于开展城镇居民基本医疗保险试点的指导意见》发布后，城居医保制度建设的大幕拉开。

2007 年，首批 88 个城市试点启动。各地按照确定的试点规模和条件，积极申报试点城市。城居医保联席会经评估、筛选，确定了首批 88 个试点城市。为了把首批试点搞扎实，8 月 16 日，部际联席会议专门举办了试点城市市长医保研讨班，试点城市也层层开展专业培训，让各级干部掌握政策，把握重点；8 月 22 日，国务院新闻办公室举行居民医保专题新闻发布会，随后，城居医保联席会印发了宣传提纲，试点城市也利用多种形式进行宣传动员；中央和地方财政及时将城居医保补助资金拨付各试点城市；劳动保障部等部门分别印发《关于城镇居民基本医疗保险医疗服务管理的意见》《关于做好城镇困难居民参加城镇居民基本医疗保险有关工作的通知》，明确具体政策；结合修订基本医疗保险药品目录，把 36 种儿童住院和门诊大病临床诊疗必需的专门用药（西药 13 种，中成药 23 种）纳入医疗保险支付范围，以满足城居医保试点后少年儿童参保用药的需要；城居医保联席会还组织专家开展评估，检验政策的实效和需要完善之处。

至 2007 年年底，88 个试点城市参保居民达到 2 583 万人，其中中小学生、儿童占 52.8%，享受不同优惠政策的困难人员占 23%。加上其他自行探索的地区，全国共有 137 个地市的 692 个区县建立了城居医保制度，实际参保 4 291 万人，基金收入 43 亿元，其中各级政府对城居医保的财政补助 20.84 亿元。

就在这一年 3 月，中国医疗保险研究会成立，会员来自医保行政部门、社保经办机构、定点医药机构、高校和科研单位、医药企业、保险公司和有关社会团体，致力于开展医疗保险的科学研究和技术标准体系建设。成立当年就举办多次专题研讨会，开通了“中国医疗保险网”，并组织专家对城居医保首批试点情况进行了评估，还为遴选城居医保药品目录中的儿童用药提供了技术支持。

2008 年，试点扩大到全国一半的城市。2007 年年初，由各方面专业人士组成的城居医保评估专家组提交了首批试点评估报告，汇集各试点城市进展情况，形成了五个基本判断：一是中央决定开展城居医保试点的决策是完全正确的，二是试点的基本原则和主要政策切实可行，三是试点城市的工作是得力的，四是广大城镇居民衷心拥护这项试点，五是今年可以进一步扩大试点。另据城居医保联席会调查摸底，首批试点顺利开展后，各地要求扩大试点的积极性相当高，申请扩大试点的城市达到 230 个，涉及居民 1.24 亿人。

按照既定部署，2008 年城居医保试点继续扩大，并与新农合同步，将财政补助标准提高到不低于 80 元，财政有困难的地区可分两年到位。2 月 26 日，国务院召开城居医保扩大试点工作电视电话会议，部署扩大试点任务。会后，城居医保联席会批复各地，确定共 229 个城市纳入 2008 年试点范围。至年底，实际试点城市 317 个，参保的城镇居民达到 1.18 亿人；当年基金收入 154.9 亿元，其中全国各级政府对城居医保的专项财政补助总额达 90 多亿元（包括中央财政支出 31.7 亿元）。

2008 年年底，根据国务院机构改革和撤并非常设机构的要求，撤销了城居医保联席会，城居医保试点和全面推进工作纳入了深化医改的整体部署，由国务院深化医药卫生体制改革领导小组全面负责，由新组建的人力资源社会保障部负责协调各有关部门具体组织实施。

2009 年，提前实现城居医保制度全覆盖。2008 年年底，城居医保试点城市实际上已覆盖全国 330 多个地级城市的绝大部分，参保居民也超过原来调查摸底的一半以上；与此同时，参加新农合的农民达到 8.14 亿人，对加快城居医保进度是一个极大的推动。此外，已露峥嵘的国际金融危机冲击我国，也从客观上造就了加大社会保障力度、稳定社会的态势。深入分析形势，研判需求与可能，中央决定，2009 年全面推开城居医保制度，比原定计划提前一年，同时将在校大学生全部纳入城镇居民医保范围。2009 年 4 月 8 日，人力资源社会保障部、财政部印发《关于全面开展城镇居民基本医疗保险工作的通知》，要求全国所有城市都要开展城居医保工作；2009 年新开展这项工作的城市，原则上第二季度启动实施，参保率力争达到 50%以上；2009 年前已开展试点的城市，结合试点工作中出现的问题进一步完善政策、加强管理，参保率力争达到 80%以上。

关于在校大学生是否纳入城居医保的问题，在 2007 年首批试点时搁置下来，待后研究。结合试点，教育部会同劳动保障部、财政部进行了专题调研，查明当时全国高校有在校生 2 005 万人，其中公办高校 1 661 万人，民办高校 344 万人。存在的突出问题是，随着高校扩招，在校生规模急剧扩大，而国家对公办高校大学生的公费医疗经费还是按 1997 年在校生规模人均 60 元核拨的，摊到扩招后的人头上水平很低，已经难以保障大学生基本医疗需求；至于民办高校学生，则从来没有过医疗保障制度安排，只能自行解决医疗费用支出。一些学生因重病、大病无力医治的报道屡见报端，社会反响强烈。针对这类问题，在首批试点的 88 个城市中有 20 个城市将大学生纳入城居医保，受到高校及学生的欢迎和支持。各地希望国家能尽快下发文件，明确有关政策。进一步研究表明，在校大学生参加城居医保后，按实有在校生人数和提高的标准建立了稳定的财政投入机制，总体上不会降低其医疗待遇，而且在继续保证其到校医院享受日常医疗的同时，还能同其他城镇居民一样选择校外多家定点医院就医，得到更好的医疗服务。大学生参保一年缴费 10～20 元的水平也不会对大学生家庭构成经济负担，对家庭经济困难的学生政府还有补助。

情况摸清后，2008 年 10 月 25 日，国务院办公厅印发《关于将大学生纳入城镇居民基本医疗保险试点范围的指导意见》，确定将各类全日制普通高等学校（包括民办高校）、科研院所（以下统称高校）中接受普通高等学历教育的全日制本专科生、全日制研究生纳入城居医保。指导意见要求，大学生参保实行自愿原则，属地管理；个人缴费和政府补助标准，按照当地中小学生参加城居医保相应标准执行；个人缴费原则上由大学生本人和家庭负担，有条件的高校可对其缴费给予补助；对家庭经济困难大学生个人应缴纳的基本医疗保险费及按规定应由其个人承担的医疗费用，通过医疗救助制度、家庭经济困难学生资助体系和社会慈善捐助等多种途径给予资助；大学生住院和门诊大病医疗，待遇水平不低于当地城镇居民，同时按现有规定继续做好其日常医疗工作；各地要把符合条件的大学医疗机构纳入城居医保定点医疗机构范围。

2008 年 11 月 7 日，人力资源社会保障部、教育部、卫生部、财政部联合召开全国视频会议，专题部署将大学生纳入城居医保制度的工作。考虑到大学生一般从 9 月 1 日开始新学年，因此，各地大都从 2009 年 9 月开始组织入学新生参保，而对原在校生继续保持原有政策。有稳妥有序的方法，加上实行了对困难学生缴纳医保费的补助政策，这项新政策实施很平稳。2009 年当年在校大学生参保人数就达到 1 462 万人，以后陆续增加，2010 年达到 1 759 万人，2011 年达到 1 939 万人，2012 年达到 2 122 万人，基本做到了对在校大学生应保尽保，同时待遇水平也不断提高。

至 2009 年年底，城居医保制度在全国各地普遍推开，参保人数 1.82 亿人，覆盖率约为 80%，新农合参合率达到 94.19%；城居医保与新农合合计，全年实际参保、参合人数超过 10.15 亿人，有 8.33 亿人次从中受益。

2007 年至 2009 年的短短 3 年时间里，我国在继续扩大新农合覆盖面的同时，又新建立了城居医保制度，将原来没有医疗保障的近 2 亿城镇居民纳入其中。这不仅为解决群众“看病难、看病贵”问题作出了制度安排，而且也是这一时期应对国际金融危机挑战、改善民生、扩大内需的一项重要举措。随着基本医保在制度上对城乡居民实现了全覆盖，在医保管理体制方面出现了新的需求和变化——先是有成都、杭州、厦门、佛山等城镇化率很高的城市对城乡医保实行统一管理；2009 年，重庆、天津、宁夏 3 个省级地区也调整部门职责，将新农合移交人社部门管理，探索城乡医保统筹的新路径。

第二节　城居医保与新农合并行推进

2010 年后，城居医保与新农合继续并行发展，工作重点从制度试点、扩大覆盖转入完善政策、规范管理、稳步提高保障水平并与医疗卫生和药品流通体制改革更紧密结合的新阶段。

2009 年印发的《中共中央　国务院关于深化医药卫生体制改革的意见》和国务院印发的《医药卫生体制改革近期重点实施方案（2009—2011 年)》，都把加快推进基本医疗保障制度建设列在深化医改各项任务的首位，提出 3 年内使城镇职工医疗保险、城居医保和新农合参保率提高到 90%以上，到 2011 年，基本医疗保障制度全面覆盖城乡居民。

——2010 年，统一提高了全国城居医保和新农合的财政补助标准，从每人每年不低于 80 元提高到不低于 120 元，其中中央财政对中西部地区补助 60 元，并适当提高个人缴费标准，提高报销比例和支付限额。这一年，城居医保和新农合制度发展的新亮点：一是各统筹地区将参保参合城乡居民住院费用在政策范围内报销的比例提高到 60%左右；二是将城居医保和新农合基金最高支付限额（封顶线）分别逐步提高到当地城镇居民家庭人均可支配收入的 6 倍和农村家庭人均纯收入的 6 倍以上；三是在重点保住院、保大病需求的基础上，探索实行门诊统筹，到年底，城居医保有 80%的统筹地区、新农合有 50%的统筹地区出台了门诊费用统筹政策；四是推行参保参合居民医疗费用即时结算，到年底，城居医保有近 92%的统筹地区住院和门诊费用即时结算，新农合有 80%以上的统筹地区实现了住院医疗费用即时结报，新农合还选择 50 种临床路径明确的疾病开展了按病种付费的试点。这一年，实行基本医保城乡统筹管理的地区发展到 35 个城市以及其他城市的 142 个县。到年底，城居医保与新农合合计，全年实际参保、参合人数达到 10.31 亿人，超过 11.8 亿人次从中受益。

——2011 年，对城乡居民基本医保的财政补助标准再次大幅度提高到每人每年 200 元；同时在工作进度上规定了几组量化指标：城镇职工医保和居民医保参保人数要达到 4.4 亿人，新农合参合率稳定在 90%以上；参保（合）人员政策范围内住院费用的基金支付比例力争达到 70%左右，“封顶线”在达到居民收入 6 倍的同时，还要不低于 5 万元；普遍开展新农合门诊统筹，人均门诊统筹基金不低于 35 元，力争达到 40 元；基本实现统筹区域内医疗费用即时结算。到年底，全国参加城镇职工医保和居民医保的人数达到 4.73 亿人，其中居民医保 2.2 亿人；参加新农合的人数达到 8.32 亿人（参合率为 97.48%），比上年减少近 400 万人，主要原因是有 5 个省级地区、40 个大中城市和 160 多个县实行了城乡居民统一的基本医疗保险制度，对原来两项制度重复参保的数据作了清理整合。当年，随着各级政府对居民医保财政补助的大幅提高和普遍开展门诊统筹，城居医保和新农合的受益人数快速增长，合计达到 14.5 亿人次。同年，还以省为单位推行提高儿童白血病、先天性心脏病保障水平的试点，并鼓励优先将妇女乳腺癌、宫颈癌、重性精神病等疗效确切、费用较高、社会广泛关注的疾病纳入试点范围。

——2012 年，国务院印发《“十二五”期间深化医药卫生体制改革规划暨实施方案》，提出的主要目标之一是“以基本医疗保障为主体的多层次医疗保障体系进一步健全，通过支付制度等改革，明显提高保障能力和管理水平”。确定到 2015 年的主要指标包括：职工医保、城居医保、新农合三项基本医疗保险的参保率在 2010 年基础上提高 3 个百分点；城居医保和新农合的政府补助标准提高到每人每年 360 元，个人缴费水平相应提高；三项医保政策范围内住院费用支付比例达到 75%左右；城居医保和新农合门诊统筹推向所有统筹地区，支付比例提高到 50%以上；积极推广医保就医“一卡通”，全面实现统筹区域内和省内医疗费用异地即时结算等。这个首次制定的医改专项规划，对完善医疗保障体系还提出了多项新的改革任务，特别突出的，一是针对城乡医保分割管理的弊端，提出加快建立统筹城乡的基本医保管理体制，有条件的地区探索建立城乡统筹的居民基本医保制度；二是针对一些重大疾病患者在享受基本医保后仍无力支付高额医疗费、生活陷入贫困的现象，提出探索建立重特大疾病保障机制。

这一年，各级政府对城乡居民基本医保的财政补助标准进一步提高到每人每年 240 元。到 2012 年年底，城居医保有 2.7 亿人参保，大大超过原来调查的 2.2 亿人的规模，其中很大比例是由于一些地区推进城乡医保统一管理，对原新农合的参合人数作了统一统计；加上城镇职工参加医保的 2.65 亿人和卫生部门统计新农合参合 8.05 亿人，总数达 13.4 亿人，相当于当年全国总人口 13.54 亿人的 99%。显然，这里仍有一些“重复统计”的水分，因而理顺管理体制、推进城乡医保统筹的需求更加急迫。2012 年，城乡居民基本医保基金决算总收入 3 262 亿元，其中各级政府财政补助 2 604 亿元；基金总支出 2 994 亿元，合计有近 20 亿人次受益（见表 18-1）。

表 18-1　2009—2012 年城乡居民基本医保发展情况

年度	参保人数/亿人	筹资总额/亿元	财政补助/亿元	人均筹资/元	基金支出总额/亿元	受益人数/亿人
城居医保						
2009	1.82	252	159	130	167	0.74
2010	1.95	354	229	164	267	0.98
2011	2.21	563	446	246	408	1.35
2012	2.72	877	635	313	675	2.32
新农合						
2009	8.33	944	742	113	923	7.59
2010	8.36	1 308	1 054	156	1 188	10.87
2011	8.32	2 048	1 728	246	1 710	13.15
2012	8.05	2 485	2 014	309	2 408	17.45

注：2011 年开始对城居医保试行基金预算制度，2012 年开始对新农合和城乡居民统筹的基本医保实行基金预算制度。表中所列筹资总额、财政补助、基金支出总额，是根据人力资源社会保障部、卫生部的统计数据，主要反映业务发展状况，与基金决算数有一定差异。

第三节　建立城乡医疗救助制度

农村医疗救助要与新农合制度紧密结合

2002 年 10 月印发的《中共中央　国务院关于进一步加强农村卫生工作的决定》，在提出建立新农合制度的同时，要求对农村贫困家庭实行医疗救助，并明确了基本政策框架，包括：医疗救助对象是农村五保户和贫困农民家庭；医疗救助的形式可以是对救助对象患大病给予一定的医疗费用补助，也可以是资助其参加当地合作医疗；医疗救助资金通过政府投入和社会各界自愿捐助等多渠道筹集；中央财政通过专项转移支付对贫困地区农村医疗救助给予适当支持。

2003 年 1 月召开的中央农村工作会议，把实行农村医疗救助作为与建立新农合制度并行的任务，要求“各地要积极探索新型合作医疗制度和农村贫困家庭医疗救助制度的运行机制和管理方法，并在实践中不断总结经验，逐步完善”。

2003 年 3 月，国务院常务会议研究解决困难群众生产生活问题的措施，将对困难群众实施医疗救助作为八项举措之一。会议议定：当前，要集中力量搞好新农合试点工作，建立农村医疗救助制度，要统一纳入农村合作医疗制度体系，并确保其发挥救助作用；同时责成有关部门对城市居民的医疗救助问题开展调查研究。

2003 年 11 月，民政部会同卫生部、财政部联合印发《关于实施农村医疗救助的意见》，将这项制度定义为“政府拨款和社会各界自愿捐助等多渠道筹资，对患大病农村五保户和贫困农民家庭实行医疗救助的制度”；推进目标是“力争到 2005 年，在全国基本建立起规范、完善的农村医疗救助制度”。救助对象确定为农村五保户、农村贫困户家庭成员以及地方政府规定的其他符合条件的农村贫困农民。救助办法主要有两种：一是在开展了新农合的地区，对医疗救助对象个人应负担的缴费予以全部或部分资助，使其能够参合并享受相应待遇；二是在尚未开展新农合的地区，对因患大病个人负担医疗费用难以承担，或者虽已参合但因患大病经新农合补助后个人负担医疗费用仍过高，影响家庭基本生活的，再给予适当的医疗救助。此外，对国家规定的特种传染病救治费用按有关规定给予补助。获得医疗救助的规范程序是：按照属地化原则，申请人书面申请，村民代表会议评议，乡镇政府审核，县级民政部门审批，医疗救助资金由乡镇政府发放或采取社会化发放办法。文件要求地方各级财政每年年初根据实际需要和财力情况安排医疗救助资金，列入当年财政预算；明确中央财政通过专项转移支付对中西部贫困地区农民贫困家庭医疗救助给予适当支持；医疗救助资金纳入社会保障基金财政专户，由各级财政、民政部门实行专项管理，专款专用。

三部门文件的制发，标志着我国农村医疗救助制度正式建立。但由于是新事物，还没有成熟的经验，特别是各地经济发展还很不平衡，财政状况也存在较大差异，因此文件要求各省（区、市）各选择 2~3 个县作为示范点。

经过一年多时间与新农合试点的同步推进，到 2005 年 6 月，在全国已开展新农合试点的县，农村五保户和特困户的参合率分别为 76.2%和 80%，高于平均 72.6%的参合率，表明农村困难群体在医疗救助资金的支持下得到比其他农民更多的实惠。但从全国总体情况看，医疗救助资金的投入仍明显不足，困难群体受益面还很窄。据民政部调查，当时全国纳入农村五保供养、农村低保和特困户救助的有 1 700 万人，其中患大病的约有 547 万人，每年需要大病医疗救助资金 55 亿元，加上资助参合的资金，共需要 57 亿元左右，而中央财政每年只能安排医疗救助资金 3 亿元。2005 年上半年，全国筹集的医疗救助资金只有 13.9 亿元。这导致医疗救助范围窄、救助水平低，大多数省份的贫困人口参合率不足 55%。国务院高度重视这一情况，2005 年 8 月提出了逐步建立和完善农村医疗救助制度的要求。

到 2005 年年底，按预定目标初步建立起农村医疗救助制度。又经过几年的完善，到 2008 年，这项制度全面覆盖全国有农业人口的县（市、区）。针对资金补助的问题，各级政府持续加大对农村医疗救助的财政投入力度，2005 年至 2008 年，共安排 120.9 亿元资金，累计资助 7 900 多万人参加新农合，同时直接救助近2 000万人次。[①] 各地稳步扩大农村医疗救助的覆盖面，在确保农村低保对象和五保户受助的基础上，逐步将农村其他经济困难家庭人员纳入救助范围；针对救助对象困难情况和基本医疗需求，调整医疗救助标准，逐步提高救助水平；还适当扩大了救助病种，在坚持以住院医疗救助为主的同时，也兼顾对困难群众的门诊医疗大额花费给予资助。

开展城镇医疗救助制度试点

在决定建立农村医疗救助制度两年后，城市医疗救助制度的试点也启动了。2004年9月29日召开的国务院常务会议在专题听取有关救灾救济和低保工作的汇报后，决定建立健全城乡社会救助体系，努力帮助城乡特殊困难群众解决看病难、子女上学难等问题。其中一项明确的工作任务就是，在总结实施农村医疗救助经验的基础上，加快制定建立城市医疗救助制度的试点方案，这是统筹考虑城乡贫困人群基本医疗保障制度安排的新举措。

2005年3月，国务院办公厅转发民政部、卫生部、劳动保障部、财政部联合拟定的《关于建立城市医疗救助制度试点工作的意见》。总体目标是：从2005年开始，用2年时间在各省、自治区、直辖市不少于1/5的县（市、区）进行试点，并从中选择2~3个县（市、区）作为示范点，重点探索城市医疗救助的管理体制、运行机制和资金筹措机制；之后再用2~3年时间在全国建立起管理制度化、操作规范化的城市医疗救助制度。试点工作遵循三项基本原则：实事求是，因地制宜；先行试点，稳步推进；多方筹资，多种方式，量力而行。具体政策包括：救助基金通过财政预算拨款、专项彩票公益金、社会捐助等渠道筹集，地方财政每年要在财政预算中安排城市医疗救助资金，中央和省级财政对困难地区给予适当补助；救助对象主要是城市居民低保对象中未参加城镇职工基本医疗保险人员、已参加城镇职工基本医疗保险但个人负担仍然较重的人员以及其他特殊困难

① 国家统计局. 中国统计年鉴2015［M］. 北京：中国统计出版社，2015.

群众；救助标准为对救助对象在扣除各项医疗保险可支付部分、单位应报销部分及社会互助帮困等后，个人负担超过一定金额的医疗费用或特殊病种医疗费用给予一定比例或一定数量的补助；申请审批程序为救助对象本人向社区居委会提出申请，街道办事处（乡镇政府）进行审核，县级政府民政部门审批；救助金由街道办事处（乡镇政府）发放，也可以由县级政府民政部门直接发放，有条件的地方要实行社会化发放。

2005 年 4 月，民政部、卫生部、劳动保障部、财政部联合召开城市医疗救助制度试点工作视频会议，部署开展建立城市医疗救助制度的试点工作。6 月 8 日，财政部、民政部印发《关于加强城市医疗救助基金管理的意见》，就多渠道筹集城市医疗救助基金，科学合理制定救助标准，严格城市医疗救助资金申请、审批和发放办法，切实加强城市医疗救助基金的管理，加大监督力度、确保基金安全，作出具体规定。

按照试点意见要求，各地普遍成立省级专项工作协调小组，确定了开展城市医疗救助试点县的名单，在调查分析本地城市困难群体医疗急迫需求的基础上，制定了试点的实施意见，并安排地方财政预算资金。试点工作进展总体是平稳顺利的，到 2007 年，原定两年时间的城市医疗救助试点工作基本结束，按计划转向逐步推开阶段。就在这一年 7 月，开始启动城居医保试点，国务院在试点指导意见中规定：“城镇居民基本医疗保险基金用于支付规定范围内的医疗费用，其他费用可以通过补充医疗保险、商业健康保险、医疗救助和社会慈善捐助等方式解决。”“进一步完善城市和农村医疗救助制度。完善多层次医疗保障体系，搞好各项医疗保障制度的衔接。”此后，城市医疗救助制度与建立城居医保制度密切结合了起来，同步推进。

完善城乡医疗救助

农村和城镇医疗救助制度普遍建立，对于缓解城乡居民因病致贫、返贫问题发挥了积极作用，但实践中也存在着运行不够规范、审批程序过于复杂等问题，致使一些地区医疗救助资金结存较多而部分患大病贫困群众却未得到及时救助。

2009 年 6 月，民政部、财政部、卫生部、人力资源社会保障部联合印发《关于进一步完善城乡医疗救助制度的意见》，明确了进一步完善城乡医疗救助制度的原则是坚持统筹协调，搞好医疗救助与相关社会保障制度的衔接，探索建立城乡一体化的医疗救助制度；目标是用三年左右时间，在全国基本建立起资金来源稳定、管理运行规范、救助效果明显、能够为困难群众提供方便快捷服务的医疗救助制度。文件从四个方面规定了健全医疗救助制度的政策：一是合理确定救助范围，切实将城乡低保家庭成员和五保户纳入医疗救助范围，逐步将其他经济困难家庭人员（主要包括低收入家庭重病患者以及当地政府规定的其他特殊困难人员）纳入；二是实现多种方式救助；三是完善救助服务内容，住院救助主要帮助救助对象解决因病住院个人负担的费用，门诊救助主要帮助患常见病、慢性病需要长期靠药物维持治疗的救助对象解决个人负担的医疗费用；四是合理制定补助方案，逐步降低或取消医疗救助的起付线，合理设置封顶线，进一步提高救助对象自付基本医疗费用的救助比例。在管理措施方面，文件要求简化审批程序，对低保、五保救助对象由定点医疗机构凭相关证明即时结算应由医疗救助支付的费用，再与民政部门定期结算；加强医疗救助与职工医保、城居医保、新农合在经办管理方面的衔接，探索“一站式”管理服务，县级财政部门在社会保障基金财政专户中设立城市和农村医疗救助基金专账，办理医疗救助资金的筹集、拨付；同时要求逐步降低基金结余率，到 2011 年，各地累计结余的医疗救助资金一般应不超过当年筹集基金总额的 15%。

经过这一轮完善政策，医疗救助的重点对象更加明确，救助项目更加清晰，程序更加简明，特别是按照深化医改的总体规划，把过去城乡分别建立的医疗救助作为一个整体来规范，为以后整合为统一的制度奠定了基础。2012 年 7 月，民政部、财政部、人力资源社会保障部、卫生部联合印发《关于开展特大疾病医疗救助试点工作的意见》，并确定了 273 个试点地区，进一步增设了救助项目，将肺癌等 12 类大病纳入保障和救助试点范围。

第四节　完善职工医保制度

在新农合和城居医保先后试点、全面推进的同时，职工医保制度也得到长足发展。

持续扩大制度覆盖面

职工基本医疗保险制度按照 1998 年国务院 44 号文件进行改革后，到 2002 年，参保人数已达 9 400 多万人，比改革之初翻了两番。此后，扩大制度覆盖面、将更多群体纳入制度保障一直是职工医保制度建设的重要任务。

劳动保障部于 2003 年 5 月印发《关于城镇灵活就业人员参加基本医疗保险的指导意见》，着力解决国有企业下岗职工“并轨”和就业形式多样化背景下的医保问题。又于 2004 年 5 月印发《关于推进混合所有制企业和非公有制经济组织从业人员参加医疗保险的意见》，确定了三个重点：以私营、民营等非公有制企业为重点，提高中小企业参保率；以与城镇用人单位建立了劳动关系的农村进城务工人员为重点，积极探索他们参加医疗保险的有效途径和办法；以大中城市为重点，加强工作指导，妥善处理各方面关系，梯次推进。2006 年，结合贯彻《国务院关于解决农民工问题的若干意见》，部署开展了农民工参加医疗保险专项扩面行动。2011 年，还进一步明确了失业人员在领取失业保险金期间参加职工医保的政策，核心是缴费基数可参照统筹地区上年度职工平均工资的一定比例（最低不低于 60%）确定，并从失业保险基金中支付，个人不缴费，保障其合理的医疗待遇水平。

到 2012 年年底，全国参加职工医保的人数达到 2. 6 亿多人，比 10 年前增长 1. 8 倍，其中 2006 年至 2010 年是增长势头最猛的时段，平均每年增加近 2 000 万人；10 年基金收入增长近 9 倍，基金支出增长近 11 倍（见表 18-2）。2012 年，共有 12. 3 亿人次享受了职工基本医保待遇，其中普通门急诊 10. 8 亿人次，门诊大病 1. 17 亿人次，住院待遇 3 485 万人次，在医保政策范围内住院费用平均由基金支付的比例达到 81%。

表 18-2　2003—2012 年职工医保发展情况

单位：万人，亿元

年度	参保人数		基金收入总额	基金支出总额
		退休人员		
2003	10 902	2 927	890	654
2004	12 404	3 359	1 141	862
2005	13 783	3 761	1 405	1 079
2006	15 732	4 152	1 747	1 277
2007	18 020	4 600	2 214	1 552
2008	19 996	5 008	2 886	2 020
2009	21 937	5 527	3 420	2 630
2010	23 734	5 937	3 929	3 275
2011	25 227	6 292	4 945	3 972
2012	26 468	6 624	6 062	4 868

数据来源：劳动保障部（人力资源社会保障部）历年统计公报。

两次修订基本医疗保险药品目录

2000 年首度制定职工基本医疗保险药品目录后，2004 年根据情况发展和实际需要进行了修订。这次修订的一个重大变化是，适用范围扩大到工伤保险用药，同时调整了药品分类，归并了部分剂型，并对部分高价药品的基金支付范围作出限定。纳入目录的药品总数达到 1 937 种，其中西药 1 031 种，增加 118 种；中成药 823 种，增加 248 种。

2009 年，根据临床发展和群众需求，再次调整药品目录，在使用范围上作了两个扩大：一是扩大到职工生育保险用药，二是扩大到已经普遍建立的城居医保。调整后的目录药品总数增加到 2 240 种，其中西药增加了 139 种，中成药增加了 164 种。

这两次修订药品目录，都遵守了严格的工作程序：成立多部门组成的领导小组，纪检监察机构全程参与；由各学科医药专家组成的咨询专家组提出备选名录，不接受药品生产、流通企业申报；公布药品目录修订程序，接受社会监督；从上万名各界各地医药医保专家库中随机抽取 1 660~2 000 名专家无记名投票遴选，经咨询专家组平衡科类后，领导小组予以公布；全部工作都留有可查记录，预防了“权力寻租”的风险。修订后的药品目录，更好满足了群众用药需求。同时，在药品目录制定修订工作中也发现两个突出问题：一是一些药品研发生产企业反映，目录更新速度较慢，跟不上技术进步的步伐，希望有明确的调整节奏；二是有些特殊重大疾病的用药价格昂贵，没有纳入目录或基金支付限定在较低比例，难以解除罹患这类疾病群众的沉重经济负担。这些问题，需要在医保实践中继续探索解决。

集中解决历史遗留问题

大江东去，汹涌奔流，但在转弯处也会沉积泥沙。职工医保在快速发展中也存在着“死角”，最突出的问题就是关闭破产国有企业有数百万退休人员缺乏基本医疗保险。据有关部门三次摸底调查，到 2007 年 5 月，已经有 550 多万名关闭破产国有企业的退休人员被纳入职工医保，但仍有 594 万人游离在外，主要原因是关闭破产国有企业无力为其缴纳医保费。具体分类：中央及中央下放的政策性关闭破产国有企业有 59 万人，地方政策性关闭破产国有企业有 125 万人（后来进一步统计为 139 万人），地方依法破产的国有企业有 410 万人。当时，新农合已在各地普遍推开，城镇居民医保也在酝酿试点，而最先建立的职工医保还有数量如此之大的群体没有纳入，对谋划中的全民医保显然是一个巨大挑战。

对此，2007 年 10 月，国务院决定逐步解决这个突出矛盾，首先将地方政策性关闭破产国有企业尚未参保的退休人员纳入当地职工医保，筹资确有困难的地区，可以采取不建个人账户、只享受统筹基金支付范围待遇的办法。所需资金采取多渠道方式筹集：首先，从破产企业资产中一次性提取退休人员医疗保险费，不足的由企业主管部门（或企业集团）统筹调剂；其次，再不足的，经同级政府批准，通过土地出让所得，在年度预算或超收中安排财政补助；最后，中央财政在超收预算中安排资金给予相关地区专项补助。2008 年 7 月，财政部、人力资源社会保障部、国务院国资委印发通知，明确了补助标准：对中西部地区和老工业基地的地方政策性关闭破产国有企业退休人员，中央财政按照未参加医疗保险的每人 6 300 元、已参加医疗保险的每人 1 260 元的标准安排补助；对东部地区的补助标准减半。

政策出台后，各地区、各部门认真落实，很快取得成效。到 2008 年年底，将地方政策性关闭破产国有企业 139 万名未参保退休人员中的绝大多数纳入了职工医保，中央财政为此先后安排 98.5 亿元专项补助资金。这是中央财政首次在职工基本医疗保险制度上对地方给予资金补助，有力促进了经济体制转轨和产业结构调整特定过程中出现的这个阶段性矛盾的解决，也成为 2008 年应对国际金融危机冲击、保障和改善民生的重要举措之一。

在此基础上，2009 年国务院决定，用两年左右时间将其他关闭破产企业退休人员和困难企业职工纳入职工医保。5 月 27 日，人力资源社会保障部、财政部、国务院国资委、监察部联合印发《关于妥善解决关闭破产国有企业退休人员等医疗保障有关问题的通知》，分年分类确定了目标任务和相关政策：2009 年年底前将未参保的关闭破产国有企业退休人员纳入当地职工医保，所需资金多渠道解决，包括破产财产偿付、土地出让所得划拨部分、地方政府财政补助（可分年到位）等，中央财政按照奖补结合原则给予一次性补助；2010 年年底前将尚未参保的、关闭破产的集体企业等其他各类关闭破产企业退休人员和困难企业职工纳入职工医保，中央财政通过以奖代补方式对此项工作做得好的地区给予一次性补助；到 2011 年年底，东、中、西部省份解决关闭破产国有企业退休人员参保问题地方政府所需筹集资金到位率要分别达到 50%、40%、30%。任务下达后，四部委联合召开视频会议进行部署，并与各地政府分别签订了专项工作的协议书。

这个“3+X”的一揽子方案，既突出了政策性关闭破产、中央及中央下放政策性关闭破产、地方依法破产国有企业退休人员这三个重点，又兼顾了地方其他关闭破产企业，包括集体企业退休人员以及困难企业职工参加医保的问题，中央财政的投入力度也是空前的。2011 年 10 月，最后一笔中央财政补助资金核拨到各地，总计拿出了 509 亿元，地方政府也配套了部分财政资金，将596万名各类关闭破产国有企业未参保退休人员纳入了职工医保，有关地区还同时统筹解决了400多万名其他关闭破产企业退休人员和困难企业职工的参保问题，合计1 031万人，一举全面解决了这个困扰地方、企业和退休人员多年的历史遗留问题。

* * *

医疗保障制度关系到全体人民的切身利益，是我国社会保障体系建设的一大重点领域；同时，它又与医疗卫生体制密切关联，其改革和发展涉及多方面错综复杂的关系，被称为“世界性难题”。世纪之交，我国首先改革了职工基本医疗保险制度；经历2003年抗击“非典”疫情的艰苦战斗后，加快建立覆盖全民的基本医疗保障制度的任务提上紧迫日程。这几年，医疗保障体系建设逐年迈出重大步伐——2003年开始进行新型农村合作医疗制度的试点，并于2008年全面推开；2003年和2005年分别建立了农村和城镇的医疗救助制度；2007年又开展了城镇居民基本医疗保险制度的试点，并于2009年全面普及；职工基本医疗保险制度也不断完善。在短短几年时间里，我国靠有限的财力，建立起具有中国特色的基本医疗保障体系，最终实现了13亿多人口的全民医保，创造了世界社会保障史上的一个奇迹，受到广大人民群众衷心拥护，也得到国际社会好评。2012年10月29日，国际社会保障协会在韩国首尔举办亚太地区社会保障论坛，我国提交的《中国快速扩展医疗保险覆盖面》报告被授予唯一的“良好实践大奖”。颁奖词说：“中国经验展示了世界人口最多的国家，在很短时间内在全民医疗覆盖方面所取得的宏伟成就。迈向全面和统一制度并不断增强城乡民众待遇均等化的目标令人赞叹，进一步强化了待遇平等这一基本人权。尽管中国在考虑推行全民医疗覆盖时所面临的经济状况可能与其他国家有所不同，但中国范例依然可以给人以‘有志者事竟成’的启迪，即实现既定目标需要有足够的政治意愿。”

2012年11月，党的十八大召开。大会报告在总结过去五年工作中讲道，“全民医保基本实现”。虽然只有八个字，却有着沉甸甸的历史分量。这不仅是五年努力的结果，也是进入21世纪以来统筹城乡发展结出的硕果，还包含着自 20 世纪 90 年代以来改革职工基本医疗保险制度的历史贡献，更是自 20 世纪 50 年代我国建立劳保医疗、公费医疗制度以来 60 多年不懈追求的目标。全民医保基本实现，使我国医疗保障体系建设迈上了一个新台阶，但面对医改这个世界性难题，我们要解决的矛盾和问题还有很多，未来要走的路还很长。

第十九章
职工养老保险的新跨越

在世纪之交建立起来的企业职工基本养老保险制度，经历了“两个确保”洗礼磨砺，又在辽宁进行了完善政策的探索，进入新的10年后，迈出了新步伐。先是将完善社会保障体系试点扩大到吉林、黑龙江两省，继而在十几个省份进行了“做实”养老保险个人账户的试点，在总结经验基础上实现了制度的基本定型。这10年，制度覆盖面快速扩大，待遇水平持续提高，制度的可及性和公平性更加彰显；这10年，集中解决了未参保集体企业退休人员纳入养老保险等突出历史遗留问题，实施养老保险关系跨地区转移接续政策，规范了企业年金制度，还尝试改革机关事业单位养老保险制度，我国多层次养老保障体系初现端倪。

第一节　完善社会保障体系试点扩大到东北三省

延后的决策

2003年1月底，国务院完善城镇社会保障体系试点工作小组向国务院呈报请示，建议将在辽宁进行的试点扩大到吉林、黑龙江两省，以在更大范围内探索和总结经验。国务院原则同意扩大试点地区范围，但鉴于当时已临近政府换届，各项工作宜保持稳定，对辽宁试点的情况也需进一步认真总结，决定暂不明确扩大试点的具体时间，待方案成熟后再作决定。

当年全国两会闭幕后，试点工作小组专赴吉林、黑龙江两省了解情况，听取意见，对有关数据进行初步测算，同时委托专家组对辽宁省的试点工作进行了初步总结评估。根据调研评估情况，试点工作小组认为，辽宁的试点，在“并轨”和“做实”个人账户两个重点上取得突破，试点的主要任务基本完成，取得了明显成效；同时也出现了一些新情况、新问题，需要认真研究解决。吉林和黑龙江两省都已成立了高规格的试点工作领导机构，组织了大规模普查工作，了解掌握了基本情况和基本数据，着手研究论证试点相关政策，各项准备工作是积极、扎实的。

这一年，国家决策实施“东北振兴”战略，成为推动扩大完善社会保障体系试点的又一动因。10 月 1 日，中共中央、国务院印发《关于实施东北地区等老工业基地振兴战略的若干意见》，提出 12 条重大举措，其中包括“精心组织实施完善社会保障体系试点，在总结辽宁省社会保障体系试点经验的基础上，明年将试点范围扩大到吉林、黑龙江两省，并适时推广”。

2003 年 10 月 14 日，党的十六届三中全会作出《中共中央关于完善社会主义市场经济体制若干问题的决定》，其中对加快建设与经济发展水平相适应的社会保障体系作出全面部署。

党的十六届三中全会关于社会保障的论述

完善企业职工基本养老保险制度，坚持社会统筹与个人账户相结合，逐步做实个人账户。将城镇从业人员纳入基本养老保险。建立健全省级养老保险调剂基金，在完善市级统筹基础上，逐步实行省级统筹，条件具备时实行基本养老金的基础部分全国统筹。健全失业保险制度，实现国有企业下岗职工基本生活保障向失业保险并轨。继续完善城镇职工基本医疗保险制度、医疗卫生和药品生产流通体制的同步改革，扩大基本医疗保险覆盖面，健全社会医疗救助和多层次的医疗保障体系。继续推行职工工伤和生育保险。积极探索机关和事业单位社会保障制度改革。完善城市居民最低生活保障制度，合理确定保障标准和方式。采取多种方式包括依法划转部分国有资产充实社会保障基金。强化社会保险基金征缴，扩大征缴覆盖面，规范基金监管，确保基金安全。鼓励有条件的企业建立补充保险，积极发展商业养老、医疗保险。农村养老保障以家庭为主，同社区保障、国家救济相结合。有条件的地方探索建立农村最低生活保障制度。

这是继1993年党的十四届三中全会《决定》后又一个有关社会主义市场经济体制的重要改革文件，其中有关社会保障的论述涉及养老、失业、医疗、低保等制度和扩面、筹资、监管、多层次等方面共11项任务，是在总结经验基础上对党的十四届三中全会《决定》的发展和深化，为完善社会保障体系指明了方向，实际上也规定出下一步扩大试点的重点任务。

为了把扩大试点工作做扎实，不仅复制辽宁经验，而且解决新矛盾、创造新经验。党的十六届三中全会后，国务院有关领导同志亲赴吉林、黑龙江两省，就下岗职工基本生活保障向失业保险并轨、做实养老保险个人账户、分离企业办社会职能、厂办集体企业混岗工、主辅分离辅业改制、关闭破产企业等6个专题进行实地调研。

2003年11月召开的中央经济工作会议，肯定“在辽宁省进行的完善社会保障体系试点工作，总体上看是成功的”，正式部署“在总结经验的基础上，明年把具有普遍推广意义的内容和做法扩大到黑龙江和吉林两省试点”。2003年年初提出的扩大完善社会保障体系试点动议，终于在此时作出决策，虽然延后了一年，但对各种情况了解得更全面，对试点的方向把握得更清晰，对突出矛盾分析得更深入，对预置的政策措施也更有底数。

吉黑试点与辽宁试点的异同

2004 年 1 月 14 日，国务院专题研究在吉林、黑龙江两省进行扩大试点问题，重点仍放在“并轨”和“做实”上，议定三条原则意见。(1) 两省试点要在认真总结辽宁试点经验的基础上进行，同时对一些政策作适当调整，要特别注重试点方案的全国普遍推广意义，适应我国现阶段经济发展水平和人口众多的实际，充分考虑财政的承受能力。(2)“并轨”政策措施要立足于促进就业和再就业，控制失业率过快增长，国有企业要运用主辅分离、辅业改制等措施尽可能多安排企业富余人员，减轻对社会的压力。(3) 试点要充分发挥中央、地方和企业等多方面积极性，防止形成地方依赖中央、企业依赖政府的倾向，中央财政试点资金安排要从严审核。

2004 年 2 月 11 日，国务院办公厅向吉林、黑龙江两省政府下发了《关于在吉林和黑龙江进行完善城镇社会保障体系试点工作的通知》，明确了两省试点的指导思想和试点内容，在时间安排上确定从 2004 年年初启动，至 2005 年年底基本结束，即用两年左右时间完成试点任务。按照这一部署，吉林、黑龙江两省政府分别向国务院呈报了开展试点的请示，国务院于 2004 年 5 月 13 日分别作出批复。

吉林、黑龙江两省完善社会保障体系试点方案总体上与辽宁试点是一致的，但在“并轨”和“做实”两方面都有政策调整。在“并轨”方面，更加强调与再就业工作紧密结合，避免辽宁试点中一度出现的失业率过高、一些并轨人员灵活就业或失业后中断缴费的问题；而对两省提出的城镇集体企业下岗职工实施并轨和促进再就业、分离企业办社会职能等问题，明确与试点工作分开处理，纳入老工业基地调整改造中逐步解决。在“做实”方面，政策调整更加明显：与辽宁试点一样，将个人账户规模由 11%调整为 8%，全部由个人缴费构成，但把个人账户 8%一步做实调整为分步做实，即从 2004 年起先按 5%起步做实；而对做实后当期支付所需资金仍按 75∶25 的比例，由中央财政补助 3.75 个百分点，地方财政补助 1.25 个百分点。这一调整是总结辽宁试点经验，看到一步做实对资金需求要求过高，改为分步做实降低筹资难度，更具有全国推广价值。与此相关的另一项政策调整是，做实后的个人账户基金由省级社保机构统一管理，但其中中央财政补助部分由省委托全国社会保障基金理事会投资运营并承诺一定的收益率；地方财政补助部分由省按国家规定投资运营，并负责保值增值。这与辽宁试点中全部由本省投资运营有很大区别，主要是鉴于地方投资手段有限，而全国社会保障基金理事会有国家特许的投资渠道，近年来实际收益率可观，更有利于积累资金保值增值。

吉林、黑龙江两省试点方案还在完善基本养老金计发办法方面进行了新探索，基本架构借鉴了辽宁试点的经验，如基础养老金与个人缴费年限适度挂钩，“老人老办法、新人新制度、中人逐步过渡”等。同时作出两点改进。第一，辽宁试点规定，缴费满15年者的基础养老金从社会平均工资的20%起步，每多缴费一年“增加一定比例”（如0.6个百分点），“总体水平控制在30%左右”；吉林、黑龙江试点方案调整为，缴费满15年者的基础养老金以社会平均工资和“本人指数化月平均缴费工资的平均值为基数，缴费每满1年发给1%”。这里有两个变化：一是基础养老金基数由单纯的社会平均工资变为社会平均工资与本人指数化缴费工资的平均值，从而使养老金待遇计发更有激励性，即多缴多得；二是计发最高值“上不封顶”，使养老金待遇更能激励长缴多得。第二，个人账户养老金的计发，辽宁试点统一采用个人账户累计储存额除以120的标准；吉林、黑龙江试点方案修改为按不同退休年龄分别规定除数，即退休越晚、除数越小、待遇水平越高，也强化了激励机制。

2004年5月19日和21日，黑龙江、吉林分别召开全省试点工作动员大会，两省扩大试点正式启动。8月，按试点方案规定核定的中央财政对吉林省补助的7.7亿元和对黑龙江省补助的10.5亿元到位，并由两省分别委托全国社会保障基金理事会投资运营。

吉林、黑龙江两省试点从2004年开始，到2005年年底试点任务基本完成。从2005年年底到2006年4月，国务院试点工作小组指派专家组对两省试点情况进行了评估。专家组于2006年6月5日作出评估报告，总的判断是：两省试点的各项工作进展平稳，取得了明显成效，不仅为当地经济发展、社会稳定、国有企业改革、结构调整提供了支持，而且检验了一些新的政策措施，为全国完善社会保障体系积累了宝贵经验。在“并轨”方面，为保证有计划、有步骤地推进，把失业率控制在合理的范围内，采取了多项积极举措，如对“4050”（女职工超过 40 岁、男职工超过 50 岁）且从事灵活就业的并轨人员，按不超过其上年实际缴纳基本养老保险费数额的 30%给予就业补贴；对大中型企业，鼓励通过主辅分离安置部分企业富余人员，而不是一概推向社会；对距法定退休年龄不足 5 年或工龄已满 30 年、实现再就业有困难的下岗职工，原则上不再实行并轨，可采取内部退养的办法。在“做实”方面，两省都落实了将养老保险个人账户调整为 8%的政策，2004 年从 5%起步“做实”，又从 2005 年起将“做实”比例提高到 6%。吉林省两年累计做实 27.3 亿元，其中，中央财政补助 15.4 亿元，地方财政补助 6.2 亿元，并使用养老保险基金结余 5.7 亿元；黑龙江省两年累计做实 32.4 亿元，其中，中央财政补助 21 亿元，地方财政补助 7.54 亿元，通过当期征收基金解决 8.75 亿元。① 两省按试点方案规定改革基本养老金计发办法，增强了职工参保缴费的激励和约束机制，两年共有 30 多万名新退休人员按新办法计发了养老金；黑龙江省还将国有企业中 20 万名集体混岗工全部纳入职工养老保险。吉林省巩固了基本养老保险省级统筹制度；黑龙江省也通过预算管理、定额补助、自求平衡、财政兜底的办法建立了省级统筹，分清各级政府责任，并实行了全省养老保险经办机构垂直管理。专家组认为，这些新经验可在完善全国社会保障体系中加以借鉴。评估报告也反映了试点面临的新矛盾，特别是“做实”方面，工资基数年年上涨，而中央财政是定额补助，这中间存在的资金缺口将逐渐扩大，可能导致部分个人账户无法做实，建议通过深化改革逐步加以解决。

从 2001 年下半年开始，先在辽宁，后来扩大到吉林、黑龙江两省的完善社会保障体系试点，持续了近五年时间，有几十个相关部门、数百个地方各级政府共同参与，涉及上万家企业的兴衰和上千万职工及退休人员的切身利益，是一次有计划、有设计的大规模实验。试点既有彼此衔接的连续性，又有调整和创新，在不断探究、论证、磨合中，政策渐趋成熟，措

① 劳动和社会保障部养老保险司. 完善企业养老保险制度工作手册［M］. 北京：中国长安出版社，2006.

施经受检验，总体达到了为完善全国社会保障体系先行探索、积累经验的预定目标。

扩大做实个人账户试点

2005年10月，国务院决定，在东北以外地区进行扩大做实职工养老保险个人账户的试点。

据此，劳动保障部和财政部于2005年11月印发《关于扩大做实企业职工基本养老保险个人账户试点有关问题的通知》，明确了相关政策。范围：选择6~8个有积极性且有一定实力的省扩大试点。起步时间：从2006年1月1日启动。做实的比例：近期目标是5%，起步时最低不低于3%。做实的原则：积极稳妥，逐步推开，并将老人、中人、新人分别处理。已退休人员不再做实；已参保尚未退休人员，以前的个人账户不再做实，以后缴费逐步做实；新参保人员从缴费开始就做实。财政补助政策：东部发达地区依靠当地力量做实；中央财政对中西部地区、老工业基地，每做实1个百分点补助0.75个百分点（最多不超过3.75个百分点），地方财政补助另外0.25个百分点。中央财政补助对做实的存量实行定额包干补助，即不随工资基数的提高而“水涨船高”。基金运营管理：做实的基金由省级统一管理；其中中央财政补助部分可由省级政府委托全国社会保障基金理事会投资运营并承诺一定收益率，其余部分由地方管理。这组政策与吉林、黑龙江试点大体一致。差别有两点：一是试点内容确定为做实单项，而不是东北试点的8项；二是做实的起步点更低，进一步降低了难度。

经国务院批准，天津、山西、上海、山东、河南、湖北、湖南、新疆8个省级地区从2006年1月1日起，开始按3%起步做实个人账户。浙江、江苏、广东3个东部发达省份也被批准试点，浙江省从2007年1月1日按3%起步做实；江苏省没有全省统一做实，其所属9个城市从2007年7月1日按5%起步试点。至2008年年底，包括东北三省在内，全国已有13个省份纳入了做实的试点，积累个人账户基金1 100多亿元。

20世纪90年代围绕统账结合模式的讨论实际上一直在持续，对要不要“做实”职工养老保险个人账户，理论界仍存有不同认识；在实际操作中也确实存在着基金当期支付能力与长期平衡之间的关系问题。如广东省虽获批准试点，但始终没有实质性启动。辽宁省也在试点 5 年后向国务院报告：至 2005 年年底，全省已累计做实养老保险个人账户 206 亿元，中央财政为此专项补助累计 64.8 亿元，但由于做实后的个人账户不能再用于当期支付养老金，因而统筹基金出现 89 亿元的缺口，请求中央增加财政补助。对此，各方面提出了多种处置方案，如地方政府向个人账户基金借款，由地方财政还本付息；或由中央政府发行专项国债，省级政府用个人账户基金购买等。这充分说明，像做实个人账户这类十分复杂、涉及广泛、影响深远的问题，短期试点还不足以全面揭示矛盾、把握规律，需要更长时间的实践，逐步摸索解决之道。

第二节　38 号文件标志着企业职工养老保险制度基本定型

东北试点不是仅“谋一域”而是“谋全局”。2005 年，劳动保障部、财政部边指导三省试点，边总结基本经验，同时对照分析全国的情况，提出了尽快完善企业职工养老保险制度的建议。2005 年 12 月，国务院印发《关于完善企业职工基本养老保险制度的决定》（国发〔2005〕38 号，以下简称 38 号文件）。

国务院 38 号文件是我国职工养老保险制度改革发展的又一个里程碑，其基本政策一直沿用至今。文件确定的指导思想是：统筹考虑当前和长远的关系，坚持覆盖广泛、水平适当、结构合理、基金平衡的原则，完善政策，健全机制，加强管理，建立起适合我国国情，实现可持续发展的基本养老保险制度。文件提出的完善制度的任务很丰富，包括养老保险制度的各个方面。与 1997 年国务院 26 号文件相比，最重要的改进和政策调整有四点。

第一，进一步扩大覆盖范围。在国有企业及其职工基本被制度覆盖的基础上，强调“要以非公有制企业、城镇个体工商户和灵活就业人员参保工作为重点”扩大覆盖范围。26 号文件规定城镇个体劳动者“也要逐步实行基本养老保险制度”；38 号文件则规定“城镇各类企业职工、个体工商户和灵活就业人员都要参加企业职工基本养老保险”，由此具有了强制性，同时也提高了制度的可及性。针对城镇个体工商户和灵活就业人员收入较低且不稳定的特点，规定其“缴费基数为当地上年度在岗职工平均工资，缴费比例为 20%，其中 8%计入个人账户，退休后按企业职工基本养老金计发办法计发基本养老金”，即费基和费率相对低于企业和职工，但其个人账户规模和养老金计发办法与企业职工一致，体现了公平性与差异性的结合。

第二，调整个人账户的规模。规定“从 2006 年 1 月起，个人账户的规模统一由本人缴费工资的 11%调整为 8%，全部由个人缴费形成，单位缴费不再划入个人账户”。这是将被东北三省试点证明行之有效的经验推及全国，进一步明晰了企业缴费与个人缴费、统筹基金与个人账户的关系，也利于与当时确定的逐步做实个人账户的方向相衔接。文件还提出“国家制定个人账户基金管理和投资运营办法，实现保值增值”，也是对 26 号文件的发展。

第三，改进基本养老金计发办法。对缴费满 15 年、退休后按月领取待遇的职工，26 号文件规定“基础养老金的月标准为当地上年度职工月平均工资的 20%，个人账户养老金的月标准为本人账户储蓄额除以 120”。38 号文件汲取东北试点，特别是吉林、黑龙江两省的经验，调整为“基础养老金月标准以当地上年度在岗职工月平均工资和本人指数化月平均缴费工资的平均值为基数，缴费每满 1 年发给 1%。个人账户养老金月标准为个人账户储存额除以计发月数，计发月数根据职工退休时城镇人口平均预期寿命、本人退休年龄、利息等因素确定”。为此还专门附发了“个人账户养老金计发月数表”，退休年龄越大则计发月数越少，即待遇标准越高，以更充分体现激励约束机制。

第四，建立基本养老金正常调整机制。26 号文件曾提出，“各地区和有关部门要按照国家规定进一步完善基本养老金的正常调整机制，认真抓好落实”，规定比较虚泛。38 号文件明确：“根据职工工资和物价变动等情况，国务院适时调整企业退休人员基本养老金水平，调整幅度为省、自治区、直辖市当地企业在岗职工平均工资年增长率的一定比例。各地根据本地实际情况提出具体调整方案，报劳动保障部、财政部审批后实施。”这里一是明确了调整依据是职工工资和物价变动两个因素；二是明确了调整决定权属于国务院，省级政府提出方案后报批；三是明确了调整幅度为工资增长率的一定比例。这一规定，有利于企业退休人员分享社会经济发展成果，同时也注意了调整待遇的程序规范性。

38 号文件还对加强基本养老保险基金征缴与监管、提高统筹层次和加强省级基金预算管理、发展企业年金、做好退休人员社会化管理服务工作、提高社会保险管理服务水平等提出了明确要求。实际上，在形成这个决定稿的过程中，有关部门还提出了调整职工退休年龄的建议，以改善养老保险制度的抚养比，应对人口老龄化挑战。国务院审议认为，从全局和长远看，逐步进行调整是必要的；但是当前面临的就业压力很大，调整条件还不具备，因而决定先不触及这一敏感问题，优先解决其他突出矛盾。

国务院 38 号文件发布后，劳动保障部于当年 12 月 15 日印发贯彻落实的通知，并专门印发了宣传提纲，指导各地坚持正面宣传，突出重点，面向基层群众，注重效果。在 38 号文件公布的半个多月时间里，国内媒体发表消息 50 多篇（条），各大门户网站发布报道 62 篇，网民评论 7 350 帖，境外媒体也作了报道。面对这一重大改革，各方面总体反应是正面和比较平静的，有的网民对一些政策不太理解，提出了疑问，有关部门及时给予了说明解释。各省级地区按照国务院部署，抓紧研究制定本地的贯彻实施意见，很快将个人账户调整到 38 号文件规定的统一规模，规范了灵活就业人员和个体工商户的缴费比例，稳妥改革了基本养老金计发办法。至于扩大养老保险覆盖范围、扩大做实个人账户试点、建立基本养老金正常调整机制、规范企业年金等长期性工作，一直持续到以后数年。

国务院 38 号文件是多年、多方面实践经验的总结提升，其实施效果大大增强了职工基本养老保险制度的规范性。从我国养老保险制度建设的全过程看，这个文件的重大历史价值在于两点。一是将发端于 20 多年前的地方分散改革，归拢在全国一致的政策框架内，真正形成了全国统一的基本制度，从而为建立全国统一的人力资源市场扫除了障碍，为实现职工养老保险的制度公平奠定了基础。二是通过持续改革、完善政策，推动职工基本养老保险制度的逐步定型。这一点非常重要，改革是推动社会进步的手段，但养老保险是涉及亿万群众切身利益的重要制度安排，不能朝令夕改、反复折腾，必须有明确的目标，有深思熟虑的设计蓝图，稳步有序推进，以便给职工、企业和社会更加稳定的预期。这个文件实施后，从全国层面而言，继续完善职工基本养老保险制度的主要措施是细化政策和优化管理服务，没有再对基本模式和制度架构进行重大调整。

第三节　进一步扩大养老保险覆盖面

2003 年至 2007 年，扩大覆盖面（以下简称扩面）始终是城镇企业职工基本养老保险制度发展的主题之一。在各地努力扩面的同时，有关主管部门针对一些行业的特殊情况，出台了多项专项政策，将相关企业及其职工纳入覆盖范围。2005 年国务院 38 号文件发布后，主管部门和各地更是把扩面作为贯彻实施的基本任务，重点推动非公有制企业及其员工、城镇个体工商户和灵活就业人员参保，落实国家帮扶下岗再就业困难人员的社会保险补贴政策。这些努力收到了参保人数显著增加的效果。

这几年出台的扩面专项政策主要体现在以下几个方面。

农垦企业。农垦企业原属中央管理，后来有些下放给地方，有些仍保留央属关系。在 20 世纪 80 年代建立退休费用统筹制度时期，这些企业因地域分布广、横跨多个市县，难以纳入地方统筹，便纷纷实行了系统内部的职工养老保险统筹。但由于这类企业大都兴建于 20 世纪 50 年代，退休人员多而新进职工少，养老负担越来越沉重。据中国农林水利工会对黑龙江省农垦企业的调查，企业和职工合计缴费比例高达 42.5%还入不敷出，由此造成养老金拖欠现象严重。对此，2003 年 3 月国务院决定，结合农垦体制改革，按照属地管理原则，将农垦企业纳入所在地区的养老保险体系，由此增加的地方养老保险基金的支出缺口，区别情况予以处理——中央财政在确定对地方养老保险专项转移支付时，对已经参保的企业不再补助，对东部沿海省市不补助，对在地方的中央直属农垦企业全额补助，对中西部地区的地方垦区适当补助。6 月，劳动保障部、财政部、农业部、国务院侨务办公室联合印发《关于农垦企业参加企业职工基本养老保险有关问题的通知》，确定从当年 7 月 1 日起将农垦企业及其职工纳入当地基本养老保险范围，原则上实行属地管理，执行当地统一的基本养老保险缴费比例；中央财政对困难地区农垦企业参保后增加的资金缺口，通过专项转移支付方式给予适当补助。这从制度和体制上解决了这一群体的参保问题。

民办非企业单位。在 1999 年的《社会保险费征缴暂行条例》中，规定的参保范围中首次出现了“民办非企业单位及其职工”的概念，但当时只适用于失业保险。随着市场经济体制的建立，出现了社会力量办学等一批民办非企业单位，它们及其员工是否应当纳入养老保险体系，缺乏政策规定，2003 年有地方就此向中央部门请示。劳动保障部研究后明确答复：“各地在扩大基本养老保险覆盖面工作中，可结合本地区的实际情况，将社会力量所办学校等民办非企业单位纳入当地企业职工基本养老保险，执行企业职工基本养老保险制度。”这虽然只是个复函，但具有政策效力，为那些在市场经济中应运而生的民办机构指明了参加养老保险、维护员工权益、分散单位风险的一条道路，也开辟了扩大制度覆盖面的新领域。

监狱企业工人。我国监狱系统，包括其举办的企业原来都是司法系统所属的事业单位。2003 年，在 6 个省市进行了监狱体制改革试点，后来推及全国。这次改革的内容之一是明确了监狱所办企业的独立性，由此出现了这类企业及其职工应当参加企业养老保险还是仍按事业单位退休保障制度执行的问题。实践中两类情况都有。有关部门经过调查研究、总结试点经验，确定了分类处理的政策——监狱企业的工人应纳入企业职工养老保险，而其管理人员，考虑到历史情况，仍按原制度执行。2005 年 11 月，劳动保障部、财政部、司法部联合印发通知明确：从 2006 年 1 月 1 日起，监狱企业及其工人参加当地企业职工基本养老保险，执行当地统一的企业职工基本养老保险政策；已参加机关事业单位养老保险改革试点的监狱企业及其工人，要逐步纳入当地企业职工基本养老保险。

涉军群体。2003 年，国务院办公厅、中央军委办公厅印发《中国人民解放军军人配偶随军未就业期间社会保险暂行办法》，规定：为未就业随军配偶建立养老保险个人账户，并给予个人账户补贴，解决其养老保险问题；未就业随军配偶到地方就业并参加养老保险后，可以将在军队期间建立的个人账户资金转到地方，在军队期间的缴费年限与到地方后的缴费年限合并计算。2005年，劳动保障部、财政部、人事部、解放军总政治部、解放军总后勤部联合印发通知，进一步细化了这一群体养老保险关系军地衔接的具体处理办法。

2006年6月，劳动保障部、财政部、人事部和解放军总后勤部根据新颁布的《中国人民解放军文职人员条例》，联合印发《关于军队文职人员社会保险有关问题的通知》，规定：军队文职人员养老保障参照事业单位退休保障政策执行，如所在地开展事业单位养老保险制度改革试点的，可参照执行；军队文职人员被聘用前已经参加社会保险的，由社会保险经办机构按规定办理社会保险关系和个人账户资金转移手续；文职人员被解聘后流动到企业就业或灵活就业的，按规定执行企业职工的社会保险制度，由社会保险经办机构参照《关于职工在机关事业单位与企业之间流动时社会保险关系处理意见的通知》有关规定，接续或转移相关社会保险关系。

华侨农场。2007年，国务院印发《关于推进华侨农场改革和发展的意见》。当年6月，劳动保障部和国务院侨务办公室联合制定贯彻措施，将华侨农场未参保或中断参保的企业职工纳入基本养老保险制度。

第四节　解决历史遗留的突出问题

养老保险不同于其他社会保险项目的最大特点是相关当事人义务和权利的累积性，所以它承担的分散风险功能不仅体现在当期，还关涉长达几十年的过程，其间社会背景、经济环境、制度架构、政策标准定会发生很大变化，因而经常要处理各式各样的历史遗留问题。处于社会大变革时代的我国更是如此。这一时段，我国职工养老保险改革与发展着力解决的历史遗留问题集中在集体企业职工和退休人员方面，这也是推动2008年以后养老保险覆盖面持续扩大的主要因素之一。

在东北进行解决厂办大集体社会保障问题的试点

> **海州煤矿事件**
>
> 辽宁省阜新市海州煤矿是个国有老煤矿，2005年因资源枯竭而宣告破产，涉及国有企业职工和退休人员2.3万人，集体混岗工3 000多人，还涉及其附属集体企业职工和退休人员2.3万人。6月，由于部分职工对相关政策不清楚、有疑虑，尤其是集体所有制企业职工担心不能与国有企业职工享受同等社保待遇而焦虑，发生连续十多天的大规模群体上访事件。国务院振兴东北老工业基地办公室（以下简称国务院东北办）会同有关部门与地方政府协商后，提出扩大就业门路等多条对策建议，深入开展政策说明和安抚工作，使事件逐渐平息。

海州煤矿事件出在一地，反映的问题却带有全局性。自20世纪50年代以来，我国公有制企业就有国营企业和集体所有制企业两种类型。在集体企业中，“厂办大集体”是一种特殊类别，它产生于20世纪七八十年代，由国营企业兴办，主要是为了安置回城知识青年和本企业职工子女就业。到21世纪初，全国共有这类企业1万多户，职工380多万人，还有120多万名退休人员。厂办大集体在生产经营等各方面高度依赖主办的国有企业，本来自身资产质量就较差，多数经营困难；在国有企业改革中，附着在“母体”上的厂办大集体企业规模小、冗员多、缺乏市场竞争力的矛盾更加凸显，社会保障问题尤为突出，普遍存在参保面不足、缴费基数低和拖欠社保费严重等情况。东北三省是国有企业集中的地区，厂办大集体企业占全国同类企业的40%，职工占60%，退休人员占45%。

针对这一突出矛盾，国务院决定在东北地区进行厂办大集体改革的试点，为全国解决同类问题摸索经验。2005年11月，国务院发布了试点工作的指导意见，其中涉及社会保险的政策分为两类。一是职工安置和劳动关系处理的相关政策。包括对距法定退休年龄不足5年（含5年）或工龄已满30年、再就业困难的集体职工，可实行企业内部退养，发放基本生活费，并按规定继续为其缴纳社会保险费，达到退休年龄时正式办理退休手续；对再就业困难且接近内部退养年龄的集体职工，在解除劳动关系时，可以“协议保留社会保险关系”（详见第十四章第二节）。二是社会保障政策。除了职工解除劳动关系后按规定接续社会保险关系、对符合城市低保条件的困难职工按规定纳入低保范围等常规政策外，还包括企业与职工解除劳动关系前欠缴的各项社会保险费用，属于个人欠缴部分由个人补齐，属于企业欠缴可经有关部门认定后分期补缴，但企业缴费应划入职工个人账户的部分须一次性补齐；关闭、破产企业确实无法通过资产变现等方式补缴的社会保险欠费可按有关规定报经批准后核销；未参加养老保险统筹，经认定已无生产经营能力、确实无力缴费的企业不再纳入统筹范围，其已退休人员由民政部门按城市低保标准按月发放生活费。

这些政策基本是比照国有企业改革中主辅分离、辅业改制的政策和社保并轨政策拟定的，用在厂办大集体的改革中，为解决其职工和退休人员面临的困境找到了一条出路。国务院东北办专门成立厂办大集体改革试点领导小组，从2006年到2008年，指导、协调东北三省进行试点。试点取得了一些成效，但也遇到企业债权、职工债务难于处理等复杂矛盾，工作难度比预想的要大。

集中解决未参保集体企业退休人员的养老保险问题

在东北地区开始进行厂办大集体改革试点后，协议缴费、补缴与核销欠费、按低保标准发给生活费等社保政策引起了其他地区和其他类型集体企业的关注，其中反响最强烈的是各地尚未参加职工养老保险的集体企业退休人员。据调查，按照2005年国务院38号文件的要求，各地在扩大覆盖面工作中，已采取多种措施将以前未参保集体企业的280多万人纳入了职工养老保险范围；但截至2009年，仍有约500万名集体企业退休人员未纳入，其中多数是“五七工”“家属工”（详见第四章第三节）。当时，新农保已经开始试点，这些集体企业退休人员抱怨说：“连农民都有养老金了，我们在厂里上了几十年班的人还没有退休费。”

2010 年 12 月，国务院常务会议专题研究了这一问题，决定定向、定时解决。次日，人力资源社会保障部、财政部就印发了《关于解决未参保集体企业退休人员基本养老保障等遗留问题的意见》，要求确保 2011 年年底前在全国范围内基本解决这一历史遗留问题。核心政策是三条。

政策对象。具有城镇户籍，曾经与城镇集体企业建立劳动关系或形成事实劳动关系，因所在集体企业未参加过基本养老保险，且已经没有生产经营能力、无力缴纳社会保险费的退休人员及临近退休人员。

缴费办法。2010 年年底前已达到或超过法定退休年龄的人员，个人可一次性补缴 15 年基本养老保险费，纳入基本养老保险；此前尚未达到法定退休年龄的人员，要按规定参保缴费，达到法定退休年龄时累计缴费不足 15 年的，可以缴费至满 15 年。缴费标准由各地根据未参保人员的负担能力和参保时的年龄情况合理确定，鼓励具备条件的单位对补缴费用给予适当补助。这是一个很大的政策突破。在东北厂办大集体试点中，对已经超过法定退休年龄的人员没有此项政策，而是按城市低保标准按月发给生活费，但执行效果难得群众满意，一些地方曾出现“要社保，不要低保”的呼声。有些地区采取个人一次性补缴养老保险费，当地政府对高龄、困难人员给予一定资金补助的办法，将他们纳入养老保险制度，受到欢迎。这一政策是总结地方实践的产物。

待遇计发。对纳入养老保险且已达到或超过法定退休年龄的人员，各地结合实际情况合理核定基本养老金水平，从参保缴费的次月起按月发放，并按国家统一规定落实参保后的相关养老保险待遇。实践中，补缴养老保险费的群体大都是按最低标准缴纳的，如果按常规的待遇计发办法执行，对早参保缴费的职工有失公平，因此，“合理核定”养老金水平的实质是“低进低出”。

后来的实践证明，这个文件的政策考虑是恰当和周全的，至少有四点可以作为今后处理类似历史遗留问题的借鉴：一是保持政策连续性和稳定性，立足在现行制度框架内解决，而不是每遇到一个群体性矛盾就单独建立一种制度，避免了制度的“碎片化”；二是定位于解决历史遗留问题，从时间和条件上划定群体范围，原则上不向后延伸，以免引发前后左右的攀比；三是多方分担资金，界定对象个人必须履行法定缴费义务，并实行"低进低出"，防止单纯依赖政府的倾向，但政府和有条件的企业可予以一定资助；四是中央确定基本原则，各地因地制宜，实行属地管理，中央财政对困难地区给予适当补助，但没有采取专项补贴方式，而是在安排对地方的养老保险转移支付资金时，结合解决未参保集体企业问题统筹考虑，并在以后国家出台企业退休人员待遇调整政策时包含这一群体，中央财政继续予以适当补助。

2011 年，各地将集中解决未参保集体企业退休人员纳入养老保险的工作列入当年重大民生工程，分别制定了实施办法，按照中央的指导原则，明确了本地区参保的人员范围、缴费标准和待遇水平等具体政策，有的地方还通过政府贴息贷款，帮助经济困难的集体企业退休人员补缴养老保险费，称为"贷款助保"。

在全国范围内开展厂办大集体改革工作

2011 年 3 月，国务院再次研究了厂办大集体改革问题，总结东北试点经验，决定从 2011 年开始，在全国范围内开展厂办大集体的改革，用 3~5 年时间，使厂办大集体企业与主办的国有企业彻底分离，成为自负盈亏的独立法人和市场主体，职工得到妥善安置，职工权益得到保护。4 月 18 日，国务院办公厅印发这项工作的指导意见，内容包括改革的总体目标和基本原则、改革方式、有关资产和债权债务处理、职工安置和劳动关系处理、社会保障政策、改革工作要求六个方面。

其中有关社会保障政策基本沿用了东北试点的规定，但根据实践发展也作了两个重要政策调整：一是对未参保厂办大集体企业职工和退休人员，由各地根据实际情况，按照自愿原则，纳入养老保险范围，并根据其负担能力和年龄情况合理确定缴费标准，即改行了允许补缴参保的政策，而不再执行东北试点中"不再纳入养老保险统筹范围，其已退休人员由民政部门按企业所在地城市居民最低生活保障标准按月发放生活费"的规定；二是有关"协议缴费"政策，取消原来规定中央财政补助资金只能用于支付职工经济补偿金的限制，扩大为可以根据不同职工群体的不同诉求统筹使用，包括为职工缴纳养老、医疗保险费。

按照这一部署，厂办大集体企业改革在全国逐步推开，其中有关社会保障政策与集中解决未参保集体企业退休人员历史遗留问题从 2011 年起同步推进，得到广大集体企业退休人员热烈拥护，许多地区出现了集体企业退休人员排队补缴参保的场面。到年底，全国共有 530 多万名未参保集体企业已退休人员（包括“五七工”“家属工”200 万人）纳入企业职工养老保险，参保人员平均年龄 66 岁，人均一次性补缴养老保险费 3.5 万元，月人均基本养老金 670 元。由于政策对路，落实有力，一度反响十分强烈的这方面群体性信访事件大大减少，促进了社会和谐稳定。

当然，这项政策在实施中也出现了一些新问题。如有的地区政策掌握偏宽，集中纳入人数较多，而补缴的标准又较低，加大了养老保险基金的长期支付压力。另外，解决了这一群体的突出问题，也引发了一些已超过法定退休年龄的民办老师、农村电影放映员、乡镇企业未参保人员等群体的攀比。这些问题，需要随着养老保险制度体系的不断完善逐步加以解决。

第五节　跨地区转移接续养老保险关系是个大问题

我国地域辽阔，养老保险制度最初又是以市县为单位组织实施的，因此，如何保障跨地区就业人员的养老保险权益的问题始终存在。随着劳动力跨地区流动量逐步增大，矛盾愈益突出。“十一五”时期对解决这个问题进行了反复研究，开始曾设想实行两种办法，分别适用于城镇职工和农民工，后来依据实践发展，制定出统一的转移接续办法，基本适应市场经济体制下人力资源跨地区流动配置的需求，也维护了养老保险制度的整体性。

制定两个转移接续办法的考量

1996 年劳动部就曾制定发布过《关于企业职工基本养老保险基金转移问题的通知》（劳部发〔1996〕78 号，以下简称 78 号文件），试图解决参保职工跨地区就业的养老保险转移接续问题，主要政策有三条。一是职工在统筹范围内流动时，只转移其养老保险关系，而不转移相关养老保险基金。这是因为职工虽然变更了就业单位，但其养老保险关系仍由同一地区的社保机构管理，只要保存好参保缴费记录，不转移相关基金也不会影响职工的权益。二是职工跨统筹范围流动并在新就业地参保后，其养老保险关系和相关基金一并转移到转入地，以延续、累积其权益。三是跨地区转移的基金额，为职工个人账户中累计个人缴费部分（本息之和），而不转移统筹基金和个人账户中由企业缴费划入的部分。这是因为当时制度规定，各地统筹基金按现收现付原则用于本地区退休人员的基本养老金发放，所以无法转移到新就业地区；而且当时职工个人账户中大部分资金是由企业缴纳划转的（20 世纪 90 年代的个人缴费从本人工资的 2%起步，到 21 世纪初才最后提高到 8%），如果全额转移到转入地，可能会影响转出地的养老金支付。由此可以看出，这一转移接续政策受到当时客观条件的诸多局限，但出发点是维护跨地区流动就业职工的养老保险权益，并在转出、转入地之间寻求平衡。

78 号文件规定的转移接续政策执行了十多年，虽然对跨地区转移接续职工养老保险关系及相关基金起到了规范作用，但在实际执行中仍遇到许多阻碍。当时一个比较典型的案例是“蒋乃群案”。

蒋乃群案

蒋乃群，男，1944 年出生，1962—1992 年在南京市工作，1987 年起在南京市参保，当时没有实行个人缴费和建立个人账户，连续工龄为 31 年（可视同为在南京市参加基本养老保险的缴费年限）。1992 年，蒋乃群到深圳市自主就业，1995 年在深圳市参保缴费，没有转移原在南京市的养老保险关系。2004 年达到法定退休年龄时，深圳市以其无本地户籍且缴费未满 15 年为由，将个人账户一次性退给本人，终止养老保险关系；南京市以其最后参保地不在南京市为由，不予办理退休手续。

经各方面协调，蒋乃群退休和领取待遇问题作为“个案”得以妥善处理，但反映问题却带有普遍性，看似是两地“扯皮”，实则暴露出低层次统筹的内在矛盾——由于各统筹地区人口结构、资金筹措能力和财政承受能力不同，因而政策、标准也差异较大，在“不转移统筹基金”的政策下，各地只愿意接收缴费群体，而不愿意接收退休群体，导致损害了一些职工的合法权益，被诟病为养老保险制度“碎片化”。客观现实要求进一步完善转移接续政策。

进入“十一五”规划期后，另一个问题浮现出来。全国进城务工的农民工总数已经超过1亿人，他们最大的特点之一就是流动性很强，在不同城市频繁转移就业成为一种常态。虽然2006年《国务院关于解决农民工问题的若干意见》提出对这一群体优先安排工伤保险和大病医疗保障政策，但毕竟有相当一部分人按当地规定参加了职工养老保险并缴了费。由于没有明确的跨地区转移接续政策，每逢岁末年终农民工返乡过节时，就会大批“退保”——领回自己缴纳的个人账户资金，终止养老保险关系，来年返城就业再重新参保缴费。这种反复断续的状况，既影响了农民工养老保险权益的连续性和累积性，也影响了他们所打工城市的基金稳定运行。针对这一问题，当时的思路是“探索适合农民工特点的低费率、广覆盖、可转移，并能够与现行的养老保险制度衔接的农民工养老保险办法”。2006年10月印发的《劳动和社会保障事业发展第十一个五年规划纲要》提出了这一任务，同时要求“研究解决城镇各类群体之间社会保险制度设计、政策衔接中存在的问题，实现不同群体之间社会保障制度政策的有效衔接，探索解决人员流动时社会保险关系接续问题的有效办法”。也就是说，当时设想要分别制定两个办法：一个是农民工养老保险办法，另一个是职工基本养老保险关系跨地区转移接续办法。2009年年初，人力资源社会保障部拟定出两个办法，并公开向全社会征求意见。

《农民工参加基本养老保险办法（征求意见稿）》中的实质性政策有：农民工可根据自身缴费能力在分档费率中自选，相应降低用人单位为农民工缴费的比例；农民工在离开打工城市时，可以选择在该城市保留养老保险关系及权益记录，或者将其累计个人缴费及用人单位为其缴费的资金转移到新就业地，但原则上不允许“退保”；农民工履行了与城镇职工同样的参保缴费义务并符合规定条件的可以享受同等待遇。

《城镇企业职工基本养老保险关系转移接续暂行办法（征求意见稿）》中，对1996年劳动部78号文件规定的政策作了两个修订和补充：一是参保人员跨省流动就业，在参保和接续养老保险关系时，其个人账户储存额全部转移，同时还按缴费工资的12%转移统筹基金；二是明确了曾在多地流动参保的就业人员退休地的确定原则，即以缴费满10年的参保地为退休办理地区，如果职工在多地参保缴费都满10年，则以最后的参保地为退休办理地区。这两处修补，都旨在适当平衡转出、转入地区之间的利益关系，避免发生相互推诿的问题。

在征求意见中，社会各界普遍赞同加快解决养老保险异地转移接续问题，但对分别制定两个办法也存在不同看法，认为有把农民工排斥出职工队伍之嫌。

转机出现，两法合一

在就两个办法征求社会意见的同时，有关部门对形势发展作了更全面的评估和更深入的研判，归纳出三方面变化。

一是中央已决策建立新农保制度，从2009年开始试点。这是一个重要的转折。过去只是职工有养老保险，农民没有，所以有必要为进城务工的农民工设计符合其特点的养老保险办法，保障其老年生活。而建立新农保制度后，农民工有了两种选择——参加打工城市的企业职工养老保险或是参加家乡的新农保，虽然后者缴费和待遇水平低于前者，但毕竟有了制度性保障。如果再单独建立农民工的养老保险，就变成三种制度并行，相互间的衔接平衡更难处理。对农民工来说，此时养老保障的重点是改变年年缴费、年年“退保”的局面，解决他们在城市间流动就业及回乡的养老保险权益积累问题。

二是农民工结构发生了较大变化，新生代农民工成为主体，他们不同于老一代农民工的最大特点是知识水平高。许多人从小生长在城市，一些人已成为企业骨干，期望在城市长期生活就业，而回乡务农的意愿越来越淡薄，即使回到户籍地，也往往是在家乡小城镇就业，有可能继续参加职工养老保险。如果单独建立制度，在政策上人为地将他们与城镇职工区隔，不利于社会和谐与城乡统筹。

三是近年来各地普遍提高了养老保险基金统筹层次，大部分地区已经实现地市级统筹，一些地区已开始向省级统筹过渡。因此，在国家层面制定职工养老保险转移接续办法，重点是跨省转移就业的养老保险关系转移接续，省内跨地区就业可由各地比照国家政策制定具体办法，而跨省流动的群体以农民工为主，城镇职工只占极少数。也就是说，制定一个统一的养老保险转移接续办法，就能够兼顾跨省流动就业的职工和农民工两类群体。

基于这三方面变化，国务院决定，将原来设想的两个办法合并为一个，在城镇职工基本养老保险制度框架内，统一解决包括农民工在内的参保人员跨地区转移接续养老保险关系的问题。2009 年 12 月，国务院办公厅转发了人力资源社会保障部、财政部《城镇企业职工基本养老保险关系转移接续暂行办法》（国办发〔2009〕66 号，以下简称 66 号文件），从 2010 年 1 月 1 日起施行。其核心政策包括以下几个方面。

实施范围。适用于参加城镇企业职工基本养老保险的所有人员，包括农民工。但已经按国家规定领取基本养老保险待遇的人员，不再转移基本养老保险关系。

个人账户资金转移。分不同时段按不同规则转移。其中 1998 年 1 月 1 日之前的部分按个人缴费累计本息计算转移，此后的部分按全部储存额计算转移。确定这个时点分段计算，是由于 1998 年之前各地建立的个人账户规模及企业缴费划入额度不一，而此后按照 1997 年国务院 26 号文件规定进行了统一。这对 1996 年劳动部 78 号文件转移接续政策是重大调整，即 1998 年以后的个人账户全额转移，不再剔除企业缴费划入部分，使个人账户资金个人所有的属性更加明确。

统筹基金转移。以职工本人 1998 年 1 月 1 日后各年度实际缴费工资为基数，按 12%的总和转移，参保缴费不足 1 年的，按实际缴费月数计算转移。这是对 1996 年劳动部 78 号文件规定政策的又一重大调整，有利于缓解转入地的基金支付压力；转移统筹基金确定在 12%的规模，与城镇灵活就业人员个人缴费中12%划入统筹基金的标准是契合的，转入、转出地区都能接受。

待遇确定。参保人员转移接续养老保险关系后，符合待遇领取条件的，按2005年国务院38号文件规定，以本人各年度缴费工资、缴费年限和待遇领取地对应的各年度在岗职工平均工资计算其基本养老金。这一政策的要旨是，基础养老金和过渡性养老金的计发参数均执行待遇领取地的规则，而不是在各参保地分别计算。

待遇领取地。详细规定了不同情形下确定基本养老金待遇领取地的原则。常规情形是基本养老保险关系（以下简称保险关系）在户籍所在地的，由户籍所在地负责办理待遇领取手续。对保险关系不在户籍所在地的，分三种情况处理：在其保险关系所在地累计缴费年限满10年的，在该地办理待遇领取手续；不满10年的，将其保险关系转回上一个缴费年限满10年的原参保地办理待遇领取手续；在每个参保地的累计缴费年限均不满10年的，将其保险关系及相应资金归集到户籍所在地，由户籍所在地按规定办理待遇领取手续。这组程序，明确了待遇领取地“从长”“从后”“从户籍地”的确定原则，是汲取“蒋乃群案”及其他纠纷案的经验教训作出的规定。

经办流程。参保人员在新就业地按规定建立保险关系和缴费后，由本人或其用人单位向新参保地社保经办机构书面提出转移接续申请；经审核，对符合规定条件的，由新参保地社保经办机构向原参保地社保经办机构发出同意接收函并提供相关信息；后者在15个工作日内办理好转移接续的各项手续；新参保地社保经办机构在收到转移来的保险关系和资金后，在15个工作日内办结有关手续，并将确认情况及时通知用人单位或参保人员。这套流程强调的是转出地与转入地社保经办机构协调办理转移接续事项，而不能让当事人两地往返奔波；而且明确了各环节的办理时限，避免地区间、机构间的扯皮和延宕给当事人造成不便。

农民工专项政策。农民工中断就业或返乡没有继续缴费的，由原参保地社保经办机构保留其保险关系，保存其全部参保缴费记录及个人账户，个人账户储存额继续按规定计息。农民工返回城镇就业并继续参保缴费的，无论其回到原参保地就业还是到其他城镇就业，均按前述规定累计计算其缴费年限，合并计算其个人账户储存额，符合待遇领取条件的，与城镇职工同样享受基本养老保险待遇；农民工不再返回城镇就业的，其在城镇的参保缴费记录及个人账户全部有效，并根据农民工的实际情况，或在其达到规定领取条件时享受城镇职工基本养老保险待遇，或转入新农保。这些政策，遵循一视同仁的原则，规定农民工无论到哪个城市就业，无论是连续参保还是中断缴费，养老保险缴费年限都能累加计算，享受与城镇职工同等的基本养老保险权益，避免“退保”对其利益造成的损害。同时也针对农民工的特点，留出了转入新农保的“后路”。

66 号文件规定的转移接续政策，把原来设想的两个办法合二为一，体现了从实际出发、与时俱进的科学态度；规则和程序的设计也比 78 号文件的规定大大细化，易于操作，也利于群众理解和监督。

初步实现跨地区转移接续

从 66 号文件发布到 2010 年 1 月 1 日正式实施，只有短短几天时间；实施后，面对不同地区、不同群体的复杂情况和多种诉求，处理妥当也殊为不易。有关部门和各地做了大量深入细致的工作。人力资源社会保障部在 2009 年 12 月 25 日就召开全国视频会议作出紧急部署，并及时制定有关养老保险关系转移接续的业务经办规程、信息系统建设和应用等配套文件，开展专项政策培训；元旦假期刚过，就分赴农民工集中的广东、江苏、福建等东部沿海省份开展实地调研督导。中共中央宣传部、人力资源社会保障部联合印发宣传提纲，有关部门通过政府网站主动进行政策讲解，各地针对一些农民工每年春节回乡前的“退保”习惯深入宣传新政策对农民工的好处；各级社保经办机构开通咨询电话，随时接听解答群众问题；人力资源社会保障部向社会公布了全国 2 800 多个市县社保经办机构转移接续工作联系电话，各地设立专门咨询窗口 1 196 个，发放各类宣传资料 150 多万份。

新政策实施之初，确实有一些群众不理解，个别地区甚至出现少数农民工围堵社保经办机构要求按往年惯例“退保”的情况。据各地统计，元旦后要求退保的共有 7.1 万人，经过耐心细致的宣传解释工作，解除了群众疑虑，绝大多数人同意改为转保或续保，政策实施总体是平稳的。截至 2010 年春节前的 2 月 5 日，全国 43 个重点联系城市共为申请转移接续人员发放参保缴费凭证 13 万份，办理跨省转移 1 575 人。到 2010 年 9 月底，各地全部出台了贯彻落实 66 号文件的实施细则，实施工作有序进行。

从 2010 年到 2012 年的 3 年间，全国共办理城镇职工养老保险关系跨省转移接续近 223 万人次，累计跨省转移资金约 317 亿元，同时还为跨省流动就业但不符合转移接续条件的 121 万多人在新就业地建立了临时缴费账户（见表 19-1）。

表 19-1　2010—2012 年养老保险关系跨省转移接续情况

年份	转移接续人次		转移资金/亿元	在本地建立临时缴费账户/人
	小计	农民工		
2010	287 517	96 725	33.33	199 061
2011	793 864	244 005	104.86	601 790
2012	1 146 738	304 735	178.57	413 997
合计	2 228 119	645 465	316.76	1 214 848

数据来源：人力资源社会保障部历年统计资料。

66 号文件的制定实施是职工养老保险制度发展过程中一个重要的标志性事件，对完善制度体系的积极推进作用主要体现在三方面。其一，解决了成百万跨省流动就业者的养老保险关系接续问题，并带动各地解决了更多人省内流动就业的问题，实现了“不论你在哪里干，养老保险接着算”，维护了广大参保人员的权益。其二，推动职工养老保险制度从各地分散实施、各自为政的“碎片化”格局转为在全国层面更加统一、规范，各地相互连接更加紧密、协调，适应市场经济体制下统一劳动力市场、优化配置人力资源的趋势和要求。其三，通过实施 66 号文件，促进了全社会社会保险意识的进一步提升，越来越多的劳动者逐步认识到，连续参保缴费关系到自身养老权益的积累，符合自己的长远利益，从而更加积极地参保，并督促用人单位按时足额缴费，使养老保险制度可持续发展有了更好的群众基础。

第六节　持续提高基本养老金水平

保障水平高低是评价一项社会保障制度绩效的基本指标之一。对企业职工基本养老保险的待遇水平，1991 年国务院 33 号文件就提出，“国家根据城镇居民生活费用价格指数增长情况，参照在职职工工资增长对基本养老金适当调整，所需费用从基本养老保险基金中开支”。1993 年党的十四届三中全会《决定》确定了“社会保障水平要与我国社会生产力发展水平以及各方面的承受能力相适应”的原则。1995 年国务院 6 号文件具体规定，“为了保障企业离退休人员基本生活，各地区应当建立基本养老金正常调整机制。基本养老金可按当地职工上一年度平均工资增长率的一定比例进行调整，具体办法在国家政策指导下由省、自治区、直辖市人民政府确定”。1997 年国务院 26 号文件要求“各地区和有关部门要按照国家规定进一步完善基本养老金正常调整机制，认真抓好落实”。

按照“中央指导，地方自行调整”的思路，从 1995 年到 1999 年，国务院曾四次部署各地区调整企业离退休人员基本养老金，使其待遇水平有所提高，但各地在调整水平、办法和资金保障渠道上都不一致。2000 年制定了完善社会保障体系总体方案后，2001 年和 2002 年，在“逐步建立养老金待遇正常调整机制”的指导思想下，国务院两次统一调整全国企业退休人员养老金标准，在规范性上比前几年前进了一步。但总体来看，这 8 年 6 次调整是间断的，相关参数的设定也带有尝试性。经过 2003 年的间歇，从 2004 年开始，连年进行养老金待遇调整（以下简称调待），迄今再无中断。最初几年的调待探索了如何科学设置参数、合理把握幅度、恰当安排时间以及中央和地方财政资金配置结构等问题；后几年又实行了向重点群体倾斜的政策。这些实践为探索基本养老金的正常调整机制积累了经验。

2004 年：连年调整基本养老金待遇的开端

2004 年决定调整企业退休人员基本养老金有一定的“临机决断”性质，主要是两个因素。一是物价上涨。2003 年，全国居民消费价格指数上涨 1.2%，虽然并不很高，但比起前 3 年的 0.4%、0.7%和−0.8%有较大反差，而且价格上涨集中于粮油食品等居民日常消费品方面，2004 年上半年又持续上涨（全年涨幅 3.9%），确实影响到一些低收入企业退休人员的基本生活。二是相关群体的退休待遇差距扩大。1993 年，机关、事业单位、企业退休人员三者的养老金水平大体持平，比例关系为 1：1.03：0.94。1993 年后开始出现差距，特别是 2003 年统一提高机关事业单位工作人员的工资，相应增加了这些单位离退休人员的离退休金，对企业的离休人员也比照机关事业单位离休人员增加了离休金。到 2004 年，三者比例关系变为 1：0.92：0.49，即机关与事业单位退休人员的待遇水平仍大体相当，而企业退休人员的待遇水平出现明显落差（被称为“待遇差”）。这引起许多企业退休人员的强烈反响，大量群众来信来访涉及这个问题，各级人大、政协的议案、建议和提案也多有反映。

有关部门分析研判：2003 年全国参加企业职工养老保险的退休人员有 3 485 万人（不含离休），月人均养老金 621 元，虽比 8 年前提高了 1 倍，但总体水平仍较低，需要适当提高。同年，全国国内生产总值增长 10.3%，快于前 3 年 1~2 个百分点；财政收入比上年增加 2 800 多亿元，全国企业职工养老保险基金结余也有 2 200 多亿元；如果安排妥当，是有能力解决这个问题的。

有需求也有可能，国务院作出决定——统一安排提高企业退休人员基本养老金。2004 年 9 月 30 日，劳动保障部、财政部联合印发通知，确定从当年 7 月 1 日起，对 2003 年年底前已按规定办理退休手续的企业退休人员增加基本养老金；调整水平按当地企业在岗职工平均工资增长率的 45%左右确定，具体办法由各省级政府制定；调待所需资金从养老保险基金中支付，对确有困难的中西部地区、老工业基地及新疆生产建设兵团，中央财政将通过专项转移支付方式给予适当补助。文件还要求各地注意继续向退休早、养老金偏低的人员适当倾斜。

这一年的调待虽然是临时决策，布置得也比较晚，但因为顺乎民心，相关部门工作努力，政策落实快，效果也是好的。到年底，超过一半地区已将提高后的养老金发到企业退休人员手里。到 2005 年 1 月下旬，各地区调待工作基本完成，全国共有 3 511 万名企业退休人员增加了养老金，人均每月增加 42.6 元，尽管略低于机关事业单位退休人员上年人均增加的 53 元，但缓和了突出矛盾。这次调待从 2005 年下半年施行，当年全国共需资金约 82 亿元，其中东部 7 省（市）由本地养老保险结余基金支出；对中西部地区所需 56 亿元资金，中央财政按 40%的比例安排了专项转移支付资金，不仅减轻了中西部地区当时的基金和财政压力，也形成了以后调待中央和地方财政资金配置政策的基础。

2005—2007 年：第一轮“三年连调”

2004 年首度统一调待后，2005 年开始深入研究有关企业退休人员基本养老金调整的原则和机制。在当年年底印发的国务院 38 号文件中重申要“建立基本养老金正常调整机制。根据职工工资和物价变动等情况，国务院适时调整企业退休人员基本养老金水平，调整幅度为省、自治区、直辖市当地企业在岗职工平均工资年增长率的一定比例。各地根据本地实际情况提出具体调整方案，报劳动保障部、财政部审批后实施”。这一表述虽然还比较原则，但明确了三点：一是调待政策由国务院规定，各地可根据实情提出具体方案，但需按程序报批，强调了统一规范；二是调待的主要依据是“职工工资和物价变动等情况”，体现养老金待遇调整与经济社会发展的平衡关系；三是增长幅度为工资增长的一定比例。显然，这三点是汲取了 2004 年及以前多次调待的经验，形成了企业退休人员基本养老金正常调整机制的雏形。

2005 年，国务院集中研究完善企业职工基本养老保险制度，年底形成了 38 号文件；同时，中央全面研究解决收入分配领域突出矛盾的思路，因而当年没有对企业退休人员调待作出具体部署。2006 年 5 月 26 日，中共中央政治局会议专题研究改革收入分配制度和规范收入分配秩序问题。会议部署了多项改革任务，包括合理调整机关事业单位离退休人员待遇，随着经济发展适当提高企业离退休人员基本养老金标准、各类优抚对象抚恤补助标准和城市低保对象补助标准，并注意提高其他低收入人员待遇水平，使全体人民都能享受到改革开放和社会主义现代化建设的成果。按照中央要求，国务院决定，2005 年至 2007 年对企业退休人员基本养老金进行连续三年调整。

2006 年 6 月，劳动保障部、财政部印发《关于调整企业退休人员基本养老金的通知》，作出具体安排。调整范围分别为上年年底前已按规定办理退休手续的企业退休人员；调整时间分别为各年 7 月 1 日起；调整水平各年分别为上年度企业在岗职工平均工资增长率的一定比例，其中 2005 年为 60%左右，2006 年为 100%左右，2007 年为 70%左右；调待所需资金仍按 2004 年规定执行。文件强调此次连续调待要注意向具有高级职称的退休科技人员（后来统称为“企业退休高工”）和退休早、养老金相对偏低的人员等适当倾斜。同日，劳动保障部、财政部还印发了《关于调整企业离休人员基本养老金的通知》，但只是安排了 2006 年一年的调整，参照机关事业单位离休费调整标准确定其调整水平。

这一轮调待政策，显示出五个特点。其一，国务院首次决定连续三年提高企业退休人员养老金，对当时社会反响强烈的“待遇差”矛盾是个积极的回应，给企业退休人员吃了“定心丸”。其二，调整的时间和对象明确并且固定，有利于避免临时决策的政策不确定性，可以给群众稳定的预期，也有利于地方和相关部门统筹安排各年的待遇调整。其三，重点倾斜对象由原来退休早、待遇低的群体扩大到企业退休高工，有利于缓解当时反映突出的社会矛盾。其四，各年调整水平经过精心测算，有高有低。2005 年全国财政收入比上年增加 5 200 多亿元，全国职工养老保险基金累计结余超过 4 000 亿元，随着国务院 38 号文件的实施，制度覆盖面进一步扩大，基金收入将继续快速增加，因此有能力安排 2006 年养老金调整增幅更高一些，使企业退休人员待遇提高更快一些，缩小“待遇差”。其五，因应企业离休人员的强烈要求，明确将其待遇调整与企业退休人员分开，而与机关事业单位离休人员基本同步、同水平调整。由于对机关事业单位离休人员只安排在 2006 年随同工资改革调整离休金，所以没有像企业退休人员那样安排 2005 年和 2007 年的待遇调整。

2005 年和 2006 年两年的调待工作是在 2006 年合并实施的。到 2006 年年底，各地两年的调待工作基本完成，全国共有 3 966 万名企业退休人员增加了基本养老金，月人均增加 169. 2 元，其中 2005 年增加 63. 5 元，2006 年增加 105. 7 元，与测算的 60 元和 100 元相差不多。各地在调待中对企业退休高工进行了倾斜，全国 67 万名此类人员在普遍调整基础上，月人均再增加 110 元；同时对新中国成立前参加革命工作的老工人、1953 年年底前参加革命工作的退休人员和高龄退休人员等退休早、养老金水平相对偏低的人员进行了适当倾斜。

2007 年，由于有了前几年的经验，各地和有关部门对相关数据的掌握和预测更加准确，审批方案、确认对象、划拨资金等相关操作程序也更加熟练顺畅，中央财政对中西部地区的专项补助资金到位也更早，因此调待工作的节奏加快，在 8 月底前就基本发放到位。当年全国有 4 173 万名企业退休人员参与调待，人均每月增加 110 元，比当初测算的 80 元增加了不少。主要原因是 2006 年机关事业单位退休人员增加养老金较多，一些地方为平衡待遇水平关系，在劳动保障部和财政部审批调整标准的基础上又自行提高了标准。

经过第一轮“三年连调”，全国参保企业退休人员的基本养老金水平从 2004 年的月人均 647 元提高到 925 元，增加了 278 元，其中企业退休高工增加了 420 元，人均达到 1 410 元；总体实现了普遍提高待遇水平、向特定群体适度倾斜的政策设计初衷，使企业退休人员分享到了改革发展的成果，在一定程度上缓解了“待遇差”矛盾，也为以后继续规范调待政策积累了更多经验。

2008—2010 年：第二轮“三年连调”

为进一步保障和改善企业退休人员生活，缩小群体差别，2007 年下半年国务院决定，2008 年至 2010 年再次连续三年调待，人均增加的养老金要超过前三年连调的水平，并继续向企业退休高工以及退休早、基本养老金相对偏低的人员倾斜。

2008 年的调待政策较之前有三方面改进。一是起始时间确定为 1 月 1 日，比以往提前了半年。这样安排，有利于排除上半年办理退休手续的人员“赶不上”当年调待而觉得“吃亏了”的误解，也与财政预算年度相契合，便于各地提前作出预算安排。中央财政在2007年年底就提前下拨了对地方的专项补助资金。国务院要求，各地调待实施方案要在2007年12月25日前报审，确保来年春节前将增加的基本养老金发放到企业退休人员手中。二是调整水平按照2007年企业退休人员月人均基本养老金的10%确定，而不再按职工上年度工资增长幅度的一定比例执行。这一变化主要出于技术性原因——每年职工工资的统计指标发布较晚，改为年初开始调待后无法再作为依据，而人均养老金水平数据能够及时汇总，便于作为基础参数。三是调整方法采取普遍调整（以下简称“普调”）与特殊调整（以下简称“特调”）相结合。“普调”也要与退休人员的缴费年限、缴费水平和年龄挂钩，增强政策的激励、保障功能，防止一概平均“加钱”。“特调”是指向退休早、基本养老金相对偏低的人员倾斜，除了继续向企业退休高工重点倾斜外，根据各地反映的突出矛盾，新列入的新中国成立前的老工人、1953年年底前参加工作的人员、原工商业者等倾斜对象，由各地依据实际把握。2008年的春节是2月7日，有关部门和各地区经过50天的紧张调度和操作，到农历除夕，全国4 440万名企业退休人员增加的养老金全部发放到位，实际月人均增加128元；其中96万名企业退休高工月人均增加159元，其他倾斜对象的待遇水平也有较多增加。

2009年的调待工作在2008年11月中旬就作出部署。当时国际金融危机已开始冲击我国经济社会，使这次调待更具有了应对严峻挑战、强化社会保障、改善居民消费预期的特殊意义。这年调待基本沿用了2008年的政策，同时有两处改进：一是对四类重点倾斜对象，明确各地在“普调”基础上再按月人均增加40元掌握，中央财政也按此标准对中西部地区全额补助，比往年加大了支持力度；二是明确对艰苦边远地区的企业退休人员适当提高其调待水平，体现了中央对这一群体的照顾。有了上年的经验，2009年的调待组织工作更加顺畅，春节前各地都把增加的养老金发到了企业退休人员手中。全国4 765万名企业退休人员月人均增加134元，四类重点倾斜对象563万人平均增加177元，其中102万名企业退休高工平均增加182元。

2010年的调待政策和实施要求与前两年基本一致，只是将“特调”平均额度提高到 50 元，同时强调加大对“文化大革命”前大学毕业、20 世纪末之前退休的企业退休高工的倾斜力度。当年，全国有 5 183 万多名企业退休人员参加调待，月人均养老金实际增加 150 元，其中 99 万名企业退休高工月人均增加 196 元。

加大倾斜力度

2010 年到 2012 年，继续逐年提高企业退休人员基本养老金水平，但不再采取“三年连调”的方式，调待工作的重点是进一步加大了对特定群体的倾斜力度，同时完善相关规则、程序。

2011 年的调待水平继续维持在 10%左右，调待政策如前，只作了一个微调——倾斜群体集中在企业退休高工和高龄人员，而没有再强调“新中国成立前的老工人、1953 年年底前参加工作的人员和原工商业者”。因为经过多年倾斜，后几个群体养老金水平已明显提高，即使还有少数仍偏低，也可以由各地视实际情况适当倾斜，不必再作全国统一规定。当年全国 5 700 万名企业退休人员参加调待，月人均实际增加 168 元；1 210 万名年满 70 周岁以上高龄企业退休人员，月人均增加 199 元；100 万名企业退休高工月人均增加 245 元，其中退休早的高龄企业退休高工月人均增加 306 元，倾斜力度更大。

2012 年有 6 200 万名企业退休人员参加调待，月人均增加 211 元。这年养老金增加额大大高于以往各年，是因为明显加大了对企业退休高工的倾斜力度。

企业退休高工在社会舆论热议的“待遇差”矛盾中最具典型性。因为他们大都与机关事业单位同类人员有同等学力、相似经历，可比性较其他群体更强。在历次调待中都对企业退休高工实行了倾斜政策，使其养老金有较多增长，但与机关事业单位同类人员相比仍有差距，特别是事业单位实行绩效工资制后，其退休人员也随之增加退休生活补贴，还拉大了差距。产生这一矛盾的根本原因是企业与机关事业单位执行不同的养老保障制度，前者实行社会统筹并按照基础养老金、个人账户养老金的结构计发和提高待遇，后者则实行单位退休并按照在职人员工资标准计发和提高退休费。

所以，长远的解决办法是将被社会称为“双轨制”的制度安排进行统一改革，2008年国务院就制定了事业单位养老保险制度改革方案（详见本章第八节），而近期措施是更大力度地提高企业退休高工的待遇水平。为此，国务院决定，在2012年和2013年的调待中，继续对企业退休高工适当加大倾斜力度，力争用两年左右时间明显缩小“待遇差”。

2012年，全国96万名企业退休高工人均月增加基本养老金455元，比平均增加额高出1倍；1 500多万名70岁以上高龄退休人员比平均水平人均多调整46元。通过连续、大力度倾斜，确实使“待遇差”有所缓解，但要根本解决这一矛盾，还要靠制度改革。

让企业退休人员分享社会经济发展成果

从2004年到2012年，对企业退休人员基本养老金进行了连续9次调整，月人均累计增加1 113元。2012年全国企业退休人员人均基本养老金水平比2002年提高了1.7倍，他们的基本生活得到了保障和改善，并分享到改革开放和经济发展的成果（见表19-2）。

表19-2　2003—2012年调整企业退休人员基本养老金情况

年度	参加人数/万人	月人均增加数额/元	月人均水平/元	增长/%
2003	—	—	621	—
2004	3 511	42.6	647	4.2
2005	3 966	63.5	700	8.2
2006	3 966	105.7	818	16.9
2007	4 173	110	925	13.1
2008	4 440	128	1 100	18.9
2009	4 765	134	1 225	11.4
2010	5 183	150	1 362	11.2
2011	5 700	168	1 511	10.9
2012	6 200	211	1 686	11.6

数据来源：①月人均水平参见《中国人力资源和社会保障年鉴（2013）》。
②参加人数和月人均增加数额参见劳动保障部、人力资源社会保障部历年统计资料。

在这一过程中，实行“普调”加“倾斜”的政策，集中解决了一批群体性突出矛盾。新中国成立前的老工人、1953 年年底前参加工作的人员、原工商业者等退休早、养老金偏低群体的问题总体得到解决；提高幅度最大的是企业退休高工，8 年累计增加 1 670 元，2012 年月人均基本养老金比 2005 年增长了 2 倍多（见表 19-3）。

表 19-3　企业退休高工基本养老金变化情况

年度	调整人数/万人	月人均增加数额/元	月人均水平/元	环比增长/%
2005	67	115	976	—
2006	67	155	1 246	27.7
2007	90	163	1 410	13.2
2008	96	159	1 604	13.8
2009	102	182	1 818	13.3
2010	99	196	2 028	11.6
2011	100	245	2 423	19.5
2012	96	455	2 970	22.6

数据来源：劳动保障部、人力资源社会保障部历年统计资料。

通过多年连续调待，形成了一些比较成熟的做法。一是关于调整的节奏和时点。从间断性调整到连续性调整，从调待起始时间不确定到相对稳定在每年 1 月 1 日，使调待成为一项常规性工作，有利于中央和各地区从总体上把握政策节奏和力度。二是关于调整的范围和重点。调待对象锁定为上年年底前按规定办理了退休手续的企业退休人员，使已退休和即将退休的群众有稳定预期，减少猜疑和攀比的矛盾；而对重点倾斜对象则根据不同阶段反映的突出问题来确定，并随着有些矛盾的缓解和转移而调整变化，同时也留给地方因地制宜解决本地突出矛盾的一定空间。三是关于调整幅度。每年调待按企业退休人员平均养老金的一定幅度确定，这个“一定幅度”中包含了对物价和工资增长因素的评估，同时也考虑到社保基金和财政的承受能力。9 年的连续调待，企业退休人员基本养老金年均增长约 12%，扣除城市居民消费价格上涨因素，实际年均增长约 9%，相当于同期职工实际平均工资增幅的 80%左右及同期城镇居民家庭人均可支配收入增幅的90%左右，大体处于合理可控的区间。四是关于调整方法。探索出“普调”与“特调”（重点倾斜）相结合的办法，并在“普调”中采用“结构式”——调待资金的一部分用于平均提高待遇水平，一部分与缴费长短和多少挂钩，还有一部分向高龄人员等倾斜，体现公平与效率相结合的机制。五是关于资金安排。以各地企业职工基本养老保险基金为主要渠道，中央对中西部地区、老工业基地在批准的调整范围和标准水平之内补助40%，对新疆生产建设兵团全额补助，有条件的地方也要投入一定财政资金。六是明确了调待规则和工作纪律。这些做法和措施，为逐步建立和完善养老金正常调整机制奠定了基础。

第七节　规范发展企业年金

在2000年国务院印发的《完善城镇社会保障体系试点方案》中，将企业补充养老保险正式更名为“企业年金”，在税收政策上明确了试点地区的企业举办企业年金，其缴费在工资总额4%以内的部分可以从成本中列支，还明确了企业年金实行市场化管理运营的基本方向和原则。此后十多年，企业年金的发展主要朝两个方向发力：一是制度建设规范化，二是管理运营市场化。

建立规范化的企业年金制度

2004年以后，有关部门连续制定颁布多项规章制度，指引企业年金制度的规范发展。

《企业年金试行办法》。2004年1月，劳动保障部第20号令颁布，自当年5月1日起施行。这个试行办法共24条，在许多政策规定上（如组织方式、建制条件、企业内部决策和管理、资金权属等）参考借鉴了1995年《劳动部关于建立企业补充养老保险制度的意见》，并作了完善。一是在覆盖范围上涵盖所有参加基本养老保险的企业及其职工，而不再对外商投资企业只限于其中方职工。二是在资金来源上规定由企业和职工共同缴纳，而不再由企业选择“主要由企业负担”还是“企业和个人共同负担”；同时明确了供款标准——以本企业上年度职工工资总额为基数，企业缴费每年不超过1/12，企业和职工个人缴费合计一般不超过1/6。三是在委托经办政策上取消了“社会保险基金经办机构可以受托经办”的规定，并明确将经办机构分为受托人、账户管理人、投资管理人、托管人四类，规范了法人治理结构。四是补充了因履行企业年金合同发生争议的仲裁、司法救济程序。

《企业年金基金管理试行办法》。2004 年 2 月，劳动保障部与中国银监会、证监会和保监会联合签署公布（劳动保障部第 23 号令），与第 20 号令同日起施行。这个试行办法共 11 章 96 条，详细规定了企业年金受托人、账户管理人、投资管理人、托管人四类机构及相关中介服务机构的条件、责任、收益分配办法和费用标准、信息披露义务，以及监督检查规则。

《企业年金基金管理机构资格认定暂行办法》。2004 年 12 月，劳动保障部第 24 号令颁布，自 2005 年 5 月 1 日起施行，专门规范相关机构的认定程序。

3 个部门规章的颁布，搭建起我国企业年金比较规范的制度框架，不仅法规层级高于 1995 年劳动部的政策性文件，而且在总结十多年实践经验和借鉴国际通行做法基础上，规定的制度更加全面，政策更加完整，程序更加清晰，初步形成了“政策引导、自主管理、市场运作、政府监管”的企业年金运行模式，推动企业年金工作得以健康发展。按照第 23、24 号令的规定，劳动保障部经过专家民主评审程序，择优认定了第一批 37 家企业年金基金管理机构，于 2005 年 8 月通告公布，2007 年 11 月又通告公布了第二批认定的 24 家机构，后来整合为 58 家，其中受托人 11 家、账户管理人 16 家、托管人 10 家、投资管理人 21 家，完成了企业年金基金运行载体的确立工作。

企业年金转向市场化管理运营

在公告第一批管理机构时，就明确规定各地企业年金必须交由有资格的企业年金基金管理机构管理运营。2005 年国务院 38 号文件要求，“具备条件的企业可为职工建立企业年金。企业年金基金实行完全积累，采取市场化的方式进行管理和运营。要切实做好企业年金基金监管工作，实现规范运作，切实维护企业和职工的利益”，再次明确了企业年金市场化管理运营的方向。

据此，2007年4月，劳动保障部专门印发《关于做好原有企业年金移交工作的意见》，明确要求原由社会保险经办机构、原行业管理的以及企业自行管理的原有企业年金均应移交给具备资格的机构管理运营，确保2007年年底之前完成原有企业年金管理主体的变更和各项业务移交到位，实现规范的市场化管理运营。这一举措也是一项改革，标志着我国企业年金制度彻底取消了行政部门直接介入经办的模式，引入信托管理模式，开始真正进入市场化运作、政府监管的发展阶段。

加强企业年金运行监管和政策支持

从2005年开始，中央有关部门建立了企业年金发展专项统计制度，此后各项监管措施和政策支持逐步健全。

2008年，针对企业年金市场中出现的管理机构服务不到位、管理费收取混乱等问题，劳动保障部印发《关于规范企业年金基金管理服务有关问题的通知》等文件，建立起规范的企业年金基金管理信息报告制度和基金管理合同备案制度。同年还对部分企业年金理事会受托管理企业年金情况进行了调研检查，针对存在的漏洞督促整改，促进相关市场机构规范行为。

2009年6月，财政部和国家税务总局联合印发文件，明确企业为职工缴纳的企业年金费用在不超过职工工资总额5%标准内的部分，在计算应纳所得税额时准予扣除。即把2000年完善社会保障体系试点方案中规定的对试点地区建立企业年金的税收支持政策推及全国，并将税收优惠比例由4%提高到5%。

2011年，《企业年金基金管理试行办法》修订为《企业年金基金管理办法》并予以颁布（人力资源社会保障部第11号令），主要是调整了企业年金基金的投资范围和比例，以期更适合资本市场情况，更有利于企业年金基金安全运行；进一步完善了法人治理结构，明确了企业年金四类管理人的相互关系，以更有效地规避关联关系，保障委托人利益；加大市场监管力度，增加了违规处罚措施等。同年，还开展了企业年金集合计划试点，以更好满足中小企业建立企业年金的需求；组织相关市场机构签订“企业年金基金管理服务及收费标准”，促进行业自律。

2012 年，进一步扩大企业年金基金投资范围，促进提高投资收益；制定实施了《企业年金数据交换规范》国家标准，提高规范化服务水平。

经过不断努力，企业年金得到长足发展，初步呈现出在基本养老保险制度基础上的养老金“第二支柱”的样貌。

表 19-4 表明，实行市场化的企业年金规范制度以来，建立企业年金的企业户数和职工人数均增长 1 倍以上，基金规模增长 6 倍，年度收益率受市场化波动起伏较大，但平均看“跑赢”了资本市场的平均收益和物价指数，预示出多层次养老保险体系发展的乐观前景。

表 19-4　2005—2012 年企业年金发展情况

年度	户数/万户	职工人数/万人	基金规模/亿元	当年加权平均收益率/%
2005	2.4	900	680	—
2006	2.4	910	910	—
2007	3.2	929	1 519	41
2008	3.3	1 038	1 911	-1.83
2009	3.4	1 179	2 533	7.78
2010	3.7	1 334	2 809	3.41
2011	4.5	1 576	3 570	-0.78
2012	5.5	1 847	4 821	5.67

数据来源：劳动保障部、人力资源社会保障部历年统计资料。

第八节　机关事业单位改革的萌动

早在 20 世纪 90 年代，一些地区就借鉴企业职工基本养老保险制度改革，探索对机关事业单位退休保障制度进行改革，采取的基本制度模式也是“统账结合”。但由于缺乏全国统一政策，在执行中遇到很多困难障碍。

2005 年提出了“研究制定机关事业单位养老保障制度改革方案”的议

题，主要动因来自两方面：一是如本章第六节所述，“待遇差”矛盾凸显，在逐步提高企业退休人员待遇水平的同时，必须推进机关事业单位养老保险制度改革；二是中央决定全面改革事业单位管理体制，包括机构分类、编制定员、用人制度、工资分配、财政政策，退休养老保障制度也是题中应有之义。经过几年时间的研究论证，有关部门拟定了改革方案，中央决定先在事业单位试行，摸索经验。2008年年初，国务院印发《事业单位工作人员养老保险制度改革的试点方案》，并选择山西、上海、浙江、广东、重庆5个省市进行改革试点。

2011年3月，中共中央、国务院印发《关于分类推进事业单位改革的指导意见》，明确提出有关这项改革的基本制度框架和主要政策规范：“事业单位工作人员基本养老保险实行社会统筹和个人账户相结合，养老保险费由单位和个人共同负担，个人缴费全部记入个人账户。养老保险基金单独建账，实行省级统筹，基本养老金实行社会化发放。实行‘老人老办法、新人新制度、中人逐步过渡’，对改革前参加工作、改革后退休的人员，妥善保证其养老待遇水平平稳过渡、合理衔接，保持国家规定的待遇水平不降低。建立事业单位工作人员职业年金制度。统筹考虑企业、事业单位、机关离退休人员养老待遇水平。”

按照中央部署，有关部门组织试点地区进行了大量调查研究、分析论证工作。由于这项改革牵涉到事业单位机构分类、人事工资制度、财政体制等多个领域的联动改革，十分复杂和敏感，所以试点地区的工作长期停滞在政策研讨和数据测算方面，没有实际启动试点。但这期间的政策谋划和情况摸底，为2014年中央决策实施这一重大改革做了必要的铺垫。

* * *

2003年至2012年的10年，企业职工养老保险制度的主要成就突出体现在三个方面。

首先，制度覆盖面迅速扩展，从根本上改变了“企业自我保障”的模式，使亿万企业职工和离退休人员纳入了社会化、制度化的保障。10年间，全国参保企业离退休人员增长1.06倍，人口老龄化趋势明显；但由于全部参保人数也同步增长 1.06 倍，因此制度的抚养比始终保持在 0.32～0.33，没有大的波动（见表 19-5）。如果没有这一制度的改革和推广，数以千万计的企业退休人员基本生活保障将是一个巨大难题。

表 19-5　2003—2012 年职工养老保险人数和抚养比变化情况

年度	老龄化率/%	参保人数/万人	增加人数/万人	离退休人数/万人	增加人数/万人	抚养比
2003	7.5	15 506	706	3 860	252	0.33
2004	7.58	16 353	847	4 103	243	0.33
2005	7.69	17 487	1 134	4 368	265	0.33
2006	7.93	18 766	1 279	4 635	267	0.33
2007	8.05	20 137	1 371	4 954	319	0.33
2008	8.25	21 891	1 754	5 304	350	0.32
2009	8.47	23 550	1 659	5 807	503	0.33
2010	8.88	25 707	2 157	6 305	498	0.32
2011	9.12	28 391	2 684	6 826	521	0.32
2012	9.39	30 427	2 036	7 446	620	0.32
合计	—	—	15 627	—	3 838	—

数据来源：①国家统计局. 中国统计年鉴 2015［M］. 北京：中国统计出版社，2015；老龄化率为国家统计局统计的 65 岁以上人口占全国总人口的比值。

②离退休人数来源于劳动保障部、人力资源社会保障部历年统计公报；抚养比为参保离退休人数与参保职工人数的比值。

其次，基金规模不断扩大。2012 年全国基金总收入比 2003 年增长 4.44 倍。虽然基金总支出随着参保离退休人数增加和养老金水平提高也增长了近 4 倍，但收入增量始终高于支出增量，各年都留有一定结余资金，累计达到 2.39 万亿元，比 2002 年增长 13.9 倍。这为确保基本养老金按时足额发放和制度的可持续发展做了更有力的准备（见表 19-6）。各级政府持续加大投入力度，中央财政 10 年累计向企业职工基本养老保险基金补助资金 1.1 万亿元，为同期基金总收入的 11%，地方财政也累计补助了 1 947 亿元。

表 19-6 2003—2012 年养老保险基金收支结余情况

单位：亿元

年度	基金收入	基金支出	当期结余	累计结余
2003	3 680	3 122	558	2 207
2004	4 258	3 502	756	2 975
2005	5 093	4 040	1 053	4 041
2006	6 310	4 897	1 413	5 489
2007	7 834	5 965	1 869	7 391
2008	9 740	7 390	2 350	9 931
2009	11 491	8 894	2 597	12 526
2010	13 420	10 555	2 865	15 365
2011	16 895	12 765	4 130	19 497
2012	20 001	15 562	4 439	23 941
合计	98 722	76 692	22 030	—

数据来源：劳动保障部、人力资源社会保障部历年统计公报。

最后，基金统筹层次明显提高。这期间，实行了职工基本养老保险基金预算管理制度，加快了推进提高统筹层次的步伐。在总结各地经验基础上，制定了《企业职工基本养老保险省级统筹标准》，确定了“六统一”原则——全省统一制度、统一缴费基数和比例、统一待遇计发办法和项目、统一调度使用基金、统一预算管理、统一业务规程。对于基金使用，提出了实现省级统筹的两种路径：方向是“实现统收统支，由省级直接管理”，实践中少数省份实行了这一模式；对大多数一时难以具备条件的地区，也指出了逐步过渡的办法——先采取省级统一核算、省和地（市）两级调剂，结余基金由省级授权地（市）、县管理，其中中央和省级财政补助资金及地市上解的调剂金由省级统一调剂使用。到 2012 年年底，全国各省份都基本实现了省级“六统一”，普遍做到了市级统筹。虽然多数地区还不是典型的省级统筹，但在一定程度上增强了省内地区间的基金调剂能力，减轻了一些抚养比过高地区的支付压力，并为以后设计全国统筹积累了经验。

第二十章
建立新农保、城居保制度

2009 年，在国际金融危机的严峻挑战下，我国社会保障体系建设书写了一个新篇章——试点建立新型农村社会养老保险制度；在“十二五”规划的开启之年，又试点建立城镇非从业居民的基本养老保险制度。当这两项制度在 2012 年全面推开后，与职工养老保险制度一起构成了全面覆盖的养老保障体系。

第一节　从老农保到新农保

新农保冒出胚芽

第四篇说到，在 1998 年的国务院机构改革中，原来由民政部组织农村社会养老保险的工作职责移交新组建的劳动保障部，并从 1999 年开始进行清理整顿。

几年之后，农村养老保险的“休眠”状态在 21 世纪初出现了转机。2002 年，党的十六大在部署建立健全社会保障体系任务时，提出“有条件的地方，探索建立农村养老、医疗保险和最低生活保障制度”。2006年，党的十六届六中全会决定就农村社会保障体系建设问题，进一步明确将有条件的地方探索建立多种形式的农村养老保险制度与加快推进新型农村合作医疗、逐步建立农村最低生活保障制度并列为三大重点任务。这个指导方针的变化有着深厚的历史背景。在漫长的自然经济形态中，农民的养老从来是依靠家庭、子女，土地收入作为他们养老的主要物质基础，在今后相当长的一个时期仍然如此。但进入21世纪后，随着工业化、城镇化进程加速，我国社会经济结构发生了显著变化，大量农村劳动力外出就业，加上实行了30多年的计划生育政策，农村家庭同城镇家庭一样出现了小型化趋势，传统的家庭养老功能趋于弱化，需要探索适应社会发展特点的新办法。同时，我国经济发展和财力增强，也使这种探索有了可能。

按照中央的指向，新农合、农村低保制度分别于2003年、2007年相继建立，农村养老保险的出路何在？一些地区开始进行了大胆尝试。如北京市2007年试行了被称作“新型农村社会养老保险”的办法，农民参保按人均纯收入的一定比例缴费，计入个人账户，到规定年龄后可从储存额中按月领取养老待遇。同时，政府发给一定数额的基础养老金，后来被总结为财政“补出口”。山东省烟台市设置多档缴费标准由农民自选，政府对农民参保缴费给予适当补助，所有筹资都计入参保农民个人账户，后来被总结为财政“补入口”。陕西省宝鸡市采取的方法与北京市基本相同，但对个人缴费也给予了一定财政补助，后来被总结为财政“两头补”。江苏省无锡市则参照城镇职工养老保险，采用统账结合的模式，农民个人缴费计入个人账户，集体和财政配套补助建立统筹基金。这些探索可以说是新农保最初孕育的胚芽，虽然具体政策各有特色，但有一个共同点，就是地方政府都对农民参保有不同方式的补助。这也是与老农保仅靠农民个人缴费积累的最大区别。

2007年下半年至2008年第一季度，结合对各地农保基金的审计工作，全面摸清了农村社会养老保险的状况。1992年以来，全国有30个省级地区的2 113个县（市、区）按照民政部的方案开展了农保工作。截至2006年年底，按照清理整顿的要求，先后有166个县（市、区）停办了农保业务，并给 557 万农民办理了退保；其余地区则保留了农保制度，未开展新业务，现存参保人数近 5 300 万人。在累计 300 多亿元的结余基金中，少部分存在回收风险或违法违规管理使用，同时还存在农保机构不健全、基础管理薄弱、基金收益率低等管理不善的问题。在制度设计和运行方面，主要问题有：一是筹资模式不适应目前农村经济发展状况，主要依靠个人缴费，农民参保积极性不高；二是缴费和领取标准低，保障能力弱，88%的领取者待遇低于农村低保标准；三是经办机构经费从农保基金中支付，加重了基金负担；四是一些地区机构调整及其管理工作移交迟缓，致使农保工作职责不清、相关政策不明。一些基层干部反映，现在的农保工作是“三无”——上边无精神，下边无方向，农民无兴趣。有关部门建议：对审计发现的问题采取有效措施尽快处理；加快理顺农保工作管理体制，经办机构经费应列入当地财政预算，不再从基金中提取；及早确立农保制度整体框架，明确国家、集体、个人三方责任。

这次对农保资金进行全面审计，是由作为业务主管部门的人力资源社会保障部主动提出的，而审计报告不同寻常之处是，不仅查出了资金方面的问题和隐患，提出维护基金安全的整改意见，还探究了在政策设计、管理体制方面存在的缺陷，提出了完善制度的建议。按照国务院指示，有关部门一方面指导、监督各地进行审计整改，对已造成损失确实无法收回的资金由当地政府安排资金予以弥补，对存在损失风险的资金由当地政府责成有关部门尽力予以追还，对违法违规问题立即纠正；另一方面着手研究建立新型农村社会养老保险制度的方案。

作出试点决策

2008 年 10 月，党的十七届三中全会作出推进农村改革发展若干重大问题的决定，提出：“贯彻广覆盖、保基本、多层次、可持续原则，加快健全农村社会保障体系。按照个人缴费、集体补助、政府补贴相结合的要求，建立新型农村社会养老保险制度。”这是中央文件中第一次使用“新型农村社会养老保险制度”的概念，比先前的提法多了“新型”二字，为这项制度正式定了名。这个后来被简称为“新农保”的定名，厘清了与“老农保”

的界限，既是对基层经验的汲取，也借鉴了已经全面推开的“新型农村合作医疗制度”的表达方式，树立起统一建设新制度的旗帜。这一段表述明确了农村社会保障体系建设“广覆盖、保基本、多层次、可持续”的12字基本原则，对新农保则具体确定了“个人缴费、集体补助、政府补贴相结合”的筹资结构，为下一步的政策设计和实施定下了基调。

2008年年底，全国已有500个县自行开展了各种探索，2009年上半年进入总结地方经验、系统分析论证、在全国层面进行制度设计的阶段。虽然名称已定，并在2009年3月的全国两会上宣布新农保试点要覆盖全国10%左右的县，但在具体政策、标准方面还是经过了反复深入的讨论，焦点集中在几个关键性政策上。

关于参保原则。城镇职工基本养老保险实行强制参保原则，以期最大限度地分散单位和劳动者的风险，维护职工权益。但农村的情况显著不同，农民分散劳动，总体收入低且不稳定，更适宜采取自愿参保缴费的办法。搞老农保时也说要农民自愿，但在实际执行中，一些地区搞强制收费，带来不良后果，这个教训应当吸取。新农合之所以推进顺利，一个重要政策原因就是自愿参合，待农民看到实实在在的好处后自然就会积极支持和参与。这里蕴含着我们党多年农村工作的基本经验之一——即使是为群众办好事，也应循循善诱，避免操之过急。农民自愿参保看似与社会保险的原则有出入，但符合中国国情，从实际出发才能事半功倍。

关于缴费标准。最先草拟的方案，建议个人缴费以当地农村居民年人均纯收入为基数，费率原则上为4%~8%。这是参考了一些地区的实践做法，但存在两个问题：一是我国农村发展极度不平衡，对低收入地区和农民家庭来说，看似不高的比例，也会出现有人愿意参保却缴不起费的问题；二是按收入一定比例缴费的方法，虽然在城镇各项社保中已经成熟，但对广大农民来说还很生疏，家庭人均纯收入多少很难算得清，而且年年水涨船高，不易理解。要处理好这两个问题，缴费标准应当坚持低水平，缴费方法应当让农民看得懂。最后确定，放弃比例法，采取绝对额法，制定每人每年100~500元的分档标准，由农民自选。

关于财政补贴。这无疑是一条最核心的政策。各方面对政府必须给予新农保财政补贴形成了共识，问题在于采取什么补贴方式。北京的“补出口”，体现了政府普遍保障的责任；烟台的“补入口”，有利于鼓励积极参保；宝鸡的“两头补”，则对农民参保的吸引力最强。经过反复论证、算账，国务院决定，采取“两头补”方式，其中“补出口”规定全国统一最低标准，中央财政要承担责任；“补入口”由中央提出指导意见，地方政府依据实际情况确定标准。

关于相关制度的衔接。当时，农村五保、社会救助、计划生育家庭扶助等政策已实行多年，农村低保制度也已建立，而且资金都来自财政预算。在实行新农保后，老人新获得的养老金要不要冲抵这些转移性收入？考虑到农村保障对象本来收入就很低，冲抵后可能带来新农保“口惠而实不至”的负面效应，国务院决定，新农保实行后，农村原有各项社会保障制度不取消，标准不降低，搞好相互的配套衔接工作。

2009 年 6 月 24 日召开的国务院常务会议，对新农保的制度框架、基本原则、主要内容作出决策。当晚播出的这条新闻引起社会各界高度关注和积极反响，普遍认为这是体现保障和改善民生，特别是惠及亿万农民群众的重大举措，是统筹城乡发展、加快完善覆盖城乡居民的社会保障体系的重大制度建设。会后成立了由国务院有关领导同志任组长，人力资源社会保障部、财政部等 14 个部门组成的新农保试点工作领导小组，负责组织指导新农保试点工作。

2009 年 8 月 18 日至 19 日，全国新型农村社会养老保险试点工作会议在北京召开。各省级政府分管社保工作的负责人、国务院有关部门负责人参加了会议。国务院领导同志出席会议并作动员部署，一些地方发言交流了先期探索的经验和试点准备情况。这次会议具有标志性意义，表明新农保试点工作正式启动，我国农村养老保障制度建设扬帆起航。

新农保之“新”

全国新农保试点工作会议后，国务院正式印发了《关于开展新型农村社会养老保险试点的指导意见》（国发〔2009〕32 号，以下简称 32 号文件）。这个文件共 15 条。试点的任务目标是：探索建立个人缴费、集体补助、政府补贴相结合的新农保制度，实行社会统筹与个人账户相结合，与家庭养老、土地保障、社会救助等其他社会保障政策措施相配套，保障农村居民老年基本生活。覆盖群体是：年满16周岁（不含在校学生）、未参加城镇职工基本养老保险的农村居民。推进节奏是：2009年在全国10%的县（市、区、旗）开展试点，从2010年起逐步扩大试点，2020年之前基本实现全覆盖。新农保的一些核心政策，体现出不同于老农保的“新”处，也体现出国家社会保障政策的创新。

基金筹集。实行个人缴费、集体补助、政府补贴相结合。

个人缴费标准设为每年100元、200元、300元、400元、500元5个档次。地方可以根据实际情况增设，参保人自主选择档次缴费，多缴多得。设置多档缴费标准，由农民根据自身经济状况选择，符合农民收入差距大的特点；中央订立基本标准，允许地方在此基础上增设，既可以高设，也可以低设，符合各地发展差异大的国情特点。

集体补助由村民委员会召开村民会议民主确定对参保人缴费补助的标准，同时鼓励其他经济组织、社会公益组织、个人为参保人缴费提供资助。尽管当时有能力的集体经济组织已经不多，但仍保留了这一筹资渠道，还开辟出社会资助渠道，体现富帮穷、乡邻互助的价值观导向。

政府补贴体现在两方面：一是对符合领取条件的参保人全额支付基础养老金，其中中央财政对中西部地区按中央确定的基础养老金标准（当时为每人每月55元）给予全额补助，对东部地区给予50%的补助；二是地方政府对参保人缴费给予不低于每人每年30元的补贴，并可对选择较高档次标准缴费的给予适当鼓励，同时为农村重度残疾人等缴费困难群体代缴部分或全部最低标准的养老保险费。这一组政策，明确了各级政府的资金投入责任，彻底改变了老农保单纯靠农民自我储蓄积累的模式。“补入口”中，对缴费困难的特定群体予以重点关照；“补出口”中，中央政府承担了主要财政责任，并对中西部地区给予倾斜。

待遇结构。实行基础养老金与个人账户养老金相结合，均支付终身。

基础养老金由中央确定最低标准，地方可以根据实际情况提高，也可以对长期缴费的农民适当加发；新农保制度实施时已年满60周岁的老人，不用缴费就可以按月领取；距领取年龄不足 15 年的则应按年缴费。老农保待遇中没有底线设置，结果出现一些老年农民每月只能领到几元钱甚至几角钱的现象。新农保的基础养老金弥补了这一功能缺失，而且已进入老年的农民可以直接领取，体现了政府保障老年农民基本生活的责任；允许地方提高标准和适当加发，则体现了兼顾地区发展差异和鼓励长缴多得的政策取向。

个人缴费、集体补助、政府对缴费的补贴全部记入参保农民个人账户，并按规定计息；年满 60 周岁后可以按月领取个人账户养老金，计发标准为个人账户全部储存额除以 139；参保人死亡，个人账户中的资金余额，除政府补贴外，可以依法继承。这组政策的相关标准与职工养老保险基本一致，为城乡流动背景下的社会保障制度衔接留下了接口。

待遇调整。国家根据经济发展和物价变动等情况，适时调整全国新农保基础养老金的最低标准。

基础养老金每月 55 元最低标准，一年 660 元，不到当时全国农民家庭人均纯收入的 15%。客观地讲，这还达不到保障老年农民基本生活需要的水平。但按照“木桶原理”，从全国农村收入水平最低地区的角度出发订立起步标准，也是实事求是的考量，至少能够减少农村老年人贫困现象。而且在政策组合中有三个变量有助于逐步改善这种状况：一是允许地方政府提高基础养老金标准；二是个人账户积累额增加，合计养老金水平将逐渐提高；三是国家将根据经济发展和物价变动等情况，适时调整最低标准。

四年改变千年

2009 年：首批试点启动

从 2009 年 9 月开始，国务院新农保试点工作领导小组（以下简称试点领导小组）按照国务院 32 号文件的要求组织实施试点工作。各地申请试点十分踊跃。试点领导小组确定的首批试点县选择的原则是“人口规模大中小搭配、经济条件好中差兼顾，并适当考虑省内试点分布的均衡”，要求各省级地区按本省总县（市、区、旗）数的 10%、农业人口的 10%和 60 岁以上农业人口数的10%统筹平衡地安排试点县。这样安排是综合考虑了四方面因素。其一，国务院确定首批试点县的规模为10%，各省份都要按10%左右来掌握，不能有多有少。其二，全国县级行政区有2 859个，人口规模差异巨大，大的有100多万人，小的只有几万人。如果各省都选择人口大县试点，总人数将大大超过10%，也超过当年财政预算的承受力。所以，选择试点县也要考虑人口规模大中小的搭配，试点县合计的农村人口占全省农村人口的比例也按10%左右掌握。其三，还要考虑人口年龄结构适当，避免过多选择农村老年人集中的县试点，这不仅是为了防止加重中央“补出口”的负担，也是为了客观验证试点效果，为新制度能否在全国推行提供实证数据。其四，选择试点县时注意到经济条件好中差兼顾和地域分布均衡，是为了更好地总结推广。如果偏重于选富裕县试点，今后在困难地区推行就会遇到意想不到的问题。

经过综合平衡，试点领导小组确定：对京、津、沪、渝4个直辖市的试点，单独审批；其他各省、自治区大体按照每个地市州安排一个试点县（坚持自愿原则，不强求）的比例掌握，以使全国333个地市级行政区都有机会通过试点摸索经验。

2009年11月11日，试点领导小组办公室（以下简称试点办）批复19个省、自治区、直辖市的首批新农保试点县名单。其中京、津、沪3个直辖市不具体确定试点县，其他16个省、自治区确定试点县175个；11月中下旬至12月又先后批复11个省、自治区145个试点县以及重庆市的试点。27个省、自治区新农保首批试点县320个，涉及农村人口约1.2亿人，其中60岁以上的约1 500万人，加上4个直辖市的试点，总的试点规模实际为11.8%。此外，原来已经自行探索新农保的县仍可以继续施行，并按国务院32号文件加以完善。

此时已近年底，获批的各试点县抓紧启动。试点领导小组直接组织了大规模业务培训，当年就培训各地业务骨干1 500人，还组成7个督导组对19个省份的试点进行了重点检查指导，中央财政补助资金也在年底前拨付到位。配合试点的启动，人力资源社会保障部及时印发新农保信息系统建设的指导意见，将其纳入“金保工程”（社会保障信息管理系统建设工程）

的总体规划中，针对农村人口分散的特点，采用全省数据大集中模式，通过网络支持省内试点县及乡镇开展新农保业务。此外，还制定了新农保经办规程，对参保登记、缴费申报、个人账户管理、待遇支付、基金管理、关系转续、统计管理、内控与稽核、咨询公示及举报受理等主要业务环节明确规定了具体操作程序和标准，保证试点工作有章可循，为广大参保农民提供方便、快捷的服务。中国残联也发布通知，明确了新农保中重度残疾人的界定标准，要求各地加快核发第二代残疾人证，作为残疾人参加新农保并享受相关优惠政策的唯一合法凭证。国家人口计生委、人力资源社会保障部、财政部还联合印发关于做好新农保与人口和计划生育政策衔接的通知，明确各地试点地区要组织动员符合条件的独生子女和双女父母参加新农保，原则上不再继续鼓励其参加商业性养老保险，他们按规定获得的奖励扶助金、特别扶助金不能抵顶参加新农保的政府补贴。

2009 年新农保试点的实施时间只有一个月，各试点县实际组织参保 1 538 万人，其中适龄缴费人员 1 035 万人，403 万人领取养老金，基金收入 31. 4 亿元，基金支出 4. 5 亿元。规模虽然尚小，却在中国农村几千年养老模式的变革中迈出了史无前例的一步。①

2010 年：扩大试点

2010 年扩大新农保试点的决策是当年 2 月上旬作出的。

国务院 32 号文件中的表述是“2009 年开始试点，以后逐步扩大试点”，并没有对 2010 年扩大试点的具体安排。促使中央作出这一决策有两个重要因素。一是首批试点启动后，仅两个月时间，就已经有 2 700 万农村居民参保缴费，1 080 万农村老年人领取了基础养老金。社会各界一致高度评价，试点地区的农民群众衷心拥护。地方政府认为，新农保制度设计合理，政策简明易懂，中央支持力度大，而且给地方留有因地制宜的弹性余地，易于形成和推广；同时也反映，未试点地区的农民要求早日参保的愿望十分迫切，处理不好，容易引起试点毗邻县群众对政府的不满，建议适当加快

① 本节有关新农保数据均来源于历年《中国人力资源和社会保障统计年鉴》。

推进速度。二是中央财政清理出一笔以前年度结余资金，按照主要用于民生领域的既定方针，可拿出其中一部分用于扩大新农保试点的中央财政补助。既有需要又有可能，国务院决定，2010 年将新农保试点范围扩大到全国 23%的县。

2010 年 4 月 19 日，试点办印发 2010 年扩大新农保试点的通知，向各地作了部署。这年推进新农保工作的突出特点是重点扩大试点与普遍扩大试点相结合。

重点扩大试点，即从 2010 年 7 月 1 日起，在西藏自治区全区和四川、云南、甘肃、青海 4 个省的藏区，新疆维吾尔自治区的南疆 4 地州及自治区所有边境县、贫困县启动实施新农保试点。这是贯彻中央第五次西藏工作座谈会精神的重要举措，也是为正在筹备召开的中央新疆工作座谈会做政策准备。率先在这些地区普及新农保制度，体现了中央对贫困落后民族地区改善民生的高度关注，政治意义、经济意义、社会意义都极为重大。据此，试点办批复西藏、四省藏区和新疆 177 个县开展新农保试点，于 2010 年 5 月 6 日专门召开了西藏和四省藏区新农保工作会议，并出席了 6 月 18 日新疆维吾尔自治区扩大新农保试点动员大会，对这 6 个省区的新农保扩大试点工作进行实地指导。

普遍扩大试点，即从 2010 年 10 月 1 日起，在其他省、自治区、直辖市按 11%左右的比例扩大新农保试点，其中也要优先考虑陆地边境县、民族自治地方的贫困县和牧区县。据此，试点办批复各地新农保普遍扩大试点县 341 个。

2010 年新批准试点县 518 个，加上首批试点县 320 个，全国共有 838 个县开展了新农保试点。当年 4 月和 9 月，试点领导小组先后赴福建省、青海省进行专题调研和实地指导。试点办对 19 个省（区、市）的首批新农保试点进行了督查。审计署对 9 省（区）的 51 个县新农保试点政策落实和基金筹集、管理、使用情况进行了专项审计调查。针对审计调查反映出的问题，人力资源社会保障部专门召开会议部署整改工作，要求各试点地区普遍开展自查自纠，并组成 5 个督查组分赴 10 个省份进行重点抽查，研究规范新农保管理的政策措施。到年底，参保人数达到 10 277 万人，其中适龄缴费人员 7 414 万人，2 863 万人领取待遇；全年基金收入 453 亿元，基金支出 200 亿元，累计结存 423 亿元。此外，还有 316 个县自行开展了新农保试点，覆盖 4 000 多万人。

2011 年：扩大试点两次提速

2010 年 10 月，党的十七届五中全会通过关于制定“十二五”规划的建议，其中明确提出“十二五”期间要实现新农保制度全覆盖，比国务院 32 号文件预定的“2020 年之前”的推进时间表提早了 5 年，这既是基于新农保试点的实践结果，也参考了新农合只用四五年时间就完成了从试点到推广过程的经验。

按照这一要求，原计划每年扩大试点 10%左右、2011 年达到 35%的安排就显得节奏偏慢了。此外，全国共有 5 个少数民族自治区、30 个少数民族自治州，在 2010 年重点扩大试点后，西藏自治区和 11 个自治州实现了县级行政区全覆盖，其他 4 个自治区和 19 个自治州急切要求尽早全覆盖；在全国 120 个少数民族自治县中有 49 个纳入了试点，其他 71 个自治县也盼望早日纳入。在全国 592 个国家扶贫开发工作重点县中，已纳入试点的有 209 个，对其他 383 个贫困县以及陆地边境县、革命老区县也需要重点倾斜。如果把这些因素都考虑进来，2011 年扩大试点需覆盖到 50%的县，但这要大幅度增加中央财政专项补助资金。因此，国务院采取了比较慎重的态度，在 2011 年 3 月的全国两会上宣布：将新农保试点范围扩大到全国 40%的县。这同样也比原计划提速了。

2010 年财政决算后，根据中央财政结余情况，国务院决定将结余资金集中用在改善民生上，其中较大部分用于 2011 年新农保扩大试点。2011 年 4 月 20 日国务院对外宣布：今年新农保的覆盖范围由 40%提高到 60%，覆盖所有老少边穷地区，并提前到从 7 月 1 日开始实施。这是当年推进新农保的第二次提速。

有中央财政的大力支持，有广大群众的积极参与，又有了前两年试点的经验，2011 年新农保扩大试点的工作推进顺利。3 月，财政部印发新农保基金财务管理及会计核算两个暂行办法，就基金的预算、筹集、支付、结余和财政专户、监督检查等作了明确规定。11 月前后，试点办组成 7 个调研组，对 15 个省第三批新农保和首批城居保试点进展情况进行调研，重点检查各地制度建设、政府资金到位和经办服务情况，各地也效仿这一做法开展层层督导，确保各项政策的落实到位。

到年底，重点扩大试点地区的进展情况是：西藏、宁夏、新疆 3 个少数民族自治区实现了制度全覆盖；24 个少数民族自治州实现全覆盖，占 80%；113 个少数民族自治县纳入试点，占 94%；493 个国家扶贫开发工作重点县纳入试点，占 83%；1 386 个革命老区县中，有 1 027 个县纳入试点，占 74%；136 个陆地边境县中，有 124 个纳入试点，占 91%。老少边穷地区总体覆盖面达 85%以上。少数没有纳入试点的，主要是由于基础工作薄弱等原因还没有做好相关准备，未申请试点。加上其他地区扩大试点以及前两批试点，全国共有 1 914 个县开展新农保试点，参保人数达到 3. 26 亿人，其中适龄缴费人员 2. 37 亿人，8 525 万人领取养老金；全年基金收入 1 070 亿元，支出 588 亿元，累计结存 1 199 亿元。此外，还有 339 个县自行开展了新农保试点，覆盖 3 170 多万人。与此同时，30 个省份建立了集中的新农保信息管理系统，信息网络延伸到 22 695 个乡镇，平均联网率达到 80%；全国统一并加载金融功能的社会保障卡发行 1. 99 亿张，比上年增长近 1 倍。人力资源社会保障部联合金融机构在乡村增设了服务网点，部分试点县的农民开始持卡领取待遇，这些举措既方便了群众，又保证了资金安全。

2012 年：实现制度全覆盖

全国 2 200 多个县纳入了新农保试点或自行开展了试点，并有 16 个省份实现了省内所有县的制度全覆盖，使尚未开展试点的地区更加急切。通过两年多试点，试点领导小组对全国各地农村居民基本情况、年龄分布结构、参保意愿以及试点工作进展情况和存在问题也有了较全面的掌握，普遍推行新农保制度的时机已经成熟。

2011 年年底召开的中央经济工作会议作出决策，新农保连同从这年开始同步开展试点的城镇居民社会养老保险（城居保，详见本章第二节）在 2012 年年底前基本实现制度全覆盖。

2012 年 4 月 26 日，试点办印发关于做好新农保和城居保制度全覆盖工作的通知，从 7 月 1 日起全面启动。5 月 7 日，人力资源社会保障部、财政部联合召开专题会议，动员部署做好制度全覆盖工作，并对未纳入试点的地区提前开展业务培训。到 6 月中旬，试点办批复最后 862 个县区开展新农保和城居保工作，财政部根据各地申报的人口基础数据，认真审核测算并及时下拨了中央补助资金。7 月 1 日，人力资源社会保障部、财政部联合河北省人民政府、中国邮政集团公司，在平山县西柏坡举行了全国城乡居民养老保险制度全覆盖宣传活动启动暨纪念邮票发行仪式，标志着全国所有地区全面启动建立两项制度。到 7 月底，全国 2 853 个县级行政区全部开展新农保和城居保工作，实现了制度全覆盖。这一进程比原先计划的 2020 年之前全覆盖的构想整整提前了 8 年。

到 2012 年年底，全国参加新农保（不含城居保）的人数达到 4. 63 亿人，其中 1. 22 亿人领取养老待遇。

2009 年进行新农保第一批试点时，恰逢新中国成立 60 周年，用了短短 4 年时间，这项造福几亿农民的制度就全面覆盖农村地区，充分彰显了中国共产党立党为公、执政为民的初心，在新中国社会保障发展史上必定是浓墨重彩的一笔。更长视角看，新农保制度的建立是对中国农村几千年只靠养儿防老、家庭养老模式的根本性变革，农民在通过平生积蓄养老的同时，也吃上了“皇粮”，实在是开天辟地的历史大事件。当然，在政府公共财政支出努力向农村、农民倾斜的同时，也不能丢弃优良传统，赡养老人、孝敬父母、邻里互助、扶危济困的民族文化基因应当永远在中国人民的血脉中传承。

第二节　城居保：填补最后一项制度空白

建立城镇居民社会养老保险（以下简称城居保）制度的问题，在 2010 年就被提出来了，经过 2011 年开始与新农保同步进行试点，2012 年也实现了制度全覆盖。

不能遗漏“夹缝”中的群体

2005 年国务院发布 38 号文件后，企业职工基本养老保险制度逐步完善，到 2010 年已经覆盖 2.57 亿人，比 5 年前增加 8 200 多万人。新农保刚试点两年，参保人数超过了 1 亿人，而且增长势头很猛。职工和农民都有了基本养老保险的制度安排，使处于这两大群体“夹缝”中的城镇未就业居民的养老保障问题凸显出来。这个矛盾最先显露在处于城乡接合部的乡镇。在我国户籍管理制度下，乡镇是城镇居民与农村居民混居程度最高的区域。住在“镇上”持城镇户口而非就业的成年居民，大都是职工的家属，主要收入来源于职工工资或退休金。当同住在镇里或毗邻乡村的农村户籍老人随新农保试点拿到养老金后，他们要求享有老年保障的呼声渐高。在大中城市，还有一批由于各种原因未就过业，也无法参加职工养老保险的居民。这类群体全国约有两三千万人，人口占比不高，但按照党的十七大“加快建立覆盖城乡居民的社会保障体系”的要求，这确实是一项不可忽略的制度空白。

2010 年上半年，有关部门就着手研究了城镇无收入居民养老保险的思路，作为新农保的后续制度建设。2010 年 10 月是一个关键的时间节点——中旬，党的十七届五中全会在制定“十二五”规划的建议中，要求“加快推进覆盖城乡居民的社会保障体系”；下旬，全国人大常委会最后一次审议《中华人民共和国社会保险法（草案）》。会前，国务院主管部门就法律有关条款与立法机关作了充分沟通，建议按照党的十七届五中全会精神，把正在谋划中的城居保制度写入法律。10 月 28 日，《中华人民共和国社会保险法》（以下简称《社会保险法》）经审议通过，不仅在“养老保险”一章中写入了正在试点的新农保制度，而且规定“国家建立和完善城镇居民社会养老保险制度”。《社会保险法》的颁布施行，为加快推进新农保试点、建立城居保制度奠定了坚实的法律基础。

2011 年 3 月召开的第十一届全国人民代表大会第四次会议审议通过了国家“十二五”规划纲要，其中规定：“坚持广覆盖、保基本、多层次、可持续方针，加快推进覆盖城乡居民的社会保障体系建设，稳步提高保障水平。加快完善社会保险制度。实现新型农村社会养老保险制度全覆盖。完善实施城镇职工和城镇居民养老保险。"《政府工作报告》也在 2011 年的重点工作中提出"推进城镇居民养老保险试点"，形成了建立城居保制度的决策。

为了落实这项任务，2011 年 4 月 17 日，国务院决定将 2009 年成立的"国务院新农保试点工作领导小组"调整为"国务院新型农村和城镇居民社会养老保险试点工作领导小组"（以下简称城乡居保试点工作领导小组），加强对新农保和城居保试点工作的统一组织领导。4 月 20 日召开的国务院常务会议，在决定将新农保试点面从 40%提速到 60%的同时，还决定从 7 月 1 日起，与新农保同范围、同比例推进城镇无收入居民养老保险试点，这也是即将于同日正式施行的《社会保险法》的一项贯彻措施。6 月 13 日，《国务院关于开展城镇居民社会养老保险试点的指导意见》（以下简称《试点指导意见》）印发。

城居保政策与新农保的异同

城镇非从业居民居住在城镇，生活方式、消费水平与职工相同，而其没有就业单位、没有稳定收入的特征又与农村居民相似。权衡之下，城居保的制度模式和主要政策不宜模仿职工养老保险，而应与新农保大体一致，但在一些具体政策上应反映城镇居民的特点。《试点指导意见》作了以下规范。

覆盖范围。年满 16 周岁（不含在校学生）、不符合职工基本养老保险参保条件的城镇非从业居民，可以在户籍地自愿参加城居保。在自愿参保的原则上与新农保相同，但在参保范围上与新农保划定了政策边界，同时也与强制性参保的职工养老保险有明显区别，避免各项制度交叉混淆。

个人缴费标准。国家统一设定为每年 100 元、200 元、300 元、400 元、500 元、600 元、700 元、800 元、900 元、1 000 元 10 个档次；同时规定地方政府可以根据实际情况增设缴费档次，国家依据经济发展和城镇居民人均可支配收入增长等情况适时调整缴费档次。在参保人自主选择档次缴费、多缴多得的方式上与新农保完全一致，但比新农保的缴费标准向上延伸了 5

个档次，以与城镇居民的缴费能力和意愿相适应。

其他筹资。地方政府对参保人员缴费给予每人每年不低于30元的补贴，这与新农保也是一致的；但鉴于城镇居民的特点，没有规定集体经济组织的补贴，而是鼓励其他经济组织、社会组织和个人为参保人缴费提供资助。

待遇标准。基础养老金和个人账户养老金的待遇结构、计发办法以及过渡措施都与新农保相同，中央政府确定的基础养老金最低标准与新农保一样，都是每人每月55元，以体现社会公平，避免拉大城乡差距。在实际操作中，地方政府考虑到城镇居民的消费水平，根据国务院的授权，大都规定了略高于新农保的基础养老金标准。

家庭关系。新农保政策规定，领取基础养老金的老年人子女应当参保缴费，以防助长年轻人逃避赡养父母责任、把养老负担甩给政府的倾向。城居保同样提出“要弘扬中华民族敬老、养老的美德，引导子女依法履行赡养老人的义务”，但鉴于城镇居民家庭中成年子女普遍参加了职工养老保险，没有再作类似规定。

制度衔接。除了与职工养老保险、城镇低保、社会优抚等制度和政策的衔接外，还按照社会保险法，鼓励有条件的地方合并实施城居保与新农保。

城居保制度框架和基本政策与新农保大体一致，并由人社部门统一组织实施，既降低了设计及管理运行成本，也有利于城乡基本保障制度的平衡。

两项试点比翼齐飞

2011年6月20日至21日，国务院召开全国城居保试点工作部署暨新农保试点经验交流会议。参加会议的有各省级政府分管社保工作的负责人、国务院有关部门负责人，还邀请了全国人大、全国政协有关部门负责人与会。国务院领导同志出席会议并作动员部署，强调了“四个坚持”——坚持低水平起步、广覆盖，重在制度建设；坚持政府和个人共担责任，政府要确保责任到位；坚持城乡统筹，搞好制度和政策衔接；坚持多层次、多渠道解决养老问题，继续发挥好家庭和社会各方面积极作用。会上，北京、河北、江苏、湖南、陕西、宁夏 6 省（区、市）政府负责人发言交流了新农保试点的经验和加快推进城居保的打算。

2011 年 7 月 7 日，试点办批复城居保 1 902 个试点县（区）、4 个直辖市和新疆生产建设兵团全部纳入城居保试点。

从 2011 年下半年开始，新农保试点全面提速，城居保试点虽然起步晚，但也大踏步跟上，形成两项试点齐头并进的局面。11 月前后，试点办组成 7 个督导组对 15 个省份的新农保第三批试点县和首批城居保试点县（区）进行督导，组织个人账户管理情况专项检查，推动落实工作。到 11 月底，试点地区符合条件的老年居民养老金基本发放到位，年底前适龄城乡居民的参保登记和缴费工作基本完成。当年自愿参加城居保的城镇居民有 539 万人，其中领取养老金的有 235 万人。[①] 从这个数据可以看出，城镇非从业居民中老年人占很大比重。

2012 年 2 月，人力资源社会保障部、财政部、民政部梳理城乡居民有关社会保障政策，联合印发了关于做好新农保、城居保制度与城乡低保、农村五保供养、优抚制度衔接工作的文件，重申各项制度待遇只叠加、不扣减、不冲销并兼顾现行政策的原则。规定在两项试点中，属于缴费年龄段的低保、五保对象，按规定参保缴费，享受政府补贴和集体补助；鼓励有条件的村集体、其他经济组织、社会组织和个人对其缴费提供资助；符合领取待遇条件的低保、五保对象，按月领取养老金，在审批或复核低保、五保资格时，中央确定的基础养老金在“十二五”时期暂不计入家庭收入。两项试点中按月领取基础养老金的优抚对象，其优抚待遇标准不变。这组政策，确保了城乡困难群体现有待遇水平不降低。

2011 年年底召开的中央经济工作会议决定，新农保、城居保在 2012 年年底前基本实现制度全覆盖。2012 年 4 月 26 日，试点办印发做好两项制度全覆盖工作的通知，5 月 7 日召开会议动员部署，6 月批复了最后一批县区开展新农保和城居保工作。9 月，人力资源社会保障部对各地两项制度全覆

① 数据来源于人力资源社会保障部统计资料。

盖工作实行了每周调度制度，督促新覆盖地区及早出台政策文件，并确保基本养老金按时足额发放。

第三节　千 年 梦 圆

总结经验　表彰先进

2012 年 7 月，新农保、城居保在全国所有地区全面实施。为总结两项制度推进工作的经验，表彰做出突出贡献的先进单位和个人，试点办组织各地区、各部门经过认真评选、逐级审核和三轮公示，推荐出 380 个先进集体和 480 名先进个人。2012 年 10 月 12 日，国务院在北京隆重召开全国新型农村和城镇居民社会养老保险工作总结表彰大会。各省级政府有关负责人、国务院有关部门负责人参加了大会，会议还邀请全国人大、全国政协有关部门参加。国务院多位领导同志出席会议，并向受表彰的先进集体、先进个人代表颁发了奖状。

在这次会议上，6 位基层代表的发言很有典型性。安徽省金寨县是革命老区，又是地处山区的国家重点扶贫县。新农保试点后，社保机构的工作人员本着“宁翻三山，不落一户；宁跑三趟，不漏一人”的态度，对金寨县 1 万多山区散户农民上门服务，全县农民参保率达 98%。当年新四军总部所在地的江苏省盐城市，在新农保试点中通过搭建基层服务平台，让农民登记参保、缴纳保费、领取待遇、查询权益“四个不出村”，得到群众交口称赞。在解放战争中做出巨大奉献的山东省临沂市，把新农保作为帮老区人民脱贫致富的一件大事，专心细致地做好每一个环节的工作。地处边境的广西壮族自治区东兴县、少数民族贫困地区的贵州省威宁县和革命老区湖北省洪湖县沙口镇代表的发言也各具特色，体现了为群众利益着想、从地区实际出发的精神。

会议归纳了三年多来城乡居民养老保险制度建设的四点主要成绩：一是基本实现制度全覆盖，进展迅速，成绩显著，超出预期；二是参保人数不断增加，到 2012 年 9 月底，城乡居民两项制度参保人数达到 4.49 亿人，加上职工养老保险，总计覆盖人数超过7亿人，我国已建立了世界上最大的社会养老保险体系；三是制度运行平稳，各级财政三年来共对两项制度补助资金超过1 700亿元，全国有1.24亿城乡居民领取养老金；四是社保经办服务能力不断提升，基础设施建设不断推进，服务体系初步建立，信息化程度不断提高，各项管理制度进一步完善。实践证明，两项制度的建立得民心、顺民意、解民忧，得到了广大城乡居民的衷心拥护，也得到了各方面的大力支持。

会议总结三年多来的基本经验，归纳为“三个坚持”：一是坚持从国情出发，确定保基本、广覆盖、有弹性、可持续的基本指导方针，既考虑了城乡居民养老保险的现实需要，也考虑了各级财政和城乡居民的实际承受能力；二是坚持政府引导、自愿参保的原则，政府通过加大财政投入，对居民参保缴费实行补贴，鼓励多缴费、长缴费，有效地调动了群众参保积极性；三是坚持试点先行，稳步推进，通过积极稳妥的试点，发现问题，解决问题，积累经验，使最终全面推开两项制度水到渠成。

会议也指出了当前两项制度存在的不足：基础养老金水平偏低，保障基本生活的功能有限；中青年群体参保积极性还不高，政策体系和参保缴费激励机制有待完善；多种养老保险制度并行，制度之间衔接不畅；基层经办服务能力总体不足，不能很好地满足参保人员多方面需要；基金管理层次较低，监管难度大，存在保值增值风险。会议要求各地区、各部门进一步提高认识，完善制度，改进工作，加紧研究解决这些问题，推动养老保险制度建设取得新进展。

全国表彰大会后，各地区、各部门以先进为表率，继续加紧推进工作。许多省份也参照国务院的做法，在省内召开城乡居民养老保险总结表彰大会，交流经验，弥补不足，巩固全覆盖成果。

宣传到家才能引导到位

新农保、城居保不同于职工养老保险，是初次建立的新制度，又实行自愿参保原则。特别是对广大农村地区来说，农民对这项新事物一时不太了解，有观望、等待现象是正常的。因此，开展广泛、持续、深入、细致的宣传发动、说明解释工作也是政府引导的重要体现。在两项制度推进中，宣传工作被摆在重要位置。

从2009年开始，试点办及有关部门围绕每次试点的进展和重大事件，都组织开展系列宣传活动，如印发宣传提纲，在中央主要媒体刊登政策解读，安排专家在中国政府网作在线访谈，向广大网民宣传解读政策要点等。2009年首批新农保试点时，中共中央组织部利用全国农村党员远程教育网络平台，在中央电视台教育频道播放了人力资源社会保障部制作的26小时新农保政策宣讲课件，并延伸到60多万个行政村的电教网点。2010年春节前，配合首批新农保养老金的发放，人力资源社会保障部制作了“新农保、新生活、新农村”宣传大礼包，免费发送各试点地区，包括1个含试点工作宣传口号、标语、年画的礼包，1张宣传光盘，1套基层培训教材光盘，1册经办实务手册，指导各试点县利用“两节”期间农民全家团聚之际，加大宣传力度；并组织新闻媒体深入试点地区，实地了解试点进展情况和农民的切身感受，营造积极的社会氛围。

2011年10月22日，试点办在国家扶贫开发工作重点县贵州省威宁县举行全国新农保和城居保集中宣传活动启动仪式，指导各地采取通俗易懂、生动活泼的形式，开展全方位、多形式、深层次的宣传活动，在全国形成了较大的宣传声势。2012年3月，试点办第二次设计制作包括宣传光盘、培训教材和政策解读等在内的宣传大礼包，赠送各省、地市和2 853个县市区；二季度，中共中央宣传部指导中央各主要媒体深入基层一线宣传报道试点工作，分别在中央人民广播电台中国之声的《政务直通》栏目现场直播解答广大听众的政策提问，在《公益报时》时段循环播报“城乡居民社会养老保险制度全覆盖公益报时”；9月，配合全国表彰大会的召开，试点办发布了以“千年梦想、情为夕阳”为主题的城乡居民养老保险制度全覆盖公益广告，自11月15日起，连续一个多月在中央电视台多个频道滚动播出。

各地区采用的宣传方式更是多种多样，一些地区充分运用地方民间艺术形式宣传新农保、城居保政策，群众尤其喜闻乐见。如湖南常德的花鼓戏《新农保好》，河北保定的快板说唱《党的政策就是好，政府帮咱来养老》，江苏民间艺人创作的民歌《爷爷有了社保卡》，陕西延安的陕北弹唱《听我来说新农保》，吉林辽源农民创作的 10 米长卷《政府补贴办农保，让您安心来养老》；山东滨州农民画家创作的新农保连环画在《人民日报》登载；西藏、新疆、内蒙古等少数民族地区的农牧民集体欢歌载舞，表达参加新农保的喜悦心情。许多地区对新农保、城居保的宣传做到了“广播里有声、电视上有影、村村有广告、户户有资料”，同时反复组织干部进村入户为群众讲政策、算细账，努力做到两项制度的政策家喻户晓、人人皆知。

新农保、城居保的建立和全面实施引起了广泛的社会反响，受益群众更是感触至深。

群众心声

湖北省钟祥市洋梓镇李庙村 101 岁农民郑传秀：人老了，牙全没有了，每天吃稀饭。前几年孙子送来酸奶给我喝，一喝就上瘾了，不好意思再让孙子买。现在有了养老金，我有钱能够自己买了。

江西省南康市虎岗村 91 岁农民陈兰铣：想不到年纪这么大了，政府每个月还给我们发养老金；想不到老到牙齿都没有了，还“开洋荤”，用上了这么“标致”的银行卡……

陕西省西安市长安区韦曲街道崔家营村 64 岁农民张菊娥：我们这些在农村生活了大半辈子的人，也能像上班的人一样领取养老金喽。

江苏省东台市安丰镇红安村益祥商店老板周益祥：现在我的小超市成为信用社的“便民服务点”。缴新农保保费、取养老金、购物以及进行贷款申请，在机上卡一刷就搞定。

山东省沂源县南麻镇朱家庄村 70 岁农民周国祥：别小看这个“两寸长”的存折，对我们农村老人来说管用得很，有了它就有钱花，有了它就有饭吃，有了它小打小闹的就不用向儿女们“伸手”了。

吉林省东丰县永泉村村民王洪志：取 300 块钱，原来得上东丰县农行，坐车来回得一天的工夫，车费得花 10 多块钱。现在不出村，在家门口就能领到养老钱，真是把问题解决到我们心坎里了。

河北省滦平县安纯沟门满族乡小白旗村77岁农民张悦庭：新农保和低保不冲突，我老伴每年有1 200元的低保，现在加上两人每年1 320元的新农保钱，日子好多了。

四川省广元市柳侨乡柳侨村53岁农民廖朝才：新农保政策好。原想老了靠娃养，现在通过政策补助和我们自己缴一部分，就可以自己养自己，不再担心养老的事情了。今年我53岁，选择了500元的参保政策，按照一年500元的标准，补缴了8年的保费4 000元，到60岁时，我每个月能领到120元的养老金。

河北省曲周县前衙村农民龙成德：今年70岁，4个儿子每年给他和老伴的零花钱总共也不过600元。有了新农保后，老两口一年的养老金有1 320元，用他的话讲，等于“白得了8个儿子”。

至2012年年底，参加新农保、城居保的城乡居民有4.84亿人（包括城镇居民2 101万人），其中1.3亿老年人领取了养老金；当年基金收入1 829亿元，基金支出1 150亿元，基金累计结存2 302亿元，其中个人账户累计结存2 055亿元（见表20-1）。

表20-1　城乡居民社会养老保险进展情况

单位：万人，亿元

年度	参保人数	领取人数	基金收入	基金支出	基金结存
2009	1 538	403	31.4	4.5	136
2010	10 277	2 863	453	200	422.5
2011	32 643	8 525	1 070	588	1 099
2012	48 370	13 075	1 829	1 150	2 302

数据来源：历年《中国人力资源和社会保障年鉴》。

2 000多年前，中国古代先哲曾描绘了一幅大同社会中保障人们生活的图景：“人不独亲其亲，不独子其子，使老有所终，壮有所用，幼有所长，矜寡孤独废疾者皆有所养。”① 人人老有所养是中国人的千年梦想之一。新农保、城居保的建立和普及，完成了我国基本养老保险制度的最后拼图，是新中国社会保障体系建设的重大成就，对统筹城乡发展、全民共享发展成果、促进社会公平正义意义非凡。在世界上人口最多的发展中国家建立起覆盖全民的养老保障体系，其开创性价值、里程碑意义超越了 70 年，恐怕要放到千年的时间段中才能恰当评估。

① 《礼记 · 礼运》。

第二十一章
社会保障走上法制化、规范化道路

2003 年至 2012 年的 10 年间，我国颁布实施《社会保险法》，制定修订《工伤保险条例》，建立社会保险基金预算制度，加强社会保险基金监督，社会保障体系建设开始步入法制化、规范化的轨道。

第一节　社会保险有了专项法律

2010 年 10 月 28 日，第十一届全国人民代表大会常务委员会第十七次会议审议通过《中华人民共和国社会保险法》，以第 35 号国家主席令予以公布，自 2011 年 7 月 1 日起施行。新中国社会保险制度首次有了最高立法机构制定的专项法律。

17 年的立法路程

社会保险法从最初起草到最后颁布，经历了长达 17 年的过程，三起三落，终成正果。

1993 年，党的十四届三中全会《决定》全面阐述我国社会保障体系建设的目标、原则和主要任务，1994 年颁布的《劳动法》中对社会保险作了专章规定。在这两个重大背景下，第八届全国人民代表大会常务委员会将制定社会保险法列入立法规划，劳动部于 1994 年年初开始组织研究论证，于 1995 年完成了首次起草工作。

1998 年，第九届全国人民代表大会常务委员会再次将社会保险法列入立法规划。当时亚洲金融危机严重冲击我国经济，我国也正在大力推进国有企业改革，实行了“两个确保”“三条保障线”等重大举措，先后改革企业职工基本养老保险制度和职工基本医疗保险制度，国务院连续颁布失业保险、社会保险费征缴和城市低保三个条例。劳动保障部按计划第二次组织起草社会保险法，力图将改革中的经验融入法律，于 2001 年提交了草案。

但由于那时我国社会保险制度正处于急剧变革之中，许多政策都带有探索性质，尚未定型，总体来看，实践经验积累不足，各方面对社会保险制度的发展方向、基本模式等还没有形成广泛共识。因此，这两次法律草案都未能提上审议议程。

2005 年，第十届全国人民代表大会常务委员会第三次将社会保险法纳入立法规划。这时，国有企业职工下岗分流已经全面完成向失业保险制度的并轨，2003 年国务院颁布《工伤保险条例》，经过东北完善社会保障体系试点，2005 年国务院 38 号文件进一步规范了企业职工养老保险制度，职工基本医疗保险制度、失业保险制度、生育保险制度也逐步完善，还开始在农村进行新农合试点。这些都为社会保险立法提供了更丰富的实践。同时，社会各界对社会保险的认识提升，关注度越来越高，社会保险立法有了更广泛的群众和舆论基础。劳动保障部开始第三次组织起草社会保险法，于 2006 年 7 月形成了初稿。

在法律起草中，确实遇到不少难点，如适用范围是否包括农村，当时公务员、企业职工、事业单位人员采取的不同养老、医疗保险模式是否需要统一，进城务工农民、城镇集体企业职工的社会保险方向还不明确，社会保险费的征缴体制还未成型等，理论界和实务部门对这些问题的认识也不尽一致。有观点认为，目前立法的条件尚不具备，建议延后。经过多次研讨论证，各方面达成基本共识：社会保险法是社会主义市场经济体制下保护劳动者权益的一部重要法律，社会高度关注，需求迫切；有了多年改革实践和施行行政法规的基础，制定这部法律已不存在大的障碍；至于调整对象、范围、基金管理等问题，总体属于技术层面，以立法为契机加大协调力度，也是可以解决的。有了共识基础，国务院法制部门启动了审核程序，将草案印发各省级政府、各有关部门及研究机构共 110 个单位征求意见，并多次召开立法调研座谈会。2007 年 11 月 28 日召开的国务院常务会议，审议并原则通过了社会保险法草案，12 月 6 日正式提请全国人大审议。经过前两次搁置，社会保险法终于列入了最高立法机构的审议程序。

第十届全国人民代表大会常务委员会第三十一次会议于 2007 年 12 月 23 日至 26 日对社会保险法草案进行了第一次审议。2008 年 3 月，全国人大换届，第十一届全国人民代表大会常务委员会于当年 12 月对法律草案进行了第二次审议，并决定向全社会公开征求意见。在一个多月里，社会各界通过网络、报刊、来信等途径积极建言献策，共提出了 70 501 条意见建议，充分反映了人民群众对社会保险立法的高度关注和参与热情，也体现了我国民主与法制建设的进步。此后，全国人大常委会又分别于 2009 年 12 月、2010 年 10 月对社会保险法草案进行了第三次、第四次审议。在历次会议审议期间，全国人大常委会委员、人大代表提出了许多建设性的意见，立法机关商国务院有关部门和立法专家，对法律草案反复修改，国务院常务会议还专门讨论了有关公务员社会保险的适用问题。

从 2007 年年底到 2010 年 10 月的近三年时间里，我国社会经济背景发生了许多重大变化。特别是 2008 年第四季度至 2010 年经历的国际金融危机，更凸显了加快构建社会保障体系的重要性和紧迫性。我国在社会保险方面果断采取“五缓四减三补两协商”应对之策，也显示了社会保障制度对稳定经济和就业发挥的积极作用。这几年间，新的社会保险制度先后建立——2007 年新农合在全国各地普及，同年开展了城居医保试点并在 2009 年全面实施，2009 年开始的新农保试点此时已扩大到全国 23%的地区；城镇职工各项社会保险制度也不断完善，覆盖面显著扩大，并开始试行基金预算管理制度；社会保险制度体系的基本架构初步形成，人民群众普遍受益并有更高期待。这些发展变化，为社会保险立法提供了更坚实的实践和社会基础。立法机构及时汲取新的实践经验，补充到法律草案之中。社会保险法瓜熟蒂落之势已成，呼之欲出。

2010 年 10 月 28 日下午，全国人大常委会对社会保险法草案进行表决，高票通过了这部法律。至此，经过 17 年多次起草和修改、国务院常务会议两次讨论、全国人大常委会四次审议的曲折过程，作为我国社会主义法律体系重要支架性法律的《社会保险法》正式诞生。

社会保险法的历史价值

《社会保险法》共 12 章 98 条，比 2007 年草案的 8 章 64 条极大扩充，确立了我国社会保险的总体框架、基本方针、基本原则和基本制度，界定了各项制度的适用范围，规范了筹资渠道，规定了参保单位和个人的权利和义务，明确了行政管理体制，提高了社会保险费征收的强制性，强化了基金管理和监督，确定了经办服务内容，规定了各相关主体的法律责任，彰显出保障和维护人民群众社会保险权益、促进社会公平正义的立法宗旨。

1951 年 2 月中央人民政府政务院公布的《中华人民共和国劳动保险条例（试行)》，是新中国第一部有关社会保险的全国法规，在当时立法、行政体制下（第一届全国人民代表大会还没有召开，政务院代行立法职能）具有法律的属性，但它规范的是计划经济体制下的劳动保险制度。2010 年颁布的《社会保险法》，由国务院组织起草、全国人大常委会审议通过、国家主席签署发布，是一部完整履行了立法程序的“真正”法律。《社会保险法》立足我国基本国情，全面总结改革开放以来的实践经验，广泛借鉴世界各国有益做法，适用于在社会主义市场经济体制下各项社会保险关系的规范调整。所以说，这部法律的颁布实施在新中国社会保障发展史上具有里程碑意义是丝毫不过分的。

《社会保险法》有几个突出特点，体现出它的历史价值。

广泛性。调整范围是一部法律的基本要素，而覆盖范围大小则是体现社会保险制度可及性的重要指标。《社会保险法》对各项社会保险制度的参保单位和参保人员作了尽可能宽泛的规定，除了城镇职工外，在适用范围方面有三个重大突破。一是在第二章、第三章中规定：无雇工的个体工商户、未在用人单位参保的非全日制从业人员以及其他灵活就业人员可以参加职工基本养老保险和基本医疗保险。这突破了仅适用于职工的范围，适应市场经济条件下就业方式多样化的实际，有利于解除各类自谋职业者、自主创业者养老、医疗的后顾之忧，为多渠道创造就业机会扩展了空间。二是在附则中规定：进城务工的农村居民依照《社会保险法》规定参加社会保险。征收农村集体所有的土地，应当足额安排被征地农民的社会保险费，按照国务院规定将被征地农民纳入相应的社会保险制度。这两条规定的深刻含义是，无论城乡，凡存在社会保险关系，都纳入《社会保险法》调整范围，从法律的角度为我国城镇化进程中上亿农民工和被征地农民，尤其是在城镇稳定就业的新生代农民工解决基本社会保险问题铺平了道路。三是第九十七条还规定：“外国人在中国境内就业的，参照本法规定参加社会保险。”在全面对外开放的环境下，这为规范我国劳动力市场提供了依据，也为我国与外国进行平等的社会保障谈判奠定了法律基础。

前瞻性。“十五”和“十一五”时期，我国社会保障体系加速构建，新制度、新政策叠出。2010 年，新农合和城镇居民医保制度刚刚在全国推开不久，新农保还在试点，而城镇居民基本养老保险制度还在酝酿之中。要不要、能不能在法律中对这些尚处于萌芽状态的新制度作出规定，是社会保险法起草和审议中面对的一个重大问题。立法机构采纳各方面意见，既立足实际，又着眼长远，在法律中分别规定国家建立和完善新农保、新农合、城居医保制度，对正拟试点的城居保制度也作出“国家建立和完善”的规定，将这四项新建立或拟建立的制度全部纳入调整范围，与实施多年的五项职工社会保险共同构成了我国社会保险体系的完整框架，为社会保障制度打破城乡二元结构、推进城乡统筹指出了方向，也避免了法律一出台就落后于实际的结果。更具前瞻性的是，《社会保险法》第二十二条第二款规定：“省、自治区、直辖市人民政府根据实际情况，可以将城镇居民社会养老保险和新型农村社会养老保险合并实施。”当时只有个别地区探索了城乡统筹的居民养老保险制度，但立法者敏锐地观察到它所代表的发展方向并写入法律，这在我国立法史上是罕见的。后来的改革进程践行的正是这一路径，不能不说这是立法引领、实践推动的一个成功范例。

灵活性。法律调整的对象一般是有相对稳定的社会关系。而我国社会保险制度改革和发展进程漫长而曲折，而且城乡、地区、群体之间差异大，实际情况十分复杂，许多关系还处于变动之中，很难全部由法律详尽规范。因此，在基本规则下授权中央或地方政府酌情作出一些具体规定是必要的；但授权过多也会削弱法律的严肃性和操作性。社会保险法对国务院的授权主要有：关于公务员和参公管理工作人员的养老保险办法，关于基本养老保险基金全国统筹和其他社会保险基金省级统筹的具体时间及步骤，关于社会保险基金存入财政专户的具体管理办法，关于个人跨统筹地区就业的基本养老保险金计算和支付的具体办法等。在最后一次审议时，全国人大法律委员会专门就此作出说明："考虑到社会保险制度正在建立健全过程中，有些制度需要根据经济社会的发展逐步完善，立法要给今后的改革和发展留下空间，草案可以规定得原则一些。为了保证这部法律的贯彻实施，建议国务院抓紧制定、修改相关的配套法规。"此外，还有少数条款授权地方在国家统一原则或规划下具体处置。这些规定，既明确了法律规范的基本方向，又从实际出发，兼顾了我国的统一性和差异性，体现了原则性与灵活性相结合。

《社会保险法》的制定颁布，将改革开放以来改革发展社会保险制度的丰富实践上升为国家意志，为有效维护劳动者和公民的社会保险权益提供了稳固的法制保障，对促进社会公平正义有极高的价值；同时弥补了我国法律体系框架中社会立法的一项空白，对推进依法治国、依法行政具有重要而深远的意义。

贯彻实施《社会保险法》是个长期过程

《社会保险法》颁布后，在 2010 年 11 月至 2011 年 6 月的准备期中和法律正式施行之后，国务院及有关部门采取了一系列措施，将法律规范贯彻到实践行动中。

依法建立完善社会保险制度。根据《社会保险法》有关规定，国务院于 2010 年年底修订了《工伤保险条例》；2011 年将新农保试点扩大到全国

60%的县，同步开展城居保试点，并在2012年将这两项制度普及到全国所有地区，2014年又将两项制度合并为统一的城乡居民基本养老保险制度；2014年10月启动实施机关事业单位养老保险制度改革；在全民医保基本实现基础上，2015年全面实施了城乡居民大病保险制度。

依法扩大社会保险覆盖面。按照《社会保险法》规定的各项社会保险制度适用范围，积极扩大覆盖面，特别是将城镇灵活就业人员和农民工纳入参保范围，使参保人数大幅度增长。与此同时，制定实施多项针对性政策措施，集中解决几类特殊群体参加社会保险的问题：将1 000多万名关闭破产国有企业退休人员和困难企业职工纳入了职工医疗保险，将530多万名未参保集体企业已退休人员纳入职工养老保险，将300多万名老工伤人员纳入工伤保险统筹管理（见本章第二节）。这些重大疑难历史遗留问题的解决，促进了社会稳定，也彰显了社会保险制度的可及性和公平性。

依法保障参保者权益。按照《社会保险法》关于“国家建立基本养老金正常调整机制”的规定，2011年及以后继续逐年调整养老金待遇，并重点向企业退休高工等群体倾斜，养老金增幅超过历年物价上涨，使广大企业退休人员分享到经济社会发展成果；2014年和2018年全国统一提高了城乡居民基础养老金最低标准。根据《社会保险法》对行政机关有关待遇标准的授权，2011年以后多次提高新农合和城居医保的财政补助标准，相应提高个人缴费标准；建立了工亡和工伤伤残待遇随全国城镇居民人均可支配收入增长的调整机制。

同时，按照《社会保险法》有关规定，规范社会保险基金监督管理，加强社会保险经办管理服务（见本章第四节、第五节）。

配合《社会保险法》实施，2011年外交部专门举办中外媒体吹风会，编印发送外文版宣传手册；有关部门还举办了面向各国驻华使馆和国际机构的社会保险法说明会和面向欧盟商会成员单位的外籍人士参加我国社会保险的政策说明会。

全面贯彻《社会保险法》是一个长期过程。在法律执行中也暴露出一些现实问题，如不少群体仍游离在社会保险制度覆盖范围之外，用人单位损害劳动者社会保险权利的现象仍时有发生，社会保险基金运行和监督仍存在漏洞，社会保险经办服务仍有令群众不便之处，需要各方面进一步提升法律意识，加大落实力度。同时，法律本身也需要随着实践进程而发展，比较典型的是：在社会保险法起草和审议中，曾有过建议——参照新农保和城居保，把新农合制度也写入，并昭示与城居医保合并实施的方向，但由于当时认识不统一，没有被采纳。现在证明，这是立法留下的一个遗憾。又如，在法律规定的五项基本社会保险之外，国家又提出开展长期护理保险的试点，以应对人口老龄化挑战，这就要求增加法定险种。再如，受当时实践和认识的局限，法律主要规定基本社会保险，对各项补充性社会保险没有涉及，与发展多层次社会保障体系的需求不相适应。这些缺失都要在总结新经验基础上加以补充调整。

第二节　依法推进工伤保险

2003 年新一届中央政府履职后颁布的第一个行政法规是《工伤保险条例》。

把部门规章上升为行政法规

1996 年劳动部颁布的《企业职工工伤保险试行办法》（以下简称《试行办法》），配合劳动法的施行，确定了全国企业工伤保险制度的基本框架和主要政策，实施后，对推动工伤保险模式由企业各自担责向社会统筹转变、保障遭受职业伤害职工的合法权益、分散企业的经济风险发挥了重要作用。但在实践中也暴露出一些问题，主要是适用范围偏窄，仅限于企业及其职工，而对其他用人单位缺乏制度安排；对应当认定为工伤的情形规定不够明确，容易引发矛盾；工伤保险基金使用不规范，用于救治和补偿工伤职工以外的项目过多；部门规章立法层级较低，全面推行制度建设的权威和力度不够。进入 21 世纪后，我国市场经济体制初步建立，工业化步伐加快，随着多种所有制经济组织迅速增多和大批农民工进城务工，职业安全和健康风险也急剧加大，出现了一些社会影响很大的工伤事件，亟须在更高立法层次上确立社会化的工伤保险制度。

2003年4月16日，国务院常务会议审议通过了劳动保障部起草的《工伤保险条例》，并于4月27日颁布（国务院第375号令），定于2004年1月1日施行。

《工伤保险条例》（以下简称《条例》）共8章64条，充分吸收了1996年《试行办法》中经过实践证明可行的内容，如基金社会统筹模式、认定为工伤的情形、工伤认定程序、工伤保险待遇的主要项目和标准等，并作了适当完善，以保持政策的连续性和稳定性；同时根据新情况、新需求，有许多新的发展，最主要的有以下几个方面。

扩展了适用范围。《条例》规定，各类企业、有雇工的个体工商户应当依法参保，为本单位全部职工或雇工缴纳工伤保险费；各类企业的职工和个体工商户的雇工均有享受工伤保险待遇的权利。同时在附则中规定，本条例所称职工，是指与用人单位存在劳动关系（包括事实劳动关系）的各种用工形式、各种用工期限的劳动者；除国家机关和依照、参照国家公务员管理的单位外，其他事业单位、社会团体以及各类民办非企业单位的工伤保险等办法，由国务院有关部门参照本条例另行规定，报国务院批准后施行。也就是说，《条例》在两个范围上有重大突破：一是在用人单位范围上，突破《试行办法》仅限于“企业及其职工”的范围，扩大到城镇有雇工的个体工商户；而对事业单位、社会团体以及各类民办非企业单位等，规定另行制定办法，但也明确是参照企业工伤保险，即除了国家机关和参公管理的事业单位外，将所有用人单位全部纳入了工伤保险制度。二是在人员范围上，《试行办法》规定适用于企业职工，在实践中时常出现用人单位规避法规，只为固定职工缴纳工伤保险费而排除了临时工、农民工的情形，实际损害了部分劳动者的权益。《条例》弥补了这一缺陷，严密地规定“职工”包括各种用工形式、各种用工期限的劳动者，适应我国多种所有制经济和多种用工形式发展的实际，大大强化了对劳动者权益保护的力度。

区分了工伤和视同工伤的情形。《试行办法》规定了10种工伤认定情形，实践证明是比较全面的，但其中有些并不完全符合认定工伤的“三工”（在工作时间内、处于工作场所、因工作原因遭遇职业伤害）原则，有一定的模糊性。《条例》单列出“视同工伤”一条，把三种情形纳入其中——在工作时间和工作岗位突发疾病死亡或在 48 小时之内经抢救无效死亡的；在抢险救灾等维护国家利益、公共利益活动中受到伤害的；职工原在军队服役，因战、因公负伤致残，到用人单位后旧伤复发的。这些情形虽不属于“三工”，但同样可以享受工伤保险规定的待遇。

细化了费率确定机制。《试行办法》借鉴国际通行做法，采取了每五年调整一次的行业差别费率和每年调整的企业费率浮动机制，但规定得不够清晰明确，而且均授权地方劳动部门规定。《条例》明确，行业差别费率由“国家根据不同行业的工伤风险程度确定”并定期调整，同时“根据工伤保险费使用、工伤发生率等情况在每个行业内确定若干费率档次”；浮动费率则授权“统筹地区经办机构根据用人单位工伤保险费使用、工伤发生率等情况”，适用所属行业内相应的费率档次确定，明显增强了全国统一规范性。《条例》颁布后，劳动保障部、财政部、卫生部、国家安全生产监管局于 2003 年 10 月联合印发《关于工伤保险费率问题的通知》，将行业划分为三个类别，工伤保险费率分别为职工工资总额的 0.5%左右、1%左右和 2%左右；矿山采掘、金属冶炼、交通运输等高风险行业适用相对较高行业费率，而金融、商贸服务等行业适用较低的费率，其他行业适用中档费率；同时规定属于第二类、第三类行业的用人单位，依据其工伤保险费使用情况、工伤发生率、职业病危害程度等因素，在行业基准费率基础上，每 1~3 年可上下各浮动两档——上浮为 120%和 150%，下浮为 80%和 50%。

完善了劳动能力鉴定程序。在《试行办法》规定劳动鉴定委员会委托专家组进行鉴定的基础上，《条例》新增了两项后续救济措施：一是申请鉴定的单位或个人对初次鉴定结论不服的，可以向省级劳动鉴定委员会申请再次鉴定；二是伤残情况发生变化的，可在一年内申请劳动能力复查鉴定。

改进了工伤保险待遇。工伤保险待遇的结构复杂，项目众多，既包括现金待遇——工伤治疗期间的津贴、伤残津贴及职工因工死亡后的丧葬和遗属抚恤费，也包括非现金的服务费用——工伤治疗期间的医疗、致残后护理和辅助器具配置等。《试行办法》对各项待遇条件和标准作出较细致的规定。根据时代发展和客观情况变化，《条例》进行了多项改进。如在工伤医疗待遇方面，针对当时医疗费用浪费现象严重的情况，规定除紧急救治外，应当在签订服务协议的医疗机构治疗工伤，治疗费用须符合工伤保险诊疗、药品目录等规定的范围。同时将原来工伤医疗期最长不超过 36 个月调整为一般不超过 12 个月，伤情严重或者情况特殊的可以适当延长，但延长不得超过 12 个月。从实践情况看，随着我国医疗水平的提高，一般工伤治疗在 24 个月内完全可以完成，不会影响工伤职工的权益，但有利于避免长期无效治疗的现象，减少医疗资源浪费，节约工伤保险基金。又如在辅助器具配置方面，《条例》比《试行办法》的规定增加了矫形器，以利于帮助工伤职工康复。再如在伤残待遇方面，在沿用《试行办法》规定的伤残津贴标准基础上，规定伤残津贴实际金额低于当地最低工资标准的要补足差额，其中对“完全丧失劳动能力”（一级至四级伤残）由工伤保险基金补足，“大部分丧失劳动能力”（五级至六级伤残）由用人单位补足。要求用人单位对保留劳动关系的一级至六级伤残职工继续按规定缴纳社会保险费，以保障他们的长远权益。这些都是基于《劳动法》实施 8 年后劳动合同、最低工资标准、社会保险制度普遍施行的实际情况和工伤保险实践经验作出的完善。

强化了法律责任。《试行办法》也规定有“企业和职工责任”，但囿于部门规章的权限，只能提出要求而不能规定罚则。《条例》作为行政法规，立法层级高，对单位和个人挪用工伤保险基金、行政部门和经办机构未能尽职或擅权、医疗和辅助器具配置机构不按协议提供服务、用人单位不参加工伤保险或瞒报工资总额及职工人数、劳动能力鉴定组织提供虚假鉴定意见和证明、职工或其直系亲属骗取工伤保险待遇等情形，分别规定了法律责任。

在《条例》正式施行前后，劳动保障部等有关部门和单位制定了多项配套规章和政策，如表 21-1 所列。

与实施《条例》相配合，经中央编办批准，2004 年 3 月，劳动保障部管理工伤保险的职能从医疗保险司分立出来，单独设立工伤保险司，负责拟定机关、企事业单位工伤保险法规、政策和总体发展规划，指导全国工伤保险制度建设，拟定工伤保险的定点医疗单位、药店、康复机构和残疾辅助器具安装机构的资格标准，拟定、调整工伤保险相关待遇、各行业费

表 21-1 《工伤保险条例》主要配套规章和政策

发文时间	文件名称	发文单位
2003 年 9 月	工伤认定办法	劳动保障部
	因工死亡职工供养亲属范围规定	劳动保障部
	非法用工单位伤亡人员一次性赔偿办法	劳动保障部
	关于劳动能力鉴定有关问题的通知	劳动保障部等五部门
2003 年 10 月	关于工伤保险费率问题的通知	劳动保障部等四部门
2003 年 12 月	关于进一步加强职业病诊断鉴定管理工作的通知	卫生部
2004 年 6 月	关于农民工参加工伤保险有关问题的通知	劳动保障部
	工伤保险经办业务管理规程（试行）	劳动保障部
2004 年 11 月	关于实施《工伤保险条例》若干问题的意见	劳动保障部
	关于铁路企业参加工伤保险有关问题的通知	劳动保障部、铁道部
2005 年 12 月	关于事业单位、民间非营利组织工作人员工伤有关问题的通知	劳动保障部等四部门

率、工伤伤残和非因工伤残等级鉴定标准。颁布施行《条例》和调整管理机构，成为工伤保险发展进入新阶段的一个标志。

各地也依据《条例》规定和本地实际，纷纷制定了实施办法或细则，广东省还制定了本省的工伤保险条例。

《条例》的颁布施行是 21 世纪社会保障体系建设的重要体现。由于立法层次提高，增强了制度的强制性和约束力，很快取得了明显效果。《条例》实施当年，参保职工就比上年猛增 2 270 万人，增长 50%；到 2005 年年底参保职工达到 8 478 万人，比 2003 年增加 3 900 多万人；2005 年享受工伤保险待遇的有 65 万人，也比 2003 年增长了 1 倍。

当然，初次制定的《条例》也不是尽善尽美。如在工伤认定中，《试行办法》规定的通勤事故认定情形是“在上下班的规定时间和必经路线上，发生无本人责任或者非本人主要责任的道路交通机动车事故的”，比较严格；《条例》简化为“在上下班途中，受到机动车事故伤害的”，虽然有利于扩大保护范围，但也容易导致执行中存在漏洞。又如，《试行办法》曾列专章规定工伤预防和职业康复，以期形成预防—补偿—康复一体化的保障体系；《条例》则没有具体规定工伤预防和康复条款，只是原则规定用人单位和职工应当遵守有关法律法规和规程标准，“预防工伤事故发生，避免和减少职业病危害”。再如，《条例》仍沿用《试行办法》规定，对工亡职工的相关待遇按“统筹地区上年度职工月平均工资”计算，导致后来“同命不同价”矛盾的加剧。这些不足，有些通过政策或司法解释作了弥补，有些在后来的法规修订中加以补充，有些则需要更多的实践探索。

优先解决农民工的工伤保险问题

把工伤保险摆在农民工社保的第一位

《条例》的制定颁布，为推进工伤保险工作注入了强大动力。有关部门分析这一时期我国的社会经济结构变化和工伤风险的群体分布，看到了一个突出现象——随着城镇化、工业化的加速，数以亿计的农民工进城务工，逐渐成为城镇新增劳动力的主体，进而成为职工队伍的主力。他们不仅数量庞大，而且初进城市时大都从事苦脏累险职业，大部分人自我保障能力和维权意识比较弱，特别容易遭到工伤、职业病等事故伤害。因此，在普遍推进工伤保险制度中，必须把农民工作为一个特殊群体，采取更加有力的专门措施。

《条例》颁布不久，就有媒体反映：贵州省 100 多位在福建省仙游县某村办石英厂打工的农民，因缺乏有效的劳动保护措施，纷纷染上矽肺病，近年相继死亡多人。有关“煤矿工人受到尘肺病威胁”的报道也时见报端。据卫生部统计，至 2002 年年底全国累计检出的各类尘肺病人员中煤矿尘肺病占了近一半。针对这些突出问题，劳动保障部于 2004 年 6 月专门制定发布了《关于农民工参加工伤保险有关问题的通知》，要求各地将农民工参保作为当年工伤保险扩大覆盖面的重要工作。2004 年 12 月底，国务院办公厅印发《关于进一步做好改善农民进城就业环境工作的通知》，其中要求：“各地要认真贯彻落实《工伤保险条例》，将与用人单位形成劳动关系的农民工全部纳入工伤保险范围。用人单位必须为签订了劳动合同或形成事实劳动关系的农民工及时办理参加工伤保险的手续；发生工伤的，劳动保障行政部门要依法进行认定。未参加工伤保险的企业，农民工发生工伤的，企业必须按照《工伤保险条例》规定的标准支付工伤待遇。要重点推进农民工较多、工伤和职业病风险程度较高的建筑、矿山等行业参加工伤保险。劳动保障部门要制订适合农民工特点的待遇支付方式，方便农民工参保和享受待遇。建筑施工企业要按照《中华人民共和国建筑法》《建设工程安全生产管理条例》规定，为施工现场从事危险作业的农民工办理意外伤害保险，作为工伤保险的重要补充。”这个文件涉及农民工工伤保险问题有两点突破：一是明确无论用人单位是否与农民工签订了劳动合同，都要以“事实劳动关系”为依据办理参加工伤保险的手续；二是即使企业未参保，也要为受工伤的农民工按《条例》规定的标准支付工伤待遇。这在当时许多企业劳动关系不清晰、用人单位拒绝为农民工参保缴费的情况下，对维护农民工工伤保险合法权益起到了积极作用。

据国家统计局、农业部、劳动保障部等部门进行大规模专项调查后汇总估计，到“十五”计划期末，全国外出农民工（指到户籍所在乡镇地域以外从业的农民工）数量为 1.2 亿人左右。从 2005 年开始，劳动保障部也在工伤保险统计中专门列出各地农民工参保的指标。据当年统计，农民工参保仅 1 252 万人，在农民工总数中所占比例很小，表明这方面的工作力度确实亟须加大。

2006 年 1 月 18 日，国务院印发《关于解决农民工问题的若干意见》（以下简称《意见》），共 40 条，是个全面解决当时农民工权益保障问题的综合性文件，其中明确提出：“高度重视农民工社会保障工作。根据农民工最紧迫的社会保障需求，坚持分类指导、稳步推进，优先解决工伤保险和大病医疗保障问题，逐步解决养老保障问题。”并对依法将农民工纳入工伤保险范围作出专门规定：“各地要认真贯彻落实《工伤保险条例》。所有用人单位必须及时为农民工办理参加工伤保险手续，并按时足额缴纳工伤保险费。在农民工发生工伤后，要做好工伤认定、劳动能力鉴定和工伤待遇支付工作。未参加工伤保险的农民工发生工伤，由用人单位按照工伤保险规定的标准支付费用。当前，要加快推进农民工较为集中、工伤风险程度较高的建筑行业、煤炭等采掘行业参加工伤保险。建筑施工企业同时应为从事特定高风险作业的职工办理意外伤害保险。”

《意见》关于农民工社会保险的规定有些“不同以往”。《劳动法》对社会保险各个险种的排序是养老、医疗、工伤、失业、生育保险。但对农民工这个特殊群体而言，最大的职业伤害是工伤事故，这方面的保障是最急迫的。因此，不能按“惯例”排序，必须把参加工伤保险放在优先位置。文件确定的许多政策，以前在部门文件中提出过，现在从国务院的角度提出，更利于引起各级政府和各部门的重视，增强了行政效力。

实施两期“平安计划”，大力推进农民工参加工伤保险

按照《条例》规定和《意见》要求，劳动保障部组织实施了促进农民工参加工伤保险的专项行动，计划用三年左右时间，将矿山、建筑等高风险企业的农民工基本覆盖到工伤保险制度之内。这个专项行动定名为“平安计划”，含义是要保障亿万农民工的职业平安。

“平安计划”实行了一些针对性的政策措施：一是要求各级社保经办机构畅通为农民工办理工伤保险的渠道，有条件的地区要设立专门窗口办理农民工参保；二是用人单位注册地与生产经营地分离的，明确其可在生产经营地为农民工参保，以堵塞用人单位通过跨地区注册和生产经营来逃避参保责任的漏洞；三是农民工受事故伤害或者患职业病后，在参保地进行工伤认定、劳动能力鉴定，并按参保地规定依法享受工伤保险待遇，明确了属地责任；四是用人单位在注册地和生产经营地均未参保的，农民工受事故伤害或者患职业病后，在生产经营地进行工伤认定、劳动能力鉴定，并按生产经营地规定依法享受工伤保险待遇；五是对跨地区劳动就业的农民工，工伤后的长期待遇可实行一次性支付和长期支付两种方式，供工伤农民工选择，以满足农民工受伤后回家休养的经济补偿需求。

在组织实施“平安计划”的三年中，一年突出一个重点。

2006 年，以当时重特大工伤事故频发、社会各界高度关注的煤矿企业为重点开展了一次参保情况大检查，对国有重点煤矿企业逐户摸清情况，有针对性地制订参保计划并督促落实，推动 94 家国有重点煤矿当年全部参

保。在调查中发现，各地小煤矿企业多如牛毛，农民工流动性特别强，而且都是实行计件工资制，企业用工人数和工资总额都很难统计。针对这一情况，总结河北邯郸、黑龙江鸡西和湖南郴州等地采取以吨煤为单位计算提取工伤保险费的缴费办法，在全国推广，较好解决了工伤保险缴费基数核定难的问题。各地也以实施“平安计划”为契机，大力推进工伤保险扩大覆盖面。如浙江省政府针对本省外来农民工多的情况，制订专门计划，提出到 2008 年年底全省要达到 1 200 万人参加工伤保险，并下达了工伤保险扩面指标，纳入各级政府的工作目标考核体系。“平安计划”实施的头一年，全国农民工参加工伤保险总数达到 2 537 万人，比上年增长 1 倍。

2007 年，“平安计划”的目标定为到年底农民工参保人数达到 3 600 万人，重点是另一个农民工高度集中、工伤事故风险较大的行业——建筑业。为此，劳动保障部、建设部在 2006 年 12 月联合印发有关工作的通知，除一般政策和工作要求外，特别提出各地建设部门要将参加工伤保险作为核发建筑施工企业安全生产许可证的必备条件之一。在推进中，同样是针对建筑施工企业农民工流动性大、劳动关系复杂模糊、工资基数难以计算等特点，两部门总结推广了北京、厦门等地按项目参保、按工程造价提取工伤保险费等具体办法，进一步明确了建筑业农民工参保缴费政策。2007 年 9 月，劳动保障部和国务院国资委还联合印发了《关于进一步做好中央企业工伤保险工作有关问题的通知》，要求按属地原则做好中央企业参加所在统筹地区工伤保险工作，对跨地区、流动性大的中央企业可以采取相对集中的方式异地参保；为包括农民工在内的全部职工办理工伤保险手续，对以劳务派遣等形式使用的农民工也要采用有效办法保障其参加工伤保险的权益；建筑施工企业要实现施工项目使用的农民工全员参保；将《条例》实施前已确认的工伤伤残职工及工亡人员供养亲属同步纳入工伤保险管理。通过采取这些措施，当年全国农民工参加工伤保险总数达到 3 980 万人，超额完成了预定的年度目标，比上年增加 1 443 万人。

2008 年，“平安计划”确定以餐饮服务业等农民工集中的非公有制经济组织参保为重点，总结天津、广东广州、江苏泰州、内蒙古包头等地以营业面积核算计提工伤保险缴费的经验，在全国各地推广，为服务业农民工参保打开了局面。

在实施“平安计划”的三年中，有关部门利用每年五一劳动节前“全国安全生产宣传周”的平台和时间窗口，组织各地社保机构深入工厂、矿山、建筑工地，大量发放工伤保险宣传品，进行现场咨询，直接解答企业和农民工的问题，推动参保和职业安全工作，并自此形成了一个宣传品牌。

到2008年年底，全国参加工伤保险的农民工总数达到4 942万人，比“平安计划”实施前增加3 690万人，年均增长率为58%。同期，全国工伤保险参保人数增加5 309万人，农民工参保增量占全部增量的70%，成为推动工伤保险扩大覆盖面的主体。对“平安计划”实施情况的评估结果显示，这一时期，煤矿等高风险行业农民工参保的成绩尤为突出，包括国有重点煤矿和国有地方煤矿在内的国有煤矿企业农民工的参保率超过90%，小煤矿和非煤矿山农民工的参保率也超过了80%。[①]

2009年发生的“张海超事件”，使加强农民工职业伤害保障的必要性和紧迫性进一步凸显。

张海超事件

2009年8月，媒体报道，河南省新密市刘寨镇农民张海超怀疑自己在打工期间得了尘肺病，要求其打工的企业出具职业史证明书等资料，但遭拒绝，使其无法得到指定的职业病防治所的诊断，他只得到其他多家综合性医院检查求证。后经反复协调，虽在规定机构进行了诊断，却得出了“无尘肺”的结论。张海超无奈之下，在郑州一家医院“开胸验肺”（从胸部取出肺组织的细胞进行鉴定）。在卫生部专家督导下，郑州市职业病防治所推翻先前诊断，明确张海超为尘肺病。

这个被称为农民工“开胸验肺”的事件引起社会热议，有关方面作了妥善处理：在有资质的职业病防治机构组织专家会诊、明确诊断为“尘肺病Ⅲ期”后，负责工伤保险的行政部门认定其为工伤；当地政府免除他一

① 历年农民工参加工伤保险数据来源于劳动保障部、人力资源社会保障部统计资料。

切治疗费用，并提供了救助资金；同时对相关企业检测异常职工进行复查，对类似企业从事接触粉尘危害作业的劳动者进行全面健康检查；省卫生行政部门对有关单位和人员追究了责任；河南省在全省范围内开展了职业卫生安全大检查，卫生部将这一事件通报全国，国家安监总局会同卫生部、人力资源社会保障部和全国总工会开展为期一年的粉尘危害治理专项行动。

“张海超事件”暴露出我国原有职业病防治和保障体制不顺的漏洞，有关方面以此为鉴，按照职业病“防、治、保”三个环节分别由一个部门为主负责的原则，重新明确了职责分工：卫生部门主要负责职业病预防和诊断治疗以及监管职业病诊断医疗卫生机构；安监部门主要负责监督检查用人单位执行职业卫生监管法规、规章和相关标准的情况，查处职业危害事故和违法违规行为；人社部门主要负责监管用人单位劳动合同实施情况，做好职业病人员的社会保障工作。

在实施“平安计划”的基础上，人力资源社会保障部在 2009 年至 2010 年又组织了第二期“平安计划”，实施范围由矿山、建筑等高风险企业扩大到服务业，重点是全面推进商贸、餐饮、住宿、文体、娱乐等各类服务业企业及有雇工的个体工商户参保，目标是基本实现有相对稳定劳动关系的农民工全部参保。同时，配合国家应对国际金融危机的一揽子方案，推进国家新增大型建设项目所用农民工参加工伤保险。到 2010 年年底第二期“平安计划”结束时，全国农民工参加工伤保险人数达到 6 329 万人，两年新增加了 1 387 万人。“张海超事件”也使工伤保险对职业病患者的保障更加重视。到 2012 年，全国参加工伤保险的职工中，住院医疗从工伤保险基金支付的费用 10. 47 亿元，占同口径住院医疗费用总支出的 10%，次均住院费 7 195 元，平均住院天数 31 天；同年还有 71. 83 万人次因患职业病在门（急）诊就医，占同口径门（急）诊就医的 18%，基金支出费用 2. 84 亿元，次均费用 396 元。

修订《工伤保险条例》

《社会保险法》颁布后，在行政方面采取的第一个重大措施是修订《工伤保险条例》。

《工伤保险条例》自2004年1月1日起施行，到《社会保险法》颁布前的2010年9月，全国参保职工达到1.59亿人，基金累计收入1 089亿元，累计支出649亿元，累计结存440亿元；累计认定工伤420万人，享受工伤医疗待遇1 080万人次，享受伤残津贴和工亡抚恤待遇434万人。《工伤保险条例》实施7年，对维护工伤职工合法权益、分散用人单位的工伤风险、规范和推进工伤保险工作发挥了积极作用。但随着经济社会发展，工伤保险制度面临一些新情况、新问题，主要是《社会保险法》对工伤保险作了专章规定，在吸收《工伤保险条例》中的一些基本规范和主要政策标准的同时，也新增了一些条款，行政法规需要依照法律作出相应修订；同时，实践中发现存在着工伤认定程序较复杂、耗时较长，待遇偏低，对工伤职工权益保障力度偏弱，对用人单位参加保险强制力度不够等不足，也需要完善有关规定。

2010年12月20日，修订后的《工伤保险条例》公布（国务院第586号令，以下简称新《条例》），于2011年1月1日起施行。有关部门随后制定了多项配套规章和政策：最高人民法院出台了新《条例》的司法解释；人力资源社会保障部按新《条例》修订了《工伤认定办法》和《非法用工单位伤亡人员一次性赔偿办法》，制定了《部分行业企业工伤保险费缴纳办法》和《社会保险基金先行支付暂行办法》；修订了《劳动能力鉴定　职工工伤与职业病致残等级》国家标准；印发了《关于执行工伤保险条例若干问题的意见》；人力资源社会保障部、国家卫生计生委联合制定了《工伤职工劳动能力鉴定管理办法》。新《条例》及相关配套规章比原行政法规和政策有许多新的发展和规范。

扩展制度适用范围。一是把事业单位、社会团体以及各类民办非企业单位的工伤保险办法，从原《条例》在附则中规定“参照本条例另行规定”，改为直接在总则中作出规定，与各类企业、有雇工的个体工商户一样列入适用范围。二是依据新经济组织、新社会组织的发展情况，在适用范围上增加了“基金会、律师事务所、会计师事务所等组织”。进一步扩大了工伤保险制度覆盖的社会经济组织和职业人群，有利于发挥工伤保险社会统筹、大数法则的优势，更好保障各类职业劳动者的工伤保险权益。据此，人力资源社会保障部、财政部联合印发《关于进一步做好事业单位等参加工伤保险工作有关问题的通知》，确定事业单位、社会团体、民办非企业单位、基金会、律师事务所、会计师事务所等组织按照属地管理原则参加工伤保险，其费率均暂按一类风险行业执行；其工作人员遭受工伤事故或者患职业病的，其工伤范围、工伤认定、劳动能力鉴定、待遇标准等按照新《条例》规定执行。

调整扩大工伤认定范围。主要是进一步明确了上下班途中工伤的认定范围。将原来限定为机动车交通事故伤害扩大到了交通事故，使因非机动车（主要是电动自行车）通勤事故导致伤害的职工也能得到补偿；还扩大到城市轨道交通、客运轮渡和火车的事故伤害，以适应随城市建设和交通发展职工乘坐多种交通工具远距离上下班的情况；对上下班途中交通事故伤害的工伤认定情形，增加了“非本人主要责任”的限定，而对应由本人承担主要责任的交通事故（如无证驾驶、酒后驾车等）造成本人伤亡的，不纳入工伤认定的范围，以提示职工注意上下班途中的自身安全和维护他人安全利益。

简化工伤认定、鉴定和争议处理程序。原《条例》规定工伤认定自申请至作出决定的时限为 60 天。实践中，当事人反映时间过长，特别是农民工往往等不到工伤认定结果就不得不转到其他地方就业，因而得不到应有补偿。新《条例》设置了工伤认定的简易处理程序，对于事实清楚、双方无争议的工伤认定申请须在 15 天内作出决定；对劳动能力再次鉴定和复查鉴定也明确规定了时限。同时取消了工伤认定争议处理中行政复议前置（即先行政复议后行政诉讼）的强制程序，规定有关单位和个人如果对工伤认定、待遇等有异议，既可以选择行政复议，也可以直接到人民法院起诉。这有效地缩短了工伤认定、劳动能力鉴定和争议处理的时间，使工伤职工特别是农民工及时获得救济补偿。针对现实中有用人单位恶意运用相关程序、拖延时间、逃避补偿的现象，新《条例》还规定，“作出工伤认定决定需要以司法机关或者有关行政主管部门的结论为依据的，在司法机关或者有关行政主管部门尚未作出结论期间，作出工伤认定决定的时限中止”，最大限度地保护工伤职工的权益。

统一并大幅度提高工伤待遇标准。原《条例》规定的因工死亡补助金标准为“48个月至60个月的统筹地区上年度职工月平均工资”。由于各地工资水平差距明显，规定标准的弹性也较大，各地职工因工死亡的实际补偿标准差别很大，引发了一些矛盾。新《条例》修改为：“一次性工亡补助金的标准为上一年度全国城镇居民人均可支配收入的20倍。”统一了全国标准，真正实现了因工死亡“同命同价”，而且补偿水平比原标准大幅提高，是《工伤保险条例》修订的最大亮点之一。按照2010年的统计数据，2011年的工亡补偿标准为38万元，比原规定最高60个月的平均工资增加近20万元。从2012年起，人力资源社会保障部统一公布上年度全国城镇居民人均可支配收入的统计数据，作为各地计算当年工亡补助金标准的基数。与此相衔接，新《条例》还调整提高了一次性伤残补助金标准，按照伤残等级分别增加1~3个月职工本人工资。这些调整，更好地保障了工伤职工及其供养亲属的基本生活。

增加工伤保险基金支出项目。主要是两项：一是将原由用人单位支付的部分费用转由工伤保险基金支出，包括职工住院治疗工伤的伙食补助费，工伤职工经同意到统筹地区以外就医所需的交通、食宿费用，五级至十级伤残职工终止或解除劳动、聘用合同的一次性工伤医疗补助金等，在更好地落实工伤职工待遇的同时，也减轻了用人单位的费用负担；二是增加了工伤预防的宣传、培训等费用支出的内容。新《条例》授权国务院社会保险行政部门会同国务院财政、卫生行政、安全生产监督管理等有关部门规定工伤预防费用的提取、使用和管理的具体办法。这弥补了原《条例》的不足，为我国借鉴国际先进经验，建立工伤预防、补偿、康复“三位一体”的体系展示了新前景。

对违规用人单位实施行政处罚。原《条例》对用人单位应当参加工伤保险而未参加的，只规定由行政部门责令改正，并由其按规定的待遇项目和标准支付工伤职工的补偿费用，处罚力度较弱。新《条例》增加规定，由行政部门“责令限期参加，补缴应当缴纳的工伤保险费，并自欠缴之日起，按日加收万分之五的滞纳金；逾期仍不缴纳的，处欠缴数额1倍以上3倍以下的罚款”；同时对于用人单位拒不协助社会保险行政部门对事故进行调查核实的，还规定由行政部门“责令改正，处 2 000 元以上 2 万元以下的罚款”。这些规定，进一步明确了用人单位参加工伤保险的责任和义务，增加了法规的可操作性，形成了制约、威慑的机制，对用人单位参加工伤保险起到了引导作用。

《社会保险法》的颁布、《工伤保险条例》的修订以及相关配套规章、标准的制定修订，推动我国工伤保险制度走向更加完善。

集中解决“老工伤”问题

2004 年实施《工伤保险条例》后，到 2010 年年底，参保职工达 1.6 亿人，7 年中累计有 683 万人享受了工伤保险待遇。但也留下了一个问题，就是在《工伤保险条例》实施前没有参加工伤保险的企业工伤职工，当时规定仍由企业负责保障其待遇而不纳入工伤保险统筹，被称为老工伤人员。实践中发现，一些老工伤人员集中的国有企业负担沉重，有些甚至待遇不落实，使这些人的基本生活得不到有效保障；而且，不同企业之间老工伤人员待遇标准差别较大，也引发了攀比。这个矛盾，在新修订的《工伤保险条例》中也无法得到处理，需要采取专门政策措施。人力资源社会保障部曾在 2009 年就做好老工伤人员纳入工伤保险统筹管理工作作出过部署，各地采取工伤保险基金、用人单位和政府财政“三家抬”的方式，陆续将 112 万名老工伤人员纳入工伤保险统筹管理，但由于各地情况千差万别，财力支撑能力参差不齐，大部分老工伤人员的问题尚未解决，仅在国有企业范围就涉及 130 万人，加上集体企业、其他企业，总数达 300 多万人。

这又是一个历史遗留的突出矛盾。2011 年 1 月，国务院决定将企业老工伤人员全部纳入工伤保险统筹管理。这一决定与之前采取措施的不同之处有三点：一是从地方分散解决变为全国统一集中解决，二是从仅限于国有企业扩大到各类企业，三是中央财政给予有关地区资金补助。就此，人力资源社会保障部、财政部、国务院国资委、监察部联合印发《关于做好国有企业老工伤人员等纳入工伤保险统筹管理有关工作的通知》，明确了解决“老工伤”问题的相关政策。

纳入统筹。2011 年 4 月底前将国有企业有伤残等级的老工伤人员和工亡职工供养亲属全部纳入工伤保险统筹管理，2011 年年底前基本实现各类企业老工伤人员全部纳入工伤保险统筹管理；但对原已按规定通过一次性支付补偿金等办法终结工伤待遇关系的各类企业工伤人员，不再作为老工伤人员纳入统筹管理。

筹资渠道。各地通过统筹基金调剂、企业趸缴部分费用、政府补助等多渠道筹集所需资金，具体办法由统筹地区政府根据统筹基金收支、结余及老工伤人员待遇支出等情况确定。

财政支持。省级财政对解决“老工伤”问题工作任务重、负担有困难的统筹地区给予适当支持；中央财政按照“奖补结合”原则给予一次性补助，并对工作任务重、财力困难的地区适当倾斜。

相关待遇。老工伤人员纳入统筹管理后，由工伤保险基金按规定支付其新发生的工伤保险待遇；已经享受职工养老保险待遇的退休老工伤人员继续按原渠道领取基本养老金，以后的工伤医疗费等其他工伤保险待遇纳入工伤保险基金统筹管理。

基础工作。今后企业参加工伤保险，要一并解决参保前工伤人员纳入工伤保险统筹问题，避免再出现新的老工伤人员。

政策发布后，四部门联合召开全国会议，部署解决老工伤问题的实施工作，并与各省级政府签订了《国有企业老工伤人员等纳入工伤保险统筹管理工作目标协议书》，财政部及时下拨了中央财政专项补助资金，四部门还组织了对重点省区的联合督导检查。到 2011 年年底，国有企业一级至十级伤残的老工伤人员及工亡职工亲属共 130 万人全部纳入工伤保险统筹管理，各地还多渠道筹资，统筹解决了 100 多万名其他企业老工伤人员的问题，总计 312 万人，一举全面解决历史遗留的老工伤人员的突出矛盾。

* * *

2003 年制定颁布《工伤保险条例》，标志着我国工伤保险制度发展进入了新阶段。此后 10 年，组织实施了两期“平安计划”，采取优先、灵活的政策推动进城务工的农民工参保。2010 年又依据《社会保险法》和实践发展修订《工伤保险条例》，进一步扩大制度覆盖范围，完善规则，统一和提高待遇标准。集中解决了数百万老工伤人员的历史遗留问题，还探索建立了工伤预防—补偿—康复“三位一体”的制度体系。这些举措推动我国工伤保险制度逐步健全，保障效能明显增强。2012 年相比 2002 年，参保人数增长 3.3 倍，基金收入增长 15.5 倍，基金支出增长 19.3 倍，10 年累计有 1 037 万人享受待遇，还结存基金近 800 多亿元，对保障广大职工群众的工伤保险权益、分散用人单位的工伤事故风险发挥了重要作用（见表 21-2）。

表 21-2 2003—2012 年工伤保险制度发展一览表

单位：万人，亿元

年度	参保人数	享受人数	基金收入	基金支出	基金结存
2003	4 575	33	38	27	91
2004	6 845	52	58	33	119
2005	8 478	65	93	48	164
2006	10 268	78	122	69	213
2007	12 173	96	166	88	288
2008	13 787	118	217	127	385
2009	14 896	130	240	156	469
2010	16 161	147	285	192	561
2011	17 696	163	466	286	743
2012	19 010	191	527	406	862

数据来源：历年《中国劳动和社会保障年鉴》《中国人力资源和社会保障年鉴》。

第三节 制定实施军人保险法

2012 年 4 月 27 日，第十一届全国人民代表大会常务委员会第二十六次会议审议通过《中华人民共和国军人保险法》（以下简称《军人保险法》），以第 56 号国家主席令予以公布，自 2012 年 7 月 1 日起施行。这是我国专门就军人的社会保险问题颁布的首部国家法律，也与 2011 年 7 月 1 日起施行的《社会保险法》高度契合。《军人保险法》共 9 章 51 条，规定了军队主管机关与国务院有关部门及社保经办机构在军人保险管理方面的各自职责及相互配合要求，主要有四项保险制度。

军人伤亡保险。对因战、因公死亡的军人给付军人死亡保险金；对因战、因公、因病致残的军人给付军人残疾保险金；所需资金由国家承担，个人不缴纳保险费。

退役养老保险。军人退出现役参加基本养老保险的，国家给予退役养老保险补助；由军地双方有关机构办理转移接续手续；其入伍前与退役后的缴费年限合并计算。

退役医疗保险。军官、文职干部和士官参加军人退役医疗保险并缴纳军人退役医疗保险费，国家按个人缴费同等数额给予补助；义务兵和供给制学员个人不缴费，国家按规定标准补助；军人退出现役后参加职工基本医疗保险的，由军地双方有关机构办理转移接续手续；其服现役年限视同缴费年限，与入伍前和退役后的缴费年限合并计算。

随军未就业的军人配偶保险。包括养老保险和医疗保险，个人按规定缴费，国家给予相应的补助；军人配偶实现就业或军人退出现役时，由军地双方有关机构办理转移接续手续；其随军未就业期间的养老保险、医疗保险缴费年限与其在地方参加职工同类保险的缴费年限合并计算。

以上四项资金合成军人保险基金，专户存储，按险种分别建账，分账核算。

此外还规定，军人退出现役后参加失业保险的，其服现役年限视同缴费年限，与入伍前和退役后参加失业保险的缴费年限合并计算。

1998 年 8 月，曾在原有《军人伤亡保险暂行规定》基础上，制定施行了《军人伤亡保险规定》，2010 年又实行了军队统一购买人身意外伤害保险的制度；2011 年《社会保险法》实施后，制定《军人保险法》，取代了原有规定。从纵向对比和横向联系中可以看到，《军人保险法》有几个突出特点。

一是扩大保障范围。《军人保险法》突破以前只限于伤亡保障，扩展到养老、医疗保险，甚至规定服现役年限视同失业保险缴费年限，除了生育保险外，与《社会保险法》规定地方执行的五大社会保险险种几乎一一对应。

二是突显军队特色。最突出的特色，一个是军人服现役时个人不缴养老保险费，而在退役时由国家给付养老补助；但医疗保险费则在服现役时就要有个人缴费；另一个是对随军未就业配偶作出有关社会保险的规定，解决了军队国防建设中一个长期困扰的矛盾。

三是规范军地衔接。世纪之交，地方社会保险制度尚不健全，因而难言军地衔接，有关保障政策只能由军队自成体系。《社会保险法》实施后，从职工到城乡居民，社会保险制度快速普及，《军人保险法》在工伤、养老、医疗、失业等方面都明确了退役军人与地方制度衔接的社会保险权益和办理程序。

按照《社会保险法》《军人保险法》的规定，主管地方社会保险的人力资源社会保障部与军队相关部门合作，共同开发了中央级军人保险关系转移系统，并于 2014 年年底开通，将军队所有团级以上单位和地方 3 000 多个社保经办机构的有关退役军人保险关系转移接续的信息，在统一平台上汇集交换，及时接转关系和转移资金，大大提高了运行效率，维护了退役军人的社会保险权益，也创造了破除分散格局、提高社会保险信息化集中度的新经验。2019 年 4 月，中共中央办公厅、国务院办公厅又印发《关于解决部分退役士兵社会保险问题的意见》，通过允许参保和补缴，重点解决部分退役士兵由于未能及时参加基本养老保险、基本医疗保险或参保后因企业经营困难、下岗失业等原因缴费中断，享受养老、医疗保险面临困难的问题。

第四节 依法实施社会保险基金监督管理

不断强化社会保险基金监管

社会保障基金是各项社会保障制度运行的物质基础，是亿万群众的养命钱、保命钱，必须实施最严格的监督管理，不容有半点疏漏。从新中国社会保障制度建立的第一天起，就把社会保险基金的监管作为保证制度运行不可或缺的重要方面。1951 年颁布的《劳动保险条例》专章规定了“劳动保险事业的执行与监督”。1994 年党的十四届三中全会《决定》在有关社会保障的论述中，要求“建立由政府有关部门和社会公众代表参加的社会保险基金监督组织，监督社会保险基金的收支和管理”。同年施行的《劳动法》明确规定：“社会保险基金监督机构依照法律规定，对社会保险基金的收支、管理和运营实施监督。”“任何组织和个人不得挪用社会保险基金。”1998 年国务院机构改革，新组建的劳动保障部专门内设了社会保险基金监督司，负责各项社会保险基金的监督，陆续建立了相关制度，加大监督查处力度，纠正了一批违规动用社会保险基金的行为，财政、审计部门也多次组织社会保险基金专项检查。但树欲静而风不止，面对利益诱惑，仍有一些人铤而走险，违规使用社会保险资金的现象时有发生。21 世纪初发生的一件震惊全国、影响深远的事件就是“上海社保案”。

上海社保案

2006 年开展社会保险基金检查中发现，在时任上海市委主要负责人的支持下，自 2002 年第四季度起，上海市劳动保障局个别负责人以“保值增值”的名义，先后 7 次擅自挪用企业年金基金 34.5 亿元贷款给企业。案件发生后，中央高度重视，直接组织查处，20 多名干部和相关人员被立案审查，涉案责任人受到党纪、政纪、司法惩处。虽然后来违规资金被回收，没有造成直接重大损失，但此案违规金额之大、涉案公职人员级别之高，造成了十分恶劣的社会影响。

痛定思痛。党中央、国务院要求各级党委、政府把加强社会保险基金监管当作重大职责，强调严肃财经纪律，完善相关政策法规，健全决策、运营、监督相互制衡的管理体制，规范有序运行机制、内部制约机制和外部监督机制有机结合的监控体系，切实加强对社会公共资金的管理和监督，有效防控风险，确保社会保险基金安全。国务院有关部门针对“上海社保案”等案件暴露出的社会保险基金监管漏洞，马上采取了三项措施：一是要求各地区进一步严格管理各项社会保险基金，明令严禁擅自违规投资，并加大基金监督检查工作力度；二是决定将企业年金基金由政府机构直接管理转为规范化市场运营，政府负责制定规则、市场准入和加强运行监督，不得插手企业年金投资；三是建立社会保险基金违规违纪要情报告制度，凡是涉及挤占挪用、欺诈冒领社会保险基金的情况（包括行政部门或审计检查发现的、媒体披露的、受理群众举报的以及监察机关或司法机关立案审理的）都要及时向上级主管部门报告，重大案情要报告中央主管部门，对隐瞒不报的要追究责任。这些举措带有亡羊补牢的性质，在一定程度上起到了明法度、立规矩的作用。

2008年，按照国务院机构改革方案组建的人力资源社会保障部，在社会保险基金管理监督方面的职能进一步扩大，除了城镇职工五项基本社会保险和企业年金外，还包括城居医保以及以后开展的新农保和城居保、机关事业单位养老保险及职业年金，并会同财政部代表国务院监管全国社会保障基金。人力资源社会保障部与财政、监察、民政、卫生、审计等部门进一步完善各项社会保障基金监督管理制度。

加强制度建设。有关部门制定实施了一系列部门规章和规范性文件，包括基金监督检查证管理规程、企业年金基金管理办法、社会保险工作人员纪律规定等，开展了社会保险基金社会监督的试点。基金要情报告制度得到贯彻，5年中收到各地要情报告107件，涉及违规资金近4亿元，并及时查实纠正。各地区也出台了一批制度办法，使社会保险基金监督工作的制度化、规范化水平有了提高。

基金监督检查常态化。2008年7月，人力资源社会保障部等10部门联合在全国范围内对城镇五项基本社会保险基金和全国社会保障基金进行专项治理，全面检查各项基金的征缴、支付、管理和运营情况，重点是强化基金征缴，防止欺诈骗保，规范内部管理，严禁挤占挪用，安全投资运营，清理和查出了一批侵占、挪用社会保险基金的违法问题，纠正回收违法违规基金14亿元，追缴社会保险欠费49亿元。此后3年，又分年对医疗保险、失业保险和工伤保险基金进行专项检查，2012年还对社会保险基金进行了全面审计，及时纠正违规问题，弥补制度漏洞，避免和挽回了一批基金损失。

提升监督手段。随着信息化技术的普及，社会保险基金监督检查在加强现场监督的基础上，实施了网络监督。2010 年开始试行社会保险基金监管软件全国联网应用。当年就向各地下发重复参保缴费或重复领取、冒领养老金等 22.7 万条疑点信息，责成地方查证。到 2012 年，网络监督成为普遍形式，提升了监督效率，特别是在参保人员跨地区流动中有效避免了因各地信息不对接而导致的基金流失。

规范企业年金基金管理监督。2004 年，有关部门颁布企业年金基金管理的规定，并按各自职责对相关法人的业务活动进行全过程监管。“上海社保案”发生后，原来由社保经办机构或行业自行管理的企业年金一律移交给具备资格的市场机构运营，同时建立了信息披露制度和行业自律机制。

通过采取这些措施并不断加强社会保险基金监督队伍的专业化建设，社会保险基金安全状况得到改善：在 1998 年开展社会保险基金检查中，查出违规资金率高达 20%；在 2008 年的专项治理中，六类社会保险基金查出违规资金率为 0.4%；而 2012 年进行的社会保险基金全面审计，违规资金率进一步下降到 0.16%。

实行规范的社会保险基金预算制度

2006 年颁布的《劳动和社会保障事业发展“十一五”规划纲要》就提出，要“建立健全社会保险基金预决算制度”。这是一个新课题。因为对于公共财政来说，预算是一项成熟的制度安排，但用在社会保险基金领域，还需要解决一些特殊问题。例如，公共财政预算全部是政府资金，而社会保险基金构成比较复杂，除了少量财政预算资金补助外，多数来源于单位和个人缴费；又如，公共财政预算是按照一级政府一级预算来构建体系的，而社会保险的发展方向是提高基金统筹层次，基层政府（如乡镇）不必要也没权力编制社会保险基金预算。这些特性，决定了社会保险基金预算不可能完全照搬公共财政预算的模式，需要探索符合自身特点和社会保障制度发展方向的预算形式。

2009 年，国务院明确了我国复式预算体系的方向，即由政府公共预算、国有资本经营预算、政府性基金预算和社会保障预算构成并有机衔接，同时决定从 2010 年起试行社会保险预算制度，2010 年 1 月印发了《关于试行社会保险基金预算的意见》。

编制范围。按照统筹层次按险种分别编制，2010 年预算范围包括企业职工基本养老保险、失业保险、职工基本医疗保险、工伤保险、生育保险五项基金。确定这个范围，一是因为社会保险基金预算是社会保障预算的核心和重要组成部分，在全面实行社会保障预算的条件还不成熟的情况下，先试行建立社会保险基金预算，可以为以后建立更大范围预算奠定基础；二是本着先易后难的原则，先将制度较为成熟的职工五项社会保险纳入预算编制范围，而新农合、城居医保、新农保等尚处于制度试点和探索完善阶段的制度，待条件成熟时再陆续纳入；三是鉴于各项社会保险基金要求专款专用、分账核算，所以须按险种分别编制预算。

预算内容。收入预算包括各项社会保险费收入、利息收入、财政补贴收入、转移收入、上级补助收入、下级上解收入、其他收入等；支出预算包括各项社会保险基金待遇性支出、转移支出、补助下级支出、上解上级支出、其他支出等。

编制方法。收入预算的编制应综合考虑统筹地区上年度社会保险基金预算执行情况、本年度经济社会发展水平预测以及社会保险工作计划等因素，包括社会保险参保人数、缴费人数、缴费工资基数等。支出预算的编制应综合考虑统筹地区本年度享受社会保险待遇人数变动、社会经济发展状况、社会保险政策调整情况及社会保险待遇标准变动等因素。社会保险待遇支出预算应根据上年度享受社会保险待遇对象存量及人均享受社会保险待遇水平等因素确定，同时考虑本年度变动情况；非待遇性支出预算要严格执行社会保险政策和管理制度规定。社会保险基金专款专用，不能用于平衡公共财政预算，公共财政预算根据需要可补助社会保险基金。

预算编制和审批。统筹地区社会保险基金预算草案由社保经办机构编制，经本级人社部门审核汇总，财政部门审核后，由财政和人社部门联合报本级政府审批，而后报上一级财政和人社部门。全国的基金预算草案由人力资源社会保障部汇总编制，财政部审核后，由财政部和人力资源社会保障部联合向国务院报告。

预算执行和调整。社会保险基金预算草案经统筹地区政府批准后，由财政和人社部门批复，社保经办机构具体执行，并定期向本级人社和财政部门报告。

基金决算。年度终了，统筹地区社保经办机构按有关规定编制年度社会保险基金决算草案，经人社部门审核汇总，财政部门审核后，由财政和人社部门联合报本级政府审批，而后报上一级财政和人社部门。省级财政和人社部门将本省的基金决算草案报本级政府后，报财政部和人力资源社会保障部。全国的基金决算草案由人力资源社会保障部汇总编制，财政部审核后，由财政部和人力资源社会保障部联合向国务院报告。

这个文件的发布，标志着我国正式建立起社会保险基金的预算制度。经过一年试行，2011 年社会保险基金预算编制范围从五项扩大到七项，将人社部门管理的新农保和城居医保基金纳入预算管理。2012 年进一步扩大为九项，把新农合和城居保基金纳入预算管理，卫生部门也参与到预算编制工作中。经过三年试编，社会保险基金预算范围覆盖了社会保险法规范的所有社会保险基金，还纳入了新农合基金，形成了比较完整的社会保险基金预算框架；经过实践检验，部门间协调、层级间报审批复的预算编制程序逐渐顺畅，编报效率不断提高；各地区、各部门对社会保险基金预算管理的意识也不断提升，预算执行的约束力有所增强。此时具备了正式向全国人大报告社会保险基金预算的条件。

在 2013 年 3 月召开的第十二届全国人民代表大会第一次会议上，财政部除了按常规报告 2012 年财政预算执行情况和 2013 年财政预算安排外，专门报告了全国社会保险基金的预算安排："汇总中央和地方预算，全国社会保险基金收入 32 828.78 亿元，比 2012 年预计执行数增长 9.9%，其中保险费收入 24 663.72 亿元、财政补贴收入 7 180.31 亿元。全国社会保险基金支出 27 913.31 亿元，比 2012 年预计执行数增长 16.8%。本年收支结余 4 915.47 亿元，年末滚存结余 40 943.1 亿元。"这是首次将社会保险基金预算列入政府预算报告并提交全国人大审议，被当作本次全国人大会议的一个重大新闻，引起社会关注。这次全国人大会议审议通过了 2013 年预算草案，标志着经过三年试编，社会保险基金预算进入正式编制阶段；更重大的意义是，涉及亿万群众切身利益的社会保险基金预算纳入了国家最高权力机构的审议程序，接受全国人民的审视和监督，体现了我国民主与法制建设的进步。当然，第一年正式编报并提交全国人大审议的社会保险基金预算，还比较简略，也没有采用单独报告的方式，需要随着实践发展不断充实、丰富，并在预算执行方面得到更加切实有效的监督。

依规监管全国社会保障基金

全国社会保障基金自建立之初，国务院就授权财政部、劳动保障部（人力资源社会保障部）施行监管。《社会保险法》规定："国务院财政部门、社会保险行政部门、审计机关对全国社会保障基金的收支、管理和投资运营情况实施监督。"有关部门定期审核基金财务报告，就重大投资问题进行协商研究，中央财政多次通过直接拨款、划入减持国有股份、彩票收入等方式充实基金。社会保障基金会也始终秉持审慎稳妥的多元投资理念安排投资品类，防控风险。特别是在 2008 年国际金融危机冲击中，面对当期基金收益急剧下降的情况，及时调整投资策略，使收益率较快回升和保持稳定。到 2012 年，基金资产总额达到 1. 1 万亿元，其中权益资产近 9 000 亿元，基金自成立以来的累计投资收益额 3 700 多亿元。在确保基金安全的同时，取得了可观的投资收益，为应对老龄化挑战做了更多的战略储备。

第五节　依法规范社会保险经办管理服务

《社会保险法》在总则及社会保险费征缴、社会保险经办两个专章中规定了社会保险经办机构的职责，包括：社会保险登记；受理社会保险缴费申报；统一征收各项社会保险费（一些地区委托税务机关代征），对未按时足额缴费的用人单位责令补缴及申请有关部门采取强制措施；按时足额支付社会保险待遇；建立档案，完整准确记录相关数据和个人权益，提供免费咨询、查询服务；建立全国统一的社会保险信息系统和个人社会保障号码；建立健全业务、财务、安全和风险管理制度等。各级各类社保经办机构认真履行法定职责，并随着实践发展增加了更多职责，如办理养老保险关系跨地区转移接续、编制各项社会保险基金预算草案并执行、与医药等机构签订定点服务协议并监督履行、指导基层公共服务平台的社会保险服务等。

这一时期社会保险经办管理服务的发展特征是“一网三化”。

社保服务网实现地域、险种全覆盖并向基层延伸。到2012年年底，全国各级各类社会保险经办机构有8 400多个，工作人员17万多人，分别比2007年增加1 000个和4万人。主要因素是随着各项社会保险的发展，特别是城居医保、新农保、城居保制度的建立，业务扩展，经办管理服务工作量剧增，同时也存在机构分险种设立、重叠交叉的问题。按照《社会保险法》关于社保经办机构根据工作需要，“可以在本统筹地区设立分支机构和服务网点”的规定，各地在街道（乡镇）、社区普遍设立了劳动保障管理工作平台，2010年达到19万个，形成了更方便快捷的服务网络，把社会保险服务延伸到老百姓的家门口。“十一五”“十二五”期间，国家安排基层劳动就业和社会保障服务设施建设项目，共向中西部地区和部分革命老区投入专项建设资金125亿元（其中中央预算内投资45亿元），总计支持了1 396个县及其所辖的5 281个乡镇的就业社保基础服务平台建设。

经办管理服务走向规范化。先后制定基本养老保险、基本医疗保险、工伤保险、新农保、养老保险转移接续等业务经办规程，以及《社会保险数据管理办法》《统计台账指标体系》《社会保险稽核办法》等规则，提高工作质量和效率。落实社会保险基金内控机制，实行交叉检查评估，防范风险；试行社会保险档案管理规定，确保历史资料完整，维护当事人长期权益。建立社会保险信息披露制度，2007年首度向社会公布当年全国社会保险数据，2013年又公布了2003—2012年全国企业职工基本养老保险10年情况，提高工作透明度，接受社会监督。还规范了街道（乡镇）和社区社会保险工作流程，指导基层平台开展社会保险管理服务。

开启标准化建设之门。2009年7月，经国家标准化管理委员会批准，全国社会保险标准化技术委员会（以下简称社保标委会）成立。2010年，社保标委会制定了包含34项国家标准和行业标准的规划。至2012年，《社会保险服务　总则》《社会保障服务中心设施设备要求》《企业年金基金数据交换规范》（国家标准）和《社会保险药品分类与代码》（行业标准）获批准公布，同时制定出《劳动能力鉴定　职工工伤与职业病致残等级》《社会保险管理信息系统指标集与代码》（国家标准）和《社会保险视觉识别系统》（行业标准）。陕西、上海、吉林等省市社保机构被纳入国家服务业标准化的试点。一些地区也拟定了制定社会保险管理地方标准的规划。这一进程，标志着我国社会保险管理步入标准化建设的阶段。

信息化建设大踏步前进。2004 年，国家安排专项资金建设“电子政务社会保障工程社会保险信息系统分工程（金保工程）”项目，内容包括部省联网工程、重点软件开发、电子政务、社会保障卡建设等。到 2012 年，实际投资 78.6 亿元，项目一期建设完成。全国 32 个省级单位实现了与人力资源社会保障部中央数据中心的网络连接，城域网已经连接到 92.5%的社保经办机构，覆盖全国的社会保障信息网络架构粗具规模，统一应用软件已在绝大部分统筹地区推广应用，有效支持了网上业务经办、信息实时交换和异地协同办理；300 多个地市开通全国统一的劳动保障公益服务专用号码“12333”，一年就提供了 7 000 多万人次的电话咨询服务。在各地发行社会保障卡（磁条）的基础上，2011 年又推出全国统一、加载金融功能的社会保障卡（芯片），全面支持凭卡识别身份、社会保险缴费、领取待遇和其他金融支付功能。到 2012 年年底，全国持卡人数达 3.41 亿人，比两年前猛增 2.5 倍。信息化水平的迅速提高，为提升社会保险管理服务的水平和效率提供了强大技术支撑。

第二十二章
同样深刻的历史足迹

这10年间，我国社会保障体系建设成绩斐然，除了前几章记述的史实外，在更广泛的领域还有多项重大建树。

第一节　建立农村最低生活保障制度

1999年，作为“三条保障线”的重要制度之一，开始在城市居民范围内实行最低生活保障。进入21世纪后，全国城市低保对象逐渐稳定在2 200万人左右，但各级政府对低保的财政投入不断加大，使低保水平稳步提高。2007年下半年，针对猪肉等主要食品价格上涨较快的情况，为妥善安排困难群体生活，在8月、10月、11月三次发放了城镇低保对象临时补贴。政府有关部门在确认低保对象、把握保障标准、日常管理服务、开展民主监督等方面也越来越规范。这一制度的建立，不仅使“三条保障线”相互衔接，保障体制转轨时期城市困难群体的基本生活，维护了社会稳定，而且为在更大范围内建立最低生活保障制度积累了实践经验。到2012年，城市低保平均标准达到330元，实际补差239元，均比2002年成倍增长。

城市低保制度渐趋成熟，要不要在农村建立低保制度以及如何建立这个制度的问题也随之浮现出来。2002 年党的十六大首次提出有条件的地方探索建立农村最低生活保障制度的任务。实际上，上海等部分发达地区在 20 世纪 90 年代就进行了建立农村低保制度的探索，到 2002 年年底全国已有 404 万人纳入农村低保范围，全年地方财政和村集体共支出 13.6 亿元。此时有关部门建议，为加快解决农村特困人口的温饱问题，进一步扩大农村低保试点，为积极推进做准备。但国务院研判后认为，城市低保制度刚建立不久，还在摸索经验；农村低保面对的是 9 亿农民，要十分慎重，目前只能在财力充裕的少数地方开展试点，尚不具备全面推开的条件。对农村困难群众的救助工作，要继续坚持政府救济、社会互助、子女赡养、稳定土地政策的原则。

到 2005 年，地方自行探索试点地区的农村低保对象增加到 825 万人，财政支出 25.3 亿元。2006 年中央一号文件提出："有条件的地方，要积极探索建立农村最低生活保障制度。"到当年 9 月，已建立或试点农村低保制度的地区涉及 2 040 个县（市、区），农村低保对象达到 1 222 万人。从总的趋势看，实行多年的农村特困户救助制度正在呈现向农村低保制度过渡的态势。有关部门再次提出了在农村普遍建立低保制度的建议。

经过反复调查研究和总结经验，各地区、各有关部门和各方专家一致认为，在我国农村建立低保制度的方向可以肯定，好处也是明显的：可使农村困难群众基本生活得到更好的制度性保障，能够促进农村救助工作的公开、公正和规范化运行，有利于实现城乡救助工作的平衡、协调，也有助于进一步树立党和政府的良好形象。随着经济发展、财力增强，普遍实施农村低保的条件也越来越成熟。据此，2006 年年底召开的中央农村工作会议提出了比以往更积极的方针："在全国范围建立农村最低生活保障制度，鼓励已建立制度的地区完善制度，支持未建立制度的地区建立制度。"此时，全国已有 25 个省级地区、2 133 个县（市、区）初步建立了农村低保制度，1 509 万农民享受了低保待遇。可以说，建立农村低保制度的探索任务已经基本完成，进入蓄势待发、规范推进阶段。

2007 年 6 月 26 日，国务院召开全国农村最低生活保障制度会议，部署全面建立农村低保制度的工作任务。7月，国务院印发《关于在全国建立农村最低生活保障制度的通知》，把建制的目标确定为“将符合条件的农村贫困人口全部纳入保障范围，稳定、持久、有效地解决全国农村贫困人口的温饱问题”；在管理体制上实行地方人民政府负责制，按属地进行管理；总体要求是做到制度完善、程序明确、操作规范、方法简便，保证公开、公平、公正，并与扶贫开发、促进就业以及其他农村社会保障政策、生活性补助措施相衔接，坚持政府救济与家庭赡养扶养、社会互助、个人自立相结合，鼓励和支持有劳动能力的贫困人口生产自救，脱贫致富。主要的政策有以下几个方面。

保障标准。由县级以上地方政府按照能够维持当地农村居民全年基本生活所必需的吃饭、穿衣、用水、用电等费用确定，并报上一级地方政府备案后公布执行。各地要从当地农村经济社会发展水平和财力状况的实际出发合理确定保障标准，并随着当地生活必需品价格变化和人民生活水平提高适时进行调整。

对象范围。家庭年人均纯收入低于当地最低生活保障标准（按国家规定所获得的优待抚恤金、计划生育奖励与扶助金以及教育、见义勇为等方面的奖励性补助，一般不计入家庭收入）的农村居民，主要是因病残、年老体弱、丧失劳动能力以及生存条件恶劣等原因造成生活常年困难的农村居民。保障对象实行动态管理，由乡（镇）政府和县级政府民政部门定期或不定期调查了解农村困难群众的生活状况，及时将符合条件的困难群众纳入保障范围；并根据其家庭经济状况的变化，及时按程序办理停发、减发或增发低保金的手续。

资金渠道。以地方为主筹集，地方各级政府要将农村低保资金列入财政预算，省级政府要加大投入。中央财政对财政困难地区给予适当补助。同时，鼓励和引导社会力量捐赠和资助。

审定和公布程序。一般由户主本人提出申请；村民委员会对其开展家庭经济状况调查、组织村民会议或村民代表会议民主评议后提出初步意见；乡（镇）政府审核后报县级人民政府民政部门审批。村委会、乡（镇）政府及县级民政部门要及时向社会公布有关信息，重点是低保对象的申请情况和对其民主评议意见，审核、审批意见，实际补助水平等情况，接受群众监督。

资金发放和管理。低保金原则上按申请人家庭年人均纯收入与保障标准的差额发放，也可以在核查申请人家庭收入的基础上，按照其家庭的困难程度和类别分档发放。加快推行国库集中支付方式，通过代理金融机构直接、及时将低保金支付到低保对象账户。农村低保资金实行专项管理，专账核算，专款专用，严禁挤占挪用。

国务院文件发布后，各地抓紧落实相关政策。到 2007 年 9 月底，全国 2 777 个涉农县全部建立了农村低保制度，低保对象人数逐月扩大——6 月份为 964. 8 万户 2 067. 7 万人，7 月底增至 1 074. 6 万户 2 311. 5 万人，8 月底又增至 1 186. 2 万户 2 573. 5 万人。按照国务院确定的原则，各地都制定公布了农村低保标准。到年底，全国纳入农村低保的对象达 3 452 万人，比上年激增 1 859 万人，各级财政投入也从 43 亿多元猛增到超过 100 亿元。至此，农村低保制度全面建立，并与城市低保制度一起构成了覆盖城乡的最低生活保障制度，为城乡困难群体织就了基本生活保障网，成为我国社会保障体系的重要组成部分。表 22-1 为 2002—2012 年城市和农村低保发展情况。

表 22-1　2002—2012 年城市和农村低保发展情况

年度	城市			农村		
	享受人数/万人	平均标准/元	实际补差/亿元	享受人数/万人	平均标准/元	实际补差/亿元
2002	2 065	155	54	408	—	—
2003	2 247	—	58	367	—	—
2004	2 205	152	65	488	—	—
2005	2 234	156	72	825	—	—
2006	2 240	170	84	1 593	—	—
2007	2 272	182	102	3 566	70	37
2008	2 335	205	144	4 306	82	50
2009	2 346	278	165	4 760	101	64

续表

年度	城市			农村		
	享受人数/万人	平均标准/元	实际补差/亿元	享受人数/万人	平均标准/元	实际补差/亿元
2010	2 311	251	189	5 214	117	74
2011	2 277	288	240	5 306	143	106
2012	2 144	330	239	5 345	172	114

数据来源：国家统计局. 中国统计年鉴 2015［M］. 北京：中国统计出版社，2015；历年民政部社会发展统计公报。

第二节 修订农村五保供养工作条例

在全面建立农村低保制度之前，我国对农村特别困难群体施行的基本生活保障制度主要是“五保”制度。

2006 年，国务院对 1994 年制定的《农村五保供养工作条例》进行了修订。当年全面开展的以农村税费改革为主要内容的农村综合改革，在全国范围内取消了农业税，一并取消了“村提留”和“乡统筹”资金。这一重大变革，使以“村提留或者乡统筹费”为主要资金来源的五保制度失去了财务依托，在客观上要求相应修订法规；同时，针对五保制度实行多年的实际，也需要在待遇申请、审批程序和监督管理等方面加以完善。

2006 年 1 月 21 日，国务院颁布了修订后的《农村五保供养工作条例》(国务院第 456 号令)，自 2006 年 3 月 1 日起正式施行。修订后的条例与原条例相比，有几个显著变化。

一是确立了农村“五保户”由政府财政供养的体制。原来制度规定五保供养资金“从村提留或者乡统筹费中列支”，总体是一种建立在村民互助基础上的集体福利制度；修订后明确“农村五保供养资金，在地方人民政府财政预算中安排。有农村集体经营等收入的地方，可以从农村集体经营等收入中安排资金，用于补助和改善农村五保供养对象的生活”，把财政预算作为主渠道，而集体经营收入只作为补充渠道；同时明确“中央财政对财政困难地区的农村五保供养，在资金上给予适当补助”，解除了中西部财政困难地区的顾虑。

二是提高了供养标准的确定层级。原来制度规定“五保供养的实际标准，不应低于当地村民的一般生活水平”，具体标准则授权乡镇政府规定。修订后，改为“供养标准不得低于当地村民的平均生活水平，并根据当地村民平均生活水平的提高适时调整”。具体标准由省级政府制定，也可以由设区的市级政府或者县级政府制定，但需报省级政府备案。这有利于在更大范围内平衡农村特困群体的保障水平。

三是规范了供养待遇的申请、审批程序。修订后的条例，规定户主申请、村委会民主评议及公告、乡镇政府审核、县级民政部门审批的程序以及审批机关调查核实、申请人接受调查等责权关系，都比原条例更加清晰明确，以此确保程序公正。

四是明确了分级管理、各负其责的体制。原来制度规定由农村集体经济组织负责提供五保供养所需的经费和实物，乡镇政府负责组织五保供养工作的实施，而县级以上地方各级政府的责任只是体现在“民政部门主管本行政区域内的五保供养工作”，“制定五保供养工作的监督管理制度，并负责督促实施”。修订后的条例全面规定了从中央到地方政府，直至村委会的责任，政府承担起主体责任，而村委会主要是协助政府开展五保工作。

五是强化了监督管理。修订后的条例，分别规定了各级民政部门和乡镇政府制定管理制度、财政部门加强资金使用监管、审计机关依法审计资金使用情况的职责以及供养服务机构接受政府监管和申请人接受社会监督的义务，比原条例明显强化。

各地认真落实修订后的《农村五保供养工作条例》，2007年享受农村五保供养的对象达到530多万人，比2005年猛增200多万人；其中集中供养138万人，年人均标准1 953元；分散供养393.3万人，年人均标准1 432元；各级财政支出增加到59.6亿元。2008年以后，全国农村五保供养人数基本稳定在550万人左右的规模。[①]

---

① 数据来源于历年民政部社会发展统计公报。

第三节 编制社会保障专项规划

首个国家级有关社会保障事业发展的专项规划

2006年3月14日，第十届全国人民代表大会第四次会议审议批准了《国民经济和社会发展第十一个五年规划纲要》，其中包含了2006—2010年健全社会保障体系的总体目标及主要任务。在这个总体规划纲要框架下，国家就经济建设和社会发展一些重点领域，还组织制定了若干专项发展规划，其中之一就是《劳动和社会保障事业发展“十一五”规划纲要》，2006年10月13日国务院予以转发。

《劳动和社会保障事业发展“十一五”规划纲要》在有关社会保障方面确立了几条基本原则：一是立足国情，从实际出发；二是长短结合，循序渐进；三是坚持广覆盖、保基本方针；四是统筹兼顾，综合平衡，既突出城市社会保障改革的重点，也考虑了农村社会保障制度的逐步推进，并把制度建设、基金监管、管理服务作为一个整体来安排，在资金投入、工程项目、信息化建设等方面予以保障。

发展目标。社会保障体系比较完善。建立健全社会保障制度和管理服务体系，实现资金来源多渠道、保障方式多层次、管理服务社会化。进一步扩大社会保障覆盖范围，基本实现城镇各类就业人员平等享有社会保障。健全农村社会保障制度。到“十一五”期末，城镇基本养老、基本医疗、失业、工伤和生育保险参保人数分别达到2.23亿人、3亿人、1.2亿人、1.4亿人和8 000万人以上，参加农村社会养老保险和企业年金的人数逐步增长。

主要任务。加快完善社会保障体系，增强社会保障能力。

1. 完善各项社会保险制度。在养老保险方面，除了扩大覆盖范围、统一规范政策、逐步做实个人账户、建立基本养老金正常调整机制、鼓励建立企业年金外，提出两项新任务：一是推进机关、事业单位养老保险制度改革，实现机关、事业单位与企业养老保险制度的合理衔接；二是抓紧研究低费率、广覆盖、可转移，与现行养老保险制度衔接的农民工养老保险办法。在医疗保险方面，要完善城镇医疗保障政策和管理、加快医疗救助制度建设、进一步规范补充医疗保险，基本建立新农合制度。在失业保险方面，强调完善失业保险金申领办法，建立失业保险与促进就业联动机制，积极推动东部地区适当扩大失业保险基金支出范围试点，进一步发挥失业保险制度促进再就业功能。在工伤保险方面，要求进一步完善政策和标准体系，优先解决农民工工伤保险问题，组织实施事业单位、社会团体和民办非企业单位参加工伤保险，特别是明确提出了积极探索工伤补偿与工伤预防、工伤康复相结合的有效途径的目标。在生育保险方面，部署进一步扩大覆盖范围，建立健全生育保险医疗服务管理体系和费用结算办法。规划按照党的十六届五中全会的要求，提出探索建立与农村经济发展水平相适应、与其他保障措施相配套的农村社会养老保险制度，为后来设计和试点新农保制度铺平了道路。规划还要求在“十一五”期间积极创造条件，基本实现基本养老保险省级统筹，逐步推进失业保险市（地）级统筹，建立完善工伤保险储备金制度。

2. 多渠道筹措社会保险资金。要求规范征收流程，强化征收管理，建立激励机制，实现各项社会保险费依法统一征收。首次提出建立健全社会保险基金预决算制度，积极探索开辟新的渠道筹措社会保障基金。此外还专门提出，妥善解决困难群体医疗保障费用来源问题，将困难企业职工、关闭破产企业退休人员、城镇居民中的困难家庭纳入医疗保障体系。

3. 积极稳妥地探索社会保障基金运营和监督管理机制。这方面任务新意十足，包括：完善基金监管制度和预警监测机制，逐步健全行政监督、专门监督、社会监督、内部控制相结合的监督体系；制定按基金性质进行分类投资的政策，研究制定养老保险个人账户基金、农村社会养老保险基金投资管理办法；加强全国社会保障基金和企业年金市场化投资运营的监管，实现规范运作和基金的保值增值；规范社会保险待遇支付，加大对骗领社会保险待遇欺诈行为的查处力度。

4. 完善参保人员社会保险关系转移、衔接的政策措施。研究解决城镇各类群体之间社会保险制度设计、政策衔接中存在的问题，实现不同群体之间社会保障制度政策的有效衔接，探索解决人员流动时社会保险关系接续问题的有效办法。这是适应社会流动性增强的情况，完善社会保险政策的新举措。

5. 建立健全社会化管理服务体系。从制定社会保险经办机构服务标准和规范服务设施建设入手，加强基础管理，整合服务资源，规范服务流程，推进社会保险经办机构服务规范化、信息化、专业化建设。全面提高社会化管理服务水平，将企业退休人员纳入社会化管理。把社会保险经办服务体系建设的内容纳入国家级发展规划，也属首次。

保障措施。

1. 加大政府投入和政策扶持力度。逐步提高社会保障支出占国内生产总值的比例，加大中央和地方财政对社会保障工作的资金支持力度，全面落实企业和个人责任，明确各级财政对各项社会保险基金平衡的责任。“十一五”期间要逐步提高社会保障支出占财政总支出的比重。

2. 实施重大工程项目及制度改革。实施社会保障服务管理能力建设工程，加强社会保险经办管理服务中心建设和工伤预防与职业康复示范建设，完善城镇居民医疗保障制度建设和农村社会养老保险制度建设。

3. 加强劳动保障信息化建设。按照“完整、正确、统一、及时、安全”的建设要求，大力加强劳动保障信息化建设，强化劳动保障信息化综合管理，提高整体信息化水平。

这个规划纲要是首次在国家层面制定的有关社会保障的专项规划。对比此前各个时期，国家对“十一五”期间社会保障事业发展的目标要求更明确，任务部署更有针对性，相关措施也更具体。此后五年的社会保障体系建设基本是按照规划纲要推进的。

制定实施社会保障“十二五”规划纲要

2011 年 3 月，第十一届全国人民代表大会第四次会议审议通过了国家“十二五”规划纲要。纲要第三十三章“建立覆盖城乡居民的社会保障体系”，以三节篇幅全面规划“十二五”时期社会保障工作的目标和任务。借鉴制定实施“十一五”规划的经验，国家又制定了重点领域约 100 个专项规划，社会保障规划是其中之一。2012 年 6 月，国务院批转发布了《社会保障“十二五”规划纲要》。

《社会保障“十二五”规划纲要》要点

发展目标。社会保障制度基本完备，体系比较健全，覆盖范围进一步扩大，保障水平稳步提高，历史遗留问题基本得到解决，为全面建设小康社会提供水平适度、持续稳定的社会保障网。

（一）制度建设。各项保障制度基本完备。机关事业单位养老保险制度改革稳步推进，已有各项保障制度不断完善。城乡统筹取得积极进展，多层次保障体系进一步完善。

（二）覆盖范围。基本养老保险、基本医疗保险保障人群实现基本覆盖。“十二五”期末，城镇基本养老保险参保人数达到 3.57 亿人，其中企业职工基本养老保险达到 3.07 亿人；新农保参保人数达到 4.5 亿人。城乡基本医疗保险参保率在 2010 年基础上提高 3 个百分点。工伤保险参保人数达到 2.1 亿人，失业保险参保人数达到 1.6 亿人，生育保险参保人数达到 1.5 亿人。城乡最低生活保障实现应保尽保。

（三）保障水平。继续提高各项社会保险待遇水平。企业职工基本养老金、城镇居民社会养老保险和新农保基础养老金稳步增长。职工基本医疗保险、城镇居民基本医疗保险和新农合在政策范围内住院费用支付比例达到 75%左右。城镇居民基本医疗保险和新农合门诊统筹覆盖所有统筹地区，稳步推进职工基本医疗保险门诊统筹。失业保险、工伤保险、生育保险待遇标准和城乡低保标准稳步提高，工伤伤残职工享有基本的职业康复服务。

（四）服务体系建设。覆盖全社会的劳动就业和社会保障公共服务网络基本形成，全国所有街道（社区）、乡镇（行政村）基本完成劳动就业和社会保障基层服务平台建设，行政村普遍实施劳动就业和社会保障协管员制度。县级以上（含县级）普遍建立布局合理、功能齐全、信息联网的社会保障基础服务设施。国家统一标准的社会保障卡持卡人数达到8亿人。纳入社区管理的企业退休人员比例达到80%。社会养老服务体系和儿童福利服务体系更加完善，建立健全残疾人服务体系和农民工留守家属关爱服务体系。经常性社会捐助体系进一步完善，各乡镇（街道）基本建立经常性捐助站（点）和慈善超市。

大力推进社会保障制度建设，基本解决制度缺失问题。加快健全养老保险制度；加快完善医疗、工伤、失业、生育保险制度体系；实施应对人口老龄化的社会保障政策；建立健全家庭养老支持政策；健全残疾人社会保障制度；大力发展补充保险；进一步健全社会救助制度。

加快城乡社会保障统筹，稳步推进保障制度和管理服务一体化建设。统筹城乡社会保障体系；进一步提高统筹层次；切实做好社会保险关系转移接续工作。

进一步扩大社会保障覆盖范围，基本养老、基本医疗保险保障人群实现基本覆盖。

逐步提高保障标准，增强保障能力。

建立健全社会救助体系，大力发展福利和慈善事业。

加强社会保障管理与监督，提升管理服务水平。严格基金监管；进一步加强医疗保险基金支付管理；改进和加强社会保障管理服务。

强化基础保障，确保纲要实施。加强社会保障法制建设；加大政府公共财政对社会保障的投入；健全社会保障公共服务体系；推行社会保障一卡通；加强社会保障科学研究和宣传；继续做大做强社会保障战略储备资金；加强社会保障国际交流与合作。实施社会保障重大项目，包括：（1）基层劳动就业和社会保障综合服务平台建设；（2）社会保障服务平台建设；（3）社会保障信息化工程；（4）社会保险标准化工程；（5）工伤康复示范平台建设工程；（6）失业动态监测预警项目；（7）社会保障人才队伍建设工程；（8）建立低收入家庭认定体系。

“十二五”社会保障规划纲要与“十一五”的相关规划相比，确实有新的发展：一是把社会保障单独作为一个专项规划进行编制，涵盖了城乡各项社会保险、社会救助、社会福利和慈善事业；二是提出了统筹城乡社会保障体系、基本养老保险和基本医疗保险保障人群实现基本覆盖、加强社会保障法制建设等更高的目标；三是通过安排实施 8 个重大工程项目，对实现设定目标给予了更有力的保障。

第四节　站在国际社会保障的舞台

2003 年至 2012 年，我国社会保障领域的国际交流更加频繁，合作更加密切。

与国际组织的交流合作

国际劳工组织（ILO）。自 2003 年至 2010 年，国际劳工组织多次组织专家对我国起草的社会保险法草案提出书面修改建议，举办了多轮专题研讨会，并于 2009 年将最终修改建议正式提交我国政府有关主管部门。2006 年 4 月，与国际劳工局社会保障司签署了“社会保险精算合作计划”，以支持我国社会保险精算模型开发和能力建设；2008 年出席 ILO 亚太地区社会保障扩面高级研讨会；在 2011 年第 100 届国际劳工大会期间，作为 ILO 最低社会保护高级别咨询小组成员，参与制定联合国“人人获得基本社会保护可持续发展战略”，并举办金砖五国社会保障扩面部长级座谈会，共商社会保障发展。

国际社会保障协会（ISSA）。2007 年和 2010 年，先后出席在莫斯科召开的 ISSA 第 29 届全球大会和在开普敦召开的 ISSA 第 30 届全球大会暨社会保障论坛，宣传我国社会保障领域新成就，与各国同行分享我国发展社会保障的观点。尤应大书特书的事件是，我国于 2004 年 9 月在北京承办 ISSA 第 28 届全球大会，超过 1 500 名来自世界各国的代表参会。国务院有关领导同志出席大会并致辞，全面阐述了我国政府加快完善社会保障体系的理念，提出了实现社会保障健康发展必须处理好的六个关系——社会保障与经济发展的关系、社会保障与就业的关系、当前与长远的关系、政府与其他社会主体的关系、政策制定与加强管理的关系、立足本国国情与借鉴国际经验的关系，反映了我国决策层和各界对社会保障发展内在规律的深刻认知，受到与会代表的广泛赞同。大会发表了《北京声明》，评估了过去几年国际社会保障的变化状况，宣示了未来发展目标，其中接受我国建议，强调了人人享受社会保障的理念。这次大会的成功举办，极大提高了我国在国际社会保障领域的影响力。配合承办 ISSA 大会，2004 年 9 月，我国政府首度发布了《中国的社会保障状况和政策》白皮书，全面介绍了我国各项社会保障制度发展情况，表达了加快完善社会保障体系的坚定决心，向国际社会传递出响亮的中国声音。

经济合作与发展组织（OECD）。在既有合作框架下，2006 年 9 月共同组织召开了企业年金监管研讨会；2007 年 6 月再次召开同一主题研讨会；10 月又举办了养老保险基金投资研讨会。

与区域性多边组织的交流合作

在与**亚太经合组织（APEC）**合作框架下，2004 年在辽宁沈阳举办劳动保障高层研讨会，对正在进行的东北地区完善社会保障体系试点提供了更多角度的观察意见。2010 年 9 月 16 日，我国领导人在第五届亚太经合组织人力资源开发部长级会议上的致辞中明确提出构建可持续发展的社会保障体系。会议通过联合声明，各成员方一致同意完善社会安全网，加强对弱势群体的保护和就业支持。2004 年，**亚洲开发银行（ABD）**提供 70 万美元援助的社会保障经办机构能力建设项目启动。

与**欧盟（EU）**的合作最为丰富：2004 年签署了中国–欧盟社会保障合作文件，由欧盟提供 2 000 万欧元，对完善我国社会保障制度的政策开发、管理能力提供支持，项目为期 5 年，其后建成了劳动保障部社会保障能力建设中心，为全国大批社保干部提供了持续的专业培训。在这一合作框架下，2006 年 9 月，在北京举办了中国社会保障论坛，并与欧盟共同举办中欧社会保障高层圆桌会议，就流动人口社会保障和医疗费用控制两个专题进行了深入研讨；2007 年 6 月，在德国柏林召开第二次圆桌会议，讨论人口老龄化给社会保障可持续发展带来的挑战；2008 年，在北京举办中国社会保障论坛第三届年会期间，召开第三次圆桌会议，以社会保障立法为讨论主题，以期为我国正在审议的社会保险法提供技术支持；2009 年 10 月，在比利时布鲁塞尔举办了第四次圆桌会议。在中欧社会保障合作项目框架下，先后举办 19 期研讨会，组织 7 期国内培训和 8 个出国培训团组。项目执行期间，中欧双方达成共识，建立了长期性社会保障部级对话机制。

与**东盟**（ASEAN）的交流合作更多带有分享我国社保经验的含义。2003 年至 2012 年，我国政府社会保险主管部门举办了 8 次以社会保障为主题的高层研讨会，共邀请东盟国家约 300 名负责社会保障的官员来华进行经验分享。2003 年 8 月，在广西柳州召开中国-东盟社会保障研讨会；2004 年 10 月，在广东珠海召开失业保险与就业服务研讨会；2006 年 6 月，在山东青岛召开中国-东盟工伤保险高层研讨会；2007 年 5 月，在北京举办中国-东盟劳动保障援外培训班；2009 年 9 月，在广东中山召开中国-东盟社会保险高级研讨会，交流应对国际金融危机而采取的社会保险对策措施；2011 年 9 月，在四川成都召开扩大社会保障覆盖面高层研讨会；2012 年 12 月，在云南昆明举办中国-东盟社会保障服务标准高层研讨会。这种高层研讨活动已成为我国在社会保障领域开展周边外交的一个品牌，对在国际劳工事务中协调周边国家立场、促进我国与东盟国家社会保障领域交流发挥了积极的作用。

双边交流合作

2004 年，与英国合作的失业保险项目全面展开；与加拿大合作的社会保障基金反欺诈能力建设和失业保险宏观政策项目实施。2005 年，与日本国际协力团（JICA）签署合作开展“中国农村社会养老保险制度创新与管理规范研究”意向书，为重建我国农村养老保险制度进行前期研究。从 2005 年开始，与德国法定工伤保险同业总会（DGUV）建立了稳定的交流合作关系，通过培训、考察、研讨和在 ISSA 等多边平台合作，促进了我国工伤保险制度和管理的完善。2008 年，举办中英养老金研讨会；与澳大利亚政府合作开展农民工社会保障研究项目。特别是 2012 年 10 月，我国与韩国政府签订了中韩社会保险协定和议定书，这是继 2001 年我国与德国签署协议后，时隔 11 年与第二个国家签订的双边社会保险协定。

* * *

这一时期的社会保障国际交流合作有如下主要特点。一是多边合作明显多于双边交流，而且很多是多年连续的项目，有助于为我国社会保障领域提供稳定的技术和智力支持。二是交流合作的内容更加务实，紧贴我国社会保障体系发展的实际需要，如东北试点、农村和农民工社会保障、基金监管、制定法律等。三是既“拿过来”也“传出去”。既继续当好“学生”，虚心向先进求教；又通过多种平台，向国际社会介绍中国社会保障的情况、改革思路和最新进展，开始讲出中国的故事和主张。当然，这种思想传播始终秉持着平等的理念，只求相互理解，从不强加于人。

◎十年磨一剑

2003 年至 2012 年的 10 年，按照以人为本、全面协调可持续的方针，社会建设特别是保障和改善民生得到更大的关注和更多的投入，社会保障制度体系建设取得一系列重大成就（见表 22-2）。

唐代诗人贾岛《剑客》诗云：“十年磨一剑，霜刃未曾试。”从 2003 年到 2012 年的 10 年，我国锻造、磨砺出覆盖城乡的社会保障体系这把“剑”，而且经过广泛实践，验证了它解决普遍民生保障问题的效力。在新中国社会保障发展史上，这 10 年的突出特征是统筹城乡，新建立的新农合、城居医保、新农保、城居保、农村低保、城市和农村医疗救助等制度，修订农村五保供养条例，大都旨在补齐农村社会保障的“短板”，推进城乡协调发展，加上继续完善城镇职工养老、医疗、工伤、失业、生育五项基本社会保险和城市低保制度，初步构建起我国比较完整的社会保障体系，也是全世界覆盖人口规模最大的社会保障体系。这 10 年，颁布实施社会保险法和多项法规、规章，建立社会保险基金预算，加强社会保障基金监管，以信息化为引领不断提高社会保障管理服务水平，使社会保障体系建设进入法制化、规范化进程。这 10 年，集中解决了多个突出的历史遗留问题，社会保障的受益群体成倍扩展，待遇水平稳步提高，亿万人民群众更多、更公平地分享到经济社会发展的成果。这 10 年的社会保障发展成就彪炳史册，也为进入新时代、实现人人享有基本社会保障的目标奠定了坚实基础。

表 22-2　2003—2012 年社会保障体系建设成就

制度建设

年份	内容	
2003	制定工伤保险条例	2010 年修订
	建立农村医疗救助制度	2008 年全面覆盖
2004	启动新型农村合作医疗制度试点	2008 年全面推行
2005	建立城市居民医疗救助制度	2008 年全面推行
2006	修订农村五保供养工作条例	
2007	城镇居民基本医疗保险制度试点	2009 年全面推行
	建立农村低保制度	
2009	新型农村社会养老保险制度试点	2012 年全面推行
2010	社会保险法颁布	2011 年 7 月 1 日施行
2011	城镇居民社会养老保险制度试点	2012 年全面推行

完善政策

年份	内容	
2005	完善企业职工基本养老保险制度	
2008	实行五缓四减三补贴阶段性政策	
2010	实行养老保险跨地区转移接续	
	试行社会保险基金预算	2012 年扩大到 9 项

扩大覆盖面

项目	2012 年参保人数/万人	基期参保人数/万人	集中解决的突出问题
职工养老保险	30 427	2002 年 14 800	集体企业退休人员
新农保、城居保	48 370	2009 年 1 538	
职工医疗保险	26 468	2002 年 9 401	关闭破产企业退休人员
新农合、城居医保	107 656	2004 年 8 000	在校大学生

续表

项目	2012 年参保人数/万人	基期参保人数/万人	集中解决的突出问题
工伤保险	19 101	2002 年 4 406	老工伤人员
失业保险	15 225	2002 年 10 182	
生育保险	15 429	2002 年 3 488	
城乡低保	7 489	2002 年 2 473	
农村五保	537	2004 年 229	

提高水平

项目	内容
职工养老保险	连续调待，2012 年月人均 1 886 元，比 2002 年增加 1 287 元
新农保、城居保	2012 年月人均基本养老金 73 元，比 2002 年增加 15 元
职工医疗保险	住院费用支付比例 81%
新农合、城居医保	2012 年财政补助 240 元/人 · 年，比 2002 年增加 220 元；住院支付比例 60%；开展门诊统筹
工伤保险	2012 年工亡补助金 43.6 万元，比 2004 年增长近 6 倍；相应提高伤残津贴等待遇
失业保险	2012 年月人均 707 元，并代缴医疗保险费
生育保险	人均生育医疗待遇支出 3 597 元、生育津贴 10 381 元
城市低保	月人均实际补助 239 元，比 2002 年增加 187 元
农村低保	月人均实际补助 104 元，比 2007 年增加 67 元
农村五保	2012 年集中供养年人均 4 061 元，比 2007 年增加 2 108 元

九万里风鹏正举。
——李清照《渔家傲》

第六篇

走进新时代 *2013—2019年*

2012 年 11 月，党的十八大召开，选举产生了以习近平同志为总书记的新的中央领导集体；2016 年 10 月，党的十八届六中全会正式确立了习近平同志在党中央、在全党的核心地位；2017 年 10 月召开的党的十九大，把习近平新时代中国特色社会主义思想确立为党的行动指南。至此，中国特色社会主义进入新时代，中国社会保障的改革发展也在新思想指引下踏上新的征程。

党的十八大以来的近 7 年，我国社会保障领域贯彻落实“五位一体”总体布局和“四个全面”战略布局，深化改革和全面发展呈现全新面貌。

第二十三章
新时代　新思想　新征程

第一节　党的十八大：提出“社会保障全民覆盖”新要求

党的十八大对过去五年和十年工作作了基本总结，其中对社会保障的改革发展给予充分肯定。五年里，城乡最低生活保障标准和农村扶贫标准大幅提升，企业退休人员基本养老金持续提高；社会保障体系建设成效显著，城乡基本养老保险制度全面建立，新型社会救助体系基本形成；全民医保基本实现，城乡基本医疗卫生制度初步建立。过去十年来，社会保障水平迈上一个大台阶，人们公认这是我国着力保障和改善民生、人民得到更多实惠的时期。

党的十八大报告在阐述全面建成小康社会目标时，把“社会保障全民覆盖”作为重要指标之一。相比党的十七大报告“社会保障全面覆盖”的提法，这一字之改，表明我国社会保障体系建设将从制度全面普及推进到对全体人民普遍覆盖的新阶段。与此相关，社会保障体系建设的方针也由“广覆盖、保基本、多层次、可持续”调整为“全覆盖、保基本、多层次、可持续”。党的十八大报告首次提出“三性”，即“以增强公平性、适应流动性、保证可持续性为重点，全面建成覆盖城乡居民的社会保障体系”，从中国国情和时代特征出发，为社会保障体系的长期发展指明了方向。大会提出的八个必须坚持的基本要求——人民主体地位、解放和发展社会生产力、推进改革开放、维护社会公平正义、走共同富裕道路、促进社会和谐、和平发展和党的领导，同样是社会保障体系建设须遵循的指导方针。

党的十八大认为社会保障是保障人民生活、调节社会分配的一项基本制度，在“统筹推进城乡社会保障体系建设”的总要求下提出的具体任务包括：改革和完善企业和机关事业单位社会保险制度，整合城乡居民基本养老保险和基本医疗保险制度，逐步做实养老保险个人账户，实现基础养老金全国统筹，建立兼顾各类人员的社会保障待遇确定机制和正常调整机制；扩大社会保障基金筹资渠道，建立社会保障基金投资运营制度，确保基金安全和保值增值；完善社会救助体系，健全社会福利制度，支持发展慈善事业，做好优抚安置工作；积极应对人口老龄化，大力发展老龄服务事业和产业；健全残疾人社会保障和服务体系，切实保障残疾人权益；健全社会保障经办管理体制，建立更加便民快捷的服务体系；按照保基本、强基层、建机制要求，重点推进医疗保障、医疗服务、公共卫生、药品供应、监管体制综合改革；健全全民医保体系，建立重特大疾病保障和救助机制等。从社会保险到其他社会保障项目，从改革制度、完善政策、健全机制、基金管理到经办服务，作出了全面部署。

2013 年 11 月，党的十八届三中全会作出《中共中央关于全面深化改革若干重大问题的决定》，要求“紧紧围绕更好保障和改善民生、促进社会公平正义深化社会体制改革，改革收入分配制度，促进共同富裕，推进社会领域制度创新，推进基本公共服务均等化，加快形成科学有效的社会治理体制，确保社会既充满活力又和谐有序”，其中“建立更加公平可持续的社会保障制度”是重大改革命题。

党的十八届三中全会部署的社会保障领域深化改革主要任务

坚持社会统筹和个人账户相结合的基本养老保险制度，完善个人账户制度，健全多缴多得激励机制，确保参保人权益，实现基础养老金全国统筹，坚持精算平衡原则。推进机关事业单位养老保险制度改革。整合城乡居民基本养老保险制度、基本医疗保险制度。推进城乡最低生活保障制度统筹发展。建立健全合理兼顾各类人员的社会保障待遇确定和正常调整机制。完善社会保险关系转移接续政策，扩大参保缴费覆盖面，适时适当降低社会保险费率。研究制定渐进式延迟退休年龄政策。加快健全社会保障管理体制和经办服务体系。

健全社会保障财政投入制度，完善社会保障预算制度。加强社会保险基金投资管理和监督，推进基金市场化、多元化投资运营。制定实施免税、延期征税等优惠政策，加快发展企业年金、职业年金、商业保险，构建多层次社会保障体系。

积极应对人口老龄化，加快建立社会养老服务体系和发展老年服务产业。健全农村留守儿童、妇女、老年人关爱服务体系，健全残疾人权益保障、困境儿童分类保障制度。

统筹推进医疗保障、医疗服务、公共卫生、药品供应、监管体制综合改革。……改革医保支付方式，健全全民医保体系。加快健全重特大疾病医疗保险和救助制度。

……允许医师多点执业，允许民办医疗机构纳入医保定点范围。

这些改革任务是对党的十八大总体部署的具体化，件件都要攻坚克难，其中突破性更显著，也引起社会高度关注的，一是研究制定渐进式延迟退休年龄政策，二是适时适当降低社会保险费率，三是重特大疾病医疗保险和救助制度。党的十八大后成立的中央全面深化改革领导小组，逐项制定路线图和时间表，推进社会保障领域深化改革任务的落实。

2016 年 3 月，根据党的十八届五中全会的建议，全国人大通过国家“十三五”规划纲要，其中第六十四章提出的“改革完善社会保障制度”的原则和目标是“坚持全民覆盖、保障适度、权责清晰、运行高效，稳步提高社会保障统筹层次和水平，建立健全更加公平、更可持续的社会保障制度”，确定了一系列任务。

国家“十三五”规划确定的完善社会保险体系的任务

实施全民参保计划，基本实现法定人员全覆盖。坚持精算平衡，完善筹资机制，分清政府、企业、个人等的责任。适当降低社会保险费率。完善统账结合的城镇职工基本养老保险制度，构建包括职业年金、企业年金和商业保险的多层次养老保险体系，持续扩大覆盖面。实现职工基础养老金全国统筹。完善职工养老保险个人账户制度，健全参保缴费激励约束机制，建立基本养老金合理调整机制。推出税收递延型养老保险。更好发挥失业、工伤保险作用，增强费率确定的灵活性，优化调整适用范围。建立更加便捷的社会保险转移接续机制。划转部分国有资本充实社保基金，拓宽社会保险基金投资渠道，加强风险管理，提高投资回报率。大幅提升灵活就业人员、农民工等群体参加社会保险比例。加强公共服务设施和信息化平台建设，实施社会保障卡工程，持卡人口覆盖率达到90%。

同时，这个规划纲要还确定了“健全社会救助体系”“支持社会福利和慈善事业发展”的任务，在第六十五章“积极应对人口老龄化”中，确定了“健全养老服务体系”的诸项任务。

第二节　党的十九大：习近平新时代中国特色社会主义思想对社会保障改革发展的指引

2017年10月召开的党的十九大，提出了“决胜全面建成小康社会，开启全面建设社会主义现代化国家新征程”的宏伟目标。大会确立了习近平新时代中国特色社会主义思想。大会作出极为重大的历史性判断——“中国特色社会主义进入新时代，我国社会主要矛盾已经转化为人民日益增长的美好生活需要和不平衡不充分的发展之间的矛盾”，阐述了新时代中国特色社会主义思想的 14 个坚持，提出了从 2020 年到本世纪中叶两个阶段的奋斗目标，勾画出实现中华民族伟大复兴中国梦的清晰蓝图。

涉及社会保障领域，党的十九大报告在肯定过去五年“一大批惠民举措落地实施，人民获得感显著增强”，“覆盖城乡居民的社会保障体系基本建立”成就的基础上，确定加强社会保障体系建设的总体目标是“按照兜底线、织密网、建机制的要求，全面建成覆盖全民、城乡统筹、权责清晰、保障适度、可持续的多层次社会保障体系”。这一高度概括的表述，从外延到内涵描绘出中国特色社会保障体系的轮廓——“兜底线”突出了社会政策补短、兜底的要旨，“织密网”昭示了实现人人享有基本社会保障愿景的要点，“建机制”指出了以改革推进社会保障体系建设的要津；“覆盖全民”规定了制度可及性，“城乡统筹”旨在彰显制度公平，“权责清晰”表明各相关主体的权利义务责任关系，“保障适度”明确了与经济发展相适宜的保障水平，“可持续”强调了现实与未来的平衡，而“多层次”则确定了社会保障体系多元协调的架构。在总体目标下，确定了多项改革发展任务。

党的十九大部署的社会保障领域主要任务

全面实施全民参保计划。完善城镇职工基本养老保险和城乡居民基本养老保险制度，尽快实现养老保险全国统筹。完善统一的城乡居民基本医疗保险制度和大病保险制度。完善失业、工伤保险制度。建立全国统一的社会保险公共服务平台。统筹城乡社会救助体系，完善最低生活保障制度。……完善社会救助、社会福利、慈善事业、优抚安置等制度，健全农村留守儿童和妇女、老年人关爱服务体系。发展残疾人事业，加强残疾康复服务。

深化医药卫生体制改革，全面建立中国特色基本医疗卫生制度、医疗保障制度和优质高效的医疗卫生服务体系，健全现代医院管理制度。……促进生育政策和相关经济社会政策配套衔接，加强人口发展战略研究。积极应对人口老龄化，构建养老、孝老、敬老政策体系和社会环境，推进医养结合，加快老龄事业和产业发展。

国家“十三五”规划和党的十九大提出的完善社会保障体系的任务，很多是在党的十八大和十八届三中全会要求基础上的新发展，其中全面实施全民参保计划、建立全国统一的社会保险公共服务平台、统一城乡居民基本医疗保险和大病保险制度、推进医养结合等都是首度提出，更具创新性。同时也有一些变化，如不再把逐步做实养老保险个人账户作为“规定动作”，表明对这个涉及长远的复杂问题有了新的认识。

党的十八大以来，中央围绕社会保障体系建设树立的目标、确定的原则、提出的要求、部署的重大改革发展任务，是习近平新时代中国特色社会主义思想在社会保障领域的鲜明体现。

第三节　党的十八大以后社会保障管理体制的新调整

党的十八大以来，有关社会保障管理体制又作了两次充实和一次大调整。

第一次充实是 2016 年，配合实行机关事业单位养老保险制度改革，在人力资源社会保障部社会保险事业管理中心加挂“中央国家机关养老保险管理中心”的牌子，在继续综合管理全国社会保险基金和社会保险经办管理服务工作的基础上，增加了直接经办在京中央国家机关事业单位 50 多万名工作人员和退休人员基本养老保险及其职业年金的职能。

第二次充实是 2017 年，配合实行异地就医的医疗保险费用结算并加强有关社会保险技术标准工作，在人力资源社会保障部社会保险事业管理中心又加挂了“医疗保险异地结算管理中心”和“社会保险技术标准评定中心”两块牌子，增加了“建立全国跨省异地就医管理、结算和费用审核协作机制，负责全国跨省异地就医资金的审核结算”及“组织社会保险相关医药服务管理技术标准体系建设和维护”的职能。此后，该中心建设了信息专网，承担全国跨省异地就医结算工作。

2018 年 3 月，按照党的十九届三中全会《关于深化党和国家机构改革的决定》精神，第十三届全国人民代表大会第一次全体会议通过《国务院机构改革方案》，有关社会保障管理体制再次作了较大调整。一是组建国家医疗保障局，将人力资源社会保障部的城镇职工和城镇居民基本医疗保险、生育保险职责，国家卫生计生委的新农合职责，国家发展改革委的药品和医疗服务价格管理职责，民政部的医疗救助职责整合，统由国家医疗保障局承担。这一变革，使 20 世纪 90 年代以来一直推进的“三医联动”机制落实为统一管理体制，也最终结束了城乡医保分治的格局。二是将原由民政部承担的全国老龄工作委员会办公室的职责移交新组建的国家卫生健康委员会。三是将全国社会保障基金理事会的隶属关系由国务院管理调整为由财政部管理。四是合并国税地税机构，并将各项社会保险费的征收职责统一移交税务机关。这一变革，结束了 1999 年《社会保险费征缴暂行条例》施行以来由各省自定社保经办机构征收社会保险费或税务机关代征的体制纷扰（见第十三章第四节），有利于厘清部门管理职责。为总体上不增加企业负担，国务院明确，在机构改革中要确保社会保险费现有征收政策稳定，严禁自行对企业历史欠费进行集中清缴。

在这次机构改革中，主管社会保险的人力资源社会保障部的内设机构也有较大调整：医疗保险司的全部和社会保险事业管理中心有关医疗、生育保险的管理职能整体划转国家医疗保障局；2007 年成立的中国医疗保险研究会（见第十八章第一节）也划归国家医疗保障局管理指导；此外，“中央国家机关养老保险管理中心”从社会保险事业管理中心分立出来，成为单独的经办机构。

第二十四章 养老保险的系列性新突破

顶层设计制度改革发展总体方案

党的十八大后，推进养老保险改革发展的第一件事就是党中央、国务院组织有关部门制定完善养老保险制度的总体方案，当时被称为“顶层设计”。

2013年5月，人力资源社会保障部、国家发展改革委、财政部、社保基金会和全国总工会等部门、单位联合组成专项工作组，着手拟定完善养老保险制度的总体方案。同时充分利用“外脑”，动员国务院发展研究中心社会发展研究部、中国社会科学院社会保障实验室、中国人民大学中国社会保障研究中心、浙江大学人口与发展研究所、国际劳工组织、世界银行和国际社会保障协会7个国内专业研究单位和国际组织开展平行研究。在充分吸收各方面智慧的基础上，制定了“顶层设计”方案。在设计过程中，社会各界关注的重点问题都得到充分研讨论证。如关于养老保险体系的总体架构，即在横向上如何协调处理职工保险与新农保、城居保的关系，在纵向上如何巩固基本保险，同时加快发展补充保险；又如如何从现实与长远的结合上完善职工基本养老保险个人账户；再如改革机关事业单位养老保险制度，解决“双轨制”矛盾问题；还比如进一步提升基金统筹层次问题，改善制度赡养比问题，减轻缴费负担问题，结余基金投资运营问题，等等。

这个总体方案按照党的十八大精神，以保障和改善民生为基本出发点，坚持问题导向，基于国情，借鉴国际，立足当前，展望长远，明确了促进社会公平、实现可持续发展、统一规范、循序渐进的四项基本原则，提出了到 2020 年及更长时期的目标任务。这是养老保险领域的一个系列性改革发展谋划，正在有计划、分步骤地逐项推出施行。

第一节　结束“双轨制”：改革机关事业单位养老保险制度

党的十八大后，在养老保险领域推出的最大一项改革举措是实行机关事业单位养老保险制度改革。

2015 年 1 月，国务院颁布《关于机关事业单位工作人员养老保险制度改革的决定》（国发〔2015〕2 号，以下简称 2 号文件），决定从 2014 年 10 月 1 日起，将全国机关事业单位工作人员的退休保障制度改革为社会化的养老保险制度。

“一个统一、五个同步”的改革思路和政策

这项改革的基本思路是“一个统一、五个同步”。“一个统一”，即机关事业单位与企业等城镇从业人员统一实行社会统筹与个人账户相结合的基本养老保险制度。“五个同步”：一是机关与事业单位同步改革，而不再采取 2008 年安排试点时让事业单位先行一步的办法，符合 60 年来机关和事业单位实行同一制度的实际；二是职业年金与基本养老保险制度同步建立，即同时规划多层次养老保险，这比 20 世纪 90 年代企业改革时先建基本制度、后建企业年金的节奏更为紧凑；三是养老保险制度改革与完善工资制度同步推进，即在改善当时机关事业单位工作人员畸形工资结构（基本工

资比重低而津补贴占比过高）的基础上，制定缴费和待遇标准都更加科学；四是待遇确定机制与调整机制同步完善，即改行基础养老金加个人账户养老金的待遇结构，并改变原来机关事业单位退休人员随在职工作人员工资调整而提高的政策，调待工作与企业退休人员统筹安排；五是改革在全国范围内同步实施，这也是汲取2008年改革试点的经验，避免地区之间产生改与不改、先改与后改的矛盾。

这项改革的基本政策主要有以下几点。

实施范围。按照公务员法管理的单位、参照公务员法管理的机关（单位）、事业单位及其编制内的工作人员。

制度模式。社会统筹与个人账户相结合。

资金筹集。单位和个人共同缴费。单位费率为本单位工资总额的20%；个人费率为本人缴费工资的8%，计入个人账户，每年按国家统一公布的记账利率计算利息，免征利息税。这些政策标准与企业职工养老保险制度基本一致，所作的改进是不再分省各自确定个人账户记账利率。

待遇确定。改革养老金计发办法。改革实施后参加工作的人员（“新人”），个人缴费年限累计满15年的，退休后按月发给由基础养老金和个人账户养老金共同组成的基本养老金，计发办法与2005年国务院38号文件规定的标准完全一致（参见第十九章第二节）。对“中人”加发过渡性养老金和对“老人”继续执行国家规定的原待遇标准不变，并执行统一待遇调整办法的政策也与企业制度相同。

待遇调整。根据职工工资增长和物价变动等情况，统筹安排机关事业单位和企业退休人员的基本养老金的调整，逐步建立兼顾各类人员的养老保险待遇正常调整机制。

基金管理。明确要求机关事业单位基本养老保险基金单独建账，实行严格的预算管理，并建立省级统筹（暂不具备条件的，可先试行省级基金调剂制度，明确各级政府征收、管理和支付的责任）。这也是汲取企业改革的经验，一步到位实行预算管理制度并加快省级统筹步伐。

转移接续政策。参保人员在同一统筹范围内的机关事业单位之间流动，只转移养老保险关系，不转移基金；跨统筹范围流动或在机关事业单位与企业之间流动，则需随同养老保险关系转移其个人账户储存额，转移额度与企业一样按 2009 年国务院办公厅 66 号文件执行（参见第十九章第五节）。

职业年金。单位在参加基本养老保险的基础上，应当为其工作人员建立职业年金；职业年金的筹资，单位按本单位工资总额的 8%缴费，个人按本人缴费工资的 4%缴费；工作人员退休后，可按月领取职业年金待遇。这一政策确实汲取了企业年金实施的经验，但有两点区别：一是明确规定供款标准，强制性建立制度，而不同于当时对企业年金规定的自愿建制原则；二是职业年金也可以一次性领取用于购买商业养老保险产品，依据保险契约领取待遇并享受相应的继承权。

经办管理。实质性的政策是：中央国家机关所属京外单位的基本养老保险实行属地化管理；在京中央国家机关及所属事业单位则由人力资源社会保障部负责管理，同时集中受托管理其职业年金基金。据此，人力资源社会保障部将原来在社会保险事业管理中心“挂牌”的中央国家机关养老保险管理中心分立出来，单建机构，专责管理在京中央国家机关及所属事业单位基本养老保险经办和职业年金基金受托管理事务。

实现两个根本转变

机关事业单位养老保险制度改革一举实现了两个根本转变。一是根本转变了 60 年来机关事业单位自我保障本单位退休人员的“雇主责任”模式，实行了社会化的养老保险制度。如果说 21 世纪以来先后建立的新农合、城居医保、新农保、城居保等制度，陆续弥补了我国社会保险制度空白的话，那么，机关事业单位改“单位保障”为社会保险就是落实社会保险法的规定，补齐了最后一块“非社会化”制度的短板，使我国基本社会保险制度覆盖全部法定人群成为现实。二是根本转变了自 20 世纪 50 年代以来企业劳动保险与机关事业单位退休养老制度分立的格局，按照统账结合的原则建立起同质化的制度，并在制度结构、筹资标准、待遇确定办法和调整机制上实现了完全统一，结束了两类群体养老保险“双轨制”的漫长历史。从这个角度看，2015 年 1 月 14 日国务院决定发布之日，应当是中国社会保障发展史上一个值得记忆的历史时刻。

作出改变历史的重大决策不易，把决策变为实践行动亦不轻松。在执行改革决定过程中，遇到的困难和矛盾集中在五个方面。一是人员范围厘定。政策规定的改革实施范围是适用于单位“编制内的工作人员”，而各类事业单位由于种种原因，超编用人现象普遍，有些人参加了企业职工基本养老保险，大量的没有任何制度性保障，还有相当一部分人长期混岗工作，甚至区分不清是否属于编制内人员。二是工资基数确定。这个问题在事业单位也比较突出，一些单位工资管理无序，超出基本工资和规定的绩效工资标准的收入多且杂，如何依规纳入缴费和计发待遇基数的问题，困扰着各地操作部门。三是财务安排。机关单位工资和缴费由各级政府预算安排，总体有资金渠道保障，但有些财政困难地区也时常捉襟见肘；各类事业单位就更复杂，有全额预算拨款、部分拨款和自收自支各种类型，如果单位不能及时足额缴费，将严重影响基金运行和待遇支付；强制建立的职业年金制度也面临同样的供款处境。四是过渡性政策平衡问题。各地人员结构、收入水平差异较大，合理确定相关参数，保证平稳过渡，力保大多数人在改革中受益，同时又不过度加重基金长期负担、不引发连锁攀比，难度很大。五是职业年金基金受托管理和运行监管问题，各地缺乏实践经验。这些问题，有些在制度设计时就有预料和相关政策准备，有些则是在执行中新出现的。国务院有关部门密集调研，连续出台了一系列政策措施，指导各地区、各单位严格执行国务院决定，稳妥实施改革。如对参保范围问题，严格界定在“编制内人员”，对编制外人员则引导参加当地企业职工基本养老保险。对过渡性安排，制定了渐进式政策——在改革实施 10 年内，待遇计发的新老办法对比，就高不就低并逐年减少。对一些试点地区过去已参加了个人缴费及建立养老保险个人账户的人员，规定了与新建个人账户的衔接政策。对职业年金管理，鉴于机关事业单位的特点，调整了企业年金由各企业分别自行选择受托机构的办法，改由省级社保经办机构作为集中代理人，统一遴选受托机构，并指导选择基金投资管理机构和托管机构。

至党的十九大召开前，各地都以省级政府名义印发了这项改革的实施办法，大部分省份启动了参保缴费和发放待遇工作。到 2018 年年底，全国参加基本养老保险制度的机关事业单位人员达 5 368 万人，占当年全国职工基本养老保险参保总人数的 12.8%；其中工作人员 3 571 万人，实际缴费人数 3 287 万人，占比 92%，比同期企业参保人员实际缴费率高 9 个百分点；退休人员 1 797 万人。当年基金收入 1.32 万亿元，比上年增长 26.8%；基金支出 1.27 万亿元，比上年增长 33.5%，表明制度处于快速发展中，期末累计结存基金近 3 000 亿元。①

至此，机关事业单位养老保险全面纳入了新制度的轨道。

第二节 整合制度板块 实现互联互通

合并实施城乡居民基本养老保险制度

在 2011 年组织城居保试点时，就已经考虑到要与新农保的基本制度和主要政策大体一致，以便为将来依照社会保险法推进两项制度的统一奠定基础。在当年的试点指导意见中提出：有条件的地方，城居保应与新农保合并实施；其他地方应积极创造条件将两项制度合并实施。在试点过程中，各地积极探索，勇于创新，到 2012 年年底就有 10 个省份统一实施了城乡居民基本养老保险制度。

2012 年党的十八大确定“统筹推进城乡社会保障体系建设”的目标，明确提出了“整合城乡居民基本养老保险”的任务。2013 年 1 月，国务院城乡居保试点工作领导小组召开第三次会议，部署贯彻党的十八大精神，要求 2013 年的新农保和城居保工作在继续扩大覆盖面、完善政策体系的同时，把重点放在合并实施两项制度、解决城乡衔接问题方面。会后，领导小组各成员单位一方面组成 6 个督导组，先后对 9 个省进行工作督导；另一方面，设立了新农保和城居保制度合并实施专门工作小组，着手研究两项制度合并的政策。

2014 年 2 月，国务院印发《关于建立统一的城乡居民基本养老保险制度的意见》（国发〔2014〕8 号，以下简称 8 号文件），决定在实现新农保

① 数据来源于人力资源社会保障部统计资料。

和城居保制度全覆盖基础上，依照社会保险法的规定，将两项制度合并实施，在全国范围内建立统一的城乡居民基本养老保险制度。国务院 8 号文件的基本政策框架延续了新农保、城居保的规定，显著的改进和完善有以下几个方面。

制度名称。统一为城乡居民基本养老保险制度（以下简称城乡居保）。新农保全名是“新型农村社会养老保险”，突出了政府的“社会”政策属性，以区别于商业养老保险；城居保试点和推开时，为寻求两项制度的一致性，也沿用了“社会”养老保险的称谓。在统一两项制度时，考虑到经过几年试点，社会保险的概念已经得到认同，为与职工养老保险制度相衔接，改称为“基本”养老保险，这也为将来构建多层次社会保障体系留出了空间。

缴费标准。在坚持分档自选原则基础上，全国统一为 12 个档次，即在城居保 10 档标准之上增设 1 500 元、2 000 元两个档次。这一安排，既保留了 100 元、200 元等低档，以适应低收入群体的缴费能力，又兼顾了有相对较高收入群体多缴费的诉求，也体现了随经济发展鼓励个人多为个人养老保障投入的政策导向。同时，授权省级政府根据本地实际增设缴费档次，但限定最高缴费档次标准原则上不超过当地灵活就业人员参加职工基本养老保险的年缴费额，以与职工养老保险的供款标准取得平衡。

政府补贴。延续中央和地方政府对两项制度的补贴政策，新增的规定是明确地方政府对选择 500 元及以上档次标准缴费的，补贴标准不低于每人每年 60 元，增强了多缴多得的激励性。

待遇政策。在两项制度原有规定基础上作了两处调整和补充：一是鉴于职工养老保险、新农保、城居保制度已普遍覆盖，不再将“待遇领取人员的子女按规定参保缴费”作为领取待遇的必备条件；二是待遇领取人员死亡的，有条件的地方政府可以结合本地实际探索建立丧葬补助金制度，增加了丧葬待遇的选项。

转移接续。参保人员在缴费期间户籍迁移、需要跨地区转移城乡居民养老保险关系的，可在迁入地申请转移养老保险关系，一次性转移个人账户全部储存额，并按迁入地规定继续参保缴费，缴费年限累计计算；已经按规定领取城乡居民养老保险待遇的，无论户籍是否迁移，其养老保险关系不转移。这是对原来的原则规定作了细化。

基金管理和运营。明确将新农保基金和城居保基金合并为城乡居民养老保险基金，统一纳入社会保障基金财政专户，实行收支两条线管理。要求各地在整合两项制度基础上逐步推进城乡居民养老保险基金省级管理。同时提出：城乡居民养老保险基金按照国家统一规定投资运营，实现保值增值。2013年年底，全国两项制度累计结存基金已达2 302亿元，其中个人账户结存2 055亿元，若不能有效保值，将在一定程度上削弱群众对制度的信心。这一新增规定，为城乡居民养老保险基金依规投资运营开辟了道路。

信息系统建设。要求各地整合新农保、城居保业务管理系统，形成省级集中的城乡居民养老保险信息管理系统，纳入“金保工程”建设，并与其他公民信息管理系统实现信息资源共享；将信息网络向基层延伸，实现省、市、县、乡镇（街道）、社区实时联网，有条件的地区可延伸到行政村；大力推行全国统一的社会保障卡，方便参保人持卡缴费、领取待遇和查询本人参保信息。即：合二为一、集中到省、下延到村、便利到人。这些规定，既是对基层经验的总结，也对统一城乡居保制度并提升管理服务能力提出了新任务。

国务院确定的时间节奏是：“十二五”期末，在全国基本实现新农保和城居保制度合并实施，并与职工基本养老保险制度相衔接；2020年前，全面建成公平、统一、规范的城乡居保制度，与社会救助、社会福利等其他社会保障政策相配套，充分发挥家庭养老等传统保障方式的积极作用，更好保障参保城乡居民的老年基本生活。

国务院8号文件发布后，人力资源社会保障部、财政部联合召开全国视频会议进行部署，印发专项工作宣传提纲，举办业务培训班；国务院新闻办公室组织了专题新闻发布会，中国政府网也安排了政策解读。有关部门制定了统一的经办规程、信息系统建设意见，启动城乡居保业务信息系统、待遇核查比对系统、跨省转移系统升级调整工作，并派出6个调研组到12个省份调研指导地方工作。各地区也加紧推进各项工作。到2015年，全国所有省级地区都制定了新的城乡居保实施意见，基本实现了制度名称、政策标准、经办服务、信息系统“四统一”，实现了国务院 8 号文件确定的第一步目标。到 2018 年年底，全国参保人数为 52 392 万人（其中城镇居民 2 236 万人），其中应缴费人员 35 654 万人，实际领取待遇 15 898 万人；当年基金收入 3 838 亿元，基金支出 2 906 亿元，累计结存 7 250 亿元，其中个人账户结存 6 563 亿元。①

新农保、城居保合并为城乡居民基本养老保险制度，使城乡之间的制度公平性进一步彰显，还使原来职工养老保险、新农保、城居保三项制度的体系结构简化为职工和城乡居民两大制度板块，在解决被社会诟病的制度“碎片化”矛盾方面迈进了一大步。

实现城乡各项养老保险相互转续衔接

就在国务院 8 号文件发布 3 天后，人力资源社会保障部、财政部印发了《城乡养老保险制度衔接暂行办法》。

由于 8 号文件已经规定了城乡居保制度内部的转移接续政策，这个衔接办法重点解决参保人在城乡居保与职工基本养老保险之间的衔接问题，分三种情形规定了政策：一是参保人从城乡居保转入职工养老保险的，其已有个人账户全部储存额并入职工养老保险个人账户，其城乡居保缴费年限不合并计算或折算为职工养老保险缴费年限；二是参保人从职工养老保险转入城乡居保的，其已有个人账户全部储存额并入城乡居保个人账户，其参加职工养老保险的缴费年限合并计算为城乡居保的缴费年限；三是参保人在同一年度内同时参加职工养老保险和城乡居保的，其重复缴费时段（按月计算）只计算职工养老保险缴费年限，并将城乡居保重复缴费时段相应个人缴费和集体补助退还本人。此外规定：参保人不得同时领取职工养老保险和城乡居保待遇，在两项制度中都具备领取待遇资格的，按职工养老保险计发基本养老金，终止并解除城乡居保关系，除政府补贴外的个人账户余额退还本人，已领取的城乡居保基础养老金应予以退还。

这组政策力图在跨制度的养老保险关系衔接上体现四条基本原则：一

① 数据来源于人力资源社会保障部《2018 年度人力资源和社会保障事业发展公报》。

是公平性原则，确保每个参保人，不论其户籍和身份，都有平等获得国家制度性安排的养老保障的权利；二是流动性原则，即无论参保人身份怎么变，也无论其是跨地区流动还是跨制度转移，都要为其衔接养老保险关系；三是保障性原则，即在各种转移、接续、衔接政策实施和经办管理中，都要保障参保人员在各个阶段已有的养老保险权益得以延续累加，做到不断、不漏；四是唯一性原则，即每个参保人在同一时期内，基本养老保险关系应该是唯一的，最终领取的基本养老金应当只有一种。基于这些原则，《城乡养老保险制度衔接暂行办法》对五个方面作了明确：一是明确了不同制度之间衔接方式、资金转移、经办规程等办法；二是明确了衔接时点，即在参保人达到法定退休年龄时办理衔接手续，而此前的参保缴费期不需要进行衔接；三是明确了衔接条件，即参保人达到法定退休年龄后，以职工养老保险缴费年限是否满 15 年（含延长缴费至 15 年）为界，实行双向衔接——满 15 年的可以从城乡居保转入职工养老保险并享受相应的待遇，不满 15 年的可以从职工养老保险转入城乡居保；四是明确了权益累计办法，即参保人流动后，其个人账户随之转移并累加计算基本养老保险待遇；五是明确了重复参保的处理办法，即对重复缴费予以清退，对重复领取待遇的，清理后只保留一种待遇。

《城乡养老保险制度衔接暂行办法》是在 2009 年国务院办公厅 66 号文件和 2014 年国务院 8 号文件分别规定职工养老保险和城乡居保各自内部跨地区转移接续政策基础上，首次对跨两种制度的衔接政策作出规定，是弥合制度鸿沟的一大进展。为此，各地及时健全县级以上社保经办机构联系方式信息库，并向社会公布，把原来只办理职工养老保险跨地区转移接续手续扩展到为所有养老保险参保人办理跨地区和跨制度转移衔接手续，这也促进了全国统一的基本养老保险参保缴费信息查询服务系统的完善及全国通用社会保障卡的加快普及应用。

2015 年后，随着机关事业单位养老保险制度改革的实施，新的问题出现了——机关事业单位养老保险如何转移接续？这不仅涉及制度范围内的单位间、地区间转移接续，也涉及与企业职工养老保险的双向跨制度衔接；不限于基本养老保险关系和基金，还包括职业年金关系和资金。2017 年 1

月，人力资源社会保障部、财政部联合发布《关于机关事业单位基本养老保险关系和职业年金转移接续有关问题的通知》及相关经办规程，具体规定了基本养老保险参保人在五种流动情形下的转移接续政策——在同一统筹范围内的机关事业单位之间流动的，在机关事业单位养老保险制度内跨统筹范围流动的，从机关事业单位流动到企业的，跨统筹范围流动或从机关事业单位流动到企业的，从企业流动到机关事业单位的，主要政策与2009年国务院办公厅66号文件和2015年国务院2号文件规定的转移接续政策是一致的，但在转移条件、多次转移、待遇计发参数确定等方面的规定更加细致。新增政策是参保人流动后有关职业年金的处理，分为在由相应的同级财政全额供款的单位之间流动，从机关事业单位流动到企业、在非同级财政全额供款的单位之间流动，或者从财政全额供款单位流动到非财政全额供款单位，从非财政全额供款单位流动到财政全额供款单位三种情形，分别规定了职业年金转移接续办法。

除此之外，配合《军人保险法》的施行，人力资源社会保障部、财政部和军队有关管理机关于2012年、2015年两次联合印发了有关军人退役到地方后的养老保险关系转移接续的专门政策，并于2014年开通了全国联网的军人保险关系转移信息系统。

实施城乡各项养老保险转移接续衔接政策，践行了党的十八大提出的“适应流动性”要求，建造了一座连接城乡、区域和各类参保人的互通式“立交桥”，使我国养老保险体系真正形成了网状结构，更好地保障了全体劳动者和城乡居民的养老保障权益。

第三节　统筹调整城乡基本养老金待遇

党的十八大后，根据国家经济发展和各方面承受能力，继续稳步提高各项养老保险待遇水平，较之以前调待工作的发展变化是，统筹城乡和各类群体的综合平衡指向更加鲜明。①

① 本节相关数据来源于人力资源社会保障统计资料。

继续连年调整企业退休人员待遇

2013 年的企业退休人员调待工作在 2012 年党的十八大后就作出部署，继续按平均增长 10%的幅度安排，并向企业退休高工等群体倾斜。当年有 6 825 万名企业退休人员参加调待，月人均增加 195 元；其中 99 万名企业退休高工月人均增加 430 元，比全国“普调”180 元的水平高出 1.4 倍；1 740 万名 70 岁以上高龄退休人员也继续作为倾斜对象，月人均增加 237 元，比“普调”多 57 元。

这一年企业调待工作有了一个新特点，就是中央祭出了行政纪律的“宝剑”，规范各地调待实施工作。

在多年调待工作中，有关部门和各地区不断积累和总结经验，在保障和改善企业退休人员基本生活的同时，调待工作本身也逐渐形成稳定的规范。但也有一些地区超出中央确定的增长幅度，自行提高本地的调待水平。虽然这些地区想为群众“谋福利”的意愿是好的，但如果各自为政，随性而为，必定引发地区之间的相互攀比，损害国家统一制度的完整性，加大各地养老保险基金的支付压力，还会形成调高群众胃口的不良倾向。针对这种情况，经国务院批准，人力资源社会保障部、财政部在《关于 2013 年调整企业退休人员基本养老金的通知》中强调：“各地区要从大局出发，充分认识调整企业退休人员基本养老金工作的重要性和严肃性，按照《国务院办公厅关于各地不得自行提高企业基本养老金待遇水平的通知》（国办发〔2001〕50 号）要求，根据两部批准的调整水平认真组织实施，不得自行提高调整水平。对自行提高基本养老金调整水平的地区予以通报批评，并相应扣减中央财政补助资金。”通知严肃了调待纪律，申明了处罚措施。

2013 年第四季度，两部对各地调待情况进行检查，发现有 12 个省份实际调整标准超过批准的调整标准 10 元以上。报经国务院同意，两部发出通报，对超标调整的地区予以批评，并约谈有关负责人；同时相应扣减了 7 个省份的中央财政补助资金近 5 亿元。这对维护国家政策的权威性和统一性起到了引导和约束作用，对规范调待工作秩序起到警示效应。

2014年，仍按增长10%的幅度安排企业退休人员调待，全国有7 411万名企业退休人员参加调待，月人均增加202元。这一年的调待继续采取“定额调整+挂钩调整”与适当倾斜相结合的办法。定额调整注重公平，就全国各地平均而言，月人均增加102元；与缴费年限或本人养老金等因素挂钩调整，强调多缴多得的激励机制，就全国各地平均而言，月人均增加87元；适当倾斜的主要对象是高龄退休人员，在“普调”基础上对退休早、养老金水平相对偏低的这类群体再适当提高调整水平，就全国各地平均而言，月人均增加13元（按全部退休人员计算）。但2014年不再统一把企业退休高工作为倾斜的专门对象，主要是鉴于经过多年持续倾斜，这一群体的待遇水平已有较大幅度提高，“待遇差”矛盾有所缓解，同时也为避免引起企业退休中级职称人员及领导干部等群体的攀比；至于部分地区仍有少数退休早、养老金水平相对偏低的企业退休高工，授权各地根据实际情况，在适当照顾低收入群体的政策范围内确定小幅倾斜的措施。这一年，继续严格执行调待纪律，对个别超标准调待的地区，国务院责成人力资源社会保障部、财政部分别对相关地区提出批评，并相应扣减中央财政补助资金。

从2014年10月1日起，随着调整机关事业单位工作人员基本工资标准，相应增加了机关事业单位离退休人员的离退休费，基本规则是按其在职时的职务级别分档增加。30万名企业离休人员也比照同一规则提高了待遇标准。这也是机关事业单位养老保险制度改革前的最后一次待遇调整。

2015年的企业退休人员调待，仍按10%的增长幅度安排，全国有7 974万名企业退休人员参加调待，月人均增加220元。就全国各地平均而言，定额调整月人均增加108元，挂钩调整月人均增加99元，对1 988万名高龄退休人员人均倾斜47元。经过前两年纪律整肃，2015年超标自行提高待遇的地区明显减少。

党的十八大后连续三年按10%的增幅调待，使企业退休人员基本养老金水平有了较大提高。2015年全国企业退休人员基本养老金月人均达到2 240元，比2012年增加490元，三年增长近30%（见表24-1）。

表 24-1　2013—2015 年调整企业退休人员基本养老金情况

年度	参加人数/万人	月人均增加/元	月人均水平/元	增长/%
2013	6 825	195	1 856	10. 1
2014	7 411	202	2 050	10. 5
2015	7 974	220	2 240	9. 3

机关和企事业单位统一调待

从 2016 年开始，调待工作进入了一个新阶段，呈现出不同以往的几个特点。

一是统筹安排。随着机关事业单位养老保险制度改革启动实施，而且国务院 8 号文件已明确今后的调待执行统一办法，因此对机关事业单位退休人员改变了过去随在职人员调整工资而提高待遇的方法，与企业退休人员统筹安排，执行同样的调待范围、起始时间和调整规则。由于扩大了范围，2016 年参与调待的退休人员首次超过亿人，其中企业 8 460 万人，机关事业单位 1 670 万人；2017 年达到 1. 07 亿人，其中企业 8 937 万人，机关事业单位 1 775 万人；2018 年达到 1. 13 亿人，其中企业 9 438 万人，机关事业单位 1 820 万人；2019 年预计近 1. 2 亿人。

二是增幅下调。根据中央作出的经济发展进入新常态的判断——从高速发展转为中高速发展、追求更高发展质量的阶段，鉴于经济下行压力加大的趋势，同时考虑到已连续多年按 10%的高增幅安排企业调待，基金承受能力不可持续，因此 2016 年的统一调待增幅定为 6. 5%左右，2017 年为 5. 5%左右，2018 年和 2019 年均为 5%左右。2016 年至 2018 年，全国退休人员月人均实际增加基本养老金分别为 177 元、156 元和 146 元。

三是差别操作。鉴于机关事业单位养老金水平高于企业退休人员，因而在统一增幅的前提下，对企业退休人员安排的增幅略高于机关事业单位同类人员，以进一步缓解“待遇差”矛盾。

四是结构化调整。继续采取定额调整、挂钩调整与适当倾斜相结合的办法。其中定额调整，即各类退休人员执行统一标准；挂钩调整，要求企业退休人员要占全部调待资金的50%以上，机关事业单位退休人员则主要与其养老金水平挂钩，也考虑工作年限、职务职级等因素；适当倾斜政策规定，除了高龄且养老金水平较低人员外，鉴于2015年已提高了机关事业单位在职工作人员艰苦边远地区津贴，2016年同步考虑提高同地区机关事业单位退休人员待遇，并对同地区企业退休人员给予倾斜。

五是定向补助。中央财政继续按全国平均调整水平的40%对24个省份给予补助；同时对24个省份的机关事业单位调待按相同比例补助，对中央在京单位由中央财政全额补助。

这次调整仍从2016年1月1日起实施；但鉴于企业与机关事业单位统筹调待的准备工作更为复杂，不再强调春节前发放到位，改为要求各地在当年9月底前完成。

这期间，对机关和企事业单位离休人员，则继续随在职工作人员工资标准调整，于2016年和2018年两次提高了离休费水平。

2016年至2019年的四年，尽管调待增幅有所下调，但与2015年至2018年全国城镇家庭人均可支配收入的增幅比例关系处于0.6～0.8的区间，大体是恰当的，而且明显高于同期居民消费价格指数，亿万退休人员的获益也是实在的。特别是企业退休人员，虽然调待增幅从前三年的10%下调到5%左右，但2016年至2018年实际增加的基本养老金额度仍相当于前三年的90%左右。

提高城乡居保基础养老金

2009年新农保开始首批试点，2011年城居保与新农保同步开展试点，2012年实现了两项制度对全国所有地区的普遍覆盖。这几年是制度快速扩张时期，国家统一的基础养老金最低标准始终维持在每人每月55元，没有变动，以利于平衡先后试点、建制地区的关系。到2013年年底，两项制度合并为城乡居保并覆盖了5亿多城乡居民，适当提高最低待遇标准的条件成熟。社会各界也纷纷呼吁，全国大多数地区，实际上已经根据本地情况和财政能力，或多或少地提高了基础养老金标准。

2015年1月初，人力资源社会保障部、财政部印发通知，从2014年7

月 1 日起，将全国城乡居保的基础养老金最低标准从每人每月 55 元提高到 70 元，并明确，此次增加的基础养老金金额不得冲抵或替代各地自行提高的基础养老金，即“做加法”；所需资金继续按原有政策，由中央财政对中西部地区给予全额补助，对东部地区给予 50%补助。到 2015 年 7 月底，全国所有地区都将新增的基础养老金补发到位，1.45 亿城乡老年居民从中获益；同时有 27 个省份、2 500 多个县级政府在此基础上另增了基础养老金。到年底，全国 15 311 万名城乡居保待遇领取者平均月养老金水平约为 120 元，其中基础养老金超过 100 元，比调待前实际增加 20 元。此后两年，城乡居保待遇继续维持在这一水平。

落实党的十八届三中全会关于“建立健全合理兼顾各类人员的社会保障待遇确定和正常调整机制”的要求，2018 年 3 月，人力资源社会保障部、财政部印发《关于建立城乡居民基本养老保险待遇确定和基础养老金正常调整机制的指导意见》，总结归纳试点九年来的经验，对城乡居保待遇确定和调整规范了五方面机制。一是待遇确定机制，稳定了城乡居保的双重待遇结构——基础养老金+个人账户养老金，明确了各自资金来源、计发标准及确定权属，在全国统一规则的前提下，特别提倡各地对长缴、多缴的参保人适当加发年限基础养老金。二是基础养老金正常调整机制，明确全国基础养老金最低标准调整由人力资源社会保障部会同财政部，统筹考虑城乡居民收入增长、物价变动和职工基本养老保险等其他社会保障标准调整情况，适时提出方案，报请党中央和国务院确定；地方基础养老金的调整由同级政府确定。三是个人缴费档次标准调整机制，赋予各地根据城乡居民收入增长情况合理确定和调整养老保险缴费档次标准的权力，但规定最高缴费档次标准原则上不超过当地灵活就业人员参加职工基本养老保险的年缴费额，对重度残疾人等缴费困难群体可保留现行最低缴费档次标准。四是缴费补贴调整机制，要求各地建立缴费补贴动态调整机制，根据经济发展、个人缴费标准提高和财力状况，合理调整缴费补贴水平，对选择较高档次缴费的人员可适当增加缴费补贴。五是个人账户基金投资运营政策，要求各地按照国务院有关规定，开展城乡居保基金委托投资，实现基金保值增值，提高个人账户养老金水平和基金支付能力。

依据这个文件，2018 年 5 月，人力资源社会保障部、财政部印发通知，自 1 月 1 日起，将全国城乡居保基础养老金最低标准从每人每月 70 元提高至 88 元，有关资金来源和补助比例仍执行原有规定。这是党的十八大以来第二次全国统一提高城乡居保养老金标准，体现出在社会保障领域统筹城乡的更大力度。到 2019 年 4 月此次调待政策全面落实后，全国城乡居民基本养老金平均水平超过 160 元，其中基础养老金达到 140 元。

第四节　保证可持续性的三大举措

党的十八大提出以增强公平性、适应流动性、保证可持续性为重点完善社会保障体系。七年来落实这“三性”要求，各有一系列政策措施，其中“保证可持续性”的需求在养老保障领域最为突出，集中采取了三方面举措。

基本养老保险基金投资运营

回顾 1991 年国务院 33 号文件发布 20 多年来的有关养老保险基金投资政策，始终强调“全部购买国家债券和存入专户，严格禁止投入其他金融和经营性事业”；即使对做实个人账户试点的地区，也要求个人账户基金中中央财政补助部分委托全国社保基金会投资，地方管理的部分仍限于存银行、买国债等狭窄投资领域。实践中，养老保险结存基金往往只能获取微薄的银行利息，“缩水”现象严重，达不到保值增值的目的。到 2014 年年底，全国职工基本养老保险基金结存总量已达 3.18 万亿元，加上城乡居保结存基金，合计 3.56 万亿元，而多年平均收益率只有不到 2%。对养老保险基金能否长期持续发展，社会表现出担忧，人大代表、政协委员和学术界提出了多种建议，总的倾向是在确保基金安全前提下开辟更多的保值增值渠道。

在党的十八大后研究拟定完善养老保险制度总体方案时，各方面就对这个重大问题进行了深入研究。2015 年，中央作出决策——借鉴全国社会保障基金、企业年金基金投资运营以及广东等地委托社保基金会投资基本养老保险基金的经验，按照市场化、多元化、专业化的原则开展基本养老保险基金投资。8 月 17 日，国务院颁布《基本养老保险基金投资管理办法》

（国发〔2015〕48 号），共 11 章 72 条，详细规定了适用基金范围、法人治理结构、投资范围、基金估值和管理费用、监管措施和法律责任。国务院 48 号文件的重大突破在于以下几点。

适用范围。超越原来规定的个人账户做实基金和企业年金基金，首次将企业职工、机关事业单位工作人员和城乡居民基本养老保险基金纳入可以投资的范围，要求各省级地区养老基金结余额预留一定支付费用后，确定具体投资额度，委托给国务院授权的机构进行投资运营。目前，暂委托社保基金会投资。

治理结构。改变原来由行政部门管理养老基金投资的体制，实行市场化方式，由省级政府作为投资委托人，分别与受托机构签订委托投资合同，再由受托机构选择基金托管机构、投资管理机构，签订托管合同和投资管理合同。市场机构按照合同履行各自职责和信息披露、报告义务，人力资源社会保障部、财政部和国家金融监管部门按照各自职责进行监督。

投资领域。超越存银行、买国债的局限，养老基金境内投资包括：银行存款，中央银行票据，同业存单；国债，政策性、开发性银行债券，信用等级在投资级以上的金融债、企业（公司）债、地方政府债券、可转换债（含分离交易可转换债）、短期融资券、中期票据、资产支持证券，债券回购；养老金产品，上市流通的证券投资基金，股票，股权，股指期货，国债期货。此外，还可以通过适当方式参与国家重大工程和重大项目建设投资，对国有重点企业改制、上市进行股权投资。

资产配置。分别规定了各大类投资的占比，兼顾基金安全性和流动性。特别是规定“投资股票、股票基金、混合基金、股票型养老金产品的比例，合计不得高于养老基金资产净值的 30%”，防范股市风险，也消除了社会上认为养老基金投资就是投资股市的误解。

国务院要求各地将投资运营的养老基金归集到省级社会保障基金财政专户，统一委托投资。各省从 2016 年起开始归集投资基金，但各地养老基金聚散程度不一，归集进度有快有慢，最早起步的有北京、上海、安徽、河南、湖北、广西、云南、陕西 8 个省级地区，至 2018 年年底，全国已有 17 个省份确认委托投资 8 500 多亿元，尽管这只占全国结存基金的一小部分，但此举在基本养老保险基金投资运营方面蹚出了一条新路，展现出保值增值的广阔前景。

实行养老保险基金中央调剂制度

提高统筹层次、增强分散风险能力始终是职工养老保险制度改革追寻的重要目标。党的十八大首次鲜明提出“实现基础养老金全国统筹”。党的十九大进一步提出“尽快实现养老保险全国统筹”，反映了此项任务面对人口老龄化高峰期逼近的紧迫性。

按照这一部署，国务院确定了“两步走”的策略——首先建立中央调剂制度，并加快完善省级统筹，在此基础上再适时实行全国统筹。2017 年 9 月，人力资源社会保障部、财政部印发《关于进一步完善企业职工基本养老保险省级统筹的通知》，从六个方面提出规范意见：要求各地在实现“六统一”的基础上，积极创造条件实现全省基本养老保险基金统收统支，对省内仍单独统筹的地区要尽快纳入省级统筹范围；严格执行国家规定的基本养老保险费率，不得自行调整，全省尚未统一费率的至迟在 2020 年实现统一；执行国家规定的单位和个人缴费基数核定办法，并尽快统一全省缴费基数上下限等参数；要求各地严格执行国家统一的待遇政策，不得自行出台政策或扩大纳入基金支付的待遇范围；完善省级预算制度，加强对基金的统一调度使用，健全省内基金缺口分担机制；统一全省业务经办规程，实现信息系统和数据向省集中。这些措施，实际上是在为实行中央调剂制度及全国统筹夯实基础。至 2019 年年初，在 4 个直辖市，福建、陕西、青海、西藏 4 省（区）和新建生产建设兵团已实行基金统收统支的基础上，广东省也制定了省级统收统支的办法，其他 19 个省（区）将在 2019 年或 2020 年施行。

2018 年 5 月，国务院印发《关于建立企业职工基本养老保险基金中央调剂制度的通知》（国发〔2018〕18 号），自当年 7 月 1 日起实施。建立中央调剂制度的基本原则：一是促进公平，通过实行部分养老保险基金中央统一调剂使用，合理均衡地区间基金负担，提高养老保险基金整体抗风险能力；二是明确责任，实行省级政府扩面征缴和确保发放责任制，中央政府通过转移支付和养老保险中央调剂基金（以下简称中央调剂基金）进行补助，建立中央与省级政府责任明晰、分级负责的管理体制；三是统一政策，国家统一制定职工基本养老保险政策，逐步统一缴费比例、缴费基数核定办法、待遇计发和调整办法等，最终实现养老保险各项政策全国统一；四是稳步推进，合理确定中央调剂基金筹集比例，平稳起步，逐步提高，进一步统一经办规程，建立省级集中的信息系统，不断提高管理和信息化水平。主要政策如下。

中央调剂基金筹集。由各省份养老保险基金上解的资金构成。按照各省份职工平均工资的 90%和在职应参保人数作为计算上解额的基数，上解比例从 3%起步，逐步提高。考虑到各地在平均工资、参保人数等参数方面的参差状况，具体规定各省份职工平均工资为统计部门提供的城镇非私营单位和私营单位就业人员加权平均工资（首次在全国范围内将私营单位职工平均工资列为基础参数，也是一项不小的突破）；而各省份在职应参保人数暂以在职参保人数和国家统计局公布的企业就业人数二者的平均值为基数核定，将来条件成熟时再以覆盖常住人口的全民参保计划数据为基础确定在职应参保人数。到 2019 年，中央调剂基金的上解比例按计划调高至 3.5%。

中央调剂基金拨付。实行以收定支，当年筹集的资金全部拨付地方。根据人力资源社会保障部、财政部核定的各省份离退休人数，按照全国人均拨付定额，确定中央调剂基金对各省的拨付资金额。这为各地参与中央调剂确定了统一、公平的规则。

中央调剂基金管理。纳入中央级社会保障基金财政专户，实行收支两条线管理，专款专用，不得用于平衡财政预算。中央调剂基金采取先预缴预拨后清算的办法，资金按季度上解下拨，年终统一清算。为解除地方对本地结存基金被“平调”的顾虑，明确各地在实施中央调剂制度之前累计结余基金原则上留存地方，用于本省（区、市）范围内养老保险基金余缺调剂。

中央财政补助。明确现行中央财政补助政策和补助方式保持不变，这给中西部地区吃了一颗“定心丸”；但申明，中央财政补助资金和中央调剂基金拨付后，各省份养老保险基金缺口由地方政府承担，要求省级政府切实承担起确保基本养老金按时足额发放和弥补养老保险基金缺口的主体责任。

为保障中央调剂制度的顺利实施，文件还提出了完善省级统筹制度、强化基金预算管理、建立健全考核奖惩机制、推进信息化建设等措施。

国务院18号文件的颁布，标志着我国职工基本养老保险制度在经历了县级、地市级、省级统筹的发展过程后，开始跨入了全国统筹的门槛。2019年，除了中央财政继续安排对中西部地区和老工业基地养老保险专项转移支付5 285亿元外，中央调剂基金规模可达6 000亿元，其中受益省份受益规模将达1 600亿元。尽管这只是迈出的第一步，而且还局限于企业养老保险制度，但可以预见，实现基金真正全国统筹的时间已经不会太遥远了。

制定全国社会保障基金条例，充实社会保障基金

全国社会保障基金是国家社会保障的战略储备资金，自2000年建立并由中央财政注入第一笔200亿元资金后，到2015年管理资产总额已达1.9万亿元，其中基金权益资产1.5万亿元，但一直是按照有关政策文件运作，没有一个稳定的法规规范。在总结了近16年的运行经验后，国务院于2016年3月颁布《全国社会保障基金条例》（国务院第667号令），自当年5月1日起施行。《全国社会保障基金条例》共5章30条，主要规范如下。

基金构成。由中央财政预算拨款、国有资本划转、基金投资收益和以国务院批准的其他方式筹集的资金构成，明确了基金的主要来源。

基金功能。作为国家社会保障储备基金，用于人口老龄化高峰时期的养老保险等社会保障支出的补充、调剂，由国务院确定基金使用方案。

基金规模。由国家根据人口老龄化趋势和经济社会发展状况确定和调整。

管理运营。由财政部、国务院社会保险行政部门负责拟订管理运营办法，报国务院批准后施行。社保基金会按照国务院批准的比例在境内外市场投资运营，可以委托投资或者以国务院批准的其他方式投资，其中委托投资的应选择符合法定条件的专业投资管理机构、专业托管机构分别担任基金投资管理人、托管人。制定基金的资产配置计划、确定重大投资项目，应当进行风险评估，并集体讨论决定。明确了基金管理运营的基本规则。

监督。财政部、国务院社会保险行政部门按照各自职责对全国社会保

障基金的收支、管理和投资运营情况实施监督；国家金融、外汇管理部门按照各自职责对投资管理人投资、托管人保管全国社会保障基金情况实施监督；审计署每年至少进行一次审计，并向社会公布审计结果。

《全国社会保障基金条例》还规定了法律责任，以及经国务院批准社保基金会受托管理运营的各省社会保险基金的管理规定。《全国社会保障基金条例》的颁布实施，使全国社会保障基金的筹集、管理、投资、监管从此有了法制化的遵循。

紧接着，2017 年 11 月，国务院又发布了《划转部分国有资本充实社保基金实施方案》（以下简称《方案》）。这是落实国家“十三五”规划纲要“划转部分国有资本充实社保基金”的重大举措。《方案》确定的指导思想是：通过划转部分国有资本充实社保基金，使全体人民共享国有企业发展成果，增进民生福祉，促进改革和完善基本养老保险制度，实现代际公平，增强制度的可持续性。《方案》规定了一整套划转政策。

划转范围。除公益类企业、文化企业、政策性和开发性金融机构以及国务院另有规定的外，中央和地方国有及国有控股大中型企业、金融机构全部纳入。

划转方式。中央和地方企业集团已完成公司制改革的，直接划转企业集团股权；未完成公司制改革的，改制后按要求划转企业集团股权；同时探索划转未完成公司制改革的企业集团所属一级子公司股权。

划转比例。目前统一为企业国有股权的 10%，基本目标是弥补因实施视同缴费年限政策形成的企业职工基本养老保险制度基金缺口；今后结合养老保险制度改革及可持续发展的要求，再研究是否进一步划转。

承接主体。划转的中央企业国有股权，由国务院委托社保基金会负责集中持有，单独核算。条件成熟时，经批准，社保基金会可组建养老金管理公司，独立运营划转的中央企业国有股权。划转的地方企业国有股权，由各省级政府设立国有独资公司集中持有、管理和运营。也可委托本省（区、市）具有国有资本投资运营功能的公司专户管理。

划转步骤。2017 年选择国务院国资委监管的中央管理企业 3~5 家、中央金融机构 2 家以及部分省份开展试点。2018 年及以后，分批划转其他符合条件的中央管理企业、中央行政事业单位所办企业以及中央金融机构的国有股权，尽快完成划转工作；各省级政府负责组织实施本地区地方国有企业的国有股权划转工作。

《方案》还对划转程序、承接主体对国有资本的管理以及相关配套措施作出了具体规定。

“划转部分国有资本充实社保基金”是一个涉及长远和全局的重大决策，不仅为应对老龄化高峰期的挑战拓宽筹资渠道，同时也进一步彰显了国有资本全民共享的本质属性。《方案》中有关“划转的国有股权是基本养老保险基金的重要组成部分”的明确定位，充分体现了这一决策的内在要求。

按照这一部署，划转部分国有资本充实社保基金的试点循序进行，2018 年 5 家中央企业和两个省基本完成了实现任务，同时部署另外 19 家中央企业（包括 4 家中央金融企业）进行试点。至年底，全国共划转国有资本金 1 000 多亿元，中央企业分红收益按规定缴至社保基金会账户。加上按《全国社会保障基金条例》规定的其他资金投入和收益的增长，到 2018 年年底，全国社会保障基金权益总规模已达 2. 96 万亿元，其中基金权益规模达 1. 8 万亿元，比 2012 年增长 1 倍，进一步夯实了养老保险可持续发展的物质基础。

第五节　多层次养老保障新发展

党的十八大召开以后的七年，按照“多层次”的构想，在基本养老保险制度得以完善的同时，作为养老保险第二支柱的企业年金、职业年金也有了显著发展，第三支柱建设亦开始起步。①

完善企业年金政策

回顾前两篇的记述，1995 年劳动部制定《关于建立企业补充养老保险制度的意见》，开始探索建立第二支柱；2000 年在完善社会保障体系试点方案中，将企业补充养老保险更名为企业年金，并规定对试点地区建立企业

① 本节相关数据来源于人力资源社会保障部统计资料。

年金给予工资总额 4%的企业所得税减免优惠，后来推及全国；2004 年劳动保障部颁布《企业年金试行办法》以及《企业年金基金管理试行办法》等规章，将企业年金转为市场化投资运营。这些实践，为全面构建我国多层次养老保障体系积累了初步经验。到 2012 年年底，全国建立企业年金的企业有 5.5 万户，参加职工 1 847 万人，基金规模达 4 821 亿元。

党的十八大后，在完善企业年金方面又采取了多项积极举措。

统一税收政策

2013 年 12 月，财政部、人力资源社会保障部、国家税务总局联合印发《关于企业年金职业年金个人所得税有关问题的通知》，明确了企业年金、职业年金的单位和个人供款的有关税收政策，自 2014 年 1 月起施行。

单位供款。企业和事业单位根据国家有关政策规定的办法和标准，为本单位职工缴付的企业年金和职业年金单位缴费部分，在计入个人账户时，个人暂不缴纳个人所得税。

个人供款。在不超过本人缴费工资计税基数的 4%标准内的部分，暂从个人当期的应纳税所得额中扣除。

投资收益。企业年金和职业年金基金投资运营收益分配计入个人账户时，个人暂不缴纳个人所得税。

领取年金。个人达到国家规定的退休年龄，在 2014 年 1 月 1 日后按月领取的年金，全额按照“工资、薪金所得”项目适用的税率计征个人所得税；按年或按季领取的年金，平均分摊计入各月，每月领取额全额按照“工资、薪金所得”项目适用的税率计征个人所得税。

这一规则的要旨是：企业年金、职业年金在供款阶段的缴费和投资阶段的收益，计入个人账户的部分，全部或限量免征个人所得税；在领取待遇阶段，按规定税率计税。实质是通过个人所得税的递延政策，鼓励用人单位按国家规定建立补充养老保险。

规范企业年金制度

2017 年 12 月，人力资源社会保障部、财政部联合发布《企业年金办法》，从2018年2月1日起施行。这个部门规章是在总结企业补充养老保险实行20年经验基础上制定的，不再定位于“试行”“暂行”，显示出制度走向规范的态势。《企业年金办法》共7章32条，与2004年的《企业年金试行办法》相比，有多处创新与突破。

法规依据。除劳动法和国务院有关规定外，随着国家法制建设的进步，增加了劳动合同法、社会保险法和信托法，使建立企业年金制度的法律依据更加稳固，也更适应市场化投资的需要。

适用范围。不再限于企业及其职工，还扩展到参加职工基本养老保险的其他用人单位及其职工。

方案内容。增加了资金分配的比例和办法、权益归属两项，规定个人缴费及其投资收益自始归属于职工个人；个人账户中企业缴费及其收益，企业可以与职工约定自始归属于职工个人，也可以约定随职工在本企业工作年限的增加逐步归属于职工个人。这一补充，使企业年金方案的内容更完整，规范性更强，有助于减少纠纷，也提升了企业年金制度凝聚职工的功能。

成立程序。增加了企业年金方案变更和终止以及中止和恢复等情形的处理办法，同时规定了跨地区企业建立企业年金的报审规则，使企业年金建立和运行的程序更加严密。

筹资规模。规定企业缴费每年不超过本企业职工工资总额的8%，企业和职工个人缴费合计不超过本企业职工工资总额的12%。比《企业年金试行办法》企业缴费不超过工资总额的1/12、企业和职工个人缴费合计一般不超过工资总额的1/6的规定，总的筹资规模有所降低，并倾向于企业比职工个人承担更多的供款责任，与职业年金保持政策平衡。同时规定了企业不能继续缴费情况下的中止办法和恢复缴费能力后的补缴办法，使制度的弹性更强。

限制差别。要求企业年金方案合理确定本单位当期缴费计入职工企业年金个人账户的最高额与平均额的差距，明确这一差距不得超过5倍。这一政策是《企业年金试行办法》中没有的。实践中，一些企业的高管层与普通职工的工资差别很大，在基本养老保险中执行300%的缴费高限，均衡了“待遇差”；如果在企业年金中放任，将出现高管层过多获益的情形，实际损害了大多数职工的利益。有了限高政策，可以缓解这一矛盾。

企业账户。在个人账户之外，可以另建企业账户，主要是归集企业年金暂时未分配至职工个人账户的企业缴费及其收益部分和个人账户中未归属于职工个人的企业缴费及其收益部分；但企业账户中的资金最终须按企业年金方案规定的比例和办法计入职工个人账户。这实际上是在企业年金个人账户之外设置了一个可供分时调节的“蓄水池”。

待遇支付。适当放宽了支付条件，规定职工完全丧失劳动能力的，也可以领取。在支付方式上，《企业年金试行办法》比较含混地规定“可以一次或定期领取”。《企业年金办法》修改为“可以按月、分次或者一次性领取”，同时增加规定“也可以将本人企业年金个人账户资金全部或者部分购买商业养老保险产品，依据保险合同领取待遇并享受相应继承权”。这一调整的取向是倡导按月领取待遇，以助于持续保障退休生活，同时隐含着未领取部分仍可继续投资增值的选项。

《企业年金办法》将企业年金由企业及其职工“自愿建立”改为“自主建立”，带有鼓励具备条件的企业积极建立的指向。办法施行后，到 2018 年年底，全国建立企业年金的企业达到 8.74 万户，比 2012 年增长近 60%，参加职工 2 388 万人，也增长近 30%，基金总额达到 1.48 万亿元，增长 2 倍多；当年有 156 万人领取了 439 亿元企业年金待遇，其中分期领取的近 139 万人，领取金额 322 亿元，占比分别为 89%和 73%，表明政策导向发挥了积极作用。但总体来看，企业年金的建制企业和参加职工占比仍较低，以更有力的政策促进其发展还是艰巨的任务。

职业年金起步

2011 年，配合事业单位分类改革，在 2008 年制定事业单位养老保险制度改革试点方案的基础上，国务院办公厅印发了《事业单位职业年金试行办法》，其基本政策框架与 2004 年的《企业年金试行办法》基本相同，只有四点区别：一是筹资比例，明确规定单位缴费不超过工资总额的 8%，个人缴费不超过本人缴费工资基数的 4%，大体明确了 2∶1 的配比关系；二是在职业年金基金投资管理方面，只是原则要求按照国家有关规定实行专业化管理，具体投资管理办法将另行制定；三是缴费最高额一般不得超过本单位工作人员平均分配额的3倍，比企业年金的5倍限额更为严厉；四是这一办法适用于分类推进事业单位改革后从事公益服务的事业单位及其编制内工作人员，而排除了事业单位分类改革后承担行政职能或从事生产经营活动两类事业单位及其工作人员。《事业单位职业年金试行办法》的制定，为职业年金制度建设做了最初的铺垫，但由于机关事业单位的基本养老保险制度尚未改革，这个办法实际并未实施。

2015年1月，国务院颁布决定，从2014年10月起改革全国机关事业单位工作人员的养老保险制度。按照“五同步”的谋划，同步建立职业年金制度。3月，国务院办公厅印发《机关事业单位职业年金办法》，也自2014年10月起施行。《机关事业单位职业年金办法》与2011年的《事业单位职业年金试行办法》相比较，有三点重要完善。

适用范围。不仅限于公益类事业单位，而是把参加基本养老保险制度改革的所有机关事业单位及其工作人员全部纳入。

供款规模。不再用“不超过”的弹性表达，明确单位缴费比例为8%，个人缴费比例为4%。应该说，舍弃选择性规定，更符合机关事业单位的统一性特点。但也保留了国家根据经济社会发展状况适时调整缴费比例的空间。

账户模式。在职业年金基金采用个人账户方式管理、个人缴费实行实账积累的前提下，对单位缴费区别情况采取两种方式：对财政全额供款的单位，单位缴费根据单位提供的信息采取记账方式，每年按照国家统一公布的记账利率计算利息，工作人员退休前，本人职业年金账户的累计储存额由同级财政拨付资金记实；对非财政全额供款的单位，单位缴费实行实账积累。后一种方式是常规操作，有利于实行市场化投资运营，按实际收益计息，但对单位当期供款能力的要求较高；前一种方式是特殊操作，有利于减轻各级政府当期财政压力，但要求精准记账、合理确定各年记账利率，并在相关人员退休时将资金及时一次性拨付到位。

经办管理。在《事业单位职业年金试行办法》中未对此作出规定，在企业年金制度中则规定由企业直接委托合规市场机构。《机关事业单位职业年金办法》明确由各级社保经办机构负责职业年金经办管理，有利于归集多层次养老保险的信息，综合平衡。

配合《机关事业单位职业年金办法》的实施，2016 年 9 月，人力资源社会保障部、财政部联合发布《职业年金基金管理暂行办法》，进一步明确各机关事业单位及其工作人员是职业年金委托人，但不直接委托市场机构，而由省级社保经办机构作为统一的代理人（在京单位则由人力资源社会保障部中央国家机关养老保险管理中心作为代理人），集中行使委托职责并负责职业年金基金账户管理业务，代理委托人与受托人签订职业年金计划受托管理合同；同时对各类管理机构的职责、基金投资范围及比例、收益分配及费用、计划管理及信息披露和监督检查规则作出详细规定。

2017 年 1 月，人力资源社会保障部又颁发规定，对工作人员流动就业后的职业年金转移接续，特别是个人账户中单位缴费采取记账方式管理部分的转移接续作出具体规定。

《机关事业单位职业年金办法》是职业年金真正起步的标志。到 2018 年年底，全国已有 2 977 万人参加了职业年金制度；当年基金收入 2 152 亿元，支出 30.6 亿元，有 28 万多人领取了职业年金待遇，基金累计结存 4 930 亿元。从 2019 年起，以省为单位组织的职业年金基金委托投资工作进入实质性操作阶段。

职业年金与企业年金都是我国养老保险第二支柱的组成部分，基本属性是按单位来建立的职业性养老金。但二者在操作层面目前还有明显区别：一是实施力度不同，前者带有普遍强制性，而后者则依企业状况具有选择性；二是筹资规模略有差别，前者统一为 8%+4%，后者则在规定限度内有弹性；三是资金虚实不同，后者全部为实账积累，前者则有一部分在一定时段内采取记账方式；四是投资管理方式不同，后者由企业直接委托投资或自建理事会，前者则由省级以上社保经办机构作为代理人统一委托投资。如何使两项制度殊途同归，是未来完善养老保险制度的一个课题。

第三支柱破冰

早在 1991 年国务院 33 号文件中就提出过“个人储蓄性养老保险”的

概念，作为基本养老保险和企业补充养老保险之后的第三层次。但这一构想始终未能实践。虽然有商业保险公司开发出个人养老保险产品，但销售寥寥，公众参与度很低，而且与前两个层次基本“不搭界”。

党的十八届三中全会提出“制定实施免税、延期征税等优惠政策，加快发展企业年金、职业年金、商业保险，构建多层次社会保障体系”；党的十九大阐述的加强社会保障体系建设的总体目标再次强调了“多层次”的架构。时至 2018 年，随着企业年金的发展和职业年金的建立，建构多层次养老保障体系的最大空白就是“第三支柱”了。这年 4 月，财政部、税务总局、人力资源社会保障部、银保监会、证监会五部门联合发布《关于开展个人税收递延型商业养老保险试点的通知》（财税〔2018〕22 号，以下简称 22 号文件），确定自 2018 年 5 月 1 日起，在上海市、福建省（含厦门市）和苏州工业园区开展为期一年的个人税收递延型商业养老保险试点，开始了建立“第三支柱”养老金的“破冰之旅”。

试点的核心政策是：个人通过个人商业养老资金账户购买符合规定的商业养老保险产品的支出，允许在一定标准内税前扣除；计入个人商业养老资金账户的投资收益，暂不征收个人所得税；个人领取商业养老金时再征收个人所得税。具体规定如下。

适用对象。在试点地区范围内，分为两类群体：第一类是取得工资薪金、连续性劳务报酬所得的个人；第二类是取得个体工商户生产经营所得、对企事业单位的承包承租经营所得的个体工商户业主、个人独资企业投资者、合伙企业自然人合伙人和承包承租经营者。

缴费环节税优。第一类群体个人缴纳的保费准予在申报扣除当月计算应纳税所得额时予以限额据实扣除，扣除限额按照当月工资薪金、连续性劳务报酬收入的 6%和 1 000 元孰低办法确定；第二类群体缴纳的保费准予在申报扣除当年计算应纳税所得额时予以限额据实扣除，扣除限额按照不超过当年应税收入的 6%和 12 000 元孰低办法确定。

领取条件及方式。个人达到国家规定的退休年龄，可按月或按年领取商业养老金，领取期限原则上为终身或不少于 15 年；在出现个人身故、发生保险合同约定的全残或罹患重大疾病的情形下可以一次性领取。

领取环节征税。对个人领取的商业养老金收入，其中 25%部分予以免税，其余 75%部分按照 10%的比例税率计算缴纳个人所得税。

专用账户。由纳税人指定商业银行个人专用账户，封闭运行，与居民身份证件绑定，具有唯一性，用于归集税收递延型商业养老保险缴费、收益以及资金领取等。

信息平台。试点期间使用中国保险信息技术管理有限责任公司建立的信息平台（以下简称中保信平台）。个人商业养老资金账户在该平台进行登记，账户变更银行须经该平台校验后进行账户结转。中保信平台与税务系统、商业保险机构和商业银行对接，提供账户管理、信息查询、税务稽核、外部监管等基础性服务。要求中国证券登记结算有限责任公司信息平台（以下简称中登公司平台）做好与商业银行、税务等信息系统的对接准备工作。同时，五部门将共同研究建立第三支柱制度和管理服务信息平台。

产品及管理。个人商业养老保险产品按稳健型产品为主、风险型产品为辅的原则选择，采取名录方式确定。具体产品指引由银保监会提出，商财政部、人力资源社会保障部、税务总局后发布。

22 号文件的突破性意义在于：其一，养老保险第三支柱建设从多年的“纸上谈兵”终于进入了实践过程；其二，国家通过税收递延政策支持其发展，在我国老龄化加剧、中等收入群体逐渐扩大的背景下，既有需求也有可能，政策功效可望逐步显现；其三，适用范围不局限于工薪收入者，还把第二类群体纳入，显示了未来扩展的前景；其四，首次把市场化的养老金融产品与政府主导的养老保险制度连接起来，并尝试打通综合监管渠道。

当然，22 号文件也带有初次“试水”较为慎重的明显特征，实践中也遇到一些亟待解决的问题。如试点期间仅限于购买商业养老保险产品，信息平台也限于中保信，限制了其他金融养老投资品类的进入，进而难以设计综合投资组合；又如计税方式是先购买、再退税，缴费者感到不便，影响了参与积极性；再如比例缴费法比较繁琐，需进行多项参数核定，不够清晰明确。此外，“第三支柱”在国际社会保障领域只是泛称，各国各有专属名称，如美国称为“个人退休账户”（IRA），加拿大称为“注册退休储蓄计划”（RRSPs）等。22 号文件所称“第三支柱”是个暂用名，表达了将来不限于商业养老保险的意向，但终需有个正式名称。对这些问题，有关方面在设计时已有研判，比如文件提出：试点结束后，根据试点情况，结合养老保险第三支柱制度建设的有关情况，有序扩大参与的金融机构和产品范围，将公募基金等产品纳入个人商业养老账户投资范围；第三支柱制度和管理服务信息平台建成以后，中登公司平台、中保信平台与该平台对接，实现养老保险第三支柱宏观监管等。理论界对此也多有建言，如建议正式定名为中国个人养老金，采取账户制而非产品制，统一以绝对额法规定缴费和计算相关税收，逐步把适用范围扩大到所有有意愿为自己养老做长期储备的群体，对低收入者实行更优惠的支持政策等。可以预见，在总结试点经验、汇集众智的基础上拓宽思路、完善政策，我国个人养老金将会出现加速发展的景象。

* * *

党的十八大以来，在养老保险领域，按照总体设计方案，密集出台实施了一系列重大改革和发展举措：在制度建树方面，改革了机关事业单位基本养老保险制度，与企业实行同样的统账结合模式和基本政策，打破了长期“双轨制”的格局；在体系的横向结构上，将新农保、城居保合并为统一制度，进而与职工养老保险构成两大平行的制度平台，并实行了各项制度及城乡间的相互转移衔接，扫除了流动性障碍；在体系的纵向结构上，规范企业年金，建立职业年金，试点税优支持的第三支柱，多层次构造初现模型；在保障水平方面，连续七年统一调整全国退休人员基本养老金，两次统筹安排提高城乡居民基础养老金最低标准，保障和改善了超过 2.5 亿老年群体的基本生活；在保证可持续发展方面，继续推动提高统筹层次，实行了基金中央调剂制度，开展基本养老保险基金市场化投资运营，划转部分国有资本充实社保基金。这五大方面的新突破、新进展，展示出新时代我国更加公平可持续的养老保障体系的面貌，为应对老龄化高峰期的严峻挑战做了更充分的制度、政策和资金准备。

第二十五章 开创医疗保障新境界

医疗保障与养老保障从来就是社会保障领域的两大重点。自20世纪90年代“两江”试点以来，我国先后改革了职工基本医疗保险制度，建立了新农合、城居医保和城乡医疗救助制度，构建起医疗保障体系的框架，13亿多人参保参合，全民医保基本实现。但面对这个“世界性难题”，改革发展的任务依然艰巨。党的十八大以后，全面医保体系建设进入新阶段，实施了多项重大举措。

第一节 统一医疗保障管理

我国最早建立的医疗保障制度是劳保医疗和公费医疗，分别由劳动部门和卫生部门管理，在1998年的改革中，统一为职工基本医疗保险并由劳动保障部门组织实施；2007年后建立的城镇居民基本医疗保险制度也由人社部门管理。而20世纪60年代兴起的农村合作医疗以及后来发展的新农合则由卫生部门管理；城乡医疗救助由民政部门管理；与医保关系密切的药品、医疗服务价格管理和收费标准以及药品和医用耗材的招标采购政策由发展改革（物价）部门管理。形成这种分而治之的体制固然有历史原因，不应苛责，但协调成本高、运行效率低确是不争的事实。典型例证是在制定社会保险法时，因部门意见不一，新农合的基本政策难以同职工医保和城居医保一样写入法律，至于实践中的扯皮、重叠、疏漏更是不胜枚举。如何冲破这个体制困境，各方面众说纷纭，但从分散走向统一，是共认的大趋势；而实际推进过程，则是从整合政策、经办管理逐步走向理顺体制、归并制度的。

2016 年 1 月，国务院发布《关于整合城乡居民基本医疗保险制度的意见》。这个文件落实党的十八届三中全会“整合城乡居民基本医疗保险制度”和党的十八届五中全会“整合城乡居民医保政策和经办管理”的部署，提出“从完善政策入手，推进城镇居民医保和新农合制度整合，逐步在全国范围内建立起统一的城乡居民医保制度”，首次在制度安排上把新农合、城居医保统一称为城乡居民基本医保，纠正了一些人多年来坚持“新农合不是社会保险”的不当认知，是个显著进步。文件确定了整合工作的四项基本原则——统筹规划、协调发展，立足基本、保障公平，因地制宜、有序推进，创新机制、提升效能；在基本政策整合方面，提出实现覆盖范围、筹资政策、保障待遇、医保目录、定点管理、基金管理“六统一”的目标；在理顺管理体制方面，提出了整合经办机构、创新经办管理的要求。按照国务院文件精神，各地加快了整合城乡居民医保政策和经办管理的步伐。到 2017 年 6 月，全国有 31 个省级地区出台文件，对推进整合作出规划部署，有 23 个省级地区、80%以上的地市统一了新农合、城居医保的基本政策，并实行了统一经办管理。但在实施中也有不顺，这个文件主要是指导地方整合政策和经办管理，而中央行政层面仍是多头管理，在数据统计、预算安排、政策协调等方面还有不少掣肘之处，看来是下决心彻底解决制度分立、体制分割矛盾的时候了。

党的十九大明确提出要“完善统一的城乡居民基本医疗保险制度”，从“整合”政策、经办管理到“统一”制度，提法的变化指明了改革方向。2018 年 3 月，按照全国人大通过的《国务院机构改革方案》，组建了国家医疗保障局。

新组建的国家医疗保障局，设在北京市月坛北小街 2 号。主要职责是：拟订医疗保险、生育保险、医疗救助等医疗保障制度的法律法规草案、政策、规划和标准，制定部门规章并组织实施；组织制定并实施医疗保障基金监督管理办法，建立健全医疗保障基金安全防控机制，推进医疗保障基金支付方式改革；组织制定医疗保障筹资和待遇政策，完善动态调整和区域调剂平衡机制，统筹城乡医疗保障待遇标准，建立健全与筹资水平相适应的待遇调整机制；组织拟订并实施长期护理保险制度改革方案；组织制定城乡统一的药品、医用耗材、医疗服务项目、医疗服务设施等医保目录和支付标准，建立动态调整机制，制定医保目录准入谈判规则并组织实施；组织制定药品、医用耗材价格和医疗服务项目、医疗服务设施收费等政策，建立医保支付医药服务价格合理确定和动态调整机制，推动建立市场主导的社会医药服务价格形成机制，建立价格信息监测和信息发布制度；制定药品、医用耗材的招标采购政策并监督实施，指导药品、医用耗材招标采购平台建设；制定定点医药机构协议和支付管理办法并组织实施，建立健全医疗保障信用评价体系和信息披露制度，监督管理纳入医保范围的医疗服务行为和医疗费用，依法查处医疗保障领域违法违规行为；负责医疗保障经办管理、公共服务体系和信息化建设，组织制定和完善异地就医管理和费用结算政策，建立健全医疗保障关系转移接续制度等。国家医疗保障局内设机构有规划财务和法规司、待遇保障司、医药服务管理司、医药价格和招标采购司、基金监管司等，并成立医疗保障事业管理中心和药品价格招标采购中心。这一组建方案，将原来由人力资源社会保障部、国家卫生计生委、民政部、国家发展改革委四部门分别承担有关医疗保障的职能交由国家医疗保障局承担，首次实现了医疗保障行政管理的统一。

中央层面组建国家医疗保障局后，各地也按同样模式组建了地方医疗保障局，统管职工和城乡居民医疗保险、医疗救助、药品等价格管理和招标采购的制度、政策和经办管理，彻底“了断”了缠绕多年的体制纠葛，为医疗保障领域统筹兼顾、综合平衡制定实施政策铺平了道路，为新时代完善全民医保体系创造了更好条件。

至 2018 年年底，全国参加基本医疗保险人数达到 134 459 万人。对比

2012 年的 134 124 万人，总量看似增加不多，但这是统一管理、挤出重复统计“水分”后的实数。分项看，参加职工医保的有 31 681 万人，比 2012 年增加 5 196 万人；89 736 万人参加了统一的城乡居民医保，比 2012 年增加 62 580 万人。[1] 此外，还有 1.3 亿人是暂未纳入统一制度的新农合参合人员，只占全部参保城乡居民的 12%，也将在 2019 年全部纳入统一制度。

第二节　实行大病保险制度

基本医疗保险普及之后，从制度安排上总体解决了绝大多数职工和城乡居民罹患疾病的经济风险问题。但基本医疗保险只能满足普遍的基本需求，而有些重大疾病患者因不得不接受基本医疗保险政策规定之外的诊疗项目和自费药品，承受着高额医疗费用的压力。这些人虽然数量有限，占比不高，但其家庭负担沉重，有的因病返贫、求助无门而导致发生冲击社会良知底线的现象。

为缓解这个矛盾，一些地方进行了尝试：把重特大疾病患者作为一个特殊群体给予更多援助；有的按病种界定群体，有的则按高额支出界定；有的从医保基金中划出一部分资金，有的由财政拨付专门资金；有的实行定额补贴，有的按超出基本医疗保险支付限额多少按比例报销。在总结各地经验基础上，国家发展改革委、卫生部、财政部、人力资源社会保障部、民政部、中国保监会六部门于 2012 年 8 月联合发布《关于开展城乡居民大病保险工作的指导意见》，提出在基本医疗保险基础上，对大病患者发生的高额医疗费用给予进一步保障；实施范围是参保、参合的城乡居民（职工医疗保险因已有补充保险政策，故未列入范围）；筹资渠道是从城居医保、新农合基金中划出一定比例或额度；保障范围是大病患者在基本医疗保险基金补偿后需个人负担的合规医疗费用超过当地一定收入水平的部分（“家庭灾难性支出”），即选择了按支出费用来界定保障对象的方式；保障水平为基金实际支付比例不低于 50%，可以按实际支付的合规医疗费用高低分

① 数据来源于国家医疗保障局《2018 年全国基本医疗保障事业发展统计公报》。

段制定支付标准，即确定了按比例报销的办法；承办方式是通过政府招标选定承办大病保险的商业保险机构，政府加强监管。

按照六部门指导意见，各地纷纷开展城乡居民大病保险的探索，出现了广东湛江、江苏太仓等不同模式，在一定程度上缓解了一些大病患者的困境，如新农合 2013 年大病保险共补偿 123 万人次。这段时间，总体上处于尝试、探路阶段。研究和实践的焦点问题有两个：一是从医疗保险基金中划出多大份额才能既保证基本医疗保险支付需求，又有效减轻大病患者的经济负担；二是参与承办的商业保险机构运营成本如何厘定，既不能以此营利，又要有可持续性，多数地区定为承办总额的 4%左右。为此，财政部等部门专门制发文件，在新农合和城居医保基金支出中增设“购买大病保险支出”项目；并规定，商业保险机构出现超过大病保险承办合同约定的盈余需向新农合和城居医保基金返还资金，因新农合和城居医保政策调整等政策性原因给商业保险机构承办大病保险带来亏损则由基本医疗保险基金进行补偿，出现这两种情形时，相应调整上年度基本医疗保险统筹基金余额。

2013 年，党的十八届三中全会明确提出“加快健全重特大疾病医疗保险和救助制度”。2014 年 8 月召开的国务院常务会议，判断大病保险制度经过两年试点已取得成效，应抓紧向全国推开。2015 年 7 月，国务院办公厅印发《关于全面实施城乡居民大病保险的意见》，要求各地在当年年底前，使大病保险覆盖所有城乡居民基本医保参保人群，大病保险基金支付比例达到 50%以上，有效减轻大病患者看病就医负担；到 2017 年，建立起比较完善的大病保险制度，与医疗救助等制度紧密衔接，共同发挥托底保障功能，有效防止发生家庭灾难性医疗支出，城乡居民医疗保障的公平性得到显著提升。在具体政策方面，基本稳定了六部门指导意见的规定，同时指出了发展方向：一是在筹资上，考虑到城乡居民基本医保基金现有资源有限，提出要完善多渠道筹资机制，保证制度的可持续发展；二是在保障对象上，鼓励地方探索向困难群体适当倾斜的具体办法，努力提高大病保险制度托底保障的精准性；三是在制度衔接上，建立大病信息通报制度，支持商业健康保险信息系统与基本医疗保险、医疗机构信息系统进行必要的信息共享；四是在支持措施上，对商业保险机构承办大病保险，除了保费收入按现行规定免征营业税外，还免征保险业务监管费和保险保障金，适当降低了承办机构运营成本，以鼓励其长期承办。

既要保基本，又要兼顾大病，筹资是首要问题。党的十八大以后，连年持续提高各级政府对城乡居民基本医保的财政补助标准，同时适当提高居民缴费标准，使医保资金供给更加充足（见表25-1）。

表25-1　2013—2019年城乡居民基本医保筹资最低标准

单位：元/人·年

年度	财政补助	比上年增加	居民缴费	比上年增加
2013	280	40	70	—
2014	320	40	90	20
2015	380	60	120	30
2016	420	40	150	30
2017	450	30	180	30
2018	490	40	220	40
2019	520	30	—	—

2015年，对居民医保的财政补助标准打破了前几年每年增加40元的常规，一下提高了60元，同时提高了居民缴费标准30元，使人均供款达到500元，比2012年增加180元。这在提高基本医疗保险保障水平的同时，也为全面实施大病保险提供了更多资金。当年仅人社部门管理的居民基本医保群体，就有273万人从大病保险政策中受益。到2016年年底，城乡居民大病保险基本覆盖了全国各地区。2017年进一步提出，完善大病保险要聚焦农村建档立卡贫困人口等，加强托底保障。经过逐年提高标准，2019年财政补助达到年人均不少于520元，国务院要求新增30元的一半以上要用于大病保险；同时降低和统一全国大病保险起付线，基金支付比例也从不低于50%提高到不低于60%。

全面实施城乡居民大病保险五年来，数千万大病患者享受到资金支持，加上基本医保、医疗救助、社会慈善捐助等多重政策，避免了许多家庭的灾难性医疗支出，减少了因病致贫、因病返贫的概率。特别是建档立卡贫困人口，医疗费用的总体报销比例达到 90%左右，大病保险成为落实打赢脱贫攻坚战部署的一个重要举措。

第三节　异地就医医保费用直接结算

全民医保基本实现后，群众有了新的诉求，跨地区就医的医保结算便利化就是其中之一。这一需求的产生与我国人口流动性增强的趋势密切相关。党的十八大提出了加快新型城镇化建设和户籍制度改革的任务。2014 年《国务院关于进一步做好推进户籍制度改革的意见》提出，要“稳步推进城镇基本公共服务常住人口全覆盖”。当时全国参加基本医疗保险制度的人数接近 13 亿，其中异地就医的现象逐渐增多。而按照既有的政策规定，医疗保险基金只对在统筹地区内就医的参保者实行经办机构与医疗机构直接结算，对异地就医参保者则采取个人先垫付医疗费、再回参保地按规定报销的办法。这使一些长期在异地居住、就医的参保者深感不便，有的长年无法回去报销，有的托亲友代办报销手续。发现问题就是完善政策的导向，一些地区进行了解决这一矛盾的探索。到 2013 年，多数地区在地市范围内做到了医疗费用直接结算；有 27 个省份建立了省内异地就医结算信息系统；还有部分地区通过区域间定向协作探索了跨省异地就医结算的途径，有 10 个省成立了专门机构负责异地就医管理工作。同时，医疗保险信息化管理水平不断提升，全国统一制式的社会保障卡发行已达 6.78 亿张，并在医保就医即时结算方面普遍应用，也为解决这一矛盾提供了技术基础。

根据中央部署，总结地方经验，2014 年 11 月，人力资源社会保障部、财政部、国家卫生计生委联合发布《关于进一步做好基本医疗保险异地就医医疗费用结算工作的指导意见》（以下简称《指导意见》），在全国范围内部署职工医保、城居医保和新农合的异地就医结算工作。分析需要与可能，这个文件从三个维度上作出安排。一是分层次推进。底层是完善市级统筹，要求在 2014 年基本实现市级统筹区内就医直接结算；中层是规范省内异地就医结算，要求抓紧建立省级结算平台，2015 年基本实现省内异地住院费用直接结算；顶层是建立国家级异地就医结算平台，2016 年全面实现跨省异地安置退休人员住院医疗费用直接结算。这一推进思路，主要是考虑我国医疗资源配置不平衡，分级诊疗模式尚未建立，医保基金支撑能力也有限，因此，要引导群众就近就医，充分利用各级医疗资源，防止加剧就医人员向大城市、大医院过度集中的现象。二是分群体把握重点。异地就医群体庞杂，有患特殊大病正常异地转诊的，有临时出差、探亲、旅游突发疾病的，有在参保单位的异地分支机构长期工作的，有参加新农合后进城就业的农民工，有异地安置的退休人员或随子女长期居住的老人。其中异地就医结算需求最为迫切的是跨省异地安置退休人员，当时估计总数约为 250 万人，因而作为重点对象。先从这部分人群着手，有利于跨省异地就医工作的稳妥起步和摸索经验；同时要求有条件的地方可以结合本地户籍和居住证制度改革，探索将其他长期跨省异地居住人员纳入住院医疗费用直接结算范围。三是分项目确定保障范围。基本医疗保险保障的范围包括门诊一般诊疗、门诊特殊病和住院诊疗，前两项花费较少，真正对异地就医群体构成经济压力的是垫付住院诊疗费用，所以作为跨省异地就医结算的重点；而对门诊就医和购药，也允许经跨省异地安置退休人员本人申请，将其个人账户资金划转给个人供其在安置地使用。又考虑到各地医保基金支付的具体标准不同，因而规定异地就医结算原则上执行居住地规定的支付范围（包括药品目录、诊疗项目和医疗服务设施标准），医保统筹基金的起付线、支付比例和封顶线原则上执行参保地规定的标准，不按照转外就医支付比例执行。按照《指导意见》，各地加快推进地、省两级的异地就医结算，到 2015 年年底，总体实现了市内无异地（统一标准、统一结算）、省内可通畅（地市间协作、网络结算）的目标。

2015 年党的十八届五中全会明确提出“实现跨省异地安置退休人员住院医疗费用直接结算”的任务要求。2016 年，大力推进跨省异地就医结算成为主攻目标。这一年，全国卫生与健康大会召开，习近平总书记讲话强调，要推进医保全国联网和异地就医直接结算。为此，国务院提出争取用两年时间，使老年人跨省异地住院费用能够直接结算，使合情合理的异地结算问题不再成为群众的痛点。在总结前两年经验基础上，人力资源社会保障部、财政部于 2016 年 12 月印发《关于做好基本医疗保险跨省异地就医住院医疗费用直接结算工作的通知》，部署全面开展基本医疗保险跨省异地就医住院医疗费用直接结算工作，确定的目标是 2016 年年底基本实现全国联网，启动跨省异地安置退休人员住院医疗费用直接结算工作；2017 年开始逐步解决跨省异地安置退休人员住院医疗费用直接结算，年底扩大到符合转诊规定人员的异地就医住院医疗费用直接结算，并附发了专项经办规程。

这个文件延续了《指导意见》的基本政策，同时有许多新发展。一是任务锁定在跨省异地就医的医疗费用直接结算，并以此进一步规范省内异地就医结算。二是将符合转诊规定人员的异地就医住院医疗费用纳入直接结算范围，而不仅限于异地安置退休人员。三是明确建设国家级管理平台，由人力资源社会保障部社保经办机构制定全国异地就医结算业务流程、标准规范，承担全国异地就医信息管理和跨省异地就医资金管理等职能；同时按“金保工程”统一要求建设和完善省级异地就医平台，与国家平台对接。这一管理构架，比各省分别对接结算的方式更为规范和有效。四是建立跨省异地就医费用医保基金预付金制度，由人力资源社会保障部社保经办机构根据往年支付金额核定额度，相关地区间先预付两个月资金，而后按月全额清算。这一政策，减轻了就医地医保基金大量垫付的资金压力，减少了异地结算的障碍。五是进一步规范了异地就医流程。在坚持“就医地目录范围、参保地待遇标准”的前提下，强调参保地建立动态管理的异地就医备案人员库，在办理异地就医备案手续时，将相关人员信息上报至人力资源社会保障部社保经办机构，形成全国异地就医备案人员库，供就医地社保经办机构和定点医疗机构获取准确信息；要求在参保人员异地就医出院结算时，就医地根据全国统一的大类费用清单，将其住院医疗费用等信息经国家管理平台实时传送至参保地，由参保地按当地规定计算出医保基金应支付金额后再经同一路径回传至就医地定点医疗机构，以便与参保人员直接结算。这一设计的关键在于信息网络运行的灵敏度和及时性。六是各地在对具备条件的医保定点医疗机构协议管理中明确其承担异地就医结算的职责，并与全国信息系统联网。

有需求并符合条件的跨省异地就医参保人员数以百万计，占比并不高，但这项工作可是全国各地各级联动的大工程，缺任何一个环节都不行。经过几个月的艰苦奋战，预定目标提前实现：到 2017 年 9 月底，国家异地就医结算信息系统搭建起来，全国有 7 226 家承担跨省异地就医住院医疗费用直接结算的定点医疗机构接入国家平台；覆盖群体包括城镇职工、城乡居民参保者中异地安置退休人员、异地长期居住人员、常驻异地工作和异地转诊人员四类跨省就医人群，备案人员达 162 万人；各省归集跨省异地就医预付金 8.8 亿元；出院端信息流、业务流、资金流虽经就医地—北京—参保地—北京—就医地的传输过程，但次均结算时间基本控制在 10 秒内完成；9 个月累计完成异地住院就医直接结算 4.6 万人次，基金支付 6.4 亿元，平均为每人次患者减少垫付 1.36 万元。① 跨省异地就医医保费用结算一举成功。

在此基础上，2018 年提出了更高目标——巩固完善异地就医住院费用直接结算工作，妥善解决农民工和“双创”人员异地就医问题，为城乡居民规范转外就医提供方便快捷服务，减少跑腿垫资。到当年年底，全国各级医保经办机构基本全部接入国家医保异地结算平台，入网的跨省异地就医定点医疗机构达到 15 411 家；各地累计备案异地就医人员 354 万人，全年跨省异地就医直接结算 131.8 万人次，医疗费用 319.4 亿元，其中医保基金支付 188.5 亿元，次均基金支付 1.4 万元。②

第四节　加强医保管理

医保资金的有限性与医疗需求的无限性几乎是一对永恒的矛盾。2012 年职工和城乡居民基本医保覆盖 13 亿多人，基金决算总收入 9 171 亿元，总支出 7 720 亿元，分别比 2009 年（那一年新农合、城居医保开始全面普及，有年度可比性）增长近 1 倍和 1.1 倍，医保管理的责任更重。自 20 世纪末职工医疗保险制度改革以来实行的以 3 个目录（药品、诊疗、住院设

---

① 数据来源于人力资源社会保障部统计资料。

② 数据来源于国家医疗保障局《2018 年医疗保障事业发展统计快报》。

施)、2 个定点（医疗机构、零售药店）和 1 个办法（医保基金支付方式）为核心的管理方法，在实践中逐渐成熟，对保障参保群众基本需求、提高基金使用效率发挥了积极作用。党的十八大后，又采取了多项进一步加强医保管理的措施。

稳步扩大保障范围

部分康复项目纳入医保基金支付范围。基本医保基金支付范围过去只限于直接“治病”的诊疗项目和药品。全民医保初步实现后，2010 年有关部门将运动疗法等 9 项医疗康复项目纳入支付范围，部分满足了参保人员的医疗康复需求。2015 年，国务院发布《关于加快推进残疾人小康进程的意见》，人力资源社会保障部、国家卫生计生委、财政部、民政部和中国残联据此组织专家遴选，于 2016 年 3 月公布名录，将康复综合评定、吞咽功能障碍检查等 20 项医疗康复项目纳入医保基金支付范围。当年 6 月底前，各地均完成了新增项目的调整，依规支付了相关费用，进一步提高了参保患者的康复保障水平，也使医保制度在保障“治病”费用基本需求基础上，具有了“防残”“减残”的积极取向。

规范和扩大基本医保药品目录。2015 年，根据国家食品药品监督管理总局对部分药品品种和名称所作的变更，人力资源社会保障部对医保药品目录进行了相应调整，如变更部分药品通用名称、对部分缓解感冒症状的复方非处方制剂更名等，使之更加统一规范。2017 年 2 月，人力资源社会保障部在组织专家进行评审的基础上，发布了《国家基本医疗保险、工伤保险和生育保险药品目录（2017 年版）》（以下简称《药品目录》）。这一版《药品目录》较 2009 年的目录增加了 339 种药品，增幅约 15%，进一步提高了参保人用药保障水平；同时改进了表达方式，如在“凡例”中对药品名称剂型规范、限定支付范围等内容作出说明解释，明确西药部分包括化学药和生物制品，明确中成药部分包括中成药和民族药；适应群众用药习惯，单列了中药饮片部分，鉴于其不易用准入法表达，采用排除法规定了医保基金不予支付费用的饮片等。各省级地区于当年 7 月底前发布了本地基本药品目录，建立完善了全省统一的基本医保药品数据库，实现省域范围内西药、中成药、医院制剂、中药饮片的统一管理；各统筹地区在其后 1 个月内开始执行新版《药品目录》，并按照有关规定更新了纳入基金支付范围的医院制剂清单。2019 年春，经向社会公开征求意见，国家医疗保障局于 4 月公布了《2019 年国家医保药品目录调整工作方案》，确定当年再次对医保药品目录进行调整。调整的方法基本沿用过去的阐述经验，但强调优先考虑国家基本药物、癌症及罕见病等重大疾病治疗用药、慢性病用药、儿童用药、急救抢救用药等；同时将中药饮片纳入目录由排除法改为准入法。8 月，国家医保局、人力资源社会保障部联合发布新版《国家基本医疗保险、工伤保险和生育保险药品目录》。

开展高价药品谈判。在医保药品管理中遇到的难题之一是，一些特殊病、罕见病患者需要长期服用专利药、独家药，而这些药品大都价格昂贵，甚至全部进口，超出了“保基本”的界限，没有列入医保支付范围。进一步研究分析发现，有些进口药比国际市场价格高几倍，由此产生了海外“代购”现象，但又违反海关规定。2018 年热播的电影《我不是药神》反映了这一情形。针对这一矛盾，2016 年国务院责成人力资源社会保障部探索特殊药品谈判准入医保目录的途径。人力资源社会保障部于 2017 年 3 月至 6 月，组织专家拟定了谈判药品的范围、目标和程序，将临床必需、疗效确切但价格昂贵的 45 种药品纳入谈判范围，经过与 34 家相关企业一对一的谈判，最后确定将 36 种专利独家药品纳入基本医疗保险支付范围，包括多种恶性肿瘤靶向药、部分罕见病及慢性病治疗用药。由于医保有“团购”优势，纳入的药品平均降价 44.1%。同年 7 月，人力资源社会保障部印发通知，将这 36 种药品纳入国家基本医保药品目录的乙类范围，并规定了支付标准，要求各省级社保主管部门不得将这些药品调出本地目录，也不得调整限定支付范围，但可以依据实际情况规定本地医保基金的支付比例。谈判药品纳入基本医保药品目录后，目录包含的药品总数达到 2 571 种。这次谈判的成功，在很大程度上提高了重大疾病的保障水平，也为以后处理类似问题积累了有益经验。国家医疗保障局公布的《2019 年国家医保药品目录调整工作方案》中明确规定：价格较高或对医保基金影响较大的专利独家药品应当通过谈判方式准入，并计划于当年八九月间进行新一轮准入谈判。

改革医保支付方式

在医疗保障特别是基本医疗保险制度中，基金支付政策的安排是最核心的机制，具有利益调节、资源配置、成本控制、维护基金安全和激励创新的多重功能。我国改革职工医疗保险和建立新农合、城居医保时，确定了医保基金支付三条线——起付线、支付比例、封顶线的基本政策，对医疗机构和零售药店实行定点协议管理，但在具体支付方式上，囿于当时条件，只能维持劳保、公费医疗时期采取的“按项目付费”——依据检查、诊疗、药品等花费项目支付的办法。实践中出现了一些医疗机构过分拆解项目、变相增加收费的问题，加大了医保基金和参保人的负担。寻求科学合理的基金支付方式一直是医保改革的重点课题之一。

2010 年，国务院部署试行社会保险基金预算制度，职工基本医疗保险列入首批试行范围。根据这一新的情况，人力资源社会保障部于 2011 年印发《关于进一步推进医疗保险付费方式改革的意见》，提出结合预算管理，加强医保基金总额控制，探索总额预付的方式；在此基础上，结合开展门诊费用统筹探索按人头付费，结合住院和门诊大病的保障探索按病种付费。“按人头付费”和“按病种付费”是国际上比较成熟的两种支付方式，各方面没有分歧；但对医保基金总额控制，一些医疗机构有不同意见，认为这样做就把医生“管死了”，会出现由于费用指标不足而推诿病人的现象。实践中也确有一些地区因对定点医疗机构预付资金迟缓而导致医院垫支时间过长的问题。在进一步探索中，一些地方创造出新经验——在综合考量过往医疗服务量和增长率的基础上，确定统筹地区医保基金控制总量，而后分解到各医疗机构，提前预拨部分资金，期末结算实行结余奖励、超支由医保基金和医院分担的弹性办法，使这一矛盾得以缓解。

2012 年 3 月，国务院印发《“十二五”期间深化医药卫生体制改革规划暨实施方案》，在加快健全全民医保体系的任务中明确提出改革完善医保支付制度，包括结合实施疾病临床路径，在全国范围内积极推行按病种付费、按人头付费、总额预付等，增强医保对医疗行为的激励约束作用；分统筹地区制定医保基金支出总体控制目标并分解到定点医疗机构，将医疗机构次均（病种）医疗费用增长控制和个人负担定额控制情况列入医保分级评价体系；建立医保经办机构与医疗机构、药品供应商的谈判机制和购买服务的付费机制等。这些规定算是对前一段的讨论作出了总结。

2012 年 11 月，也就是党的十八大召开的当月，人力资源社会保障部、财政部、卫生部印发《关于开展基本医疗保险付费总额控制的意见》，提出结合当时已经对职工和城乡居民基本医保基金全面实行的预算管理，用两年左右的时间，在所有统筹地区范围内开展医保付费总额控制工作。这个文件由三部门联合发布，表明各相关方面对医保基金立足于保基本，必须坚持以收定支、收支平衡的原则有了更充分的共识；在具体控制方法上，实行“结余留用、超支分担”，建立双向约束机制——医保经办机构设立周转金，按协议约定向定点医疗机构拨付，缓解其资金运行压力；医疗机构则要设立质量保证金，若出现推诿病人、降低服务标准、虚报服务量等现象，按协议约定扣减。

2016 年 12 月，财政部、人力资源社会保障部、国家卫生计生委再次联合印发《关于加强基本医疗保险基金预算管理发挥医疗保险基金控费作用的意见》，进一步丰富了医保支付方式，提出全面实施以总额预算为基础，门诊按人头付费，住院按病种、按疾病诊断相关分组（DRGs）、按床日付费等多种方式相结合，适应不同人群、不同疾病及医疗服务特点的复合支付方式，逐步减少按项目付费，并要求将支付方式改革覆盖所有医疗机构和医疗服务。

以上举措逐步在各地落实，到 2017 年 5 月底，全国 91%以上的统筹地区实施了医保付费总额控制，70%以上的地区探索了住院和门诊大病按病种付费的支付方式。2017 年 6 月，国务院办公厅印发《关于进一步深化基本医疗保险支付方式改革的指导意见》，进一步提出：从 2017 年起，全面推行以按病种付费为主的多元复合式医保支付方式，各地都要选择一定数量的病种实施按病种付费，国家选择部分地区（2019 年确定为 30 个城市）开展按疾病诊断相关分组（DRGs）付费的试点，鼓励各地完善对基层医疗服务按人头付费、长期慢性病住院医疗服务按床日付费、对不宜打包付费的复杂病例和门诊费用按项目付费等多种方式；目标是到 2020 年，医保支付方式改革覆盖所有医疗机构及医疗服务，在全国范围内普遍实施适应不同疾病、不同服务特点的多元复合式医保支付方式，按项目付费占比将明显下降。

强化医保监管

医保基金被亿万参保群众视为“保命钱”，也是不法之徒垂涎觊觎的“唐僧肉”。自新的医保制度建立以来，欺诈与反欺诈的斗争一刻也没有停止过。2012 年国务院就提出加强对定点医疗机构和零售药店的监管，加大对骗保欺诈行为的处罚力度；针对单位守法而个别服务人员违法的情况，明确要求逐步将医保对医疗机构医疗服务的监管延伸到对医务人员医疗服务行为的监管。2014 年 4 月，全国人大常委会通过了《关于〈中华人民共和国刑法〉第二百六十六条的解释》，明确以欺诈、伪造证明材料或者其他手段骗取医疗保险等社会保险金或其他社会保障待遇的，按诈骗公私财物罪量刑。这给加强社保基金监管提供了有力的法律武器。

据此，2014 年 8 月，人力资源社会保障部印发《关于进一步加强基本医疗保险医疗服务监管的意见》。比较有新意的措施如下：一是明确要求将医疗服务监管的内容纳入定点服务协议，重点监管参保人员就诊人数，医疗总费用和增长率，药品、医用耗材和检查总费用、增长率及占医疗费用比例等指标；二是探索建立“医保医生”管理制度，对定点医疗机构医务人员建立诚信档案，并在定点服务协议中约定其责任和义务，通过将“医保医生”考评结果与定点医疗机构医疗费用支付结算挂钩等方式，鼓励医疗机构强化对医务人员管理的激励和约束机制，从而将监管延伸到医务人员医疗服务行为；三是针对实践中屡见不鲜的不良现象，逐步建立完善参保人员诚信记录制度，在告知参保人员持卡就医权利的同时，明确告知其不得出借、转让或恶意使用等责任和义务，规范参保人员的就医行为；四是优化监控手段，加强信息化建设，使用符合全国统一标准的信息代码，建立健全医疗保险信息库特别是药品库、门诊大病疾病库、医务人员数据库等，实现单纯事后纠正向事前提示、事中监控预警和事后责任追溯转变；五是充分发挥各方面的监督作用，在加强经办审核稽核、严格行政监督基础上，通过组织专家评议、聘请社会监督员、畅通举报投诉渠道等方式，动员社会各方面力量参与医疗保险监督；六是明确了对监管发现问题的处理程序，提出了按不合理行为、违约行为、违规行为和违法行为四类分别处理的程序和方式，特别是依据全国人大常委会的法释，严厉打击骗取套取医保基金的行为。到2015年年底，全国50%的统筹地区实施了医保智能监控，覆盖所有参保人员和大部分定点医疗机构。

2017年国务院办公厅印发文件也要求各级医保经办机构全面推开医保智能监控工作，实现医保费用结算从部分审核向全面审核转变，从事后纠正向事前提示、事中监督转变，从单纯管制向监督、管理、服务相结合转变；同时肯定了将医保监管延伸到医务人员医疗服务行为的探索，进一步要求将监管考核结果向社会公布，促进医疗机构强化医务人员管理。

2018年国家医疗保障局组建后，会同有关部门自9月起联合开展打击欺诈骗取医疗保障基金专项行动。截至年末，各地共检查定点医疗机构和零售药店19.7万家，查处违法违规定点医药机构6.6万家，其中解除医保协议1 284家、移交司法127家，查处违法违规人员2.4万人。[①]

2019年2月，国家医疗保障局印发《关于做好2019年医疗保障基金监管工作的通知》，提出监督检查全覆盖、开展以打击欺诈骗保为重点的专项治理、建立飞行检查工作机制、完善举报制度、全面推进智能监控、强化协议管理、促进部门联动综合监管、推进行业自律等诚信体系建设、加快基金监管法制建设等措施。4月，又制定出《医疗保障基金使用监管条例》稿，向全社会公开征求意见。其中最具新意的是将医疗保障领域的信用纳入社会信用体系，对违反相关规定的单位和个人可以给予公开曝光、纳入失信联合惩戒对象名单等惩戒措施。对定点医药机构违规违法行为，分别情节轻重，给予警示约谈、责令退回损失的医保基金、中止或解除医保服务协议并处以罚款；对有伪造、变造票据处方等骗取医保基金严重情节的相关服务人员，除责令退回损失的医保基金并处以罚款外，还要解除医（药）师服务资格，3年内不得申请医保服务资格；对参保人员及医疗救助

① 数据来源于国家医疗保障局《2018年全国基本医疗保障事业发展统计公报》。

对象出租（借）本人医保有效凭证给他人骗取医保基金的，或本人伪造材料骗取医保基金的，也规定了处罚措施。

2018 年，职工和城乡居民基本医保基金总收入 21 384 亿元，总支出 17 822 亿元，累计结存 23 440 亿元①，均比党的十八大前成倍增长，在保障 13 亿多参保群众医疗需求的同时，确保基金安全、充分发挥基金使用效率依然是十分艰巨的任务。

* * *

1994 年至 2002 年的 9 年，从“两江”试点发端，以城镇为中心改革职工医保制度，建立了统账结合的基本医保制度，初步形成了系统管理的构架；2003 年至 2012 年的 10 年，以城乡居民为重点，建立了新农合、城居医保和医疗救助制度，覆盖面迅速扩大，基本实现了全民医保；党的十八大后，全民医保的重点由扩大范围转向提升运行质量，从体制、制度、政策到管理服务模式，进行了全面深化改革，保障项目逐步增加，保障水平稳步提高，以异地就医结算为标志的管理幅度大大拓宽，以支付方式改革为标志的管理深度加强，人民群众有了更多实实在在的获得感，为新时代全面医保体系的进一步完善展示了更广阔的前景。

① 数据来源于国家医疗保障局《2018 年全国基本医疗保障事业发展统计公报》。

第二十六章
全面推进各项社会保障制度发展

第一节　工 伤 保 险

按照党的十八大、十九大的部署，依据2011年施行的《社会保险法》和修订后的《工伤保险条例》，近七年工伤保险在扩大覆盖面、完善政策和规范管理方面不断取得新进展。[①]

瞄准重点群体扩大制度覆盖面

大力推动建筑业农民工参保。在工伤保险扩大覆盖面工作中，农民工始终被作为重点群体，2006年至2010年曾组织在全国范围内开展两期“平安计划”，使进城农民工参保人数从1 252万人猛增到6 300万人。但使用农民工最集中、职业风险也最高的建筑行业，因施工项目阶段性、用工流动性等特点，参保情况一直落后于其他行业。据有关部门调查，2013年全

① 本节数据除表26-1外，均来源于人力资源社会保障部统计资料。

国城镇建筑业只有 987 万人参加工伤保险，其中农民工 638 万人，占该行业 2 000 多万农民工的很低比例，由此产生的工伤纠纷也较多，成为工伤保险制度覆盖的一个明显短板，也是事关建设领域职工权益保障的一个突出问题。2014 年 11 月，全国政协围绕建筑工人工伤维权问题召开第 21 次双周协商座谈会，建议政府部门出台专项措施，加快解决这一矛盾。

一个月后，人力资源社会保障部、住房城乡建设部、国家安全监管总局、全国总工会联合印发《关于进一步做好建筑业工伤保险工作的意见》，提出了 13 条针对性措施，主要政策如下。完善符合建筑业特点的工伤保险参保政策，建筑施工企业对相对固定的职工应按用人单位参加工伤保险，而对不能按用人单位参保、建筑项目使用的职工特别是农民工则按项目参加工伤保险。特别规定，建设单位在办理施工许可手续时，应当提交建设项目工伤保险参保证明，作为保证工程安全施工的具体措施之一，措施未落实的项目，各地住建部门不予核发施工许可证，成为强制推进参保的“杀手锏”。完善工伤保险费计缴方式，以建设项目为单位参保的，可以按照项目工程总造价的一定比例计算缴纳工伤保险费，并要求建设单位在工程概算中将工伤保险费用单独列支，作为不可竞争费，不参与竞标，并在项目开工前由施工总承包单位一次性代缴本项目工伤保险费，覆盖项目使用的所有职工，包括专业承包单位、劳务分包单位使用的农民工。健全工伤认定所涉及的劳动关系确认机制，针对建筑施工企业的用工特点，要求加强施工现场劳务用工管理，施工总承包单位在工程项目施工期内督促专业承包单位、劳务分包单位建立职工花名册、考勤记录、工资发放表等台账，对项目施工期内全部施工人员实行动态实名制管理，以作为一旦发生工伤事故的认定证据，否则由用人单位承担不利后果，加大了用人单位的举证责任。完善工伤保险待遇支付政策，对在参保项目施工期间发生工伤、项目竣工时尚未完成工伤认定或劳动能力鉴定的建筑业职工，规定用人单位继续保证其医疗救治和停工期间的法定待遇，待完成工伤认定及劳动能力鉴定后，依法享受参保职工的各项工伤保险待遇；其中应由用人单位支付的待遇，也可根据工伤职工的意愿一次性支付；难以按本人工资作为计发基数的，可以参照统筹地区上年度职工平均工资作为计发基数。这些政策措施，比 2006 年劳动保障部、建设部制定的政策进一步细化，更加符合建筑施工企业尤其是农民工的特点。

除了政策规定，有关部门还组织了专项行动，加大推进力度。2015 年 3 月，人力资源社会保障部在全国部署开展建筑业工伤保险专项扩面行动计划，定名为“同舟计划”，意在面对职业伤害风险时全社会风雨同舟。计划期为三年左右时间。分年目标是：2015 年，年内新开工的建筑项目全部参加工伤保险；2016 年，建设项目基本实现全部参保；2017 年，全部建筑企业从业人员参加工伤保险，全面加强按项目参保的管理能力和服务能力。在各方面的协同配合下，“同舟计划”全面推进，截至 2017 年 8 月底，全国新开工建筑项目参保率达到 99.21%，建筑施工企业参保人数为 2 198 万人，其中农民工 1 395 万人。2017 年，国务院办公厅印发的《关于促进建筑业持续健康发展的意见》中再次强调：“建立健全与建筑业相适应的社会保险参保缴费方式，大力推进建筑施工单位参加工伤保险。”人力资源社会保障部也随之印发《关于进一步做好建筑业工伤保险工作的通知》，针对基层执行“同舟计划”遇到的难点问题，要求各地加强部门间协作机制，在“项目参保证明作为保证工程安全施工的具体措施之一，不落实不予核发施工许可证”的问题上不开口子，不搞变通，守住政策底线，并开展专项督查。“同舟计划”专项行动结束后，建筑业的工伤保险覆盖面继续扩大，2018 年年底参保企业 54 万户，覆盖 3 227 万人，其中农民工 2 122 万人，分别比 2013 年增长 2.27 倍和 2.33 倍。与此同时，交通运输、铁路、水利等建设项目集中的相关行业，也按相同政策积极组织施工企业和农民工参加工伤保险，使职工的工伤保障权益和企业的事故风险化解都迈上了新台阶。

推进事业单位等参保。2011 年 1 月 1 日施行的修订后的《工伤保险条例》，把事业单位、社会团体及各类民办非企业单位正式纳入工伤保险范围；但在实际执行中仍不够顺利，有的单位以参保地、待遇标准从属地、资金列支渠道等不明确为由，拖延办理手续。针对这些问题，2012 年 10 月，人力资源社会保障部、财政部发布《关于进一步做好事业单位等参加工伤保险工作有关问题的通知》，其中明确：事业单位、社会团体、民办非企业单位、基金会、律师事务所、会计师事务所等组织均依照属地管理原则参加工伤保险；其缴纳工伤保险费所需费用在单位社会保障缴费中列支；其费率均暂按一类风险行业执行；其工作人员遭受事故伤害或者患职业病的，工伤范围、工伤认定、劳动能力鉴定、待遇标准等亦由参保地按照《工伤保险条例》规定执行。这些清晰的政策规定扫除了参保障碍，各地也专项督促事业单位参加工伤保险工作，到 2013 年 4 月，各省级地区都出台了专项政策文件，并制定了参保前工（公）伤人员待遇衔接办法。到 2013 年年底，全国事业单位参保 2 509 万人，比 2010 年增长近 1 倍；2017 年继续增加到 2 808 万人；社会团体等其他组织的参保人数也达到 303 万人。

2018 年 12 月底，全国人大常委会修订了《中华人民共和国公务员法》，将法律原规定“国家建立公务员保险制度，保障公务员在退休、患病、工伤、生育、失业等情况下获得帮助和补偿”的内容（第七十七条）修改为“公务员依法参加社会保险，按照国家规定享受保险待遇”（第八十三条），昭示了国家对公务员群体和其他职工社会保险制度的公平、统一性。实际上，随着各项社会保险制度改革的不断深化，公务员已经纳入职工养老、医疗、生育保险范围；在工伤保险方面，也已有 20 个省级地区制定了公务员参加工伤保险的政策。新修订的公务员法在 2019 年 6 月 1 日正式施行后，工伤保险将逐步覆盖全部公务员群体。

贯彻《工伤保险条例》的新举措

《工伤保险条例》修订施行后，人力资源社会保障部于 2013 年和 2016 年两次印发综合性意见，对执行条例的 24 个有关政策、程序和标准问题作出统一规定，并就落实条例有关规定推出专项措施。

规范劳动能力鉴定。依据《工伤保险条例》第四章规定，2014 年人力资源社会保障部发布《工伤职工劳动能力鉴定管理办法》，共 5 章 33 条，主要内容有：一是界定劳动能力鉴定委员会的职责，包括选聘医疗卫生专家组建专家库，组织劳动能力鉴定，根据专家组的鉴定意见作出劳动能力鉴定结论，建立完整的鉴定数据库等；二是突出服务理念，包括相关机构和工作人员的告知责任、办理时限及对行动不便申请人的上门鉴定等；三是完善监管措施，包括对专家库进行 3 年调整一次的动态管理，对现场鉴定的时间、地点的规定，对相关当事人如实提供材料的要求以及对违法行为进行举报、投诉的权利等；四是明确法律责任。《工伤职工劳动能力鉴定管理办法》的实施规范了工伤鉴定工作的标准和程序，使相关各方有了更加明确的遵循，有利于减少纠纷，保证鉴定工作的顺畅。

加强工伤辅助器具管理。《工伤保险条例》规定工伤职工因日常生活或者就业需要，经劳动能力鉴定委员会确认，可以从工伤保险基金中支付配置辅助器具的规定费用。现实中，从事伤残辅助器具生产、配置的机构良莠不齐，器具品质高低悬殊。为规范配置器具管理工作，2016 年 2 月，人力资源社会保障部、民政部、国家卫生计生委联合颁布《工伤保险辅助器具配置管理办法》，共 5 章 31 条，自当年 4 月 1 日起施行。一是明确了管理职责。人力资源社会保障部负责组织制定并适时调整国家工伤保险辅助器具配置目录，确定配置项目、适用范围、最低使用年限等内容；省级人社部门负责制定辅助器具配置机构评估确定办法，并确定本地区辅助器具配置最高支付限额等具体标准；设区的市级劳动能力鉴定委员会负责辅助器具配置的确认工作；各级社保经办机构按照评估确定办法，与辅助器具配置机构签订服务协议，并向社会公布机构名单，负责对申请承担配置服务的装配机构和医疗机构按规定核付配置费用。这是一个设计相当精密的流程——中央定目录范围，省级定机构认定规则和支付标准，市级确认机构，社保经办机构实行协议管理，加上对机构的定期评估，就形成了完整的管理闭环。二是规定了辅助器具配置确认工作程序。必须从劳动能力鉴定委员会专家库中随机抽取 3 名或者 5 名专家组成专家组，对工伤职工本人进行现场配置确认，并告知工伤保险基金最高支付限额和器具最低使用年限。三是规定了由工伤保险基金支付辅助器具的费用项目，包括安装、维修、训练以及必须到统筹地区以外的协议机构配置所发生的交通、食宿费用等。四是规定了辅助器具的标准和配置机构的服务要求。《工伤保险辅助器具配置管理办法》施行后，加强了配置机构管理，提高了辅助器具品质，减少了盲目配置和使用寿命短的浪费现象。2017 年，全国配置辅助器具的工伤职工，由工伤保险基金支付的费用次均 6 157 元，比 2014 年的 8 113 元降低近 25%。2018 年 12 月，按照公共服务便利化的要求，《工伤保险辅助器具配置管理办法》中有关工伤职工申请配置辅助器具时由本人提供“《工伤认定决定书》原件和复印件，或者其他确认工伤的文件”的要求被删除（这些证明文件可从管理机构的档案中获得）。

开展工伤预防工作。2009 年，人力资源社会保障部就在河南、海南、广东 3 省的 12 个统筹地区进行了工伤预防试点，摸索了初步经验。修订后的《工伤保险条例》增加了工伤保险基金可用于“工伤预防的宣传、培训等费用”的规定。人力资源社会保障部于 2013 年春印发《关于进一步做好工伤预防试点工作的通知》，部署每个省份可以选择不超过两个地市开展这项试点；试点中，工伤预防费提取比例控制在上年度工伤保险基金征缴收入的 2%左右，主要用于开展工伤预防的宣传、培训以及法律、法规规定的其他工伤预防项目。实际开展试点的有 43 个城市，一年内使用的工伤预防资金 1.2 亿元，没有超过这些地区工伤保险基金收入的 1%，但对扩大工伤保险制度的影响、增强用人单位和职工的风险意识、促进事故预防工作起到了一定作用。2017 年 8 月，依据《工伤保险条例》授权，人力资源社会保障部、财政部、国家卫生计生委、国家安监总局四部门印发《工伤预防费使用管理暂行办法》。较四年前人力资源社会保障部组织试点的相关规定，这个部门规章有了新发展。一是提高了提取标准。规定在保证工伤保险待遇支付能力和储备金留存的前提下，工伤预防费的使用原则上不得超过统筹地区上年度工伤保险基金征缴收入的 3%，使用范围限于工伤和职业病预防的宣传和培训费用；因工伤预防工作需要，经省级人社部门和财政部门同意，可以适当提高工伤预防费的使用比例。二是明确了预算程序。规定由统筹地区相关部门根据工伤事故伤害、职业病高发的行业、企业、工种、岗位等情况，统筹确定工伤预防的重点领域；由统筹地区行业协会和大中型企业等社会组织根据本地区确定的工伤预防重点领域，提出下一年拟开展的工伤预防项目，编制项目实施方案和绩效目标；由统筹地区相关部门统筹考虑工伤预防项目的轻重缓急，确定纳入下一年度的工伤预防项目并向社会公开。三是确定了预防项目的组织实施。原则上由提出项目的行业协会和大中型企业等社会组织负责组织实施；也可以委托第三方机构实施；面向社会和中小微企业的工伤预防项目，可由相关部门参照政府采购法等相关规定，从具备相应条件的社会、经济组织中选择提供工伤预防服务的机构，推动组织项目实施。各类实施机构都须与社保经办机构签订服务协议。《工伤预防费使用管理暂行办法》的颁布，标志着经过多年试点，工伤预防工作在全国范围内全面推开。2017 年是实施的头一年，全国共支出工伤预防费 2.9 亿元，仅占基金总支出的 0.44%，其中宣传费占 54%，培训费占 16.4%，其他占 29.5%。2018 年，28 个省级地区都在工伤保险基金中列支有预防费，说明工伤预防工作逐渐普及，但总支出仍未超过 3 亿元，表明这方面工作还有很大发展潜力。

试行工伤康复。早在 2007 年，劳动保障部就曾印发《关于加强工伤康复试点工作的指导意见》，提出试点工作的五项主要任务——规范工伤康复管理服务形式，研究完善工伤康复政策和标准体系，探索工伤康复早期介入机制，加强工伤康复专门人才的培养，完善再就业政策支持；并规定了工伤康复试点机构的准入条件，包括机构资质、康复水平、设施条件、专业人员配备等。依据各地评定结果，2009 年和 2010 年分两批确定了工伤康复试点机构。2011 年《工伤保险条例》修订施行后，对各地确定的 42 家康复试点机构进行了评估，确认其中 23 家达标；同时指出了未达标机构存在的主要问题。按照《工伤保险条例》有关"工伤职工到签订服务协议的医疗机构进行工伤康复的费用，符合规定的，从工伤保险基金支付"的规定，2013 年 4 月，人力资源社会保障部印发《工伤康复服务项目（试行）（修订版）》和《工伤康复服务规范（试行）（修订版）》，要求建立规范的"购买服务、协议管理"的工伤康复管理制度，形成"康复早期介入"和"先康复、后评残"的工作机制。同年还制定了《区域性工伤康复示范平台标准（试行）》，经过组织专家评估，2015 年遴选确定了北京、上海、广东、重庆各 1 家机构作为第一批区域性工伤康复示范平台，借此对各地工伤康复工作发挥辐射和示范作用。工伤康复对我国来说还是个新事物，对照国际经验，除了规范程序、标准外，有两个关键理念至为重要。一是"早期介入"。应摒弃康复只是医疗的后续手段的观念，让康复专家更早参与医疗特别是手术方案的制定，有利于为患者保留更多的有效功能，为日后康复创造更好条件。二是“职业康复”。应突破康复仅是恢复生理功能的观念，工伤康复的更高目标是在恢复日常生活能力的基础上，争取更多恢复患者的原有劳动能力，或通过康复训练其从事新职业的能力，使其能够重返劳动领域。2017 年，全国工伤保险基金中的康复支出为 7.7 亿元，比 2012 年的 6 亿元有所增加，但占比仍只有 1.5%；2018 年康复支出 7.4 亿元，全年有 4.1 万人次享受工伤康复待遇，人均康复支出约 2 万元。从实际需求看，工伤康复还有很大发展空间。

规范待遇确定和调整。《工伤保险条例》规定了工伤保险的各种待遇项目，其中有些明确了规定标准，如一次性伤残补助金、一次性工亡补助金、丧葬补助金等，更多的则是授权省级政府或统筹地区具体规定。执行中发现了两个较普遍的问题：一是各地确定待遇标准的依据和参数不一，导致地区间同项待遇水平有高有低，容易引发相互攀比；二是有些长期待遇，《工伤保险条例》只规定了即时待遇标准，如供养亲属抚恤金按照工亡职工本人工资的 40%发给配偶等，但缺乏调整机制，随着社会收入水平提高，工亡职工供养亲属等的待遇水平相对下降，地方政府想要调整也无所遵循。针对这方面问题，经过几年调研论证，2017 年 7 月，人力资源社会保障部印发《关于工伤保险待遇调整和确定机制的指导意见》，对《工伤保险条例》明确规定标准之外、授权地方确定和调整的工伤保险待遇作出了统一规范，总的要求是与经济发展水平相适应，综合考虑职工工资增长、居民消费价格指数变化、工伤保险基金支付能力、相关社会保障待遇调整情况等因素，兼顾不同地区待遇差别，按照基金省级统筹要求，适度、稳步提升，实现待遇平衡，原则上每两年至少调整一次。主要项目包括：一级至四级伤残津贴以上年度省（区、市）一级至四级工伤职工月人均伤残津贴为基数，侧重考虑职工平均工资增长因素进行调整；供养亲属抚恤金以上年度省（区、市）月人均供养亲属抚恤金为基数，侧重考虑居民消费价格指数变化，采取定额调整办法；生活护理费按照上年度省（区、市）职工平均工资增长比例同步调整，职工平均工资下降时不调整；工伤职工住院伙食补助费原则上按不超过上年度省（区、市）城镇居民日人均消费支出额的 40%确定；一次性伤残就业补助金和一次性工伤医疗补助金，综合考虑工伤职工伤残程度、伤病类别、年龄等因素制定标准，注重引导和促进工伤职工稳定就业。《关于工伤保险待遇和确定机制的指导意见》还附发了相关待遇调整的计算公式。这一举措，解决了实践中的两个问题，使工伤保险待遇确定和调整有了统一的遵循，更好保障了工伤职工及其亲属的基本生活。政策实施当年，全国月人均伤残津贴 2 896 元，比上年增加 220 元；供养亲属抚恤金月人均 1 232 元，增加 74 元；生活护理费月人均 1 677 元，增加 145 元；24 万人领取一次性工伤医疗补助金，人均 2. 75 万元，增加 1 100 元。

推进省级统筹。2008 年四川汶川特大地震灾害中，工伤保险基金统筹层次低的弊端暴露（见第十六章第三节）。按照《工伤保险条例》有关“工伤保险基金逐步实行省级统筹”的规定，各地加快了提高基金统筹层次的步伐。人力资源社会保障部在其“十三五”工作规划中提出，到 2020 年年底前全面实现工伤保险省级统筹。2017 年 6 月，人力资源社会保障部、财政部印发《关于工伤保险基金省级统筹的指导意见》，提出省级统筹的基本原则是制度统一，分级管理；职责明晰，强化考核；统调结合，缺口分担；目标明确，分步实施。实行工伤保险省级统筹，要在全省实现五个“统一”——统一参保范围和参保对象，统一费率政策和缴费标准，统一工伤认定和劳动能力鉴定办法，统一待遇支付标准，统一经办流程和信息系统。在基金管理上，有条件的省份可以实行基金统收统支管理；不具备条件的也可以在省级建立调剂金，由市（地）按照一定的规则和比例上解到省级社保基金财政专户集中管理，用于调剂解决各市（地）工伤保险基金支出缺口。这是借鉴职工养老保险省级统筹的办法，采取两种不同的统筹模式。到 2019 年，有 11 个省份实行了统收统支的省级统筹，其他省级地区实行以基金全省调剂为主的统筹方式。各地依托“金保工程”，整合现有资源，建立起支持省级统筹的信息系统，提供工伤认定、劳动能力鉴定申报、参保权益信息查询、经办管理等网上服务，支持工伤医疗费即时结算。

完善工伤保险费率

2003 年 4 月国务院颁布《工伤保险条例》后，为保证条例在次年 1 月施行，劳动保障部、财政部、卫生部、国家安监局于 2003 年 10 月联合印发《关于工伤保险费率问题的通知》，将各行业划分为三个类别，工伤保险费率分别为职工工资总额的 0.5%左右、1%左右和 2%左右，后来一直照此执行，只是在 2009 年至 2010 年曾为应对国际金融危机，采取过阶段性降低费率的措施。到 2014 年，全国平均实际费率为 0.87%，其中一类行业平均为 0.6%，二类行业平均为 0.95%，三类行业平均为 2%，与政策预期大体相当。但也发现超出预期的现象——当年基金收入 695 亿元，基金支出 560 亿元，基金结存 135 亿元，基金累计结存 1 129 亿元，相当于两年的支付额。工伤保险基金实行以支定收、收支平衡的现收现付模式，结存过多降低了资金利用效率，也在客观上加重了参保单位的负担。在经济发展进入新常态的背景下，社会上减税降费的呼声渐高。2013 年，党的十八届三中全会提出“适时适当降低社会保险费率”的要求，工伤保险有必要也有可能适当下调费率。在十多年的实践中，有关行业和企业也反映，现行费率的行业类别划分过于粗放，0.5~1 个百分点的基准费率档次间隔较大，不适应 100 多个行业的实际情况，建议细分类别和费率档次。

主管全国工伤保险工作的人力资源社会保障部会同财政部，经过细致的调查研究，按照总体降低、细化分类、健全机制的思路，设计了调整工伤保险费率的方案，经国务院批准，两部于 2015 年 7 月印发《关于调整工伤保险费率政策的通知》，对工伤保险费率动了一次不小的“手术”。

新的费率政策，首先按照《国民经济行业分类》（GB/T 4754—2011）对行业的划分，根据不同行业的工伤风险程度，将行业分类从原来的三类细化为八类：一类包括机关、团体、金融等 15 个行业，二类包括文教、卫生、餐饮、零售等 19 个行业，三类包括轻工、修理等 16 个行业，四类包括农业、制造、铁路等 22 个行业，五类包括林业、水陆运输等 9 个行业，六类包括渔业、建筑、化工等 7 个行业，七类包括石油开采等 4 个行业，八类包括煤炭开采等 4 个行业。其次，将原来 0.5%、1%、2%左右的 3 个行业基准费率相应细化为 8 个，由低到高依次为 0.2%、0.4%、0.7%、0.9%、1.1%、1.3%、1.6%、1.9%左右。最后，重申费率浮动机制：二类至八类行业分为 5 个费率档次，即在基准费率的基础上，可分别向上浮动至

120%、150%或向下浮动至 80%、50%；一类行业分为 3 个档次，只可向上浮动，不可向下浮动。由统筹地区社保经办机构根据用人单位工伤保险费使用情况、工伤发生率、职业病危害程度等因素确定其费率，并可依据上述因素变化情况，每 1~3 年确定其在所属行业不同费率档次间是否浮动及浮动的档次。

这次调整同时达到了两个目的。一是明显降低了工伤保险费率水平。如原来划为一类产业的 34 个行业费率从 0.5%直接降为 0.2%和 0.4%，原来划为三类产业的 15 个行业也从 2%降为 1.3%、1.6%、1.9%，原来划为二类产业的各个行业费率也有不同程度下调。在可比的 86 个行业中，有 74 个行业的基准费率标准降低。综合测算，行业基准的名义费率从 1%左右降到 0.75%左右，实际费率从 0.87%左右降到 0.65%左右。人力资源社会保障部同时要求各统筹地区真正把浮动费率机制用好用活。二是针对当前经济稳增长、企业减负担的需要，各省可以依据国务院的授权，对基金结存较多的统筹地区，在保持安全结存量的前提下，阶段性减征工伤保险费，以减轻企业负担；但减征的比例宜根据企业参保时间长短确定，以保持参保激励机制。对基金“安全结存量”，人力资源社会保障部也提出参考标准——实行地市级统筹的地区原则上控制在 12 个月左右平均支付水平，实行省级统筹的地区原则上控制在 9 个月左右平均支付水平。超过正常规模过多的统筹地区，应当下调行业基准费率，并允许在编制社会保险基金年度预算时编列当年赤字预算。在这一系列措施推动下，2018 全国工伤保险平均费率为 0.6%，比调整前的 2014 年下降 0.27 个百分点。通过细化行业分类和强化费率浮动机制，促进了工伤保险的精确管理。各统筹地区根据新的行业分类，周密制定本地区用人单位费率浮动的具体办法，每年对各参保单位的工伤风险状况进行一次全面评估，对工伤发生率低、工伤保险费使用少的单位按规定下浮，而对风险程度骤升的单位，次年即上浮费率，而且一次上浮两个档次，并通过发布通报等形式加以警示。这些举措促进了单位参保的积极性和安全生产意识的提升。

从表 26-1 中可以看出，六年来工伤保险参保人数增加了 4 700 多万人，享受待遇人数大体维持在 200 万人左右，没有明显波动；基金收入在 2016

年出现减少状况，是调降费率政策发挥了效力；但此后又随覆盖面扩大和工资水平提高而持续增长；基金支出维持较高增幅，反映了平均待遇水平提高的情况；基金累计结存规模持续扩大，表明继续降费仍有一定空间。

表 26-1 2013—2018 年工伤保险制度发展情况

单位：万人，亿元

年度	参保人数	享受人数	基金收入	基金支出	基金结存
2013	19 917	195	615	482	996
2014	20 639	198	695	560	1 129
2015	21 432	202	754	599	1 285
2016	21 889	196	737	610	1 441
2017	22 724	193	854	662	1 607
2018	23 874	199	913	742	1 785

数据来源：人力资源社会保障部 2012 年至 2018 年人力资源和社会保障事业发展统计公报。

第二节 失业保险

党的十八大提出增强失业保险对促进就业的作用，党的十八届三中全会强调增强失业保险制度预防失业、促进就业功能，党的十九大在加强社会保障体系建设的总框架下要求完善失业保险制度。这些部署为构建中国特色失业保险制度指明了方向，也是近七年来失业保险工作的着力点。①

支持企业稳定就业岗位

回顾第五篇记述，2008 年年底，为应对国际金融危机的严峻挑战，在社会保险领域实行了“五四三二”的支持企业稳定就业岗位政策。其中，失业保险除了列入“五缓”“四减”范围外，在“三补贴”方面发挥了独特作用——允许基金结余较多的地区使用基金，对保证不裁员或少裁员的

① 本节数据来源于人力资源社会保障部统计资料。

困难企业，支付期限不超过 6 个月的社会保险补贴和岗位补贴，支持其稳定就业岗位。这套系列政策执行了两年，随着平稳度过危机高峰而在 2010 年年底结束。

“十二五”期末，我国经济运行进入新常态的趋势明显，供给侧结构性改革提上了国家重要议程。在产业转型升级、淘汰落后产能过程中，企业兼并重组增加，一些企业也面临生产经营的暂时困难，裁员压力有所增大。为维护就业局势和社会稳定，社会保险援企稳岗的政策，从已经尘封几年的“储备工具箱”里重新拿了出来，派上用场。

2014 年 11 月，人力资源社会保障部、财政部、国家发展改革委、工信部联合印发《关于失业保险支持企业稳定岗位有关问题的通知》，对在调整优化产业结构中兼并重组、化解产能过剩、淘汰落后产能的企业，采取措施不裁员或少裁员稳定职工队伍的，由失业保险基金给予稳岗补贴；但其前提条件，一是相关地区失业保险基金滚存结余具备 1 年以上支付能力，二是申请稳岗补贴的企业依法参加失业保险并足额缴纳失业保险费，且未裁员或裁员率低于统筹地区城镇登记失业率。补贴标准为不超过本企业及其职工上年度实际缴纳失业保险费的 50%；主要用于职工生活补助、缴纳社会保险费、转岗培训、技能提升培训等相关支出。稳岗补贴政策执行到 2020 年年底。这是重拾 2008 年的政策工具，同时有新的发展：一是把补贴范围从支付社会保险补贴和岗位补贴两项扩大为包括生活补助和技能提升补贴等四项；二是最高 50% 的限额借鉴了“退税”的形式，但因社保基金没有“退费”机制，采取了定向“返还”的方法；三是政策期限一定 5 年，比当初的 1 年政策期更有稳定性。

2015 年 4 月，国务院印发《关于进一步做好新形势下就业创业工作的意见》，要求进一步完善失业保险制度，充分发挥失业保险保生活、防失业、促就业的作用。特别提出加强对困难人员的就业援助，明确了几项政策：一是把失业保险稳岗补贴的范围，从不裁员或少裁员的三类企业（兼并重组、化解过剩产能、淘汰落后产能）扩大到所有符合规定条件的企业；二是对通过市场渠道确实难以实现就业、通过公益性岗位予以托底安置的就业困难人员，也给予社会保险补贴及适当岗位补贴；三是将两项补贴的期限从 2008 年规定的最长不超过 6 个月延展到不超过 3 年，并对距退休年龄不足 5 年的人员可延长至退休。这些变化表明，2008 年曾使用过的阶段性政策正在演变为长期性政策。同年 2 月，国务院常务会议还作出进一步减税降费的决定，其中失业保险费率统一从 3%降至 2%，由各地在充分考虑提高失业保险待遇、促进失业人员再就业、落实失业保险稳岗补贴政策等因素的基础上，确定单位和个人缴费具体比例。这一措施每年减轻企业和员工负担 400 多亿元。

2016 年，国务院又提出用好失业保险基金结余，增加稳就业资金规模。2017 年 4 月，国务院印发《关于做好当前和今后一段时期就业创业工作的意见》，支持劳动者通过新兴业态实现多元化就业，与从业者签订劳动合同并参加职工社会保险的新兴业态企业，可按规定享受企业吸纳就业扶持政策。与失业保险直接相关的政策有多项，其中具有创新意义的主要是：探索适应灵活就业人员的失业保险保障方式；完善职业培训补贴方式，对参加失业保险 3 年以上、当年取得职业资格证书或职业技能等级证书的企业职工，可从失业保险基金中列支技能提升补贴。此外，还专门对化解钢铁煤炭煤电行业过剩产能的企业提出稳妥安置职工的要求，在政策支持上，对不裁员或少裁员的企业，降低稳岗补贴门槛，提高稳岗补贴标准；在防范化解失业风险方面，省级政府对出现严重规模性失业风险的地区，可通过提高稳岗补贴标准、阶段性延长领取失业保险金期限、开展生活帮扶等措施化解。2015 年至 2018 年，全国共向 168 万户企业发放稳岗补贴 757 亿元，惠及职工 1.8 亿人（其中 2018 年为 6 445 万人），在我国经济转型升级、产业结构调整中发挥了稳定职工队伍的作用。

2018 年，人力资源社会保障部组织实施为期三年的失业保险援企稳岗“护航行动”，目标是实现支持企业稳定岗位政策对符合条件的统筹地区和符合申领条件的主体两个全覆盖。国家的支持政策和部门的专项行动，促进了各地加快落实稳岗补贴政策。2018 年失业保险基金支付稳岗补贴惠及 6 445 万名职工。

实际上，早在 2006 年，劳动保障部、财政部就在北京、江苏等 7 个东部省市开展扩大失业保险基金支出范围的试点，探索失业保险与促进就业紧密结合的机制；2012 年将支出项目扩大至职业介绍补贴、职业培训补贴、职业技能鉴定补贴、社会保险补贴、岗位补贴、小额贷款担保基金和小额担保贷款贴息 7 个项目。考虑到中西部地区的实际情况，试点范围一直没有扩大。自 2015 年以来在全国范围内施行的各项政策，尽管基金支付项目略少于试点地区，但基本路径是朝着更加积极的失业保险方向推进的。

支持参保职工技能提升

这是失业保险融入更加积极就业政策体系的又一个支点。

2017 年 5 月，人力资源社会保障部、财政部印发《关于失业保险支持参保职工提升职业技能有关问题的通知》，确定自 2017 年 1 月起，对参加失业保险累计缴费 3 年及以上，取得初级、中级、高级职业资格或职业技能等级证书的企业职工，可按初级工 1 000 元、中级工 1 500 元、高级工 2 000 元的标准上限申领补贴；所需资金从失业保险基金技能提升补贴科目中列支。这又是一个突破：2008 年的“三补贴”政策中也有“在岗培训补贴”项目，但只针对当时受金融危机影响的困难企业，而且所需资金在企业职工教育经费中列支，不足部分才可由就业专项资金予以适当支持。2017 年的政策则是面向所有符合条件的企业职工，资金也从失业保险基金列支。配合这一政策实施，人力资源社会保障部从 2018 年起在全国组织实施失业保险支持技能提升的“展翅行动”，行动名称意在为广大企业职工插上技能的翅膀，助他们在职业征途中起飞。行动目标是推动各地积极主动、全面规范地落实失业保险技能提升补贴政策，力争使符合条件的参保职工都能享受到该项补贴。

2018 年，全国共向 60 多万名职工发放技能提升补贴。随着政策的实施到位，将有更多企业职工纳入补贴范围，不仅有助于激励职工提升自身技能，增强就业稳定性，从而降低失业风险，缓解就业结构性矛盾，而且有助于加大人力资源开发力度，增强企业的核心竞争力，实现人才强国目标。

提高失业保障水平

《失业保险条例》施行以来，各省级政府依据法规授权，按照低于当地最低工资标准、高于城市居民低保标准的水平确定失业保险金标准；国家还统一扩大了失业保险基金的待遇支付项目。为均衡各地标准，随经济社会发展适当提高失业保障水平，2017 年 9 月，人力资源社会保障部、财政部提出指导意见，要求各省在确保基金可持续前提下，逐步将失业保险金标准提高到最低工资标准的 90%。2012 年全国领取失业保险金人员人均月水平为 707 元，2018 年提高到 1 266 元。

这几年还采取了发放价格临时补贴保障基本生活的措施。“十二五”期初，针对物价，特别是对居民日常消费影响较大的食品类价格变化，有关部门提出建立社会救助和保障标准与物价上涨挂钩联动机制，其中包括失业保险金标准。2014 年，国家发展改革委、民政部、财政部、人力资源社会保障部、国家统计局联合印发通知，确定了“挂钩联动”的具体政策：一是启动调整相关保障标准的临界条件，为居民消费价格指数同比涨幅连续 3 个月超过 3%～4%，或该指数中粮食价格同比涨幅连续 3 个月超过 10%；二是确定“挂钩联动”价格临时补贴标准的层级，最低标准在全省范围内统一设定，具体标准以省级或地市级为单位统一确定；三是价格临时补贴的实施频率和方法是按月计算、按季发放。2016 年，上述五部门印发《关于进一步完善社会救助和保障标准与物价上涨挂钩联动机制的通知》，对“挂钩联动”机制作了三方面完善：一是将保障对象明确为享受国家定期抚恤补助的优抚对象、城乡低保对象、特困人员、领取失业保险金人员，各地可根据实际适当扩大保障范围；二是调整优化启动条件，规定居民消费价格指数（CPI）单月同比涨幅达到 3.5%或 CPI 中的食品价格单月同比涨幅达到 6%时即启动联动机制，降低了启动“门槛”；三是提高补贴发放的时效性，将原来规定的价格临时补贴按月计算、按季发放改为按月测算、按月发放，更利于生活困难群众及时得到必要援助。文件明确：对领取失业保险金人员发放的价格临时补贴从失业保险基金列支。2018 年，各地根据物价上涨情况，共向 260 万名领取失业保险金人员发放价格临时补贴 1.3 亿元，月人均 47 元。

表 26-2 反映出党的十八大以来，失业保险参保人数增长近 30%，覆盖面继续扩大；年末享受失业保险待遇人数为 197 万～230 万人，全年领取失

业保险金人数为 390 万～458 万人，印证就业局势基本稳定；基金收入在 2014 年达到顶峰，之后逐年微降，2018 年与 2012 年基本持平，是连续下调费率的政策效应；而基金支出增长 1 倍多，表明失业保险待遇项目增加和水平稳步提高；基金累计结存也近翻倍，有约 6.4 年的备付能力，也说明还可以更大力度地用于支持稳定就业和鼓励创业。

表 26-2　2012—2018 年失业保险制度发展情况

年度	参保人数/万人	年底享受人数/万人	全年享受人数/万人	人均待遇/（元/月）	基金收入/亿元	基金支出/亿元	累计结存/亿元
2012	15 225	204	390	707	1 139	451	2 929
2013	16 417	197	417	767	1 289	532	3 686
2014	17 043	207	422	852	1 380	615	4 451
2015	17 326	227	457	960	1 368	736	5 083
2016	18 089	230	484	1 051	1 229	976	5 333
2017	18 784	220	458	1 111	1 113	894	5 552
2018	19 643	223	452	1 266	1 171	915	5 817

数据来源：人力资源社会保障部 2012 年至 2018 年人力资源和社会保障事业发展统计公报。

第三节　生育保险

自 1994 年《劳动法》以国家法律形式正式确定社会保险的五个主要险种以来，其他险种或制定了行政法规（失业保险、工伤保险），或有国务院政策性规范（改革医疗保险制度的决定、改革和完善养老保险制度的决定等），唯独生育保险只有部门试行的规章，在高层次文件中较少提及，似乎被“边缘化”了。这一状况在党的十八大以后得到大大改观。

“全面两孩”政策和降费率

2013 年 11 月，党的十八届三中全会作出决定：为促进我国人口长期均衡发展，坚持计划生育的基本国策，逐步调整完善生育政策，启动实施一方是独生子女的夫妇可生育两个孩子的政策，即“单独两孩”。两年后，党的十八届五中全会决定，全面实施一对夫妻可生育两个孩子政策，即全面放开两孩政策。这预示着生育保险基金支出将面对快速增长的需求。

也是在 2015 年，2 月的国务院常务会议作出进一步减税降费的决定，其中失业保险费率统一从 3%降至 2%，工伤保险费率结合完善分档机制也降低了 0.2 个百分点（相当于降低 30%），生育保险也列入降费范围。7 月，人力资源社会保障部、财政部印发通知，决定从当年 10 月 1 日起，在生育保险基金结余超过合理结存的地区降低费率；“合理结存”标准确定为基金结存量相当于 6~9 个月的待遇支付额；要求超过 9 个月的统筹地区，将费率调整到用人单位职工工资总额的 0.5%以内。

分析前两年的数据，2013 年和 2014 年全国生育保险基金收入分别为 368 亿元和 446 亿元，支出分别为 283 亿元和 368 亿元，享受待遇人次 522 万和 613 万，2014 年年末基金累计结存 593 亿元，相当于 19 个月的支付额。按照基金收支基本平衡的原则，显然结存过多，有较大降费空间；虽然基金结存在地区间分布不均衡，但应该说大多数地区降低费率后不会影响当期支付。按照中央部署，各地开始降低生育保险费率。2015 年的运行结果是，全国享受待遇人次 642 万，依然呈平稳增长态势；总收入 502 亿元，总支出 411 亿元，增幅明显下降。但到了 2016 年，随着“全面两孩”政策落地，情况发生陡然变化——享受待遇人次 913 万，骤增 42%；基金收入 522 亿元，仅增长 4%；而基金支出 531 亿元，增长 29%，并自 1995 年施行生育保险制度以来首次出现当年收不抵支。这就不得不面对一个选题——要不要继续坚持降低费率的政策。

有关部门认真分析了基金运行状况：2016 年年末全国生育保险基金累计结存 676 亿元，虽然比上年净减少 8 亿元，但仍相当于 15 个月的支付额，总体判断没有大的支付风险，而且消减沉淀资金正是政策预期目标之一，因而可以继续跟踪观察发展趋势，“以静制动”；至于个别地区出现“库存”告急，可以通过提高统筹层次等办法来缓解，不必在全国范围内停止执行降费率措施。到 2017 年，享受生育保险的人次进一步增加到 1 113 万，看来“全面两孩”政策确实生效了；基金收入 642 亿元，基金支出 744 亿元，出现了超过100亿元的当期赤字，累计结存下降到564亿元，全国平均达到了9个月支付额的预期水平。2018年对生育保险来说是最紧张的一年，如果享受人次继续大幅上升，就可能不得不回调费率。逐月观察，发现享受人次同比增幅回落，并开始减少，如1月为90万人次，同比仅增加3万人次；上半年469万人次，同比减少42万人次。到年底统计，全年享受人次984万人次，比上年减少129万人次；基金收入772亿元，增长20%；基金支出758亿元，仅增长不到2%，重回"黑字"；累计结存574亿元，"扭亏为盈"，继续维持9个月的支付水平。有关部门终于松了一口气，持续两年的"全面两孩"政策效应高峰期已经度过，生育保险在配合国家人口生育政策的同时，也达到了为企业减负的目的。

生育保险与医疗保险合并实施试点

2015年党的十八届五中全会决定还提出一项建议，就是"将生育保险和基本医疗保险合并实施"，这一建议写入了次年全国人大通过的国家"十三五"规划纲要。这是在党和国家的高层文件中第一次对生育保险工作作出直接部署。这一决策的背景，一是新农合和城居医保已经普及，随着按病种付费方式的逐步推行，城乡居民生育医疗费用通常作为专项"病种"在基本医保基金中按规定支付，职工医保则不包含，而是以单独险种形式处理，在全民医保体系中需要对此统筹安排；二是职工生育保险包括生育津贴和生育医疗费两大类待遇项目，后者在定点协议管理、相关目录管理和支付方式等方面都与医疗保险管理大体一致，实践中大多数地区也由同一机构统一经办，与医保合并实施有利于险种间的综合平衡，也可降低行政成本。

2017年1月，国务院办公厅印发《生育保险和职工基本医疗保险合并实施试点方案》，明确了保留险种、保障待遇、统一管理、降低成本的总体思路，确定在河北省邯郸市等12个城市开展为期1年左右的试点，试点启动时间为当年6月底前。3月，人力资源社会保障部、财政部、国家卫生计生委联合印发《关于做好生育保险和职工基本医疗保险合并实施试点有关工作的通知》，对试点工作作出具体部署。到当年6月，各试点城市全部出台试点方案并组织实施。

2019 年 3 月，国务院办公厅印发《关于全面推进生育保险和职工基本医疗保险合并实施的意见》，标志着经过两年试点，在全国范围内全面推进“合并实施”的条件已经成熟。文件确定了几项主要政策。

统一参保登记。参加职工基本医疗保险的在职职工同步参加生育保险。按 2018 年年底的数据，全国参加职工生育保险的人数 20 435 万人，同期职工基本医保覆盖人数 31 673 万人，扣除参保的退休人员，职工为 23 300 万人。全国全面合并实施两项保险、职工同步参保后，将进一步扩大生育保险参保人数规模。

统一基金征缴和管理。生育保险基金并入职工基本医疗保险基金统一征缴，统筹层次一致。用人单位按两项制度的缴费比例之和确定新的职工基本医疗保险费率，个人不缴纳生育保险费。新的职工基本医疗保险基金不再单列生育保险基金收入，但在统筹基金待遇支出中设置生育待遇支出项目，即“统收分支”。

统一医疗服务管理。两项制度实行统一定点医疗服务管理，签订相关医疗服务协议时要将生育医疗服务有关要求和指标增加到协议内容中，并执行统一的基本医疗保险、工伤保险、生育保险药品目录以及基本医疗保险诊疗项目和医疗服务设施范围。将生育医疗费用纳入医疗保险支付方式改革范围，推动住院分娩等医疗费用按病种、产前检查按人头等方式付费。

统一经办和信息服务。两项保险合并实施后，由基本医保经办机构统一经办管理，充分利用医保信息平台，实行信息系统一体化运行。但原有生育保险医疗费用结算平台可暂时保留，待条件成熟后并入医保结算平台。

确保生育保险待遇不变。明确生育保险待遇包括社会保险法规定的生育医疗费用和生育津贴，所需资金均从新的职工基本医疗保险基金中支付。生育津贴支付期限按照《女职工劳动保护特别规定》等法规规定的产假期限执行。这一政策解决了试点中提出的生育津贴列支渠道和支付规则问题，保证了政策的延续性，保障了职工的法定权益。

两项制度合并实施后，通过整合基金，形成了更大的“蓄水池”，有利于增强基金统筹共济能力，但也可能出现新的矛盾和问题，特别是“全面两孩”政策的后续影响还有一定不确定性，因此文件特别要求各地：研判当前和今后人口形势对生育保险支出的影响，增强风险防范意识和制度保障能力；按照尽力而为、量力而行的原则，坚持从实际出发，从保障基本权益做起，合理引导预期；跟踪分析合并实施后基金运行情况和支出结构，完善生育保险监测指标；根据生育保险支出需求，建立费率动态调整机制，防范风险转嫁，实现制度可持续发展。

2013 年至 2018 年，职工生育保险基金总计支出近 3 100 亿元，使近 4 800 万人次享受到生育保险待遇（见表 26-3），分散了职工和用人单位的生育经济风险，也极大支持了就业性别平等政策。

表 26-3　2013—2018 年生育保险制度发展情况

年度	参保人数/万人	享受人次	基金收入/亿元	基金支出/亿元	累计结存/亿元
2013	16 392	522	368	283	515
2014	17 039	613	446	368	593
2015	17 771	642	502	411	684
2016	18 451	914	522	531	676
2017	19 300	1113	642	744	564
2018	20 434	948	781	762	582

数据来源：人力资源社会保障部 2012 年至 2018 年人力资源和社会保障事业发展统计公报，国家医疗保障局《2018 年全国基本医疗保障事业发展统计公报》。

第四节　开展长期护理保险试点

党的十八届五中全会决定中，有关社会保险领域的一个新突破是在积极开展应对人口老龄化行动的总部署下，提出“探索建立长期护理保险制度”。这超越了社会保险法规定五个险种的框架，在国际社会保障机构对社会保障的九项分类中也没有这一专项，却是我国应对老龄化挑战必要且急迫的举措。2015 年，我国 60 岁以上人口 2.22 亿人，其中 65 岁以上人口 1.44 亿人，占比 10.47%。有关研究者预计，全国失能老人有 1 200 多万人，加上部分失能老人，总数多达4 000万人，对长期照顾护理的需求十分旺盛。满足这方面需求需要多方面资源——养老照护机构、专用设备设施、专业服务人员等，而这些都离不开财务资源的配置。既有的五大险种中与老年人直接相关的养老保险，着眼于化解因年老退出劳动领域产生的收入损失风险；医疗保险虽有化解支出风险的功能，但限于医疗费支出。面对众多老年人长期照顾护理的经济支出，需要新的制度安排。青岛、南通等城市率先开展探索，利用医保基金结余，尝试通过社会统筹、购买服务方式解决失能老年人长期照护需求问题。

按照中央决策部署，总结局部地区初步经验，2016年6月，人力资源社会保障部印发《关于开展长期护理保险制度试点的指导意见》（以下简称《指导意见》），确定在河北省承德市、吉林省长春市等15个城市开展这项试点。试点的主要任务是四个探索——探索保障范围、参保缴费、待遇支付等政策体系，探索护理需求认定和等级评定等标准体系和管理办法，探索各类服务机构和护理人员服务质量评价、协议管理和费用结算等办法，探索管理服务的规范和运行机制。目标是通过试点积累经验，力争在“十三五”期间基本形成适应社会主义市场经济体制的长期护理保险制度政策框架。《指导意见》在以人为本、基本保障、责任分担、因地制宜、机制创新、统筹协调的原则下，明确试点期间的基本政策：保障范围是长期处于失能状态的职工基本医保参保人群，重点解决重度失能人员基本生活照料和与基本生活密切相关的医疗护理等所需费用；筹资标准由各地区根据实际确定，试点阶段可通过优化职工医保统账结构、划转职工医保统筹基金结余、调剂职工医保费率等途径筹集资金；给付范围是护理服务机构和护理人员为参保人提供的符合规定的护理服务所发生的费用，基金支付水平总体上控制在70%左右，可以根据护理等级、服务提供方式等制定不同支付比例的差别化待遇保障政策；基金管理实行单独预算，专款专用；对护理服务机构和从业人员实行协议管理和监督稽核等制度；在经办方面，借鉴居民大病保险的经验，可以探索委托管理、购买以及定制护理服务和护理产品等多种实施路径、方法，积极发挥具有资质的商业保险机构等各类社会力量的作用。到2017年年底，各试点城市均开始启动试点，有3 800

万人被这项制度覆盖。

2018 年 9 月，全国政协领导的中国经济社会理事会组成养老护理专题调研组，对有关试点城市进行了调研，发现各地在执行试点《指导意见》基础上，都有不同程度创新。如在覆盖范围上，有的城市不仅包含职工，还扩大到城乡居民；在筹资方面，除了从基本医保统筹基金中“平移”一部分外，有的从医保个人账户中也划拨一部分，有的实行了个人少量定额缴费，有的还给予了一定财政补贴，确实是在探索多渠道筹资办法；在服务供给形式上，有的采取专业机构集中照护，更多的是通过社区“为老服务中心”或“长者照护中心”为失能老人提供日间照料或上门服务；在基金给付上，各地都注重向居家服务倾斜，有的采取完全实物援助（购买服务）方式，有的则采取现金补贴与实物援助相结合。这些经验虽还只是初步的，但总结推广后将造福数以千万计老年人的前景大可期待。

2018 年，我国 65 岁以上人口 1.67 亿人，占比上升到 11.9%。2019 年全国两会《政府工作报告》中提出：“扩大长期护理保险制度试点，让老年人拥有幸福的晚年，后来人就有可期的未来。”

第五节　社会救助功能日益彰显

2014 年 2 月，国务院以第 649 号令颁布《社会救助暂行办法》，自当年 5 月 1 日起施行。这是个综合性的行政法规，包括已经实施的最低生活保障、特困人员供养、受灾人员救助、医疗救助、教育救助、住房救助、就业救助、临时救助八大类救助制度，统一规定了基本原则、运行体制、资金管理监督、信息系统建设和法律责任，分别规定了各项制度的适用群体、申请条件、管理责权和待遇项目。

追根溯源，我国有关社会救助的最早法规，也是最具代表性的，是 1982 年 5 月国务院颁布的《城市流浪乞讨人员收容遣送办法》，规定在城市和交通要道设立收容遣送站，对家居农村流入城市乞讨、城市居民中流浪街头乞讨等生活无着的人员予以收容、遣送，当时的出发点是救济、教育和安置城市流浪乞讨人员，以维护城市社会秩序和安定团结。但后来，收容遣送对象被扩大到不能提供身份证、暂住证、务工证或“三证”不全的外来人员，使这一制度“救济、教育和安置流浪乞讨人员”的目的逐渐淡化，在一些地方成为限制城市外来人口流动的一种方法，甚至出现了违法收容遣送的现象。2003 年 3 月发生的“孙志刚事件”震动了社会。

孙志刚事件

来自湖北的大学生孙志刚初到广州工作，2003 年 3 月 17 日晚逛街时因未携带身份证，被错误收容；又在收容人员救治站遭同室人员轮番殴打，致重伤且未得到及时救治，于 20 日晚死亡。事件发生之后，有关方面解释孙志刚是因病正常死亡，经媒体追踪调查，司法机关还原了事实真相，涉案的 18 人受到法律制裁，有关责任人员受到行政处分，孙志刚的家属也获得了赔偿。

“孙志刚事件”在当时不是孤立事件，暴露了基层公安、卫生、民政等部门在执法和管理中的严重错误，也反映出原有收容遣送制度已不适应社会流动性增强的实际情况。事件发生整整 3 个月后，国务院颁布《城市生活无着的流浪乞讨人员救助管理办法》（国务院第 381 号令），于 2003 年 8 月 1 日起施行，同时废除实行了 21 年的《城市流浪乞讨人员收容遣送办法》，将制度的重点由“遣送”转为“救助”。在此前后，受灾人员救助制度逐步规范，农村五保供养发展为特困人员供养制度，相继建立了城市和农村的最低生活保障制度，医疗、教育、住房、就业救助制度也陆续建立，客观上需要把各项救助制度进行整合，促进协调、规范运行。

实际上，有关部门在 2007 年就拟定了《社会救助暂行办法》，但由于社会救助体系涵盖十分广泛，当时各项制度范围、管理体制、程序、标准及相互关系等立法要件还不够清晰，各方认识也有诸多不一致，几次提交国务院审议都无果而终。党的十八大后，面对保障民生“兜底线”的急切需求，这项综合性行政法规终于出台，但鉴于还有不少政策需要通过实践检验，因而作为“暂行”办法。法规实施后，推动各项社会救助制度，尤其是城乡低保、特困人员救助供养、医疗救助制度等获得长足发展。

城乡低保。表 26-4 显示，2017 年城乡居民享受低保待遇的总人数为 5 306 万人，比 2012 年减少 2 183 万人，特别是农村减少 1 300 万人，印证了脱贫攻坚的效果；但同期城乡低保待遇标准分别提高了 63%和 108%。

表 26-4　2013—2017 年城市和农村发展情况

年度	城市				农村			
	享受户数/万户	享受人数/万人	使用资金/亿元	标准/(元/人·月)	享受户数/万户	享受人数/万人	使用资金/亿元	标准/(元/人·年)
2013	1 097	2 064	757	373	2 931	5 388	867	2 434
2014	1 026	1 877	722	411	2 944	5 207	870	2 777
2015	957	1 701	719	451	2 846	4 904	932	3 178
2016	855	1 480	688	495	2 635	4 587	1 015	3 744
2017	742	1 261	641	540	2 249	4 045	1 052	4 301

数据来源：民政部 2013 年至 2017 年社会服务发展统计公报。

特困人员救助供养。表 26-5 反映，农村五保人数有所减少，但使用资金增长，表明供养待遇水平逐步提高。

表 26-5　2013—2017 年农村特困人员救助供养情况

单位：万人，亿元

年度	农村五保（特困人员救助供养）		城乡医疗救助	
	享受人数	使用资金	资助参保参合	直接救助
2013	537	172	6 359	2 126
2014	529	190	6 724	2 395
2015	517	210	6 635	2 889
2016	497	229	5 560	2 696
2017	467	269	5 621	3 517

数据来源：民政部 2013 年至 2017 年社会服务发展统计公报。

医疗救助。《社会救助暂行办法》将医疗救助的功能界定为“保障医疗救助对象获得基本医疗卫生服务”。从制度定位来看，医疗救助制度既是社会救助体系的重要组成部分，也是医疗保障体系的重要组成部分。医疗救助方式主要有两种：一是资助困难群众参加城乡居民基本医疗保险；二是对救助对象经基本医疗保险、大病保险和其他补充医疗保险支付后，个人及其家庭难以承担的符合政策规定的基本医疗自付费用给予补助。2015 年，国务院办公厅转发了民政部等五部门《关于进一步完善医疗救助制度全面开展重特大疾病医疗救助工作的意见》，从拓展对象范围、科学实施重特大疾病医疗救助、加强与相关医疗保障制度衔接等方面提出了新目标、新要求。各地加快完善配套政策措施，稳步拓展救助对象范围，在做好最低生活保障对象、特困人员医疗救助基础上，逐步将低收入家庭老年人、未成年人、重度残疾人和重病患者纳入救助范围，探索开展因病致贫家庭重病患者救助工作；根据救助对象家庭经济状况和医疗费用负担情况，合理确定救助标准，分类分段设置救助比例和救助限额；支持社会慈善力量参与医疗救助，研究加强医疗救助与基本医疗保险、大病保险、商业补充保险及疾病应急救助、临时救助等衔接措施。2017 年，民政部又联合有关部门印发《关于进一步加强医疗救助与城乡居民大病保险有效衔接的通知》，指导各地从保障对象、支付政策、经办服务、监督管理等方面加强制度衔接，进一步发挥“保险+救助”的综合保障合力。有关部门还先后制定了《城乡医疗救助基金管理办法》《关于加强医疗救助与慈善事业衔接的指导意见》等文件，初步形成了医疗救助资金监管及社会力量参与的配套工作机制。

2018 年比 2012 年，享受医疗救助的总人数只增加了 766 万人，但发生了结构性变化：受资助参保参合人数减少 902 万人（2012 年为 5 878 万人），反映了政府对参保参合补助标准的提高和居民收入增长的结果；而受住院和门诊费用直接救助的人数增加了 1 600 多万人，是落实医保扶贫政策，把农村建档立卡贫困人口都纳入重特大疾病救助范围的效应。2018 年，享受直接救助的水平，住院每人次平均 1 255. 03 元，门诊每人次平均 154. 19 元，医疗救助的托底功能日益彰显（见表 26-6）。

表 26-6　2013—2018 年城乡医疗救助实施情况

单位：万人，亿元

年度	资助参保参合	直接救助	资金支出
2013	6 359	2 126	224.9
2014	6 724	2 395	252.6
2015	6 635	2 889	298.5
2016	5 560	2 696	296.1
2017	5 639	3 517	339.8
2018	4 972	3 825	281.7

数据来源：民政部 2013 年至 2017 年社会服务发展统计公报，国家医疗保障局《2018 年医疗保障事业发展统计快报》。

第二十七章 社会保障领域深化改革、高质量发展的综合举措

第一节 实施全民参保计划

党的十八大报告对过去五年社会保障工作的总体评价是“社会保障体系建设成效显著，城乡基本养老保险制度全面建立，新型社会救助体系基本形成。全民医保基本实现”。同时指出，社会矛盾明显增多，教育、就业、社会保障、医疗等关系群众切身利益的问题较多，部分群众生活比较困难。提出了“社会保障全民覆盖”的新目标，要求“坚持全覆盖、保基本、多层次、可持续方针，以增强公平性、适应流动性、保证可持续性为重点，全面建成覆盖城乡居民的社会保障体系”。2013 年，党的十八届三中全会对全面深化改革作出部署，提出“建立更加公平可持续的社会保障制度”。

在社会保障领域承担重要职责的人力资源社会保障部，根据中央的判断和部署，对社会保险的发展状况进行全面分析，形成三点认识。第一，没有量变就没有质变，实现各项社会保险制度对规定群体的全面覆盖、提

高可及性是增强其公平性的前提，因而要作为基础工程加大推进力度。第二，在各项社会保险制度中，工伤、失业、生育三项保险法定覆盖群体是单位职工，要分别通过实施促进高风险行业农民工参保的“同舟计划”、落实和拓展援企稳岗政策、与职工基本医疗保险制度合并实施等途径扩大覆盖面；面向职工和城乡居民广大群体的社会保险制度，基本医保已经实现全民覆盖，重点在于统筹城乡管理，提升运行质量；虽然养老保险几项制度已经全面建立，参保人数 2013 年年底剧增到 8.2 亿人，但距离全面覆盖的目标至少还有两亿人的差距，因而应作为落实中央要求的重点领域。第三，养老保险覆盖的“空白区”较大，除了城乡居保建制较晚（2012 年才全面推开）和自愿参保机制外，重要原因是城乡流动就业和城镇灵活就业等不稳定群体的参保率低，尤其是其中的年轻群体参保意愿不强，而社保部门对这一流动性问题的底数也不清，抓“扩面”缺乏着力点。因此，应以社会保险法规定的参保登记为抓手，全面摸清应参保资源，建立完整的数据库，对照已参保数据，采取针对性措施，并在此基础上建立地区间协同解决跨城乡、跨地区流动人员持续参保的工作机制。

基于这些认识，2014 年 5 月，人力资源社会保障部制定并组织实施了全国范围的“全民参保登记计划”。这个计划不是一般号召，而是实践性极强的专项行动，其核心方法是：全面开展参保登记工作，通过信息比对、入户调查、数据集中管理和动态更新等措施，建立全面、完整、准确的基础数据库，形成每个人唯一的社保标识，对各类群体参保情况进行摸底、核查和规范管理，从而推进职工和城乡居民全面、持续参保。计划以养老保险为重点，目标是覆盖全体职工和适龄城乡居民，每年新增参保 2 000 万人，到 2017 年年底达到 9 亿人以上，参保率达到 90%。对基本医保提出的要求是，重点解决重复参保和漏报并存的问题；对工伤、失业、生育保险，也提出了 2017 年年底分别达到参保 2.3 亿人、1.8 亿人、2 亿人的目标要求。

“全民参保登记计划”既是一道动员令，又提出了包括数量指标、重点环节、工作手段、协同配合、管理创新、技术支持在内的一整套方法，但能不能取得实效，还需要经过实践检验。按照成熟的工作经验，计划的施行还是从试点做起，浙江省成为先行者。2014 年 9 月，浙江省就制定了《“全民参保登记计划”实施方案》，开发了全省统一的全民参保登记信息系统，拍摄了全民参保登记公益宣传片，印制了宣传海报，通过政务平台编辑咨询短信发送给广大手机用户。通过数据库自动生成和比对信息、重点群体入户调查等方式，浙江省在 2014 年对本省户籍人群的登记率达到 50%，2015 年完成了全部调查登记工作，对未参保人员的基本信息及未参保原因有了实时、动态、精准的掌握，在此基础上开展了有针对性的组织参保工作。

2015 年 10 月底，党的十八届五中全会关于制定“十三五”规划的建议，在“坚持共享发展，着力增进人民福祉”的题目下，规划了“按照人人参与、人人尽力、人人享有的要求，坚守底线、突出重点、完善制度、引导预期，注重机会公平，保障基本民生，实现全体人民共同迈入全面小康社会”的目标；明确提出“实施全民参保计划，基本实现法定人员全覆盖”。这就把部门的专项工作行动提升到党和国家决策部署的层面。据此，人力资源社会保障部将计划名称调整为“全民参保计划”，把“登记”作为实施计划的前提和重要基础，于 2016 年扩大了试点。到年底，有 23 个省级地区全面启动了计划的参保登记工作，对跨地区流动重复参保的作了信息归并；对未参保群体分别进行组织动员工作——属于法定强制参保的单位和职工依据法规办理登记；对属于自愿参保的对象，也通过登记了解了未参保原因和难处，为日后加强引导奠定了基础。2016 年全国参加基本养老保险的人数 88 777 万人，比 2014 年增加 4 500 多万人，快于每年新增 2 000 万人的计划节奏安排；失业保险参保 18 089 万人，提前完成计划；工伤、生育保险分别覆盖 21 889 万人和 18 451 万人，也逐渐接近计划目标。

2017 年 3 月，在总结各地试点经验基础上，人力资源社会保障部办公厅印发《关于全面实施全民参保登记工作的通知》，吹响了在全国范围内全面推进全民参保计划的号角。通知要求，2017 年所有省份都要在全省范围内全面启动全民参保登记工作，年底前全面完成辖区内全部目标人群的登记工作，基本实现参保登记数据省级集中管理，为建立国家级全民参保登记信息库，完成各省登记数据联网入库做好准备。为此，建立了双月调度制度，指导各地加快登记数据的入库进度。到当年年底，所有省份基本完成了数据比对、入户调查和数据上报工作，省级登记数据库全部建立，国家数据库归集了13.3亿人的基础信息，基本完成了全民参保登记数据整体入库的既定目标。当年全国基本养老保险参保人数继续新增2 700多万人，达到91 548万人，失业保险覆盖18 784万人，这两项超额完成了计划目标；工伤和生育保险分别覆盖22 724万人和19 300万人，距离2.3亿人和2亿人的目标还有一些差距。[①]

这里不能不提到一个尚未正式发布实施的社保规章。随着全民参保计划的实施，社会保险覆盖面越来越大；同时一些地区也反映，在内地就业或长期居留的港澳居民和在大陆就业或长期居留的台湾居民（以下简称港澳台居民）逐渐增多，一部分人也有参保的意愿，但是否应纳入参保范围，用人单位是否应履行缴费义务，政策不够明朗。经过慎重研究，人力资源社会保障部拟定了《香港澳门台湾居民在内地（大陆）参加社会保险暂行办法（征求意见稿）》，于2018年10月向社会征求意见。基本政策取向是：各类用人单位依法聘雇的港澳台居民应当参加法定的各项职工社会保险，港澳台居民中依法从事个体经营和灵活就业的人员可以参加职工基本养老和基本医疗保险，超过规定退休年龄的人员和在内地（大陆）就读的港澳台大学生可以参加城乡居民医保，其他符合条件的人员可以参加城乡居保和城乡居民医保。这个政策取向表明了我国政府的立场：积极维护在内地（大陆）就业、居住和就读的港澳台居民依法参加社会保险和享受社会保险待遇的权益，依法加强社会保险管理。

按照党的十九大提出的“全面建成覆盖全民、城乡统筹、权责清晰、保障适度、可持续的多层次社会保障体系”的目标和“全面实施全民参保计划”的部署，全民参保计划的实施更加如火如荼。到2018年年底，全民医保得到进一步巩固，基本养老、工伤、失业、生育保险的参保人数分别达到9.42亿人、2.39亿人、1.96亿人、2.04亿人[②]，向基本实现法定人群

① 数据来源于人力资源社会保障部《2017年度人力资源和社会保障事业发展统计公报》。

② 数据来源于人力资源社会保障部《2018年度人力资源和社会保障事业发展统计公报》，国家医疗保障局《2018年全国基本医疗保障事业发展统计公报》。

全覆盖的目标迈出了一大步。

2019 年 4 月 28 日，中共中央办公厅、国务院办公厅印发《关于解决部分退役士兵社会保险问题的意见》。针对一些军队退役士兵入伍时未参加城镇职工基本养老、基本医疗保险的情形，规定允许参保，并将入伍时间视为首次参保时间，军龄视同为缴费年限；针对一些军队退役士兵参保后缴费中断的情形，规定允许按不超过本人军龄的年限补缴，并免收滞纳金；补缴社会保险费的资金按规定由单位和个人分担，补缴费用的工资基数按当地职工平均工资的 60%予以确定。这些政策虽然只适用于“以政府安排工作方式退出现役的退役士兵”这个不大的群体，却反映出社会保险政策覆盖力求不“落下”一个人的出发点，因而可以看作全面实施全民参保计划的又一项最新举措。

第二节　社保经办管理走向网络化、信息化

全面实施全民参保计划、落实社保领域各项改革发展措施都离不开信息技术的支撑和社保经办管理服务的优化。[①]

“金保工程”二期建设

2012 年 6 月，“金保工程”一期刚通过竣工验收，7 月就紧接着启动了二期工程的立项研究工作。这一时期，云计算、大数据应用、人工智能技术形成热潮，中央提出推进“互联网+”公共服务和社会管理的要求，使“金保工程”二期建设思路提升到新的高度。经过几年的需求调研和分析论证，这个由人力资源社会保障部及地方人社部门牵头、民政和卫生计生部门参与共同建设的国家政务信息化工程建设重大项目，于 2015 年 4 月获批全国整体立项，总投资为 24 亿多元；2016 年 6 月又核定中央投资 4.84 亿元（包括部本级项目投资和中央对地方补助资金），此后开始启动实施。“金保工程”二期项目共建设 9 大系统 28 个子系统，目标是在一期建设基

① 本节相关数据均来源于人力资源社会保障部统计资料。

础上实现人力资源社会保障信息化水平的进一步提升。一是在网络建设方面，依托国家基础信息资源和电子政务网络，实现人力资源社会保障部与省级人社部门，以及与民政、卫生计生等民生相关部门的互联互通和信息共享。二是在信息资源采集方面，构建统一规范的人社基础信息资源库，与国家人口库、法人库等开展信息共享。三是在信息利用方面，统筹开展人社各业务板块应用系统建设，实现各业务板块在统一的信息化平台上开展工作。这样布局，可以有效提升跨业务协同、跨省区协作、跨层级监管的全国一体化管理服务水平，使信息化与人社工作深度融合，跟上时代前进步伐，满足人民群众的需求。截至 2019 年 4 月，"金保工程"二期部本级建设已完成工程总投资的 30%，地方建设项目也优先推进一期工程后新提出的业务需求——城乡居民养老保险、医保异地结算、全民参保登记计划等，在支持制度整合、参保登记、缴费和领取待遇、医保即时结算、跨地区转移接续社会保险关系和异地就医结算、网上咨询办事以及社保基金智能监管等方面发挥了越来越大的作用。2018 年，在全国全民参保登记数据库中，各地上传的实际有效人员基础信息达 13.61 亿条、参保（分险种）信息 33 亿条；养老保险参保状态比对查询服务系统全年响应查询要求 2 100 万人次，异地退休管理系统上传各地协助认证通知近 20 万笔，社保关系转移系统全年办理养老、医疗跨省转续业务 51 万多笔，初步显示了正在建设的"金保工程"二期对社会保障工作新需求的有力支撑。

与此同时，12333 咨询服务电话也遍地开花，2015 年全国 349 个地市开通了电话专线，年话务量达到 9 000 万次。国家"十三五"规划将"12333 电话咨询服务"列入"基本公共服务项目清单"，人力资源社会保障部据此提出了新目标：机构实体化——80%的地区建立电话咨询中心；咨询专业化——每百万户籍人口拥有 10 名以上咨询员，综合接通率达 80%以上；服务规范化——健全咨询服务标准，年均服务质量投诉率低于万分之一；渠道多样化——咨询员既依靠记忆和经验，更依托知识库开展咨询服务，90%以上的省份提供网上服务；管理一体化——各省均建立电话咨询服务系统，形成监督、评价、考核机制。到 2017 年，全国所有地市都开通了 12333 电话咨询服务，年话务量增至 1.1 亿次；还开通了全国统一的“掌上 12333”移动应用，覆盖 84 个地市，部级短信平台全年推送短信 319 万条。2018 年全国 12333 咨询座席总数达到 4 231 个，工作人员 5 187 人，来电总量 1.34 亿次；300 多个地区启用了 12333 统一标识，并应用在网站、移动应用、短信、微信公众号等渠道。“12333”成为一个广泛服务群众的知名公共品牌。

大数据、“互联网+”时代，信息化的突出特征是不仅支持既有管理服务业务的效率提升，更激发新的理念、探索新的路径、开发新的工具。2017 年 6 月，中国社会保险学会联合有关机构共同举办了“全国社会保险大数据应用创新大赛”，首次通过互联网平台向社会征询社会保险业务解决方案，首次把整批量社保原始数据推送给社会来研究机器学习能力。大赛历时 3 个多月，全国共有 1 601 人组成的 1 335 支队伍参赛，平均年龄只有 20 多岁，而提出的各种设想颇有创意和启发。这是社会保障领域融合公共资源与社会资源，汇集众智来办众人之事的一次大胆尝试。

全国社会保险大数据应用创新大赛

大赛主题是“汇智社保，助力‘互联网+人社’”，分为两个专题。专题竞赛活动一“助力‘互联网+人社’行动”为开放性赛题，选取“互联网+人社”行动计划中 10 个侧重于业务创新的行动主题，要求参赛者提出切实可行的实施方案，主要是社会各界拓展思路，研究业务创新的实践路径。专题竞赛活动二“基本医疗保险医疗服务智能监控”，规定参赛者针对指定的违规行为提出大数据算法，旨在推动机器学习技术在医保监控领域的应用，提升智能监控能力。

大赛于 2017 年 6 月 22 日启动，8 月 3 日报名截止，9 月底完成了初赛、复赛、决赛等所有活动，10 月 12 日确定了各项目 15 个优胜者（队）。

社会保障卡普及应用

在党的十八大召开的2012年11月底，全国统一的社会保障卡持卡人数达到3.11亿人，比两年前成倍增长，但距《社会保障“十二五”规划纲要》确定的2015年年末达到8亿人的目标还有很大差距。此后几年，社会保障卡的发行和使用进入“爆发期”，2015年9月，发卡量达到80 896万张，提前完成“十二五”规划目标；2017年5月25日，河北省邯郸市馆陶县寿东村一位16岁的女中学生领到了全国第10亿张社会保障卡；接着于2018年1月，发卡量突破11亿张，同年11月突破12亿张；到2019年3月底，持卡人数达到12.5亿人，覆盖全国总人口的89.6%（见图27-1）。同时建立了中央级持卡人员基础信息库，所有持卡人的基本信息实现了入库管理。

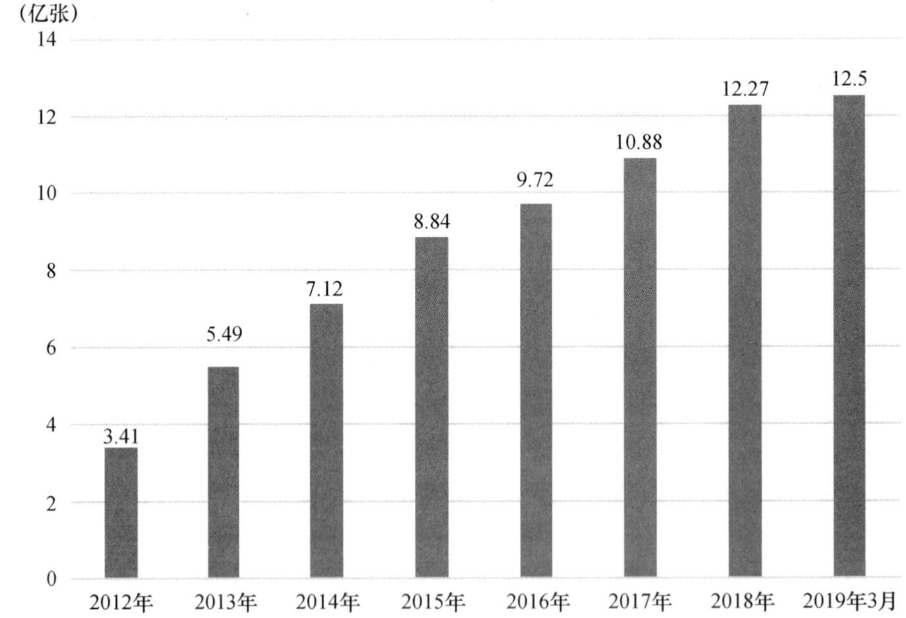

图27-1　全国社会保障卡发行数量

在快速发卡的同时，社会保障卡的使用范围也逐步拓宽。2014年，人力资源社会保障部按照整体规划、分步推进，网卡结合、统一规范，拓展功能、广泛用卡，服务民生、一卡通行的原则，全面规划了社会保障卡的

102 个应用项目，涵盖持卡人在人力资源社会保障领域的电子凭证、信息记录、自助查询、就医结算、缴费和待遇、金融支付六大类功能；要求 2014 年完善社会保障卡应用相关规范，建设部省两级持卡人员基础信息库；2015 年开通社会保障卡应用目录中 50%的项目；2016 年开通 80%的应用项目，普遍实现省内跨地市用卡；2017 年全面开通应用项目，基本实现跨省用卡。到 2017 年年底，预定目标基本实现，社会保险公共业务和养老、医疗、工伤、失业、生育五大保险待遇业务以及就业、人事人才、劳动关系等业务领域功能全面开通，在社会保障卡全国通用基础上，进一步实现了一卡多用。

跟随信息技术的发展，2017 年又开发了第三代社会保障卡，即在“二代卡”的基础上增加了“非接触”功能，更加方便持卡人的使用。2018 年 4 月 28 日，全国第一张电子社会保障卡在福建省福州市举行的首届数字中国建设成果展览会上签发，并在青岛、成都等地开展试点。到 2019 年 3 月，第三代社会保障卡已在全国 21 个省级地区发行了 1 938 万张；电子社会保障卡也在 353 个地区签发了 857 万张，预示了更好的应用前景。

社会保障卡

社会保障卡是由人力资源社会保障部统一规划，由各地人社部门面向社会发行，用于人力资源和社会保障各项业务领域的集成电路(IC) 卡。持卡人可以凭卡就医进行医疗保险个人账户实时结算，还可以办理养老保险、求职登记和失业登记手续，申领失业保险金和享受工伤保险待遇，申请参加就业培训和劳动能力鉴定，在网上办理有

关劳动和社会保障事务等。社会保障卡采用全国统一标准，社会保障号码按照社会保险法的有关规定，采用公民身份号码。

经办管理服务水平提升

信息化支持了社保业务更有效率地开展，又引领了社保经办体制、管理机制、服务理念不断创新发展。这里挑几个比较有代表性的事件。

对数十万家医药机构实行协议管理。2017 年，全国各级社保经办机构与 14.5 万家医疗机构签订了定点医疗服务协议，比 2012 年增加 2 万多家，其中 80%以上是基层医疗机构。由于医保与医疗机构的信息网络直接对接，不仅方便了参保群众在基层就医结算，而且规范了医保基金管理，减少了资源浪费。同时还与 25 万家零售药店签订了服务协议，也比 2012 年增加近 10 万家。

优化社保经办流程。多年前，大多数地区是分险种、按所有制类别来办理社保事务的。随着信息化的发展，这样的机构设置和流程安排已大大落后于实际需要，各地开始按照信息化思维来再造流程，将数百项具体业务重新梳理，通过信息系统模拟人的行为模式进行归类、排序，把工作人员的专责制改为综合柜员制，使原来的一笔业务由多个窗口办理变为一个窗口一站办结，大大缩短了办理时间，便利了办事群众。许多地区还把过去多个经办机构合并为一，进一步做到了进一个门、办多件事。

创建网上经办大厅。社保经办机构办理事务的场所和方式经历了几度变化。最早是办公室式——办事单位和群众奔波于不同楼层、不同房间。进入 21 世纪后，大力推进大厅式服务，2011 年颁行的《社会保障服务中心设施设备要求》国家标准还对各级社保经办机构服务大厅的选址、面积、设施配置提出了具体要求，使群众办理社保事务有了集中场所。信息化手段大量融入社保管理服务领域后，各地社保经办机构都在服务大厅配备了计算机、自助服务一体机等自助设备，便利群众查询、填表、打印证明资料等。再进一步，许多地区创建了网上经办大厅，还开发了智能手机的社保应用软件（App），使越来越多的群众足不出户就能快速办理大多数社保业务。

全面取消集中生存认证。世纪之交，将企业发放退休费并管理本单位退休人员的体制改为养老金社会化发放。退休人员社会化管理后，如何认证领取养老金人员的生存状态，防止冒领诈骗行为，始终是困扰社保经办机构和待遇领取者双方的一个难题。在退休人员异地居住情形渐多的背景下，问题更显突出。先后采取过每年集中一段时间要求领取者到社保经办机构填表、异地居住者提供近期照片或由居住地社保经办机构入户协查等办法，但效果都不太好，还容易引起群众反感。移动信息技术发展后，一些地区采用了智能手机视频等方法，情况有所改善，但仍需领取者提供初始图像、指纹等资料。随着政府公共管理部门信息共享机制的建立，这一方式得以彻底改变。2018 年 7 月，人力资源社会保障部宣布，全面取消集中生存认证，通过部端中央数据库与民政、公安、卫生等部门的信息比对，处理绝大部分人员的信息，存疑信息及时发往各地查证。这一“让数据多跑路，让群众少跑腿”的举措，切实解决了老百姓办理公共事务的一个难点，也反映出信息化给社保工作带来的新变化。

说到社保经办管理服务水平的提升，还有两件事值得一提。一件是按照国务院简政放权、放管结合、优化服务（“放管服”）的要求，2016 年在全国范围内深化行政审批制度改革，全面推行“五证合一”——营业执照、组织机构代码证、税务登记证、社会保险登记证、统计登记证合并为一照一码，实行一表申请、一窗受理、并联审批、后台分部门录入信息的模式。配合这一商事制度改革，人力资源社会保障部办公厅印发《关于做好企业“五证合一”社会保险登记工作的通知》，明确了适用范围、新老参保企业的登记方式、与工商等部门数据交换的要求等。这是公共部门通过信息共享促进提高行政效率的又一个案例。另一件是社会保险标准化建设取得新成果，尤为典型的是 2013 年颁布了《社会保险视觉识别系统》行业标准（LD/T 91—2013）。这一标准不仅应用于社保经办机构服务大厅内外的装饰，而且广泛应用于各类装置、设施、文函以及网站、移动客户端等虚拟空间，使社会保险从此有了全国统一的立体化社会标识。

社会保险视觉识别系统

中国社会保险
CHINA SOCIAL INSURANCE

《社会保险视觉识别系统》行业标准规定了社会保险视觉识别系统的术语和定义、基础元素和应用要求，适用于全国各省（自治区、直辖市）、市（自治州、地、区、盟）、县（自治县、市、区、旗）社会保险经办机构。

标识释义：CSI是“中国社会保险”英文缩写，其中C设计为椭圆形，象征社会保险已在全球普遍开展。

标准色：朝阳金，象征我国社会保险事业如初升太阳蒸蒸日上；“中国社会保险”为蓝色，象征蓝天的宽广博大，代表社会保险是一项全心全意为人民服务的福利工程。

第三节　降低社会保险费率

资金收支平衡是社会保险制度可持续发展的基本前提。我国社会保险由于特定的原因（老龄化速度快、背负历史性“债务”、新建或重建制度时对风险程度难以准确预测、起步阶段基金统筹层次低等），执行的费率特别是单位缴费比例确实高于大多数社保制度成熟的国家。“十二五”以后，社会上对降低费率、减轻企业负担的呼声一直不断，反映了各界对社会保险制度的关切度在提升。对这个既关乎当前又涉及长远的重大政策，国务院及有关部门反复测算，慎重决策，于2015年首先从失业保险入手，统一将单位费率从3%一步降至2%；同年还结合完善工伤保险费率机制，调降了约30%的企业费率。7月，人力资源社会保障部、财政部印发《关于适当降低生育保险费率的通知》，提出基金累计结余超过9个月支付额的统筹地区要将生育保险费率调整到用人单位职工工资总额的0.5%以内。三项降费措施使五项社会保险单位名义费率从30%左右降到28.2%左右，一年可为企业减负约 600 亿元。

党的十八届五中全会提出“适当降低社会保险费率”，按照这一部署，又连续采取了降费措施。

2016 年 4 月，人力资源社会保障部、财政部印发《关于阶段性降低社会保险费率的通知》，决定从当年 5 月 1 日起，企业职工基本养老保险单位缴费比例超过 20%的省（区、市），将单位缴费比例降至 20%；单位缴费比例为 20%且 2015 年年底企业职工基本养老保险基金累计结余可支付月数高于 9 个月的省（区、市），可以阶段性将单位缴费比例降至 19%。这是近 20 年来首次对基金收支平衡最为敏感的职工养老保险采取降费措施，预计每年可为企业减负约 380 亿元。同时决定，失业保险总费率在 2015 年已降低 1 个百分点的基础上可以阶段性降至 1%～1.5%，其中个人费率不超过 0.5%，暂按两年期限执行。连同 2015 年的降费，失业保险总费率由 3%降低到 1%～1.5%，减幅超过 50%。至 2016 年年底，有 22 个省份失业保险费率为 1.5%，10 个省份失业保险费率为 1%，两年累计减收失业保险费 900 亿元。此外，还要求各地确保落实 2015 年关于降低工伤保险平均费率 0.25 个百分点和生育保险费率 0.5 个百分点的政策规定。

2017 年 2 月，按照国务院的决策，人力资源社会保障部、财政部印发《关于阶段性降低失业保险费率有关问题的通知》，决定从当年 1 月 1 日起，失业保险总费率为 1.5%的省（区、市）可以降至 1%，执行至 2018 年 4 月底。

2018 年，根据经济发展、就业局势和降费后基金运行情况，国务院决定失业保险费率阶段性降至 1%的政策执行期限延长至 2019 年 4 月底；同年 11 月，国务院进一步决定，这一政策在 2019 年 4 月底到期后继续延续实行。

2019 年 4 月，一项更加震撼的措施出台，国务院公开发布《降低社会保险费率综合方案》（以下简称《方案》）。这个《方案》的“综合性”集中体现在三个方面。

一是统筹调降几项社会保险费率。其中各省级地区职工基本养老保险的单位缴费比例高于 16%的，自 2019 年 5 月 1 日起可降至 16%；目前低于

16%的要研究提出过渡办法。阶段性降低失业保险费率到1%的省，实施期限延长至2020年4月底。工伤保险阶段性降低费率亦延长至这一时点，其中基金累计结余可支付月数在18~23个月的统筹地区可以现行费率为基础下调20%，累计结余可支付月数在24个月以上的统筹地区可下调50%。如果说之前几次降费措施还带有一定的局部性（以失业保险为主）、阶段性（逐年确定降费期限）和幅度较小（0.5~1个百分点）的话，2018年的降费则更体现了全局性（多险种统降）、长期性和大幅度的特点。如职工养老保险一举调降20%的单位费率，这显然不是盲目之举，而是在基金预算制度逐步规范实行的基础上，经过精细测算、全面考量收入和支出平衡的结果，对支持实体经济发展的作用也将更为显著。又如失业保险自2015年以来连续降费后，累计已为企业减负约3 000亿元，但各年收入继续大于支出，基金结存仍在增加，除遭遇特殊困难之外，1%的总费率将成为失业保险的相对稳定的标准。工伤保险完善费率机制后，基金运行也是连年收大于支，而且随着安全生产局势的改善，享受待遇人数基本稳定在200万人左右，保持既定费率不会出现透支风险，并有进一步调降的空间。

二是调整社会保险缴费基数政策。规定各省以本省城镇非私营单位就业人员平均工资和城镇私营单位就业人员平均工资加权计算的全口径城镇单位就业人员平均工资，核定社会保险个人缴费基数上下限，合理降低部分参保人员和企业的社会保险缴费基数；个体工商户和灵活就业人员参加企业职工基本养老保险，可在这个口径平均工资的60%至300%之间选择适当的缴费基数。简单地说，就是把过去一直执行的以“城镇非私”职工工资为基数的计缴社会保险费的办法改为按“城镇非私”与“城镇私营”平均工资的加权平均值来计缴，因为后者低于前者约40%，加权平均后实际降低了缴费负担，也缓解了社会上“工资被增长”的抱怨。与此相关的是计发基本养老金的基数也要相应调整，所以《方案》要求各省制定过渡措施，确保退休人员待遇水平平稳衔接。

三是综合推出改革和保障措施。大幅调降社会保险费率特别是基本养老保险费率，最大的难题是如何确保基金收支平衡。为此，在采取划转部分国有资本充实社保基金、基本养老保险结存基金投资运营、大力发展多层次保障体系等战略性举措的同时，《方案》强调了几项改革和保障性措施，包括加快推进养老保险省级统筹，2020 年年底前实现企业职工基本养老保险基金省级统收统支；加大企业职工基本养老保险基金中央调剂力度，2019 年基金中央调剂比例提高至 3.5%，进一步均衡各省之间养老保险基金负担；稳步推进社会保险费征收体制改革，企业职工基本养老保险和企业职工其他险种缴费原则上暂按现行征收体制继续征收，稳定缴费方式，在征收体制改革过程中不得自行对企业历史欠费进行集中清缴，不得采取任何增加小微企业实际缴费负担的做法，抓紧推进信息共享平台建设等各项工作，确保征收工作有序衔接。

《方案》的发布，受到社会高度关注：2019 年 4 月 4 日至 14 日，各类媒体发表相关报道 4.7 万余篇，阅读量超过 2 亿人次，网民参与评论 13 万人次。《方案》确定的政策也很快得到各地积极响应：所有省份均从 5 月 1 日起将现行职工养老保险费率降至 16%；其中广东、浙江两省将高于 16%的机关事业单位费率降至 16%，而现行企业养老保险费率低于 16%，将分年逐步提升至 16%。同时，各省级地区均将缴费工资基数调整为包含全口径城镇单位就业人员的平均工资，多数省份从 2019 年 5 月 1 日起施行，也有一些前溯到 2019 年 1 月 1 日起施行。预计全部政策落实后，全年可实际减少用人单位各项社会保险缴费逾 3 000 亿元。

党的十八大以来多次调降社会保险费率，是减轻企业负担、促进实体经济发展、深化供给侧结构性改革的重要举措，既保持经济发展的活力，也能为增强社会保障制度的可持续性提供不竭的源泉。

第四节 在脱贫攻坚战中发挥社会保障制度功能

社会保障原本就是抵御社会成员经济风险、防贫减贫的重要制度安排。党的十八大提出“坚决打赢脱贫攻坚战”的目标、作出到 2020 年现行标准下农村贫困人口实现脱贫的庄严承诺后，社会保障工作更是挺进到精准扶贫、精准脱贫的前沿阵地。

在养老保险方面。对建档立卡贫困人口、低保对象、特困人员等困难群体参加城乡居保，地方政府为其代缴部分或全部最低标准的养老保险费，2018 年全国 60 岁以上享受城乡居保的贫困老年人有 2 195 万人，实际享受代缴保费的贫困人员有 2 741 万人，合计使 4 936 万名贫困人员直接受益。[①]各地在提高最低缴费档次时保留了现行最低标准，使贫困人员能够始终参保，符合条件后享受相应待遇。国家两次统一提高城乡居保基础养老金最低标准，各地也依据实际情况不同程度地增加了基础养老金。到 2019 年 3 月，全国城乡居保基本养老金水平达到 160 元，其中基础养老金达到 140 元。按此计算，一对农村老年夫妇全年可有 3 800 多元的现金收入，这在发达地区也许还是较低水平，但对广大中西部农村家庭来说，在很大程度上改善了农民生活，也使更多农村老年人脱离了贫困线。

在医疗保险方面。对贫困人员参加城乡居民基本医保，其个人缴费部分由地方政府给予财政补贴；在居民大病保险制度中，对贫困人员实行了降低起付线、提高支付比例和封顶线的政策；并将基本医保、大病保险和医疗救助衔接起来，实行“一站式”统一即时结算，减轻贫困人员的垫资压力。许多地区还通过政府适当投入、社会慈善捐助等渠道筹集专项资金，为患有重特大疾病的贫困人员提供经济援助。

在失业保险方面。2018 年，人力资源社会保障部、财政部专门印发《关于使用失业保险基金支持脱贫攻坚的通知》，针对深度贫困地区，将失业保险金标准一步上调至最低工资标准的 90%，同时将稳岗补贴标准提高到上年度实际缴纳失业保险费总额的 60%，将技能提升补贴申领条件由累计参保缴费满 3 年放宽至满 1 年，并允许吸纳建档立卡贫困人员的深度贫困地区事业单位享受稳岗补贴和技能提升补贴。全国 23 个有深度贫困地区的省份全部出台实施办法，落实了这 4 项新的支持政策。

在工伤保险方面。对用工方式灵活、流动性强、建档立卡农村贫困劳动力相对集中的行业，借鉴建筑业经验，探索按项目参加工伤保险的办法。对工伤尘肺病患者，将疗效可靠的治疗药物列入工伤保险药品目录，并将符合诊疗规范的治疗技术和手段纳入工伤保险基金支付范围。对符合法律

① 数据来源于人力资源社会保障部《2018 年度人力资源和社会保障事业发展统计公报》。

规定情形的贫困劳动力，社保经办机构对其工伤保险待遇予以先行支付。

在生育保险方面。将参加城乡居民基本医保的非就业妇女符合条件的住院分娩医疗费用纳入基金支付范围。

在低保救助方面。实行农村低保制度与扶贫开发政策有效衔接，实现了政策衔接——将低保、扶贫、医疗救助、临时救助、慈善救助、困难残疾人生活补贴和重度残疾人护理补贴等项制度紧密衔接；对象衔接——完善农村低保家庭贫困状况评估指标体系，综合评估家庭贫困程度，完善相应核查机制；标准衔接——确保所有地方农村低保标准逐步达到国家扶贫标准；管理衔接——相关部门及时交换信息，对农村低保对象和建档立卡贫困人口实施动态管理。这些举措改变了各部门自管一摊的格局，使兜底性保障政策与精准脱贫融为一体。

负责社会保障的各级相关部门与扶贫部门实行信息网络连接、数据共享，极大提高了社会保障政策扶贫的精准性。如 2018 年，人力资源社会保障部与国务院扶贫办首次通过进行中央级大数据比对，发现还有 1 100 多万名农村建档立卡贫困人员尚未纳入城乡居保，对此采取了“应保尽保”的专项措施，年底前将年满 60 周岁的农村贫困人员全部纳入按月领取基本养老金的范围，同时加大代缴政策落实和宣传引导工作力度，使未脱贫的适龄人员未参保人数减少到 700 多万人，到 2019 年 4 月进一步减少到 300 多万人。

精准脱贫是中央确定的 2020 年前必须打赢的三大攻坚战之一，是决胜全面建成小康社会奋斗目标的关键战役。社会保障领域的扶贫工作已全面展开，也取得了阶段性成果，但面临的矛盾和问题仍然很多。特别是在其他致贫诱因逐步消解后，因病致贫、因病返贫的现象可能更加突出，需要长期持续努力。

第五节　国际社会保障舞台的聚光灯照向中国

2013 年至 2019 年，中国在国际社会保障舞台上更加活跃，而舞台的聚光灯也开始照向中国。

多边、双边合作项目的新进展。2013年6月，同法国社会事务与卫生部签署《关于深化在社会保障领域合作的协议》，此后共派出16期610余名社会保险经办人员赴法培训。从2014年起，中法双方轮流召开社会保障高层论坛，2018年10月双方在巴黎共同举办以“数字时代与社会保障”为主题的第三届高层论坛。2013年11月，中国代表团出席在卡塔尔多哈举行的第31届国际社会保障协会全球大会暨世界社会保障峰会，阐述了对社会保障发展的观点，并参加金砖国家社会保障专场会，推动金砖国家社会保障合作机制化。同年，邀请国际劳工组织、国际社会保障协会、世界银行参与中国养老保险改革顶层设计的平行研究。与亚洲开发银行共同举办中国农村养老保险研讨会，并合作开展“可持续社会保险”研究项目。2015年，与国际劳工组织合作开展社会保障能力研究项目，并举办了《社会保障最低标准公约》研讨会。2016年3月，在北京举行的二十国集团（G20）劳工就业部长会议通过了宣言，各国部长一致同意《促进更加公平和可持续社会保护制度政策建议》，为后来举行的二十国集团领导人杭州峰会做出了积极贡献。同年，举办了中国-东盟-国际劳工组织社会保障高层研讨会。2017年，组织金砖国家劳工就业部长会议，通过了《金砖国家社会保障合作框架》等成果文件，为当年金砖国家领导人的厦门会晤做出了贡献。同年，与卢森堡签署两国社会保障领域合作谅解备忘录。2017年，我国与欧盟开展了中欧社会保障二期合作项目。2018年，与国际劳工组织都灵培训中心合作开展“新就业形态下社会保障面临的机遇与挑战国别研究”项目，并召开成果分享研讨会，通过梳理新的就业形态，重点关注新经济新业态给社会保障带来的影响，共同探讨社会保障未来发展趋势。目前，我国与40多个国家签署、尚在生效的部门间合作谅解备忘录中，大多数都将社会保障纳入了合作领域。

批准国际劳工公约。2015年8月，第十二届全国人民代表大会常务委员会第十六次会议批准了国际劳工组织《2006年海事劳工公约》，中国政府承诺将根据国情采取措施，逐步为海员提供全面的社会保护。

与多国签订双边社保协定。这几年，中国政府与20多个有着密切经贸关系的国家开展了双边社保协定谈判，继德国、韩国之后，又陆续与丹麦

（2013 年）、芬兰（2014 年）、加拿大（2015 年）、瑞士（2015 年）、荷兰（2016 年）、法国（2016 年）、西班牙（2017 年）、卢森堡（2017 年）、日本（2018 年）、塞尔维亚（2018 年）签订了社会保障协定，使签订双边社保协定的国家达到 12 个。2018 年，在中国就业外国人参加职工养老、医疗、工伤、生育保险的人数分别为 8 万～11 万人，同时依据已生效的社会保障协定，为我国 1.3 万名境外就业人员提供了免缴养老保险费的证明。

社会保障杰出成就奖。2016 年 11 月，国际社会保障协会（ISSA）在其于巴拿马举行的第 32 届全球大会期间，将“社会保障杰出成就奖”（2014—2016）授予中国政府，以表彰中国近年来在扩大社会保障覆盖面工作中取得的卓越成就。ISSA 秘书长在颁奖词中说，通过强有力和持久的政治决心、不断增加的资源投入和重要的管理创新，中国在过去十年实现了前所未见的社保覆盖面扩大。他在接受媒体采访时说，如果不算中国，全世界社保覆盖面只有 50%，算上中国就达到 61%，所以中国对世界社会保障的贡献是巨大的，为其他国家也做出表率。“我们认为，中国在通过政策、管理能力和资源协调一致，从而推动社保覆盖大量人口和地域方面，提供了一个当代可操作性的样本。这一经验对于正在升级和扩展其社保体系的国家，将有着积极的示范作用。”①

倡导构建人类命运共同体。党的十八大以来，我国逐渐从社会保障政策发展合作的受援国转变为促进社会保障发展合作的倡导国。2018 年 6 月，在第 107 届国际劳工大会上，中国代表团倡议在大会决议中写入构建人类命运共同体的理念。代表团发言强调，当前人类处于全球化时代，合作是这个时代的本质，共赢是这个时代的要求。实现人人享有体面劳动、实现人人享有社会保障的崇高目标，需要各国牢固树立合作共赢的理念，在国际劳工领域开展有效的发展合作，特别是社会保障发展合作。这一倡议得到国际劳工组织成员政府、工会和雇主组织三方的共同支持。大会以协商一致的方式通过“促进有效的发展合作，实现联合国可持续发展目标”的决议，要求各成员方共同努力，促进有效的发展合作，构建人类命运共同

① 见 2016 年 11 月 19 日人民网报道。

体；强调各成员方要承担共同责任，构建伙伴关系，促进互利共赢的南南合作，实现联合国2030年可持续发展目标。我国倡导在国际劳工组织决议中引入“共建人类命运共同体”的理念，为在国际劳工领域实现互利共赢、推动全球劳工治理健康发展提供了中国智慧和中国方案，展现了中国的世界情怀和大国担当。

* * *

党的十八大以来近七年时间，按照“五位一体”的总体布局和“四个全面”的战略布局，我国在社会保障领域深化改革，推进全面发展，确实解决了许多长期想解决而没有解决的难题，办成了许多过去想办而没有办成的大事，取得了一系列举世瞩目的成就。表27-1反映了党的十八大以来社会保障领域的重大举措。

表27-1　党的十八大以来社会保障领域的20个“首次”

年度	重大举措	历史意义
2013	启动制定改革完善养老保险总体方案	全局和长远的顶层设计
2014	改革机关事业单位养老保险制度	结束“双轨制”
	新农保、城居保合并为城乡居保制度	统筹城乡社会保障体系建设
	统一提高全国城乡居保基础养老金最低标准	分享成果，助力减贫
	颁布《社会救助暂行办法》	建立统一的救助制度
2015	实施全民参保计划	提高制度公平可及性
	基本养老保险基金市场化投资运营	开辟保值增值新渠道
	全面实施城乡居民大病医疗保险	兜住基本医保底线
2016	统一调整机关企事业单位退休人员养老金	进一步缩小“待遇差”
	颁布《全国社会保障基金条例》	依法管理战略储备基金
	探索建立长期护理保险制度	开展应对老龄化行动
2017	划转国有资本充实社会保障基金	开辟社会保障筹资新渠道
	实现基本医保跨省住院费用即时结算	适应人口流动性需求
	失业保险基金援企稳岗成为长期稳定政策	支持就业优先战略

续表

年度	重大举措	历史意义
2018	建立企业职工养老保险基金中央调剂制度	为全国统筹奠基
	开展个人税收递延型商业养老保险试点	养老保险第三支柱破冰
	统一城乡医保制度和医疗保障管理体制	统管医保和医药价格
2019	全面推进生育保险和职工医疗保险合并实施	增强共济，提高效率
	综合降低社会保险费率	新常态下为企业减负
	社会保障卡覆盖率超过 90%	社保管理全面信息化

第二十八章 梦萦未来 放飞理想

党的十九大报告指出："坚持在发展中保障和改善民生。增进民生福祉是发展的根本目的。必须多谋民生之利、多解民生之忧，在发展中补齐民生短板、促进社会公平正义，在幼有所育、学有所教、劳有所得、病有所医、老有所养、住有所居、弱有所扶上不断取得新进展，深入开展脱贫攻坚，保证全体人民在共建共享发展中有更多获得感，不断促进人的全面发展、全体人民共同富裕。""必须始终把人民利益摆在至高无上的地位，让改革发展成果更多更公平惠及全体人民，朝着实现全体人民共同富裕不断迈进。""保障和改善民生要抓住人民最关心最直接最现实的利益问题，既尽力而为，又量力而行，一件事情接着一件事情办，一年接着一年干。坚持人人尽责、人人享有，坚守底线、突出重点、完善制度、引导预期，完善公共服务体系，保障群众基本生活，不断满足人民日益增长的美好生活需要，不断促进社会公平正义，形成有效的社会治理、良好的社会秩序，使人民获得感、幸福感、安全感更加充实、更有保障、更可持续。"这些深刻论述，是习近平新时代中国特色社会主义思想在民生工作领域的集中体现，是社会保障工作必须长期坚持的指导方针。党的十九大报告提出"按照兜底线、织密网、建机制的要求，全面建成覆盖全民、城乡统筹、权责清晰、保障适度、可持续的多层次社会保障体系”，不仅是到2020年全面建成小康社会决胜期的目标，也是到2035年，即实现第二个百年奋斗目标第一个阶段“基本实现社会主义现代化”的重大任务。

立足70年深厚的历史基础，展望新时代中国特色社会主义的新愿景，我们定能描绘出社会保障发展更新更美的图画。从现在起到2035年，我国社会保障体系建设的目标可以概括为一个总战略、三大进程、六项重大任务。

第一节 预置应对新时代社会风险的总战略

未来17年，我国社会保障发展的基础、环境、条件比以往有利得多，但也不能不预见到并深刻体悟到将面临三大变局。其一是社会主要矛盾转化。人民日益增长的美好生活需要和不平衡不充分的发展之间的矛盾同样是社会保障领域的主要矛盾。在覆盖城乡居民的社会保障体系基本建立、数以十亿计的劳动者和居民纳入保障范围的情况下，矛盾焦点从有没有基本保障开始转向保障水平高低、政策是否公平、制度能否持续等方面，突出的问题是城乡之间、群体之间社会保障的发展不平衡不充分。矛盾的主要方面显然在供给侧，制度、政策、资金、服务的供给更加充分、更加均衡、更加公平、更可持续，成为人民群众对新时代社会保障体系的高度期待。其二是人口年龄结构骤变。多方研究都预测我国将在21世纪20年代末30年代初进入老龄化高峰期，或曰进入中度老龄化并向重度老龄化过渡阶段，届时65岁以上人口将超过2.5亿人。这可能是我国社会保障体系特别是养老和医疗保障制度迄今所面临的最严峻挑战；应对不当，不仅社会保障体系本身难以持续，而且会拖累经济社会发展全局。其三是外部环境变局。未来十几年，随着信息技术、人工智能的快速发展，我国经济结构、产业结构还将进行重大调整，消费对经济发展的影响进一步增强，城镇化率也将超过70%，由此带来诸多新业态和新就业方式的出现；同时，随着我国逐渐走向世界舞台的中央，面对的国际政治、经济环境更加复杂多变，不确定性可能更强。这些都构成制约或促进社会保障体系发展的外部环境，也要求社会保障体系继续发挥并强化社会安全网和稳定器的作用。三大变局客观存在，是新时代可能产生和聚集的社会风险的主要诱因。社会主要矛盾变化可能导致贫富差距拉大的“中等收入陷阱”，老龄化程度加深可能导致“人口红利”消失、人口抚养比恶化的“刘易斯拐点”，内外经济环境的不确定性增强可能导致阶段性的生活困难群体增加。这些“可能”在许多国家都曾实际出现过，我国处于这一发展阶段也无法绕开或跨越，只能冷静面对。为实现社会建设的目标，必须预设应对社会风险的总战略，而完善社会保障体系必定是其中的重头戏。

社会建设是“五位一体”总体布局的重要领域，与其他四大领域相互关联、交错影响，要同经济、政治、文化、生态文明一样制定社会建设领域的总战略，基本战略目标是维护和促进社会公平、正义、和谐。社会保障体系建设是社会建设领域的重头戏，必须始终秉持公平优先的方针，在收入分配差距拉大的背景下更应如此。历史上曾有人提出社会保险也要效率优先，被实践证明是不正确的。特别是我国社会主义市场经济体制已经基本确立，提高效率要更多交给市场去实现，而社会保障的功能则准确定位在弥补和纠正市场机制失灵的维护公平上，避免“一头沉”的失衡格局。织密社会安全网，兜住相对最贫困人群生活保障的底线，建立起随经济社会发展不断调整促进公平的目标和重点的动态机制，不使一个群体“漏网”，才可能规避重大社会风险，顺利迈过“中等收入陷阱”。

在新时代社会建设总战略中，制定实施“国家老龄战略”处于优先位置。党的十八届五中全会和十九大都提出“积极应对人口老龄化”的命题，反映了对人口结构变化及其挑战的深刻认知——它将影响未来几十年我国政治、经济、文化、社会各个方面，既系万户家事，又关百年国运。基于此，明确制定“应对老龄化高峰期挑战的国家战略”（以下简称“国家老龄战略”），将平稳度过今后约 40 年老龄化高峰期设定为战略目标，重点布局四大“战场”：一是社会保障领域，确保全体老年人老有所养、老有所医；二是人力资源开发领域，既加快培育老年服务适用人才，又充实优化老年就业支持政策，在中青年劳动力供给优势衰减的背景下，发挥我国人力资源规模大、回旋余地大的优势，力争平滑“刘易斯拐点”；三是经济领域，着力发展“银发经济”，增加适老消费产品、服务的开发和供给，在满足老年社会需求的同时寻求新的经济增长点；四是社会管理领域，调整完善体制机制，满足老年群体日益增长的公共安全、权益维护、平等参与社会生活等需求。实施“国家老龄战略”，要综合协调发挥家庭、市场、社会、政府各个主体的作用，实现资源配置效率的最大化。这个关系中国几代人幸福安康的国家战略，与中华民族伟大复兴的中国梦紧紧连在一起——到本世纪中叶，当第二个一百年目标实现时，今天的中青年大都已步入老年，他们会庆幸亲身参与了这一国家战略的实施，而且一定会从中获益。

应对已显露或仍潜在的未来社会风险，从现在起就要不断丰富政策“工具箱”。特别是应对经济周期性波动或重大危机可能造成的群体性收入损失风险，过去几十年有过不少成功的经验：从新中国成立初期救济城市失业工人到 20 世纪 60 年代初处理精减职工的社保问题，从世纪之交的“两个确保”到 10 年前应对国际金融危机的“五四三二”政策“套餐”，都对提振信心、稳定社会、恢复经济发挥了重要作用。对这些被实践证明行之有效的经验应长期积累，系统梳理，萃取精华，做未雨绸缪之备；一旦有需要，应时而用之，因势而变之，方能任凭风浪起，稳坐钓鱼船。

机遇总是与挑战并存。纵览国际社会保障发展史，几乎没有哪个社保制度是四平八稳、一帆风顺地建立起来的，大都伴随着发展困境、社会危机甚至阶层冲突，经历了风雨方能见彩虹。70 年来，我国社会保障体系从无到有、从小到大、从偏到全，造福世界上五分之一的人口，成为世界上规模最大的社会保障计划；在新时代中国特色社会主义的进程中，只要我国战略预置早、战略方向对、战略定力强，必定能够再创新的“奇迹”，为中华民族伟大复兴的中国梦添上浓墨重彩的一笔。

第二节　新时代社会保障体系建设三大进程

在应对社会风险总战略下，新时代完善社会保障体系，从时间纵轴上应当也必将有贯穿始终的三大进程：一是社会保障体系建设和事业发展走向法制化，二是社会保障政策体系朝着更加积极的方向转型，三是全民的社会保障意识得到全面培育和提升。

推进社会保障的法制化进程

各国社会保障制度建立或体系构建，一般是立法先行，以法为据。我国亦如此。新中国成立后，最早施行了劳动保险制度。当时全国人民代表大会还没有召开，就按照具有临时宪法作用的《中国人民政治协商会议共同纲领》的规定，由政务院颁布行政条例。后来出台的一些社会保障政策也经过了最高立法机构的审议程序，如国务院1957年颁布的《关于工人、职员退休处理的暂行规定》、1978年颁布的《关于安置老弱病残干部的暂行办法》《关于工人退休、退职的暂行办法》，都经由全国人大常委会原则批准。但在“文化大革命”期间，国家法制体系和环境遭到严重破坏，社会保障也难逃厄运。改革开放后，由于面对新情况、探索新体制，社会保障领域的许多新事物、新路径需要试验、摸索，还不具备全面、高层次立法的客观条件，因而采取了以规范性政策指导改革为主，适时颁行部门规章、行政法规和必要法律，日积月累也颇有建树。

从表28-1中可以看出，我国涉及社会保障的立法体系已有了一定基础，反映了法制建设的进步；但也存在两方面不足。一是“散”。《社会保险法》《社会救助暂行办法》和《社会保险费征缴暂行条例》是综合立法比较成功的代表（其中《社会保险费征缴暂行条例》随社会保险费征缴体制变化需要创新制定），可惜这样的立法较少，大都是单项立法。二是“低”。表28-1所列法律中，实际上只有《社会保险法》和《军人保险法》属于社会保障的专门法律，其他五部则是包含一定的社会保障内容；专门的社会保障行政法规也只有寥寥几部，实践中的具体操作，主要是依据规范性政策或部门规章。这两点不足正是新时代推进社会保障法制化进程的重点。要在总结实践经验基础上，制定社会保障中长期立法规划。首先力求“全”，及早填补目前的立法空白。职工和城乡居民基本养老保险、基本医疗保险两大制度日渐成熟，至少要把规范性政策提升到行政法规层次，长期照护保险也应制定专门法规；随同全国统一的社会保险公共服务平台

表 28-1　现行社会保障有关法律和主要法规

施行时间	法规名称	相关要旨
法律		
1995 年	劳动法	规定社会保险主要项目
2011 年	社会保险法	全面规范社会保险制度
1996 年	老年人权益保障法	涉及养老、医疗保险
2005 年	妇女权益保障法	涉及生育保险
2008 年	残疾人保障法	涉及参保、救助、康复
2011 年	职业病防治法	涉及工伤保险
2012 年	军人保险法	规范军人及随军配偶社会保险关系
行政法规		
1999 年	失业保险条例	规范失业保险制度
	社会保险费征缴暂行条例	规范参保范围及征缴政策
	城市居民最低生活保障条例	规范城市低保制度
2004 年	工伤保险条例（2010 年修订）	规范工伤保险制度
2006 年	农村五保供养工作条例	
2014 年	社会救助暂行办法	规范低保、特困、医疗等救助制度
2016 年	全国社会保障基金条例	规范全国社会保障基金管理

建设，制定社会保险管理服务法规；针对社保基金规模扩大及风险防控，制定基金投资和管理监督的专项法规。其次力求“合”，整合分散的相关法规和政策。如把基本养老保险、企业年金和职业年金、第三支柱个人养老金以及老年人权益保障、长期照护保险的相关规定整合为养老保障法律；又如把基本医疗保险、职工补充医保、大病保险、医疗救助、生育保险以及与之相关的药品和器材定价、招标采购等规定整合为医疗保障法律；再如将《社会救助暂行办法》补充、提升为社会救助法，使之既全面又有可操作性。同时进一步完善部门规章、地方立法，形成全面、综合、立体的社会保障法律法规体系，进而争取整编成为社会保障法典。

立法是法制化进程的基础和前端。伴随立法的丰富和升级，还要大力推进依法行政和依法办事，完善司法体制和程序，加强法律监督。其中，社会保障司法领域改革、进化的空间可能较大。目前我国把涉及劳动和社会保障权益的案件归于行政司法类，而有关理论研究表明：劳动社保关系属于公法与私法的交集区，完全按行政案件处理不能准确反映其属性，也给调处和审判带来一些困惑。这一体制安排仍具有计划经济体制向市场经济体制过渡阶段的特点。随着社会保障法规体系更加完整和司法实践更加丰富，条件成熟时，可以考虑借鉴德国等国家设立劳动法庭的做法，将有关劳动和社会保障的司法案件处理从行政庭分离出来，由专门的社会庭办理。

立法完整、执法严明、司法分立、监督有力，将是新时代我国社会保障法制化进程的鲜明标志。

逐步导向积极的社会保障政策

我国现行社会保障政策体系适应经济体制转轨时期特定的经济社会条件，与“三步走”战略目标高度衔接，对全面建成小康社会之前的现阶段保障和改善民生、维护稳定和促进发展发挥了重要作用。社会保障制度建立较早的国家在进入发达阶段后，都有不同程度的政策转型，主要是把原来相对被动的保障方式转变为包含更积极的取向，以求减少道德风险，避免对经济发展和社会活力产生抑制作用。但受政党政治和多重利益格局牵制，有些国家仍难以跳出“福利陷阱”。我国进入新时代，在社会保障领域需要“两头兼顾”：一方面要稳步提升保障水平，使广大人民群众共享经济社会发展成果；另一方面要吸取某些西方国家的教训，逐渐增强社会保障政策中的积极因素，适时完成社会保障与行为引导相结合的政策转型。实行积极社会保障政策的优先选项如下。

积极的养老保障政策。现行养老保险制度已包含了许多积极要素，如个人多缴多得、长缴多得的机制，个人账户养老金的设计和计发办法，待遇调整与缴费关联的政策等。进一步增强积极因素，有很多政策设计空间，“渐进式延迟退休年龄”是关键一招。这个政策高度敏感，不独我国，在其他一些国家也往往引发部分社会群体的躁动和抵制。这固然提醒政策制定者要妥善、周密安排，减少矛盾冲突（具体思路见下一节内容），同时也促使人们从历史的视角来审视产生矛盾的深层原因。理性的结论是——社会发展与停滞的老年保障理念之间的“错配”。为什么许多国家都曾以60岁（或55岁）作为退休的年龄条件，甚至国际组织也以60岁（或65岁）作为老龄化社会的标尺？概因为在工业化时代，这个年龄以上的人，绝大多数会因为劳动能力衰竭而丧失收入来源，因而需要通过社会保障制度获取生存资源。而现今，许多国家进入后工业时代（我国也将逐步进入），劳动方式不再以体力为主，知识、技能、经验在生产和经营性劳动中的作用越来越大，从而使人们的实际劳动能力得以延展，“劳动年龄”的边界弹性大大增强；同时，越来越多的家庭收入来源不再单纯靠劳动所得，财产性收入比重提高，“老年人”并不会因为退出劳动领域而完全丧失收入来源。这两大变化，导致重新定义需要保障的“老年人”概念，可能不再是一成不变地按年龄划线，而是根据不同时期人口结构变化进行浮动，以使抚养比达到均衡；同时要给予60岁以上群体（传统概念的“老年人”）更多的工作选择权，不硬性规定到龄退休，而只将规定年龄作为领取基本养老金的最低线。这个政策的积极效应，不仅将反映在社保基金的长期平衡上，也会增强“老年人”的社会自信——他们不再被当作只是消费社会资源的群体，而是仍有机会成为社会建设的参与者和财富的创造者，而由此“节约”下来的养老基金可投向开发“老年人”适宜的就业岗位。

积极的医疗保障政策。医保制度的基本目标是分散由患病带来的财务风险。我国自改革之始既有的“123”管理等措施都包含积极管控风险、实现责任分担的机制。新时代强化医保政策的积极因素，可以探索与健康管理相结合，通过运用医保大数据资源，支持疾病预防、早期治疗和健康生活方式的普及。但也需厘清基本医保与公共卫生服务及个人责任的边界，并辅以资金效率评价体系，避免医保资金被滥用。目前可见亦可行的探索方向有两个：一是赋予职工医保个人账户资金更多的灵活支配权，如有条件、有限度地用于本人或家庭成员增进健康的开支，既向预防领域扩展了制度功能，减少疾病发生，又有助于减轻医保统筹基金的压力；二是改进城乡居民医保的筹资结构，将建制之初以政府供款为主逐步转向以个人（家庭）供款为主，而政府援助的对象更集中于低收入群体。

积极的失业保险政策。我国失业保险制度中，规定了非收入关联的待遇确定机制和与就业（参保）时间关联的待遇享受期，包含了一定的促进就业因素。但目前基金结存率仍较高，有必要进一步强化失业保险的“积极”性能。借鉴国际经验，新时代完善政策的基本取向是增强预防失业的功能，设计适当的条件和标准，将失业保险基金与就业专项资金结合，更多投向技能培训、就业服务、创业扶持、稳岗补贴等方面，减少失业发生，提高失业者再就业能力，既提升失业保险制度防范风险能力，又引导劳动者积极就业和创业。

积极的工伤保险政策。许多国家的工伤保险都是从单纯的经济补偿起步，进而建成了预防、补偿、康复三位一体的体系。我国也会遵循同样规律。进入新时代，在完善工伤补偿的同时，应更加积极地推动制度功能的前移和后延。“前移”即在工伤保险基金中确定并逐步增大预防性支出的比重，主要用于预防职业伤害的宣传、培训，未来也可以考虑用于支持一些职业保护专用技术的研发和推广，通过降低事故发生率来减少基金支出。“后延”即积极向工伤伤残者提供职业康复服务，尤其突出职业能力的恢复或重建，即使是重度伤残，也要努力开发他们尚存的劳动能力，使其早日重返就业岗位和回归社会生活。

积极社会保障政策的要旨体现在两方面：在制度内部，主要是功能扩大和前移，改进保障方式，从偏重救助转为救助与预防并重，在保障公平基础上适当增强激励性；在制度外部，实质是调整社会再分配结构，把有限资源更多投向正在工作或寻求工作的群体，促进增强社会的活力和创造性。

培育提升全民社会保障意识

公众的社会保障意识是随着时代发展而演进的。当20世纪50年代初施行《劳动保险条例》时，社会保障意识开始萌发，但比较侧重于党和政府给工人阶级带来前所未有的福利。当职工社会保障制度改革和城乡居民社会保障制度建立时，有了个人缴费机制，社会保障意识“升级”到参保者对自身权益的重视，也逐渐延伸到对制度公平性和可持续性的关注。进入新时代，社会保障制度渗透到每个社会成员的日常生活过程，全面提升社会保障意识就成为社会建设的重要议题。评估当下的公众认知水平，分析未来可能出现的社会矛盾，需要着力从三个方面来培养普遍的社会保障意识。

社会团结意识。社会保障特别是作为我国社会保障体系核心制度的社会保险，说白了就是众人“集资”帮助那些遭遇了特定劳动—收入—经济风险的人，政府主要承担组织者的责任（这个组织者非常重要，可以超越个人慈善行为或小团体互助机制的局限），没有广泛的参与，社会保险就成了无源之水、无本之木。过去乃至现在，以本人年轻不生病为由不愿参加医疗保险，或参加养老保险缴费满 15 年的低线就主动断保的现象并不少见，甚至有些商业机构也炒作“参加社保不如个人存钱”。这些都是社会保障意识缺失的表现，与社会保障制度遵循的社会互助共济原则相抵牾。即使是在个人主义张扬的西方社会，社会保障领域也在大力提倡“社会团结”（Social Solidarity）理念，何况我国 2 000 多年来一直都有“老吾老以及人之老”、邻里互助、扶危济困的传统。2007 年城镇居民医保试点时，北京市西城区德胜街道一位为孩子参保缴费的居民说：一年一人只需要缴 50 元，最高可以报销 17 万元，这个政策很有吸引力；即使自己不得病，也算是为社会献了爱心，这为别人和自己都撑起了一把生命的绿伞。这两句话很通俗，却道出了社会保险的本质。在新时代完善社会保障体系的进程中，无疑要更加重视参保者个人权益的维护，但更应当把发扬光大集体主义的民族文化优良传统作为重点，摒弃完全出于私利的价值取向，通过优化政策设计和教育引导，使积极参保、主动缴费成为全体社会成员的自觉意识和行动。这不仅有益于社会保障制度的巩固和发展，也有助于增强全社会、全民族的凝聚力。

正确的公平观。当社会保障制度越来越普及，有关“公平”的讨论也越来越热络；而随着信息交换渠道的发达和社会流动性增强，人们评价“公平”的参照系也越来越多。结果似乎出现了一个悖论——社会保障覆盖面越大、保障水平越高，抱怨“不公平”的声音越多。这是正常的现象，反映出随着社会发展进步，人们对公平正义的关注程度更高，而许多意见也反映了社会保障领域有待解决的真实矛盾，增强公平性始终是完善社会保障制度的重要任务。但为了统筹规划、综合平衡，避免“会哭的孩子有奶吃”“按下葫芦起了瓢”的不利后果，也需要在公平观上形成社会共识。首先，在任何时代、任何社会，公平只是相对的，而差异是绝对的。我国地域广阔，城乡和地区间发展不平衡，由此导致的收入和消费水平的差别客观存在。社会保障制度只能适当调节过大落差，比如提高基金统筹层次、中央规定统一补助标准等；而不可能完全抹平差别，所以也允许地方依据实际情况提高补助标准等。其次，机会公平是结果公平的前提。社会保障的机会公平包括参保的机会、享受待遇的机会、遇到纠纷获得救济的机会等。比如所有用人单位和职工应当参加法定社会保险，所有城乡居民可以自愿参加居民基本养老和医疗保险，都一视同仁地赋予了相关群体的同等机会。如果社会管理者不能对社会成员提供公平的机会，理应受到抵制和抗议；而当社会提供了公平机会，每个成员都应当珍视。最后，规则公平是衡量社会保障政策公平与否的根本尺度，而规则往往是复合型的，且不是单一的。以职工基本养老金为例，有人反映自己工龄长还不如工龄短的待遇水平高，有人则抱怨自己职务高还不如职务低的同事拿钱多，皆是以单一标准作出的评价。其实相关政策包含了缴费年限（包括视同缴费年限）长短和缴费多少（与职务及缴费工资基数高低正相关）等多重参数。完整地审视政策标准才能得出客观的结论。当然，各项参数的权重设定是个严密的“技术活儿”，执行结果要接受实践的检验，而且必须随情况发展变化而作出微调，以期获得更加公平的效果。

说到职工养老保险，当下有个涉及“代际公平”的重要话题值得专门讨论。微观层面存在这样的现象：年轻群体中的一些人参保态度消极，理由是“为什么要我缴费给别人养老”。这种质疑上升到理论上，就演化为个人储备积累与现收现付的模式之辩。从宏观层面看也有矛盾：养老金领取群体总是反映待遇水平低，要求提高；而缴费群体（包括单位和个人）又总是抱怨费率过高，承受不起。双方诉求南辕北辙，使作为基本养老保险制度组织者的政府处于两头为难的境地。其实，这一矛盾在所有老龄化国家几乎都存在，本质是社会财富如何公平地进行代际分配的问题，只不过由于我国历史上养老保障积累薄弱，现实矛盾显得更为突出。解决矛盾的基本路径，不应是政府越俎代庖地替矛盾双方做主——降低费率、削减待遇或提高待遇、维持高费率；而应是通过恰当的方式进行代际的协商、谈判，综合评估不同方案对当前及长远的利弊，共同探索对全社会利益最大化的方案。当然，政府有庞大的专业资源优势，自己也可以作出这样的综合评估，但更适宜扮演协调者的角色，协助双方达成社会财富公平分配的“代际协议”。未来十几年，我国老龄化程度加深，代际矛盾将更加显性化，尤须寻求适当的代际对话方式，使“领取的一代”与“缴费的一代”在充分沟通基础上达成公平协议。当然，这种“协议”不是签署纸面的文件，而是在相互理解、彼此包容基础上形成基本共识。

主动参与民主监督。全民社会保障意识培育的理想效果，不是局限于大家都积极参保缴费，还包括像关心“自家事”一样对社会保障制度的建设参与意见，对制度运行进行监督。进入新时代，我国社会保障体系覆盖的人数更多，涉及复杂的政策议题更广，管理的资金规模也更大，必须建立起一整套动员全社会参与和监督的机制。一是重大社会保障政策出台前，公开征求社会意见应成为常例，越是敏感政策越要多方听取不同意见，并通过背景介绍、专业分析，帮助各界作出理性判断；出台后再通过新闻发布、政策解读等方式，帮助各界理解，争取支持。二是将各级人大听取社会保障工作报告和审批社保基金预算制度化，充分发挥人大代表建言献策和法律监督功能。三是提高制度透明化程度，有关社保部门定期公布社会保障制度运行情况，在网络平台上开辟纳言通道，接受各界批评、建议；基层机构和相关主体依规公布有关社会保障信息，接受群众监督。四是把社会保障基本知识纳入大学、中学公共课程，使青少年在走入社会前就得到社会保障理念的培育。五是在加强反欺诈的行政、司法监督的同时，建立完善群众举报制度，利用各类合法社会组织形成广泛的社会监督机制。存在决定意识。这些制度、机制的建立，有助于培育社会保障全民共有、共享、共建的意识，也有助于提升全体社会成员遵守公共规范、维护公共利益、改善公共环境、参与公共事务的公共意识。

第三节　新时代社会保障改革发展的六项重大任务

加快实现法定人员全覆盖

可及性永远是衡量社会保障制度效能的第一位指标，显示着一个国家或一项社保计划的宽度，在世界人口第一的发展中大国更是如此。因此，不能因为“覆盖城乡居民的社会保障体系基本建立”而对实施全民参保计划有丝毫懈怠。新时代扩大和巩固社会保险覆盖面，可以从三个维度上进行考量和规划。

在时间维度上，应当把全面实施全民参保计划作为长期的、持续性的任务。在决胜全面建成小康社会阶段“基本实现法定人员全覆盖”后，继续在“十四五”“十五五”国家规划中作出安排；在进一步提高参保率的基础上，把计划重点放在提高参保的连续性、权益的衔接性方面，通过完善政策、优化服务减少主动或被动“断保”现象。

在群体维度上，应当把容易被边缘化的群体作为重点扩面对象。当前及今后一段时间，小微企业、灵活就业人员、农民工是动员组织参保的重点。随着产业结构变化，新业态愈益增长，曾带有贬义的“非正规就业”——无稳定用人单位、无连续稳定收入的从业状态将成为重要的就业方式，“灵活就业”的内涵也将从阶段化转为常态化。这要求一向以单位参保为主要组织方式的社保政策和管理都必须与时俱进地创新。

在项目维度上，没有哪项社保制度不重要，但从发展趋势观察，养老、工伤保险显然应作为突出重点。国家“十三五”规划设定的基本养老保险覆盖目标是参保率达到90%，其中职工养老保险4.25亿人，城乡居保5.2亿人。这一目标将在2019年提前达到。90%的参保率及9.45亿人的参保总人数，是按照2015年全国16岁以上人口数扣除其中在校学生等制度规定范围外人数后，以10.5亿人的参保资源测算的。到2018年，同一口径资源数量达到10.7亿多人，2020年后还将进一步增加，即使仍按90%的参保率设定今后三个“五年规划”的目标，每五年都需继续扩大覆盖2 000万~

3 000 万人；何况 90%只是“全覆盖”的低标准，如果把 2035 年的目标设定在 95%的覆盖率，每年必须新增参保 800 万人以上，这一任务一点也不比“十三五”期间轻松。将工伤保险列为扩面重点，不仅是由于目前农民工集中的一些行业参保状况仍需改善，更因为职业风险领域已经出现三个明显变化：一是随着交通网络日益发达，城市机动车和利用远程交通工具上下班、出差的人数急剧增长，通勤事故的概率增加；二是以网约车、快递小哥为典型代表的新就业形式大量涌现，还有家政服务供求的高速增长，都使工伤保险将面对超出传统“三工”（工作时间、工作场所、因工作原因）范围之外的职业伤害风险；三是随着农村土地流转，大批农民在获取流转收入的同时又成为受雇于土地经营企业的工资收入者，他们过去在自家承包土地上劳作可能遭遇的伤害转化为职业伤害，也需要相应的制度保障。此外，公务员和参照公务员法管理的事业单位及其工作人员目前仍游离于工伤保险制度之外，执行单独的“公伤”待遇政策，与“全覆盖”和社会公平的目标不符，也应在适当时候纳入覆盖范围。按目前城镇就业 4. 3 亿人加上“职业农民”计算，现在工伤保险 2. 3 亿多人的覆盖量还有成倍扩展的巨大空间。

不断完善社会保障制度体系

任何社会保障制度都不是一成不变的，必须随时代发展和情况变化而不断完善。在全面落实党的十九大提出的社会保障改革发展各项任务的基础上，确定新时代完善社会保障体系的目标和重点，已经提上了议程。这可以从三个角度来谋划。

体系架构的完善。目前我国社会保障体系，横向上涵盖养老、医疗、工伤、失业、生育、社会救助、残疾人保障，纵向上包括制度、政策、经办管理服务、基金监督，应该说总体上已比较完整。新时代完善体系架构，要根据新出现的广泛而急迫的需求，进行制度上的拾遗补缺，重点之一是全面建立长期照护保障制度。按照党的十八届五中全会部署，已经在局部开展建立长期护理保险制度的试点。实践表明，对数千万失能老年人提供照顾和护理需要一个复合型保障体系——不仅需要用社会保险方式解决资金筹集和给付问题，而且涉及需求认定、服务供给、设施配置、社会动员等多方面制度安排，所以将制度界定为“保障”比侧重经济援助的“保险”更符合实际。同时将“长期护理保险”名称调整为“长期照护保险”，一字之改，可凸显生活照料与医疗护理相结合的制度功能，在尽可能长久地维持老年人身体机能的前提下，更强调提高其生活品质。研判老龄化的趋势，这项保障制度应在“十四五”期间全面推行，与此相适应，修订相关法律法规，将“长期照护保险”作为一项单独的社会保险险种，广开多元化筹资渠道，实施增加和优化老年照护服务人力资源的政策，通过公共政策支持，充分利用市场和社会老年服务资源。此外，还有一些现象可能形成未来社会风险新的聚集点，如“失独家庭”的保障等，是否要纳入社会保障体系框架统筹安排，也需预作研判。

制度内部结构的完善。这方面任务很多，养老保障领域尤重，除了加紧落实基金全国统筹、发展多层次体系外，还有两个开而未破的重大课题。一是本章第二节提到的渐进式延迟退休年龄，涉及优化制度的代际抚养结构。从平衡人力资源供求关系、增强养老保障制度可持续性的角度看，这个政策选择方向无疑是正确的；但面对复杂的利益关系调整，要特别注意政策实施的力度和节奏，把“渐进式”三个字的文章做足。把握时间的渐进性，先“预热”再实施，使公众有较充分的心理适应期；实施中采取“小步徐趋”节奏，一年只延迟三四个月的退休期，实现平滑过渡。把握群体的渐进性，优先安排退休年龄条件最低的群体和人力资源替代弹性低的职业，使延迟退休政策的双向功能——既提高养老保障制度的可持续性又解决稀缺人力资源的供给问题——得以充分发挥。把握政策强度的渐进性，起步阶段可不必“一刀切”，先实行弹性延迟，如明确规定各年延迟退休的年龄标准及相关养老金待遇水平，同时也明示不延迟的待遇损失程度，由相关群体权衡利弊作出自主选择。进入21世纪20年代后，养老保险制度抚养比恶化趋势更加显著，起步实施渐进式延迟退休年龄以及相应修订养老保险最低缴费年限标准，已时不我待。二是完善职工养老保险个人账户，涉及改善基金组成结构。围绕这个问题，历史上曾有两次重要的讨论——20世纪90年代主要讨论和试验个人账户与统筹基金的规模和比例关系，21

世纪初主要讨论和试验个人账户是否做实。现在面对的是新情况，基本养老保险、企业年金和职业年金以及开始试点的“第三支柱”养老保险都有个人账户的设置，这三个账户彼此的关联和区别值得深入研究。如果仅从个人权属的角度看，似乎可以简单地归并为一；但基本养老保险个人账户具有强制性并构成基本养老保险基金的来源，企业年金、职业年金个人账户具有单位集体组织加入的特点，“第三支柱”个人账户才是完全的个人选择，因而是否归并与如何归并是一个关乎改造统账结合制度模式的复杂问题，更何况又与城乡居保的个人账户相关联，需要统筹规划改革方向和路径。无论如何，重新定义和完善养老保险个人账户都是未来必须破解的命题。

完善医疗保障制度的中长期重点任务是，在实现城乡居民医保制度统一和全民医保管理统一的基础上，改造职工医保个人账户制度，优化居民医保筹资结构，推进医疗保险基金省级统筹，重中之重是深化支付方式改革，探索符合我国国情的医保基金付费制度。完善失业保险制度的基本方向是调整失业保险基金支付结构，在保障失业人员基本生活前提下，更充分地发挥其预防失业、稳定和促进就业、支持创业的功能。完善工伤保险的重点任务是，随着劳动条件改善和新业态涌现，适应不同行业职业风险程度变化，建立动态调整行业基准费率的机制；全面建立预防、补偿、康复三位一体的工伤保险体系，补强“两头”。

整体性连接政策的完善。在各单项社会保障制度不断完善基础上，更加注重制度之间的衔接平衡、关系转移和权益连续。一个近前的案例是：2012 年全面建立新农保和城居保的政策规定，在审批或复核低保、五保资格时，中央确定的基础养老金暂不计入其家庭收入，即不冲抵、不降低。当时这项政策执行期为“十二五”期间，后来扩大到扶贫对象，延期到“十三五”期末。而 2020 年之后，这一政策是否延续、如何与新的国家扶贫战略相衔接，需作统筹安排。又如，随着国家生育政策调整以及城乡居民养老、医保制度统一，医疗保险与生育保险合并实施，原来实行的农村计划生育家庭奖励扶助政策如何与新的体制、制度和政策相衔接，也需综合考量。至于各项社会保险制度跨城乡、跨地区、跨群体的转移接续政策，更需进一步完善，以期把社会保障连接成一个完整、有机的整体，维护所有参保者的合法权益。

建立社会保障待遇合理调整机制

待遇水平高低是衡量社会保障制度效能的又一指标，显示着一项社会保障计划的深度。党的十八大以来多次强调“保基本”，党的十八届五中全会和十九大发展为“保障适度”，同时提出“建机制”的要求，是新时代把握社会保障水平的指导方针。

确定“适度”的测量“标尺”。社会保障水平必须随社会经济发展而逐步提高，没有人愿意选择水平停滞甚至下降，关键是如何掌握恰当的“度”。可以划出三条线。其一，底线——保障基本生活需求。如基本医疗保障（包括基本医疗保险、大病保险、医疗救助）以防止家庭医疗费灾难性支出导致贫困为底线；社会救助与脱贫标准相衔接等。其二，中线——保障与相关群体大体一致的生活水平。如退休人员基本养老金与职工在剔除了税费、教育、住房等大类支出后的收入水平呈合理比例关系，保证其有尊严的老年生活；又如对工伤职工的补偿标准应与同类非工伤职工基本相当等。其三，上线——财政和基金支付能力是确定待遇水平的最终约束条件。如失业保险金最高不超过地区最低工资的90%，医疗保险也要设置“封顶线”等。无论如何都应始终坚持国家组织的社会保障总体上只能保障基本需求的定位，明确了这一定位，有利于各方面厘清公共政策的边界，超出基本保障的需求，应当风险自担或通过其他救济渠道（社会慈善等）获得帮助。当然，这三条线也不是固定不变的，所以要建立合理调整社会保障待遇的机制。

建立科学的调整机制。首先，要确定调整社会保障待遇的相关参数。总结过往经验，这一组参数可以包括三类：一是与经济发展相关的指标，如人均国内（地区）生产总值、平均工资等；二是与生活消费水平相关的指标，如城镇居民家庭人均可支配收入、农村居民家庭人均纯收入、物价指数、扶贫标准等；三是与承受能力相关的指标，如公共预算收支状况、结存基金可支付月数等。这些指标相互关联，对不同社会保障项目的影响程度不一，通过长期分析摸准相关度，合理确定各自权重并适时调整，是个技术含量很高的工作。其次，把握调整的节奏。理想的节奏是定期调整。但客观事物发展往往出人意料，所以也要有临机处置的预案，当触发条件出现时及时出手调整。最后，明确调整的责权。大的待遇项目调整宜由中央统一部署；鉴于我国地区发展差异大，也要授权地方政府据实适当调整，但须规定地方调整的原则和限度，把统一性与灵活性结合起来。

确保基金安全和可持续运行

建立严密的社保基金监管体系。未来十几年，各项社保基金规模还将成倍增长，预计积累结存总量将超过全国财政预算资金，确保其安全的重要性自不待言。在加强立法、严格执法的同时，需采取三方面举措。一是调整完善基金监管体制。2018 年组建国家医疗保障局后，各项医保基金、生育保险基金以及正在试点的长期护理保险基金的安全运行统归其监管。其他社保基金中，涉及社会救助的资金统归民政部门监管；养老、工伤、失业保险基金由人社部门监管。目前面临新挑战较大的是养老保险基金监管体制。仅基本养老保险基金收支就相当于工伤、失业保险基金的数十倍，其长期积累结存基金相当于全国财政收入的 1/3；此外还有企业年金和职业年金以及第三支柱个人养老金分散在多个部门分别监管；人力资源社会保障部还负有监管全国社会保障基金的责任。可以考虑适当时机专门设立养老保障基金监管机构，统一综合监管六项相关基金——职工养老保险基金、城乡居民养老保险基金、企业年金、职业年金、个人养老金、全国社会保障基金，提高基金监管的规范性和效率。二是全面实行网络化、智能化监管。通过“金保工程”二期以至更多的项目建设，建立全国联网、跨部门共享的基金安全信息系统，并将相关违法失信行为纳入联合惩戒机制。三是搭建全社会共同参与的公众监督平台。

完善社保基金可持续运行的稳定机制。重点也是在基本养老保险方面，大幅度降低单位费率后，任务更加艰巨。配合实施中央调剂制度进而实行全国统筹，限定各地基本养老保险结存基金上解中央统一运营的时间和规模，确定较长的委托期限以优化资产配置，扩大投资范围，使其投资增值真正成为筹资的稳定渠道。加快划转部分国有资本充实社保基金政策，争取在进入老龄化高峰期前使全国社会保障基金达到能够支付两年以上储备规模，真正起到战略“压舱石”的作用。必要时，对特定高消费商品和服务开征专项税，转入社会保障基金。

建设服务、记录、保障一生的社保管理体系

对参保群众来说，国家社会保障制度和政策最终反映在他们对社保管理服务的亲身体验上。电视剧《人民的名义》中有个经典桥段——光明区政府信访局接待窗口低矮、封闭，久为群众诟病，惊动了从市委书记到省委书记等一批人员，成为某些公共机关脱离群众、懒政不作为的反面典型。恰在电视剧热播的2017年，有媒体晒出某市社保经办机构窗口低矮、玻璃隔断、无座椅，群众被迫弯腰办事的照片，窗上贴出的“停办业务”通知也口气生硬。这个现实“剧情”引起社会热议，触发了全国范围社保机构为期一年整顿行风、改进服务的大行动。

新时代社会保障经办管理服务体系建设，要始终秉持记录一生、服务一生、保障一生的宗旨，打造全国统一、高效经办、精确管理、便捷服务的社会保险公共服务平台。“统一平台”有“物理”和“化学”两个层面的建设任务。

“物理”层面即推进组织机构的统一。《社会保险法》规定：“统筹地区设立社会保险经办机构。”过去长期实行县市级统筹，社保机构“理所当然”地设有数千个。随着各项社保基金统筹层次提升，有必要分别整合经办机构。如配合职工基本养老保险基金全国统筹，组建中央垂直管理的养老保险局，依法在地方设立分支机构，并受地方政府委托管理城乡居民养老保险事务；工伤、失业保险在全省统一标准和实行基金省级统收统支后，也可以构建省内垂直管理的经办体系；医疗保险的情况更复杂一些，鉴于城市间医疗消费和医疗资源配置差异大，更宜实行基金市级统筹、省级调剂的模式，经办管理体制则与之相适应。“物理”整合的最大难点是妥善处理各层级的责权关系，防止推诿扯皮，这要由相关法规清晰厘定。

“化学”层面即实现管理服务内在质量的统一，可以设定三个建设目标。

全面标准化。经过多年努力，目前社会保险领域已经颁布了 28 项国家标准、4 项行业标准，另有 3 项国家标准已经制定正待颁行。应该说，涉及社保管理服务的组织架构、服务项目、经办流程、业务规范等主要标准已大体齐备。下一步，要在继续补充、完善标准的基础上，把工作重点转向标准的实施，加大推行力度，提高统一标准的强制性，无论实行何种层级的统筹，都要使全国各地各类参保人员能够享受同样项目、同等质量并不断优化的社保服务。

数字化社保。目前社会保险国家数据库共有 13.4 亿人的基础信息，全国各地的信息系统实际记录着每个人每一次的社保关联行为，已积累了海量数据。要不失时机地向前跨一步，迈入“数字化社保”时代。其一，在各经办服务终端全面实现信息化管理，彻底改变当下以大厅为主要载体的服务模式，建设社保“网上服务大厅”，更多运用互联网和移动通信等先进技术为群众提供高效便捷服务。其二，在标准化、规范化基础上，全面实现社保信息全国联网运行，将分散在各地的数据汇集到全国统一平台，并与其他公共管理平台共享信息，一方面支持跨地区、跨领域的认证、鉴权和经办管理，让数据多跑路，让群众少跑腿；另一方面通过大数据分析，更全面地掌握制度运行情况，更深入地分析矛盾问题，更准确地研判发展趋势，建立国家级和区域级社会保险精算模型，为完善社会保障制度的决策提供更可靠的科学依据。其三，开发社保数据的社会、市场应用价值。社保数据资源丰富、覆盖广泛、类型多元、增长性强、敏感度高，具有大数据的典型特征，但目前只应用于公共管理的有限领域，大部分信息实际处于“沉睡”状态。新时代“数字化社保”要更加重视开发社保数据应用，特别是在社会、市场层面的应用价值。例如与金融机构合作，将个人连续性社保缴费记录作为重要的个人征信凭证；运用医保管理的海量诊疗信息，观察疾病谱变化，支持药品、医用耗材和医疗器械研发；运用养老、医疗保险数据，完善商业健康、人寿保险精算模型；运用工伤保险数据，支持康复技术改进和辅助器具研发等。这种信息跨界融合应用是双向受惠的，比如生物识别技术的发展、可穿戴信息设备的广泛应用，与社保数据结合，都可能产生难以估量的化合反应，催生新的社保政策标准和管理模式。因此，要打破公共部门“闭关自守”的局面，在确保信息安全前提下，大力推动信息公开，向社会和市场赋能，汇集众智，实现社保信息价值的深度开发和充分利用。

自治型组织。1993 年党的十四届三中全会就提出“社会保障行政管理和社会保险基金经营要分开”。但“分”了几十年，社保经办机构仍是具有强烈行政色彩的政府办事机构。可以作更大胆的探索——改变社保经办机构“官办”“吃皇粮”的性质，借鉴德国、法国等国家的做法，实行自治型组织的模式。其治理结构是：法律授权经办规定的社保事务；政府实施监督；由社会保险缴费方（包括单位和个人）、受益方、社会贤达、政府主管部门的代表共同组成理事会和监事会，依法履行社保经办服务职责；工作经费从管理的基金中按比例提取。这样改造的好处：一是更好体现了社会保障事业政府主导、民享民管的性质，利于公众直接参与制度建设和民主管理；二是摆脱了社保经办机构“事业单位”的属性，既减轻了政府编制、定员的负担，又有助于搞活用人机制和采取更富激励性的收入分配政策，提高运行效率；三是政府部门对社保经办机构的监督，从内部监督变为与社会监督相结合的外部监督，监管力度更强。这个构想需要实践检验，按照邓小平同志当年“大胆闯、大胆试”的思想，或许能蹚出一条新路。

沿着“一带一路”走向世界

2019 年 4 月下旬在北京举办的第二届“一带一路”国际合作高峰论坛，吸引了来自 150 个国家、92 个国际组织的 6 000 余名外宾，40 个国家和国际组织的领导人出席了 4 月 28 日举行的圆桌峰会。“一带一路”提出 6 年，正在从搭建主题构架的“大写意”走向更加务实合作的“工笔画”。有人评论，“一带一路”是世界范围的改革开放，不无道理。

我国社会保障发展要抓住这个重大历史机遇，与“一带一路”倡议的推进节奏合拍，在国际社会保障舞台上扮演更重要的角色。一是开展更广泛的双边、多边国际交流合作，积极参与全球和区域性社会保障平台的活动，既多方借鉴各国有益经验，又讲好“中国故事”，分享我国社会保障发展经验。特别是加强与“一带一路”沿线国家的社会保障领域合作，了解各国法律环境和文化传统，做好有关社会保障政策的相互理解和对接工作。二是统筹规划和主动引导双边社会保障协议谈判，以“一带一路”沿线国家为重点推进社会保障协定商签工作，以公平维护各方利益，为企业和人员的双向交流铺平道路。三是加快社会保障国际公约的审核、批准工作。国际劳工组织通过的直接有关社会保障且仍然有效的国际公约现有 12 项，还有 13 项建议书。我国在改革探索阶段，社会保障制度尚未定型，所以极少批准相关国际公约。经过几十年发展，我国社会保障制度秉持的理念与国际社会主流更加契合，相关标准也逐渐接近甚至超过国际法规。因此，应深入研究国际劳工公约和建议书的要旨和实践案例，对我国法律法规和现实条件已满足相关要求的公约，要积极推动批准工作，以此作为新时代我国更好融入国际社会、在国际社会保障领域发挥更大作用的重要任务。

◎九万里风鹏正举

70 年，对人生而言，已经到了从心所欲不逾矩的年龄。新中国社会保障迄今 70 年，经历了风风雨雨，见识过惊涛骇浪，于崎岖中铺筑事业坦途，在艰辛里追寻民众幸福，展现出无数精彩，积淀下厚重经验。高度概括 70 年经验，最基本的是三条。

其一，坚定不移的政治信念。中国共产党和共和国的决策者不忘建党立国的初心，始终把社会公平、正义、和谐，把中国人民的幸福安康作为自己崇高的政治使命，随着经济社会发展，围绕人民群众最广泛和急迫的需求，向社会保障投入越来越多的资源，初步建立起覆盖全民的社会保障体系。

其二，求真务实的科学方法。坚持实事求是，一切从实际出发，社会保障政策的制定和完善无一不源自实践，又反复接受实践检验，形成符合客观规律和国情特点的稳定制度安排。在制度发展中，既尽力而为，又量力而行，锲而不舍，循序渐进，久久为功。

其三，与时俱进的创新精神。70 年世事变迁，社会保障始终追随时代前进的脚步，既坚持立足中国实际，又广泛借鉴各国经验，开拓新领域，创造新方法，提升新高度，为中国人民带来不断增进的福祉。

南宋女词人李清照有词云："九万里风鹏正举。风休住，蓬舟吹取三山去。"中国特色社会主义进入新时代，正是社会保障事业乘大风而破巨浪、步步登高的好时节。面对新时代的新机遇、新挑战和新目标，深刻体味、借鉴、升华70年的历史经验，发扬中华民族优良文化传统，激荡亿万人民群众无限创造力，我国社会保障事业必将再创新的辉煌。

参考文献

[1] 中国历次全国劳动大会文献 [M]. 北京：工人出版社，1957.

[2] 中国工会历史文献（1921.7—1927.7）[M]. 北京：工人出版社，1958.

[3] 中国劳动立法资料汇编 [M]. 北京：工人出版社，1980.

[4] 劳动人事部政策研究室. 人事工作文件选编 [G]. 1986.

[5] 严忠勤. 当代中国的职工工资福利和社会保险 [M]. 北京：中国社会科学出版社，1987.

[6]《中国劳动人事年鉴》编辑部. 中国劳动人事年鉴（1949.10—1987）[M]. 北京：劳动人事出版社，1989.

[7] 劳动部保险福利司. 我国职工保险福利史料 [M]. 北京：中国食品出版社，1989.

[8] 中华人民共和国民政部. 中华人民共和国民政法规汇编（1949.10—1993.12）[M]. 北京：华夏出版社，1993.

[9] 张志坚. 当代中国的人事管理 [M]. 北京：当代中国出版社，1994.

［10］倪志福. 当代中国工人阶级和工会运动［M］. 北京：当代中国出版社，1997.

［11］毛齐华. 风雨征程七十春——毛齐华回忆录［M］. 北京：当代中国出版社，1997.

［12］张左己. 中华人民共和国劳动和社会保障法规全书［M］. 北京：中国劳动社会保障出版社，1999.

［13］焦凯平. 养老保险［M］. 北京：中国劳动社会保障出版社，2001.

［14］劳动和社会保障部，中共中央文献研究室. 新时期劳动和社会保障重要文献选编［M］. 北京：中国劳动社会保障出版社，中央文献出版社，2002.

［15］国务院完善城镇社会保障体系试点工作小组办公室. 完善城镇社会保障体系试点（辽宁篇）［M］. 北京：中国劳动社会保障出版社，2004.

［16］《马文瑞传》编写组. 马文瑞传［M］. 北京：当代中国出版社，2005.

［17］罗伯特·路威. 文明与野蛮［M］. 吕叔湘，译. 北京：生活·读书·新知三联书店，2015.

［18］劳动和社会保障部养老保险司. 完善企业养老保险制度工作手册［M］. 北京：中国长安出版社，2006.

［19］劳动和社会保障部. 中国劳动和社会保障年鉴（1999 年至 2008 年共 10 卷）［M］. 北京：中国劳动社会保障出版社.

［20］胡晓义. 走向和谐：中国社会保障发展 60 年［M］. 北京：中国劳动社会保障出版社，2009.

［21］庞自. 九轶忆往［M］. 北京：中国文史出版社，2011.

［22］张小建. 民生之本——为实现劳动者充分就业而奋斗［M］. 北京：中国劳动社会保障出版社，2011.

［23］胡晓义. 安国之策——人人享有基本社会保障［M］. 北京：中国劳动社会保障出版社，2011.

［24］赵东宛. 回忆与思考［M］. 北京：中国劳动社会保障出版社，

2012.

[25] 陈竺，张茅. 中国新型农村合作医疗发展报告（2002—2012 年）[M]. 北京：人民卫生出版社，2013.

[26] 国家统计局. 中国统计年鉴 2015 [M]. 北京：中国统计出版社，2015.

[27] 人力资源和社会保障部. 增进人民福祉 促进人的全面发展——党的十八大以来人力资源社会保障事业改革与发展 [M]. 北京：中国劳动社会保障出版社，2017.

[28] 中国就业促进会，中国社会保险学会. 世纪之交“两个确保”——就业社保改革攻坚纪实 [M]. 北京：中国劳动社会保障出版社，2018.

[29] 汪泓，罗娟. 上海社会保障史 [M]. 北京：上海人民出版社，2018.

[30] 人力资源和社会保障部. 中国人力资源和社会保障年鉴（2009 年至 2018 年共 20 卷）[M]. 北京：中国劳动社会保障出版社，中国人事出版社.

后记

我自1993年正式进入社会保险工作领域，退休后也没离开这个行当，连头带尾加起来已有27个年头，说来也是“老社保”了，但接到中国人力资源和社会保障出版集团编撰新中国社会保障发展史的邀约，仍不免忐忑。遑遑70年，其中一多半是我未曾亲历的，即使是亲历过的那段也只能算管中窥豹，所以唯恐因自己眼光浅、悟性差而误读历史、误导读者。幸而有无数师友的指导和帮助，使我有勇气承命并支撑我最终完成了这部书稿。收笔之时，我不能不深表诚挚谢意。

首先感谢前人所做的深厚积淀。“参考文献”列出的30种近50部出版物，还有大量无法详细开列的非正式出版资料都是我的老师，尤其是20世纪90年代前期我“入行”前的资料，使我得以从不同侧面了解了中国社会保障波澜起伏的发展历程。许多史料记述之翔实、描绘之生动，令人恍若身临其境。有这些珍贵的资料，我才能完成70年完整的叙事，让历史“活”起来，而不限于引用现存的政策条文。遗憾的是，这些可敬的记述者、编撰者不少已驾鹤西去，我无缘当面求教和致谢了。

社会保障是一个政策性、历史性、敏感性都极强的工作领域，我初

“入门”时就有先辈谆谆教诲——文件中错一个字，甚至一个标点符号都可能引起政策误解，必得专心致志、精益求精。所以，全书编撰期间及成稿后，专呈人力资源社会保障部有关社会保险司局和国家医疗保障局，得到各位专家认真审阅和修正。我对他们由衷感谢，不仅是他们的专业经验足以保证本书不出大的误差，更在于他们现今仍在社会保障一线奋力拼搏，每天都在创造着、书写着中国社会保障新的历史。

理所当然，还要感谢中国人力资源和社会保障出版集团的管理者和编辑人员。正是他们的主动策划、精心组织和令人钦佩的敬业精神，才促使本书从构想成为现实，由粗陋逐渐精细。

最应当感谢的是我们这个时代。70 年，新中国和中国人民从站起来、富起来，正在走向强起来。中国社会保障事业虽经跌宕曲折却始终向着社会公平、正义、和谐的崇高目标演进，它本身就是一首慷慨浩然的长歌，让人不由地要俯身聆听，要随声伴和，要记下曲谱传唱给后世。2016 年 11 月，当中国政府代表在巴拿马城接过“社会保障全球杰出贡献奖”的奖杯时，那杯身上闪烁的是中国特色社会主义的光芒，映衬出几代中国社保人的不懈追求。作为中国社保人中的一员，一种不可推卸的责任感油然而生——去记下这一刻以及这一刻背后那无数奋斗的瞬间！

怀着对新中国社会保障发展历史的高度敬畏，我不辞才学浅陋，勉力完成了编撰。参照过往类似的出版物，本书有几点斟酌。

其一，总体结构采用“横断面”式。六篇分别记述新中国六个时段社会保障发展的概貌，并力图诠释各时段间转折与关联的内在逻辑。这种结构方式，比按业务领域（如养老保险、医疗保险等）分类的“纵贯式”记述，有利于更鲜明地体现各历史阶段社会保障制度的特点及与之相关的经济社会背景，因而更接近于历史原貌。但对习惯于“纵贯式”结构的读者来说，这可能会有一些不适，就算是提供另外一个观察视角吧。

其二，基本风格是“讲故事”。如前所言，社会保障的政策性超强，但解释政策自有多种专业书刊，如果本书写成了又一个“政策读本”就无趣了。所以本书力求全面记史、纪实，不仅记录制度沿革，也记录机构变更，包括一一列出每次机构调整后的办公地址，给曾经历者留个念想，使后来人有所缅怀；不仅描述政策演变，也描述学术发展，如理论探究、专业教育、学术团体活动等，这是并行的，无疑也是交错影响的；不仅反映法规、行政举措，也反映社会现象，如媒体报道、公众反响等，彰显实践是检验真理唯一标准的真实过程；不仅展现宏观样貌，也列举了一些地方案例和典型事件，如“上海社保案”“开胸验肺事件”等，以期作出充分的立体展示；不仅叙说我国的前行脚步，也“伺机”叙说相关国际动向，力求给读者更大的观察思考背景。总之，是希望借此描绘一幅新中国社会保障发展丰富、生动的多维度全景图，因为历史本来就是丰富而生动的呀。

其三，史实与史论结合。这是所有涉史读物的共同遵循，本书亦然。在史实上坚持真实第一，力争言之有据，辅以数据图表佐证；在史论上追求寓论于史，夹叙夹议，避免咬文嚼字惹人厌烦，偶有论理（如职工养老保险的模式之辩等）也是反映当时真实情景所需。但本书毕竟是个人著述，史实中定有不够全面、准确之失，史论中亦必有不够切当、中正之处，殷切希望得到读者的评判和指正。

年轻时读《史记》，常为司马迁“究天人之际，通古今之变，成一家之言”的豪情所感。吾辈难望太史公之项背，拼尽平生所学，仅以此书作为向新中国成立70周年的小小献礼。

作者

2019年8月